國家出版基金項目

教育部哲學社會科學研究重大課題攻關項目

「十一五」「十二五」「十三五」國家重點圖書出版規劃項目・重大工程出版規劃
「十四五」國家重點出版物出版專項規劃項目・古籍出版規劃

國家社會科學基金重大項目
北京大學「九八五工程」重點項目

子部儒學類
精華編一八九册下

北京大學《儒藏》編纂與研究中心

《儒藏》精華編第一八九册

子部儒學類

性理之屬

下册

朱子語類（卷一一〇—卷一四〇）〔南宋〕黎靖德編 ……… 2887

朱子語類卷第一百十

朱子 七

論 兵

今州郡無兵無權。先王之制：內有六鄉、六遂、都鄙之兵，外有方伯、連帥之兵，內外相維，緩急相制。賀孫。

本強，則精神折衝；不強，則招殃致凶。僩。

或言：古人之兵，當如子弟之衛父兄，而孫、吳之徒必曰與士卒同甘苦而後可，是子弟必待父兄施恩而後報也。先生曰：巡而拊之，「三軍之士皆如挾纊」，此意也少不得。賀孫。○木之同。

凡為守帥者，止教閱將兵足矣。程其年力，汰斥癃老衰弱，招補壯健，足可為用，何必更添寨置軍？其間衣糧或厚或薄，遂致偏廢。如此間將兵，則皆差出接送矣。方子。

辛棄疾頗諳曉兵事，云：「兵老弱不汰，可慮。向在湖南收茶寇，令統領揀人，要一可當十者，押得來便看不得，盡是老弱。問何故如此，云只揀得如此，間有稍壯者，諸處借事去。為今之計，大段着揀汰，但所恃，又如此。」某向見張魏公，說以汰者又未有安頓處。❶某向見張魏公，説以分兵殺虜之勢。只緣虜人調發極難，元顏

❶「安」，原脱，今據朝鮮本補。

要犯江南，整整兩年，方調發得聚。彼中雖是號令簡，無此間許多周遮，但彼中人纔逼迫得太急，亦易變，所以要調發甚難。只有沿淮有許多捍禦之兵。為吾之計，莫若分幾軍趨關、陝，他必擁兵於關、陝；又分幾軍向西京，他必擁兵於西京；又分幾軍望淮北，他必擁兵於淮北。其他去處必空弱，又使海道兵擣海上，他又着擁兵捍海上。吾密揀精銳幾萬在此，度其勢力既分，於是乘其稍弱處一直收山東。虜人首尾相應不及，再調發來添助，又卒未聚，❶而吾已據山東。纔據山東，中原及燕京自不消得大段用力，蓋精銳萃於山東而虜勢已截成兩段去。又先下明詔，使中原豪傑自為響應。是時魏公答以「某只受一方之命，此事恐不能主之」。蔡云：今兵政如此，終當如何？曰：須有道理。蔡曰：莫着改更法制？

曰：這如何得？如同父云「將今法制重新洗換一番方好」。某看來，若便使改換得井牧其田，民皆為兵，若無人統率之，其為亂自有道理，這極易。只呼吸之間，便可以弱為強，變怯為勇，振柔為剛，易敗為勝，直如反掌耳。賀孫。

先生云：當今要復太祖兵法，方可復中原。又云：諸州禁軍皆不可用。幾年說要揀冗兵，但只說得，各圖苟且安便，無有為者。故新者來，舊者又不來，而為將相將積得，皆不可用。如澄冗官，見這人不可用，便除一人。而今不可用者又復留而不去，故軍冗不練，官冗不澄。壽昌。

問：今日之軍政，只有君相上下一心，

❶ 「又」，萬曆本作「彼」。

揀之又揀，如太祖時方好。曰：只有揀練便用，太祖時即用。如揀而養十數年，又老了，依舊無用。揚。

今兵官愈多，兵愈不精。道夫。

今日兵不濟事。兵官不得人，專務刻削，兵且驕弱安養，不知勞苦，一旦如何用？

某嘗言：宜散京師之兵，却練諸郡之兵，依太祖法，每年更戍趲去淮上衛邊。謂如福建之兵趲去饒州，饒州之兵趲去衢、信，衢、信趲去行在，迤邐趲去淮上。今年如此，明年又趲去，則京師全無養兵之費，豈不大好！恩。

言今兵政之弊，曰：唐制節度，兵。觀察，財。處置等使，即節鎮也；使持節某州諸軍事，兵。某州刺史，民。❶即支郡也。支郡隸於節鎮，而節鎮、支郡各有衙前、左右押衙、管軍都頭並掌兵事，又皆是士人爲之。其久則根勢深固，反視節度有客主之勢。至有誅逐其上，而更代爲之。凡陸梁跋扈之事，因茲而有。惟是節度得人，方能率服人心，歸命朝廷。若論唐初兵力最盛，斥地最廣，乃在於統兵者簡約而無牽制之患。然自唐末，大抵節鎮之患深，如人之病，外強中乾，其勢必有以通其變而後可。故太祖皇帝知其病而疏理之，於是削其支郡，以斷其臂指之勢；當時至有某州某縣直隸京師，而不屬節度者。置通判，以奪其政；命都監監押，以奪其兵；立倉場庫務之官，以奪其財；向之所患，今皆無憂矣。其後又有路分、鈐轄、總管等員，神宗時又增置三十七將，亂離之後，又有都統、統領、統制之名。大抵今日之患，又却在於主兵之員多。朝

❶ 「民」，原作「氏」，今據朝鮮本、萬曆本改。

廷雖知其無用，姑存其名目，費國家之財不可勝計。又刻剝士卒，使士卒困怨於下。若更不變而通之，則其害未艾也。要之，此事但可責之郡守。他分明謂之郡將，若使之練習士卒，修治器甲，築固城壘，以爲一方之守，豈不隱然有備而可畏！古人謂：「生之者衆，食之者寡，爲之者疾，用之者舒。」今一切反之。道夫。

問：後世雖養長征兵，然有緩急，依舊徵發於民，終是離民兵不得。兼長征兵終不足靠，如杜子美《石壕吏》詩可見。曰：自秦漢以下至六國，皆未有長征兵，都是徵發於民。及唐府衛法壞，然後方有長征兵。因論荊、襄義勇，州縣官吏反擾之。當時朝廷免徵科，官吏不得役使。今徵科既不免，民反倍有所費，又官吏役使如故。曰：某當初見劉共父說，他制得義勇極好，且是

廷不屬官吏，官不得擾之。某應之曰：「無緣有不屬州縣之理。」固疑其末流如此。兵甲詭名不可免，善兵者亦不於此理會。纔有一人可用，便令其兼數人之料。軍中若無此，便不足以使人。故朝廷只是擇將，以其全數錢米與之，只責其成功，不來此屑屑計較。近來刮刷得都盡，朝廷方以爲覈實得好。先生云：聞前輩云云。○揚。

兵法以能分合爲變，不獨一陣之間有分合，天下之兵皆然。今日之兵，分者便不可合，合者便不可分。本朝舊來只郡國禁兵而已，但在西北者差精銳耳。渡江後，又添上御前軍，却是張、韓輩自起此項兵。後來既不可得而去，只得如此聚屯。今以不如祖宗時財賦，養祖宗時所無之兵，安得不窮也。營。

唐時州縣上供少，故州縣富。兵在藩

鎮，朝廷無甚養兵之費。自本朝罷了藩鎮，州郡之財已多歸於上。熙、豐間又令州郡見看軍額幾人，折了者不得補，却以其費椿管上供，而朝廷得錢物甚多。今天下兵約四五十萬，又皆羸弱無用之人，所費不可計。今若要理會，須從此起。揚。

論財賦曰：財用不足，皆起於養兵。十分，八分是養兵，其他用度止在二分之中。古者刻剝之法本朝皆備，所以有靖康之亂。已前未有池、揚、江、鄂之兵，止謂張宣撫兵，某人兵。今增添許多兵，合當精練禁兵，汰其老弱，以爲廂兵。節。

今朝廷盡力養兵，而兵常有不足之患。自兵農既分之後，計其所費，却是無日不用兵也。時舉。

今天下財用費於養兵者十之八九，一百萬貫養一萬人。此以一歲計。○個。

今日民困，正緣沿江屯兵費重。只有屯田可減民力，見説襄、漢間儘有荒地。某云：當用甚人耕墾？曰：兵民兼用，各自爲屯。彼地沃衍，收穀必多。若做得成，敵人亦不敢窺伺。兵民得利既多，且耕且戰，便是金城湯池。兵食既足，可省漕運，民力自蘇。然後盡驅州郡所養歸明北軍往彼就食，則州郡自寬。遲之十年，其效必著。須是擇帥，既得其人，專一委任，許令辟召寮屬，同心措置，勿數更易，庶幾有濟。浩。○屯田。

范伯達有文字，説淮上屯田須與畫成一井，中爲公田以給軍。令軍中子弟分耕，取公田所入以給軍。德明。

因言：淮上屯田，前此朝廷嘗差官理會。其人到彼，都不曾敢起人所與者。却只令人築起沿江閑地以爲屯，此亦太不立。

大抵世事須是出來擔當，不可如此放倒。人是天地中最靈之物，天能覆而不能載，地能載而不能覆，恁地大事，聖人猶能裁成輔相之，況於其他。因舉齊景公答大子「君臣君臣」之語，❶又與晏子言「美哉室」之語，皆放倒説話。且如五代時，兵驕甚矣。周世宗高平一戰既敗，却忽然誅戮不用命者七十餘人，❷三軍大振，遂復合戰而克之。凡事都要人有志。壯祖。

屯田，須是分而屯之。統帥屯甚州，總司屯甚州，漕司屯甚州，以戶部尚書爲屯田使，使各考其所屯之多少，以爲殿最，則無不可行者。今則不然，每欲行一文字，則經由數司僉押相牽制，事何由成！道夫。

趙昌父相見，因論兵事。先生曰：兵以用而見其強弱，將以用而見其能否。且如本朝諸公游陝西者，多知邊事，此亦是用

兵之故。今日諸將坐於屋下，❹何以知其能？蹤有韓、白復生，❺亦何由辨之？可學。○擇將帥。

問擇將帥之術。曰：當無事之時，欲識得將，須是具大眼力，如蕭何識韓信方得。不然，邊警之時，兩兵相抗，恁時人才自急。且如國家中興，張、韓、劉、岳突然而出，豈平時諸公所嘗識者？不過事期到此，廝拶出來耳。道夫。

不令宦官賣統軍官職，是今日軍政第一義。方。

今日將官全無意思，只似人家驕子弟

❶「大」，萬曆本作「夫」。「君臣君臣」，萬曆本作「君君臣臣」。
❷「戮」，原無，今據朝鮮本補。
❸「甚」，萬曆本作「某」。
❹「將」，萬曆本作「生」。
❺「蹤」，萬曆本作「縱」。

了。襃衣博帶，談道理，説詩書，寫好字，事發遣。如此，何益於事！謙。

今諸道帥臣，只曾作一二任監司即以除之；有警，則又欲其親督戰士。此最不便，萬一為賊所虜，為之奈何？彼固不足卹，然失一帥，其勢豈不張大？前輩謂祖宗用帥取以二路：一是曾歷邊郡，一是帥臣子弟曾諳兵事者。此最有理。或謂戎幕宜用文臣三四員，❶此意亦好。蓋經歷知得此等利害，向後皆可為帥。然必須精選而任，不可泛濫也。道夫。

或問：諸公論置二大帥以統諸路之帥，如何？曰：不消如此。只是擇得一箇人了，君相便專意委任他，却使之自擇參佐，事便歸一。今若更置大帥以監臨之，少間必有不相下之意，徒然紛擾。須是得一箇人委任他，聽他自漸漸理會許多軍政，將

來自有條理。恪。

蜀遠朝廷萬有餘里，擇帥須用嚴毅，素有威名，足以畏壓人心，則喜亂之徒不敢作矣。道夫。

或問古今治亂者，先生言：古今禍亂必有病根，漢宦官后戚、唐藩鎮，皆病根也。今之病根，在歸正人忽然放教他來，州縣如何奈得他何？所幸老者已死，少者無能為矣。謙。人氣象，似此間人一般無能為矣。邊防馬政甚弊。廬州舊夾肥水而城，今只築就一邊。揚。

論刑

天下事最大而不可輕者，無過於兵、

❶「臣」，萬曆本作「武」。

刑。臨陳時，是胡亂錯殺了幾人，所以《老子》云：「夫佳兵者不祥之器，聖人不得已而用之。」獄訟，面前分曉事易看，其情僞難通。或旁無佐證，各執兩說，繫人性命處須喫緊思量，猶恐有誤也。㽦。

論刑云：今人說輕刑者，只見所犯之人爲可憫，而不知被傷之人尤可念也。如劫盜殺人者，人多爲之求生，殊不念死者之爲無辜，是知爲盜賊計而不爲良民地也。若如酒稅僞會子，及飢荒竊盜之類，猶可以情原其輕重大小而處之。

今之法家，惑於罪福報應之說，多喜出人罪以求福報。夫使無罪者不得直，而有罪者得倖免，是乃所以爲惡爾，何福報之有？《書》曰：「欽哉，欽哉，惟刑之恤哉！」所謂欽恤者，欲其詳審曲直，令有罪者不得免，而無罪者不得濫刑也。今之法官惑於欽恤之說，以爲當寬人之罪而出其死，故凡罪之當殺者必多爲可出之塗，以俟奏裁，則率多減等：當斬者配，當配者徒，當徒者杖，當杖者笞。是乃賣弄條貫，舞法而受賕者耳，何欽恤之有？罪之疑者從輕，功之疑者從重。所謂疑者，非法令之所能決，則罪從輕而功從重，惟此一條爲然耳。非謂凡罪皆可以從輕，而凡功皆可以從重也。今之律令亦有此條，謂法所不能決者，則俟奏裁。今乃明知其罪之當死，亦莫不爲可生之塗以上之。惟壽皇不然，其情理重者皆殺之。㽦。

李公晦問：「恕」字，前輩多作愛人意思說，如何？曰：畢竟愛人意思多。❶因云：人命至重，官司何故斬之於市？蓋爲

❶「竟」，原作「意」，今據萬曆本改。

此人曾殺那人,不斬他,則那人之冤無以伸,這愛心便歸在被殺者一邊了。然古人「罪疑惟輕」,「與其殺不辜,寧失不經」,雖愛心只在被殺者一邊,却又溢出這一邊些子。佐。

朱子語類卷第一百一十一 計九板

朱子 八

論 民

建寧迎神，先生曰：孟子言「我亦欲正人心，息邪説，詎詖行，放淫辭」，今人心都喎邪了，所以如此。泉州一富室捨財造廟，舉室乘舟往廟所，致祭落成，中流舟溺，無一人免者。民心不得其正，眼前利害猶曉不得，況欲曉之以義理哉！必大。○人傑錄略。○教民。

今欲行古制，欲法三代，煞隔霄壤。今説爲民減放，幾時放得到他元肌膚處？❶且如轉運使每年發十萬貫，若大段輕減，減至五萬貫可謂大恩。然未減放那五萬貫，尚是無名額外錢。須一切從民正賦，凡所增名色，一齊除盡，民方始得脱净，這方可以議行古制。如今民生日困，頭只管重，更起不得。爲人君，爲人臣，又不以爲急，又不相知。如何得好！這須是上之人一切掃除妄費，卧薪嘗膽，合天下之智力，日夜圖求，一起而更新之，方始得。某在行在不久，若在彼稍久，須更見得事體可畏處。下不知名園麗圃其費幾何？日費幾何？下面頭會箕斂以供上之求，又有上不至天子，❷下不在民，只在中間，白乾消没者何

❶「肌膚」，朝鮮本作「脱净」。
❷「至」，萬曆本作「在」。

因言賦重民困，曰：此去更須重在。○賀孫。○取民。

程正思言：當今守令取民之弊，渠能言其弊，畢竟無策。就使臺官果用其言而陳於上前，雖戒敕州縣，不過虛文而已。先生云：今天下事只礙箇失人情，便都做不得。蓋事理只有一箇是非，今朝廷之上，不敢辨別是非。如宰相固不欲逆上意，上亦不欲忤宰相意。今聚天下之不敢言是非者在朝廷，又擇其不敢言之甚者為臺諫，習以成風，如何做得事！人傑。

今上下匱乏，勢須先正經界。賦入既正，總見數目，量入為出，罷去冗費，而悉除無名之賦，方能救百姓於湯火中。若不認百姓是自家百姓，便不恤。必大。

荀悅云：田制須是大亂之後方可定。揚。

今之賦，輕處更不可重，只重處減似那輕處可矣。淳。

今世產賦百弊。砧基簿，只是人戶私本。在官中本，天下更無一處有。稅賦本末，更無可稽尋處。義剛。

朋友言某官失了稅簿，先生曰：此豈可失了！此是根本。無這箇後如何稽攷？所以《周官》建官便皆要那史，便是掌管那簿底。義剛。

福建賦稅猶易辨，浙中全是白撰，橫斂無數，民甚不聊生，丁錢至有三千五百者。人便由此多去計會中使作宮中名字以免稅。向見辛幼安說糞缸亦插德壽宮旗子，某初不信，後提舉浙東，親見如此。嘗有人充保正，來論某人當催秋稅，❶某人當催夏

❶「人」，原脫，今據朝鮮本補。

税。某初以爲催税只一般，何争秋夏？問之，乃知秋税苗産有定色，易催；夏税是和買絹，最爲重苦。蓋始者一疋官先支得六百錢，後來變得令人先納絹，後請錢，已自費力了；後又無錢可請，只得白納絹，今又不納絹，只令納價錢，錢數又重。催不到者，保正出之，一番當役，則爲之困矣。故浙中不如福建，浙西又不如浙東，江東又不如江西，越近都處越不好。淳。○義剛同。

浩曰：江浙税重。昨日來，路問村人，見得此間只成十一之税。曰：嘗見前輩説閩中真是樂國，某初只在山間，不知外處事，及到浙東，然後知吾鄉果是樂地。今只汀州全做不得，彼處屢經寇竊，逃亡者多。遺下産業，好者上户占去，不好者勒鄰至耕佃。鄰至無力，又逃亡。所有田業或拋荒，或隱没，都無歸著。又官科鹽於民，歲歲增添。此外有名目科斂不一，官艱於催科，民苦於重斂，更無措手足處。守倅只利俸厚，得俸便了，更不恤大體，須是得監司與理會。亦近説與應倉了，不知如何。浩云：要好，得監司去地頭置局，與理會一番，直是見底方可住。先生擊節曰：此是至切之論，某之見正是如此。浩。

黄仁卿將宰樂安，論及均税錢，曰：今説道「税不出鄉」，要之，税有輕重，如何不出鄉得？若教税不出州時，庶稍均得。❶先生曰：「税不出鄉」，只是古人一時間尋得這説，去防那一時之弊。而今耳裏聞得，却把做箇大説話。但只均税錢，也未盡，須是更均税物方得。且如福州納税，一錢可以當這裏十錢，而今便須是更均那税物

---

❶ 「庶」下，萬曆本有「税」字。

又曰：往在漳州，見有退稅者，不是一發退了。謂如春退了稅後，秋又要退苗，却不知別郡如何？然畢竟是名目多後恁地。據某說時，只教有田底便納米，有地底便納絹，只作兩鈔，官司亦只作一倉一場。如此，百姓與官司皆無許多勞攘。又曰：三十年一番經界方好。又曰：元積《均田圖》惜乎不見，今將他傳來考，只有兩疏，却無那圖。然周世宗一見而喜之，便欲行，想見那圖大段好。嘗見陸宣公《奏議》後面說那口分、世業，其纖悉畢盡，古人直是恁地用心。今人若見《均田圖》時，他只把作鄉司職事看了，定是不把作書讀。今如何得有陸宣公樣秀才！又曰：林勳《本政書》每鄉開具若干字號田，田下註人姓名，是以田爲母，人爲子，說得甚好。義剛。

楊通老相見，論納米事，先生曰：今日有一件事最不好，州縣多取於民，監司知之當禁止，却要分一分，此是何義理！又論廣西鹽曰：其法亦不密。如立定格，六斤不得過百錢，不知去海遠處，搬擔所費重，此乃許子之道。但當任其所鄉，則其價自平。天下之事所以可權衡者，正謂輕重不同。乃今一定其價，安得不弊！又論汀寇止四十人，至調泉、建、福三州兵，臨境無寇，須令汀守分析。先生曰：纔做從官不帶職出，便把這事做欠闕。見風吹草動，便喜做事，不顧義理，只是簡利多害少者爲之，今士大夫皆有此病。可學。

嘗謂爲政者當順五行，脩五事，以安百姓。若曰賑濟於凶荒之餘，縱饒措置得善，所惠者淺，終不濟事。道夫。○賑民。

今賑濟之事，利七而害三，則當冒三分之害而全七分之利。不然，必欲求全，恐併

與所謂利者失之矣。人傑。

余正甫說時煞說得好，雖有智者爲之計，亦不出於此。然所說救荒賑濟之意固善，而上面取出之數不節不可。直卿云：制度雖只是這箇制度，用之亦在其人。如糶米賑饑，此固是，但非其人，則做這事亦將有不及事之患。曰：然。賀孫。

賑濟之策，初且大綱，如抄人口之類，亦且待其抄來如何。如不實，有人訟，然後或添或去，却罪官吏。一細碎，便生病。屯田亦然，且理會大處。如薛士龍輩皆有一定格子，細細碎碎，皆在我手，尚得。只一出使委人，如何了得？又此等事須是上下一心，方行得。揚。

直卿言：辛幼安帥湖南，賑濟榜文秖用八字，曰：「劫禾者斬！閉糶者配！」先生曰：這便見得他有才。此八字若做兩榜，便亂道。又曰：要之，只是粗法。道夫。

李壽翁啓請要移義倉放鄉下，令簿、尉月巡之，丞三月一巡之。先生曰：如此，則丞、簿、尉只幹辦此事也不給，都無力及其他事矣。又月月官出擾鄉人一番，也是行不得。後被朝廷寫下《常平法》一卷下來，也不道是行得行不得，只休了。又有一官人，要令逐縣試過了方得來就試。先生云：且如福州十二縣，今只一處弊，逐處試過，却有十二處弊。揚。

今日莫備於役法，亦莫弊於役法。振。○役民。

問：差役、雇役孰便？曰：互有得失。而今所謂雇役便者，即謂不擾稅人。然聚浮浪無根着之人在那裏，又多害事。所謂差役便者，即謂稅人自顧藉愛惜。然其爲之者，多有破家蕩產之患。蓋緣既教他作衙前，少間庫廚都教他管，便自備這物事以

供應官員，大有不便。祖宗時却有坊場、河渡以補之，謂之「優重」也。夔孫。

因論差役法，曰：「差役法善，晁以道嘗有劄子論差役有十利。」僴。

彭仲剛子復作台州臨海縣，理會役法甚善。朝廷措置役法，看如何措置，終是不公。且如鄉有寬狹，寬鄉富家多，狹鄉富家少，狹鄉富家靳靳自足，一被應役，無不破家蕩產，極可憐憫。彭計一縣有幾鄉，鄉有闊狹，某鄉多富家，某鄉少富家，却中分富家，以畀兩鄉，令其均平。其有不均處，則隨其道里遠近分割裨補，令其恰好，人甚便之。或曰：「恐致人怨。」曰：「不怨。蓋其公心素有以信於民，民自樂之。雖非法令之所得爲，然使民宜之，亦終不得而變也。」又有所在利於爲保正，而不利於爲保長者，蓋保長催稅，其擾極多。某在紹興，有人訴

不肯爲保長，少間却計會情願做保正，某甚嘉之，以爲捨易而就難。及詢之土人，乃云保長難於爲保正。又有計會欲爲保正，保長者，❶ 蓋有所獲於其中。所在風俗不同，看來只用倍法：若產錢滿若干，當爲保正；若產錢倍多，又計其餘產若干，當爲保長；若產錢倍多，則須兩番爲保正。如此，則無爭。又催稅之法，頃見崇安趙宰使人俵由子，分爲幾限，令百姓依限當廳來納，甚無擾。及過隆興，見帥司令諸邑俵由子催稅，而責以十限。縣但委之吏手，是時饑餓，民甚苦之，恣爲吏人乞覓。或所少止七百，而限以十限，每限自用百錢與吏；或欲作一項輸納，吏又以違限拒之；或所少不滿千錢，而趁限之錢則已踰千矣。其擾不可言。

❶ 「保正」二字原脫，今據朝鮮本補。

所以做官難，非通四方之風俗情僞，如何了得。僩。

李丈問：保正可罷否？曰：這箇如何罷得，但處之無擾可矣。

李丈問：保正可罷否？曰：此自王荊公始否？曰：保正自古有，但所管人戶數有限。今只論都，則人數不等，然亦不干人數多寡。若無擾，雖所管千百家亦不爲勞苦；若重困之，雖二十家亦不勝矣。淳。

因論保伍法，或曰：此誠急務。曰：固是。先王比閭保伍之法，便是此法，都是從這裏做起，所謂「分數」是也。兵書云「御衆有多寡，分數是也」，看是統馭幾人，只是分數明，所以不亂。王介甫銳意欲行保伍法，以去天下坐食之兵，不曾做得成。范仲達名如璋，太史之弟。爲袁州萬載令，行得保伍極好，自來言保伍法無及之者。此人有心力，行得極整肅，雖有姦細，更無所容。每有疑

似無行止人，保伍不敢著，互相傳送至縣，縣驗其無他，方令傳送出境。迄任滿，無一寇盜。頃張定叟知袁州，託其詢問，則其法已亡，偶有一縣吏略記大槪。僩。

某《保甲草》中所說縣郭四門外置隅官四人，此最緊要，蓋所以防衛縣郭以制變。縣有官府、獄訟、倉庫之屬，須是四面有箇防衛始得。一箇隅官，須各管得十來里方可。諸鄕則只置彈壓之類，而不復置隅官，默寓箇大小相維之意於其間。又後面「子弟」一段須是着意理會。這箇子弟，眞箇要他用，非其他泛泛之比，須是別有箇拔擢旌賞以激勸之乃可。此等事難處，須是理會教他整密無些鏟縫方可。僩。

❶「似」，萬曆本作「以」。
❷「詢」，萬曆本作「訊」。

「歸正人」元是中原人，後陷於蕃而復歸中原，蓋自邪而歸於正也。「歸明人」元不是中原人，是猺洞之人來歸中原，蓋自暗而歸於明也。如西夏人歸中國，亦謂之歸明。○燾。

財

今朝廷之財賦不歸一，分成兩三項，所以財匱。且如諸路總領贍軍錢，凡諸路財賦之入總領者，戶部不得而預也。其他則歸戶部，戶部又未盡得。凡天下之好名色錢容易取者、多者，皆歸于內藏庫、封樁庫，故戶部所得者皆是枷棒栲篦得來，所以戶部愈見匱乏。封樁內藏，孝宗時銳意恢復，故愛惜此錢，不肯妄用。間欲支，則有司執

奏，旋悟而止。及至今日，則供浮費不復有矣。今之戶部、內藏，正如漢之大農、少府錢。大農則國家經常之費，少府則人主之私錢。

今之戶部，但逐時了得些以支撥都下軍馬之類。如無，又借出內藏錢以充之。會，虞并甫不樂，罷黜之。揚。

凡天下財賦到，即分幾多入內庫，幾多入何處，幾多入戶部。王宣子為戶部時，曾去理在朝文臣每月共支幾萬貫，武臣及內侍等五六十萬貫。曰：唐初節度使皆是臨陳對敵，平定禍亂，故得此官。今因唐舊，而節度使之名不罷，皆安居暇食，安然受節度使之重祿，豈不是無謂？似聞蔡京當國，曾欲罷之。賀孫。

因致道說國家財用耗屈，某人曾記得宗室俸給一年多一年，駸駸四五十年

後,何以當之? 事極必有變。如宗室生下便有孤遺請給,初立此條,止爲貧窮全無生活計者,那曾要得恁地泛及。賀孫。

因言宗室之盛,曰:頃在漳州,因壽康登極恩,宗室量試出官,❶一日之間,出官者凡六十餘人。州郡頓添許多俸給,幾無以支吾。朝廷不慮久遠,宗室日盛,爲州郡之患。今所以已有一二州郡倒了,緣宗室請受浩翰,直是孤遺多。且如一人有十子,便用十分孤遺請受。有子孫多則寧不肯出官者。❷蓋出官則其子孫孤遺之俸皆止,而一官之俸反不如孤遺眾分之多也。在法,宗室無依倚者方得請孤遺俸,有依倚者不得請。有依倚,謂其伯叔兄弟有官,可以相依倚而不至於困乏。今則有伯叔兄弟爲官者,反得憑勢以請孤遺之俸;而真孤遺無依倚者,反艱於請,以其無援而州郡沮抑之

也。不知當初立法如何煞有不公處!如宗室丁憂,依舊請俸;宗室選人待闕,亦有俸給,恩亦太重矣。朝廷更不思久遠,他日爲州郡之害未涯也。如漢法,宗室惟天子之子則裂土地而王之;其王之子則嫡者一人繼王,庶子則皆封侯;侯惟嫡子繼侯,而其諸子則皆無封。故數世之後,皆與庶人無異,其勢無以自給,則不免躬農畝之事,如光武少年自販米是也。漳、泉宗室最多,南外、西外,在彼宮中不能容。曰:徽宗以宗室眾多,京師不能容,故令秦王位下子孫出居西京,謂之「西外」;太祖位下子孫出居南京,謂之「南外」。及靖康之亂,遭虜人殺戮虜

❶「量」,萬曆本作「重」。
❷「者」,原脫,今據萬曆本補。

掠之餘,能渡江自全者,高宗亦遣州郡收拾。於是皆分置福、泉二州,依舊分太祖、秦王位下而居之也。居于京師者,皆太宗以下子孫。太宗子孫是時世次未遠,皆有總麻服,故皆處於京師。而太宗以下,又自分兩等,濮園者尤親,蓋濮邸比那又爭兩從也。濮園之親,所謂「南班宗室」是也。近年如趙不流之屬皆是南班,其夫皆有官。故濮園位下女事人者,其恩禮又優。因言:京師破時,黃唐傳爲宗正官,以宗室簿籍獻于虜,虜依簿搜索,無一人能逃匿者。又徽宗淵聖諸子,皆是宦者指名取索❶,亦無一人能免者,言之痛傷。虜人初破京城時,只見來索近上寵倖用事底宦者數人,人莫測之,但疑其欲效此間置官,依倣宮闈間事耳。乃是呼去問諸王、諸公主所在,宮人有幾位,諸王有幾位,兩宮各有多少,并宮中寶玉之藏各有幾所。宦者一一聲說,略不敢隱。其有宮中秘藏寶玉,外人不得知者,虜人皆來索取,皆是宦者教之也。方搜捕諸王宗室時,吳革獻議於孫傅,欲藏匿淵聖之子,年十許歲,以續趙祀;而取外人一子狀貌年數相似者殺之以獻虜,云皇子出閣,爲眾人爭奪蹂踐而死。孫傅不敢擔當,竟不敢爲,只得兩手付之,無一箇骨肉能免者,可痛!問:吳革是時結連義兵,欲奪二聖,爲范瓊誘殺之。不知當時若從中起,能有濟否?曰:也做不得,大勢去矣!古人云「懍乎若朽索之馭六馬」,豈不是如此?只這裏才操縱少緩,其終便有此禍,可不慄慄危懼。從古以來如此。如唐高祖、太宗之子孫被武后殺盡,其間不絕

❶「宦」,原作「官」,今據萬曆本改。下三「宦」字同。

如綾。唐明皇奔迸流離，其子孫皆餓死，中更幾番禍亂，殺戮無遺，哀哉！ 卓。

或論會子之弊。曰：這物事輕了，是誘人入於死地。若是一片白紙，也直一錢在。而今要革其弊，須是從原頭理會方得。 燾。

或欲通銅錢出淮，先生深以為不然，云：東南銅錢已是甚少，其壞之又多端。私鑄銅器者，動整四五緺壞了。只某鄉間舊有此，想見別處更多。又有海舶之泄，海船高大，多以貨物覆其上，其內盡載銅錢，轉之外國。朝廷雖設官禁，那曾檢點得出其不廉官吏反以此為利。又其一，則淮上透漏，監官點閱稅物，但得多納幾錢，他不復問。銅錢過彼極有利，六七百文可得好絹一匹。若更不禁，那箇不要帶去？又聞入川中用，若放入川、蜀，其透漏之路更多。 賀孫。

論淮西鐵錢交子曰：交子本是代錢，今朝廷只以紙視之。今須是銅錢交子不用於淮，鐵錢交子不得用於江南。又須江南官司置場，兌換銅錢交子，乃可行耳。 人傑。

兩淮鐵錢交子，試就今不行處作箇措置，不若禁行在會子不許過江。只專令用交子。如淮人要過江買賣，江南須自有人停榻，交子便能換錢。又不若朝廷捐數萬貫錢在江南收買交子，却發過淮南，自可流通。必大曰：不許行在會子過淮，此恐難禁。先生以為然。必大因言：鐵錢之輕，亦緣積年鑄得多了，又只用之淮上十餘郡，所以至此益賤。先生遂言：古者只是荒歲方鑄錢。《周禮》所謂「國凶荒扎喪，則市無征而作布」，既可因此以養饑民，又可以權物之重輕。蓋古人錢闕，方鑄將來添。今

淮上亦可且住鑄數歲，候少時却鑄。次年臣僚請罷舒、蘄鼓鑄。○必大。

閩下四州鹽法分稅，上四州官賣。浙東紹興四州邊海亦合如閩下四州法，而官賣之，故其法甚弊。揚。

朱子語類卷第一百一十二 計十一板

朱子九

論官

周不置三公之官，只是冢宰以下六卿為之。周公嘗以冢宰為太師，《顧命》乃同召太保奭、芮伯、彤伯、畢公、衛侯、毛公，《注》謂此六卿也，稱公則三公矣。揚

或問：漢三公之官與周制不同，何耶？曰：漢初未見孔壁《古文尚書》中《周官》一篇說太師、太傅、太保為三公，或錄云：《周官》，故漢只置太尉、司徒、司空為三公，而無周三公、三少，蓋未見《古文尚書》。但見伏生口授《牧誓》、《立政》篇中所說司徒、司馬、司空，遂誤以是為三公而置之。愚按：漢高后元年初置少傅，平帝元始元年又置太保、太師。然當時所建三公，實司徒、司馬、司空，非此之謂。但因其字義，以為師、保之職，故亦甚尊崇之，位在三公上。東漢稱為上公，後世易為三師，皆是意也。使西漢明見《周官》，有所據依，必不若是舛矣。又按：《漢書·百官表》中却曰「太師、太傅、太保是為三公」，又曰「或說司馬主天，司徒主人，司空主土，是為三公」，其說與《周官》合者，豈孔氏《書》所謂「傳之子孫，以貽後代」者，至是私有所傳授，故班固得以述之歟？抑但習聞其說無所折衷，故兩存之而不廢耶？《古文尚書》至東晉時因內史梅頤始行于世，東晉之前如楊雄以《酒誥》為虛談，趙岐、杜預以《說命》、《皋陶謨》等篇為逸書，則其證也。古者諸侯之國只得置司徒、司馬、司空三卿，為天子方得置三公、三孤、六卿。《牧誓》、《立政》所紀，周是時方為諸侯，乃自《古文尚書》出，方有《周官》篇。伏生口授二十五篇，無

侯國制度。《周官》所紀則在成王時，所以不同。三公、三孤以師道輔佐天子，本是加官。周公以太師兼冢宰，召公以太保兼宗伯，是以加官而兼宰相之職也。上數語疑有未圓處。後世官職益紊，今遂以三公、三孤之官爲階官貼職之類，不復有師、保之任，論道經邦之責矣。舊來猶是文臣之有勳德重望者方除，以其有輔教天子之名故也。後世或以諸王、或以武臣爲之，既是天子之子與武臣，豈可任師、保之責耶？訛謬承襲，不復釐正。祖宗之法，除三孤、三公者必須建節，或錄云：今加三公者，又須加節度使。朝廷又極惜節度使，蓋節度使每月請俸千餘緡，所以不輕授人。本朝如韓、富、文、杜諸公欲加三公，少須建節，不知是甚意。加檢校太子少保、少師之類，然後除開府儀同三司。既除開府，然後除三孤、三公。南渡以來，如張、韓、劉、岳諸武臣猶是如此。

今則不然，既建節後，便抹過檢校，徑除開府，至三孤、三公矣。或錄云：或和開府抹過，加三公、三少者有之。又曰：檢校開府以上，蔭子便得文官。文臣爲樞密直學士者，蔭子反得武官，如富鄭公家子弟有爲武官者是也。五代以武臣爲樞密使，武臣或不識字，故置樞密直學士，令文臣輔之，故奏子皆得武官，本朝因而不廢。文臣自金紫轉特進開府，❶然後加三公、三少，如富、韓諸公是如此。本朝置三太、三少，而無司徒、司馬、司空之三公。然韓、杜諸公有兼司徒、司空、又有守司空者，皆不可曉。神宗贈韓魏公尚書令，令後世不得更加侍中、中書令，著爲定制，其禮極隆。本朝惟韓公爲然。饒錄云：蓋已前贈者皆是以中書令兼尚書令，神宗特贈尚書令者，其禮極重。後來蔡京改官制，遂奏云：「昔太宗皇帝嘗爲尚書令，令後更不除尚書令者，乃唐太宗也，故唐不除尚書令。」殊不知爲尚書令，今後更不除尚書令。

❶「臣」，萬曆本作「官」。

惟郭子儀功高特除，子儀堅不敢受，曰：「昔者太宗皇帝嘗爲此官，非人臣敢居。」朝廷遂加「尚父」之號。蔡京名爲紹述熙、豐故事，却恣意紛更，不知訛舛，舉朝莫不笑之，而不敢指其非。又奏徽宗云：「嘗面奉神宗聖旨，令改造尚書省。」尚書省者，神宗所造，規模極雄偉，國朝以來官府所未有。訖工，神宗幸之，見壯麗如此，出令云：「今後輒敢少有更易者，以違制論。」自後宰相居之輒不利，王珪病死，章子厚、韓忠彥、蔡確皆相繼斥去，京惡之。是時蜀中有一士人姓家，迎合其意，獻《唐尚書省圖》，云：「唐尚書省正廳在前，六曹諸司房在後，今皆反是。」又土地堂在正廳之前，今却在後，所以宰相數不利。」京信其說，遂毀坼重造，比前苟簡逼仄之甚，無忌憚如此。又曰：本朝太宗嘗以中書令爲開封尹，由開封尹

入禪大統，故後來不除中書令，尹開府者亦不敢正除，❶必加「權」字。蔡京改官制，遂除中書令。當除底不除，謂尚書令。不當除底却除。又尹開封者更不帶「權」字。其悖亂無知，皆此類也。又京以三公爲宰相，令人以「公相」呼己，而不得呼「相公」。後來秦檜亦如此，蓋做此也。或問：僕射名義如何？曰：舊云秦時置僕射專主射，恐不然。《禮》云「僕人師扶左，射人師扶右，即《周官》太僕之職。君薨以是舉」，僕射之名蓋起於此。以其朝夕親近人主，後世承誤，輒失其真，遂以爲宰相之號。如侍中、中書令、尚書令，亦是如此。侍中，秦官，漢因之，多是侍衛人主，或執唾壺虎子之屬，行幸則從，是其初職甚微。行則參錯於宦官之間。其初猶

❶「尹開府者」，朝鮮本作「其開封府者」。

以儒者爲之，如武帝時孔安國爲侍中，嘗掌唾壺是也。以其日與人主相親，故浸以用事。尚書，是掌群臣書奏，如州郡開拆司，管進呈文字，凡四方章奏皆由之以達。其初亦甚微，只如尚衣、尚食、尚輦、尚藥之類，亦緣居中用事，所以權日重。按：秦時少府遣吏四人，在殿中主發書，故謂之尚書。尚，猶主也。中書，因漢武帝游宴後庭，去外庭遠，始用宦者典事，謂之「中書謁者」，或錄云：「故置中書，以宦者爲之。」置令、僕射，尤與人主親狎，故其權愈重。元帝時弘恭爲令，石顯爲僕射，嘗權傾內外。按：蕭望之云：「中書政本，宜用士人。」蓋自武帝始用宦官出入奏事，非舊制也。及光武即位，政事不任三公，而盡歸臺閣，凡天下事盡入於中書。或錄作「中尚書」。嘗見後漢群臣章奏首云：「臣某奏疏尚書」，猶今言「殿下」、「陛下」之類，雖是不敢指斥而言，亦足以見其居要地而秉重權矣。當時事無巨細，皆是尚書行下三公，或不經由三公，徑下九卿。或錄云：三公之權反不如九卿，所以漢世宦者弄權用事。故東漢時不惟尚書之權重，九卿之權亦重者，此也。按：光武不任三公，事歸臺閣者，蓋當時謂六尚書臺，猶今言尚書省也。曹操開魏王府，未敢即擬朝廷建官，或錄云「置中書」。但置祕書令，篡漢之後，始改爲中書監。以其素承寵任，故荀勗自中書遷尚書監。人賀之，勗曰：「奪我鳳凰池，諸君何賀耶？」或錄云：蓋尚書又不如中書之居中用事親密也。問：侍中是時爲何官？曰：黃門監即今之門下省，左右散騎常侍皆黃門監之屬也。西漢時中書之權重，東漢時尚書之權重，至此則中書之權復重而尚書之權漸輕矣。問：「省」字何義？曰：省，即禁也。舊謂之「禁」，避漢元后父諱，遂改

為「省」。儒用。○或錄少異。

古者人主左右攜提，執賤役，若虎賁、綴衣之類皆是士大夫，日相親密，所謂「侍御僕從，罔匪正人。以旦夕承弼厥辟，出入起居，罔有不欽；發號施令，罔有不臧」。不似而今太隔絕，人主極尊嚴，真如神明。人臣極卑屈，望拜庭下，不交一語而退。漢世禁中侍衛亦是士大夫，以孔安國大儒而執唾壺，雖儀盆亦是士人執之。宋文帝時，大臣劉湛入見，則與坐語，初間愛之，視日影之斜，惟恐其不去，後竟殺之。後來厭之，視日景之斜，惟恐其去。魏明帝初說「大臣太重則國危，小臣太親則身蔽」，當時於大臣已為之處置。後來左右小臣親密，至使中書令某人上床執手，強草遺詔，流弊便有此事。漢宣懲霍光之弊，事必躬親，又有宦者恭、顯出來。❶光武懲王莽之弊，不

任三公，事歸臺閣。尚書、御史大夫、謁者，謂之「三臺」。義剛。

昔周公立許多官制，都有統攝連屬。自秦漢而下，皆是因一事立一官，便無此統攝連屬了。燾。

尚書、尚衣、尚食，尚乃主守之意，秦語作平音。淳。

漢御史大夫，如本朝參知政事。義剛。

唐官皆家京師。賀孫。

唐之僕射即今之特進，他只是恁地轉將去。義剛。

唐之兵盡付與刺史、節度使，其他牙將之類皆由刺史、節度使辟置，無如今許多官屬。廣。

唐之朝廷有親衛，有勳衛，有翊衛。親

---

❶「宦」，原作「官」，今據萬曆本改。

衛，則以親王侯之子爲之；勳衛，則以功臣之子弟爲之；翊衛，則惟其所選。公謹。

或問東宮官屬。曰：《唐六典》載東宮官制甚詳，如一小朝廷。置詹事以統衆務，則猶朝廷之尚書省也；置左、右二春坊以領衆局，則猶中書、門下省也；左、右春坊又皆設官，有各率其屬之意。崇文館猶朝廷之館閣，贊善大夫猶朝廷之諫議大夫。其官職一視朝廷而爲之降殺，此等制度猶好。今之東宮官屬極苟簡。左、右春坊，舊制皆用賢德者爲之，今遂用武弁之小有才者，其次惟有講讀數員而已。如贊善大夫諸官，又但爲階官，非實有職業。神宗以《唐六典》改官制，乃有疏略處，如東宮官屬之不備是也。某舊嘗入一劄子，論東宮官制疏略，宜放舊損益之，不報。又曰：唐之官制亦大率因隋之舊，府、衛、租庸調之法

皆是也。當時大亂，殺傷之後，幾無人類，所以宇文泰與蘇綽能如此經營。三代而下，制度稍可觀者，唯宇文氏耳。蘇綽一代之奇才，今那得一人如此。儒用。

《唐六典》，明皇時所撰，雖有是書，然其說一切繁冗迂曲。神宗喜之，一一依此定官制。其建官却不依此。其書却是齊整，然其實甚苦之，入文字要改祖宗官制，雖名不齊整，然其實徑直。紹興間以其不便，方改之，二相之權均矣。揚。

因論神宗官制右相反重。前漢官制雖亂道，却是實主事，神宗時反徇名亡實。漢初制中書，後武帝倦勤，遂置內中書，宦官爲之，石顯之類是也。溫公亦私造得一制度：左相主禮、吏、戶三部，右相主兵、刑、

工三部。後有一人要令六部尚書得自執奏，亦不行。今左、右相兼掌三省事。揚。

方今朝廷只消置一相，三參政兼六曹，如吏兼禮，戶兼工，兵兼刑。樞密可罷，如此則事易達。又如宰相擇長官，長官却擇其寮。今銓曹注擬小官，繁劇而又不能擇賢。每道只令監司差除，亦好。每道仍只用一監司。人傑因舉陸宣公之言，以為「豈有為臺閣長官則不能擇一二屬吏，為宰相則可擇千百具寮」。曰：此說極是，當時如沈既濟亦有此說之意。人傑。

嘗與劉樞言：某做時，且精選一箇吏部尚書，使得盡搜羅天下人才。諸部官長得自辟屬官，却要過中書、吏部尚書考察。朝官未闕人時，亦未得薦。俟次第闕人，却令侍從以下各舉一人、二人。只舉一二人，彼亦不敢以大段非才者進。今常常薦人，

一切都淡了。又併天下監司，一路只著一漕一憲，茶鹽將兼了。因論尹穡不著胸中不好時，却尚解理會事。當時多併了官司，後來又復了。揚。

陳同父謂：今要得國富兵強，須是分諸路為六段，六曹尚書領之。諸州有事，祇經諸曹尚書奏裁取旨。又每一歲或二歲使一巡歷，庶幾下情可達。先生曰：若廣中、四川之類，使之巡歷，則其本曹亦有廢弛之患。陳曰：劇曹則所領者少，若路遠則兵、工部可為也。曰：此亦是一說。

古者王畿千里而已，然官屬已各令其長推擇。今天下之大，百官之眾皆總于吏部。下至宰執幹辦使臣，特其家私僕爾，亦須吏部差注，所以只是袞袞地鶻突差將去，何暇論其人之材否？今朝廷舉事，三省下之六部，六部下之監寺，監寺却申上六部，

六部又備申三省，三省又依所申行下。只祠祭差官，其人不過在朝職事官，其姓名亦豈難記。然省中必下之禮部，禮部行下太常，太常方擬定申部，部申省，省方從其所申差官，不知何用如此迂回？❶ 只三省事亦然，尚書關中書取旨，中書送門下審覆，門下送尚書施行。又如既有六部，即無用九卿。周家只以六卿分職，漢人只以九卿釐庶務，事各歸一。本朝建官重三疊四，多少勞擾？此須大有爲後痛更革之。若但宰相有志，亦不能辦，必得剛健大有爲之君自要做時，方可。《書》曰：「亶聰明作元后，元后作民父母。」須是剛明智勇、出人意表之君，方能立天下之事。又如今諸路兵將官，有總管、路分、路鈐、都監、監押、正將、副將，都不曾管一事。廂軍既無用，又養禁軍。禁軍又分揀中、不揀中兩等，然亦養禁軍矣。此是耗蠹多少！「通其變，使民不倦」，今變而不通，民皆倦了，故鼓舞不動。國初緣藩鎮彊，故收其兵權，置通判官。今已無前日可防之弊，却依舊守此法，可謂不知變也。只通判是要何用？繆者事事不管，只任知州自爲；彊者又必安作以撓郡政，是何益哉？必大。

自秦置守、尉、監，漢有郡守、刺史，如今監司，專主按察。至漢末令刺史掌兵，遂侵郡守之權，兼治民事，而刺史之權獨重。後來或置或否。漢有十二州百三郡，郡有太守，州有刺史。歷代添置州名愈多而郡愈少，又其後也遂去郡而爲州，故刺史兼治軍民而守廢。至隋又置郡守，後又廢守置刺史，而刺史遂爲太守之職。某嘗說不用許多監

❶「回」，萬曆本作「曲」。

司，每路只置一人，復刺史之職，正其名曰按察使，令舉刺州縣官吏。其下却置判官數員以佐之，如轉運判官、刑獄判官、農田判官之類。農田專主婚田，轉運專主財賦，刑獄專主盜賊刑獄，而刺史總之。稍重諸判官之權，資序視通判，而刺史視太守。判官有事欲奏聞，則刺史爲之發奏。刺史不肯發，則許判官自徑申御史臺、尚書省，以分刺史之權。蓋刺史之權獨專，則又不便。若其人昏濁，則害貽一路，百姓無出氣處，故又須略重判官之權。諸判官下却置數員屬官，如職幕官之類。如此，則重權歸一，太守自治州事，而刺史則舉刺一路，豈不簡徑省事而無煩擾耗蠹之弊乎？問：今之主管，資格亦視通判？曰：然。但權輕不能有所爲，只得奉承運使而已。若分爲判官，俾得專達，則其權重，而監司亦不敢妄作矣。個。

姚崇擇十道使之說甚善，范富天章所條亦只說到擇監司而已。今諸路監司猥衆，恰如無一般。不若每路只擇一賢監司，其餘悉可省罷。營。

監司每路只須留一人，揀其無風力者，且與一郡而漸去之。必大。

銓擇之法，只好京官付之監司，選人付之郡守，各令他隨材擬職。州申監司，監司申吏部，長貳審察聞奏，下授其職。却令宰相擇監司，吏部擇郡守。如此，則朝廷亦可無事，又何患其不得人！道夫。

朝廷只當擇監司、太守，自餘職幕縣官，容他各辟所知，方可責成。天下須是放開做，使恢恢有餘地乃可。浩。

因論薦舉之弊，曰：亦不難革。只是擇諸路監司，并得一好吏部尚書，揀薦得不

是人材者退去，便須得人。今胡亂薦來，但不犯贓罪便得。若犯了贓，不過降得兩官，安得不胡薦？營。

監司薦人，後犯贓犯罪，須與鐫三五資，正郎降為員郎，員郎則降為承議郎以下。若已為侍從，或無職名可鐫，則鐫其俸，或一郊不與奏薦。① 如此，則方始得它痛，恁地也須怕，今都不損他一毫。道夫。

只管說官冗，何不於任子上更減？今員外所得恩數，展至正郎，正郎恩數迤邐展上。合奏京官者，且與選人，又何害？不肯索性理會一番，只是恐人怨謗。祖宗時亦幾次省削了，久而自定，何足恤耶？浩。

兵制、官制、田制，便考得三代、西漢分明，然與今日事勢名實皆用不得。如官制，不若且就今日之官罷其冗員，存其當存者，亦自善。必大。

某嘗謂宰相是舜、禹、伊、周差遣，下此亦須房、杜、姚、宋之徒，方能處置得天下事。後之當此任者，怪他不能當天下之事不得。是他人品只如此，力量有所不足，如何強得。振。

客有為固始尉，言淮甸無備甚。先生曰：大臣慮四方，若位居宰相，也須慮周於四方，始得。如今宰相思量得一邊，便全然掉卻那一邊。如人為一家之長，一家上下也須常常都計掛在自家心下始得。賀孫。

今日言事官欲論一事一人，皆先探上意如何，方進文字。振。

先生閱報狀，見臺中有論列章疏，歎曰：「射人須射馬，擒賊須擒王，如何卻倒了？」道夫。

① 「郊」，萬曆本作「功」。

古人云「左史書言，右史書動」，今也恁地分不得，只合合而記之。直卿曰：所可分者，事而已。曰：也分不得。所言底，便行出此事來。道夫。

國子司業學官尚可爲。天下人材所聚，庶幾有可講學成就者。然今日爲之，明日便當改作，使士人毋以利爲心。若君無尊德樂道之誠，必不能用。方。

治愈大則愈難爲，監司不如做郡，做郡不如做縣。蓋這裏有仁愛心，便隔這一重。要做件事，他不爲做，便無緣得及民。淳。

某嘗謂：今做監司不如做州郡，做州郡不如做一邑，事體却由自家。監司雖大於州，州雖大於邑，然都被下面做翻了，上面如何整頓？道夫。

爲守令，第一是民事爲重，其次則便是軍政，今人都不理會。道夫。

俞亨宗云：某做知縣，只做得五分。曰：何不連那五分都做了？自脩。

襄陵許子禮作縣，法「開收人丁，推割產稅」二句。方。

「開落丁口，推割產錢」，是治縣八字法。詞牒無情理者不必判，先減書鋪及勒供罪狀不得告許之類。葉子昂催稅，只約民間逐限納錢上州，縣不留錢。德明。

有一朋友作宰，通監司書，先說無限道理。陳公亮作帥，謂之曰：「若要理會職事，且不須如此迂闊。」某以爲名言。

前輩說話可法。某嘗見吳公路云：「他作縣，不敢作旬假。一日假，則積下一日事，到底自家用做，轉添得繁劇，則多粗率不子細，豈不害事？」道夫。

謂李思永曰：衡陽訟牒如何？思永曰：無根之訟甚多。先生曰：與他研窮道

理,分別是非曲直,自然訟少。若厭其多,不與分別,愈見事多。蓋卿。

問德粹:婺源旱如何?先生曰:最有一件事,是今日大弊。滕答。旱則申雨,檢荒則云熟,火燒民家則減數奏,到處如此。可學。

某人爲太守,當見客。日分,先見過客,方接同官及寄居官人。❶問其故,曰:「同官有稟議待商量區處,頗費時節。過客多是略見即行,若停軋在後,恐妨行色。」此事可法。賀孫。

朝廷設教官一件,大未是。後生爲教官,便做大了。只歷一兩任教官,便都不了世事。須是不拘科甲,到五十方可爲之。不然,亦須四十五。淳。

律:主簿管押一縣簿,凡事盡與之。知錄事錄一郡事,太守有事,許知錄奏聞。

謂之「知錄」者,以官稍大,如今知縣之類。揚。

官無大小,凡事只是一箇公。若公時,做得來也精采。便若小官,人也望風畏服。若不公,便是宰相,做來做去,也只得箇沒下梢。與立。

今之仕宦不能盡心盡職者,是無那「先其事而後其食」底心。端蒙。

嘗歎州縣官碌碌,民無所告訴,兼民情難知,耳目難得其人,看來如何明察,亦多有不知者。以此觀之,若是見得分明決斷時,豈可使有豪髮不盡。又歎云:民情難知如此,只是將甚麼人爲耳目之寄。賀孫。

如看道理、辨是非,又須是自高一着,

❶ 下「官」字,萬曆本作「賓」。

方判決得別人說話。如堂上之人方能看堂下之人，若身在堂下，如何看見子細？又如今兩人廝炒，自家要去決斷他，須是自家高得他。若與他相似，也斷他不得，況又不如他。李雖不與熟，嘗於其見先人時望見之，先人稱其人有才略。因云：❶今做官人，幾時箇箇是闒冗人？多是要立作向上。那箇不說道先著馭吏？少間無有不拱手聽命於吏者，這只是自家不見得道理，事來都區處不下。吏人弄得慣熟，却見得高於他，只得委任之。又云：如圍某一般。❷兩人初著，那箇不要勝？誰肯去就死地自做活計？這只是見不高，無奈何。賀孫。

胡致堂言：「吏人不可使他知我有恤他之意。」此說極好。又曰：此已是恤他不可恤。小處可恤，大處不可恤。又曰：三

五十錢底可恤，若有人來理會，亦須治他。節。

某與諸公說：下梢去仕宦，不可不知。須是有旁通曆，逐日公事，開項逐一記，了即勾之。未了，須理會教了，方不廢事。賀孫。

當官文書簿曆，須逐日結押，不可拖下。個。

前輩檢驗皆有書，當官者不可不知。極多樣。○個。

因民戶計較，沮撓社倉倉官，而知縣不恤，曰：此事從來是官吏見這些米不歸於官吏，所以皆欲沮壞其事。今若不存官倉，數年之間，立便敗壞。雖二十來年之功，俱

---

❶「因」，萬曆本作「曰」。
❷「棊」，原作「基」，今據萬曆本改。

爲無益。賀孫。

人居官要應副親戚，非理做事。只說道囑託所得貨賄，親戚受之。這是甚麼底事，敢胡亂做！因說：吳公路爲本路憲，崇安宰上世與之有契，在邑恣行，無所不至。有訴于吳，其罪甚衆。吳謂其上世有恩於我，①我今居官，終不成以法相繩，遂寬釋訟者遣之。斯人益肆其暴虐，邑民皆無所告訴。看來固當不忘上世之恩，若以私恩一向廢法，又如何當官？漢武帝不以隆慮公主之故而赦其子，昭平君雖其初以金錢豫贖死罪，後竟付之法，云：「法令者，先帝之所造也。奈何以弟故廢先帝法，吾何面目入高廟乎？」東方朔上壽曰：「臣聞聖王爲政，②賞不避仇讎，誅不擇骨肉。《書》曰『不偏不黨，王道蕩蕩』，此二帝三王之所重也。陛下行之，天下幸甚！」夫「天討有罪」是大小大事，豈可以私廢？直卿云：若是吳憲待崇安宰，雖當一付之法，還亦有少委曲否？曰：如恩舊在部屬，未欲一實于法，亦須令尋醫去可也。賀孫。

爲稅官，若是父兄宗族舟船過，只得稟白州府，請別委官檢稅，豈可直拔放去？所以祖宗立法，許相迴避。又曰：臨事須是分豪莫放過。如某當官，或有一相識親戚之類，如此越用分明，不肯放過。道夫。

或欲圖押綱厚賞者。③曰：譬如一盤珍饌，五人在坐，我愛喫，那四人亦愛喫。我伸手去拏，那四人亦伸手去拏，未必果誰得之。能恁地思量，便自不去圖。古者權

---

① 「吳」，萬曆本作「只」。
② 「王」，萬曆本作「主」。
③ 「押」，萬曆本作「神」。

謀之士,雖千萬人所欲得底,他也有計術去必得。淳。

過到溫陵回,以所聞岳侯對高廟「天下未太平」之問,云「文臣不愛錢,武臣不惜命,天下當太平」,告之先生之前。只笑云:後來武官也愛錢。過。

朱子語類卷第一百一十三 計一十三板

朱子十

訓門人一

問:氣質弱者如何涵養到剛勇?曰:只是一箇勉強,然變化氣質最難。以下訓德明。

今學者皆是就册子上鑽,却不就本原處理會。只成講論文字,與自家身心都無干涉,須是將身心做根柢。德明問:向承見教,須一面講究,一面涵養,如車兩輪,廢一不可。曰:今只就文字理會,不知涵養,便是一輪轉,一輪不轉。問:今只論涵養,却不講究,雖能閑邪存誠,懲忿窒慾,至處事差失,則奈何?曰:未說到差處,且如所謂「居處恭,執事敬」。若不恭敬,便成放肆。如此類不難知,人却放肆不恭敬。如一箇大公至正之路甚分明,不肯行,却尋得一線路與自家私意合,❶便稱是道理。今人每每如此。

問:涵養於未發之初,令不善之端旋消,則易爲力。若發後,則難制。曰:聖賢之論,正要就發處制。惟子思說「喜怒哀樂未發謂之中」。孔、孟教人,多從發處說。未發時固當涵養,不成發後便都不管。德明云:這處最難。因舉橫渠「戰退」之說。曰:此亦不難,只要明得一箇善惡。每日

❶「意」,萬曆本作「道」。

遇事須是體驗，見得是善，從而保養取，自然不肯走在惡上去。

次日又云：雖是涵養於未發，源清則流清，然源清卻未見得，被它流出來已是濁了。須是因流之濁以驗源之未清，就本原處理會。未有源之濁而流之能清者，亦未有流之濁而源清者，今人多是偏重了。只說涵養於未發，❶而已發之失乃不能制，是有得於靜而無得於動，只知制其已發，而未發時不能涵養，則是有得於動而無得於靜也。

問：看先生所解文字，略通大義，只是意味不如此浹洽。曰：只要熟看。又云：且將正文熟誦，自然意義生。有所不解，因而記錄，它日卻有反覆。

德明問：編喪、祭禮，當依先生指授，以《儀禮》為經，《戴記》為傳，《周禮》作旁

證。曰：和《通典》也須看，就中卻又議論更革處。語畢，卻云：子晦正合且做切己工夫，只管就外邊文字上走，支離雜擾，不濟事。孔子曰：「操則存，舍則亡。」孟子曰：「學問之道無他，求其放心而已矣。」須如此做家計。程子曰：「心要在腔子裏，不可驚外。」此箇心須是管著他始得。且如曾子於禮上纖細無不理會過，及其語孟敬子則曰：「動容貌，斯遠暴慢矣；正顏色，斯近信矣；出辭氣，斯遠鄙倍矣。籩豆之事，則有司存。」須有緩急先後之序，須有本末，須將操存工夫做本，然後逐段逐義去看，方有益，也須有倫序。只管支離雜看，都不成事去。「行有餘力，則以學文。」「志於道，據於德，依於仁」，然後「游於藝」。今只就冊子

---

❶ 「說」，萬曆本作「是」。

上理會，所以每每不相似。又云：正要「克己」上做工夫。

先生舉《遺書》云：學者須敬守此心，不可急迫，當栽培深厚，涵泳於其間，然後可以自得。今且要收斂此心，常提撕省察。且如坐間說時事，逐人說幾件，若只管說，有甚是處？便截斷了，提撕此心，令在此。凡遇事應物皆然。問：當官事多，膠膠擾擾，奈何？曰：他自膠擾，我何與焉？濂溪云「定之以中正仁義而主靜」，中與仁是發動處，正是當然定理處，義是截斷處，常要主靜，豈可只管放出不收斂？「截斷」二字最緊要。

又云：須培擁根本，令豐壯。以此去理會學，三代以下書，古今世變治亂存亡，皆當理會。今只看此數書，又半上落下。

且如編《禮書》不能就，亦是此心不壯，須是培養令豐碩。呂子約「讀三代以下書」之說，亦有謂。大故有書要讀，有事要做。

問：五典之彝、四端之性，推尋根源，既知為我所固有，日用之間大倫大端，自是不爽。少有差失，只是為私慾所撓，其要在窒慾。曰：有一分私慾，便是有一分見不盡。見有未盡，便勝他私慾不過。若見得脫然透徹，私慾自不能留。大要須是知至才知至，便到意誠心正一向去。又舉虎傷事。當時再三深思所見，及推太極動靜、陰陽五行與夫仁義中正之所以主靜者求教。曰：據說亦只是如此，思索亦只到此，然亦無可思索。此乃「雖欲從之，末由也已」處，只要時習，常讀書，常講貫，令常在目前，久久自然見得。

問：山居頗適，讀書罷，臨水登山，覺

得甚樂。曰：只任閑散不可，須是讀書。又言上古無間民。其說甚多，不曾記錄，大意似謂閑散是虛樂，不是實樂。

因說某人開廣可喜，甚難得，只是讀書全未有是處。學者須是有業次。竊疑諸公亦未免如此。德明與張顯父在坐，竦然聽教。先生言：前輩諸賢多只是略綽見得箇道理便休，少有苦心理會過。須是專心致意，一切從原頭理會來。且如讀《堯》《舜典》「曆象日月星辰」、「律度量衡」、「五禮五玉」之類，《禹貢》山川，《洪範》九疇，須一一理會令透。又如《禮書》冠、昏、喪、祭、王朝、邦國許多制度，逐一講究。因言：趙丞相論廟制不取荆公之說，編《奏議》時已作細注，不知荆公所論，深得三代之制。又不曾講究毁廟之禮，當時除拆已甚，❶不應《儀禮》，可笑！子直一生工夫只是編《奏議》。今則諸人之學又只做《奏議》以下工夫。一種稍勝者，又只做得西漢以下工夫。無人就堯、舜、三代原頭處理會來。又與敬之說：且如做舉業，亦須苦心理會文字，方可以決科。讀書若不苦心去求，不成業次，終不濟事。

臨別再言：學者須是有業次，須專讀一書了，又讀一書。德明起稟：數日侍行，極蒙教誨。若得師友常提撕警省，自見有益。

曰：如今日議論，某亦因而得溫起一遍。

問：前承先生書云：李先生云「賴天之靈，常在目前」，如此安得不進？蓋李先生爲默坐澄心之學，持守得固。後來南軒深以默坐澄心爲非，自此學者工夫愈見散漫。反不如默坐澄心之專。先生曰：只爲李先

---

❶「當」下，萬曆本有「是」字。

生不出仕，做得此工夫。若是仕宦，須出來理會事。向見吳公濟爲此學，時方授徒，終日在裏默坐。諸生在外，都不成模樣，蓋一向如此不得。問：龜山之學，云「以身體之，以心驗之，從容自得於燕間靜一之中」李先生學於龜山，其源流是如此。曰：龜山只是要閑散，然却讀書。尹和靖便不讀書。

初七日禀辭，因求一言爲終身佩服，先生未答。且出，晚謁再請，先生曰：早間所説用功事，細思之，只是昨日説「戒謹不睹，恐懼不聞」，是要切工夫。佛氏説得甚相似，然而不同。佛氏要空此心，道家要守此氣，皆是安排。子思之時，異端並起，所以作《中庸》發出此事，只是戒謹恐懼，便自然常存，不用安排。「戒謹恐懼」雖是四箇字，到用着時無它，只是緊鞭約令歸此窠臼來。

問：佛氏似亦能謹獨？曰：它只在靜處做

得，與此不同。佛氏只是占便宜，討閑靜處去。老、莊只是占姦，要它自身平穩。先生又自言：二三年前，見得此事尚鶻突，爲它佛説得相似。近年來方見得分曉，只是「戒謹所不睹，恐懼所不聞」好。❶ 顔子約禮事是如此，佛氏却無此段工夫。

先生極論戒謹恐懼，以爲學者要切工夫。因問：《遺書》中「敬義夾持，直上達天德」之語，亦是要切工夫？曰：不理會得時，凡讀書語言，各各在一處。到底只是一事。又問：「必有事焉而勿正」一段亦是不安排，亦是戒謹恐懼則心自存之意？曰：此孟子言養氣之事。「必有事焉」，謂集義也。集義，則氣自長。亦難正他，亦難助他長。必有事焉而勿忘於集義，則積漸自長去。

---

❶ 「好」，萬曆本作「如」，當屬下讀。

安卿問：前日先生與廖子晦書，云「道不是有一箇物事閃閃爍爍在那裏」，固是如此。但所謂「操則存，捨則亡」❶，畢竟也須有箇物事。曰：操存只是教你收斂，教那心莫胡思亂量，❷幾曾捉定有一箇物事在裏。又問：「顧諟天之明命」，畢竟是箇甚麼？曰：只是説見得道理在面前，不被物事遮障了。「立則見其參於前，在輿則見其倚於衡」，皆是見得理如此，不成是有一塊物事光輝輝地在那裏？義剛。

廖子晦得書來，云「有本原，有學問」。某初曉不得，後來看得他門都是把本原處是別有一塊物來模樣。聖人教人，只是致知、格物，不成真箇是有一箇物事來，如一塊水銀樣走來走去那裏。這便是禪家説「赤肉團上自有一箇無位真人」模樣。義剛。以前看得心只是虛蕩蕩地，而今看得

來湛然虛明，萬理便在裏面。向前看得便似一張白紙，今看得便見紙上都是字，廖子晦門便只見得是一張紙。義剛。

直卿言：廖子晦作宰，不庭參，當時忤了上位，但此一節最可服。先生曰：庭參底固不是，然待上位來爭，到底也不是。義剛。

廖德明赴潮倅，來告別，臨行求一安樂法。曰：聖門無此法。僩。

或問「誠敬」二字。云云。先生曰：也是如此。但不去做工夫，徒説得，不濟事。且如公一日間，曾有幾多時節去體察理會來？若不曾如此下工夫，只據册上寫底來口頭説，雖説得是，何益？某常説與學者，此箇道理須是用工夫自去體究。講論

❶「亡」，萬曆本作「忘」。
❷「量」，萬曆本作「想」。

固不可闕，若只管講，不去體究，濟得甚事？蓋此義理儘廣大無窮盡，今日恁地說，亦未必是。又恐他只說到這裏，入深也更有在，若便領略將去，不過是皮膚而已，又不入思慮，則何緣會進？須是把來橫看豎看，子細窮究，都理會不得底，固當去看，便是領略得去者，亦當如此看。看來看去，方有疑處也。此箇物事極密，豪釐間便相争，如何恁地疏略說得？若是那真箇下工夫到田地底人，說出來自別。漢卿所問雖若近似，也則看得淺。須是理會來理會去，理會得意思到，似被膠漆粘住時，方是長進也。因問：「誠敬」二字如何看？廣云：先敬，然後誠。曰：且莫理會先後，敬是如何？誠是如何？廣曰：敬是把捉工夫，誠則到自然處。曰：敬，也有把捉時，也有自然時；誠，也有勉為誠時，亦有

自然誠時。且說此二字義。敬，只是箇收斂畏懼，不縱放；誠，只是箇樸直慤實，不欺誑。初時須著如此不縱放、不欺誑；到得工夫到時，則自然不縱放、不欺誑矣。以下訓廣。

廣云：昨日聞先生教誨做工夫底道理，自看得來，所以無長進者，政緣不曾如此做工夫，故於看文字時，不失之膚淺，則入於穿鑿。今若據先生之說，便如此着實下工夫去，則一日須有一日之功，一月須有一月之功，決不到虛度光陰矣。先生曰：昨日也偶然說到此。某將謂凡人讀書都是如此用功，後來看得卻多不如此。蓋此道理問也問不盡，說也說不盡，頭緒儘多，須是自去看。看來看去，則自然一日深似一日，一日分曉似一日，簡易似一日，只是要熟。孟子曰：「仁亦在乎熟之而

已。」熟，則一喚在面前，不熟時，纔被人問著，便須旋去尋討。迨尋討得來時，意思已不如初矣。

先生謂廣：看文字，傷太快，恐不子細。雖是理會得底，更須將來看。此不厭熟，熟後更看，方始滋味出。因笑曰：此是做「偽學」底工夫。

先生諭廣曰：今講學也只如此，更須於主一上做工夫。若無主一工夫，則所講底義理無安着處，都不是自家物事。若有主一工夫，則外面許多義理方始為我有，都是自家物事。工夫到時，才主一，便覺意思好，卓然精明。不然，便緩散消索了，没意思。廣云：到此侍教誨三月，雖昏愚，然亦自覺得與前日不同，方始有箇進脩底田地，歸去當閉户自做工夫。曰：也不問在這裏不在這裏，也不説要如何頓段做工夫，只自

脚下便做將去。固不免有散緩時，但才覺便收斂將來，漸漸做去。但得收斂時節多，散緩之時少，便是長進處。故孟子説：「學問之道無他，求其放心而已。」所謂求放心者，非是別去求箇心來存着，只才覺放心，便在此。孟子又曰：「雞犬放則知求之，心放則不知求。」某嘗謂雞犬猶是外物，才放了，須去外面捉將來。若是自家心，更不用別求，❷才覺，便在這裏。雞犬放，猶有求不得時，自家心則無求不得之理。因言：横渠說做工夫處，更精切似二程。二程渠稟資有偏駁夾雜處，他大段用工夫來。觀其言曰：「心高，潔净，不大段用工夫。横渠資稟有偏駁夾雜處，他大段用工夫來。觀其言曰：「心清時少，亂時多。其清時，視明聽聰，四體

❶「只」，萬曆本作「須」。
❷「更」，萬曆本作「便」。

不待覊束而自然恭謹；其亂時，反是。」說得來大段精切。

先生又謂廣：見得義理雖稍快，但言、動之間，覺得輕率處多。子曰「仁者其言也訒」，仁者之言自不恁地容易。謝氏曰：「視、聽、言、動不可易，易則多非禮。」須時時自省覺，自收斂，稍緩縱則失之矣。翌日，廣請曰：先生昨日言廣言、動間多輕率，無那「其言也訒」底意思，此深中廣之病。蓋舊年讀書，到適然有感發處，不過贊歎聖言之善耳，都不能玩以養心。自到師席之下，一日見先生泛說義理不是面前物，皆吾心固有者，如道家說存想法，所謂「鉛汞龍虎」之屬，皆人身內所有之物。又數日因廣誦義理又向外去，先生云：「前日說與公，道皆吾心固有，非在外之物。」廣不覺怃然有警于心。又一日侍坐，見先生說「如今

學者大要在喚醒上」，自此方知得做工夫底道理。而今於靜坐時、讀書玩味時，則此心常在；一與事接，則心便緩散了。所以輕率之病見於言動之間，有不能掩者。今得先生警誨，自此更當於此處加省察收攝之功。然侍教只數日在，更望先生痛加教飭。先生良久舉伊川說曰：「人心有主則實，無主則虛」，又一說却曰「有主則實，無主則虛」。公且說看是如何？廣云：「有主則實」，謂人具此實然之理，故實；「無主則實」，謂人心無主，私欲爲主，故實。先生曰：「心虛則理實，心實則理虛。」「有主則實」此「實」字是好，蓋指理而言也；「無主則實」此「實」字是不好，蓋指私欲而言也。以理爲主，則此心虛明，一豪私意着不得。譬如一泓清水，有少許砂土便見。

或問：人之思慮，有邪有正。若是大

段邪僻之思却容易制，惟是許多無頭面不緊要底思慮，❶不知何以制之？曰：此亦無他，只是覺得不當思量底❷便莫要思，從脚下做將去。久久純熟，自然無此等思慮矣。譬如人坐不定者，兩脚常要行。纔要行時，便自省覺莫要行。❸久久純熟，亦自然不要行而坐得定矣。前輩有欲澄治思慮者，於坐處置兩器，每起一惡念，則投白豆一粒於器中，每起一善念，則投黑豆一粒於器中。初時黑豆多，白豆少；後來白豆多，黑豆少；後來遂不復有黑豆，最後則雖白豆亦無之矣。然此只是箇死法，若更加以讀書窮理底工夫，則去那般不正當底思慮，何難之有？又如人有喜做不要緊事，如寫字、作詩之屬。初時念念要做，更遏捺不得。若能將聖賢言語來玩味，見得義理分曉，則漸漸覺得此重彼輕，久久不知不覺，自然剝落消殞去。何必橫生一念，要得別尋一捷徑，盡去了意見，然後能如此？隔夕嘗有為「去意見」之說者。此皆是不奈煩去脩治他一箇身心了，作此見解。譬如人做官，則當至誠去做職業，却不奈煩去做，須要尋箇倖門去鑽，道鑽得這裏透時，便可以超躐將去。今欲去意見者，皆是這箇心。學者但當就意見上分真妄，存其真者，去其妄者而已。若不問真妄，盡欲除之，所以游游蕩蕩，虛度光陰，都無下工夫處。因舉《中庸》曰：「喜怒哀樂未發謂之中，發而皆中節謂之和。中也者，天下之大本；和也者，天下之達道。致中和，天地位焉，萬物育焉。」只

❶「底」，萬曆本作「之」。
❷「量」，萬曆本作「慮」。
❸「省」，萬曆本作「少」。

如喜怒哀樂，皆人之所不能無者，如何要去得？只是要發而中節爾。所謂致中，如孟子之「求放心」與「存心養性」是也。所謂致和，如孟子論「平旦之氣」與「充廣其仁義之心」是也。今却不奈煩去做這樣工夫，只管要求捷徑去意見。只恐所謂去意見者，正未免爲意見也。聖人教人，如一條大路，平平正正，自此直去，可以到聖賢地位。只是要人做得徹。做得徹時，也不大驚小怪，只是私意剝落浄盡，純是天理融明爾。又曰：「興於詩，立於禮，成於樂」聖人做出這一件物事來，使學者聞之，自然歡喜，情願上這一條路去，四方八面攙掇他去這路上行。又曰：所謂致中者，非但只是在中而已，纔有些子偏倚便不可。須是常在那中心十字上立，方是致中。譬如射，雖射中紅心，然在紅心邊側，亦未當，須是正當紅心之中，乃爲中也。廣云：此非常存戒謹恐懼底工夫不可。曰：固是。只是箇戒謹恐懼，便是工夫。廣云：數日敬聽先生教誨做工夫處，左右前後、內外本末無不周密，所謂盛水不漏。曰：「博我以文，約我以禮」，所謂聖門教人只此兩事，須是互相發明。約禮底工夫深，則博文底工夫愈明；博文底工夫至，則約禮底工夫愈密。

　廣請于先生，求「居敬窮理」四字。曰：自向裏做工夫，何必此？因言：昔羅隱從錢王巡錢塘城，見樓櫓之屬，陽爲不曉而問曰：「此何等物？」錢曰：「此爲樓櫓。」又問：「何用？」錢曰：「所以禦寇。」曰：「果能爾，則當移向內施之。」蓋風之以寇在內故也。

　先生問廣：到此幾日矣？廣云：八十五日。曰：來日得行否？廣曰：來早拜

辭。曰：有疑更問。廣云：今亦未有疑。自此做工夫去，須有疑，却得拜書請問。曰：且自勉做工夫。學者最怕因循，莫說道一下便要做成。今日知得一事亦得，行得一事亦得，只不要間斷，積累之久，自解做得徹去。若有疑處，且須自去思量，不要倚靠人，道待去問他。若無人可問時，不成便休也。人若除得箇倚靠人底心，學也須會進。

先生語漢卿：有疑未決，可早較量。答云：眼下亦無所疑，且看做去有礙，方敢請問。先生因云：人說道頓段做工夫，亦難得頓段工夫。莫說道今日做未得，且待來日做。若做得一事，便是一事工夫；若理會得這些子，便有這些子工夫。若見處有積累，則見處自然貫通；若存養處有積累，則存養自然透徹。❶ 賀孫。

大雅謁先生於鉛山觀音寺，納贄拜謁。先生問所學，大雅因質所見。先生曰：所謂事事物物各得其所，乃所謂時中之義，但所說大意却錯雜。據如此說，乃是欲求道於無形無象之中，近世學者大抵皆然。聖人語言甚實，且即吾身日用常行之間可見。惟能審求經義，將聖賢言語虛心以觀之，必要著心去看他，久之道理自見，不必求之太高也。今如所論，却只於渺渺茫茫處想見一物懸空在，更無捉摸處，將來如何頓放，更沒收殺。如此，則與身中日用自然判爲二物，何緣得有諸己？只看《論語》一書，何嘗有懸空說底話？只爲漢儒一向尋求訓詁，更不看聖人意思，❷ 所以二程先生

❶ 「養」下，萬曆本有「處」字。
❷ 「人」，萬曆本作「賢」。

不得不發明道理，開示學者，使激昂向上，求聖人用心處，故放得稍高。不期今日學者乃捨近求遠，處下窺高，一向懸空說了，扛得兩脚都不着地。❶ 其爲害反甚於向者之未知尋求道理，依舊只在大路上行。今之學者却求捷徑，遂至鑽山入水。吾友要知，須是與他古本相似，方是本分道理。若不與古本相似者，盡是亂道。

臨別請教，以爲服膺之計。曰：老兄已自歷練，但目下且須省閑事，就簡約上做工夫。若舉業，亦是本分事。且如前日令老兄作《告子未嘗知義論》，其說亦自好，但終是搏量，非實見得。如今人說人文字辭太多，不是辭多，自緣意少。若據某所見，「義内」即是「行有不慊於心則餒」，便自見得義在内。若徹頭徹尾一篇說得此理明，便是吾人日用事，豈特一篇時文而已。

再見，因言：去冬請違之後，因得一詩云：「三見先生道愈尊，言提切切始能安。有物有常須自盡，中倫中慮覺猶難。願言克己工夫熟，要得周旋事仰鑽。」看畢，云：「甚好。」大雅云：近却盡去得前病，又覺全然安了，忒煞無疑，恐難進步。且如南軒說「無適無莫」，「適是有所必，莫是無所主」便見得不妥貼。程氏謂「無所往，無所不往，且要『義之與比』處重」，便安了。曰：此且做得一箇麁麁底基址在，尚可加功。❷ 但古人訓釋字義，無用「適」字爲「往」字者，此「適」字當如「吾誰適從」之「適」，❸ 音「義内」則是「行有不慊於心則餒」，便得義在内。若徹頭徹尾一篇說得此理明，便是吾人日用事，豈特一篇時文而已。

❶ 「兩」，朝鮮本作「四」。
❷ 「功」，萬曆本作「工」。
❸ 「如」，萬曆本作「爲」。

「的」，是端的之意。言無所定，亦無不定耳。張欽夫云：「『無適無莫』，釋氏謂有適、莫。」此亦可通。問：如何是麄麄底基址？曰：無所往，亦無所不往，亦無深害。但認得「義」字重，亦是。所謂麄者，如匠人出治材料，且成樸在，然後刻畫可加也。如云「義」字，豈可便止？須要見之於事，那裏是義，那裏是不義，不可謂心安於此便是義。如宰我以食稻衣錦爲安，不成便是義。今所以要於聖賢語言上精加考究，從而分別輕重、辨明是非，見得粲然有倫、是非不亂，方是所謂「文理密察」是也。自此應事接物，各當事幾，而不失之過，不失之不及，此皆精於義理之效也。問：此是「精義入神以致用」否？曰：所謂「精義入神」，不過要思索令精之又精，則見於日用自然合理。所謂「入神」，即此便是，非此外別有入

神處也。如老兄詩云「中倫中慮」，只恁汎說何益？倫慮，只是箇倫理所在，要使言行有倫理爾。須是平時精考後躬行之，使凡一言一行皆出乎此理，則這邊自重。所謂「仰不愧，俯不怍」，浩然之氣亦從是生。若用工如此，方有進處。若如此進時，一齊俱進。聖賢見處雖卒未可遽盡，然進進不已，隨力量自當有到處。若非就這上見得義理之正，則非特所學不可見於行，亦非此道之至。因問：「苟不至德，至道不凝焉。」❶離事物、舍躬行以爲道，則道自道，我自我，尚不能合一，安得有進？曰：然。再見，即問曰：三年不相見，近日如何？對云：獨學悠悠，未見進處。曰：悠悠於學者最有病，某前此說話，亦覺悠悠

❶「凝」，原作「疑」，今據朝鮮本、萬曆本改。

而學於某者皆不作切己工夫，故亦少見特然可恃者。且如孟子初語滕文公，只道「性善」。善學者只就這上便做工夫，自應有得。及後再見孟子，則不復更端矣。只說「世子疑吾言乎？夫道一而已矣」。顏淵曰：「舜何人也？予何人也？有爲者亦若是。」以至若「藥弗瞑眩，厥疾弗瘳」，其言激切如此，只是欲其着緊下工夫耳。又如語曹交一段，意亦同此。大抵爲學，須是自家發憤振作，鼓勇做去，直是要到一日須見一日之效，一月須見一月之效。諸公若要做，便從今日做去。不然，便截從今日斷，不要務爲說話，徒無益也。大雅云：從前但覺寸進，不見特然之效。曰：正爲如此，便不曾離得舊窟，何緣變化得舊氣質？

又曰：學者做切己工夫，要得不差，先須辨義利所在。如思一事，非特財利、利欲，只每處求自家安利處便是，推此便不可

人堯、舜之道。切須勤勤提省，察之於纖微豪忽之間，不得放過。如此，便不會錯用工夫。

問：程先生云：「周羅事者，先有周羅之病在心；多疑者，先有疑病在心。」大雅則浩然無疑，但不免有周羅事之心。曰：此正是無切己工夫，故見他人事須攬一分。若自己曾實做工夫，則如忍痛然。我自痛且忍不暇，何暇管他人事？自己若把得重，則彼事自輕。

因論古今聖賢千言萬語，不過只要賭是爾。曰：賭是固好，然却只是結末一着，要得賭是，須去求其所以。大雅曰：不過致知窮理。曰：實做去，便見得所以處。再見，即曰：吾輩此箇事，世俗理會不得。凡欲爲事，豈可信世俗之言爲去就，彼

流俗何知？所以王介甫一切屏之。他做事雖是過，然吾輩自守所學，亦豈可爲流俗所梗？如今浙東學者多陸子靜門人，類能卓然自立，相見之次，便毅然有不可犯之色。自家一輩朋友又覺不振，一似忘相似，彼則又似助長。又曰：大抵事只有一箇是非，是非既定，却揀一箇是處行將去。必欲回互得人人道好，豈有此理？然事之是非久却自定，時下須是在我者無慊，仰不愧，俯不怍。別人道好道惡，管他！

臨別請益，曰：大要只在「求放心」。此心流濫無所收拾，❶將甚處做管轄處？其他用工總閑慢，須先就自心上立得定。決定不雜，則自然光明四達，照用有餘，凡所謂是非、美惡亦不難辨矣。況天理、人欲決不兩立，須得全在天理上行，方見人欲消盡。義之與利，不待分辨而明。至若所

利者，凡有分豪求自利便處皆是，便與克去，不待顯著，方謂之利。此心須令純，純只在一處，不可令有外事參雜。遇事而發，合道理處便與果決行去，勿顧慮。若臨事見義，方復遲疑，則又非也。仍須勤勤把將做事，不可俄頃放寬。日日時時如此，便須見驗。人之精神，習久自成。大凡人心若勤緊收拾，莫令寬縱逐物，❷安有不得其正者。若真箇提得緊，雖半月見驗可也。

再見，首見教云：今日用功，且當以格物爲事。不曰「窮理」，却說「格物」者，要得就事物上看教道理分明。見得是處，便斷然行將去，不要遲疑。將此逐日做一段工夫，勿令作輟，夫是之謂「集義」。天下只要

❶「濫」，萬曆本作「亂」。
❷「令」下，萬曆本作「放」字。

一箇是,若不研究得分曉,如何行得?《書》所謂「惟精惟一」,最要。是他上聖相傳來底,只是如此。

曰:然。答曰然,意似未盡。劉仲升云:橫渠說「精義入神」,事豫吾內,求利吾外也。「利用安身」,素利吾外,致養吾內也。曰:他說自分明。

問:吾輩之貧者,令不學子弟經營,莫不妨否?曰:止經營衣食,亦無甚害,陸家亦作鋪買賣。因指其門閾云:但此等事如在門限裏,一動着脚便在此門限外矣。緣先以利存心,做時雖本為衣食不足,後見利入稍優,便多方求餘,遂生萬般計較,做出礙理事來。須思量止為衣食,為仰事俯育耳。此計稍足,便須收斂,莫令出元所思處,則粗可救過。因令看「利用安身,以崇德也」,大雅云:「利者,義之和也。」順利此道,以安此身,則德亦從而進矣。曰:孔子遭許多困厄,身亦危矣,而德亦進,何也?大雅云:身安而後德進者,君子之常。孔子遭變,權之以宜,寧身不安,德則須進。

正叔有支蔓之病,先生每救其偏,正叔因習靜坐。後復有請,謂因此遂有厭書册之意。先生曰:豈可一向如此?只是令稍稍虛閑,依舊自要讀書。文蔚。

朱子語類卷第一百一十四 計二十三

朱子十一

訓門人二

先生問：看甚文字？曰：看《論語》。「看得《論語》如何？」曰：自看《論語》後，逼得做工夫緊，❶不似每常悠悠。曰：做甚工夫？曰：只是存養。曰：自見住不得時，便是某怕人說「我要做這箇事」，見飯便喫，見路便行，只管說「我要做這箇事」，何益？文蔚又言：近來覺有一進處，畏不義，見不義事不敢做。曰：甚好。但亦要識得義與不義。若不曾賭當得是，顛前錯後，依舊是胡做。又曰：須看《大學》。聖賢所言，皆是自家元有此理，但人不肯着意看。若稍自着意，便自見得，却不是自家無此理，他鑿空撰來。以下訓文蔚。

問：私意竊發，隨即鉏治。雖去枝葉，本根更在，感物又發，如何？曰：只得如此，所以曾子「戰戰兢兢，如臨深淵，如履薄冰」。

一日侍食，先生曰：只《易》中「節飲食」三字，人不曾行得。

子融、才卿是許多文字看過，今更巡一遍，所謂「溫故」，再巡一遍，又須較見得分曉。如人有多田地，須自照管，曾耕得不曾耕得。若有荒廢處，須用耕墾。子融曰：

❶「逼」，萬曆本作「覺」。

每自思之：今亦不可謂不知，但知之未至；不可謂不誠，但其誠未至；不可謂不行，但行之未至。若得這三者皆至，便是了得此事。曰：須有一箇至底道理。

因說僧家有規矩嚴整，士人却不循禮，曰：他却是心有用處。今士人雖有好底，不肯爲非，亦是他資質偶然如此。要之，其心實無所用，每日閑慢時多。如欲理會道理，理會不得，便掉過三五日、半月日不當事，鑽不透便休了。既是來這一門，鑽不透，又須別尋一門。不從大處入，須從小處入；不從東邊入，便從西邊入。及其入得，却只是一般。今頭頭處處鑽不透，便休了。如此，則無說矣。有理會不得處，須是皇皇汲汲然，無有理會不得者。譬如人有大寶珠失了，不着緊尋，如何會得。

謂文蔚曰：「公却是見得一箇物事，只

是不光彩。」一日，呈所送崇甫序。觀畢，曰：「前日說公不光彩，且如這般文字，亦不光彩。

問：「色容莊」最難。曰：心肅則容莊，非是外面做那莊出來。陳才卿亦說「九容」。次早，才卿以右手拽涼衫，左袖口偏於一邊。先生曰：公昨夜說「手容恭」，今却如此。才卿赧然，急叉手鞠躬，曰：忘了。先生曰：爲己之學有忘耶？向徐節孝見胡安定，退，頭容少偏，安定忽厲聲云：「頭容直！」節孝自思：「不獨頭容要直，心亦要直。」自此更無邪心。學者須是如此，始得。友仁。

次日相見，先生慼然曰：觀某之疾如此，非久於世間者，只是一兩年間人。亦欲接引後輩欲歸，先生慼然曰：觀某之疾如此，非久於世間者，只是一兩年間人。亦欲接引後輩一兩人傳續此道，荷公門遠來，亦欲有所相

補助。只是覺得如此苦口，都無一分相啓發處。不知如何，橫說豎說，都說不入。如昨夜才卿問：「程先生如此謹嚴，何故諸門人皆不謹嚴？」因隔夜說程門諸弟子及後來失節者。❶某答云：「是程先生自謹嚴，諸門人自不謹嚴，干程先生何事？」某所以發此者，正欲才卿深思而得，反之於身，如針之劄身，皇恐發憤，無地自存！思其所以然之故，却再問某。李先生資質如何，全不相干涉。非惟不知針之劄身，便是刀鋸在身也不知痛了。每日讀書，心全不在上，只是要自說一段文義便了。如做一篇文義相似，心中全無所作為。恰似一箇無圖之人，飽食終日，無所用心。若是心在上面底人，說得話來自別，自相湊合。敢說公門無一日心在上面，莫說一日，便十日心也不在，莫說十日，便是數月心也不在；莫說數月，便

是整年心也不在！每日讀書，只是讀過了便了，更不知將此心去體會，所以說得來如此疏。先生意甚不樂。個。

陳才卿說《詩》，先生曰：謂公不曉文義則不得，只是不見那好處。正如公適間說窮理，也知事事物物皆具此理，隨事精察，便是窮理，只是不見所謂好處。所謂「民生日用而不知」，所謂「小曉得而大曉不得」，這箇便是大病！某也只說得到此，要公自去會得。久之又曰：大凡物事須要說得有滋味，❷方見有功。如隨文解義，誰人不解？須要見古人好處。如昔人賦梅云：「疏影橫斜水清淺，暗香浮動月黃昏。」這十四箇字誰人不曉得？然而此句屬聲說。

❶ 「程」，原作「有」，今據朝鮮本改。
❷ 「味」，原作「來」，今據萬曆本改。

前輩直恁地稱嘆，說他形容得好，是如何？這箇便是難說，須要自得言外之意始得。須是看得那物事有精神方好。若看得有精神，自是活動有意思，跳躑叫喚，自然不知手之舞、足之蹈。這箇有兩重，曉得文義是一重，識得意思好處是一重。若只是曉得外面一重，不識得他好底意思，此是一件大病。如公看文字，都是如此。且如公看《詩》，自宣王中興諸詩至此，至《節南山》。公於其他詩都說來，中間有一詩最好，如《白駒》是也，公却不曾說。這箇便見公不曾看得那物事出，謂之無眼目。若是具眼底人，此等詩如何肯放過？只是看得無意思，不見他好處，所以如此。又曰：須是踏翻了船，通身都在那水中，方看得出。僴。○建別錄。文蔚錄云：文蔚一日說《太極》《通書》，不說格物、致知工夫，先生甚訝之。後數日，文蔚拈起中間三語，先生曰：趲翻却船，通身下水裏去。文蔚始有所悟。今池錄却將文蔚別話頭合作一段，記者誤矣。

袁州臨別請教，先生曰：守約兄弟皆太拘謹，更少放寬。謹固好，然太拘則見道理不盡，處事亦往往急迫。道理不只在一邊，須是四方八面看，始盡。訓閎祖。

邵武人箇箇急迫，此是氣禀如此。學者先須除去此病，方可進道。先生謂方子曰：觀公資質自是寡過，然開闊中又須縝密，寬緩中又須謹敬。訓方子。

又問：如孟子言「勿忘，勿助長」却簡易，而今要細碎做去，怕不能貫通。曰：孟子言「勿忘，勿助長」處，自是言養氣。試取孟子說處子細看，便見。大凡爲學，最切要處在吾身心，其次便是做事，此是的實緊切處。學者須是把聖人之言來窮究，見得身心要如此，做事要如此。天下自有一箇道

理在,若大路然。聖人之言,便是一箇引路底。

李公晦問「忠恕」。曰:初讀書時,且從易處看。待得熟後,難者自易理會。如捉賊,先擒盡弱者,則賊魁自在這裏,不容脫也。且看《論語》前面所說分曉處。蓋卿。

前日得公書,備悉雅意。聖賢見成事迹,一一可考而行。今日之來,若捨六經之外,求所謂玄妙之說,則無之。近世儒者不將聖賢言語爲切己可行之事,必於上面求新奇可喜之論,屈曲纏繞,詭秘變怪,不知聖賢之心本不如此。既以自欺,又轉相授受,復以欺人。某嘗謂:雖使聖人復生,亦只將六經、《語》、《孟》之所載者循而行之,必不更有所作爲。伏羲再出,依前只畫八卦;文王再出,依前只衍六十四卦;禹再出,依前只是《洪範》九疇。此外更有甚詫

異事?如今要緊,只是將口讀底便做身行底,說出底便是心存底。居父相聚幾一年,覺得渠只怕此事有難者,某終曉渠意不得。以下訓賀孫。

問在鄉如何讀書,賀孫云:少失怙恃,凡百失教。既壯,所從師友不過習爲科舉之文,然終不肯安心於彼,常欲讀聖賢之書。自初得先生所編《論孟精義》讀之,至今不敢忘。然中間未能有所決擇,故未有定見。先生曰:大凡人說要去從師,❶然未及從師之時,也須先自着力做工夫。若是平時不曾用力,終是也難一頓下手。今須先正路頭,明辨爲己爲人之別,直見得透,却旋旋下工夫,則思慮自通,知識

❶「說」,萬曆本作「欲」。

自明，踐履自正。積日累月，漸漸熟，漸漸自然。若見不透，路頭錯了，則讀書雖多，爲文日工，終做事不得。比見浙間朋友或自謂能通《左傳》，或自謂能通《史記》，將孔子置在一壁，却將左氏、司馬遷駁雜之文鑽研推尊，謂這箇是盛衰之由，這箇是成敗之端。反而思之，干你身己甚事？你身己有多多少少底事合當理會，有多多少少底病未曾去，却來説甚盛衰、興亡、治亂，這箇直是自欺。

仁父味道却是別，立得一箇志趨却正，下工夫却易。

先生因學者少寬舒意，曰：公讀書恁地縝密，固是好。但恁地逼截成一團，此氣象最不好，這是偏處。如一項人恁地不子細，固是不成箇道理。若一向蹙密，下稍却展拓不去。明道一見顯道，曰：「此秀才展

拓得開，下梢可望。」又曰：於辭氣間亦見得人氣象。如明道語言固無甚激昂，看來便見寬舒意思。龜山人只道恁地寬，看來不是寬，只是不解理會得，不能理會得。范純夫《語解》比諸公説理最平淺，但自有寬舒氣象，儘好。

問：看《大學》，覺得未透，心也尚麄在。曰：這麄便是細，只是恁地看熟了自通透。公往前在陳君舉處，如何看文字？曰：也只就事上理會，將古人所説來商量，須教可行。曰：怕恁地不得。古人見成法度不用於今，自是如今有用不得處。然不可將古人底折合來，就如今爲可用之計。如鄭康成所説井田，固是難得千里平地如此方正，可疆理溝洫之類。但古人意思，必是如此方得，不應零零碎碎做得成。古人事事先去理會大處、正處，到不得已處方有

變通，今却先要去理會變通之說。

問：初學心下恐空閑未得。試驗之平日，常常看書，否則便思索義理，其他邪妄不見來。才心下稍空閑，便思量別所在去，這當奈何？曰：才要閑，便不閑；才要靜，便不靜。某向來正如此。可將明道《答橫渠書》看。因舉其間「非外是内」之說。

問：前日承教辨是非，只交遊中便有是非，自家須分別得，且不須誦言。這莫是只說尋常泛交？若朋友，則有責善琢磨之義。曰：固是。若是等閑人，亦自不可說。只自家胸次，便要得是非分明，事事物物上都有箇道理，都有是有非。所以「舜好問，而好察邇言」。雖淺近閑言語中，莫不有理，都要見得破。「隱惡而揚善」，自家這裏善惡便分明。然以聖明昭鑒，纔見人不好，便說出來，也不得。只是揚善，那惡底

自有不得掩之理。纔說揚善，自家已自分明，這亦聖人與人爲善之意。又云：一件事走過眼前，匹似閑，也有箇道理，也有箇是非。緣天地之間，上蟠下際都無別事，只是這道理。

如今理會道理，且要識得箇頭。若不識得箇頭，只恁地散散逐段說，有甚精微奧妙？饒句句說得，段段記得，也都是閑話。若識得箇頭，上有源頭，下有歸着，看聖賢書便句句着實，句句爲自家身己設，如此方可以講學。要知這源頭是甚麽，只在身己上看。許多道理盡是自家固有底，仁義禮智，「知皆廣而充之，若火之始然，泉之始達」。這箇是源頭，見得這箇了，方可講學，方可看聖賢說話。恰如人知得合當行，只假借聖賢言語作引路一般。不然，徒記得、說得，都是外面閑

話，聖賢急急教人，只在這些子。纔差過那邊去，便都無些子著身己，都是要將去附合人，都是爲別人，全不爲自家身己。纔就這邊來，便是自工夫。這正是爲己爲人處。公今且要理會志趣是要如何。若不見得自家身己道理分明，看聖賢言語，那裏去捉摸？又云：如今見得這道理了，到得進處，有用力慤實緊密，進得快；有用力慢底，便進得鈍。何況不見得這源頭道理，便緊密也徒然不濟事。何況慢慢地，便全然是空。如今拽轉亦快，如船遭逆風，吹向別處去，若得風翻轉，是這一載不問甚麼色，一齊都拽轉；若不肯轉時，一齊都不轉。❶見說「毋不敬」，便定定著「毋不敬」始得；見說「思無邪」，便定定著「思無邪」始得。《書》上說「毋不敬」，自家口讀「毋不敬」，身心自恁地怠慢放肆；《詩》上說「思

無邪」，自家口讀「思無邪」，心裏却胡思亂想，這不是讀書。口即是心，心即是口。又如說「足容重」，須著重，是天理合下付與自家，便當重，自家若不重，便自壞了天理。「手容恭」，須著恭，是天理合下付與自家，便當恭；自家若不恭，便自壞了天理。「目容端，口容止，聲容靜，頭容直，氣容肅，立容德，色容莊」，云云。把聖賢說話將來學，便是要補填得元初底教好。又如說「非禮勿視」，自是天理付與自家雙眼，不曾教自家視非禮；纔視非禮，便不是天理。「非禮勿聽」，自是天理付與自家雙耳，不曾教自家聽非禮；纔聽非禮，便不是天理。「非禮勿言」，自是天理付與自家一箇口，不曾教自家言非禮；纔言非禮，便不是天理。「非

❶「毋」，原作「無」，今據萬曆本改。

禮勿動」，自是天理付與自家一箇身心，不曾教自家動非禮；纔動非禮，便不是天理。

賀孫請問，語聲末後低，先生不聞，因云：公仙鄉人何故聲氣都恁地，先生不聞箇起頭，後面懶將去。孔子曰「聽其言也厲」。公只管恁地，下稍不好。見道理不分明，將漸入於幽暗，含含胡胡，不能到得正大光明之地。說話須是一字是一字，一句是一句，便要見得是非。

先生謂賀孫：也只是莫巧。公鄉間有時文之習，易得巧。

問：往前承誨，只就窮理說較多。此來如「尊德性，致廣大，極高明」上一截數數蒙提警，此意是如何？曰：已前也說了，只是夾雜說，如《大學》中亦自說。但覺得近日諸公去理會窮理工夫多，又自漸漸不着身己。

嘗見陸子靜說：「且恁地依傍看。」思之，此語說得好。公看文字，亦且就分明注解依傍看教熟。待自家意思與他意思相似，自通透。也自有一般人敏捷，都要看過，都會通曉。若不恁地，只是且就曉得處依傍看。如公讀《論語》，還常文義曉得了未？若文義未曉得，又且去看某家如此說、某家如彼說，少間都攪得一場沒理會。尹和靖只是依傍伊川許多說話，只是他也沒變化，然是守得定。

辭先生，同黃敬之歸鄉赴舉。先生曰：仙里士人在外，孰不經營偽牒？二公獨逕還鄉試，殊強人意。

先生問：赴試用甚文字？賀孫以《春秋》對。曰：《春秋》為仙鄉陳、蔡諸公穿鑿得盡。諸經時文愈巧愈鑿，獨《春秋》為尤甚，天下大抵皆為公鄉里一變矣！

先生問時舉：「觀書如何？」時舉自言：常苦於粗率，無精密之功，不知病根何在？曰：「不要討甚病根。但知道粗率，便是病在這上，便更加子細便了。今學者亦多來求病根，某向他說：『頭痛灸頭，腳痛灸腳。病在這上，只治這上便了，更別討甚病根也！』」以下訓時舉。

又讀「回也三月不違仁」一段，曰：「工夫既能向裏，只要常提省此心，❶心才在這裏，外面許多病痛自然不見。」

問「管仲之器小哉」處，說及王伯之所以異，先生曰：「公看文字，好立議論。是先以己意看他，却不以聖賢言語來澆灌胸次中，這些子不好，自後只要白看乃好。」

先生歷言諸生之病甚切，謂時舉「看文字也却細膩親切，也却去身上做工夫，但只是不去正處看，却去偏傍處看。如與人說話相似，不向面前看他，却去背後尋索，以爲面前說話皆不足道，此亦不是些小病痛。想見日用工夫，也只去小處理會。此亦是立心不定故爾，切宜戒之」。

先生問云：「子善別後做甚工夫？」時舉云：「自去年書院看《孟子》，歸後雖日在憂患中，然夜間亦看一二章。至今春看了，却看《中庸》，見讀程《易》，此讀書工夫如此。若裏面工夫，尚多間斷，未接續成片段，將如之何？」先生曰：「書所以維持此心，若一時放下則一時德性有懈。若能時時讀書，則此心庶可無間斷矣。因問：『「日夜之所息」，舊兼「止息」之義，今只作「生息」之義，如何？』曰：『近看得只是此義。』」時舉云：「凡物日夜固有生長，若良心

❶ 「省」，萬曆本作「醒」。

既放而無操存之功，則安得自能生長？曰：放去未遠，故亦能生長。但夜間長得三四分，日間所爲又做了七八分，却摺轉來都消磨了這些子意思，此所以終至於梏亡也。

早拜朔，先生説：諸友相聚已半年，光陰易過，其間看得文義分明者，所見亦未能超詣，不滿人意。兼是爲學須是己分上做工夫，有本領，方不作言語説。若無存養，儘説得明，自成兩片，亦不濟事。況未必説得明乎？要須發憤忘食，痛切去做身分上功夫，莫荏苒，歲月可惜也。是日，問時舉：看《詩》外別看何書？時舉答：欲一面看《近思録》。曰：大凡爲學有兩樣，一者是自下面做上去，一者是自上面做下來。自下面做上者，便是就事上旋尋箇道理揍合將去，❶得到上面極處，亦只一理。自上

面做下者，先見得箇大體，却自此而觀事物，見其莫不有箇當然之理，此所謂「自大本而推之達道」也。若會做工夫者，須從大本上理會將去，便好。昔明道在扶溝謂門人曰：「爾輩在此只是學某言語，盍若行之？」謝顯道請問焉，却云：「且靜坐。」時舉因云：「雷在地中，復。先王以至日閉關，商旅不行，后不省方。」在學者分上説，便是要安靜涵養這些子善端耳。曰：「若着實做工夫，要知這説話也不用説。若會做工夫，便一字也來這裏使不着。此説，某不欲説與人，却恐學者聽去，便做空虛認了。且如程門中如游定夫，後來説底話大段落空無理會處，未必不是在扶溝時只恁地聽了。時舉因言平日學問次第云云，先生

❶「揍」，萬曆本作「湊」。

曰：此心自不用大段拘束他，他既在這裏，又要向那裏討他？要知只是爭箇醒與睡着耳。人若醒時，耳目聰明，應事接物便自然無差錯處。若被私慾引去，便一似睡着相似，只更與他喚醒。才醒，又便無事矣。時舉因云：釋氏有「豁然頓悟」之説，不知使得否？不知倚靠得否？曰：某也曾見叢林中有言「頓悟」者，後來看這人也只尋常。如陸子静門人，初見他時常云有所悟，後來所爲却更顛倒錯亂。看來所謂「豁然頓悟」者，乃是當時略有所見，覺得果是凈潔快活，然稍久則却漸漸淡去了，何嘗倚靠得？時舉云：舊時也有這般狂底時節，以爲聖人便即日可到。到後來，果如先生所云，漸漸淡了。到今日，却只得逐旋挨去。然早上聞先生賜教，云「諸生工夫不甚超詣」，時舉退而思之，不知如何便得超詣？

曰：只從大本上理會，亦是逐旋挨去，自會超詣。且如今學者考理，一如在淺水上撑船相似，但覺辛苦不能鄉前，須是從上面放得些水來添，便自然撑得動，不用費力，滔滔然去矣。今有學者在某門者，其於考理非不精當，説得來置水不漏，直是理會得好，然所爲却顛倒錯繆，全然與所知者相反。人只管道某不合引他，如今被他累却不知渠實是理會得，某如何不與他説？他凡所説底話，今世俗人往往有全曉不得者。他之所説非不精明，然所爲却一時明敏，隨處理會，便自曉得分明。然源頭上不是不曾在源頭上用力故也。往往他一時不曾用功，只是徒然耳。時舉因云：如此者不是知上工夫欠，乃是行上全然欠耳。曰：也緣知得不實，故行得無力。時舉云：惟其不見於行，是以知不能實。時舉嘗謂

知與行互相發明之說，誠不可易之論。先生又云：此心虛明，萬理具足，外面理會得者，即裏面本來有底，只要自大本而推之達道耳。先生又謂時舉曰：朋友相處，要得更相規戒，有過則告。時舉應喏。先生曰：然小過又曉曉底說，又似沒緊要相似。大底過失又恐他已深痼，不容易說，要知只盡公之誠意耳。又云：本領上欠了工夫，外面都是閑。須知道大本若立，外面應事接物上道理，都是大本上發出。如人折這一枝花，只是這花根本上物事。

問：久侍師席，今將告違。氣質偏蔽，不能自知，尚望賜以一言，使終身知所佩服。曰：凡前此所講論者，不過如此，亦別無他說，但於大本上用力。凡讀書窮理，須要看得親切。某少年曾有一番專看親切處，其他器數都未暇考。此雖未爲是，却與

今之學者汎然讀過者似亦不同。

丙午四月五日見先生，坐定。問：從何來？某云：自丹陽來。問：仙鄉莫有人講學？某說：鄉里多理會文辭之學。問：公如何用心？某說：收放心。慕顏子克己氣象。游判院教某常「收放心」，常察「忘」與「助長」。曰：固是。前輩煞曾講說：「差之豪釐，繆以千里。」今之學者理會經書，便流爲傳注；理會史學，便流爲功利；不然，即入佛、老。最怕差錯。問：公留意此道幾年，何故向此？某說：先妣不幸，某憂痛無所措身。因讀《西銘》，見說「乾父坤母」終篇皆見說得是，遂自此棄科舉。某十年願見先生，緣家事爲累。今家事盡付妻子，於世務絕無累，又無功名之念，正是侍教誨之時。先生說：公已得操心之要。問：公常讀何書？答云：看伊川

《易傳》、《語孟精義》、程氏《遺書》、《近思錄》。先生說：《語孟精義》皆諸先生講論，其間多異同，非一定文字，又在人如何看。公畢竟如何用心？某說：仰慕顏子，見其氣象極好，如「三月不違仁」、「得一善則拳拳服膺」，如克己之目。某即察私心，欲去盡，然而極難。頃刻不存則忘，才着意又助長，覺得甚難。先生云：且只得恁地。先生問：君十年用功，莫須有見處？某謝：資質愚鈍，未有見處，望先生教誨。先生云：也只是這道理，先輩都說了。問：仙鄉莫煞有人講學？某說：鄉里多從事文詞。先生說：早來說底，學經書者多流為傳注，學史者多流為功利，不則流入釋、老。某即說：游判院說釋氏亦格物，亦有知識，但所見不精。先生說：近學佛者又生出許多知解，各立知見，又却都不如它佛元來說得直截。問：都下曾見誰？某說：只見游判院，薛象先略曾見。先生說：聞說薛象先甚好，只是不相識。曾有何說？某說：薛太博教某「居仁由義」、「仁者，人之安宅；義者，人之正路」。別有何說？某說：薛太博論顏子克己之目，舉伊川《四箴》。某又說：薛太博說「近多時不聞人說這話」，謂某學問實頭，但不須與人說。退之言不可公傳。道之在孟子，己私淑諸人。先生云：却不如此。孟子說「私淑艾」，上四者皆親教誨之，如「私淑諸人，私傳此道自治，亦猶我教之一等」，乃不曾親見，私傳孔子之道淑諸人。又說與同座二客：如寶君說話比公別，❶ 乃孟子說「君子之教者五」，私傳孔子之道淑諸人。又說：「我未得為孔子徒」也，但如寶君說話比公別。不用

❶「比」，萬曆本作「與」。

心於外。晚見先生，同坐廖教授子晦、敬之。先生說：向來人見尹和靖云：「諸公理會得箇『學』字否？」只是學做箇人。人也難做，如堯舜方是做得箇人。」某說：「天地人謂之三極，人才有些物欲害處，便不與天地流通，如何得相似？誠為難事。先生曰：是。問：鎮江耿守如何？某說：民間安土樂業。云：見說好，只是不相識。先生說與廖子晦：適間文卿說明道語學者「要鞭辟近裏，切問而近思，仁在其中矣」。又曰：「言忠信，行篤敬，雖蠻貊之邦行矣。言不忠信，行不篤敬，雖州里行乎哉？」立則見其參於前也，在輿則見其倚於衡也，夫然後行，只此是學。質美者明得盡，查滓便渾然，却與天地同體。其次莊敬持養，及其至則一也。明得盡時，查滓已自化了。莊敬持養，未能與己合。以下訓從周。

先生問：曾理會「敬」字否？曰：程先生說：「主一之謂敬，無適之謂一。」曰：畢竟如何見得這「敬」字？曰：端莊嚴肅，則敬便存。曰：須是將敬來做本領，涵養得貫通時，才「敬以直內」，便「義以方外」。義便有敬，敬便有義，如居仁便由義，由義便居仁。某說：敬莫只是涵養，義便分別是非？曰：不須恁地說。不敬時，便是不義。

學者理會道理，當深沉潛思。又曰：讀書如煉丹，初時烈火鍛煞，然後漸漸慢火養。又如煮物，初時烈火煮了，却須慢火養。讀書初勤敏著力，子細窮究，後來却須緩緩溫尋，反復玩味，道理自出。又不得貪多欲速，直須要熟，工夫自熟中出。文卿病在貪多欲速。

公看道理，失之太寬。譬如小物而用

大籠罩，終有轉動。又如一物，上下四旁皆有所添引，如此則必不精矣。當如射者，專心致志，只看紅心。若看紅心，又覷四邊，必不能中。《列子》說一射者懸蝨於戶，視之三年，大如車輪。想當時用心專一，不知有他。雖實無這事，要當如此，所見方精。

某說：克、伐、怨、欲，此四事，自察得却絕少。昨日又思量「剛」字，先聖所取甚重，曰「吾未見剛者」。某驗之於身，亦庶幾焉。且如有邪、正二人，欲某曲言之，雖死不可。先生曰：不要恁地說。惟天性剛強之人，不為物欲所屈。如克、伐、怨、欲，亦不要去尋來勝他。如此，則胸中隨從者多，反害事，只此便是克、伐、怨、欲。只是虛心看物，物來便知是與非，事事物物皆有箇透徹無隔礙，方是。才一事不透，便做病。且如公說不信陰陽家說，亦只孟浪不信。夜

來說神仙事不能得了當，究竟知否？某對：未知的當，請問。先生曰：伊川曾說「地美，神靈安，子孫盛」。如「不為」五者，今之陰陽家却不知，惟近世呂伯恭不信，然亦是橫說，伊川言方為至當。古人卜其宅兆，是有吉凶方卜。譬如草木，理會根源，則知千條萬葉上各有箇道理，事事物物各有一線相通，須是曉得。敬夫說無神仙，也不消得。彼此無相干，又管他什麼？却須要理會是與非。且如說閒話多，亦是病；尋不是處去勝他，亦是病。便將來做克、伐、怨、欲看了，一切掃除。若此心湛然，常如明鏡，物來便見，方是。如公前日有些見處，只管守着歡喜則甚？如漢高祖得關中，若見寶貨、婦女，喜後便住，則敗事矣。又如既取得項羽，只管喜後便不去經畫天下，亦敗事。正如過渡，既已上岸，則

當向前，不成只管讚歎渡船之功？

聖人言語一重又一重，須入深去看。❶若只見皮膚，便有差錯，須深沉方有得。夜來所説，是終身規撫，❷不可便要使，便有安頓。

先生問：如何理會致知、格物？從周曰：涵養主一，使心地虛明，物來當自知未然之理。曰：恁地，則兩截了。

先生問寳云：尋常看「敬」字如何？曰：心主於一，而無有它適。先生曰：只是常要提撕，令胸次湛然分明。若只塊然獨坐，守着箇敬，却又昏了。須是常提撕，事至物來，便曉然判別得箇是非去。寳云：每常胸次湛然清明時，覺得可悦。曰：自是有可悦之理。只是敬好。「敬以直内」，便能「義以方外」。有箇敬，便有箇不敬，常如此戒懼。方不睹不聞，未有私欲之際，已

是戒懼了。及至有少私意發動，又却謹獨，如此即私意不能爲吾害矣。德明。

寳問：讀《大學章句》《或問》，雖大義明白，然不似聽先生之教親切。曰：既曉得此意思，須持守相稱方有益，「誠敬」二字是涵養它底。德明。

寳自言夢想顛倒，先生曰：魂與魄交而成寐，心在其間，依舊能思慮，所以做成夢。因自言：數日病，只管夢解書。向在官所，只管夢爲人判狀。寳曰：此猶是日中做底事。曰：只日中做底事，亦不合形於夢。德明。

❶「去」，萬曆本作「處」。
❷「撫」，萬曆本作「模」。

朱子語類卷第一百一十五 計二十五板

朱子十二

訓門人三

問「曾點、漆雕開已見大意」。曰：「曾點、漆雕開是合下見得大了，然但見大意，未精密也。因語人傑曰：正淳之病，大概說得渾淪，都不曾嚼破殼子，所以多有纏縛，不索性，絲來線去，更不直截，無那精密潔白底意思。若是實識得，便自一言兩語斷得分明。如今工夫，須是一刀兩段，所謂

「一棒一條痕，一摑一掌血」，如此做頭底，方可無疑慮。如項羽救趙，「沈船破釜持三日糧，示士卒必死無還心」，故能破秦。若更瞻前顧後，便不可也。因舉禪語云：『寸鐵可殺人。』無殺人手段，則載一車鎗刀，逐件弄過，畢竟無益。」以下訓人傑。

屢與人傑說「謹思之」一句，言思之不謹，便有枉用工夫處。

先生問別後工夫。曰：「謹守教誨，不敢失墜。舊來於先生之說，猶不能無疑。自昨到五更後，❶乃知先生之道斷然不可易。近看《中庸》，見得道理只從下面做起，愈下愈實。」❷先生曰：「道理只是如此，但今人須要說一般深妙，直以爲不可曉處方是

---
❶ 「更」，原作「夫」，今據萬曆本改。
❷ 「下」，萬曆本作「見」。

道。展轉相承，只將一箇理會不得底物事互相欺謾，如主管假會子相似。如二程說經義直是平常，多與舊說相似，但意味不同。伊川曰：「予年十七八時已曉文義，讀之愈久，但覺意味深長。」蓋只是這箇物事，愈說愈明，愈看愈精，非別有箇要妙不容言者也。近見湖南學者非復欽夫之舊，當來若到彼中，須與整理一番，恨不能遂此意耳。

看人傑《論語疑義》，云：正淳之病，多要與衆說相反。譬如一柄扇子，衆人說這一面，正淳便說那一面以詰之；及衆人說那一面，正淳却說這一面以詰之。舊見欽夫解《論語》，多有如此處。某嘗語之云：如此是別爲一書，與《論語》相詰難也。

先生問人傑：學者多入於禪，何也？人傑答以彼蓋厭吾儒窮格工夫，所以要趨捷徑。先生曰：「操則存，舍則亡」，吾儒自有此等工夫，然未有不操而存。今釋子謂我有箇道理，能不操而存，故學者靡然從之。蓋爲主一工夫，學者徒能言而不能行，所以不能當抵他釋氏之說也。人傑曰：人傑之所見，却不徒言，乃真得所謂操而存者。曰：畢竟有欠闕。人傑曰：工夫欠闕則有之，然此心則未嘗不存也。曰：正淳只管來爭，便是源頭有欠闕。反覆教誨數十言，人傑曰：荷先生教誨，然說人傑不着。曰：正淳自主張，以爲道理只如此，然以某觀之，有得者自然精明不昧。正淳更且靜坐思之，能知所以欠闕，則斯有進矣。因言：程門諸公如游、楊者，見道不甚分明，所以說着做工夫處，都不緊切。須是操存之際，常看得在這裏，則愈益精明矣。次日見先生，曰：昨日聞教誨，方知實有欠

闕。先生曰：聖人之心，如一泓止水，遇應事時，但見箇影子，所以發必中節。若自心黑籠籠地，則應事安能中節？

靜時見此理，動時亦當見此理。若靜時能見，動時却見不得，恰似不曾。

問：索理未到精微處，如何？曰：平日思慮夾雜，不能虛明。用此昏底心，欲以觀天下之理，而斷天下之疑，豈能究其精微乎？

人傑將行，請教先生。曰：平日工夫，須是做到極時，四邊皆黑，無路可入，方是有長進處，大疑則可大進。若自覺有些長進，便道我已到了，是未足以爲大進也。顏子仰高鑽堅，瞻前忽後，及至「雖欲從之，末由也已」，直是無去處了，至此可以語進矣。

問：每有喜好適意底事，便覺有自私之心。若欲見理，莫當便與克下，使其心無

所喜好，雖適意亦視爲當然否？曰：此等事，見得道理分明，自然消磨了。似此迫切，却生病痛。

學問亦無箇一超直入之理，直是銖積寸累做將去。某是如此喫辛苦，從漸做來。若要得知，亦須是喫辛苦了做，不是可以坐談僥倖而得。正淳曰：連日侍先生，教自做工夫，至要約貫通處，似已詳盡。先生曰：只欠做。螢。

道夫以疑目質之先生，其別有九。其一曰：涵養、體認、致知、力行，雖云互相發明，然畢竟當於其處著力？曰：四者據公看，如何先後？曰：據道夫看，學者當以致知爲先。曰：四者本不可先後，又不可無先後，須當以涵養爲先。若不涵養而專於致知，則是徒然思索；若專於涵養而不致知，却鶻突去了。以某觀之，四事只是三

事，蓋體認便是致知也。二曰：「居常持敬，於靜時最好，及臨事則厭倦。或於臨事時着力，則覺紛擾。不然，則於正存敬時，忽忽爲思慮引去。是三者將何以勝之？」曰：「今人將敬來別做一事，所以有厭倦，爲思慮引去。敬只是自家一箇心常醒醒便是，不可將來別做一事。豈可指擎跽曲拳，塊然在此而後爲敬。」又曰：「今人將敬、致知來做兩事。持敬時只塊然獨坐，更不去思量；却是今日持敬，明日去思量道理也。豈可如此？但一面自持敬，一面去思量道理，❷二者本不相妨。」三曰：「人之心或爲人激觸，或爲利欲所誘，初時克得下不覺突起，更不可禁禦，雖痛遏之，卒不能勝；或勝之，而已形於辭色。此等爲害不淺。」曰：「只是養未熟爾。」四曰：《知言》云：「天理、人欲，同體而異用，同行而異

情。」切謂凡人之生，粹然天地之心，不與物爲對，是豈與人欲同體乎？曰：「五峯『同體而異用』一句説得不是，天理、人欲如何同得？」故張欽夫《嶽麓書院記》只使他「同行而異情」一句，却是他合下便見得如此。他蓋嘗曰「凡人之生，粹然天地之心，道義完具，無適無莫，不可以善惡辨，不可以是非分」，所以有「天理、人欲，同體而異用」之語。只如「粹然天地之心」即是至善，又如何不可分辯？天理便是性，人欲便不是性，自是他合下見得如此。當時無人與他理會，故恁錯了。五曰：《遺書》云：「今志于義理，而心不安樂者，何也？」此則正是剩一箇助之長。雖則心『操之則存，捨之則亡』，亦在乎敬以養之。」又曰：「天理、人欲，同體而異用，同行而異

❶ 「塊」，原作「瑰」，今據萬曆本改。
❷ 「量」，萬曆本作「慮」。

亡」，然而持之太甚，便是『必有事焉』而正之也。亦須且恁地去。如此者，只是德孤。『德不孤，必有鄰。』到德盛後，自無窒礙，左右逢其原也。」此一段多所未解。曰：這箇其意只是不可說道持之太甚，便放下了，亦須且恁持去。德孤，只是單丁有這些道理，所以不可靠，易爲外物侵奪。緣是處少，不是處多。若是處多，不是處少，便不爲外物侵奪。到德盛後，自然「左右逢其原」也。

六曰：南軒《答吳晦叔書》云「反復其道」，正言消長往來乃是道也。程子所謂「聖人未嘗復，故未嘗見其心」，蓋有往則有復。以天地言之，陽氣之生，所謂復也。固不可指此爲天地心，然於其復也，可見天地心焉，蓋所以復者是也。在人，有失則有復，賢者之事也。於其復也，亦可見其心焉。切謂聖人之心，天地之心也。天地之心可見，則聖人之心亦可見。況夫復之爲卦，一陽復於積陰之下，乃天地生物之心也。聖人雖無復，然是心之用因時而彰，故堯之不虐，舜之好生、禹之拯溺、湯之救民於水火，文王之視民如傷，是皆以天地之心爲心者也。故聖賢之所推尊，學者之所師慕，亦以其心顯白而無暗曖之患耳。而謂不可見，何哉？曰：不知程子當時說如何，欽夫却恁說。大抵《易》之言陰陽，有指君子、小人而言，有指天理、人欲而言，有指動靜之機而言，初不可以一偏而論。如天下皆君子而無小人，皆天理而無人欲，其善無以加。有若動不可以無靜，靜不可以無動，蓋造化不能以獨成。或者見其相資而

① 「地」，原無，今據萬曆本補。

不可相無，遂以爲天下不可皆君子而無小人，不能皆天理而無人欲，此得其一偏之論。只如「有不善未嘗不知，知之未嘗復行」，此賢者之心因復而見者。若聖人則無此，故其心不可見。然亦有因其動而見其心者，正如公所謂堯之不虐、舜之好生，皆是因其動而見其心者。只當時欽夫之語亦未分明。七日：李延平教學者於靜坐時看喜怒哀樂未發之氣象爲如何，伊川謂「既思即是已發」。道夫謂：李先生之言主於體認，程先生之言專在涵養，其大要實相爲表裏。然於此不能無疑。夫所謂體認者，若曰體之於心而識之，猶所謂默會也。信如斯言，則未發自是一心，體認又是一心，以此一心，認彼一心，不亦膠擾而支離乎？曰：李先生所言，自是他當時所見如此。問：二先生之說何李先生所言決不至是。

從？曰：也且只得依程先生之說。八問邵康節《男子吟》。曰：康節詩乃是說《先天圖》中數之所從起處。「天根」，指天之所從起處。「姤二卦而言。九問《濂溪遺事》載邵伯溫記康節論天地萬物之理以及六合之外，而伊川稱歎。《東見錄》云：「人多言天地外，不知天地如何說內外？外面畢竟是箇甚？若言著外，則須似有箇規模。」此說如何？曰：六合之外，莊周亦云「聖人存而不論」，以其難說故也。舊嘗見《漁樵問對》❶，問：「天何依？」曰：「依乎地。」「地何附？」曰：「附乎天。」「天地何所依附？」曰：「自相依附。天依形，地附氣，其形也有涯，其氣也無涯。」意者當時所言，不過如此。某嘗欲注此語於《遺事》之下，欽夫苦

---

❶ 「問對」，原作「對問」，今據萬曆本乙正。

不許，細思無有出是説者。因問：向得此書，而或者以爲非康節所著。先生曰：其間儘有好處，非康節不能著也。以下訓道夫。

請問爲學之要。曰：公所條者便是。須於日用間下工，只恁説歸虛空，不濟事。温、清、定、省，這四事亦須實行方得，只指摘一二事，亦豈能盡？若一言可盡，則聖人言語豈止一事？聖人言語明白，載之書者，不過孝、弟、忠、信。其實精粗本末，秖是一理。聖人言「致知、格物」，亦豈特一二而已？如此則便是德孤。致，推致也。格，到也。亦須一一推到那裏方得。又曰：「如人君，❶止於仁」，姑息也是仁。須當求其所以爲仁。「爲臣，止於敬」，擎跽曲拳也是敬，亦當求其所以爲敬。且如公自浦城來崇安，亦須遍歷崇安境界，方是到崇安。人皆有是良知，而前此未嘗知者，只爲不曾推去爾。愛親從兄，誰無是心？於此推去，則温、清、定、省之事，亦不過是愛。自其所知，推而至於無所不知，皆由人推耳。子昂曰：敢問推之之説。曰：且如孝，只是從愛上推去，凡所以愛父母者，無不盡其至。不然，則曾子問孝至末梢，却問：「子從父之令，可以爲孝乎？」蓋父母有過，己所當諍，諍之亦是愛之所推。不成道我愛父母，姑從其令。

問：向見先生教童蜚卿於心上著工夫，數日來專一靜坐，澄治此心。曰：若如此塊然都無所事，却如浮屠氏矣。所謂「存心」者，或讀書以求義理，或分別是非以求至當之歸。只那所求之心，便是已存之心，何俟塊然以處而後爲存耶！

❶ 「如」，萬曆本作「爲」。

大率爲學雖是立志，然書亦不可不讀，須將經傳本文熟。復如仲思早來所說專一靜坐，如浮屠氏塊然獨處，更無酬酢，然後爲得。吾徒之學，正不如此。遇無事則靜坐，有書則讀書，以至接物處事，常教此心光唅唅地，便是存心。豈可凡百放下，袛是靜坐？向日輩卿有書，亦說如此，某答之云：「見有事自那裏過，却不理會，却只要如此，如何是實下工夫？」

大凡人須是存得此心。此心既存，則雖不讀書，亦有一箇長進處。纔一放蕩則放下書册，便其中無一點學問氣象。舊來在某處朋友，及今見之，多茫然無進學底意思，皆恁放蕩了。道夫曰：心不存，雖讀萬卷，亦何所用？曰：若能讀書，就中却有商量。只他連這箇也無，所以無進處。道夫曰：以此見得孟子「求放心」之說緊要。

曰：如程子所說「敬」字亦緊要也。

問：尋常操存處，覺纔着力，則愈紛擾，這莫是太把做事了？曰：自然是恁地。能不操而常存者，是到甚麼地位！孔子曰：「操則存，舍則亡。」操則便在這裏，若着力去求，便蹉過了。今若說操存，已是剩一箇「存」字，亦不必深着力。這物事本自在，但自家略加提省，則便得。「必有事焉，而勿正，心勿忘，勿助長也。」

問：處鄉鄰宗族，見他有礙理不安處，且欲與之和同，則又不便，欲正己以遠之，又失之孤介而不合中道。如何？曰：這般處也是難，也只得無忿疾之心爾。先生一日謂飛卿與道夫曰：某老矣，公輩欲理會義理，好着緊用工，早商量得定。將來自求之，未必不得。然早商量得定，尤好。

道夫辭拜還侍，先生曰：更硬着脊梁骨。

道夫問：劉季文所言心病，道夫常恐其志不立，故心爲氣所動。不然，則志氣既立，思慮凝靜，豈復有此？曰：此亦是不讀書，不窮理，故心無所用，遂生出這病。某昨日之言，不曾與說得盡。道夫因言：季文自昔見先生後，敦篤謹畏，雖居於市井，人罕有見之者。自言向者先生教讀《語》、《孟》後，來於此未有所見，深以自愧，故今者復來。曰：得他恁地也好。或然窮來窮去，久之自有所見，亦是一事。又曰：讀書須是專一，不可支蔓。且如讀《孟子》，其間引援《詩》、《書》處甚多。今雖欲檢本文，但也只須看此一段，便依舊自看本章句，庶幾此心純一。道夫曰：此非特爲讀書之方，抑亦存心養性之要法也。

問：向者以書言仁，雖蒙賜書有進教之意，然仁道至大，而道夫所見只以存心爲要，恐於此當更有恢廣功夫。曰：也且只得恁做去，久之自見。頃之，復曰：這功夫忙不得，只常將上來思量，自能有見。橫渠云：「蓋欲學者存意之不忘，庶游心浸熟，有一日脫然如大寐之得醒耳。」

先生問：別看甚文字？曰：只看《近思錄》。今日問箇，明日復將來溫尋，子細熟看。曰：如適間所說，「元亨利貞」是一箇道理之大綱目，須當時復說這一箇道理。如濂溪《通書》只是反復說這一箇道理。那裏雖千變萬化，千條萬緒，只是這一箇做將去。

問：敬而不能安樂者，何也？曰：只是未熟在，如飢而食，喫得多，則須飽矣。

問：道夫在門下雖數年，覺得病痛尚多。曰：自家病痛，他人如何知得盡？今

但見得義理稍不安，便勇決改之而已。久之，復曰：看來用心專一，讀書子細，則自然會長進，病痛自然消除。

於今爲學之道，更無他法，但能熟讀精思，久久自有見處。「尊所聞，行所知」，則久久自有至處。若海。○蜀本作道夫錄。

仲思言：正大之體難存。曰：無許多事。古人已自說了，言語多則愈支離。如公昨來所問涵養、致知、力行三者，便是以涵養做頭，致知次之，力行次之。不涵養，則無主宰。如做事須用人，纔放下或困睡，這事便無人做主，都由別人，不由自家。既涵養，又須致知，既致知，又須力行。若知而不力行，與不知同。亦須一時並了，非謂今日涵養，明日致知，後日力行也。要當皆以敬爲本，敬却不是將來做一箇事。今人多先安一箇「敬」字在這裏，如何做得？

敬只是提起這心，莫敎放散。憑地，則心便自明，這裏便窮理格物。見得當如此便是，不當如此便不是。既見了，便行將去。今且將《大學》來讀，便見爲學次第，初無許多屈曲。又曰：某於《大學》中所以力言小學者，以古人於小學中已自把捉成了，故於大學之道無所不可。今人既無小學之功，却當以敬爲本。驤。

爲學之道，在諸公自去着力。且如這裏有百千條路，都茅塞在裏，須自去揀一條大底行。如仲思昨所問數條，第一條涵養、致知、力行，這便是爲學之要。驤。

讀書要須耐煩，努力翻了巢穴。譬如煎藥，初煎時須猛着火，待滾了却退着，以慢火養之。讀書亦須如此。頃之，復謂驤曰：觀令弟却自耐煩讀書。驤。

慤實有志而又才敏者，可與爲學。道人

夫曰：苟慤實有志，則剛健有力。如此，雖愚必明矣，何患不敏！但慤實有志者，於今實難得。地。要之，也是恁

庚戌五月，初見先生于臨漳。問：前此從誰學？寓答：自少只在鄉里從學。先生曰：此事本無嶢崎，只讀聖賢書，精心細求，當自得之。今人以爲此事如何祕密，不與人説，何用如此！問看《易》。曰：未好看，《易》自難看。《易》本因卜筮而設，推原陰陽消長之理，吉凶悔吝之道。先儒講解，失聖人意處多。待用心力去求，是費多少時光，不如且先讀《論語》。又問讀《詩》。曰：《詩》固可以興，然亦自難。先儒之説亦多失之。某枉費許多年工夫，近來於《詩》、《易》略得聖人之意。今學者不如且看《大學》、《語》、《孟》、《中庸》四書，且就見成道理精心細求，自應有得。待讀此四書

驤。

精透，然後去讀他經，却易爲力。寓舉子宜宗兄云：人最怕拘迫，易得小成。且言：聖賢規模如此其大。曰：未好説聖賢。但隨人資質，亦多能成就。如伯夷高潔，不害爲聖人之清。若做不徹，亦不失爲謹厚之士，難爲徇虚名。以下訓寓。

問：初學精神易散，靜坐如何？曰：此亦好，但不專在靜處做工夫，動作亦當體驗。聖賢教人，豈專在打坐上？要是隨處着力，如讀書，如待人處事，若動若靜，若語若默，皆當存此。無事時，只合靜心息念。且未説做他事，只自家心如何令把捉不定？恣其散亂走作，何有於學？孟子謂：「學問之道無他，求其放心而已矣。」不然，精神不收拾，則讀書無滋味，應事多齟齬，豈能求益乎？

問：有事時應事，無事時心如何？

曰：無事時只得無事，有事時也如無事模樣。只要此心常在，所謂「動亦定，靜亦定」也。問：程子言「未有致知而不在敬者」。曰：心若走作不定，何緣見得道理？如理會這一件事未了，又要去理會那事，少間都成無理會。須是理會這事了，方好去理會那事，須是主一。問：思慮難一，如何？曰：徒然思慮，濟得甚事？某謂：若見得道理分曉，自無閑雜思慮。人所以思慮紛擾，只緣未見道理耳。「天下何思何慮？」是無閑思慮也。問：程子常教人靜坐，如何？曰：亦是他見人要多慮，且教人收拾此心耳，初學亦當如此。

先生謂寓曰：文字可汲汲看，悠悠不得。急看方接得前面看了底。若放慢，則與前面意思不相接矣。莫學某看文字，看到六十一歲，方略見得道理恁地。賀孫錄作

「方略見得通透」。今老矣，看得，做甚使得？學某不濟事，公宜及早向前。

問：如古人詠歌舞蹈，到動盪血脉流通精神處，今既無之，專靠義理去研究，恐難得悦樂，不知如何？曰：只是看得未熟耳。若熟看，待浹洽則悦矣。先生因說寓：讀書看義理，須是開豁胸次，令磊落明快，恁地憂愁作甚底？亦不可先責效。才責效，便見有憂愁底意思。只管如此，胸中結聚一餅子不散，須是胸中寬閑始得。而今且放置閑事，不要閑思量，只專心去玩味義理，便會心精。心精便會熟。涵養當用敬，進學則在致知。無事時，且存養在這裏，提撥警覺，❶不要放肆。到那講習應接，便當思量義理，用義理做將去。無事時，便

❶「撥」，萬曆本作「撕」。

着存養收拾此心。

問：前夜先生所答一之動靜處，曾舉云：「譬如與兩人同事，須是相救始得。」寓看來，靜却救得動，不知就救得靜？曰：人須通達萬變，不知動如何救得靜？亦不是閉門靜坐，塊然自守，心常湛然在這裏。應事物來，也須去應。應了，依然是靜。看事物來，應接去也不難，便是「安而後能慮」。動了靜，靜了動，動靜相生，循環無端。如人之噓吸，若只管噓，氣絕了，又須吸。若只管吸，氣無去處，便不相接了。噓之所以為吸，吸之所以為噓。「尺蠖之屈，以求伸也；龍蛇之蟄，以存身也。」屈伸消長，闔闢往來，其機不曾停息。大處有大闔闢，小處有小闔闢；大處有大消息，❶小處有小消息。此理萬古不易。如目有瞬時，亦豈能常瞬？定又須開，不能常開。定又須瞬，瞬了又開，

開了又瞬。至纖至微，無時不然。又問：此説相救，是就義理處説動靜。不知就應事接物處説動靜如何？曰：應事得力，則心地靜；心地靜，應事分外得力：便是動救靜，靜救動。其本只在湛然純一，素無私心始得。無私心，動靜一齊當理；才有一毫之私，便都差了。淳録云：徐問：前夜説動靜功用相救，靜可救得動，動如何救得靜？曰：須是明得這理，使無不盡，直到萬理明徹之後，此心湛然純一，便能如此。如靜也不是閉門獨坐，塊然自守，事物來都不應。事物來，亦須應。既應了，此心便又靜。心既靜，虛明洞徹，無一毫之累，便從這裏應將去，應得便徹，便不難，便「安而後能慮」。事物之來，須去處置他。這一事合當恁地做，便截然斷定，便是「慮而後能得」。得是靜，慮是動。如「艮其止」，止是所以止之便是動。如「君止於仁，臣止於敬」，仁敬是靜，所以思要止於仁敬，便是動。固是靜

❶「息」，萬曆本作「長」。下「息」字同。

居甫問：平日只是於大體處未正。曰：大體只是合衆小理會成大體。今不窮理，如何便會大體？可學。

居甫、敬之是一種病，都緣是弱，仁父亦如此。只看他前日信中自說「臨事而懼」，不知孔子自說行三軍。自家平居無事，只管恁地懼箇甚麼？賀孫說：定之之意，是當先生前日在朝，恐要從頭拆洗，決裂做事，故說此。曰：固是。若論來如今事體，合從頭拆洗，合有決裂做處，自是定着如此。只是自家不曾當這地位，自是要做不得。若只管懼了，到合說處都莫說。賀孫。

救動，動救靜，然其本又自此心湛然純一，素無私始得心無私，動靜便一齊當理。心若自私，便都差了。動了又靜，靜了又動，動靜只管相生，如循環之無端。若要一於動靜，不得。如人之噓吸，若一向噓，氣必絕了，須又當吸；若一向吸，氣必滯了，❶須又當噓。噓之所以爲吸，吸之所以爲噓。「尺蠖之屈，以求申也；龍蛇之蟄，以存身也；精義入神，以致用也；利用安身，❷以崇德也。」一屈一伸，一闔一闢，一消一息，一往一來，其機不曾停。大處有大闔闢、大消息，小處有小闔闢、小消息，其理更萬古而不息。❸如目豈能不瞬時？亦豈能常瞬？又須開。開了定，定了又瞬，瞬了又定，只管恁地去。消息闔闢之機，至纖至微，無物不有。

寓臨漳告歸，禀云：先生所以指教，待歸子細講求。曰：那處不可用功？何待歸去用功？古人於患難尤見得着力處，今夜在此便是用功處。

居甫請歸作工夫。曰：即此處便是工夫。可學。

❶「滯」，原作「帶」，今據朝鮮本、萬曆本改。
❷「利」，原作「仲」，今據朝鮮本、萬曆本改。
❸「其」，萬曆本作「此」。

居父如僧家禮懺，今日禮多少拜，說懺甚罪過，明日又禮多少拜，又說懺甚罪過，日日只管說。如浙中朋友，只管說某今日又如此，明日又說如此。若是見得不是，便須掀飜做教是當。若只管恁地徒說，何益？如宿這客店，不穩便，明日須進前去好處宿。若又只在這裏住，又只說不好，豈不可笑！賀孫。

洪慶將歸，先生召入與語，出前卷子示曰：❶議論也平正。兩日來反覆爲看，所說者非不是，但其中言語多似不自胸中流出，原其病只是淺耳，故覺見枯燥，不甚條達。今先須養其源，始得。合下原頭欠少工夫。此去且存養，要這箇道理分明常在這裏，久自有覺，覺後自是此物洞然通貫圓轉。乃舉《孟子》「求放心」、「操則存」兩節，及明道《語錄》中「聖賢教人千言萬語，下學上達」

一條，云：自古聖賢教人，也只就這理上用功。所謂放心者，不是走作向別處去。蓋一瞬目間便不見，纔覺得便又在面前，不是苦難收拾。公且自去提撕，便見得。又曰：如今要下工夫，且須端莊存養，獨觀昭曠之原，不須枉費工夫，鑽紙上語。待存養得此中昭明洞達，自覺無許多窒礙。恁時方取文字來看，則自然有意味，道理自然透徹，遇事時自然迎刃而解，皆無許多病痛。此等語，不欲對諸人說，恐他不肯去看文字，又不實了。且教他看文字，撞來撞去，將來自有撞着處。公既年高，又做這般工夫不得，若不就此上面着緊用工，恐歲月悠悠，竟無所得。又曰：近來學者，如漳、泉人物，於道理上發得都淺，却是作文時文采

❶ 「示」，萬曆本作「云」。

發越粲然可觀。❶謂堯卿、至之。浙間士夫又却好就道理上壁角頭着工夫，如某人輩，子善、叔恭。恐也是風聲氣習如此。又云：今之學者有三樣人才：一則資質渾厚，於道理上不甚透徹；一則儘理會得道理，又生得直是薄；一則資質雖厚，却飄然說得道理儘多，又似承當不起。要箇恰好底，難得。此間却有一兩箇朋友理會得好，如公資質如此，何不可爲？只爲源頭處用工較少，而今須喫緊着意做取。尹和靖在程門直是十分鈍底，被他只就一箇「敬」字上做工夫，終被他做得成。因說及陳後之、陳安卿二人爲學頗得蹊徑次第。又曰：顏子與聖人不爭多，便是聖人地位。但顏子是初平、風浪初靜時，聖人則是水已平、風恬浪靜。又曰：爲學之道，須先存得這箇道理，方可講究。若居處必恭，執事必敬，

與人必忠。要如顏子，直須就視、聽、言、動上警戒到復禮處。仲弓「出門如見大賓，使民如承大祭」，是無時而不主敬。如今亦不須較量顏子、仲弓如何會如此，只將他那事就自家切己處便做他底工夫，然後有益。又曰：爲學之道，如人耕種一般，先須辦了一片地在這裏了，方可在上耕種。今却就別人地上鋪排許多種作底物色，這田地元不是我底。又如人作商，亦須先安排許多財本，方可運動。若財本不贍，則運動未得。到論道處，如說水，只說是冷，不能以「不熱」字說得。如說湯，只說是熱，不能以「不冷」字說得。又如飲食，喫着酸底，便知是酸底，喫着鹹底，便知是鹹底，始得。語多不能盡記，姑述其大要者如此。訓洪慶。○

---

❶「却」，萬曆本作「都」。

恪録云：石子餘將告歸，先生將子餘問目出，曰：兩日反覆與公看，見得公所說非是不是，其病痛處只是淺耳。故覺得枯燥，不愜條達，只源頭處元不曾用工夫來。今須是整肅主一，存養得這箇道理分明，常在這裏。持之以久，❶自然有得，看文字自然通徹，遇事自然圓轉，不見費力。乃舉《孟子》「學問之道無它，求其放心而已矣」、「操則存，舍則亡，出入無時，莫知其鄉」二節，及明道《語錄》「聖賢千言萬語，只是欲人將已放之心約之使反復入身來，下學而上達」，云：自古聖賢教人，只是就這箇道理上用功。放心，不是走作別處去。一劄眼間即便不見，才覺便又在面前，不是難收拾。公自去提撕，便見得。今要下工夫，且獨觀昭曠之原，不須枉用工夫，鑽紙上語。存得此中昭明條暢，自覺無許多窒礙，方取文字來看，便見有味。道理通透，遇事則迎刃而解，無許多病痛。然此等語，不欲對諸公說。且教它自用工夫，撞來撞去，自然撞着。公既年高，若不如此下工夫，恐悠悠歲月竟無所得。

又云：某少時爲學，十六歲便好理學，十七歲便有如今學者見識。後得謝顯道《論語》，甚喜，乃熟讀。先將朱筆抹出語意好處，又熟讀得趣，覺見朱抹處太煩，再用墨抹出，又熟讀得其要領，乃用黃筆又熟讀得趣，別用青筆抹出。

抹出。至此，自見所得處甚約，只是一兩句上。却日夜就此一兩句上用意玩味，胸中自是灑落。

先生謂徐容父曰：爲學須是裂破藩籬痛底做去，所謂「一杖一條痕，一摑一掌血」，使之歷歷落落，分明開去，莫要含糊。道夫○訓容。

問學問之端緒。曰：且讀書，依本分做去。以下訓節。

問：何以驗得性中有仁、義、禮、智、信？先生怒曰：觀公狀貌不離乎嬰孩，高談每及於性命。與衆人曰：他只管來這裏摸這性，性若是去捕捉他，則愈遠有條理。五常之體，不可得而測度，其用則爲五教，孝於親，忠於君。又曰：必有本，如惻隱之類，知其自仁中發；事得其宜，知

❶「以」，萬曆本作「已」。

其自義中出；恭敬，知其自禮中出；是是非非，知其自智中出；信者，實有此四者。眼前無非性，且於分明處作工夫。又曰：體不可得而見，且於用上着工夫，則體在其中。次夜，曰：吉甫昨晚問要見性中有仁、義、禮、智。無故不解發惻隱之類出來，有仁、義、禮、智，故有惻隱之類。

問：事有合理而有意為之，如何？曰：事雖義而心則私。如路，好人行之亦是路，賊行之亦是路。合如此者是天理，起計較便不是。

問：應事，心便去了。曰：心在此應事，不可謂之出在外。

問：只順他？曰：只是循理。

曰：只是揮扇底，只是不得背着他。節問：欲求大本以總括天下萬事。曰：江西便有這箇議論。須是窮得理多，然後

有貫通處。今理會得一分，便得一分受用；理會得二分，便得二分受用。若「一以貫之」，儘未在。陸子靜要盡掃理會去，從簡易某嘗説：且如做飯，也須趁柴理會米，無道理合下便要簡易。

以某觀之，做箇聖賢，千難萬難。如釋氏則今夜痛説一頓，有利根者當下便悟，只是箇無星之秤耳。

將與人看不得。公要討箇無聲無臭底道，雖視之不見，聽之不聞，然却開眼便看見，開口便説着。雖「無極而太極」，然只是眼前道理，若有箇高妙底道理而聖人隱之，便是聖人大無狀！不忠不信，聖人首先犯着。

問：節嘗見張無垢解《雝》徹一章，言夫子氣象雍容。節又見明道先生為人亦和，節自後處事亦習寬緩，然却至於廢事。

曰：曾子剛毅，立得牆壁在，而後可傳之子思、孟子。伊川、橫渠甚嚴，游、楊之門倒塌了。若天資大段高，則學明道，若不及明道，則且學伊川、橫渠。

問：篤行允蹈，皆是作爲。畢竟道自道，人自人，不能爲一。曰：爲一，則聖人矣，「不勉而中，不思而得，從容中道」。又問：顔子「不遠復」，「擇乎中庸」，顔子亦未到此地。曰：固是。只爲後人把做易了，後遂流爲異端。

問：事事當理則必不能容，能容則必不能事事當理。曰：容只是寬平不狹。如這箇人當殺則殺之，是理合當殺，非是自家不容他。

不曾說教胡亂思，說「謹思」。

問：節昔以觀書爲致知之方，今又見得是養心之法。曰：較寬，不急迫。又曰：

一舉兩得，這邊又存得心，這邊理又到。節復問：心在文字，則非僻之心自入不得。先生應。

問：觀書或曉其意，而不曉字義。如「從容」字，或曰「橫出爲從，寬容爲容」，如何？曰：這箇見不得。莫要管他橫出、包容，只理會言意。

節初到一二日，問「君子義以爲質」一章。曰：不思量後，只管去問人，有甚了期？向來某人自欽夫處來，錄得一冊將來看。問他時，他說道那時陳君舉將伊川《易傳》在看，檢兩版又問一段。欽夫他又率略，只管爲他說。據某看來，自當不答。大抵問人，必說道古人之說如此，某看來是如此，未知是與不是。不然，便說道據某看來不如此，古人又如此說，是如何。不去思量，只管問人，恰如到

人家見有倚子，❶去問他道：「你安頓這倚子是如何？」

問：精神收斂便昏，是如何？曰：也不妨。又曰：昏，畢竟是慢。如臨君父、❷淵崖，必不如此。又曰：若倦，且瞌睡些時，無害。問：非是讀書過當倦後如此，是纔收斂來稍久便困。曰：便是精神短後如此。

❶ 「有」，萬曆本作「著」。
❷ 「父」，原作「文」，今據朝鮮本、萬曆本改。

朱子語類卷第一百一十六 一十七板

朱子十三

訓門人四

問：平時處事，當未接時，見得道理甚分明，及做着，又便錯了。不知如何恁地？曰：這是難事。但須是知得病痛處，便去着力。若是易為，則天下有無數聖賢了。以下訓義剛。

問：打坐也是工夫否？曰：也有不要打坐底，如果若之屬，他最說打坐不是。又問：而今學者去打坐後，坐得瞌睡時，心下也大故定。曰：瞌睡時却不好。

問：氣質昏蒙，作事多悔。有當下便悔時，有過後思量得不是方悔時，或經久所為因事機觸得悔時。方悔之際，惘然自失，此身若無所容，有時患恨至於成疾。不知何由可以免此？❶ 曰：既知悔時，第二次莫恁地便了。那「未見能見其過而內自訟」底，便是不悔底。今若信意做去後，蕩然不知悔，固不得。若既知悔，後次改便了，何必常常恁地悔。淳錄云：既知悔，便住了，莫更如此做。只管悔之又悔作甚。世間只是這箇道理，譬如晝日當空，一念之間合着這道理，則皎然明白，更無纖毫室礙，故曰「天命之謂性」。不只是這處有，處處皆有。只是尋時先從自家身上尋起，

❶「何」，原作「可」，今據萬曆本改。

所以説「性者，道之形體也」，此一句最好。蓋是天下道理尋討將去，那裏不可體驗？只是就自家身上體驗，一性之内，便是道之全體。千人萬人，一切萬物，無不是這道理。不特自家有，它也有；不特甲有，乙也有，天下事都恁地。

書有合講處，有不必講處。如主一處，定是如此了，不用講。只是便去下工夫，不要放肆，不要戲慢，整齊嚴肅，便是主一，便是敬。聖賢説話，多方百面，須是如此説。但是我恁地説他箇無形無狀，去何處證驗？只去切己理會，此等事久自會得。

問説「漆雕開」章云云，先生又不應。又説「與點」章云云，先生又不應。久之，却云：公那江西人，只管要理會那漆雕開與曾點，而今且莫要理會。所謂道者，只是君

之仁、臣之敬、父之慈、子之孝便是。而今切問而近思，仁在其中矣」，須是步步理會。「坐如尸」，便須要常常如尸；「立如齊」，便須要常常如齊。而今却只管去理會那流行底，不知是箇甚麽物事？又不是打破一桶水，隨科隨坎皆是。

義剛啓曰：向時請問平生多悔之病，蒙賜教，謂第二番莫爲便了，也不必長存在胸中。義剛固非欲悔，但作一事時，千思萬量，若思量不透處，又與朋友相度。合下做時，自謂做得圓密了，及事纔過，又便猛省着有欠缺處。纔如此思着，則便被氣動了志，便是三兩日精神不定。不知此病生於何處？曰：便是難，便是難！不能得到恰好處。顔子「仰之彌高，鑽之彌堅，瞻之在前，忽焉在後」，便是如此，便是不

能得見這箇物事定帖，這也無著力處。聖人教人，但不過是「博文約禮」，須是平時只管去講明，講明得熟時，後却解，漸漸不做差了。

又問：格物工夫至爲浩大，如義剛氣昏，也不解泛然格得。曰：書上也便有面前道理在。義剛又言：古人爲學，皆是自小得人教之有方，所以長大來易入於道。義剛日前只是習作舉業，好書皆不曾講究。今欲收其放心，覺用力倍難。今欲將小學等書理會，從洒掃應對進退、禮、樂、書、數、射、御從頭再理會起，不知如何？曰：也只是事事致謹，常常持養，莫教放慢了便是。若是自家有箇操柄時，便自不解到得十分走作了。

義剛啓曰：半年得持洒掃，❶曲蒙提誨，自此得免小人之歸。但氣質昏蒙，自覺易爲流俗所遷。今此之歸，且欲閉門不出，刻意讀書，皆未知所向，欲乞指示。先生曰：只杜門便是所向，別也無所向。只是就書上子細玩味，考究義理，便是。義剛之初拜先生也，具述平日之非與所以遠來之意，力求陶鑄及所以爲學之序。先生曰：人不自訟，則沒奈何他。今公既自知其過，則講書窮理便是爲學，也無他陶鑄處。問：讀書以何者爲先？曰：且將《論語》、《大學》共看。至是，又請曰：《大學》已看了，先生解得分明，也無甚疑。《論語》已看九篇，今欲看畢此書，更看《孟子》，如何？曰：好。《孟子》也分明，甚易看。

侍教半年，仰蒙提誨。自正月間看《論

❶「持」，萬曆本作「侍」。

語》，覺得略知入頭處。❶先生所以教人，只要逐章逐句理會，不要揀擇，敬遵明訓。但此番歸去，恐未便得再到侍下。如《語》、《孟》中設有大疑，則無可問處。今欲於此數月揀大頭段來請教，不知可否？曰：好。

先生問晏淵：平日如何做工夫？看甚文字？曰：舊治《春秋》并史書。曰：《春秋》如何看？曰：只用劉氏説看。曰：公數千里來見某，其志欲如何？曰：既拜先生，只從先生之教。曰：《春秋》是學者末後事，惟是理明義精，方見得《春秋》是言天下之事，今不去理會身己上事，却去理會天下之事，到理會得天下事，於身己上却不曾處置得。所以學者讀書，先要理會自己本分上事。又言：劉德脩向時章疏中説「道學」字，用錯了。先生因論：德脩向時之事，不合將許多條法與壽皇看，暴露了，被小人知之，却做了脚手。某以爲大率若要小人勢弱時節，只用那虛聲便可恐得他去。若小人勢盛時節，便不可如此暴露，被他先做脚手。雖然，德脩亦自好，當時朝廷大故震動。○訓淵。

晏亞夫將上趙子直、黃文叔二書呈先生，先生曰：公有志於當世，亦自好。但若要從自家身上做將來，須是捨其所已學，從門安坐數年，虛心玩味他義理，教專與自家心契合。若恁底時，病痛自去，義理自明。大抵靜方可看義理。佐。

先生語晏亞夫云：亞夫歸去，且須杜門安坐數年，虛心玩味他義理，教專與自家心契合。若恁底時，病痛自去，義理自明。大抵靜方可看義理。佐。

先生語晏亞夫云：亞夫歸去，且須杜門潛心數年，可且杜門潛心數年。方子。○蓋卿錄云：亞

須是靜，方可爲學。謂亞夫曰：公既歸，可且杜門潛心數年。方子。○蓋卿錄云：亞

❶「知」，萬曆本作「得」。

夫稟辭，先生勉之曰：歸後且杜門潛心二三年，仍須虛心以讀書。❶

甲寅八月三日，蓋卿以書見先生于長沙郡齋，請隨諸生遇晚聽講，❷是晚請教者七十餘人。或問：向蒙見教，讀書須要涵泳，須要浹洽。因看《孟子》千言萬語，只是論心。七篇之書如此看，是涵泳工夫否？曰：某為見此中人讀書大段鹵莽，所以說讀書須當涵泳，只要子細尋繹，令胸中有所得爾。如吾友所說，又襯貼一件意思，硬要差排，看書豈是如此？又一士友曰：先生「涵泳」之說乃杜元凱「優而柔之」之意。曰：固是如此，亦不用如此解說。所謂「涵泳」者，只是子細讀書之異名也。大率與人說話便是難。某只說一箇「涵泳」，一人硬來差排，一人硬來解說。此是隨語生解，支離延蔓，閑說閑講，少間展轉，只是添得多，說得遠。如此講書，如此聽人說話，全不是自做工夫，全無巴鼻。可知是使人說學是空談。此中人所問大率如此，好理會處不理會，不當理會處却支離去說，說得全無意思。以下訓蓋卿。

蓋卿因言：致知、格物工夫既到，然後應事接物始得其宜。若工夫未到，雖於應事接物之際未盡合宜，亦只得隨時為應事接物之計也。曰：固是如此，若學力未到時，不成不去應事接物？且如某在長沙時，處之固有一箇道理，今在路途，道理又別。人若學力未到，其於應事接物之間，且隨吾學力所至而處之。學雖未盡，善乎明道之言曰：「學者全體此心。」學者雖未盡，若事物之來不

❶「須虛」，原倒，今據萬曆本乙正。
❷「諸」，原作「請」，今據朝鮮本、萬曆本改。

問：人講學不明，用處全差了。曰：不待酬酢應變時，若學不切己，自家一箇渾身自無處着，雖三魂七魄，亦不知下落，何待用時方差？坐間有言及傅子囷者。曰：人雖見得他偏，見得他不是，此邊却未有肯着力做自家工夫，如何不爲他所謾？近世人大被人謾，可笑！見人胡亂一言一動，便被降下了。只緣自無工夫，所以如此。先生又云：彼一般説話雖是説禪，却能鞭逼得人緊。後生於此邊既無所得，一溺其説，便把做件事做，如何可回？終竟他底不是，愈傳愈壞了。人或又云：近世學者多蹭等。曰：亦更有不及等人。❷

可不應，但隨分限應之，雖不中，不遠矣。蓋卿禀辭，且乞贈言，先生曰：逐日所相與言者，宜着工夫，不用重説。曰：尚得爲遠謁函丈之計。曰：人事不可預期。歸日，宜一面着實做工夫。

初見，先生云：某自到此，與朋友亦無可説，古人學問只是爲己而已。聖賢教人，具有倫理。學問是人合理會底事，學者須是切己，方有所得。今人知爲學者，聽人説一席好話，亦解開悟。到切己工夫，却全不曾做，所以悠悠歲月無可理會。若使切己下工，聖賢言語雖散在諸書，自有箇通貫道理。須實有見處，自然休歇不得。如人趁養家一般，一日不去趁，便受飢餓。今人事無小大皆潦草過了。❶ 只如讀書一事，頭邊看得兩段，便揭過後面，或看得一二段，或看得三五行。殊不曾子細理會，如何會有益？或

❶「潦」，原作「老」，今據萬曆本改。
❷「曰亦」，萬曆本作「亦曰」。

以下訓謙。

問：曾與戴肖望相處，如何？曰：亦只商量得舉子程文。曰：此是一厄。人過了此一厄，當理會學問。今人過了此一厄，又去理會應用之文，作古文，作詩篇，亦是一厄。須是打得破，方得。

問：爲學工夫，以何爲先？曰：亦不過如前所說，專在人自立志。既知這道理，辦得堅固心，一味向前，何患不進？只患立志不堅，只恁聽人言語，看人文字，終是無得於己。或云：須是做工夫，方覺言語有益。曰：別人言語，亦當子細窮究。孟子說：「我知言，我善養吾浩然之氣。」知言便是窮究別人言語。❶他自邪說，何與我事？被他謾過，理會不得，便有陷溺。所謂「生於其心，害於其政，作於其事」，蓋謂此也。

德之看文字尖新，如見得一路光明，便射從此一路去。然爲學讀書，寧詳毋略，寧近毋遠，寧下毋高，寧拙毋巧。若一向罩過，不加子細，便看書也不分曉。然人資質亦不同，有愛趨高者，亦有務詳者。雖皆亦有得，然詳者終是看得溥博浹洽。又言：《大學》等書，向來人只說某說得詳，略說，使人自致思？此事大不然。人之爲學，只是爭箇肯不肯耳。他若無得，不肯向這邊，略亦不解致思；他若肯向此一邊，自然有味，愈詳愈有意味。

生知之聖，不待學而自至。若非生知，須要學問。學問之先，止是致知。所知果至，❷自然透徹，不患不進。謙請云：知得，須要踐履。曰：不真知得，如何踐履得？

❶「究」，原作「理」，今據萬曆本改。
❷「至」，萬曆本作「致」。

若是真知，自住不得，不可似他門只把來說過了。又問：今之言學者滿天下，家誦《中庸》、《大學》、《語》、《孟》之書，人習《中庸》、《大學》、《語》、《孟》之說。究觀其實，不惟應事接物與所學不相似，而其為人舉足動步全不類學者所為。或做作些小氣象，或事治一等議論，❶專一欺人。此豈其學使然歟？抑踐履不至歟？抑所學之非歟？曰：此何足以言學？某與人說學問，止是說得大概，要人自去下工。譬如寶藏一般，其中至寶之物，何所不有？某止能指與人說此處有寶。若不下工夫自去討，終是不濟事。今人為學，多是為名，不肯切己。某甚不滿於長沙士友。胡季隨特地來一見，却只要相閃，不知何故。南軒許久與諸公商量，到如今只如此，是不切己之過。
廖兄請曰：某遠來求教，獲聽先生雅

言至論，退而涵泳，發省甚多。旅中只看得先生《大學章句》《或問》一過，所以誨人者至矣。為學入德之方，無以加此，敢不加心。明日欲別誨席，更乞一言之賜。曰：他無說，只是自下工夫。此事元不用許多安排等待，所謂「造次顛沛必於是」也，人只怕有悠悠之患。廖復對曰：學者之病，多在悠悠，極荷提策。曰：見得分曉，便當下工夫。時難得而易失，不可只恁地過了。蓋卿。

先生問：前此得書，甚要講學，今有可說否？自脩云：適值先生去國匆匆，不及款承教誨。曰：自家莫匆匆便了。訓自脩。

問平日工夫，泳對：理會時文。先生曰：時文中亦自有工夫。請讀何書？曰：

❶ 「事」，萬曆本作「專」。

看《大學》。以下訓泳。

說《大學》首章不當意，先生說：公讀書，如騎馬不會鞭策得馬行，撐舡不會使得船動。

讀《大學》畢❶，次《論》、《孟》及《中庸》，兼看《近思錄》。先生曰：書讀到無可看處，恰好看。

先生與泳說：看文字罷，常且靜坐。

問：而今看道理不出，只是心不虛靜否？曰：也是不曾去看。會看底，就看處自虛靜，這箇互相發。以下訓夔孫。

先生謂夔孫云：公既久在此，可將一件文字與眾人共理會，立箇程限，使敏者不得而先，鈍者不得而後。且如這一件，是甲思量不得，乙或思量得，這便是朋友切磋之義。夔孫請所看底文字。曰：且將《西銘》看。及看畢，夔孫依先生解說過，先生曰：而今解得分曉了，便易看，當初直是難說。夔孫請再看底文字。索《近思錄》披數板，云：也揀不得，便漏了他底也不得。遂云：「無極而太極」，而今人都想象有箇光明閃爍底物事在那裏，却不知本是說無這物事，只是有箇理，解如此動靜而已。及至一動一靜，便是有箇陰陽。一動一靜，循環無端。「太極動而生陽」，亦只是從動處說起。其實，動之前又有靜，靜之前又有動。推而上之，其始無端；推而下之，以至未來之際，其卒無終。自有天地，便只是這物事在這裏流轉，一日之運，一月便有一月之運，一歲便有一歲之運。都只是這箇物事衮衮將去，如水車相似：一箇上，一箇下。其動也，便是中，是仁；其靜也，便是正，是義。不動則靜，不

❶「畢」，萬曆本作「必」。

静則動。如人不語則默，不默則語，中間更無空處。又如善惡，不是善，便是惡；不是惡，便是善。「聖人定之以中正仁義」，便是主張這箇物事。蓋聖人之動便是元亨，其靜便是利貞，都不是閒底動靜。所謂繼天地之志，述天地之事，便是如此。如知得恁地便生，知得恁地便死，知得恁地便消，知得恁地便長，此皆是繼天地之志。隨他恁地進退、消息、盈虛，與時偕行。小而言之，飢食渴飲，出作入息；大而言之，君臣便有義，父子便有仁，此都是述天地之事。只是這箇道理，所以君子修之便吉，小人悖之便凶。這物事機關一下撥轉，便攔他不住，如水車相似，才踏發這機，更住不得。所以聖賢「兢兢業業，一日二日萬幾」，戰戰兢兢，至死而後知免。大化恁地流行，只得隨他恁地，故曰：「存心養性，所以事天也」；「夭壽不貳，修身以俟之，所以立命也。」這與《西銘》都相貫穿，只是一箇物事。如云：「五行，一陰陽也；陰陽，一太極也。太極，本無極也。五行之生也，各一其性。無極之真，二五之精，妙合而凝，乾道成男，坤道成女，二氣交感，化生萬物，萬物生生，而變化無窮焉。」便只是「天地之塞吾其體，天地之帥吾其性」，只是說得有詳略緩急耳。而今萬物到秋冬時各自斂藏，便恁枯瘁。忽然一下春來，各自發生條暢，這只是一氣，一箇消，一箇息。那箇滿山青黃碧綠，無非天地之化流行發見。而今自家喫他、着他、受用他，起居食息都在這裏，離他不得。所以仁者見之便謂之仁，智者見之便謂之智，無非是此箇物事。「繼之者善」，便恰似日日裝添模樣；「成之者性」，便恰似造化都無可做了，與造化都不相關相似。到得「成之者

性」，就那上流行出來，又依前是「繼之者善」。譬如榖，既有箇榖子，裏面便有米，米又會生出來。如果子，皮裏便有核，核裏便有仁，那仁又會發出來。人，物莫不如此。如人，方其在胞胎中，受那父母之氣，則是「繼之者善」。及其生出來，便自成一箇性了，便自會長去，這後又是「繼之者善」，只管如此。仁者謂之仁，便是見那發生處；智者謂之智，便是見那收斂處。「百姓日用而不知」，便是不知所謂發生，亦不知所謂收斂，醉生夢死而已。周先生《太極通書》便只是衮這幾句。《易》之爲義，也只是如此。只是陰陽交錯，千變萬化，皆從此出，故曰「《易》有太極」。這一箇便生兩箇，兩箇便生四箇，四箇便生八箇，八箇便生十六箇，十六箇便生三十二箇，三十二箇便生六十四箇，故「八卦定吉凶，吉凶生大業」。聖

人所以說出時，只是使人不迷於利害之途耳。少頃，又舉「誠幾德」一章說云：「誠無爲」，只是自然有實理恁地，不是人做底，都不曾犯手勢。「幾善惡」，便是心之所發處有箇善，有箇惡了。「德」便只是善底，爲聖爲賢，只是這材料做。又舉第三「大本達道」章說云：未發時便是那靜，已發時便是那動。方其靜時，便是有箇體在裏了，如這卓子未用時，已有這卓子在了。及其已發，便有許多用。一起一倒，無有窮盡。若靜而不失其體，便是天下之大本立焉；動而不失其用，便是天下之達道行焉。若其靜而或失其體，則天下之大本便昏了；動而或失其用，則天下之達道便乖了。説道去，只是這一箇道理。夔孫問云：此箇道理，孔子只說「一陰一陽之謂道，繼之者善，成之者性」，却不會分別出性是如何。孟子

乃分別出，説是有此四者，然又只是以理言。到周先生説方始盡，這四者亦有所附着。先生曰：孔子説得細膩，説不曾了。孟子説得麄疏，略只是説「成之者性」，不曾從原頭推説來。然其界分，自孟子方説得分曉。陳仲蔚因問：龜山説「知其理一，所以爲仁，知其分殊，所以爲義」。仁便是體，義便是用否？曰：仁只是流出來底，義是合當做底。如水，流動處是仁；流爲江河匯爲池沼，便是義。如惻隱之心便是仁；愛父母，愛兄弟愛鄉黨，愛朋友故舊，有許多等差，便是義。且如敬，只是一箇敬，到敬君、敬長、敬賢，便有許多般樣。禮也是如此。如天子七廟，諸侯五廟，這箇便是禮。其或七或五之不同，便是義。禮是理之節文，義便是事之所宜處。呂與叔説「天命之謂性」云：「自

斬而總，喪服異等，而九族之情無所憾。自王公至皂隷，儀章異制，而上下之分莫敢争。」自是天性合如此。且如一堂有十房父子，到得父各慈其子，子各孝其父，而人不嫌者，自是合如此也。其慈其孝，這便是仁；各親其親，各子其子，這便是義。這箇物事分不得，流出來便是仁；仁打一動，義、禮、智便隨在這裏了。不是要仁使時，義却留在後面，少間放出來。其實只是一箇道理，論着界分，便有許多分別。且如心性情虛明應物，知得這事合恁地，那事合恁地，這便是心；當這事感則這理應，當那事感則那理應，出頭露面來底便是情：其實只是一箇物事。而今這裏略略動，這三箇便都在，子細看來，亦好則劇。又舉邵子「性者道之形體」處，曰：道雖無所不在，然如何地去尋討他，

只是回頭來看，都在自家性分之內。自家有這仁義禮智，便知得他也有仁義禮智，千人萬人，一切萬物，無不是這道理。推而廣之，亦無不是這道理。他說「道之形體」，便是說得好。

林子武初到時，先生問義剛云：「在何處安下？」曰：「未曾移入堂長房。」曰：「它便是有思量底。蘇子容押花字常要在下面，後有一人官在其上，却挨得他花字向上面去。他遂終身悔其初無思量，不合押花字在下。」及包顯道等來，遂命子武作堂長，竟不改。義剛。

問：「承先生賜教讀書之法，如今看來，聖賢言行本無相違，其間所以有可疑者，只是不逐處研究得通透，所以見得牴牾。若真箇逐處逐節逐段見得精切，少間却自到貫通地位。」曰：「固是。如今若苟簡看過，

徒勞無益。」訓木之。

慶元丁巳三月，見先生於考亭。先生曰：「甚荷遠來，然而不是時節。公初從何人講學？」曰：「少時從劉衡州問學。」曰：「衡州如何？」曰：「衡州開明大體，使人知所向慕。」曰：「如何做工夫？」曰：「却是無下手處。」曰：「向來亦見廬陵諸公有問目之類，大綱寬緩，不是斬釘截鐵，真箇可疑可問，彼此只做一場話說休了。若如此悠悠，恐虛過歲月。某已前與朋友往來，亦是如此。」後來欽夫說道：「某前與朋友往來，亦是如此。」後來欽夫說道：「凡肯向此者，吾二人只如此放過了，不特使人汎然來行一遭，便道我曾從某人處講論，一向胡說，反為人取笑，亦是壞了多少好氣質底。若只悠悠地去，可惜。今後須是截下，看晚年要成就得一二人，不妨是吾輩事業。」自後相過者，這裏

直是不放過也。祖道又曰：頃年亦嘗見陸象山。先生笑曰：這却好商量。公且道象山如何？曰：象山之學，祖道曉不得，更是不敢學。曰：如何不敢學？曰：象山與祖道言：「目能視，耳能聽，鼻能知香臭，口能知味，心能思，手足能運動，如何更要存誠持敬，硬要將一物去治一物，須要如此做甚？詠歸舞雩，自是吾子家風。」祖道曰：「是則是有此理，恐非初學者所到地位。」象山曰：「吾子有之，而必欲外鑠以爲本，可惜也。」祖道曰：「此恐只是先生見處。今使祖道便要如此，恐成猖狂妄行，蹈乎大方者矣。」象山曰：「纏遶舊習，如落陷穽，卒除不得。」先生曰：「陸子靜所學，分明是禪。」又曰：江西人大抵秀而能文，若得人點化，是多少明快。蓋有不得不任其責者。然今黨事方起，能無所畏乎？忽然被人。

他來理會，礙公進取時如何？曰：此是自家身己上事，進取何足議？曰：可便遷入精舍。以下訓祖道。

先生謂祖道曰：讀書，且去鑽研求索。及反覆認得時，且蒙頭去做，久久須有功效。吾友看文字忒快了，却不沉潛見得他子細意思。莫要一領他大意，便去搏摸。且熟讀，就他注解爲他說一番。說得行時，却又爲他精思，久久自落窠臼。略知瞥見，便立見解，終不是實。恐他時無把捉，虛費心力。

問進德之方。曰：大率要修身窮理。若修身上未有工夫，亦無窮理處。問：修身如何？曰：且先收放心。如心不在，無下手處。要去體察你平昔用心，是爲己爲人。若讀書計較利祿，便是爲人。資禀純厚者，須要就上面做工夫。

問：如何？曰：人生與天地一般，無些欠闕處。且去子細看秉彝常性是如何，將孟子言性善處看是如何善，須精細看來。一日拜別，先生曰：歸去各做工夫，他時相見，却好商量也。某所解《論》《孟》和訓詁注在下面，要人精粗本末，字字為咀嚼過。此書某自三十歲便下工夫，到而今改猶未了，不是草草看者，且歸子細。

曾兄問：讀《大學》，已知綱目次第了，然大要用工夫，恐在「敬」之一字。前見伊川說「敬以直內，義以方外」處。先生曰：能「敬以直內」矣，亦須「義以方外」。能知得是非，始格得物。不以義方外，則是非、好惡不能分別，物亦不可格。又問：恐敬立則義在其中，伊川所謂「弸諸中，彪諸外」是也。曰：雖敬立而義在，也須認得實，方見得。今有人雖胸中知得分明，說出來亦

是見得千了百當，及應物之時，顛倒錯謬，全是私意，亦不知。聖人所謂敬義立處全是天理，安得有私意？今釋、老能立箇門戶恁地，亦却是能敬，更有「笠影」之喻。他所謂敬時，亦却是它從旁窺得近似。

某嘗喜那鈍底人，他若是做得工夫透徹時，極好。却煩惱那敏底，只是略綽看過，不曾深去思量，當下說也理會得，只是無滋味，工夫不耐久。如莊仲便是如此。某嘗煩惱這樣底，少間不濟事。敏底人，又却要做那鈍底工夫，方得。

問：尋常遇事時，也知此為天理，彼為人欲。及到做時，乃為人欲引去，事已却悔，如何？曰：此便是無克己工夫。這樣處，極要與他掃除打疊方得。如一條大路，又有一條小路，明知合行大路，然小路面前有箇物引着，自家不知不覺行從小路去，

以下訓倜。

及至前面荊棘蕪穢，又却生悔。此便是天理、人欲交戰之機，須是遇事之時，便與克下，不得苟且放過。此須明理以先之，勇猛以行之。若是上智聖人底資質，不用著力，自然循天理而行，❶不流於人欲。若賢人資質，次於聖人者，到遇事時固不會錯，只是先也用分別教是而後行之。若是中人之資，❷須大段著力，無一時一刻不照管克治，始得。曾子曰：「仁以爲己任，不亦重乎！死而後已，不亦遠乎！」又曰：「戰戰兢兢，如臨深淵，如履薄冰。而今而後，吾知免夫，小子！」直是恁地用功，方得。

問每日做工夫處。曰：每日工夫只是常常喚醒，❸如程子所謂「主一之謂敬」，謝氏所謂「常惺惺法」是也。然這裏便有致知底工夫。程子曰：「涵養須用敬，進學則在致知。」須居敬以窮理。若不能敬，則講學

又無安頓處。

問：「色容莊」，持久甚難。曰：非用功於外也，心肅而容莊。問：若非聖人說下許多道理，則此身四支、耳目更無安頓處。曰：然。古人固嘗言之，「非禮則耳目手足無所措」。

道理極是細膩，公門心都麁大，入那細底不得。

公而今只是說他人短長，都不自反已看。如公適間說學者來此不講誦，蚤來莫去，是會甚事？自初來至去，是有何所得？聽得某說話，有何警發？每日靠甚麼做本，從那裏做去？公却會說得箇頭勢

❶「循」，萬曆本作「存」。
❷「資」下，萬曆本有「質」字。
❸「曰」下，萬曆本有「做」字

如此大。及至末梢，又却只是檢點他人某事某事，元未有緊要，那人亦如何服公說？且去理會自己身心，煞有事在。

今公掀然有飛揚之心，以爲治國平天下如指諸掌。不知自家一箇身心都安頓未有下落，如何說功名事業？怎生治人？古時英雄豪傑不如此。張子房，不問着他不說。諸葛孔明甚麼樣端嚴！公浙中一般學，是學爲英雄之學，務爲跅弛豪縱，全不點檢身心。某這裏須是事事從心上理會起，舉止動步，事事有箇道理。一豪不然，便是欠闕了他道理。固是天下事無不當理會，只是有先後緩急之序，須先立其本，方以次推及其餘。今公門學都倒了，緩其所急，先其所後，少間使得這身心飛楊悠遠，全無收拾處。而今人不知學底，他心雖放，然猶放得近。今公雖曰知爲學，然却放得遠，少間會失心去，不可不覺。

讀書之法，既先識得他外面一箇皮殼了，又須識得他裏面骨髓方好。如公看《詩》只是識得他裏面好處全不見得。自家此心都不曾與他相黏，所以眊燥無汁漿，如人開溝而無水，如此讀得何益？未論讀古人書，且如讀近世名公詩❶，也須知得他好處在那裏。如何知得他好處？亦須吟哦諷詠而後得之。今人都不曾識，好處也不識，不好處也不識。以爲好者有之矣，好者亦未必以爲好也。其有知得某人詩好，某人詩不好者，亦只是見已前人如此說，便承虛接響說取去。如矮子看戲相似，見人道好，他也道好。及至問着他那裏是好處，元不曾識。舉世皆然，

---

❶「讀」，萬曆本作「一」。

只是不曾讀，熟讀後自然見得。「人而不爲《周南》、《召南》，其猶正牆面而立也與！」今公讀二《南》了，還能不正牆面而立否？意思都不曾相黏，濟得甚事！前日所舉韓退之、蘇明允二公論作文處，他都是下這般工夫，實見得那好處，方做出這般文章。他都是將三代以前文字熟讀後，故能如此。如向者呂子約書來，說近來看《詩》有得處。及錄得一册來，盡是寫他讀《詩》甚有味，觀之，盡是說《詩序》。如《關雎》只是說一箇「后妃之德也」，《葛覃》只是說得箇「后妃之本」與「化天下以婦道也」。自「關關雎鳩」、「葛之覃兮」已下，更不說着。如此讀《詩》，是讀箇甚麼？呂伯恭《大事記》亦是如此，盡是編排《詩序》、《書序》在上面。他門讀書，盡是如此草草。以言事，則不實；以立辭，則害意。

問：「鳶飛魚躍」，南軒云：「『鳶飛魚躍』，天地之中庸也。」曰：只看公如此說，便是不曾理會得了。莫依傍他底說，只問取自家是真實見得不曾？自家信，是信得箇甚麼？這箇道理，精粗小大、上下四方一齊要着到，四邊合圍起理會，莫令有些小走透。少間方從一邊理會得些小，有箇見處，有箇入頭處。若只靠一邊去理會，少間便偏枯了，尋捉那物事不得。若是如此悠悠，只從一路去攻擊他，而又不曾着力，何益於事！李敬子曰：覺得已前都是如此悠悠過了。曰：既知得悠悠，何不便莫要悠悠，便是覺得意思都不曾痛切。每日看文字，只是輕輕地拂過，寸進尺退，都不依傍築磕着那物事來。此間說時，旋紐捏

❶「小」，萬曆本作「子」。

湊合，說得些小，才過了又便忘了。或他日被人問起，又逐旋紐捏說得些小，過了又忘記了。如此，濟得甚事！早間說如負痛相似。因言：持敬，如《書》所云「若有疾」，如此方謂之持敬。如人負一箇大痛，念念在此，日夜求所以去之之術。理會這一件物，須是徹頭徹尾，全文記得，始是如此，末是如此，中間是如此，如此謂之是，如此謂之非。須是理會教透徹，無些子疑滯方得。若只是如此輕輕拂過，是濟甚事？如兩軍廝殺，兩邊搖起鼓了，只得挣命進前，有死無二，方有箇生路，更不容放慢。若才放慢，便被他殺了。

友仁初參拜畢，出《疑問》一册，皆《大學》、《語》、《孟》、《中庸》平日所疑者。先生略顧之，謂友仁曰：公今須是逐一些子細理會，始得，不可如此鹵莽。公之意，自道此是不曉者，故問。然其他不問者，恐亦未

問「邦畿千里，惟民所止」。曰：此是大率言物各有所止之處。且如公，其心雖止得底也來整理過，方可。以下訓友仁。必是，豈能便與聖賢之意合？須是理會得是，其迹則未在。心迹須令爲一，方可。豈有學聖人之道，服非法之服，享非禮之祀者？程先生謂「文中子言心迹之判，便是亂說」者，此也。友仁曰：舍此則無資身之策。曰：「君子謀道不謀食」，豈有爲人而憂此者？

先生曰：公向道甚切，也曾學禪來？曰：非惟學禪，如老、莊及釋氏教典亦曾涉獵。自說《法華經》至要處，乃在「是法非思量分別之所能解」一句。先生曰：我這裏正要思量分別。能思量分別，方有豁然貫通之理。如公之學也不易。因以手指書院曰：如此屋相似，只中間潔淨，四邊也未在。未能博學，便要約禮。窮理處

不曾用工，守約處豈免有差？若差之豪忽，便有不可勝言之弊。又顧同舍曰：德元却於此理見得彷彿，惜乎不曾多讀得書。却謂友仁曰：更須痛下工夫讀始得。公今所看《大學或問》、《格物致知傳》，程子所說許多說話，都一一記得，方有可思索玩味。

張問：先生《論語或問》甚好，何故不肯刊行？曰：便是不必如此。文字儘多，學者愈不將做事了，只看得《集注》儘得。公還盡記得《集注》說話否？非唯《集注》，恐正文亦記不全，此皆是不曾子細用工夫。且如邵康節始學於百原，堅苦刻厲，冬不爐，夏不扇，夜不就席者有年，公門曾如此否？《論語》且莫說別處，只如說仁處，這裏是如此說，那裏是如此說，還會合得否？友仁曰：先生有一處解「仁」字甚曉然，言

「仁者，人心之全德，必欲以身體而力行之，可謂『重』矣！一息尚存，此志不容少懈，可謂『遠』矣。」先生不應，次日却問：公昨夜所舉解仁說在何處？曰：在曾子言「仁以爲己任」章。先生曰：德元看文字，却能記其緊要處。有萬千人看文字者，却不能於緊要處理會，只於瑣細處用工。前日他問《中庸或問》「不一其內，無以制其外；不齊其外，無以養其中；靜而不存，無以立其本；動而不察，無以勝其私」，此皆是切要處。學者若能於切要處做工夫，又於細微處不遺闕了，久之自然有得。

拜辭，先生曰：公識性明，精力短，每日文字不可多看。又記性鈍，但用工不輟，自有長進矣。

因誨郭兄云：讀書者，當將此身葬在此書中，行住坐卧，念念在此，誓以必曉徹

為期。看外面有甚事，我也不管，只恁一心在書上，方謂之善讀書。若但欲來人面前說得去，不求自熟，如此濟得甚事？須是着起精神，字字與他看過，不惟念得正文字，要自家暗地以俗語解得方是。如今自家精神都不曾與書相入，念本文注字猶記不得，如何曉得？卓。○僩同。

讀書，須立下硬寨，定要通得這一書，方看第二書。若此書既曉未得，我寧死也不看那箇。如此立志，方成工夫。郭德元言：❶記書不得。曰：公不可欲速，且讀一小段。若今日讀不得，明日又讀；明日讀不得，後日又讀，須被自家讀得。若只記得字義訓釋，或其中有一兩字漏落，便是那腔子不曾填得滿，如一箇物事欠了尖角處相似。少間自家做出文字，便也有所欠闕，不成文理。嘗見蕃人及武臣文字，常不成文理，便

是如此。他心中也知得要如此說，只是字義有所欠闕，下得不是。這箇便是「不得於言，勿求於心」之患。是他心有所蔽，故如此。司馬遷《史記》用字也有下得不是處，賈誼亦然，如《治安策》說教太子處云「太子少長，知妃色，則入于學」這下面承接便解說此義，忽然掉了，却說上學去，云「學者，所學之官也」，又說「帝入東學，上親而貴仁」一段了；却方說上太子事，云「及太子既冠成人，免於保傅之嚴」云云。都不成文義，更無段落。他只是乘才快，胡亂寫去，這般文字也不可學。董仲舒文字却平正，只是又困善。❷仲舒、康衡、劉向諸人文字皆善弱無氣餡，司馬遷、賈生文字雄豪可

---

❶ 「元」原作「此」，今據朝鮮本改。

❷ 「善」萬曆本作「董」，當屬下讀。

愛，只是逞快，下字時有不穩處，段落不分明。康衡文字却細密，他看得經書極子細，能向裏做工夫，只是做人不好，無氣節。仲舒讀書不如衡子細，疏略甚多，然其人純正開闊，衡不及也。又曰：「荀子云：『誦數以貫之，思索以通之。』誦數，即今人讀書記遍數也。古人讀書亦如此。只是荀卿做得那文字不帖律處也多。」個。

郭德元告行，先生曰：「人若於日間閑言語省得一兩句，閑人客省見得一兩人，也濟事。若渾身都在鬧場中，如何讀得書？人若逐日無事，有見成飯喫，用半日靜坐，半日讀書，如此一二年，何患不進！」個。

朱子語類卷第一百一十七

朱子十四

訓門人五

黃直卿會看文字，只是氣象小，間或又有看得不好處。文蔚。

因說正思《小學字訓》，直卿云：此等文字亦難做，如「中」只說得無倚之中，不曾說得無過、不及之中。曰：便是此等文字難做，如「仁」只說得偏言之仁，不曾說得包四者之仁。至。○若海錄云：一部大《爾雅》。

先生聞程正思死，哭之哀。賀孫。

有程正思一學生來謁，坐定，蹙頞云：正思可惜，有骨肋，有志操。若看道理，也粗此子在。自脩。

問功夫節目次第。曰：尋常與學者說做功夫甚遲鈍，但積累得多，自有貫通處。且如《論》、《孟》，須從頭看，以正文為正，却看諸家說狀得正文之意如何。且自平易處作功夫，觸類有得，則於難處自見得意思。如養氣之說，豈可驟然理會？候玩味得七篇了，漸覺得意思。如一件木頭，須先剗削平易處，至難處一削可除也。今不先治平易處，而徒用力於其所難，所以未有得而先自困也。以下訓誨。

問：謨於鄉曲自覺委靡隨順處多，恐不免有同流合污之失。曰：「孔子於鄉黨，恂恂如也，似不能言者。」處鄉曲固要人情

周盡，但須分別是非，不要一向隨順，❶失了自家。天下事只有一箇是，一箇非。是底便是，非底便非。問：是非自有公論？曰：如此說，便不是了。問：是非只是是非，如何是非之外更有一箇公論？才說有箇公論，便又有箇私論也。此却不可不察。以下訓蘷。

蘷於私欲未能無之，但此意萌動時，却知用力克除，覺方寸累省，頗勝前日，更當如何？曰：此只是強自降伏，若未得天理純熟，一旦失覺察，病痛出來，不可不知也。

問：五峰所謂「天理、人欲，同行異情」，莫須這裏要分別否？曰：「同行異情」，只如飢食渴飲等事，在聖賢無非天理，在小人無非私欲，所謂「同行異情」者如此。此事若不曾尋着本領，只是說得他名義而已。說得名義儘分曉，畢竟無與我事。須就自家身上實見得私欲萌動時如何，天理發見時如何，其間正有好用工夫處。蓋天理在人，亘萬古而不泯，恁甚如何蔽固，❷而天理常自若，無時不自私意中發出，但人不自覺。正如明珠大貝，混雜沙礫中，零零星星逐時出來。但只於這箇道理發見處，當下認取，簇合零星，漸成片段。到得自家好底意思日長月益，則天理自然純固。向之所謂私欲者，自然消靡退散，久之不復萌動矣。若專務克治私欲，而不能充長善端，則吾心所謂私欲者日相鬬敵，縱一時按伏得下，又當復作矣。初不道隔去私意後，別尋一箇道理主執而行，才如此，又只是自家私意。只

---

❶「向」，萬曆本作「面」。
❷「恁」，原作「選」，今據萬曆本改。「固」，萬曆本作「錮」。

如一件事，見得如此爲是，如此爲非，便從是處行將去，不可只恁休。誤了一事，必須知悔，只這知悔處便是天理。孟子說「牛山之木」，既曰「若此其濯濯也」，又曰「萌蘖生焉」；既曰「旦晝梏亡」，又曰「夜氣所存」。只爲這些道理根於一性者，渾然至善，故發於日用者多是善底。道理只要人自識得，如說「求放心」，心既放了，如何又求得？雖至惡人，亦只患他頑然不知省悟。若心裏稍知不穩，便從這裏改過，亦豈不可做好人？孟子曰：「人之所以異於禽獸者幾希，庶民去之，君子存之。」去，只是去着這些子；存，只是存着這些子。學者所當深察也。謨再三稱贊，先生曰：未可如此便做領略過去。有些說話且留在胸次烹治煅煉，教這道理成熟。若只一時以爲說得明白，便道是了，又恐只做一場話說。

寒泉之別，請所以教。曰：議論只是如此，但須務實。曰：須是下真實工夫。未幾，復以書來曰：臨別所說務實一事，途中曾致思否？今日學者不能進步，病痛全在此處，不可不知也。

既受《詩傳》，併力抄錄，頗疏侍教。先生曰：朋友來此，多被册子困倒，反不曾做得工夫，何不且過此說話？彼皆紙上語爾，有所面言，資益爲多。又問：與周茂元同邸，所論何事？曰：周宰云：「先生著書立言，義理精密。既得之，熟讀深思，從此力行，不解有差。」曰：周宰才質甚敏，只有些麄疏，不肯去細密處求，說此便可見。載之簡牘，縱說得甚分明，那似當面議論，一言半句，便有通達處？所謂「共君一夜話，勝讀十年書」。若說到透徹處，何止十年之功也。

問：未知學問，知有人欲，不知有天理。既知學問，則克己工夫有着力處，然事接物之際，苟失存主，則心不在焉。及既知覺，已為間斷。雖承見教如此，而工夫最難。曰：此亦學者常理，雖顏子亦不能無間斷。正要常常點檢，力加持守，使動靜如一，則工夫自然接續。問：《中庸或問》所謂「誠者物之終始」，「不誠無物」，以理之實而言也。謂此心不存，則見於行事雖不悖理，亦為不實，必須知至，然後能誠其意也。今之學者只說操存，而不知講明義理，何事於操存也！某嘗謂「誠意」一節正是聖、凡分別關隘去處。若能誠意，則是透得此關後，滔滔然自在，去為君子。不然，則崎嶇反側，不免為小人之歸也。致知所以先於誠意者，如何？曰：致知者，須是知得盡，尤要親切。尋常只將「知至」之「至」作「盡」字說，近來看得合是作「切至」之「至」。知之者切，然後貫通得誠意底意思，如程先生所謂「真知」者是也。

舜弼以書來問「仁」及以仁、義、禮、知與性分形而上下，先生答書略曰：所謂仁之德，即程子「穀種」之說，愛之理也。愛乃仁之已發，仁乃愛之未發。若於此認得，方可說與天地萬物同體。不然，恐無交涉。仁、義、禮、知、性之大目，皆形而上者，不可分為二也。因云：舜弼為學，自來不切己體認，却只是尋得三兩字來撐拄，亦只說得箇皮殼子。賀

一日同舜弼遊屏山歸，因說山園甚佳，曰：園雖佳，而人之志則荒矣。方子

問：尋常於存養時，若擡起心，則急迫而難久；才放下，則又散緩而不收，不知如何用工方可？曰：只是君元不曾放得下也。以下訓柄。

問：凡人之心不存則亡，而無不存不亡之時，故一息之頃不加提省之力，則淪於亡而不自覺。天下之事，不是則非，而無不是非之處，故一事之微，不加精察之功，則陷於惡而不自知。柄近見如此，不知如何？曰：道理固是如此，然初學後亦未能便如此也。

魏元壽問《大學》，先生因云：今學者不會看文字，❶多是先立私意，自主張己說，只借聖人言語做起頭，便自把己意接說將去。病痛專在這上，不可不戒。又云：近有一學者來，欲說「皇極」，某令他說看，都不相近，只做一箇「大中」字說了，便更無可說處。不知自孔、孟以後千數百年間，讀書底更不子細把聖人言語略看是如何。且人一日間，此心是起多少私意，起多少計較，都不會略回心轉意去看，把聖賢思量，不知是在天地間做甚麼也。時舉。○訓椿。

學者精神短底看義理只到得半途，便以爲前面沒了。必大曰：若工夫不已，亦須有向進。曰：須知得前面有，方肯做工夫。今之學者，大概有二病：一以爲古聖賢亦只此是了，故不肯做工夫；一則自謂做聖賢事不得，不肯做工夫。以下訓必大。

拜違，先生曰：所當講者亦略備矣，更宜愛惜光陰，以副願望。又曰：別後正好自做工夫，趲積下，一旦相見，庶可舉出商量，勝如旋來理會。

---

❶「字」，萬曆本作「章」。

必大初見，曰：「必大日來讀《大學》之書，見得與己分上益親切，字字句句皆己合做底事。但雖見得道理合如此，然反而隱括其念慮踐履之間，❶却有未能如此者。蓋緣向來自待，未免有失之姑息處。始謂氣習物欲之蔽，不能頓革，當以漸銷鑠之而已。不知病根未盡除，則爲善去惡之際，固已爲之繫累，不能勇決。操存少懈，則其隱伏於中者往往紛起，而不自覺其動於惡者，固多有之。今須是將此等意思便與一刀兩斷，勿復凝滯。於道理合如此處，便擔當著做，不得遲疑，庶可補既往之過，致日新之功。如何？」曰：「要得如此。必大又曰：「向因子夏『大德、小德』之說，遂只知於事之大者致察，而於小者苟且放過。德之不脩，實此爲病。張子曰：『纖惡必除，善斯成性矣。』察惡未盡，雖善必粗矣。」學者須是豪

髮不得放過，德乃可進。曰：「若能如此，善莫大焉。以小惡爲無傷，是誠不可。某一生與人說話多矣，會看文字，曉解明快者，却是吳伯豐。方望此人有所成就，忽去年報其死，可惜，可惜！若稍假之年，其進未可量也。伯豐有才氣，爲學精苦，守官治事皆有方法。」個。

吳伯豐好箇人，近日死了，可惜！頗留意，也展托得開。江西如萬正淳亦純實，只是昏鈍，與他說都會不得。因問：「展托得開」，向來明道有此語，莫是擴充得去否？曰：「適說吳伯豐，只是據他才也展托得行。渠與沈是親，近日力要收拾，它更不爲屈，可取。德明。

問：「嘗讀何書？」曰：「讀《語》、《孟》。

---

❶ 「隱」，萬曆本作「曝」。

曰：如今看一件書，須是着力至誠去看一番，將聖賢說底一句一字都理會過。直要見聖賢說脉所在，這一句一字是如何道理，及看聖賢語因何如此說。直是用力與他理會，如做冤讎相似，理會教分曉，然後將來玩味，方盡見得意思出來。若是泛濫看過，今次又見是好，明次又見是好，終是無功夫，不得力。以下訓䕫。

議論中譬如常有一條線子纏縛，所以不索性，無那精密潔白底意思。若是實見得，便自一言半句，斷當分明。❶

先生問䕫與伯豐、正淳：此去做甚工夫？伯豐曰：政欲請教，先《易》後《詩》，可否？曰：既嘗讀《詩》，不若先《詩》後《易》。嘗曰：亦欲看《詩》。曰：觀《詩》之法，且虛心熟讀尋繹之，不要被舊說粘定，看得不活。伊川解詩，亦說得義理多了。

《詩》本只是恁地說話，一章言了，次章又從而歎詠之，雖別無義，而意味深長，不可於名物上尋義理。後人往往見其言只如此平淡，只管添上義理，却窒塞了他。如一源清水，只管將物事堆積在上，便壅隘了。某觀諸儒之說，唯上蔡云「《詩》在識六義體面，却諷味以得之」，深得《詩》之綱領，他人所不及。所謂「以意逆志」者，逆，如迎待之意。若未得其志，只得待之，如「需于酒食」之義。後人讀《詩》，便要去捉將志來，以至束縛之。呂氏《詩記》有一條收數說者，却不定。云此說非《詩》本意，然自有箇安頓用得他處，今一概存之。正如一多可底人，來底都是，如所謂「要識人情之正」。夫「《詩》可以觀」者，正謂其間有得有失，有黑

❶「當」，萬曆本作「得」。

有白,若都是正,却無可觀。今不若且置《小序》于後,熟讀正文。如收得一詩,其間説香、説白、説寒時開,雖無題目,其爲梅花詩必矣。每日看一經外,《大學》、《論語》、《孟子》、《中庸》四書,自依次序循環看。然史亦不可不看,若只看《通鑑》却是連長記去,❶一事只一處説,別無互見,又散在編年,雖是大事,其初却小,後來漸漸做得大,故人初看時不曾着精神,只管看向後去,却記不得,不若先草草看正史一過。正史各有傳,可見始末,又有他傳可互攷,所以易記。每看一代正史訖,却去看《通鑑》,亦須作綱目,隨其大事劄記某年有某事之類,準《春秋》經文書之。温公亦有《本朝大事記》,附《稽古録》後。

先生問瑩及二友:俱嘗看《易傳》,看得如何是好?何處是緊要?看得愛也不愛?愛者是愛他甚處?瑩等各對訖。先生曰:如此只是鶻盧提看,元不曾實得其味。此書自是難看,須經歷世故多,識盡人情物理,方看得入。蓋此書平淡,所説之事皆是見今所未嘗着。如言事君及處事變患難處,皆未嘗當着,可知讀時無味。如言事君及處事預包在此。學者須先説得闊遠,未有底事預包在此。學者須先讀《詩》、《書》他經,有箇見處,及曾經歷過此等事,方可以讀之,得其無味之味,此初學者所以未可便看。某屢問讀《易傳》人,往往皆無所得,可見此書難讀。如《論語》所載皆是事親、取友、居鄉黨,目下便用得者,所言皆對著學者即今實事。《孟子》每章先言大旨了,又自下注脚。《大學》則前面三句總盡致知、格物而下一段綱目「欲

---

❶ 「却」,萬曆本作「都」。

「明明德」以下一段又總括了傳中許多事，一如鎖子骨，才提起便總統得來，所以教學者且看二三書。若《易傳》，則卒乍裏面無提起處。蓋其間義理闊多，伊川所自發，與經文又似隔一重皮膜，所以看者無箇貫穿處。蓋自孔子所《傳》時，解「元亨利貞」已與文王之詞不同，伊川之說又與經文不相着。讀者須是文王自作文王意思看，孔子自作孔子意思看，伊川自作伊川意思看。況《易》中所言事物，已是譬喻，不是實指此物而言，固自難曉。伊川又別發明出義理來。今須先得經文本意了，則看程《傳》便不至如門扇無臼，轉動不得。亦是一箇大底胸次，識得世事多者，方看得出。大抵程《傳》所以好者，其言平正，直是精密，無少過處，不比他處有抑揚，讀者易發越。如上蔡《論語》，義理雖未盡，然人多喜看，正以其說有

過處，啓發得人，看者易入。若程《傳》，則不見其抑揚，略不驚人，非深於義理者未易看也。○人傑録略，見《易》類。

淳冬至以書及自警詩爲贄見，翌日入郡齋，問功夫大要。曰：學固在乎讀書，亦不專在乎讀書。公詩甚好，可見亦曾用工夫。然以何爲要？有要則三十五章可以一貫。若皆以爲要，又成許多頭緒，便如東西南北禦寇一般。曰：晚生妄意未知折衷，惟先生教之。先生問：平日如何用工夫？曰：只就已上用工夫。「己上如何用工夫？」曰：只日用間察其天理、人欲之辨。「如何察之？」曰：只就秉彝良心處察之。曰：心豈直是發？莫非心也。今這裏説話也是心，對坐也是心，動作也是心，何者不是心？然則緊要着力在何處？扣之再三，淳思未答。先生縷縷言曰：凡看

道理，須要窮箇根源來處。如爲人父，如何便止於慈？爲人子，如何便止於孝？爲人君，爲人臣，如何便止於仁，止於敬？如論孝，須窮箇孝根原來處；論慈，須窮箇慈根原來處。仁，敬亦然。凡道理皆從根原來處窮究，方見得確定，不可只道我操修踐履便了。多見士人有謹守資質好者，此固是好。及到講論義理，便偏執己見，自立一般門戶，移轉不得，又大可慮。道理要見得真，須是表裏、首末極其透徹，無有不盡，真見得是如此，決然不可移易，始得。不可只窺見一班半點，便以爲是。如爲人父，須真知是決然止於慈而不可易；爲人子，須真知是決然止於孝而不可易。善，須真見得是善，方始決然必做；惡，須真見得是惡，方始決然必不做。如看不好底文字，固是不好，須自家真見得是不好；好底文字，固

是好，須自家真見得是好。聖賢言語須是真看得十分透徹，如從他肚裏穿過，一字或輕或重移易不得，始是。看理徹，則我與理一。然一下未能徹，須是浹洽始得。這道理甚活，其體渾然而其中粲然。上下數千年，真是昭昭在天地間，前聖後聖相傳，所以斷然而不疑。夫子之所教者，教乎此也；顏子之所樂者，樂乎此也。圓轉處儘圓轉，直截處儘直截。先知所以覺後知，先覺所以覺後覺。問：顏子之樂，只是天地間至富至貴底道理樂去。樂可求之否？曰：非也。此一下未可便知，須是窮究萬理，要令極徹。已而曰：程子謂：「將這身來放在萬物中一例看，大小大快活。」又謂：「人於天地間並無窒礙處，大小大快活。」此便是顏子樂處。這道理在天地間，須是真窮到底，至纖至悉，十分透徹，無有

不盡，則與萬物為一，無所窒礙。胸中泰然，豈有不樂？以下訓淳。○饒錄作五段。

問：日用間今且如何用工夫？曰：大綱只是恁地。窮究根原來處，直要透徹，又且須「敬以直內，義以方外」，此二句為要。「擇善而固執之」，如致知、格物，便是擇善；誠意、正心、脩身，便是固執。只此二事而已。淳舉南軒謂：「知與行互相發。」曰：知與行須是齊頭做，方能互相發。程子曰「涵養須用敬，進學則在致知」，下「須」字、「在」字便是皆要齊頭着力，不可道知得了方始行。有一般人儘聰明，知得而行不及，是資質弱；又有一般人儘行得而知不得。因問：淳資質懦弱，行意常緩於知，克己不嚴，進道不勇，不審何以能嚴、能勇？曰：大綱亦只是適間所說。於那根原來處真能透徹，這箇自都了。

問：靜坐觀書，則義理浹洽。到幹事後，看義理又生，如何？曰：只是未熟。

問：看道理，須尋根原來處，只就性上看否？曰：如何？曰：天命之性，萬理完具，總其大目，則仁、義、禮、智，其中遂分別成許多萬善。大綱只如此，然就其中須件件要徹。曰：固是如此。又須看性所因是如何。曰：當初天地間元有這箇渾然道理之總名。人生稟得便為性。此理亦只是天地間公共之理，稟得來便為我所有。天之所命，如朝廷指揮差除人去做官。性如官職，官便有職事。天下萬事都是合做底，而今也不能殺定合做甚底事。聖賢教人，也不曾殺定教人如何做，只自家日用間看甚事來便做工夫。今日一樣事來，明日又一樣事長；指定不得。若指定是事親，而又有事長，預定原來處真能透徹，這箇自都了。

是事長，而又有事君。只日用間看有甚事來，便做工夫。

這道理不是如堆金積寶在這裏，便分付與人去，亦只是説一箇路頭，教人自去討。討得便是自底，討不得也無奈何。須是自着力，着些精彩去做，容易不得。

譬如十里地頭，自家行到五里，見人説十里地頭事，便把為是，更不進去。那人説固不我欺，然自家不親到那裏，不見得真，終是信不過。

須是理會得七八分功夫了，被人決一決，便有益。説十分話，便領得。若不曾做功夫，雖説十分話，亦了不得。

若道生做一世人，不可汎汎隨流，須當了得人道，便有可望。若道不如且過了一生，更不在説。須思量到如何便超凡而達聖，今日為鄉人，明日為聖賢，如何會到此，

便一聳拔。聳身着力言。如此，方有長進。若理會得也好，理會不得也好，便悠悠了。

讀書，理會一件了，又一件。不止是讀書，如遇一件事，且就這事上思量合當如何做，處得來當，方理會別一件。書不可只就皮膚上看，事亦不可只就皮膚上理會。天下無書不是合讀底，無事不是合做底。一箇書不讀，這裏便缺此一書之理；一事不做，這裏便缺此一事之理。大而天地陰陽，細而昆蟲草木，皆當理會。一物不會，這裏便缺此一物之理。

天下無不可説底道理。如為人謀而忠，朋友交而信，傳而習，亦都是眼前事，皆可説，只有一箇熟處説不得。未熟時，頓放這裏又不穩帖，拈放那邊又不是。然終不成住了，也須從這裏更著力，始得。到那熟處，頓放這邊也

是，頓放那邊也是，七顛八倒無不是，所謂「居之安則資之深，資之深則左右逢其原」。譬如梨柿，生時酸澀喫不得，到熟後自是一般甘美。相去大遠，只在熟與不熟之間。寓錄同。

謂淳曰：《大學》已是讀過書，宜朝夕常常溫誦勿忘。

講究義理，不下得工夫也不得。如舉業不下得功夫，也不解精。老蘇年已壯，方學文，煞用力，到所謂「若人之言固當然者」，這處便是悟。做文章合當如此，亦只是熟，便如此。恰如自家門講究義理到熟處，悟得為人父確然是止於慈，為人子確然是止於孝。老蘇文豪傑，只是熟，子由取他便遠。

問：看文字只就本句，固是見得古人本意。然不推廣之，則用處又易得不相浹，

如何？曰：須是本句透熟，方可推。若本句不透熟，不惟推便錯，於未推時已錯了。學，則處事都是理；不學，則看理便不恁地周匝，不恁地廣大，不恁地細密。然理亦不是外面硬生道理，只是自家固有之理。「堯、舜性之」，此理元無失；「湯武反之」，已有些子失，但復其舊底，學只是復其舊底而已。蓋向也交割得來，今却失了，可不汲汲自脩而反之乎？此其所以為急。不學，則只是硬隄防，處事不見理，一向任私意。平時却也強勉去得，到臨事變，便亂了。

問：持敬、致知，互相發明否？曰：古人如此說，必須是如此，更問他發明與不發明要如何？古人言語寫在冊子上，不解錯了。只如此做工夫，便見得滋味。不做持敬，只說持敬作甚？不做致知，只說致知作甚？譬如他人做得飯熟，盛在椀裏，自是

好喫，不解毒人，是定。自家但喫將去，便知滋味，何用問人？不成自家這一邊小持敬工夫，計會那一邊小致知工夫，又來計會這一邊持敬發明與未發明；那一邊做得些小致知發明，又來計會這一邊持敬發明與未發明。如此，有甚了期？

季文問：持敬、致知，莫是並行而不相礙否？曰：也不須如此，都要做將去。

看道理須要就那大處看，便前面開闊。不要就壁角裏，地步窄，一步便觸，無去處了。而今且要看天理、人欲，義利、公私，分別得明，將自家日用底與他勘驗，須漸漸有見處，前頭漸漸開闊。那箇大壇場，不去上面做，不去上面行，只管在壁角裏，縱理會得一句，只是一句透，道理小了。如《破斧》詩須看那「周公東征，四國是皇」，見得周公用心，始得。

諸友問疾，請退，先生曰：堯卿、安卿

且坐。相別十年，有甚大頭項工夫、大頭項疑難可商量處？淳曰：數年來見得日用間大事小事分明，件件都是天理流行，無一事不是合做底，更不容挨推閃避。撞着這事，以理斷定，便小心盡力做到尾去。兩三番後，此心磨刮出來，便漸漸堅定。雖有大底，不見其為大；難底，不見其為難；至磽确、至勞苦處，不見其磽确、勞苦；橫逆境界，不見其有憾恨底意；可愛羨難割捨底，不見其有粘滯底意。見面前只是理，如水到船浮，不至有甚慳澁。而夫子與點之意、顏子樂底意、漆雕開信底意、《中庸》「鳶飛魚躍」底意、周子灑落及程子活潑潑之意，覺見都在面前，真箇是如此。而「禮儀三百，威儀三千」亦無一節文非天理流行。《易》三百八十四爻時義，便正是就日用上剖析箇天理流行底條目。前聖後哲，

都是一揆。而其所以爲此理之大處，却只在人倫；而身上工夫切要處，却只在主敬。敬則此心常惺惺，大綱卓然不昧，天理無時而不流行。而所以爲主敬工夫，直是不可少時放斷。心常敬，則常仁。先生曰：恁地汎説也容易。久之，曰：只恐勞心落在無涯可測之處。因問：向來所呈「與點説」一段如何？曰：某平生便是不愛人説此話。《論語》一部，自「學而時習之」至「堯曰」，都是做工夫處。不成只説了「與點」，便將許多都掉了。聖賢説事親便要如此，事君便要如此，事長便要如此，言便要如此，行便要如此，都是好用工夫處。通貫浹洽，自然見得在面前。若都掉了，只管説「與點」，正如喫饅頭，只撮箇尖處，不喫下面餡子，許多滋味都不見。向來此等無人曉得，説出來也好。今説得多了，却是好

笑，❶不成模樣。近來覺見説這樣話，都是閑説，不是真積實見。昨廖子晦亦説「與點」及鬼神，反覆問難，轉見支離没合殺了。聖賢教人，無非下學工夫。一貫之旨，如何不便説與曾子，直待他事事都曉得，方説與他？子貢是多少聰明，到後來方與説：「汝以予爲多學而識之者與？」曰：「然。非與？」曰：「非也。予一以貫之。」此意是如何？萬理雖只是一理，學者且要去萬理中千頭百緒都理會，四面湊合來，自見得是一理。不去理會那萬理，只管去理會那一理，説「與點」、顏子之樂如何。程先生《語録》事事都説，只有一兩處説此，何故説得恁地少？而今學者何故説得恁地多？只是空想象。程先生曰：「學者識得仁體，實

---

❶「却」，萬曆本作「都」。

有諸己，只要義理栽培。」恐人不曉栽培，更說「如求經義，皆栽培之意」。呂晉伯問伊川：「《語》《孟》且將緊要處理會，如何？」伊川曰：「固是好。若有所得，終不浹洽。」後來晉伯終身坐此病，説得孤單，入禪學去。聖賢立言垂教，無非着實。如「博我以文，約我以禮」，如「尊德性而道問學，致廣大而盡精微，極高明而道中庸，溫故而知新，敦厚以崇禮」，如「博學之，審問之，謹思之，明辯之，篤行之」，如「君子食無求飽，居無求安，敏於事而慎於言，就有道而正焉」等類，皆一意也。大抵看道理，要得寬平廣博，平心去理會。若實見得，只說一段，亦見得許多道理。不要將一箇大底語言都來罩了，其間自有輕重不去照管，説大底說得太大，説小底又説得都無巴鼻。如昨日説《破斧》詩，恐平日恁地枉用心處多。

淳曰：昨聞先生教誨，其他似此樣處，無所疑矣。曰：學問不比做文字，不好便改了。此却是分別善惡、邪正，須要十分是當，方與聖賢契合。如《破斧》詩，恁地說也不錯，只是不好。說得一角，不落正腔窠，喎斜了。若恁地看道理淺了，不濟事。恰似撐船放淺處，運動不得，須是運動游泳於其中。淳又曰：聖人千言萬語，都是日用間本分合做底工夫。只是立談之頃，要見總會處，未易以一言決。曰：不要說總會。如「博我以文，約我以禮」，博文便是要一一去用工，何曾説總會處？又如「深造之以道，欲其自得之也」，深造以道，便是要一一用工。到自得，方是總會處。如顏子「克己復禮」，亦須是「非禮勿視，非

---

❶ 「博」，原作「傳」，據《中庸》文改。

禮勿聽，非禮勿言，非禮勿動」，不成只守箇「克己復禮」，將下面許多都除了。如公說《易》，只大綱說箇三百八十四爻皆天理流行。若如此，一部《周易》只一句便了，聖人何故作許多《十翼》，從頭說「大哉乾元」、云云。「至哉坤元」？云云。聖賢之學，非老氏之比。老氏說「通於一，萬事畢」，其他都不說，少間又和那「一」都要無了方好。學者固是要見總會處，而今只管說箇總會處，如「與」「點」之類，只恐孤單沒合殺，下梢流入釋、老去，如何會有「詠而歸」底意思？義剛同。

晚再入臥內，淳稟曰：適間蒙先生痛切之誨，退而思之，大要「下學而上達」。「下學」與「上達」固相對是兩事，❶然下學卻當大段多著工夫。曰：聖賢教人，多說下學事，少說上達事。說下學工夫要多也好，

但只理會下學，又局促了。須事事理會過，將來也要知箇貫通處。不去理會下學，❷只理會上達，即都無事可做，恐孤單枯燥。程先生曰：「但是自然，更無玩索。」既是自然，便都無可理會。譬如耕田，須是種下種子，❸便去耘鋤灌溉，然後到那熟處。而今只想像那熟處，却不曾下得種子，如何會熟？如「一以貫之」，是聖人論到極處了。而今只去想像那「一」，不去理會那「貫」。譬如討一條錢索在此，都無錢可穿。又問：為學工夫，大概在身，則有箇心，心之體為性，心之用為情；外則目視耳聽，手持足履。在事，則自事親、事長以至於待人接

❶ 「與」，萬曆本作「而」。
❷ 「去」，萬曆本作「要」。
❸ 「種下」，萬曆本作「下了」。

物、灑掃應對、飲食寢處，件件都是合做工夫處。聖賢千言萬語，便只是其中細碎條目。曰：講論時是如此講論，做工夫時須是著實去做。道理，聖人都說盡了。《論語》中有許多，《詩》、《書》中有許多，須是一一與理會過方得。程先生謂「或讀書講明道義，或論古今人物而別其是非，或應接事物而處其當否」，如何而爲孝？如何而爲忠？以至天地之所以高厚，一物之所以然，都逐一理會，不只是箇「一」便都了。胡叔器因問：下學莫只是就切近處求否？曰：也不須恁地揀，事到面前，便與他理會。且如讀書，讀第一章，便與他理會第一章；讀第二章，便與他理會第二章。今日撞着這事，便與他理會這事，明日撞着那事，便理會那事。萬事只是一理，不成只揀大底、要底理會，其他都不管。譬如海水，

一灣一曲，一洲一渚，無非海水。不成道大底是海水，小底不是？程先生曰：「窮理者，非謂必盡窮天下之理，又非謂止窮得一理便到。但積累多後，自當脫然有悟處。」又曰：「自一身之中，以至萬物之理，理會得多，自當豁然有箇覺處。」今人務博者，卻要盡窮天下之理，務約者，又謂反身而誠，則天下之物無不在我。此皆不是。且如一百件事，理會得五六十件了，這三四十件雖未理會，也大概可曉了。某在漳州，有訟田者，契數十本，自崇寧起來，事甚難考。其人將正契藏了，更不可理會。眾契比驗，四至昭然。及驗前後所斷，情僞更不能逃。又說：常有一官人斷爭田事，被其撥了案，其官人卻來那穿款處考出窮理亦只是如此。義剛同。

先生召諸友至臥內，曰：安卿更有甚

淳曰：兩日思量爲學道理，日用間做工夫，所以要步步縝密者，蓋緣天理流行乎日用之間，千條萬緒，無所不在，故不容有所欠缺。若工夫有所欠缺，便於天理不湊得著。曰：也是如此。理只在事物之中。做工夫須是密，然亦須是那疏處斂向密，又就那密處展放開。若只拘要那縝密處，又却局促了。問：放開底樣子如何？曰：亦只是見得天理是如此，人欲是如此，便做將去。李丈說：廖倅惠書有云：「無時不戒謹恐懼，則天理無時而不流行；有時而不戒謹恐懼，則天理有時而不流行。」此語如何？曰：不如此也不得。然也不須得將戒謹恐懼說得太重，也不是恁地驚恐。只是常常提撕，認得這物事，常常存得不失。今人只見他說得此四箇字重，便作臨事驚恐看了。「如臨深淵，如履薄冰」，曾子也只是順這道理，常常恁地把捉去。義剛錄作：恁地兢謹把捉去，不成便恁地驚恐。學問只是要此心常存。若不用戒謹恐懼，而此理常流通者，惟天地與聖人耳。聖人「不勉而中，不思而得，從容中道」亦只是此心常存，理常明，故能如此。賢人所以異於聖人，衆人所以異於賢人，亦只爭這些子境界存與不存而已。嘗謂人無有極則處，便是堯、舜、周、孔，不成說我是從容中道，不要去戒謹恐懼。他那工夫，亦自未嘗得息。義剛錄此下云：良久，復問安卿：適來所說天理、人欲，正謂如何？對曰：天下事事物物，却無非是天理流行。曰：如公所說，只是想像箇天理流行，却無下面許多工夫。子思說「尊德性」，又却說「道問學」；「致廣大」，又却說「盡精微」；「極高明」，又却說「道中

❶「也」，萬曆本作「亦」。

庸」，「溫故」，又却說「知新」；「敦厚」，又却說「崇禮」。這五句是為學用功精粗，全體說盡了。如今所說，却只偏在「尊德性」上去，揀那便宜多底占了，無「道學問」底許多工夫。❶恐只是占便宜自了之學，出門動步便有礙，做一事不得。今人之患，在於徒務末而不究其本。然只去理會那本，而不理會那末，義剛作「颺下了那末」。亦不得。時變日新而無窮，安知他日之事，非吾輩之責乎？若是少間事勢之來，當應也只得應。若只是自了，便待工夫做得二十分到，終不足以應變。到那時，却怕人說道不能應變，也牽強去應，應得便只成杜撰，便只是人欲，又有誤認人欲作天理處。若應變不合義理，則平日許多工夫依舊都是錯了。吾友僻在遠方，無師友講明，又不接四方賢士，又不知遠方事情，又不知

古今人事之變，這一邊易得暗昧了。一日之間，事變無窮，大而一國，又大而天下，事業又有許多事，小而一身有許多事，恁地多，都要人與他做。不是人做，却教誰做？不成我只管得自家？若將此樣學問去應變，如何通得許多事情，做出許多業？學者須是立定此心，汎觀天下之事，精粗巨細，無不周遍。下梢打成一塊，亦是一箇物事，方可見於用。不是揀那精底放在一邊，粗底放在一邊。嘗見胡文定《答曾吉甫書》有「人只要存天理，去人欲」之論，後面一向稱贊，都不與之分析，此便是前輩不會為人處，此處正好捉定與他剖判，始得。所謂「天理、人欲」，只是一箇大綱如此，下面煞有條目。須是就事物上辯別那

❶「學問」，萬曆本作「問學」。

箇是天理，那箇是人欲，不可恁地空説，將大綱來罩却，籠統無界分。恐一向暗昧，更動不得。如做器具，固是教人要做得好，不成要做得不好。好底是天理，不好底是人欲。然須是較量所以好處，如何樣做方好，始得。義剛録云：然亦大概是如此。如做這湯瓶，須知是如何地是好，如何地是不好。而今只儱侗説道好，及我問你好處是如何時，你却又不曉，如何恁地得。平日看甚書中見得古人做甚事，那處是，那處不是，那處可疑，那處不可疑，自見得又看是如何；於平日做底事，甚麼處是，舉數段來，便見得所以爲天理，所以爲人欲。淳因舉向年居喪，喪事重難，自始至終皆自擔當，全無分文責備舍弟之意。曰：此也是合做底。淳曰：到臨葬時，同居尊長皆以年月不利爲説，淳皆無所徇，但治壙事辦，則卜一日爲之。曰：此樣天理，又是硬了。

李丈曰：亦是尊長説得下。曰：幸而無齟齬耳。若有不能相從，則少加委曲，亦無妨。淳曰：大祥次日，族中尊長爲酒食之會，淳走避之。後來聞尊長鎮日相尋，又令人皇恐，如何？曰：不喫也好，然此亦無緊要。《禮》：「君賜之食，則食之；父之友食之，則食之，不避梁肉。」某始嘗疑此，後思之，只是當時一食，後依舊不食爾。父之友既可如此，則尊長之命一食亦無妨。若有酒醴，則辭。義剛同。

是夜，再召淳與李丈入卧内，曰：公歸期不久，更有何較量？淳讀《與點説》。曰：大概都是，亦有小小一兩處病。又讀廖倅書所難《與點説》，先生曰：有得有失。又讀淳所回廖倅書，先生曰：天下萬物當然之則，便是理。所以然底，便是原頭處。今所説，固是如此。但聖人平日也不曾先

說箇天理在那裏,方教他做去湊。只是說眼前事,教人平平恁地做工夫去,自然到那有見處。淳曰:因做工夫後,見得天理也無妨。只是未做工夫,不要先去討見天理否?曰:畢竟先討見天理,立定在那裏,則心意便都在上面行,易得將下面許多工夫放緩了。孔門惟顏子、曾子、漆雕開、曾點見得這箇道理分明。顏子固是天資高,初間「仰之彌高,鑽之彌堅」,亦自討頭不着。從「博文約禮」做來,「欲罷不能,竭吾才」,方見得「如有所立卓爾」,向來髣髴底,到此都合聚了。曾子初亦無討頭處,只管從下面捱來捱去,捱到十分處,方悟得一貫。漆雕開曰:「吾斯之未能信。」斯是何物?便是他見得箇物事。曾點不知是如何,合下便被他綽見得這箇物事。漆雕開已見大意」,方是程先生恁地說。「曾點、

雕開較靜,曾點較明爽,亦未見得他無下學工夫,亦未見得他合殺是如何。只被孟子喚做狂,及觀《檀弓》所載,則下梢只如此而已。曾子父子之學自相反,一是從下做到,一是從上見得。子貢亦做得七八分工夫,聖人也要喚醒他,喚不上。聖人不是不說這道理,也不是便說這道理,只是說之有時,教人有序。子晦之說無頭。如吾友所說從原頭來,又却要先見天理在前面,方去做,此正是病處。子晦疑得也是,只說不出。吾友合下來說話,便有此病,是先見「有所立卓爾」,然後「博文約禮」也。若把這天理不放下相似,把一箇空底物放這邊也無頓處,放那邊也無頓處,放這邊也恐擪破,放那邊也恐擪破。這天理說得蕩樣,似一塊水銀袞來袞去,捉那不著。又如水不沿流遡源,合下便要尋其源,鑿來鑿去,終

是鑿不着。❶下學上達,自有次第。於下學中又有次第,致知又有多少次第,力行又有多少次第。淳曰:下學中,如致知時,亦有理會那上達底意思否?曰:非也。致知,今且就這事上,理會箇合做底是如何?少間,又就這事上思量合做底,因甚是恁地?便見得這事道理合做底。又思量這事道理合恁地?便件件知得箇原頭處。逐事都如此理會,便件件知得箇原頭處。淳曰:件件都知得箇原頭處,湊合來便成一箇物事否?曰:不怕不成一箇物事。只管逐件恁地去,千件成千箇物事,萬件成萬箇物事,將間自然撞着成一箇物事,方如水到船浮。而今且去放下此心,平平恁地做,把文字來平看,不要得高。第一番,且平看那一重文義是如何?第二番,又揭起那一重,看那第二重是如何?第三番,又揭起

第二重,看那第三重是如何?看來看去,二十番、三十番,便自見得道理有穩處。不可才看一段,便就這一段上要思量到極,要尋見原頭處。如「天命之謂性」,初且恁地平看過去,便看下面「率性之謂道」。若只反倒這「天命之謂性」一句,便無工夫看「率性之謂道」了。「喜怒哀樂未發之謂中」,若且平看過去,便看「發而皆中節謂之和」,若只反倒這未發之中,便又無工夫看中節之和了。又曰:聖人教人,只是一法,教萬民及公卿大夫士之子皆如此。如「父子有親,君臣有義」,初只是有兩句,後來又就「父子有親」裏面推說許多,「君臣有義」裏面推說許多。而今見得有親有義合恁地,又見因甚有親、因甚有義,道理所以合恁地,節

❶「着」,萬曆本作「得」。

朱子語類卷第一百一十七 朱子十四

節推上去，便自見原頭處。只管恁地做工夫去，做得合殺，便有采。又曰：聖人教人，只是説下面一截，少間到那田地又挨上些子，不曾直説到上面。「子以四教：文、行、忠、信。」又曰：「博學而篤志，切問而近思，仁在其中矣。」做得許多，仁自在其中。「志於道，據於德，依於仁」，又且「游於藝」，不成只一句便了。若只一句便了，何更用許多説話？如《詩》三百，一言以蔽之，曰『思無邪』。聖人何故不只存這一句，餘都删了？何故編成三百篇，方説「思無邪」？看三百篇中那箇事不説出來？又曰：莊周、列禦寇亦似曾點底意思，他也不是專學老子，吾儒書他都看來，不知如何被他綽見這箇物事，便放浪去了。今禪學也是恁地。又曰：「二三子以我為隱乎？吾無隱乎爾。吾無行而不與二三子者，是丘也。」向

見眾人説得玄妙，程先生説得絮，黃作「忉怛」。後來子細看，方見得眾人説都似禪了，不似程先生説得穩。義剛同。

問：前夜承教誨，不可先討見天理，私心更有少疑，蓋一事一事各有一箇當然之理，真見得此理，則做此事便確定，不然，則此心末梢又會變了。不審如何？曰：這自是一事之理。前夜所説，只是不合要先見一箇渾淪大底物攤在這裏，方就這裏放出去做那萬事，不是於事都不顧理，一向冥行而已。事親中自有箇事親底道理，事長中自有箇事長底道理；這事自有這箇道理，那事自有那箇道理。各理會得透，則萬事各成萬箇道理。四面湊合來，便只是一箇渾淪道理。而今只先去理會那「一」，不去理會那「貫」，將尾作頭，將頭作尾，没理會了。曾子平日工夫只先就「貫」上事事做去到極

處，夫子方喚醒他說：「我這道理只用一箇去貫了，曾子便理會得。不是只要抱一箇渾淪底物事，教他自流出去。」義剛同。

淳有問目段子，先生讀畢，曰：「大概說得也好，只是一樣意思。」

梢自反之說，說「大而化之」做甚麼？何故恁地儱侗？義剛錄云：先生曰：未

又曰：公說道理，只要撮那頭一段尖底，末梢便要到那「大而化之」極處，中間許多都把做查滓，不要理會。相似把箇利刃截斷，中間都不用了，這箇便是大病。曾點、漆雕開不曾見他做工夫處，不知當時如何被他違見這道理。然就二人之中，開却是要做工夫。「吾斯之未能信」，「斯」便是見處，「未能信」便是下工夫處。曾點有時是他做工夫，但見得未定。或是他天資高後，被他瞥見得這箇物事，亦不可知。雖是恁地，也須低着頭，隨衆從「博學、審問、謹思、明辯、

篤行」底做工夫，襯貼起來方實，證驗出來方穩，不是懸空見得便了。博學、審問五者工夫，終始離他不得。只是見得後，做得不費力也。如曾子平日用功極是子細，每日三省，只是忠信傳習底事，何曾說著「一貫」？《曾子問》一篇都是問喪、祭變禮微細處。想經禮聖人平日已說底，都一一理會了。只是變禮未說，也須逐一問過。「一貫」之說，夫子只是謾提醒他。縱未便曉得，且放緩亦未緊要，待別日更一提之。只是曾子當下便曉得，何曾只管與他說？如《論語》中百句，未有數句說此。《孟子》自得之說，亦只是說一番，何曾全篇如此說？今却是懸虛說一箇物事，不能得了，只要那「一」去「貫」，不要從「貫」去到那「一」，如不理會散錢，只管要去討索來穿。如此，則《中庸》只消「天命之謂性」一句及「無聲無

問：事各有理，而理各有至當十分處。今看得七八分，只做到七八分處，上面欠了分數。莫是窮來窮去，做來做去，久而且熟，自能長進到十分否？曰：雖未能從容，自能長進到十分否？曰：雖未能從容，只是熟後便自會從容。再三詠一「熟」字。

諸友入侍，坐定，先生目淳申前説曰：若把這些子道理只管守定在這裏，則相似山林苦行一般，便都無事可做了，所謂「潛心大業」者何有哉？淳曰：已知病痛，大段欠了下學工夫。曰：近日陸子靜門人寄得數篇詩來，只將顏淵、曾點數件事重疊説，其他《詩》、《書》、禮、樂都不説。如吾友下學，也只是揀那尖利底説，麓鈍底都掉了。今日下學，明日便要上達。如《孟子》，

「臭至矣」一句便了。中間許多「達孝」、「達德」、「九經」之類皆是粗迹，都掉却，不能耐煩去理會了。如「禮儀三百，威儀三千」，只將一箇道理都包了，更不用理會中間許多節目。今須是從頭平心讀那書，許多訓詁名物度數一一去理會。如禮儀，須自一、二、三、四數至於三百；威儀，須自一百、二百、三百數至於三千，逐一理會過，都恁地通透，始得。若只恁懸虛不已，❶恰似村道説無宗旨底禪樣，瀾翻地説去也得，將來也解做頌，燒時也有舍利，只是不濟得事。又曰：「一」底與「貫」底，都只是一箇道理。如將一貫已穿底錢與人，及將一貫散錢與人，只是一般都用得，不成道那散底不是錢。 義剛同。泳録云：如用一條錢貫一齊穿了。

問氣弱膽小之病。曰：公只去做功夫，到理明而氣自強，而膽自大矣。

❶ 「若」下，萬曆本有「是」字。

從《梁惠王》以下都不讀，只揀《告子》、《盡心》來說，只消此兩篇，其他五篇都刪了。緊要便讀，閒慢底便不讀；精底便理會，粗底便不理會。書自是要讀，恁地揀擇不得。如《論語》二十篇，只揀那曾點底意思來涵泳，都要蓋了。單單說箇「風乎舞雩，詠而歸」，只做箇四時景致，要尋箇樂處。某事。前日江西朋友來問，《論語》何用說許多說：「只是自去尋，尋到那極苦澀處，便是好消息。人須是尋到那意思不好處，這便是樂底意思來，却無不做功夫自然樂底道理。」而今做工夫，只是平常恁地去理會，要把做差異看了。粗底做粗底理會，細底做細底理會，不消得揀擇。《論語》、《孟子》恁地揀擇了，史書及世間麄底書如何地看得！義剛同。

諸友揖退，先生留淳獨語，曰：何故無所問難？淳曰：數日承先生教誨，已領大意，但當歸去作工夫。曰：此別定不再相見。淳問曰：已分上事已理會，❶未要理會更望提誨。曰：今且當理會常變。常底許多道理未能理會得盡，如何便要理會變？聖賢說話，許多道理平鋪在那裏，且要闊着心胸平去看，通透後，自能應變。不是硬捉定一物，便要討常，便要討變。今也須如僧家行腳，接四方之賢士，察四方之事情，覽山川之形勢，觀古今興亡治亂得失之迹，這道理方見得周遍。「士而懷居，不足以為士矣！」不是塊然守定這物事在一室，關門不曉事情底聖賢，亦無不通變底聖賢，古無不曉事情底聖賢，亦無不通變底聖賢，亦無關門獨坐底聖賢。聖賢無所不通，無

❶「理」，原作「俚」，今據朝鮮本、萬曆本改。

教人要博學！二字力說。須是「博學之，審問之，謹思之，明辯之，篤行之」。「子曰：『我非生而知之者，好古敏以求之者也。』」「文武之道，布在方冊。」「在人，賢者識其大者，不賢者識其小者。夫子焉不學？而亦何常師之有？」聖人雖是生知，然也事事理會過，無一之不講。這道理不是只就一件事上理會見得便了。學時無所不學，理會時却是逐件上理會去。凡事雖未理會得詳密，亦有箇大要處，縱詳密處未曉得，而大要處已被自家見了。今公只就一線上窺見天理，便說天理只恁地了，❸便要去通那萬事，不知如何得？萃百物，然後觀化工之所不能，那箇事理會不得？如《中庸》「天下國家有九經」，便要理會許多物事。如武王訪箕子陳《洪範》，自身之視、聽、言、貌、思，極至於天人之際，以人事則有八政，以天時則有五紀，稽之於卜筮，驗之於庶證，❶無所不備。如《周禮》一部書，載周公許多經國制度，那裏便有國家當自家做？只是古聖賢許多規模，大體也要識。蓋這道理無所不該，無所不在。且如禮、樂、射、御、書、數，許多周旋升降，文章品節之繁，豈有妙道精義在？只是也要理會。理會得熟時，道理便在上面。又如律曆、刑法、天文、地理、軍旅、官職之類，都要理會。雖未能洞究其精微，然也要識箇規模大概，道理方浹洽通透。若只守箇此三子，捉定在這裏，❷把許多都做閑事，便都無事了。如此，只理會得門內事，門外事便了不得。所以聖人

❶ 「證」，萬曆本作「徵」，此蓋避宋仁宗趙禎諱。
❷ 「這」，萬曆本作「那」。
❸ 「了」，萬曆本作「樣子」。

神，聚衆材，然後知作室之用。於一事一義上欲窺聖人之用心，非上智不能也，須撒開心胸去理會。天理大，所包得亦大。且如五常之教，自家而言，只有箇父子、夫婦、兄弟，才出外便有朋友。朋友之中，事已煞多。及身有一官，君臣之分便定，這裏面又煞多事，事事都合講過。他人未做工夫底，亦不敢向他說。如吾友於己分上已自見得，若不說與公，又可惜了。他人於己分上不曾見得，泛而觀萬事，固是不得。而今已有箇本領，却只捉定這些子便了，也不得。如今只道是持敬，收拾身心，日用要合道理無差失，此固是好。然出而應天下事，應這事得時，應那事又不得。學之大本，《中庸》、《大學》已說盡了。《大學》首便說「格物、致知」，爲甚要格物、致知？便是要無所不格、無所不知。物格知至，方能意誠、

心正、身修，推而至於於家齊、國治、天下平，自然滔滔去，都無障礙。義剛同。

淳禀曰：伏承教誨，深覺大欠下學工夫，恐返陬僻郡，孤陋寡聞，易致差迷，無從就正，望賜下學說一段，以爲朝夕取準。曰：而今也不要先討差處，待到那差地頭，便旋旋理會。下學只是放闊去做，局促在那一隅，便窄狹了。須出四方游學一遭，這朋友處相聚三兩月日，看如何；那朋友處相聚三兩月日，看如何。胡叔器曰：游學四方固好，恐又隨人轉了。曰：要我作甚？義剛錄云：胡叔器曰：恐又被不好底人壞了。先生曰：我須是先知得他是甚麽樣人，及見後與他相處，數日便見。若是不合，便去。不合便去。若恁地隨人轉，又不如只在屋裏孤陋寡聞。義剛同。

先生謂淳曰：安卿須是「友天下之善

士爲未足，又尚論古之人」。須是開闊，方始展拓。若只如此，恐也不解十分。

先生餞席，酒五行，中筵，親酌一杯勸李丈云：「相聚不過如此，退去反而求之。次一杯與淳，曰：安卿更須出來行一遭。」

村裏坐，不覺壞了人。昔陳了翁說：「一人碁甚高，或邀之入京參國手。日久在側，並無所教，但使之隨行携碁局而已。或人詰其故，國手曰：『彼碁已精，其高著已盡識之矣。但淺著未曾識，❶教之隨行，亦要都經歷一過。』」

臨行拜別，先生曰：安卿今年已許人書會，冬間更須出行一遭。李丈稟曰：《書解》乞且放緩，願早成《禮書》，以幸萬世。曰：《書解》甚易，只等蔡三哥來便了。《禮書》大段未也。

安卿問：前日先生與廖子晦書，云「道不是有箇物事閃閃爍爍在那裏」，固是如此。但所謂「操則存，舍則亡」，畢竟也須是有箇物事。曰：操存只是教你收斂，教你心莫胡思亂量，幾曾捉定有箇物事在裏。❷又問：「顧諟天之明命」，畢竟是箇甚麽？曰：此只是說要得道理在面前，不被物事遮障了。「立則見其參於前，在輿則見其倚於衡」，皆只是見得理如此，不成別有箇物事光爍爍在那裏。

漳州陳淳會問，方有可答，方是疑。賀孫。

賀孫問：安卿近得書否？曰：緣王子合與他答問，諱他寫將來，以此漳州朋友都無問難來。因說：子合無長進，在學中將

❶ 「淺」，萬曆本作「低」。
❷ 「在」下，萬曆本有「那」字。

實錄課諸生，全不識輕重先後。許多學者近來覺得都不濟事。賀孫云：也是世衰道微，人不能自立，纔做官，便顛沛。曰：如做官、科舉，皆害事。或曰：若在此說得甚好，做卻如此。曰：只緣無人說得到。說得好，乃是知得到。若知得到，雖摩頂至足，也只是變他不得。因言：器之昨寫來問幾條，已答去。今再說來，亦未分曉。公之為仁，公不可與仁比並看。公只是無私，纔無私，這仁便流行。程先生云「唯公為近之」，卻不是「近似」之「近」。猶云「知所先後，則近道矣」，纔公，仁便在此，故云近。公只是無私，只知先後，便近於道。如不是道在先後上，只知先後，便近於道。如去其壅塞，則水自流通。水之流通，卻不是去壅塞底物事做出來。水自是元有，只被塞了，纔除了塞，便流。仁自是元有，只被私意隔了，纔克去己私，做底便是仁。賀孫

云：公是仁之體，仁是理。曰：不用恁地說，徒然不分曉。只公是無私，無私則理或蔽。今人喜也是私喜，怒也是私怒，哀也是私哀，懼也是私懼，愛也是私愛，惡也是私惡，欲也是私欲。苟能克去己私，擴然大公，則喜是公喜，怒是公怒，哀、懼、愛、惡、欲，莫非公矣。此處煞係利害。顏子所授於夫子，只是「克己復禮為仁」。讀書最忌以己見去說，但欲合己見，不知非本來旨意。須是且就他說，說教分明，有不通處，卻以己意較量。賀孫

朱子語類卷第一百一十八 計十八板

朱子十五

訓門人六

先生問伯羽：如何用工？曰：且學靜坐，痛抑思慮。曰：痛抑也不得，只是放退可也。若全閉眼而坐，却有思慮矣。又言：也不可全無思慮，無邪思耳。以下訓伯羽。

學者博學審問、謹思明辯等，多有事在。然初學，且須先打疊去雜思慮，作得基址，方可下手。如起屋須有基址，許多梁柱方有頓處。

觀書須寬心平易看，先見得大綱道理了，然後詳究節目。公今如人入大屋，方在一重門外，裏面更有數重門未入未見，便要說他房裏事，如何得？

公大抵容貌語言皆急迫，須打疊了，令心下快活。如一把棼絲，見自棼而未定，才急下手去挈，愈亂了。

人須打疊了心下閑思雜慮。如心中紛擾，雖求得道理，也沒頓處。須打疊了後，得一件方是一件，兩件方是兩件。

公看文字子細，却是性急，太忙迫，都亂了。又是硬鑽鑿求道理，不能平心易氣看。且用認得定，用玩味寬看。

問：讀書莫有次序否？余正叔云：不可讀，讀則蹉過了。曰：《論語》章短者誠不可讀，讀則易蹉過後章去。若《孟子》、

《詩》、《書》等，非讀不可。蓋它首尾自相應，全藉讀，方見。問：伯羽嘗覺固易蹉了，專看，則又易入於硬鑽之弊，如何？曰：是不可鑽。書不可進前一步看，只有退看。譬如以眼看物，欲得其大體邪正曲直，須是遠看方定。若近看，愈狹了，不看見。凡人謂以多事廢讀書，或曰氣質不如人者，皆是不責志而已。若有志時，那問他事多？那問他氣質不美？曰：事多質不美者，此言雖若未是太過，然耶？❶此可見其無志，甘於自暴自棄，過孰大焉。真箇做工夫人，便自不説此話。

蕫卿問：致知後，須持養，方力行？曰：如是，則今日致知，明日持養，後日力行。只持養便是行，正心、誠意豈不是行？但行有遠近，治國、平天下則行之遠耳。可學。

蕫卿問：不知某之「主一」如何？曰：凡人須自知，如己喫飯，豈可問他人飢飽？又問：或於無事時，更有思量否？曰：無事時只是無事，更思箇甚？然人無事時少，有事時多。才思，便是有事。蕫卿曰：静時多為思慮紛擾。曰：此只為不主一，人心皆有此病。不如且將讀書程課繫縛此心，逐旋行去，到節目處自見功效淺深。大凡理只在人心中，❷不在外面。只為人役役於不可必之利名，故本原固有者，日加昏蔽，豈不可惜！道夫。

蕫卿欲類仁説看。曰：不必錄。只識得一處，他處自然如破竹矣。

先生謂飛卿：看公所疑，是看《論語》

❶ 「耶」，四庫本作「即」。
❷ 「心」原作「身」，今據朝鮮本、萬曆本改。

未子細。這讀書，是要得義理通，不是要做趨課程模樣。若一項未通，且就上思索教通透，方得。初間疑處，只管看來，自會通解。若便寫在策上，心下便放却，於心下便無所得。某若有未通解處，自放心不得，朝朝日日，只覺有一事在這裏。賀孫。

蜚卿以書謁先生，有棄科舉之說。先生曰：今之士大夫應舉干祿，以爲仰事俯育之計，亦不能免。公生事如何？曰：粗可伏臘。曰：更須自酌量。道夫。

蜚卿曰：某欲謀於先生，屏棄科舉，望斷以一言。曰：此事在公自看如何，須是度自家可以仰事俯育。作文字，比之他人有可得之理否，亦須自思之。如人飢飽寒煖，須自知之，他人如何說得？道夫。

蜚卿云：某正爲心不定，不事科舉。曰：放得下否？曰：欲放下。曰：才說

「欲」字，便不得，須除去「欲」字。若要理會道理，忙又不得，亦不得懶。驤。

看今世學者病痛，皆在志不立。嘗見學者不遠千里來此講學，將謂真以此爲事。後來觀之，往往只要做二三分人，識些道理便足。❶不是看他不破，不曾以此語之。夫人與天地並立爲三，自家當思量，天如此高，地如此厚，自家一箇七尺血氣之軀，如何會並立爲三？只爲自家此性元善，同是一處出來。一出一入，若存若亡，❷元來固有之性不曾見得，則雖具人衣冠，其實與庶物不爭多。伊川曰：「學者爲氣所奪，習所勝，只可責志。」顏淵曰：「仰之彌高，鑽之彌堅，瞻之在前，忽焉在後。」既竭吾才，如

❶ 「足」，萬曆本作「是」。
❷ 「存」，萬曆本作「有」。

有所立卓爾。」在顏子分明見此物，須要做得。如人在戰陣，雷鼓一鳴，不殺賊則爲賊所殺，又安得不向前？又如學者應舉覓官，從早起來，念念在此，終被他做得。但移此心向學，何所不至？孔子曰「吾十有五而志于學」，至「三十而立」以上，節節推去。五峰曰：「爲學在立志，立志在居敬。」❶此言甚佳。夫一陰一陽相對。志纔立，則已在陽處立。雖時失脚入陰，然一覺悟則又在於陽。今之學者皆曰：「它是堯、舜，我是衆人，何以爲堯、舜？」爲是言者，曾不如佛家善財童子曰：「我已發菩提心，行何行而作佛？」渠却辦作佛，自家却不辦作堯、舜。某因問：立志固是，然志何以立？曰：自端本立。以身而參天地，以匹夫而安天下，實有此理。方伯謨問：使齊王用孟子，還可以安天下否？曰：孟子分

明往見齊王，以道可行。只是他計些小利害，愛些小便宜，一齊昏了。自家只立得大者定，其他物欲一齊走退。有舉《中庸》一段：曰「德性」，曰「高明」，曰「廣大」，皆是元來底，「問學」、「中庸」、「精微」，所以接續此也。某問：孔門弟子問仁問智，皆從一事上做去。曰：只爲他志已立，故求所以趨向之路。然孔門學者亦有志不立底，如宰予、冉求是也。顏子固不待說，如「子路有聞，未之能行，惟恐有聞」，豈不是有志？至如漆雕開，曾點，皆有志。孔子在陳，思魯之狂士。狂士何足思？蓋取其有志。得聖人而師之，皆足爲君子。以下訓可學。○璘錄云：❷同錄異，見後訓璘。

❶「在」，原無，今據朝鮮本、萬曆本補。
❷「云」，原作「聞」，今據朝鮮本、萬曆本改。

先生問：昨日與吾友說立志一段，退後思得如何？某曰：因先生之言，子細思之，皆是實理。如平日見害人之事不爲，見非義之財不取，皆是自然如此。曰：既自然如此，因何做堯、舜不得？某謂：盡其心，則知其性。曰：此不是答策題，須是實見得。「徐行後長者謂之弟」，須見得如何弟，是作得堯、舜。因語：「執德不弘，信道不篤，焉能爲有？焉能爲亡？」所謂天理、人欲也。更將孟子答滕文公、曹交問孟子章熟讀，纔見得此，甚省力。

問：作事多始銳而終輟，莫是只爲血氣使？曰：雖說要義理之氣，然血氣亦不可無。《孟子》「氣，體之充」，但要以義理爲主耳。

問：講學須當志其遠者、大者？曰：固是。然細微處亦須研窮。若細微處不窮，所謂遠者、大者，只是揣作一頭詭怪之語，果何益？須是知其大小、測其淺深，又別其輕重。因問：平時讀書，因見先生說，乃知只得一模樣耳。曰：模樣亦未易得，恐只是識文句。

問：反其性如何？曰：只吾友會道箇反時，此便是天性，只就此充之，別無道理。滕文公纔問孟子，孟子便道「性善」，自今觀之，豈不躐等？不知此乃是自家屋裏物，有甚過當？既立得性了，則每事點檢視事之來，是者從之，非者違之。此下文甚長，且於根本上用工夫，既尚留此，更宜審觀自見。●

再見，請教。因問：平日讀書時似亦有所見，既釋書則別是一般，又每苦思慮紛

● 「更」，萬曆本作「便」。

擾，雖持敬亦未免弛慢，不知病根安在？曰：此乃不求之於身，而專求之於書，固應如此。古人曰：「爲仁由己，而由人乎哉！」凡吾身日用之間，無非道，書則所以接湊此心耳。故必先求之於身，而後求之於書，則讀書方有味。又曰：持敬而未免弛慢，是未嘗敬也，須是無間斷乃可。至如言思慮多，須是合思即思，不合思者不必思，則必不擾亂。又問：凡求之於心，須是主一爲或於事事求之？曰：凡事無非用心處，只如於孝則求其如何是孝，於弟則求其如何是弟。大抵見善則遷，有過則改。聖人千言萬語，不出此一轍。須積持久，❶游泳浸積。❷如飲醇酒，其味愈長，始見其真是真非。若似是而非，似有而實未嘗有，終日恍惚，❸然此最學者之大病。又問：讀書宜以何爲法？曰：須少看。凡讀

書，須子細研窮講究，不可放過。假如有五項議論，開策時須逐一爲別白，求一定說。若他日再看，又須從頭檢閱，而後知前日之讀書草略甚矣。近日學者讀書，六經皆云通，及問之，則往往失對，只是當初讀時綽過了。孟子曰「仁在乎熟」，吾友更詳思之。大抵古人讀書與今人異，如孔門學者於聖人，纔問仁、問知，終身事業已在此。今人讀書，仁、義、禮、智總識而却無落泊處，此不熟之故也。昔五峰於京師問龜山讀書法，龜山云：「先讀《論語》。」五峰問：「《論語》二十篇，以何爲緊要？」龜山曰：「事事緊要。」看此可見。

❶「持」，萬曆本作「時」。
❷「積」，四庫本作「漬」。
❸「日」，萬曆本作「自」。

問：可學稟性太急，數年來力於懲忿上做工夫，似減得分數。然遇事不知不覺怒暴，何從而去此病？曰：亦在乎熟耳。如小兒讀書遍數多，自記得，此熟之驗也。大抵稟賦得深，多少年月，一旦如何便盡打疊得。須是日夜懲戒之以至於熟，久當自去。

一日晚，同王春、先生親戚。魏才仲請見。問：吾友年幾何？對云：三十七。曰：已自過時。若於此因循，便因循了。昔人讀書，二十四五時須已立得一門庭。某因說平日亦有志於學，只是爲貧奔走。雖勤讀書，全無趨向。曰：讀書須窮研道理。吾友日看《論》《孟》否？對以常看。曰：如何看？曰：日間只是看《精義》。曰：看《精義》，有利有害。若能因諸家之說以考聖人之意而得於吾心，則《精義》有益；若只鶻突綽過，如風過耳，雖百看何補？❶若善看《論》、《孟》者，只一部《論》、《孟》自亦可，何必《精義》？因舉「學而時習之」問曰：吾友何說？某依常解。云云。先生曰：聖人下五箇字，無一字虛。學然後時習之，不學則何習之有？所謂學者，不必前言往行，凡事上皆是學。如箇人好，學其爲人；箇事好，學其爲事。習之者，習其所學也。習之而熟，能無悦乎？近日學者多習而不學。某又問：「學而不思則罔」，亦是此意？曰：且就本文理會。牽傍會合，最學者之病。又問：「有朋自遠方來」，何故樂？對以得朋友而講習，故樂。曰：若是已得於己，何更待朋友？再三請益。曰：且自思之。

❶「何」，原作「可」，今據朝鮮本、萬曆本改。

語次，因道：「某平日讀書不識塗徑，❶枉費心力，適得先生開喻，方知趨向。自此期早夜孜孜，無負教誨。」曰：「吾友既如此說，須與人作樣子。第一，下工夫莫草略。研究一章義理已得，方別看一章。近日學者多緣草略過了，故下梢頭儳無去處，一齊棄了。大凡看書龎，則心龎；看書細，則心細。若研窮不熟，得此義理，以爲是亦得，以爲非亦得。須是見得『差之豪釐，繆以千里』方可。」

問：「昨日先生所問，退而以《滕文公》數章熟讀。只如昨日所説四端，此便是真心，便是性善。今只是於天理、人欲上判了，去得人欲，天理自明。自家家裏事，豈有不向前？」先生曰：「然。未要論到人欲，人欲亦難去。只且自體認這箇理，如何的見是性善、堯舜是可爲？如何是仁？如何是義？若於此有見，要已自已不得。孟子曰：『求則得之，舍則失之。』八方學者求不見得，舍不見失，只是悠悠，今日待明日，明日又待後日。語未畢，伯謨至。先生云：『適來所言，子上却有許多説話，德粹無説，然皆是不勉力作工夫。謝上蔡於明道前舉史書成文，明道曰：「賢却會記得，可謂玩物喪志。」上蔡發汗。須是如此感動方可。今只且於舊事如此過，豈是感發？須是不安方是。所謂「不能以一朝居」。』」

問德粹：「數日作何工夫？」曰：「讀《告子》。」曰：「見得如何？」曰：「行事上固要見，無事時於事上見之。」曰：「固是要見，亦當亦合理會。如看古人書，或靜坐，皆可

❶「書」，萬曆本作「箇」。
❷「八方」，萬曆本作「今」。

見。又問：某見得如何？曰：只是「操」、「捨」二字分判。曰：操捨固是，亦須先見其本。不然，方操而則存時，已捨而則亡矣。又問：前說「有朋自遠方來」看見如何？曰：前說不是。「有朋自遠方來」乃是善可以及人，豈不樂？先生曰：善可以及人，則合彼己爲一，豈不樂？曰：惟其可以及人，所以能爲或已及人？曰：此是可以及人，是及人。先生曰：樂是可以及人而樂？已及人而樂？曰：已及人而樂。先生曰：樂是可以及人而樂。伊川說已盡，後來諸公多變其說，云朋友講習，我若未有所得，誰肯自遠方來？要之，此道天下公共，既已得於己，必須及於人。「不知而不慍」，非君子不能。「人不知己，亦不能無芥蒂於胸中。

先生問：近日所見如何？某對：間斷

處頗知提撕。曰：更宜加意。

先生問：近日如何？曰：頗覺心定。「如何心定？」曰：每常遇無事，却散漫，遇有事，則旋求此心。今却稍勝前。曰：讀甚書？曰：讀《告子》，昨讀至「夜氣」之說，因覺病痛全在此心上。曰：亦未說至此，須是見得有踴躍之意，方可。是日，德粹又語《小學》。先生曰：德粹畢竟昏弱，子上尚雜，更宜加意。

問：人有剛果過於中，如何？曰：只爲見彼善於此，剛果勝柔，故一向剛。周子曰：「剛善爲義，爲直，爲斷，爲嚴毅，爲幹固；惡爲猛，爲隘，爲強梁。」須如此別，方可。璘錄云：問：孫吉甫說「性剛未免有失」，如何？先生舉《通書》云：「剛善、剛惡。」「固是剛比之暗弱之人爲勝，然只是彼善於此而已，畢竟未是。」問：何以制之使歸於善？曰：須於中求之。問：昨日承

先生教誨矯激事，歸而思之。務爲長厚固不可，然程氏教人却云「當學顏子之渾厚」。看近日之弊，莫只是眞僞不同？曰：然。顏子却是渾厚，今人却是矗夾，大不同。且如當官，必審是非，明去就。今做事至於危處却避禍，曰「吾爲渾厚」，可乎？且如後漢諸賢與宦官爲敵，既爲冀州刺史，宦官親戚在部內爲害，安得不去之？安得謂之矯激？須是不做它官。故古人辭尊而居卑，辭富而居貧。居卑，則不與權豪相抗，亦無甚職事。符舜功云：如陳寔弔宦官之喪，是太要渾厚。曰：然。某問：如范滂之徒，當爲則爲，無渾厚，無矯激，如此方可。某又問：李膺赦後殺人，莫不順天理？曰：太甚。曰：只是行其職。大抵義理所在，不可。士不幸遇亂世，不必仕。如趙臺卿乃於杜子賓夾壁中坐過數年，又如蔡邕更無

整身處。

問：吾友昔從曾大卿遊，於其議論云何？曰：曾先生靜嘿少言，有一二言不及其躬行者。曰：曾卿齊家正身，不欺暗室，眞難及。

鄭子上因赴省經過，問《左傳》數事。先生曰：數年不見公，將謂有異聞相發明，却問這般不緊要者，何益？人若能於《大學》《語》《孟》《中庸》四書窮究得通透，則經傳中折莫甚大事，以其理推之，無有不曉者，況此末事。今若此，可謂是「颺了甜桃樹，沿山摘醋梨」也。友仁。

璘注鄂渚教官闕，先生曰：某嘗勸人不如做縣丞，隨事猶可以及物。做教官沒意思，說義理人不信，又須隨分做課試，方是鬧熱。以下訓璘。

問：做何工夫？璘對以未曾。曰：若

問爲學大端。曰：且如士人應舉，是要做官，故其功夫勇猛，念念不忘，竟能有成。若爲學，須立箇標準，我要如何爲學。此志念念不忘，功夫自進。蓋人以眇然之身與天地並立而爲三，常思我以血氣之身如何配得天地？且天地之所以與我者，色色周備，人自污壞了。因舉「萬物皆備於我，反身而誠，樂莫大焉」一章：「今之爲學，

是做得工夫，有疑可問，便好商量。若未做功夫，只說得一箇爲學大端，他日又如何得商量？嘗見一般朋友，見事便奮發要議論，胡亂將經書及古人作議論，看來是沒意思。又有一般全不做功夫底，更沒下手商量處。又不如彼胡亂做功夫，有可商議得。且如論古人，便是論錯了，亦是曾考論古人事迹一過。他日與說得是，將從前錯底改起，便有用。

須是求復其初，求全天之所以與我者，始得。若要全天之所以與我者，便須以聖賢爲標準，直做到聖賢地位，方是全得本來之物而不失。如此，則功夫自然勇猛。臨事觀書常有此意，自然接續。若無求復其初之志，無必爲聖賢之心，只見因循荒廢了。因舉「孟子道『性善』，言必稱堯、舜」一章，云：「『道性善』是說天之所以與我者，便以堯、舜爲樣子。說人性善皆可以爲堯、舜，便是立箇標準了。下文引成覵、顏淵、公明儀之言，以明聖賢之可以必爲。末後『若藥不瞑眩，厥疾不瘳』，最說得好。人要爲聖賢，須是猛起服瞑眩之藥相似，教他麻了一上了，及其定疊，病自退了。」又舉顏子「仰之彌高」一段，又說：「人之爲學，正如說恢復相似。且如東南亦自有許多財賦，許多兵甲，儘自好了，如何必要恢復？只爲祖

宗元有之物,須當復得;若不復得,終是不了。今人爲學,彼善於此,隨分做箇好人,亦自足矣,何須必要做聖賢?只爲天之所以與我者,不可不復得;若不復得,終是不了,所以須要講論。學以聖賢爲準,故問學須是復性命之本然,求造聖賢之極,方是學問。可學錄云:如尋常人說,且作三五分人,有甚不可?何必須早夜孳孳?只爲自家元初一箇性,❶甚是善,須是還其元物。不還元物,畢竟欠闕。此一事乃聖人相傳,立定一鐵椿,移動不得。然此是大端如此。其間讀書,考古驗今,工夫皆不可廢。因舉「尊德性而道問學」一章,又云:有一般人,只說天之所以與我者,都是光明純粹好物。其後之所以不好者,人爲有以害之。吾之爲學,只是去其所以害此者而已。害此者盡去,則工夫便了。故其弊至於廢學不讀書,臨事大綱雖好,而所見道理便有偏處。

爲學既知大端是欲復天之所與而必爲聖賢,便以「父子有親,君臣有義,夫婦有別,長幼有序,朋友有信」此五者爲五箇大椿相似,念念理會,便有工夫可做。所以《大學》「在止於至善」,只云:「爲人君,止於仁;爲人臣,止於敬;爲人子,止於孝;爲人父,止於慈;與國人交,止於信。」

從前朋友來此,某將謂不遠千里而來,須知箇趣向了,只是隨分爲他說箇爲學大概去,看來都不得力,此某之罪。今日思之,學者須以立志爲本。如昨日所說爲學大端,在於求復性命之本然,求造聖賢之極致,須是便立志如此,便做去始得。若曰我之志只是要做箇好人,識此道理便休,宜乎之從前朋友來此,……

❶「初」,萬曆本作「有」。
❷「爲」,原作「僞」,今據朝鮮本、萬曆本改。

工夫不進，日夕漸漸消靡。今須思量天之所以與我者，必須是光明正大，必不應只如此而止，就自家性分上儘做得去，不到聖賢地位不休。如此立志，自是歇不住，自是儘有工夫可做。如顏子之「欲罷不能」，如小人之「孳孳為利」，念念自不忘。若不立志，終不得力。因舉程子云：「學者為氣所勝，習所奪，只可責志。」又舉云：「立志以定其本，居敬以持其志」，此是五峰議論好處。又舉「士尚志。何謂尚志？曰『仁義而已矣』」，又舉「舜為法於天下，可傳於後世，我猶未免為鄉人也，是則可憂也。憂之如何？如舜而已矣」，又舉「三軍可奪帥，匹夫不可奪志也」。如孔門亦有不能立志者，如冉求「非不說子之道，力不足也」是也。所以其後志於聚斂，無足怪。

又曰：要知天之與我者，只如孟子說

「無惻隱之心，非人也；無羞惡之心，非人也；無是非之心，非人也；無辭遜之心，非人也」。今人非無惻隱、羞惡、是非、辭遜發見處，只是不省察了。若於日用間試省察此四端者，分明迸贊出來，就此便操存涵養將去，便是下手處。只為從前不省察了，此端才見，又被物欲汩了。所以秉彝不可磨滅處雖在，而終不能光明正大，如其本然。試思人以眇然之身，可以贊天地之化育，以常人而可以為聖賢，以四端之微而充之，可以保四海，是如何而致？若分明見此，志自立，工夫自住不得。

昨日所說，為學大端在於立志必為聖賢，曾看得「人皆可以為堯、舜」道理分明否？又見得我可以為堯、舜而不為，其患安在？固是孟子說「性善」、「徐行後長」之類。然今人四端非不時時發見，非不能徐

行，何故不能爲堯、舜？且子細看。若見得此分明，其志自立，其工夫自不可已。因舉「執德不弘，信道不篤，焉能爲有，焉能爲亡」，謂：「不弘不篤，不當得一箇人數，無能爲輕重。」

須常常自問：云人之性善，而己之性却不見其善；「人皆可以爲堯、舜」，而己之身即未見其所以爲堯、舜者，何故？常常自問，知所愧恥，則勇厲奮發，而志立矣。更將《孟子·告子》篇反復讀之，「指不若人」之類數段，可以助人興發必爲之志。

問所觀書，璘以讀《告子》篇對。曰：古人「興於《詩》」，「《詩》可以興」，又曰「雖無文王，猶興」。人須要奮發興起必爲之心，爲學方有端緒。古人以《詩》吟詠起發善心，今既不能曉古詩，某以爲《告子》篇諸段讀之可以興發人善心者，故勸人讀之。

且如「理義之悅我心，猶芻豢之悅我口」，讀此句，須知義理可以悅我心否？果如芻豢悅口否？方是得。璘謂：理義悅心，亦是臨事見得此事合理義，自然悅懌。曰：今則終日無事，不成便廢了理義，便無悅處。如讀古人書，見其事合理義，思量古人行事，與吾今所思慮欲爲之事，才見得合理義，則自悅；才見不合理義，自有羞愧憤悶之心。不須一一臨事時看。

問璘：昨日臥雲庵中何所爲？璘曰：歸時日已暮，不曾觀書，靜坐而已。先生舉橫渠「六有」說：「言有教，動有法，晝有爲，宵有得，息有養，瞬有存」，以爲雖靜坐，亦有所存主，始得。不然，兀兀而已。○可學錄云：先生問德粹：夜間在庵中作何工夫？德粹云云。先生曰：橫渠云「言有教，動有法，晝有爲，宵有得，息有養，瞬有存」，此語極好。君子「終日乾乾」，不可食息閒，亦不

必終日讀書，或靜坐存養，亦是天地之生物以四時運動，春生夏長，固是不息。及至秋冬凋落，亦只藏於其中，❶故明年復生。若使至秋冬已絕，則來春無緣復有生意。學者常喚令此心不死，則日有進。

德粹問：在四明守官，要顧義理。纔到利害重處，則顧忌，只是拚一去，如何？

先生曰：無他，只是志不立，却隨利害走了。可學。

問德粹：此心動時應物，不動時如何？曰：只是散漫。曰：便是錯了。自家一箇心却令成兩端，須是檢點他。可學。

人在官，固當理會官事。然做得官好，只是使人道是一好官人。須講學立大本，則有源流。若只要人道是好官人，今日做得一件，明日又做一件，却窮了。德粹云：初到明州，問為學於沈叔晦，叔晦曰：「若要讀書，且於婺源山中坐。既在四明，且理

會官事。」先生曰：縣尉既做了四年，滕德粹元不曾理會。可學。

誨力行云：若有人云孔、孟天資不可及，便知此人自暴自棄，萬劫千生無緣見道，所謂「九萬里則風斯下」。以下訓力行。

講學切忌研究一事未得，又且放過，別求一事。如此，則有甚了期？須是逐件打結，久久通貫。力行讀先生「格物」之說，見李先生所以教先生有此意。

力行連日荷教，府判張丈退謂力行曰：❷「士佺到此餘五十日，備見先生接待學者多矣，不過誘之，掖之，未見如待吾友著氣用力，痛下鉗鎚如此。以九分欲打煉成器，不得不知此意。」

❶「只」下，萬曆本有「是」字。
❷「丈」，萬曆本作「文」。

問：事有最難底，奈何？曰：亦有數等，或是外面阻遏做不得，或是裏面紛亂處不去，亦有一種紛挐時，及纖豪委曲微細處、難處，全只在人自去理會。大概只是要見得道理分明，逐事上自有一箇道理。《易》曰：「探賾索隱。」賾處不是奧，是紛亂時，隱是隱奧也。全在探索上。紛亂是他自紛亂，我若有一定之見，安能紛亂得我？大凡一等事固不可避，避事不是工夫。又有一等人情底事，得遣退時且遣退，無時是了，不要摟攬。凡可以省得底事，省亦不妨，應接亦只是不奈何。有合當住不得底事，此却要思量處置，裏面都自有箇理。或謂：人心紛擾時難把捉。曰：真箇是難把持，不能得久，又被事物及閑思慮引將去。《孟子》「牛山之木」一章，最要看「操之則存，舍之則亡」。或又謂：把持不能久，勝

物欲不去。曰：這箇不干別人事，雖是難，亦是自着力把持，常惺惺，不要放倒覺得物欲來，便着緊不要隨他去。這箇須是自家理會。若說把持不得，勝他不去，是自壞了，更說甚「爲仁由己，而由人乎哉」！又因問：憂患恐懼，四字似一般。曰：不同。恐懼，是目下逼來得緊底，使人恐懼失措；憂患，是思慮預防那將來有大禍福利害底事。此不同。又問：忿懥好樂，乃在我之事，可以勉强不做；如憂患恐懼，乃是外面來底，不由自家。曰：都不得。便是外面來底，須是自家有箇道理處置得下。恐懼憂患，只是徒然。事來亦合當思慮不妨，但只管累其本心，也不濟得事。孔子畏匡人，文王囚羑里，死生在前了，聖人元不動心，處之恬然。只看此，便是要見得道理分明，

自然無此患。所以聖人教人致知、格物、考究一箇道理。自此以上，誠意、正心皆相連上去也。以下訓明作。

凡日用工夫，須是自做喫緊把捉。見得不是處，便不要做，勿徇他去。所說事有善者可從，又有不善者間之，依舊從不善處去。所思量事忽為別思量勾引將去，皆是自家不曾把捉得住，不干別人事。須是自把持，不被他引去方是。顏子問仁，孔子答許多話，其末却云：「為仁由己，而由人乎哉！」看來不消此二句亦得，然許多話不肯做。正如人說飲食過度傷生，此固衆所共知，然不是真知。偶一日飲食過度爲害，則明日決不分外飲食，此真知其傷，遂不復再爲也。把捉之說固是自用着力，然自己着力做，又如何得？明知不善又不肯做，看來只是知得不親切。若真箇知得，定不似初間難，亦可類推也。又如人要知得此看得三五項了，自然便熟。向後看時，更不艱辛，可以觸類而長。正如入仕之初看公案，初看時自是未相諳，較難理會。須着些心力，如法考究。不過一二番稍難，向後也只是以此理推去，更不艱辛，可以觸類而長。但始初須大段着力窮究理會，教道理通徹。六經亦當讀，史書又不可不讀，講究得多，便自然熟。且約而言之：《論》《孟》固當讀，便今日看得一二段，來日看得三五段，殊未有緊要。須是磨以歲月，❶ 讀得多，自然有用處。

又以枯槁無滋味，卒急不易着力。須平日多讀書，講明道理，以涵養灌培，使此心常與理相入，久後自熟，方見得力處。且如讀書，便今日看得一二段，來日看得三五段，且如讀

❶「須」，原作「堆」，今據朝鮮本、萬曆本改。

手上,便知是若干斤兩,更不用秤。此無說「風之積也不厚,則其負大翼也無力」,須他,只是熟。今日也拈弄,明日也拈弄,久是理會得多,方始襯簟得起。且如「籩豆之久自熟也。如百工技藝做得精者,亦是熟事,各有司存」,非是說籩豆之事置之度外,後便精。孟子曰:「夫仁,亦在乎熟之而不用理會。「動容貌」三句亦只是三句,是已。」所以貴乎熟者,只是要得此心與義理自家緊要合做底,籩豆是付與有司做底,其相親。苟義理與自家相近,則非理之事自事為輕。而今只理會三句,籩豆之事都不然相遠。思慮多走作,亦只是不熟,熟後自理會,萬一被有司喚簟做豆,若不曾曉得,無。又如說做事偶合于理則心安,或差時便被他瞞。又如田子方說「君明樂官,不明則餒,此固是可見得本然之理,所以差時便樂音」,他說得不是。若不明得音,如何明覺不安。然又有做得不是時,❶不知覺悟。得官?次第被他易宮為商也得?所以須是常惺惺省察,不要放過。據某看,學問《中庸》先說箇「博學之」,孟子曰「博學而詳之道只是眼前日用底便是,初無深遠玄妙。說之」。且看孔子雖曰生知,是事去問人,大凡學問,不可只理會一端。聖賢千若問禮,問喪於老聃之類甚多。只如官名言萬語,看得雖似紛擾,然却都是這一箇道不曉得,莫也無害,聖人亦汲汲去問郯子。理。而今只就緊要處做固好,然別箇也須蓋是我不識底,須是去問人始得。因說南一一理會,湊得這一箇道理都一般,方得。天下事硬就一箇做,終是做不成。如莊子

❶ 「時」,朝鮮本、萬曆本作「處」。

軒《洙泗言仁》編得亦未是，聖人說仁處固是仁，然不說處不成非仁？天下只有箇道理，聖人說許多說話，都要理會，豈可只去理會說仁處，不說仁處便掉了不管？子思做《中庸》，大段周密不易，他思量如是。「德性」五句，須是許多句方該得盡，然第一句為主。「致廣大」、「極高明」、「温故」、「敦厚」，此上一截是「尊德性」事；如「道中庸」、「盡精微」、「知新」、「崇禮」，此下一截是「道問學」事，都要得纖悉具備，無細不盡，如何只理會一件？或問知新之理。曰：新是故中之事，故是舊時底，温起來以「尊德性」，然後就裏面討得新意，乃為「道問學」。

一日因論讀《大學》，答以每為念慮攪擾，頗妨工夫。曰：只是不敬。敬是常惺惺底法，以敬為主，則百事皆從此做去。今

人都不理會我底，自不知心所在，都要理會他事，又要齊家、治國、平天下。心者，身之主也。撐船須用篙，喫飯須使匙。❶不理會心，是不用篙、不使匙之謂也。攝心只是敬，才敬，看做甚麼事，登山亦只這箇心，入水亦只這箇心。訓懇。

與立同問：常若志氣怯弱，❷恐懼太過，心下常若有事，少悦豫底意思，不知此病痛是如何？曰：試思自家是有事，是無事？曰：本無事，自覺得如此。曰：若是無事，便是無事，又恐懼箇甚？只是見理不徹後如此。若見得理徹，自然心下無事，然此亦是心病。因舉《遺書》捉虎及滿室置尖物事。又曰：且如今人害净潔病，那裏

---

❶ 「使」，萬曆本作「用」。
❷ 「若」，萬曆本作「苦」。

有净潔病？只是疑病，疑後便如此。不知在君父之前，還如此得否？燾又因論氣質各有病痛不同。曰：纔明理後，氣質自然變化，病痛都自不見了。以下訓與立、燾。

先生誨與立等曰：爲學之道無他，只是要理會得目前許多道理。世間事無大無小，皆有道理。如《中庸》所謂「率性之謂道」，也只是這箇道理；「道不可須臾離」，也只是這箇道理。見得是自家合當做底，便做將去；不當做底，斷不可做。只是如此。又曰：爲學無許多事，只是要持守身心，研究道理，分別得是非善惡，直是「如好好色，如惡惡臭」。到這裏方是踏着實地，自住不得。又曰：經書中所言只是這一箇道理，都重三疊四說在裏，只是許多頭面出來。如《語》、《孟》所載，也只是這許多話。一箇聖賢出來說一番了，一箇聖賢又出來

從頭說一番。如《書》中堯之所說也只是這箇，舜之所說也只是這箇，以至於禹、湯、文、武所說也只是這箇。又如《詩》中周公所贊頌文、武之盛德亦只是這箇，紂之所以危亡，亦只是反了這箇道理。惟其撰不使別撰得出來，古人須自撰，所以只共這箇道理。又曰：讀書須是件件讀，理會了一件，方可換一件。這一件理會得通徹是當了，則終身更不用再理會，後來只須把出來溫尋涵泳便了。若不與逐件理會，則雖讀到老，依舊是生底，又卻如不曾讀一般，濟甚事？如喫飯，不成一日都要喫得盡，須與分做三頓喫，只恁地頓頓喫去，知一生喫了多少飯。讀書亦如此。燾因說：學者先立心志爲難。曰：也無許多事，只是一箇敬。徹上徹下，只是這箇道理。到得剛健，便自然勝得許多物欲之私。

溫公謂：「人以爲如制悍馬，如幹盤石之難也。靜而思之，在我而已。」

覿問：「如轉戶樞，何難之有！」

覿問：「『思無邪』，固要得如此，不知如何能得如此？」曰：「但邪者自莫思便了。」

又問：「且如持敬，豈不欲純一於敬？然自有不敬之念，固欲與己相反，愈制則愈甚。或謂只自持敬，雖念慮妄發，莫管他，久將自定，還如此得否？」曰：「要之，邪正本不對立，但恐自家胸中無箇主。若有主，邪自不能入。」又問：「不敬之念非出於本心，如忿慾之萌，學者固當自克，雖聖賢亦無如之何。至於思慮妄發，欲制之而不能。」曰：「才覺恁地，自家便挈起了，但莫先去防他。然此只是自家見理不透，做主不定，所以如此。《大學》曰：『物格而後知至，知至而後意誠。』才意誠，則自然無此病。

拜先生訖，坐定，先生云：「文振近看得

文字較細，須用常提掇起得惺惺，不要昏晦。若昏晦，則不敬莫大焉。才昏晦時，少間一事來，一齊被私意牽將去，做主不得。須用認取那箇是身，那箇是心，卓然在目前，便做得身主。少間事物來，逐一區處得當。」以下訓南升。

又云：「看文字須以鄭文振爲法，理會得便說出，待某看甚處未是，理會未得，便問。」又云：「渠今退去，心中却無疑也。」

先生曰：「文振近來看得容易了。南升曰：「不敢容易看。但見先生《集注》字字着實，故易得分明。」先生曰：「潘兄、鄭兄要看文字，可明日且同文振從後段看起。將來却補前面。廖兄亦可從此看起。」謂潘立之、鄭神童、廖晉卿也。

朋友多是方理會得文字好，又歸去。似指植言。又云：「鄭文振能平心看文字，看得平正周匝，只無甚精神。如立之，則有才，意誠，則自然無此病。

說得到處。如文振，無甚卓然到處，亦無甚不到處。植。

先生問倪：「已前做甚工夫？」曰：「只是理會舉業。」曰：「須有功夫。」曰：「只是習《春秋》。」又問：「更做甚工夫？」曰：「曾涉獵看先生《語孟精義》。」曰：「近來作《春秋》義，穿鑿殊甚。如紹興以前，只是諱言攘夷復讎事，專要說和戎，却不至如此穿鑿。某那時亦自說《春秋》不可做，而今穿鑿尤甚。」倪曰：「緣是主司出題目，多是將不相屬處出，致舉子不得不如此。」曰：「却是引得他如此。」又曰：「向來沈司業曾有申請，令主司不得斷章出題，後來少變。」曰：「向在南康日，教官出題不是，也不免將他申請下郡學，令不得如此。近來省試，如《書》題，依前如此。」又曰：「看來不要作《春秋》義，可別治甚經。」訓倪。○時舉云：「問游和之：『曾看甚文字？』曰：『某以《春秋》應舉，粗用力於此經，但不免有科第之心。』❶故不知理義之要。」曰：「《春秋》難治，經義中只出經義，故出經義，往往都非經旨。某見紹興初治《春秋》者，經義中只避數項說話，如復讎討賊之類而已。如今却不然，往往所避者多，更不復依傍《春秋》經意說，只自做一種說話，知他是說甚麼？大凡科舉之事，士子固未能免，然只要識得輕重。若放那一頭重，這一頭輕，是不足道。然兩頭輕重一般，也只不得，便一心在這裏，於本身易得悠悠。須是教令這頭重，那頭輕，方好。孟子云：『今之人，脩其天爵，以要人爵。』凡要人爵者，固是也理會天爵。然以要人爵而爲之，則所脩者皆非切己之學。」

問：「倪未識下手工夫。」曰：「舉業與這箇道理，一似箇藏子。做舉業，只見那一邊，若將此心推轉看這一邊，極易。孟子云：『古人脩其天爵，而人爵從之；今人脩其天爵，以要人爵。』又將起扇子云：『公只是將那頭放重，這頭放輕了，便得。若兩頭

❶ 「但」，萬曆本作「似」。

平，也不得。

倪求下手功夫。曰：只是要收斂此心，莫要走作，走作便是不敬，須要持敬。堯是古今第一箇人，《書》說堯，劈頭便云「欽明文思」，欽便是敬。問：敬如何持？曰：只是要莫走作。若看見外面風吹草動，去看覷他，那得許多心去應他？便也是不收斂。問：莫是「主一之謂敬」？曰：主一是敬表德，只是要收斂。處宗廟只是敬，處朝廷只是嚴，處閨門只是和，便是持敬。○時舉聞同，見後。

倪曰：自幼既失小學之序，願授《大學》。曰：授《大學》甚好，也須把《小學》書看，只消旬日功夫。

諸公固皆有志於學，然持敬工夫大段欠在。若不知此，何以爲進學之本？程先生云：「涵養須用敬，進學則在致知。」此最

切要。和之問：不知敬如何持？曰：只是要收斂此心，莫令走失便是。❶今人精神自不曾定，讀書安得精專！凡看山看水，風驚草動，此心便自走失，視聽便自眩惑。此何以爲學？諸公切宜勉此。時舉。以下訓至。

書云：千萬更加勉力，就日用實事上提撕，勿令昏縱爲佳。

至自謂：從來於喜怒哀樂之發，雖未敢自謂中節，自覺亦無甚過差。曰：若不窮理，則喜怒哀樂之發，便有過差處也不覺，所以貴於窮理。

書云：日用之間，常切操存。讀書窮理，亦勿廢惰，久久當自覺有得力處。

又書云：要須反己深自體察，有箇火

❶「便」，原作「而」，今據朝鮮本、萬曆本改。

急痛切處，方是入得門戶。若只如此悠悠，定是閒過日月。向後無得力處，莫相怪也。○三書《文集》未載。

楊子順、楊至之、趙唐卿辭歸請教，先生曰：學不是讀書，然不讀書，又不知所以為學之道。聖賢教人，只是要誠意、正心、脩身、齊家、治國、平天下。所謂學者，學此而已。若不讀書，便不知如何而能脩身，如何而能齊家、治國。聖賢之書說脩身處便如此，說齊家、治國處便如此，節節在那上，自家都要去理會，一一排定在這裏。來，便應將去。淳。

楊問：某多被思慮紛擾，思這事，又慮做那一事去。雖知得了，自是難止。曰：既知不是，便當絕斷，更何必問？寓。至之少精深，蜚卿少寬心，二病正相反。道夫。

植再舉曾子「忠恕一貫」及子貢「聞一知二」章。曰：大概也是如此，更須依曾子逐事經歷做過，方知其味。先生繼問或人：理會得所舉忠恕否？陳因問《集注》中舉程子第一段，先生曰：明道說此一段甚好，非程子不能道得到。自「忠恕一以貫之」以後說忠恕，至「達道也」住，乃說「一以貫之」之忠恕。其曰「此與違道不遠異者，動以天爾」，何也？曰：聖人不消言恕，故《集注》中云，借學者之事而言。以下訓植。

植舉「仁者，愛之理，心之德」，紬繹說過。曰：大概是如此，而今只是做仁工夫。

又問：如此，則有學者之忠恕？曰：聖人不消言恕，故《集注》中云，借學者之事而言。

又問：「推己及物，❶違道不遠」，則動以人爾。如「動以天爾」，何也？蓋此數句乃動以天爾。

❶「物」，萬曆本作「人」。

植因問：顏子「博文約禮」，是循環工夫否？曰：不必說循環。如左脚行得一步了，❶右脚方行得一步；右脚既行得一步，左脚又行得一步。此頭得力，那頭又長；那頭既得力，此頭又長，所以欲罷而不能。所謂「欲罷不能」者，是它先見得透徹，所以復乎天理，欲罷不能。如顏子教他復天理，他便不能自已；教他徇人欲，便沒舉止了。蓋惟是見得通透，方無間斷。不然，安得不間斷？

過見先生，越數日，問曰：思得爲學之要，只在主敬以存心，格物以觀當然之理。曰：主敬以存心，却是。下句當云「格物以明此心」。以下訓過。

先生教過爲學不可鹵淺，因以橘子譬云：皮內有肉，肉內有子，子內有仁。又云：譬如掃地，不可只掃面前，如椅子之下

及角頭背處亦須掃着。

先生語過以爲學須要專一用功，不可雜亂，因舉異教數語云：用志不分，乃凝於神。置之一處，無事不辦。

謂林正卿曰：理會這箇且理會這箇，莫引證見，相將都理會不得。理會「剛而塞」，且理會這一箇「剛」字，莫要理會「沉潛剛克」，各自不同。節。○訓學蒙。

問思慮紛擾。曰：公不思慮時，不識箇心是何物。須是思慮時，知道這心如此紛擾，漸漸見得，却有下工夫處。以下訓賜。

問：存心多被物欲奪了。曰：不須如此說，且自體認自家心是甚物。曾識得箇心，而今都說未得。纔識得，不須操而自存。如水火相濟，自不相離。聖賢

❶「了」，原作「子」，今據朝鮮本、萬曆本改。

說得極分明，夫子說了，孟子恐後世不識，又說向裏。後之學者依舊不把做事，更說甚閑話。《孟子》四端處，儘有可玩索。

問：每日暇時，略靜坐以養心，但覺意自是活底物事，要靜，越不靜。曰：程子謂：「心不可胡亂思。」纔着箇要靜底意思，便是添了多少思慮。且不要恁地拘迫他，須自有寧息時。又曰：要靜，便是先獲，便是助長，便是正。以下訓胡泳。

問：程子教人，每於己分上提撕，然後有以見流行之妙。正如先生昨日答語中謂「理會得其性情之德，體用分別，各是何面目」一段一般。曰：是如此。問：人之手動足履，須還是都覺得始得。看來不是處，都是心不在後，挫過了。曰：須是見得他合當是恁地。問：「立則見其參於前，在輿則

見其倚於衡」，只是熟後自然見得否？曰：也只是隨處見得那忠信篤敬是合當如此。又問：舊見《敬齋箴》中云「擇地而蹈，折旋蟻封」，遂欲如行步時，要步步覺得他移動。要之，無此道理，只是常常提撕。曰：這箇病痛須一一識得，方得。且如事父母，方在那奉養時，又自著注腳解說道，這箇是孝；如事兄長，方在那順承時，又自著注腳解說道，這箇是弟，便是兩箇了。

問：只是如事父母，當勞苦有倦心之際，却須自省覺說這箇是當然。曰：是如此。

伯量問：南軒所謂「敬者通貫動靜內外而言」，泳嘗驗之，反見得靜時工夫多，動時工夫少，少間隨事逐物去了。曰：隨事逐物，也莫管他。有事來時，須著應他，只得隨他去。只是事過了，自家依舊來這裏坐，所謂「動亦敬，靜亦敬」也。又問：但

恐靜時工夫少,動時易得撓亂耳。曰:如何去討靜得?有事時須著應。且如早起來,有許多事,不成說事多,撓亂人,我且去靜坐。不是如此。無事時固是敬,有事時敬便在事上。且如早間人客來相見,自家須著接它。接它時,敬便在交接處。少間又有人客來,自家又用接他。若自朝至暮,人客來不已,自家須盡著接它,不成不接他,無此理。接他時,敬便隨著在這裏。人客去後,敬亦是如此。若厭人客多了心煩,此却是自撓亂其心,非所謂敬也。所以程子說:「學問到專一時方好。」蓋專一,則有事無事皆是如此。程子答或人之問,說一大片,末梢只有這一句是緊要處。又曰:不可有厭煩好靜之心。人在世上,無事底時節。要無事時,除是死也。隨事來,便著應他。有事無事,自家之敬元未嘗間斷也。若事至面前,而自家却自主靜,頑然不應,便是心死矣。個。

壽昌問:鳶飛魚躍,何故仁便在其中?先生良久微笑曰:公好說禪,這箇亦略似禪,試將禪來說看。壽昌對:不敢。曰:莫是「雲在青天水在瓶」麼?壽昌又不敢對。曰:何不道我今正是渠,我今正是我,我且不是渠。曰:不妨試說看。曰:須將《中庸》其餘處一一理會,令教子細。到這箇田地時,只恁地輕略拈掇過,便自然理會得,更無所疑,亦不著問人。訓壽昌。

先生顧壽昌曰:子好說禪,禪則未必是。然其所趣向,猶以為此是透脫生死底等事。其見識猶高於世俗之人,紛紛然抱頭聚議,不知是照證箇甚底事。

先生曰:子所謂「賢者過之也」,夫過

猶不及，然其玩心於高明，猶賢於一等輩。

因問：子遊廬山，嘗聞人說一周宣幹否？壽昌對以聞之，今見有一子頤字龜父者在。先生曰：周宣幹有一言極好：「朝廷若要恢復中原，須要罷三十年科舉始得。」

先生問壽昌：近日教浩讀甚書？壽昌對以方伯謨教他午前即理《論語》，仍聽講，曉此義理，午後即念此蘇文之類，庶學作時文。先生笑曰：早間一服术附湯，午後又一服清涼散。復正色云：只教讀《詩》、《書》便好。

先生問壽昌：子好說禪，何不試說一上？壽昌曰：明眼人難謾。先生曰：我則異於是，越明眼底，越當面熱謾他。

先生問壽昌：子見疏山，有何所得？對曰：那箇且拈歸一壁。曰：是會了拈歸一壁？是不會了拈歸一壁？壽昌欲對

云「總在裏許」，然當時不曾敢應，會先生為壽昌題手中扇云：「長憶江南三月裏，鷓鴣啼處百花香。」執筆視壽昌曰：會麼？會也不會？壽昌對曰：總在裏許。

先生奉天子命，就國于潭，道過臨江。長孺自吉水山間越境迎見。某四拜，先生受半答半。跪進剳子，略云：竊觀聖賢之間，惟兩答問最親切極至。子路、曾皙、冉有、公西華侍坐，子曰：「居則曰：不吾知也。如或知爾，則何以哉？」子路以使勇對，冉有以足民對，子華以小相對。三子者，夫子皆未之領許也。❶獨曾點下一轉語：「異乎三子者之撰。莫春者，春服既成，冠者五六人，童子六七人，浴乎沂，風乎舞雩，詠而歸。」夫子喟然歎曰：「吾與點

❶ 「之」，萬曆本作「所」。

也。」此是一問答。子貢問：「有一言而可以終身行之者乎？」子曰：「其恕乎。」此是一問答。是故善答莫如點，善問者莫如賜。長孺懵不知道，先生若曰：如或知爾，則何以哉？長孺未有以對也。先生若曰：有一言而可以終身行之者乎？先生推先聖之心，慰學者之望，不孤請問於先生曰：有一言而可以終身行之者乎？先生推先聖之心，慰學者之望，不孤長孺所以委身受教之誠，賜金聲玉振之音。先生閔劉子，笑曰：恁地却不得。夫子：「有一言而可以終身行之者乎？」子貢曰：「其恕乎。」此只是就子貢身上與他一箇「恕」字。若其他學者要學聖人，煞有事件，如何將一箇字包括得盡。問曰：先生云「一箇字包不盡」，極是。但大道茫茫，何處下手？須有一箇切要可以用功夫處。先生乃舉《中庸》「大哉聖人之道」至「敦厚以崇禮」一章，誦訖，遂言曰：「尊德性，道

問學；致廣大，盡精微；極高明，道中庸；溫故，知新；敦厚，崇禮」，只從此下功夫理會。曰：何者是問學？何者是德性？曰：不過是「居處恭，執事敬」、「言忠信，行篤敬」之類，都是德性。至於問學，却煞闊，條項甚多。事事物物皆是問學，無窮無盡。曰：德性却如何？問學却如何道？曰：將這德性做一件重事，莫輕忽他，只此是尊。時先生手中持一扇，因舉扇而言：且如這一柄扇，自家不會做，去問人扇如何做。人教之以如何做，如何做，既聽得了，須是去做這扇便得，如此方是道問學。若只問得去，却掉下不去做，如此便不是道問學。曰：如先生之言，「道」字莫只是訓「行」否？先生領之而曰：自「尊德性」而下，雖是五句，却是一句總四句；雖是十件，却兩件統八件。「如何是一句總四

句?」曰：「『尊德性，道問學』這一句爲主，都總得『致廣大，盡精微，極高明，道中庸；溫故，知新，敦厚，崇禮』四句。問：如何是兩件統八件？不知分別那箇四件屬『尊德性』，那箇四件屬『道問學』？曰：「『致廣大』、『盡精微』、『極高明』、『道中庸』這四件屬『尊德性』，『溫故』、『知新』、『敦厚』、『崇禮』這四件屬『道問學』」。按：《章句》：「尊德性，所以存心。」致廣大、極高明、溫故、敦厚皆存心之屬也。盡精微、道中庸、知新、崇禮，皆致知之屬也。此錄蓋誤。

問：如何『盡精微』？曰：「自家須要做聖賢事業，到聖賢地位，這是『致廣大』。然須是從洒掃、應對、進退間色色留意，方得，這是『盡精微』」。問：如何『極高明』？如何『道中庸』？曰：「此身與天地並，這是『極高明』。若只説却不踏實地，無漸進處，亦只是胡

庸」？曰：「此身與天地並，這是『極高明』。若只説却不踏實地，無漸進處，亦只是胡說。也須是自家周旋委曲於規矩準繩之中，到俯仰無愧怍處始得，這是『道中庸』」。問：如何『溫故』？如何『知新』？曰：「譬如讀《論語》，今日讀這一段，明日再讀這一段，所得不同，這便是『溫故知新』。

問：如何『敦厚』？如何『崇禮』？曰：「若所讀同，而所得不同，所得又如此；兩日之間只是恁地敦厚，却塊然無用也。須是見之運量酬酢，施爲注措之間，發揮出來始得。長孺謝云：教誨親切明白，後學便可下工夫。先生又諷誦『大哉聖人之道。洋洋乎發育萬物，峻極于天。優優大哉，禮儀三百，威儀三千，待其人然後行。故曰苟不至德，至道不凝焉』等數語而贊之曰：這全在人。且如『發育萬物，峻極于天。禮儀三百，威儀三千』，甚次第大事，只是一箇人做了。然而下面又特地拈出，謂『苟不至德，

至道不凝焉」，結這兩句，最為要切。須先了得「禮儀三百，威儀三千」，然後到得「發育萬物，峻極于天」去處。這一箇「凝」字最緊，若不能凝，則更沒些子屬自家，須是凝時方得。所謂「至德」，便是「禮儀三百，威儀三千」；所謂「至道」，便是「發育萬物，峻極于天」。切須著力理會。按：《章句》「至德」指其人，「至道」指「發育萬物，峻極于天」與「禮儀三千」兩節，此錄亦誤。

長孺請曰：愚陋恐不能盡記先生之言，不知先生可以書為一說，如何？先生笑曰：某不立文字，尋常只是講論，適來所說盡之矣。若吾友得之於心，推而行之，一向用工，儘有無限，何消某甚麼物事？吾友只在紙上尋討，又濟甚事？長孺謝曰：敢不自此探討力行。曰：且着力勉之，勉之！長孺起，先生留飯，置酒三行，燕語久之。飯罷辭去，退而記之。訓長孺。

因言異端之學，曰：嘗見先生答「死而不亡」說，其間數句「大率禪學只是於自己精神魂魄上認取一箇有知覺之物，把持玩弄，至死不肯放捨」，可謂直截分曉。曰：只是務要痛快說話，只此便是病處。初在臨江，見來劄，固已疑其有此，今見果然。

問：平日自己不知病痛，今日得蒙點破，卻望指教如何醫治。曰：大凡自家見得都是，也且做一半是，留取一半且做未是。萬一果是，終久不會變著；萬一未是，便就上面扭捏。如《孟子》中「養氣」一段，自然貫通。不可才有所見，便就上面扭捏。

問：「養氣」一段不知要緊在甚處？曰：從頭至尾都要緊。因指靜香堂言：今人說

屋，只說棟梁要緊，不成其他椽桷事事都不要？以下訓琮。

問：程子之言有傳遠之誤者，願先生一與理會過。曰：今之所言，與程子異者亦多矣。曰：節目小者不必論。且如《金縢》一說，程子謂此但是周公發於誠心，不問有此理無此理。豈有無此理而聖人乃爲之者？此等語行，恐誤。曰：然則有此理乎？曰：詳考《金縢》首尾，周公初不曾代武王死。曰：「以旦代某之身」却是如何？曰：武王有疾，周公恐是三后在天有所譴責，故以身行事而請命焉耳。先生舉「予仁若考」以下至「無墜天之降寶命」曰：此一段却如何解？曰：如古注之說，恐待周公太薄。曰：今却要如何說？曰：切詳周公之意，蓋謂盡其材藝於鬼神之事者，己所能也。己所能，則

己所當任其責，非武王之責也。受命帝庭而敷佑四方，定爾子孫而使民祗畏，是則武王之所能。若今三后以鬼神之事責武王，是「墜天之降寶命」也。曰：只務說得響快。前聖後賢都是恁地解說將來，如何一旦要改換他底？此非學者之先務。須於自家身己上理會，方是實學問。格物之學，須是窮見實理。今若於聖人分上不能實見，何以學聖人？曰：自己一箇身心元不理會，却只管去議論別人不是，枉了工夫。曰：平日讀至此有疑，願求是正。曰：只緣自己處應事接物處，與未應接時，且理會自家應事接物處，所以別人處議論多。曰：昨日先生與諸人答問心說，或謂存亡出入皆是神明之妙，或謂存亡底入底亦不是。先生之說云：「入而存者，道心也；出而亡者，人心也。」琮謂通四句只是說人

「操之則存，舍之則亡」，於是「出入無時，莫知其鄉」，言其所以危者如此。若是道心，則湛然常存，不惟無出，亦自無入；不惟不舍，雖操亦無所用。問：如此，恐「允執厥中」更無着力處。曰：是其效也。

或問：今日挑講，諸生所請何事？曰：萍鄉一士人問性無復，其說雖未是，其意却可進。因言：「克己復禮」，今人全不曾子細理會。琮問：《克己銘》一篇，如顏子「不遠復」，「有不善未嘗不知，知之未嘗復行」，安用張皇如此？曰：又只是議論別人。又曰：此「己」字未與物為對，只己意發處便自克了。問：是「克家」之「克」，非「克敵」之「克」也。曰：林三山亦有此說。大凡孔門為仁，言雖不同，用工處都一般。又問：如子貢問為仁，子曰：「工欲善其事，必先利其器。居是邦也，事其大夫

心，「操之則存，舍之則亡」於是「出入無時，莫知其鄉」，言其所以危者如此。若是道心，則湛然常存，不惟無出，亦自無入；不惟不舍，雖操亦無所用。曰：且道如何是人心，如何是道心？曰：心，一也。方寸之間，人欲交雜，則謂之人心，純然天理，則謂之道心，桀、紂不能無道心，堯、舜不能無人心。蓋人心不全是人欲，若全是人欲，則直是喪亂，豈止危而已哉？只飢食渴飲、目視耳聽之類是也，其端甚微故危。道心，即惻隱羞惡之心，其端甚微故也。問：「惟精惟一」，不知學者工夫多在「精」字上，或多在「一」字上？曰：「惟精」「惟一」是一樣說話。曰：琮意工夫合多在「精」字上。曰：如何見得？曰：譬如射，藝精則一，不精則二、三。曰：須從克己中來。若己私未克，則被粗

賢者，友其士之仁者。」不知此言是築底處？或尚有進步處？曰：「如何？」曰：「事賢友仁，方是利其器處。」曰：「亦是如此。聖賢言語，只管將來玩弄，何益於己？」曰：「舊學生以論題商議，非敢推尋立論。」曰：「不問如此，只合下立脚不是，偏在語言上去，全無體察工夫，所以神氣飛揚。且如仲方主張『克己』之説只是治己，還曾如此自治否？仁之爲器重，爲道遠，舉莫能勝，行莫能至。果若以此自任，是大小大事！形神自是肅然，『無有師保，如臨父母』。曾子所謂『戰戰兢兢，如臨深淵，如履薄冰』。仲方此去，須如此氣象，何暇輕於立論？覺識見只管遲鈍，語言只管畏縮，方是自家進處。」琮起謝云：「先生教誨之言，可謂深中膏肓，如負芒刺。自惟病根生於『思而不學』，於是不養之氣襲而乘之，『徵於色，發於聲』，而不自知也。」孟子曰：「持其志，毋暴其氣。」琮雖不敏，請事斯語矣。曰：「此意固然。志不立，後如何持得？」曰：「更願指教。」曰：「『大學之道，在明明德，在新民』，是立志處。」

朱子語類卷第一百一十九 計十三板

朱子十六

訓門人七 以下訓方。

欲速之患終是，有如一念慮間便出來，如看書欲都了之意是也。方行屋柱邊，轉擦下柱上黑。見云：若「周旋中規，折旋中矩」，不到得如此。大率多戒方欲速也。

方云：此去當自持重以矯輕。先生曰：舊亦嘗戒，擇之以安重。

方云：此去欲看《論語》，如何？曰：經皆好看，但有次第耳。前此嘗令方熟看《禮記》。臨行請教。曰：累日所講，無非此道，但當勉之。又曰：持守可以自勉，惟窮理須講論，此尤當勉。又曰：經書正須要讀。如史書要見事變之血脉，不可不熟。又曰：持敬工夫，愈密愈精。因曰：自浮沉了二十年，只是說取去，今乃知當涵養。

包顯道言：楊子直論《孟子》「四端」，也說得未是。先生笑曰：他舊曾去晁以道家作館，晁教他校正《闢孟子說》，被以道之說入心後，❶因此與孟子不足。後來所以抵死要與他做頭抵，這亦是拗。人才拗，便都不見正底道理。諸葛誠之嘗言：孟子說「性善」說得來緩，不如說惡底較好。那說惡底，便使得人戒謹恐懼後方去爲善。不

❶「入」，原作「人」，今據萬曆本改。

知是怎生見得偏後，恁地嶢嵲。❶嘗見他執得一部呂不韋《呂覽》，說道裏面煞有道理，不知他見得是如何。晁以道在經筵講《論語》畢，合當解《孟子》，他說要莫講。高宗問他如何？曰：「孟子與孔子之道不同，孔子尊王，孟子却教諸侯行王道。」由此論去國。他當時也是博學，負重名，但是而今將他幾箇劄子來看，都不可曉，不知是如何。李覯也要罵孟子，不知只管要與孟子做頭抵做甚？你且揀箇小底來罵，也得。 義剛。

包顯道領生徒十四人來，四日皆無課程。先生令義剛問顯道所以來故。於是次日皆依精舍規矩說《論語》。一生說「時習」章。先生曰：只是熟，故說。到說時，自不肯休。「而今人所以恁地作輟者，只是未熟。「以善及人，而信從者衆」，此說地步

闊。蓋此道理天下所公共，我獨曉之而人不曉得，也自悶。今「有朋自遠方來」，則從者衆，故可樂。這箇自是地位大段高了。「人不知而不慍」，也是難。慍，不是大段怒，但心裏略有不平底意便是慍。此非得之深、養之厚，何以至此？一生說「務本」章。先生曰：「君子務本，本立而道生」，這是掉開說。凡事若是務本時，道便自然生。此若拈定孝弟說，下面自不要這兩句了。又曰：愛是仁之發，謂愛是仁却不得。論性，則仁是孝弟之本。惟其有這仁，所以能孝弟。仁是根，孝弟是發出來底；仁是性，孝弟是用；仁是體，孝弟是仁裏面事。某嘗謂孟子論「四端」處說得最詳盡，裏面事

❶ 「嶢嵲」，萬曆本作「蹺蹊」。
❷ 「都」，萬曆本作「却」。

事有，心、性、情都説盡。心是包得這兩箇物事。性是心之體，情是心之用。性是根，情是那芽子。惻隱、羞惡、辭遜、是非皆是情。惻隱是仁之發，謂惻隱是仁，却不得。所以説道是仁之端也。端，便是那端緒子。讀書須是子細，「思之弗得，弗措也；辨之弗明，弗措也」，如此方是。今江西人皆是要偷然自在，❶才讀書，便要求箇樂處，這便不是了。某説若是讀書尋到那苦澁處，方解有醒悟。康節從李挺之學數，而曰：「但舉其端，勿盡其言，容某思之。」它是怕人説盡了，這便是有志底人。因言：聖人漉得那天理似泥樣熟。只看那一部《周禮》，無非是天理，纖悉不遺。一生説「三省」章。先生曰：忠是發於心而形於外，信也是心裏發出來，但却是就事上説。而今人自謀時，思量得無不周盡；及為人謀，則只思量

得五六分便了，這便是不忠。「與朋友交」，非謂要安排處他為不信，只信口説出來，説得不合於理，便是不信。謀是主一事言，信是泛説。一生説「敬事而信」章。先生曰：大事小事皆要敬，聖人只是理會一箇「敬」字。若是敬時，方解信與愛人、節用、使民；若是不敬，則其他都做不得。《學而》一篇皆是就本領上説。如治國，禮樂刑政，尚有多少事，而夫子却只説此五項者，此蓋本領所在。一生説「入孝出弟」章。先生曰：夫子只是泛恁地説，説得較寬，子夏説得較力。他是説那誠處，「賢賢易色」，是誠於好善；「事父母能竭其力」，是誠於事親；「事君能致其身」，是誠於事君；「與朋友交，言而有信」，是誠於交朋友。這説得

❶「然」，四庫本作「閒」。

都重，所以恁地說。他是要其終而言。道理也是恁地，但不合說得大力些。義剛問：「『賢賢易色』，如何在先？」曰：「是有那好善之心底，方能如此。一生說『溫良恭儉』章。先生曰：夫子也不要求之於己而後得，也不只是有此五德。若說求之於己而後得，則聖人又無這般意思。這只是說聖人謹厚退讓，不自以為聖賢，人自然樂告之。」「夫子之求之也」，此是反語。言夫子不曾求，不似其它人求後方得，這是就問者之言以成語，如『吾聞以堯、舜之道要湯，未聞以割烹也』。伊尹不是以堯、舜之道去要湯是定，這只是表得不曾割烹耳。一生說「顏子不愚」章。先生曰：聖人便是一片赤骨立底天理。光明照耀，更無蔽障，顏子則是有一重皮了。但其他人則被這皮子包裹得厚，剝了一重又一重，不能得便見那裏面

物事。顏子則皮子甚薄，一剝便爆出來。夫子與他說，只是要與它剝這一重皮子。它緣是這皮子薄，所以一說便曉，更不要再三。如說與它「克己復禮」，它便曉得，但問其目是克己，如何是復禮，它更不問如何而已。以下訓揚。○義剛。

先生謂顯道曰：久不相見，不知年來做得甚工夫？曰：只據見成底書讀。夔孫錄云：包顯道侍坐，先生方脩書，語之曰：公輩逍遙快活，某便是被這事苦。包曰云云。先生曰：聖賢已說過，何待更去理會他？但是不恁地都不濟事。次日又言：昨夜睡不著，因思顯道恁地說不得。若是恁地，便不是「自強不息」底道理。人最是怕陷溺其心，而今顯道輩便是以清虛寂滅陷溺其心。劉子澄輩便是以務求博雜夔孫錄作「求多務溥」。陷溺其心。「周公思兼三王以施四事。其有不合

者，仰而思之，夜以繼日；幸而得之，坐以待旦。」聖賢之心直是如此。已而其生徒復說「孝弟爲仁之本」。先生曰：說得也都未是。因命林子武說一過。既畢，先生曰：仁是根，惻隱是根上發出底萌芽，親親、仁民、愛物，便是枝葉。次日，先生親下精舍大會學者。夔孫錄云：顯道請先生爲諸生説書。先生曰：荷顯道與諸兄遠來，某平日說底便是了，要特地說，又似無可說。而今與公鄉里平日說不同處，只是爭箇讀書與不讀書，講究義理與不講究義理。如某便謂是須當先知得，方始行得。如孟子所謂誠、淫、邪、遁之辭，何與自家事？而自家必欲知之，何故？若是不知其病痛所自來，少間自家便落在裏面去了。孔子曰：《詩》可以興，可以觀，可以群，可以怨。邇之事父，遠之事君，多識於鳥獸草木之名。」那上面六節，

固是當理會。若鳥獸草木之名，何用自家知之？但是既爲人，則於天地之間物理，須要都知得方可。若頭上鬢子，便十日不梳，後待如何？便一月不梳，待如何？但須是用梳，方得。張子曰：書所以維持此心，一時放下，則一時德性有懈。也是說得「維持」字好。蓋不讀書，則此心便無用處。今但見得些子，便更不肯去窮究那許多道理。陷溺其心於清虛曠蕩之地，却都不知，豈可如此？直卿與某相聚多年，平時看文字甚子細，數年在三山，也煞有益於朋友，今可爲某說一遍。直卿起辭。先生曰：不必多讓。顯道云：可以只將昨日所說「有子」章申之。於是直卿略言此章之指，復歷述聖賢相傳之心法。既畢，先生曰：仁便是本，仁更無本了。若説孝弟是仁之本，則是頭上安頭，以脚爲頭。伊川所以將「爲」

字屬「行」字讀，蓋孝弟是仁裏面發出來底。「性中只有箇仁、義、禮、智，何嘗有箇孝弟來？」它所以恁地說時，緣是這四者是本，發出來却有許多事，千條萬緒，皆只是從這四箇物事裏面發出來。如愛，便是仁之發，才發出這愛來時，便事事有：第一是愛親，其次愛兄弟，其次愛親戚，愛故舊，推而至於仁民，皆是從這物事發出來。人生只是箇陰陽，那陰中又自有箇陰陽，陽中又自有箇陰陽，物物皆不離這四箇。而今且看，如天地，便有箇四方；以一歲言之，便有箇四時；以一日言之，便有箇晝夜昏旦；以十二時言之，便是四箇三；若在人，則只是這仁、義、禮、智這四者。如這火爐有四箇角樣，更不曾折了一箇。方未發時，便只是仁、義、禮、智；及其既發，則便有許多事。但孝弟至親切，所以行仁以此爲本。如這

水流來下面，做幾箇塘子過。那上面便是水源頭，上面更無水了。仁便是本，行仁須是從孝弟裏面過，方始到那第二箇、第三箇塘子。但據某看，孝弟不特是行仁之本，那三者皆然。如親親、長長，須知親親當如何，長長當如何。「年長以倍，則父事之；十年以長，則兄事之；五年以長，則肩隨之」，這便是長長之道。事君時是一般，與上大夫言是一般，與下大夫言是一般，這便是貴貴之道。如此便是義。事親有事親之禮，事兄有事兄之禮。如今若見父不揖後，謂之孝弟，可不可？便是行禮也由此過。孟子說：「孩提之童，無不知愛其親；及其長也，無不知敬其兄。」若是知得親之當愛，兄之當敬，而不違其事之道，這便是智。只是這一箇物事，推於愛，則爲仁；宜之，則爲義；行之以遜，

則爲禮；知之，則爲智。良久，顯道云：江西之學，大要也是以行己爲先。先生曰：如孝弟等事數件合先做底，也易曉，夫子也只略略說過。如孝弟、謹信、汎愛、親仁，也須是從講學中來。若是後面許多合理會處，可，若欲理會得爲人許多事，則難。義剛。

先生因論揚書，謂：江南人氣麁勁而少細膩，浙人氣和平而力弱，皆其所偏也。揚。

浩作卷子，疏已上條目爲問，先生逐一說過了。浩乞逐段下疏數語，先生曰：某意思到處，或說不得；說得處，或寫不得。此據所見，盡說了。若寫下，未必分明，却失了先問言語，公只記取。若未安，不妨反覆。訓邵浩。❶

砥初見，先生問：曾做甚工夫？對以

近看《大學章句》，但未知下手處。曰：且須先操存涵養，然後看文字，方始有浹洽處。若只於文字上尋索，不就自家心裏下工夫，如何貫通？問：操存涵養之道如何？曰：才操存涵養，則此心便在。仲思問：操存未能無紛擾之患。曰：才操便存，今人多於操存時不見其存，過而操之，愈自執捉，故有紛擾之患。此下訓砥。

問：有事時須應事接物，無事時此心如何？曰：無事時，亦只如有事時模樣，只要此心常在也。又問：程子言「未有致知而不在敬」，如何？曰：心若走作不定，如何見得道理？且如理會這一件事未了，又要去理會那一件事，少間都成沒理會。須是理會這事了，方去理會那事。又問：

---

❶「邵」原作「那」，今據四庫本改。

只是要主一？曰：當如此。又問：思慮難一，如何？曰：徒然思慮，濟得甚事？某謂若見得道理分曉，自無閑雜思慮。人之所以思慮紛擾，只緣未實見得此理。若實見得此理，更何暇思慮？「天下何思何慮」，不知有甚事可思慮也。又問：伊川嘗教人靜坐，如何？曰：亦是他見人要多思慮，且以此教人收拾此心耳，若初學者亦當如此。

用之問：動容周旋未能中禮，於應事接物之間，未免有礙理處，如何？曰：只此便是學。但能於應酬之頃，逐一點檢，便一一合於理，久久自能中禮也。砥。○訓礪。

問《論》、《孟》疑處。曰：今人讀書有疑，皆非真疑。某雖說了，只做一場話說過，於切己工夫何益？向年在南康，都不曾無諸公說。次日求教切己工夫。曰：且

如《論語》說「孝弟爲仁之本」，因甚後便可以爲仁之本？「巧言令色鮮矣仁」，却爲甚不鮮禮、不鮮義，而但鮮仁？須是如此去着實體認，莫要才看一遍不通，便掉下了。蓋道本無形象，須體認之可矣。以下訓煇。

問：私欲難克，奈何？曰：「爲仁由己，而由人乎哉！」所謂「克己復禮爲仁」者，正如以刀切物。那刀子乃我本自有之器物，何用更借別人底？只認我一己爲刀子而克之，則私欲去而天理見矣。
陳芝廷秀以謝昌國尚書書及嘗所往來詩文來見，且曰：每嘗讀書，須極力苦思，終爾不似。曰：不知所讀何書？曰：《尚書》、《語》、《孟》。曰：不知又何所思？曰：只是於文義道理致思爾。曰：也無大段可思，聖賢言語平鋪說在裏。如夫子說「學而時習之」，自家是學何事？便須著時

習。習之果能說否？「有朋自遠方來」，果能樂不樂？今人學所以求人知，人不見知，果能不慍否？至孟子見梁王，便說箇仁義與利。今但看自家所爲是義乎？是利乎？向內便是義，向外便是利，此甚易見。雖不讀書，只恁做將去。若是路陌正當，即便是義。讀書是自家讀書，爲學是自家爲學，不干別人一錢事，別人助自家不得。若只是要人道好，要求人知，便是爲人，非爲己也。因誦子張「問達」一章，語音琅然，氣節慷慨，聞者聳動。道夫。○以下訓芝。

廷秀問：今當讀何書？曰：聖賢教人，都提切己說話，不是教人向外，只就紙上讀了便了。自家今且剖判一箇義利，試自睹當自家，今是要求人知，要自爲己？

孔子曰：「君子喻於義，小人喻於利。」又曰：「古之學者爲己，今之學者爲人。」孟子

曰：「亦有仁義而已矣，何必曰利。」孟子雖是爲時君言，在學者亦是切身事。大凡爲學，且須分箇內外，這便是生死路頭。今人只一言一動，一步一趨，便有箇爲義、爲利在裏。從這邊，便是爲義；從那邊，便是爲利。向內，便是入聖賢之域；向外，便是趨愚不肖之途。這裏只在人劃定脚做將去，無可商量。若是已認得這箇了，裏面煞有工夫，却好商量也。顧謂道夫曰：曾見陸子靜「義利」之說否？曰：未也。曰：這是他來南康，某請他說書，他却說這義利分明，是說得好。如取解後，又要得官；得官後，又要改官。自少至老，自頂至踵，無非爲利。」說得來痛快，至有流涕者。今人初生，稍有知識，此心便惑惑地去了。干名逐利，浸浸不已，其去聖賢日以益遠，豈不深可痛惜！

道夫。

先生謂陳廷秀曰：今只理會下手做工夫處，莫問他氣稟與習。只是底便做，不是底莫做，一直做將去。那箇萬里不留行，更無商量。如今推說雖有許多般樣，到做處只是是底便做。一任你氣稟物欲，我只是不恁地。如此，則「雖愚必明，雖柔必強」，氣習不期變而變矣。道夫。

為學有用精神處，有惜精神處，有合着工夫處，有枉了工夫處。要之，人精神有得亦不多，自家將來枉用了，亦可惜。惜得那精神，便將來看得這文字。某舊讀書，看此一書，只看此一書，那裏得恁閒工夫錄人文字？廷秀、行夫都未理會得這箇工夫在，今當截頭截尾，劄定腳跟，將這一箇意思帖在上面。上下四旁，都不管他，只見這物事在面前。任你孔夫子見身，也還我理會這

箇了，直須抖擻精神，莫要昏鈍。如救火治病，豈可悠悠歲月。道夫。

廷秀問：某緣不能推廣？曰：而今也未要理會如此，如佛家云：「只怕不成佛，不怕成佛後不會說話。」如公却是怕成佛後不會說話了。廷秀又問：莫是見到後自會不會說話了。廷秀又問：莫是見到後自會恁地？曰：不用恁地問。如今只用下工夫去理會，見到時也着去理會，見不到也着去理會。且如見得此段後，如何便休得？自着去理會。見不到時，也不曾說自家見不到便休了，越着去理會，理會到死若理會不得時，亦無可奈何。道夫。

陳芝拜辭，先生贈以《近思錄》曰：公事母，可檢「幹母之蠱」看，便自見得那道理。因言：《易傳》自是成書，伯恭都摭來作《閫範》，今亦載在《近思錄》。某本不喜他如此，然細點檢來，段段皆是日用切近功

夫而不可闕者，於學者甚有益。友仁。

問每日做工夫處。曰：每日工夫，只是常常喚醒，如程先生所謂「主一之謂敬」，謝氏所謂「常惺惺法」是也。然這裏便是致知底工夫。程先生曰：「涵養須是敬，進學則在致知。」須居敬以窮理，若不能敬，則講學又無安頓處。以下訓卓。

問：「主一無適」，亦是遇事之時也須如此。曰：於無事之時這心却只是主一，到遇事之時也是如此。且如這事當治不治，當爲不爲，便不是主一了。若主一時，坐則心坐，行則心行，身在這裏，心亦在這裏。若不能主一，如何做得工夫？又曰：人心之不正，只是好惡昏了他。孟子言：「平旦之氣，其好惡與人相近者幾希。」蓋平旦之時，得夜間息得許久，其心便明，則好惡公。好則人之所當好，惡則人之所當惡，

而無私意於其間。過此，❶則喜怒哀樂紛擾於前，則必有以動其氣，動其氣則必動其心，是「梏之反覆」而夜氣不能存矣。雖得夜間稍息，而此心不能自明，是終不能善也。

問：每常遇事時，也分明知得理之是非，這是天理，那是人欲。然到做處，又却爲人欲引去，及至做了，又却悔。此是如何？曰：此便是無克己工夫，這樣處極要與他掃除打疊。如一條大路，又有一條小路。自家也知得合行大路，然被小路有箇物事引着，不知不覺走從小路去，及至前面荆棘蕪穢，又却生悔。此便是天理、人欲交戰之機，須是遇事時便與克下，不得苟且放過。明理以先之，勇猛以行之。若是上智

❶「此」下，萬曆本有「時」字。

聖人底資質，它不用着力，自然循天理而行，不流於人欲。若賢人之姿次於聖人者，❶到得遇事時，固不會錯，只是先也用分別教是，而後行之。若是中人之姿，❷須大段着力，無一時一刻不照管克治，是得。曾子曰：「仁以爲己任，不亦重乎！死而後已，不亦遠乎！」須是如此做工夫。其言曰：「戰戰兢兢，如臨深淵，如履薄冰。」而今而後，吾知免夫，小子！」直是恁地用功，方得。

語黃先之病處，數日諄諄。先之云：自今敢不猛省？❹曰：何用猛省？見得這箇是要緊，便拽轉來。如東邊不是，便挈過西邊，更何用猛省？只某夜來說得不力，故公領得尤未切。若領會得切，只眼下見不是，便一下打破沙瓶便了。公今只看一箇身心，是自家底，是別人底？是自家底時，今纔挈轉，便都是天理；挈不轉，便都是人欲。要識許多道理，是爲自家，是爲別人？看許多善端，是自家本來固有，是如今方從外面強取來附在身上？只恁地看，便灑然分明。「未之思也，夫何遠之有？」纔思，便在這裏。某嘗說孟子雞犬之喻也未甚切。雞犬有求而不得，心則無求而不得，纔思，便在這裏，更不離步。莊子云：「其熱焦火，其寒凝冰，其疾俛仰之間，而再撫四海之外。」心之變化如此，只怕人自不求。如桀、紂、盜跖，他自向那邊去，不肯思。他若纔會思，便又在這裏。心體無窮，前做不好，便換了後面一截，生出來

---

❶ 「姿」，萬曆本作「資」。
❷ 「姿」，萬曆本作「資」。
❸ 「是」，朝鮮本作「到」，萬曆本作「始」。
❹ 「敢」，原作「取」，今據朝鮮本、萬曆本改。

是良心善性。賀孫。

昨夜與先之説「思則得之」。纔思，便在這裏，這失底已自過去了。自家纔思，這道理便自生。認得着莫令斷，始得。一節斷，一節便不是。今日恁地一節斷了，明日又恁地一節斷，只管斷了，一向失去。賀孫。

德輔言：自承教誨，兩日來讀書，覺得只是熟時自見道理。曰：只是如此。若忽下趨高以求快，則都不是。「下學而上達」，初學直是低。以下訓德輔。

德輔言：今人看文字義理，如何得恁不細密？曰：只是不曾子細讀那書，枉用心，錯思了。孔子說：「吾嘗終日不食，終夜不寢，以思，無益，不如學也。」正謂這樣底。所謂「思而不學則殆」，殆者，心陲杌危殆不安。尹和靖讀得伊川說話煞熟，雖不通透，渠自有受用處。呂堅中作尹墓誌、祭文云：尹於六經之書「耳順心通，如誦己言」，嘗愛此語說得好，但和靖却欠了思。問汪長孺所讀何書，長孺誦《大學》所疑。先生曰：只是輕率。公不惟讀聖賢之書如此，凡說話及論人物亦如此，只是不敬。又云：長孺氣麄，故不子細。為今工夫須要靜，靜多不妨，今人只是動多了靜。靜亦自有說話，程子曰：「為學須是靜。」又曰：靜多不妨，才靜，事都見得，然總亦只是一箇敬。愚。

長孺向來自謂有悟，其狂怪殊不可曉，嘗見受學於金溪者，恰與金溪學徒相似。便一似燕下箇甚物事，被他撓得來恁地。又如有一箇蟲盡在他肚中，蟲得他自不得由己樣。某又皆譬云：長孺、叔權皆是為酒所使，一箇盡底只是發酒慈，那一箇便酒顛。必大。

姜叔權也是箇資質好底人，正如吳公濟相似，汪長孺正好得他這般人相處。但叔權也昏鈍，不是箇撥著便轉，挑著便省底。於道理只是慢慢思量後，方說得。若是長孺說話恁地橫後跳躑，他也無奈他何。道夫。

問孟子「如不得已」一段。曰：公念得「如不得已」一句字重了，聲高。但平看，便理會得。因此有警，以言語太麁急也。訓振。

《大學章句》《或問》，玩味先生所以警策學者著實用工處。曰：既知工夫在此，便把《大學》為主，我且做客，聽命於《大學》。又問：《或問》中載諸先生敬之說，震嘗以「整齊嚴肅」體之於身，往往不能久，此心又未免出入，不能自制。曰：只要常常操守，人心如何免得出入？一如人要去，❶又且留

先生問：日間做甚工夫？震曰：讀《大學》為主。訓椿。

住他，莫教他去得遠。訓震。

椿臨行，請教。曰：凡人所以立身行己，應事接物，莫大乎誠敬。誠者何？不自欺、不妄之謂也。敬者何？不怠慢、不放蕩之謂也。今欲作一事，若不立誠以致敬，說這事不妨胡亂做了，做不成又付之無可奈何，這便是不能敬。人面前底是一樣，背後又是一樣，外面做底事，內心却不然，這箇皆不誠也。學者之心，大凡當以誠敬為主。訓椿。

紹熙甲寅良月，先生繇經筵奉祠，待命靈芝，❷杞往見。首問：曾作甚工夫？曰：向蒙程先生端蒙賜教，❸謂人之大倫有

❶「一」，萬曆本作「正」。
❷「靈」，萬曆本作「露」。
❸「生」下，萬曆本有「曰」字。

初投先生書，以此心不放動爲主敬之說。先生曰：「主敬」二字只恁地做不得，須是內外交相養。蓋人心活物，吾學非比釋氏，須是窮理。書中有云：近乃微側爲學功用，知此事乃切己事，所係甚重。先生舉以語朋友云：誠是如此。○以下訓士毅。

問：窮理莫如隨事致察，以求其當然之則。曰：是如此。問：人固有非意於爲過而終陷於過者，此則不知之矣。然當不知之時，正私意物欲方蔽固，切恐雖欲致察而不得其真。曰：却恁地兩相擔閣不得，須是察。問：程子所謂「涵養須用敬，進學則在致知」，不可除一句。曰：如此方始是。又曰：知與敬，是先立底根脚。

五，緊要最是得寸守寸，得尺守尺。曰：如何得這寸，得這尺？曰：大概以持敬爲本，推而行之於五者之間。曰：大綱是如此。顧蘇兄云：凡人爲學須窮理，窮理以讀書爲本。孔子曰：「好古，敏以求之。」若不窮理，便只守此，安得有進底工夫？如李兄所云固是。且更窮理，就事物上看。窮得這箇道理到底了，又却窮那箇道理。如此積之以久，窮理益多，自然貫通。窮理須是窮得到底，方始是。杞云：莫「致知在格物」否？曰：固是。《大學》論治國、平天下許多事，却歸在格物上。凡事事物物，各有一箇道理，若能窮得道理，則施之事物莫不各當其位。如「人君止於仁，人臣止於敬」之類，各有一至極道理。又云：凡萬物莫不各有一道理，若窮理，則萬物之理皆不出此。曰：此是「萬物皆備於我」？曰：極

❶ 「却」，萬曆本作「這過」。

講論自是講論，須是將來自體驗。說一段過又一段，何補？某向來從師，一日說話，晚頭如溫書一般，須子細看過。有疑，則明日又問。問：士毅尋常讀書，須要將說心處自體之以事，隨分量分曉，方放過。莫得體驗之意否？曰：亦是。又曰：體驗是自心裏暗自講量一次。廣錄云：或問：先生謂講論固不可無，須是自去體認，如何是體認？曰：體認是把那聽得底，自去心裏重復思繹過。伊川曰：「時復思繹浹洽於中，則說矣。」某向來從師，日間所聞說話，夜間如溫書一般，一一子細思量過。才有疑，❷明日又問。

士毅稟歸，請教。曰：只前數日說底便是，只要去做工夫。如飲食在前，須是去喫他，方知滋味。又曰：學者最怕不知蹊徑，難與他說。今日有一朋友將書來，說從外面去，不知何益？不免說與他，教看《孟子》「存心」一段。人須是識得自家物事。且如存心，若不識得他，如何存得？如今既知蹊徑，且與他做去。只如主敬、窮理，不可偏廢。這兩件事，如今學者須是莫把做兩頭，那頭便動。如行步，左足起，右足自來。又曰：更有一事，如今學者須是莫把做外面事看。人須要學，不學便欠闕了他底，學時便得箇恰好。

人須做工夫方有疑。初做時，❸定是觸着相礙，沒理會處。只如居敬、窮理，始初定分作兩段。居敬，則執持在此，纔動則便忘了。問：始學必如此否？曰：固然。要知居敬在此，動時理便自窮。只是此話，工

---

❶「處」下，萬曆本有「將」字。
❷「才」，萬曆本作「方」。
❸「時」下，萬曆本有「事」字。

夫未到時難說。又曰：但能無事時存養教到，動時也會求理。

問：如何是反身窮理？曰：反身，是着實之謂。又曰：向自家體分上求。以下訓枅。

問：天理真箇難明，己私真箇難克，望有以教之。先生罵曰：公不去用力，只管說道是難。孟子曰：「道若大路然，豈難知哉？人病不求耳！」往往公亦知得這箇道理好，纔下手，見未有入頭處，便說道是難，而不肯用力，所以空過了許多月日，可惜！可惜！公若用力，久亦自有箇入頭處。何患其難！

枅嘗問先生：自謂矯揉之力雖勞，而氣稟之偏自若；警覺之念雖至，而憧憧之習未除。異端之教雖非所願學，而芒忽之差未能辨；善利之間雖知所決擇，而正行、惡聲之念或僭行而不自覺。先覺之微言奧論，讀之雖間有契，而不能浹洽於心意之間。云云。曰：所論皆切問近思。人之爲學，惟患不自知其所不足，今既知之，則亦即此而加勉焉耳。爲仁由己，豈他人所能與？惟讀書窮理之功，不可不講也。

先生語枅曰：看公意思好，但本原處殊欠工夫，莫如此過了日月，可惜！

朱子語類卷第一百二十 計三十板

朱子十七

訓門人八 雜訓諸門人者爲此卷。

因說林擇之曰：此人曉事，非其他學者之比。徐又曰：到他已分，事事却暗。文蔚。

先生問堯卿：近看道理，所得如何？曰：日用間有些着落，不似從前走作。曰：此語亦是鶻突，須是端的見得是如何。譬如飲食，須見那箇是好喫，那箇滋味是如何，不成說道都好喫。淳。

問堯卿：今日看甚書？曰：只與安卿較量下學處。曰：不須比安卿。公年高，且據見定底道理受用。安卿後生有精力，日子長，儘可闊着步去。淳。

李丈問：前承教，只據見定道理受用。某日用間已見有些落着，事來也應得去，不似從前走作。曰：日用間固是如此，也須隨自家力量成就去看如何。問：工夫到此，自是不能間斷得？曰：博學、審問、謹思、明辯、篤行，這箇工夫常恁地。昔李初平欲讀書，濂溪曰：「公老無及矣，只待某說與公，二年方覺悟。」他既讀不得書，濂溪說與他，何故必待二年之久覺悟？二年中說多少事，想見事事說與他不解。今日一說，明日便悟，頓成箇別一等人，無此理也。公雖年高，更著涵養工夫。如一粒菜子，中間含許多生意，亦須是培擁澆灌，方得成

不成說道有那種子在此，只待他自然生根生苗去。若只見道理如此，便要受用去，則一日止如一日，一年止如一年，不會長進。正如菜子無糞去培壅，無水去澆灌。也須是更將《語》《孟》、《中庸》、《大學》中道理來涵養。淳。○義剛同。

堯卿問：事來斷制淳錄作「置」。不下，當何以處之？曰：便斷制不得，也着斷制不成掉了。又問：莫須且隨力量做去？曰：也只得隨力量做去。又問：事有至理有至當十分處。今已看得七八分，待窮來窮去，熟後自解到那分數足處。❶曰：雖未能從容，只是熟後便自會，只是熟未熟。義剛。○淳錄略。

傅誠至叔請教。曰：聖賢教人甚分曉，但人不將來做切己看，故覺得讀所做時文之書與這箇異。要之，只是這箇書。今

人但見口頭道得，筆下去得，紙上寫得，以為如此便了。殊不知聖賢教人初不如是，而今所讀亦自與自家不相干涉也。道夫。

與楊通老說：學問最怕悠悠，讀書不在貪多，未能讀從後面去，且溫習前面已曉底。一番看，一番別。賀孫。

通老問：孟子說「浩然之氣」，如何是浩然之氣？先生不答，久之曰：公若留此數日，只消把孟子白去熟讀。❷他逐句自解然。康節學於穆伯長，每有扣請，必曰：「願開其端，勿盡其意。」他要待自思量得一句，自家只排句讀將去，自見得分明，却好來商量。若驀地問後，待與說將去，也徒然。

大凡事理，若是自去尋討得出來，直是別。

❶ 「自」，原作「白」，今據朝鮮本、萬曆本改。
❷ 「白」，四庫本作「自」。

賀孫。

語通老：早來說，無事時此理存，有事時此理亡。無他，只是把事做等閒。須是於事上窮理，方可。理於事本無異，今見事來，別把做一般看，自然錯了。可學。

周公謹問：學者理會文字，又卻昏了。曰：便是難。若不去看，恐又無路可入。且去看聖賢氣象，識他一箇規模。若欲盡窮天下之理，亦甚難，且隨自家規模大小做去。若是迫切求益，亦害事，豈不是私意？泳。

李公謹問：讀書且看大意，有少窒礙處，且放過，後來旋理會，如何？曰：公合下便立這規模，便不濟事了。才憑地立規模，只是要苟簡。小處曉不得，也終不見大處。若說窒礙，到臨時十分不得已，只得且放下，如何先如此立心？賀孫。

語敬子云：讀書須是心虛一而靜，方看得道理出。而今自家心只是管外事，硬定要如此，要別人也如此做，所以來這裏看許多時文字，都不濟事，不曾見有長進。是自家心只在門外走，與人相抵拒在這裏，不曾入得門中，不知屋裏是甚模樣。這道理本自然，不消如此。如公所言，說得都是，只是不曾自理會得公身上事，所以全然無益。只是硬倚定方法抵拒將去，❶全無自然意思，都無那活水底水，只是聚得許多死水。李曰：也須是積將去。曰：也只積得那死水，那源頭活水不生了。公只是每日硬用力推這車子，只見費力。若是有活水來，那車子自轉，不用費力。李曰：恐才如此說，不善聽者放寬，便不濟事。曰：不曾教你

---

❶ 「倚」，萬曆本、四庫本作「椿」。

放寬。所以學問難，才說得寬，便不著緊。才太緊，又不濟事。寬固是便狼狼，然緊底下稍頭也不濟事。㽦。

敬子問：人患多懼，雖明知其不當懼，然不能克，莫若且強制此心使不動否？曰：只管強制，也無了期。只是理明了，自是不懼，不須強制。㽦。

胡叔器問：每常多有恐懼，何由可免？曰：須是自下工夫，看此事是當恐懼不當恐懼。《遺書》云：「治怒難，治懼亦難。克己可以治怒，明理可以治懼。」若於道理見得了，何懼之有？義剛。

問叔器：看文字如何？曰：兩日方在思量顏子樂處。先生疾言曰：不用思量！他只是「博我以文，約我以禮」後，❶見得那道理分明，日用間義理純熟後，不被那人欲來苦楚，自恁地快活。而今只去博文約禮，

便自見得。今却索之於杳冥無朕之際，去何處討這樂處？將次思量得成病。而今一部《論語》說得恁地分明，自不用思量，只要着實去用工。前日所說人心、道心，便只是這兩事。只去臨時思量那箇是人心，那箇是道心。便顏子也只是使人心聽命於道心，不被人心勝了道心。今便須是常常揀擇教精，使道心常常在裏面如箇主人，人心只如客樣。常常如此無間斷，便能「允執厥中」。義剛。

胡問靜坐用功之法。曰：靜坐只是恁靜坐，不要閑勾當，不要閑思量，也無法。

問：靜坐時思一事，則心倚靠在事上；不思量，則心無所倚靠，如何？曰：不須得倚靠。若然，又是道家數出入息，目視鼻端白

❶「是」，朝鮮本、萬曆本作「道」。

一般。他亦是心無所寄寓，故要如此倚靠。若不能斷得思量，又不如且恁地，也無害。淳。○義剛錄同。又曰：靜坐息閑雜思量，則養得來便條暢。

胡叔器患精神短，曰：若精神少，也只是做去。不成道我精神少，便不做？公是思索義理不精，平日讀書只泛泛地過，不曾貼裏細密思量。公與安卿之病正相反。安卿思得義理甚精，只是要將那麁底物事都掉了。公又不去義理上思量，事物來皆奈何不得。只是不曾向裏去理會。如入市見鋪席上都是好物事，只是自家沒錢買得，如書冊上都是好說話，只是自家無奈他何。如黃兄前日說忠恕，忠恕只是體用，只是一箇物事，猶形影，要除一箇除不得。若未曉，且看過去，却時復把來玩味，❶少間自見得。叔器曰：安之在遠方，望先生指

一路脉，去歸自尋。曰：見行底便是路，那裏有別底路來？道理星散在事物上，却無總在一處底。而今只得且將《論》、《孟》熟看，如《論語》、《中庸》、《大學》熟看，如《論語》、少間就《孟子》上看得出。《孟子》上底，只是《論語》上底，不可道《孟子》勝《論語》。只是自家已前看不到，而今方見得到。又問：「優游涵泳，勇猛精進」字如何？曰：也不須恁地立定牌榜，淳錄作「做題目」。也不須恁地起草，只做將去。又問：應事當如何？曰：士人在家有甚大事？只是着衣喫飯，理會眼前事而已。其他天下事，都說十分盡了。今無他法，爲高必因丘陵，爲下必因川澤，自家只就他說話上寄搭些工夫，便都是我底。某舊時看文字甚費力，

❶ 「却」，朝鮮本、萬曆本作「那」。

如《論》、《孟》諸家解有一箱,每看一段,必檢許多各就諸說上推尋意脉,各見得落着,然後斷其是非。是底都抄出,一兩字好亦抄出。雖未如今《集注》簡盡,然大綱已定。今《集注》只是就那上删來,但人不着心,守見成說,只草草看了。今試將《精義》來參看一兩段,所以去取底是如何,便自見得。大抵事要思量,學要講。如古人一件事,有四五人共做。自家須看那人做得是,那人做得不是。又如眼前一件事,有四五人共議,甲要如此,乙要如彼,自家須見那人說得是,那人說得不是。便待思量得不是,此心曾經思量一過,有時那不是底,發我這是底。如十箇物事,團九箇不着底,那一箇便着,則九箇不着底也不是枉思量。又如講義理有未通處,與朋友共講,十人十樣說,自家平心看那箇不是。

得自家不是底,或十人都說不是,有時因此發得自家是底。所以適來說,有時是這處理會得,有時是那處理會得,少間便都理會得。只是自家見識到,別無法。學者須是撒開心胸,事事逐件都與理會過。未理會得底,且放下,待無事時復將來理會,少間甚事理會不得? 義剛。

林恭甫問:《論語》記門人問答之辭,而《堯曰》一篇乃記堯、舜、湯、武許多事,何也?曰:不消恁地理會文字,只消理會那道理。譬如喫飯,椀中盛得飯,自家只去喫,看那滋味如何,莫問他從那處來。《堯曰》一篇,某也嘗見人說來,是夫子嘗誦述前聖之言,弟子類記於此,先儒亦只是如此說。然道理緊要却不在這裏,這只是外面一重,讀書須去裏面理會。譬如看屋,須看那房室間架,莫要只去看那外面牆壁粉

飾。如喫荔枝，須喫那肉，不喫那皮。公而今却是剝了那肉，却喫那皮核。讀書是以自家之心體驗聖人之心，少間體驗得熟，自家之心便是聖人之心。某自二十時看道理，便要看那裏面。嘗看上蔡《論語》，其初將紅筆抹出，後又用青筆抹出，三四番後，又用墨筆抹出，是要尋那精英底。看道理，須是漸漸向裏尋到那精英處方是。如射箭，其初方上垛，後來又要中帖，少間又要中第一暈，又要中第二暈，後又要到紅心。公而今只在垛之左右，或上或下，却不要中的，恁地不濟事。須是子細看，看得這一般熟後，事事書都好看。便是七言雜字，也有道理。未看得時，正要去緊要處鑽，少間透徹，則無書不可讀。而今人不去理會底，固是不足説；去理會底，又不知尋緊要處，也都討頭不着。義剛。

子升問：向來讀書，病於草草，所以多疑而無益。今承先生之教，欲自《大學》温習去。曰：然。只是着便把做事。如說持敬，便須入隻脚在裏面做，不可只作說話看了。木之。

子升問：主一工夫，兼動静否？曰：若動時收斂心神在一事上，不胡亂思想，東去西去，便是主一。又問：由敬可以至誠否？曰：誠自是真實，敬自是嚴謹。如今正不要如此看，但見得分曉了，便下工夫做將去。如「整齊嚴肅」、「其心收斂」、「常惺惺」數條，無不通貫。木之。

子升問遇事心不存之病。曰：只隨處警省，收其放心，收放只在自家俄頃瞬息間耳。或舉先生《與呂子約書》有「知其所以爲放者而收之，則心存矣」，此語最切要。又問曾子謂孟敬子「君子所貴乎道者三」之

意。曰：曾子之意，且將對下面「籩豆之事則有司存」說，言君子動容貌，要得遠暴慢；正顏色，要得近信；出辭氣，要得遠鄙倍，此其本之所當先者。至於「籩豆之事則有司存」，蓋末而當後者耳，未說到做工夫上。若說三者工夫，則在平日操存省察耳。木之。

黎季成問：向來工夫零碎，今聞先生之誨，乃見得人之所任甚重，統體通貫。敬之黃名顯子。問：理既明於心，須又見這樣子，方始安穩。曰：學問思辨，亦皆是學。但學是習此事，思是思量此理者。只說見這樣子又不得，須是依樣去做。然只依本畫葫蘆又不可，須是百方自去尋討，始得。寓。

語敬之：今看文字，專要看做裏面去。如何裏面也更無去處，不着得許多言語？❶這裏只「主一無適」、「敬以直內」涵養去。嘗謂文字寧是看得淺，不可太深；寧是低看，不可太高。蓋淺近雖未能到那切近處，更就上面推尋，却有見時節。若太深遠，更無回頭時。恰似人要來建陽，行到崇安歇了，却不妨，明日更行，須會到。若不問來由，一向直走過均亭去，迤邐前去，更無到建陽時節。寓。

語敬之曰：這道理也只是如此看，須是自家自奮迅做去始得。看公大病痛只在箇懦弱，❷須是便勇猛果決，合做便做，不要安排，不要等待，不要靠別人，不要靠書籍言語。只是自家自檢點。公曾看《易》，

❶「着」，朝鮮本、萬曆本作「看」。
❷「懦」，原作「儒」，今據萬曆本改。

《易》裏說陽剛陰柔，陰柔是極不好。賀孫。

語黃敬之：須是打僕精神，❶莫教恁地慢。慢底須是橋教緊，❷緊底須是莫放教慢。賀孫。

語敬之曰：敬之意氣甚弱，看文字都恁地遲疑不決，只是不見得道理分明。賀孫問：先生向令敬之看《孟子》，若讀此書透，須自變得氣質否？曰：只是道理明，自然會變。今且說讀《孟子》，讀了只依舊是這箇人，便是不曾讀，便是不曾得他裏面意思。《孟子》自是《孟子》，自家身己自是自家身己。讀書看道理，也須着些氣力，打撲精神，看教分明透徹，方於身上有功。某近來衰晚，不甚着力看文字，有一段理會未得，須是要理會得，直是辛苦。近日却看得平易。舊時須要勉強說教得方了，要知初間也着如此着力。看公

如今只恁地慢慢，要進又不敢進，敢取，只如將手恁地探摸，只怕物事觸了手相似。若恁地看文字，終不見得道理，終不濟事，徒然費了時光。須是勇猛向前，匹馬單鎗做將去，看如何。只管怕箇甚麼？「彼丈夫也，我丈夫也，吾何畏彼哉！」他合下也有許多義理，自家合下也有許多義理，他做得，自家也做得。某近看得道理分明，便是有甚利害，❸有甚禍福，直是不怕。只是見得道理合如此，便做將去。賀孫。

黃敬之有書，先生示人傑，人傑云：其說名義處，或中或否，蓋彼未有實功，說得不濟事。曰：也須要理會。若實下工夫，

---

❶「僕」，萬曆本作「撲」。
❷「橋」，四庫本作「矯」。
❸「利」，原作「刑」，今據朝鮮本、萬曆本改。

亦須先理會名義，都要着落。彼謂《易》者，心之妙用；太極者，性之本體」，其說有病。如伊川所謂「其體則謂之易，其理則謂之道，其用則謂之神」，方說得的當。然伊川所謂「體」字與「實」字相似，乃是該體、用而言。如陰陽、動靜之類，畢竟是陰為體，陽為用，靜而動，動而靜，是所以為易之體也。人傑云：向見先生云「體是形體」，却是着形氣說，不如說該體、用者為備耳。曰：若作形氣說，然却只說得一邊。惟說作該體、用，乃為全備，却統得下面「其理則謂之道，其用則謂之神」兩句。人傑。

某平生不會懶，雖甚病，然亦一心欲向前做事，自是懶不得。今人所以懶，未必是真箇怯弱，自是先有畏事之心。纔見一事，便料其難而不為。緣先有箇畏縮之心，所以習成怯弱而不能有所為也。昌父云：某

平生自覺血氣弱，日用工夫多只揀易底事做。或尚論人物，亦只取其與己力量相近者學之，自覺難處進步不得也。曰：便當因這易處而益求其所謂難，因這近處而益求其所謂遠，不可只守這箇而不求進步。縱自家力量到那難處不得，然不可不勉慕而求之。今人都是未到那做不得處，便先自懶怯了。雖是怯弱，然豈可不向前求其難者、遠者。但求之，無有不得。若真箇着力求而不得，則無如之何也。趙曰：某幸聞諸老先生之緒言，粗知謹守，而不敢失墜爾。曰：固是好，但終非活法爾。昌父辭，請教。曰：當從實處作工夫。可學。

饒幹廷老問：今之學者不是忘，便是助長。曰：這只是見理不明耳。理是自家固有底，從中而出，如何忘得？使他見之

之明，如飢而必食，渴而必飲，則何忘之有？如食而至於飽則止，飲而至於滿腹則止，又何助長之有？此皆是見理不明之病。道夫。

先生謂饒廷老曰：觀公近日都汩沒了這箇意思，雖縣事叢冗，自應如此，更宜做功夫。蓋卿。

二彭尋、蠡。初見，問平居做甚工夫。曰：為科舉所累，自時文外不曾為學。曰：今之學者多如此，然既讀聖人書，當反身而求可也。二公頗自言其居家實踐等事。曰：躬行固好，亦須講學。不講學，遇事便有嶔屼不自安處。講學明，則坦坦地行將去。此道理無出聖人之言，但當熟讀深思。且如人看生文字與熟文字，自是兩般。既熟時，他人說底便是我底。讀其他書，不如讀《論語》最要，蓋其中無所不有。若只躬

行而不講學，只是箇坯璞子，若子細理會，煞有商量處。謨。

語泉州趙公曰：學固不在乎讀書，然不讀書則義理無由明。要之，無事不要理會，無書不要讀。若不讀這一件書，便闕了這一件道理；不理會這一件事，便闕了這一件道理。要他底，須著此精彩方得，然泛泛做又不得。故程先生教人以敬為本，然後心定理明。孔子言「出門如見大賓」云云。也是散說要人敬。但敬便是箇關聚底道理，非專是閉目靜坐，耳無聞、目無見、不接事物，然後為敬。整齊收斂，這身心不敢放縱，便是敬。嘗謂「敬」字似甚字？恰似箇「畏」字相似。寓。

蕭兄問心不能自把捉。曰：自是如此。蓋心便能把捉自家，自家却如何把捉

得他，唯有以義理涵養耳。又問：「持其志」，如何却又要主張？曰：志是心之發，豈可聽其自放而不持之？但不可硬守定耳。蓋卿。

問曾光祖曰：公讀書有甚大疑處？曰：覺見持敬不甚安。曰：初學如何便得安？除是孔子方始「恭而安」，今人平日恁地放肆，身心一下自是不安。初要持敬，也須有些勉強。但須覺見有些子放去，便須收斂提掇起，教在這裏，常常相接，久後自熟。又曰：雖然這箇也恁地把捉不得，須是先理會得箇道理。而今學問，便只要理會一箇道理。「天生烝民，有物有則。」有一箇物，便有一箇道理。所以《大學》之道，教人去事物上逐一理會得箇道理。若理會一件未得，直須反覆推究研窮，行也思量，坐也思量；早上思量不得，晚間又把出思量，

晚間思量不得，明日又思量。如此，豈有不得底道理？若只略略地思量，思量不得便掉了，如此千年也理會不得，只管責道是自家魯鈍。某常謂此道理無他，只是要熟，只是今日把來恁地看過，明日又把來恁地看過，看來看去，少間自然看得。或有看不得底，少間遇着別事沒巴沒鼻，也會自然觸發，蓋爲天下只是一箇道理。賀孫。

光祖說：《大學》首尾該貫，此處必有脫字。初間看，便不得如此。要知道理只是這箇道理，只緣失了多年，卒急要尋討不見。待只管理會教熟，却便這箇道理，初間略見得些少時也似。曰：生恁地，自無安頓去處。到後來理會熟了，便自合當如此。如一件器用掉在所在多年，卒乍要討，討不得。待尋來尋去，忽然討見，即是元初的定底物事。賀孫。

光祖說：治國、平天下，皆本於致知、格物，看來只是敬。又恐伊川說「內直則外無不方」。曰：伊川亦只是大體如此說。看來世上自有一般人，不解恁地內直外便方正，是只了得自身己，遇事應物都顛顛倒倒沒理會。《大學》須是要人窮理。今來一種學問，正坐此病。只說我自理會得了，其餘事皆截斷，不必理會，自會做得，更不解商量，更不解講究，到做出都不合義理。所以聖人說「敬以直內」，又說「義以方外」，是見得世上有這般人。學者須是要窮理，不論小事大事都識得通透。直得自本至末，自頂至踵，並無此二子夾雜處。若說自家資質恁地好，只消恁地做去，更不解理會其他道理，也不消問別人，這倒是夾雜，倒是私意。賀孫。

光祖告行，云：蒙教誨讀《大學》，已略

知爲學之序。平日言語動作，亦自常去點檢。又恐有發露而不自覺，乞指示箴戒。曰：看公意思遲重，不到有他過。只是看文字上更子細加功，更須着此精采。賀孫。

曾問：讀《大學》已知綱目次第了，然大要用工夫，恐在「敬」之一字。前見伊川說「敬以直內」矣，亦須「義以方外」方能知得是非，始格得物。不以義方外，則是非好惡不能分別，物亦不可格。曾又問：恐敬立則義在其中，伊川所謂「弸諸中，彪諸外」是也。曰：雖敬立而義在，也須認得實，方見得。今有人雖胸中知得分明，說出來亦是見得千了百當，及到應物之時，顛倒錯繆，全是私意。不知聖人所謂敬義處，全是天

❶「商」，原作「箇」，今據朝鮮本、萬曆本改。

理,安得有私意?因言:今釋、老所以能立箇門戶恁地,亦是他從旁窺得近似。他所謂敬時,亦却是能敬,更有「笠影」之喻。卓。

程次卿自述:向嘗讀伊洛書,妄謂人當隨事而思,視時便思明,聽時便思聰。視聽不接時,皆不可有所思,所謂「思不出其位」。若無事而思,則是紛紜妄想。曰:若閑時不思量義理,到臨事而思,已無及。若只塊然守自家箇軀殼,直到有事方思,閑時都莫思量,這却甚易,只守此一句足矣。聖賢千千萬萬,在這裏何用?如公所說,則六經、《語》、《孟》之書皆一齊不消存得。以孔子之聖,也只是好學:「我非生而知之者,好古敏以求之者也」,「文武之道未墜於地,在人;賢者識其大者,不賢者識其小者,莫不有文武之道焉。夫子焉不學?而

亦何常師之有」!若說閑時都莫思,則世上大事小事都莫理會。如此,却都無難者。事事須先理會,知得了,方做得行得。何故《中庸》却不先說「篤行之」,却先說「博學之,審問之,謹思之,明辯之」?《大學》何故却不先說「正心誠意」,却先說致知是如何?《孟子》却說道「詖辭知其所蔽,淫辭知其所陷,邪辭知其所離,遁辭知其所窮」?若如公說,閑時都不消思量。季通問:程君之意是如何?曰:他只要理會自家這心在裏面,事至方思,外面事都不要思量會。蔡云:若不理會得世上許多事,自家裏面底也怕理會不得。曰:只據他所見,自守一箇小小偏枯底物事,無緣知得大體。因顧賀孫曰:公鄉間陳叔向正是如此。如他說格物云:「物是心,須是格住這心。致知如了了的當,常常知覺。」他所見

既如彼,便將聖賢說話都入他腔裏面。不如此,則他所學無據。這都是不曾平心讀聖賢之書,只把自家心下先頓放在這裏,却捉聖賢說話壓在裏面。如說隨事而思,無事不消息,聖賢也自有如此說時節,又自就他地頭說。只如公說「思不出其位」,也不如公說,這「位」字却不是只守得這軀殼。這「位」字煞大,若見得這意思,天下甚麼事不關自家身己。極而至於參天地,贊化育,也只是這箇心,都只是自家分內事。蔡云:陸子靜正是不要理會許多,王道夫乞朝廷以一監書賜象山,此正犯其所忌。曰:固是。蔡云:若一向是禪時,也終是高。曰:只是許多模樣,是甚道理如此?若實見得自家底分明,看彼許多道理,不待辯而明。如今諸公說道這箇也好,某敢百口保其自見不曾分明。如云洛底也是,蜀底也是,某定道他元不曾理會得。如熙豐也不是,元祐也不是,某定保他自元不曾會得。如云佛氏也好,老氏也好,某定道他元不曾會得。若見得自家底分明,是底直是是,非底直是非,那得恁地含含胡胡,觸著人,這人也要周旋,那人也要周旋。賀孫。

程又問:某不是說道閑時全不去思量,意謂臨事而思,如讀書時只思量這書。曰:讀書時思量,書疊了策時,都莫思量去,行動時心下思量書都不得。在這裏坐,只思量這裏事。今日只思量今日事,更不可思量明日事。這不成說話!試自去平心看聖賢書,都自說得盡。賀孫。

吳伯英初見,問:書如何讀?曰:讀書無甚巧妙,只是熟讀,字字句句,對註解

子細辯認語意。解得一遍是一遍工夫，解得兩遍是兩遍工夫。工夫熟時，義理自然通貫，不用問人。先生問：居常看甚文字？曰：曾讀《大學》。先生問：看得如何？曰：不過尋行數墨，解得文義通，自不會生眼目於言外求意。❶曰：如何是言外意？曰：且如臣當忠，子當孝，火性本熱，水性本寒，不知臣之所以忠、火之所以熱、水之所以寒。只知為臣當忠，為子當孝，火性本熱，水性本寒，不知臣之所以忠，子之所以孝，火之所以熱，水之所以寒。格物只是就事物上求箇當然之理。若臣之忠，臣自是當忠；子之孝，子自是當孝。為臣試不忠，為子試不孝，看自家心中如何？為臣之忠、子之孝，水火之性自然如此。凡事只是尋箇當然，不必過求，便生鬼怪。㶊。

吳伯英問：某當從致知、持敬，如此用工夫？曰：此自吾友身上合做底事，不須商量。蓋卿。

吳伯英問持敬之義。曰：且放下了持敬，更須向前進一步。問：如何是進步處？曰：心中若無一事時，便是敬。蓋卿。

吳伯英講讀書，先生因曰：凡人讀書，須虛心入裏玩味道理，不可只說得皮膚上。譬如一食物，滋味盡在裏面，若只舐嚙其外，而不得其味，無益也。

問器遠所學來歷。曰：自年二十從陳先生，其教人讀書，但令事事理會，如讀《周禮》，便理會三百六十官如何安頓；讀《書》，便理會二帝三王所以區處天下之事；讀《春秋》，便理會所以待伯者予奪之義。至論身己上工夫，說道：「『形而上者謂之道，形而下者謂之器。』器便有道，不是

❶ 「會」，朝鮮本、萬曆本作「曾」。

兩樣，須是識禮樂法度皆是道理。」曰：禮樂法度，古人不是不理會，只是古人都是見成物事，到合用時便將來使。如告顏淵「行夏之時，乘殷之輅」，只是見成物事。如學字一般，從小兒便自曉得，後來只習教熟。如今禮樂法度都一齊弄散，不可稽考，若着心費力在上面，少間弄得都困了。賀孫。

器遠言：少時好讀伊洛諸書，後來見陳先生，却說只就事上理會，較着實。若只管去理會道理，少間恐流於空虛。曰：向見伯恭亦有此意，却以《語》、《孟》爲虛着❶行，反以爲恐流於空虛，却把《左傳》做實要人看。殊不知少間自都無主張，只見許多神頭鬼面，一場沒理會，此乃是大不實也。又只管教人看史書，後來諸生都衰了。如潘叔度臨死，却去討佛書看，且是止不

得。緣是他那裏都無箇捉摸，却來尋討這箇。如人乘船，一齊破散了，無奈何將一片板且守得在這裏。又曰：孟子曰：「作於其心，害於其事；作於其事，害於其政。」若不就自家身心理會教分明，只道有些病痛不妨，待有事來旋作安排。少間也把捉得一事了，只是有些子鑢縫，少間便是一箇禍端。這利害非輕，假饒你盡力極巧，百方去做，若此心有些病根，只是會不好。又曰：又有說道：身己自着理會，這分明分做兩邊去。不知古人說脩身而天下平，須說做不是始得。《大學》云「物格而後知至，知至而後意誠」，云云。今來却截斷一項，只便要理會平天下，如何得？又曰：聖門之中，得其傳者惟顏

❶ 「着」，原作「看」，今據朝鮮本、萬曆本改。

子。顏子之問，夫子之答，有二項：一則問爲仁，一則問爲邦。須知得那箇是先，那箇是後。也須從「克己復禮」上做來，方可及爲邦之事，這事最分曉可見。又曰：公適來說君舉要理會經世之學。今且理會一件要緊事，如國家養許多歸明、歸正及還軍年老者，費糧食供之，州郡困乏，展轉二三十年，都縮手坐視其困。器遠且道，合如何商量？去之則傷恩，養之則益困。若壯資其力，而老棄其人，是大不可，須有箇措置。❶器遠言：鄉間諸先生嘗懷見先生之意，卻不得面會剖析，使這意思合。又曰：❷某不是要教人步步相循，都來入這圈套。只是要教人分別是非教明白，是底還他是，不是底還他不是，大家各自着力，各自撐拄。君盡其職，臣效其功，各各行到大路頭，自有箇歸一處。是乃不同之同，乃所以爲眞同

也。若乃依阿鶻突，委曲包含，不別是非，要打成一片，定是不可。賀孫。

器遠問：初學須省事，方做得工夫。曰：未能應得事，終是省好。然又怕要去省，卻有不省病痛。某嘗看有時做事要省些工夫，到得做出卻有不好，卻不厭人意。且如出路要減些用度令簡便，到要用時沒討處，也心煩，依前是不曾省得。若可以無事時，且省儘好。若主家事，及父母在上，當代勞役，終不成掉了，去閑所在坐不管？省事固好，然一向不經歷，到得事來，卻會被他來倒了。問：處鄉黨固當自盡，不要理會別人，若有事與己相關，不可以不說，當如何？曰：若合說，便着說，如所謂「若

❶「措置」，萬曆本作「指實」。
❷「又」，原作「一」，今據朝鮮本、萬曆本改。

要我頭也須說」。若是不當自家說，與其人不可說，則只得不說。然自家雖然是不當說，也須示之以不然之意。只有箇當說與不當說，若要把他不是處做是說，便決是不可。賀孫。

曹問：先生所解「致知格物」處，某即就這上做去。如未能到貫通處，莫也無害否？曰：何謂無害？公只是不曾學，豈有不貫通處？學得熟便通。且如要去所在，須是去到方得。若如此怎生到得？若行得一日，又說恐未必能到。若如此怎生到得？天下只有一箇道理緊包在那下，撒破便光明，那怕不通。曹叔遠。

又問：如孟子言「勿忘，勿助長」卻簡易，而今要從細碎做去，卻怕不能貫通。曰：「勿忘，勿助長」，自是言養氣，試取孟子說處子細看。大凡爲學，最切要處在吾

心身，其次便是做事，此是的實緊切處。又那裏見得如此？須是聖人之言。今之學者須是把聖人之言來窮究，見得身心要如此，做事要如此。天下自有一箇道理若大路然，聖人之言便是那引路底。賀孫。

江文卿博識群書，因感先生之教，自咎云：某五十年前，枉費許多工夫，記許多文字。曰：也不妨，如今若理會得這要緊處，那許多都有用。如七年十載積疊得柴了，如今方點火燒。賀孫。

謂江文卿曰：「多聞，擇其善者而從之，多見而識之。」公今卻無擇善一著。聖人擇善，便是事不遺乎理。公今知得，便搜轉前許多工夫自不妨。要轉便轉，更無難者。覺公意思尚放許多不下，說幾句又漸漸走上來，如車水相似，又衮將去。又曰：東坡說話固多不是，就他一套中間又自有

精處。如說《易》，說甚性命，全然惡模樣。如說《書》，却有好處。如說帝王之興，受命之祥，如《河圖》、《洛書》、《元鳥》、《生民》之詩，❶固有是理，然非以是爲先。恨學者椎之過詳，❷流入讖緯，後人舉從而廢之，亦過矣。這是他說得好處，公却不記得這般所在，亦是自家本領不明。若理會得原頭正，到得看那許多，方有辨別。如程先生與禪子讀碑，云：「公所看都是字，某所看都是理。」似公如今所說亦都是字，自家看見都是理。賀孫。

周兄良問：某平時所爲，把捉這心教定。一念忽生，則這心返被他引去。曰：這箇亦只是認教熟，熟了便不如此。今日一念纔生，有以制之；明日一念生，又有以制之，久後便無此理。只是這邊較少，那邊較多，便被他勝了。如一車之火，以少水勝之，水撲處才滅，而火又發矣。又如弱人與強人相牽一般，強人在門外，弱人在門裏，弱底不能勝，便被他強底拖去了。要得勝他，亦只是將養教力壯後，自然可以敵得他去。非別有箇道理，也只在自家心有以處之耳。孟子所謂「捨則亡，操則常存」，在此。《大學》所謂忿懥、好樂等事，亦是除了此心，則心自然正，不是把一箇心來正一箇心。又曰：心只是敬。程子所謂「主一無適」，主一只是專一。如在這裏讀書，又思量做文字，又思量別事去，皆是不專。又曰：見得徹處，徹上徹下，只是一箇道理，須是見得實，方是見得鐵定，如是便爲善，不如是便爲惡，此方是見得實。卓。

❶「元」，萬曆本作「玄」，係避宋先祖趙玄朗諱。
❷「椎」，萬曆本作「推」。

諸生說書畢，先生曰：「諸公看道理，尋得一線子路脉着了。說時也只是恁地，但於持守處更須加工夫。須是着實於行已上做得三兩分是得，❶只恁說過不濟事。周貴卿曰：非不欲常常持守，但志不能帥氣，後臨事又變遷了。曰：只是亂道！豈是由他自去？正要待他去時撥轉來。『為仁由己，而由人乎哉！』『止，吾止也；往，吾往也。』」義剛。

李周翰請教，屢歎年歲之高，未免時文之累。曰：這須是自見得，從小兒也須讀《孝經》《論語》來，中間何故不教人如此？曾讀書，也須疑着。某所編《小學》，公且子細去看，也有古人說話，也有今人說話，且看是如何。古人都自少涵養好了。後因說「至善」，又問作時文。先生曰：讀書才說要做文字使，此心便錯了。若剩看得了，到

合說處便說，當不說處不說也得，本來不是要人說得便了。如時文，也只不出聖賢許多說話醲釅出來。❷且如到說忠信處，他也會說做好，只是與自身全不相干。因舉在漳州日，詞訟訖，有一士人立庭下問，乃是要來從學。居泉州，父母遣學舉業，乃厭彼，要從學。某以其非父母命，且歸去，得請再來，始無所礙。然其有所見如此，自別。賀孫。

吳潛直翁問：學亦頗知自立，而病痛猶多，奈何？曰：未論病痛。人必全體是，而後可以言病痛。譬如純是白物事了，而中有黑點，始可言病痛。公今全體都未是，何病痛之可言？設雖有善，亦只是黑

❶ 下「是」字，朝鮮本、萬曆本作「始」。
❷ 「許」，萬曆本作「不」。

上出白點，特其義理之不能已與氣質之或美耳。大抵人須先要趨向是，若趨向正底人，雖有病痛，也是白地上出黑花。此特其氣稟之偏，未能盡勝耳。要之，白地上出白花，却成差異事。如孔門弟子，亦豈能純善乎？然終是白地多，可愛也。人須先拽轉了自己趨向始得。孔子曰：「苟志於仁矣，無惡也。」既志於義理，自是無惡，雖有未善處，只是過耳，非惡也。以此推之，不志於仁，則無善矣。蓋志在於利欲，假有善事，亦偶然耳。蓋其心志念念只在利欲上，世之志利欲與志理義之人，自是不干事。世之志利欲者，便如趨夷狄禽獸之徑；志理義者，便是趨正路。鄉里如江德功、吳公濟諸人，多少是激惱人，然其志終在於善。世亦有一種不激惱人底，又見人說道理，他也從

而美之；見人非佛、老，他亦從而非之。但只是胡亂順人情說，而心實不然，不肯真箇去做，此最不濟事。伯羽。

某人來說書，大概只是揑合來說，都不詳密活熟。此病乃是心上病，蓋心不專靜純一，故思慮不精明。要須養得此心令虛明專靜，使道理從裏面流出，便好。銖曰：《豫》六二「介于石，不終日，貞吉」正謂此。曰：然。張仁叟問：何以能如此？莫只在靜坐否？曰：自去檢點。且一日間試看此幾箇時在內，幾箇時在外。小說中載趙公以黑白豆記善惡念之起，此是古人做工夫處。如此檢點，則自見矣。又曰：讀書須將心帖在書冊上，逐字看得各有著落，方好商量。須是收拾此心，令專靜純一，日用動靜間都在，不馳走散亂，方看得文字精審。如此，方是有本領。銖。

先生語陳公直曰：讀書且逐些子理會，莫要攪動他別底。今人讀書，多是從頭一向看到尾，都攪渾了。道夫。

先生嘗謂劉學古曰：康節詩云「閑居謹莫説無妨」，蓋道無妨，便是有妨。要做好人，則上面煞有等級；做不好人，則立地便至，只在把住放行之間爾。道夫。

彦忠問：居常苦私意紛擾，雖即覺悟而痛抑之，然竟不能得潔靜不起。先生笑曰：此正子静「有頭」之説，却是使得。惟其此心無主宰，故爲私意所勝。若常加省察，使良心常在，見破了這私意只是從外面入。縱饒有所發動，只是以主待客，以逸待勞，自家這裏亦容他不得。此事須是平日着工夫，若待他起後方省察，殊不濟事。道夫。

林士謙初見，問仁智自得處。曰：仁者得其爲仁，智者得其爲智，豈仁智之外更有自得？公此問不成問。且去將《論語》從「學而時習」讀起，《孟子》將「梁惠王」讀起，《大學》從「大學之道在明明德」讀起，《中庸》從「天命之謂性」讀起，某之法是如此，不可只摘中間一兩句來理會，意脉不相貫。淳。

蘇宜久辭，問歸欲觀《易》。曰：而今若教公讀《易》，只看古注并近世數家注，又非某之本心。若必欲教公依某之《易》看，某底又只説得三分，自有六七分曉不得，亦非所以爲教。看來《易》是箇難理會底物事，卒急看未得，不若且未要理會。聖人教人，不過此數者。公既理會《詩》了，只得且理會《書》；理會《書》了，便當理會《禮》。《禮》之爲書，浩瀚難理會，卒急如

何看得許多？且如箇《儀禮》，也是幾多頭項。某因為思得一策，不若且買一本溫公《書儀》歸去子細看。看得這箇，不惟人家冠、昏、喪、祭之禮，便得他用。兼以之看其他禮書，如《禮記》、《儀禮》、《周禮》之屬，少間自然易，不過只是許多路逕節目。溫公《書儀》固有是有非，然他那箇大概是。個。

廖晉卿請讀何書。曰：公心放已久，精神收拾未定，無非走作之時。可且收斂精神，方好商量讀書。繼謂之曰：《玉藻》九容處，且去子細體認。待有意思，卻好讀書。時舉。

厚之臨別請教，因云：看文字生。曰：日子足，便熟。可學。

陳希周請問讀書修學之門。曰：所謂讀書者，只是要理會這箇道理。治家有治

家道理，居官有居官道理，雖然頭面不同，然又只是一箇道理。如水相似，遇圓處圓，方處方，小處小，大處大，然亦只是一箇水耳。時舉。○植錄作「傅希周」。

先生謂鄭光弼子直曰：書雖是古人書，今日讀之，所以蓄自家之德。卻不是欲這邊讀得些子，便搬出做那邊用。《易》曰：「君子以多識前言往行，以蓄其德。」公今卻是讀得一書，便做得許多文字，馳騁跳躑，心都不在裏面。如此讀書，終不干自家事。又曰：義利之辨，正學者所當深知。道夫。

子合純篤，膚仲疏敏。道夫。

先生謂正甫任忠厚,遂安人。精神專一。倪

鍾唐傑問「窮理持敬」。曰：此事不用商量。若商量持敬，便不成持敬；若商量窮理，便不成窮理。須令實理在題目之後，

蓋卿。

問丘次孟言：嘗讀《曲禮》、《遺書》、康節詩，覺得心意快活。曰：他本平鋪地說在裏，公却帖了箇飛揚底意思在上面，可知是恁地。康節詩云「真樂攻心不奈何」，某謂此非真樂也，真樂便不攻心，如顏子之樂何嘗恁地？曰：次孟何敢望康節，直塗之人爾。曰：塗人却無許多病。公正是肚裏有許多見識道理，攪得恁地叫喚來。又舉《曲禮》成誦。先生曰：但《曲禮》無許多叫喚。曰：次孟氣不足。曰：非氣不足，乃氣有餘也。道夫。

語元昭：且要虛心，勿要周遮。元昭以十詩獻，詩各以二句命題，如「實理」之類，節節推之。先生指《立命》詩兩句「幾度風霜猛摧折，依前春草滿池塘」：既說道佛、老之非，又却流於佛、老，此意如何？

元昭曰：言其無止息。曰：觀此詩與賢說話又異，此只是要鬬勝，知道安用許多言？顏子當時不曾如此，此只是要人知，安排餖飣出來，便不是。末篇《極致》尤不是。如何便到此，直要撞破天門。前日說話如彼，今日又如此，❶只是說話。可學。

元昭告歸，先生曰：歸以何為工夫？曰：子細觀來，平生只是不實，當於實處用工夫。曰：只是籠，除去籠，便是實。曰：每嘗觀書，多只理會大意，元不曾子細講究。曰：大意固合理會，文義亦不可不講究，最忌流於一偏。明道曰：「與賢說話，却似扶醉漢，救得一邊，倒了一邊。」今之學者大抵皆然。如今人讀史成誦，亦是玩物喪志。學者若不理會得，聞這説話，又一齊

❶「曰」，原作「目」，今據朝鮮本、萬曆本改。

棄了。只是停埋攤布，使表裏相通方可。然亦須量力，若自家力不及，多讀無限書，少間埋沒於其間，①不惟無益，反為所害。近日學者又有一病，多求於理而不求於事，求於心而不求於身。如說「一日克己復禮，天下歸仁」，既能克己，則事事皆仁，天下皆歸仁於我，此皆有實迹。而必曰「天下歸吾仁之中」，只是無形無影。自龜山以來皆如此說，徐承叟亦云見龜山説如此。

先生問：元昭近來頗覺得如何？曰：自覺此心不實。曰：但不要窮高極遠，於言行上點檢便自實。今人論道，只論理，不論事，只説心，不説身。其説至高，而蕩然無守，流於空虛異端之説。且如「天下歸仁」，只是天下與其仁，程子云「事事皆仁」是也。今人須要説天下皆歸吾仁之中，其説非不好，但無形無影，全無下手脚處。夫

子對顔子「克己復禮」之目，亦只是就視、聽、言、動上理會。凡思慮之類，皆「動」字上包了，不曾更出非禮勿思一條。蓋人能制其外，則可以養其內。固是內是本，外是末，但偏説存於中，不説制於外，則無下手脚處，此心便不實。外面儘有過言、過行更不管，却云吾正其心，有此理否？浙中王蘋信伯親見伊川來，後來設教作怪，有《語錄》之類，專教人以「天下歸仁」，見人，便説「天下歸仁」，更不説「克己復禮」。璘。

楊丞問心思擾擾。曰：程先生云：「嚴威整肅，則心便一，一則自無非僻之干。」只才整頓起處，便是天理，別無天理。但常常整頓起，思慮自一。璘。

① 「埋」，原作「理」，今據萬曆本改。

黃達才言思不能精之病。曰：硬思也不得。只要常常提撕，莫放下，將久自解有得。義剛。

立之問：某常於事物未來思慮未萌時，覺見有惺惺底意思，故其應變接物，雖動，却有不動之意存，未知是否？曰：應變接物，只要得是。如「敬以直內，義以方外」，此可以盡天下之事。若須要不動，則當好作事處，又蹉過了。時舉。

李伯誠曰：打坐時意味也好。曰：坐時固是好，但放下脚，放開眼，便不恁地了。須是臨事接物時，長如坐時方可。如挽一物樣，待他要去時，硬挽將轉來方得。義剛。

張以道請誨。曰：但長長照管得那心便了。人若能提掇得此心在時，煞爭事。義剛。

劉炳韜仲以書問格物未盡，處義未精。

曰：此學者之通患。然受病不在此，這前面別有受病處。余正叔曰：豈其自然乎？曰：都不干別事，本不立耳。伯羽。

鄭昭先景紹請教。曰：今人却是倒置。古人學而後仕，今人却反仕而後學。其未仕也，非不讀書，但心有所溺，聖賢意思都不能見。科舉也是奪志，今既免此，亦須汲汲於學。為學之道，聖經賢傳所以告人者，已竭盡而無餘，不過欲人存此一心，使自家身有主宰。今人馳騖紛擾，一箇心都不在軀殼裏。孟子曰「學問之道無他，求其放心而已」，又曰「存其心，養其性，所以事天也」，學者須要識此。道夫。

丘玉甫作別，請益。曰：此道理儘說只如此，工夫全在人。人却聽得頑去声了，不曾真箇做。須知此理在己，不在人；得之於心而行之於身，方有得力，不可只做

葉正則之說。曰：病在先立論，聖賢言語，却只將來證他說。凡讀書須虛心，且似未識字底。將本文熟讀平看，今日看不出，明日又看。看來看去，道理自出。閎祖。

周元卿問：讀書，有時半板前心在書上，半板後忽然思慮他事，口雖讀，心自在別處，如何得心只在書上？曰：此最不可。「不誠無物」，雖讀，猶不讀也。「誠者，物之終始」。如半板已前心在書上，則只在半板有始有終；半板以後心不在焉，則無物矣。壯祖。

謂諸友曰：鄭仲履之學，只管從小小處看，不知經旨初不如此，觀書當從大節目處看。程子有言：「平其心，易其氣，闕其疑，則聖人之意可見矣。」蓋卿。

方叔弟問：平居時習，而習中每覺有愧，何也？曰：如此，只是工夫不接續。

册子工夫。如某文字說話，朋友想都曾見之。想只是看過，所以既看過，依舊只如舊時。只是將身掛在理義邊頭，不曾真箇與之爲一，須是決然見得未嘗離，不可相捨處，便自然着做不能已也。又曰：學者肯做工夫，想是自有時。然所謂時者，不可等候，只自肯做時便是也。今學者自不以爲飢，如何強他使食？自不以爲渴，如何強他使飲？必大。

江元益問「入德」。曰：德者，己之所自有。入德，只是進得底。且如仁義禮智，自家不得，便不是自家底。榦。

江元益問：門人勇者爲誰？曰：未見勇者。榦。

林叔和別去，請教。曰：根本上欠工夫，無歸宿處。如讀書、應事接物，固當用功。不讀書、不應事接物時如何？林好主

要習，須常令工夫接續則得。又問「尋求古人意思」。曰：某嘗謂：學者須是信，又須不信，久之，却自尋得箇可信底道理，則是真信也。大雅。

先生以林一之問卷示諸生，曰：一之恁地沉淪，不能得超脫。他說生物之心，我與那物同，便會相感。這生物之心，只是我底，觸物便自然感，非是因那物有此心，我方有此心。且赤子不入井，牛不觳觫時，便無此心何之？須常粧箇赤子入井、牛觳觫在面前，方有此惻隱之心；無那物有此心乎？又說義利作甚？此心才有不存，便錯了。未說到那義利處。淳。

林一之問：先生說動靜，莫只是動中有靜、靜中有動底道理？曰：固是如此。然何須將來引證？某僻性最不喜人引證。動中靜、靜中動，古人已說了，今更引來，要如何引證得是？但與此文義不差耳，有甚深長？今自家理會這處，便要將來得使恁地泛泛引證，作何用？明道言介甫說塔，不是上塔，今人正是說塔。須是要直上那頂上去始得，說得濟甚事？如要去取咸陽，一直去取便好，何必問咸陽是如何廣狹、城池在那處、宮殿在那處，亦何必說是雍州之地，但取得其地便是。今恁地引證，恰似要說咸陽，元不曾要取他地。寓。

郭叔雲問：為學之初，在乎格物。物不成都無理，從何處下手？曰：人箇箇有知，物物有理，但不能推而致之耳。格物，是格物理至徹底處。又云：致知、格物只是一事，非是今日格物，明日又致知。格物以理言，致知以心言。恪。

先生教郭曰：為學切須收斂端嚴，就自家身心上做工夫，自然有所得。恪。

與馮德貞說爲己爲人，❶曰：若不爲己，看做甚事都只是爲別人。雖做得好，亦不關己。自家去從師，也不是要理會身己；自家去取友，也不是要理會身己。只是漫恁地，只是要人說道也曾如此，要人說道好。自家又識得甚麽人，自家又有幾箇朋友，這都是徒然。說道，看道理，不曾着自家身己，如何曉得？世上如此爲學者多，只看爲己底是如何，他直是苦切。事事都是自家身己，如此方可，不如此定是不可。今有人苦學者，他因甚恁地苦？只爲見這物事是自家合做底事。如人喫飯，定是要喫。又如人做家主，要錢使，在外面百方做計，壹錢也要將歸。這是自家肚飢，定是要喫。若如此爲學，如何會無所得。賀孫。

余國秀問治心脩身之要。以爲雖知事理之當爲，而念慮之間多與日間所講論者相違。曰：且旋恁地做去，只是如今且說箇「熟」字，這「熟」字如何便得到這地位？到得熟地位，自有忽然不可知處。不是被你硬要得，直是不知不覺得如此。賀孫。

國秀問：向曾問身心性情之德，蒙批誨，云云。宋傑竊於自己省驗，見得此心未發時，其仁義禮智之體渾然未有區別。於此敬而無失，則發而爲惻隱、羞惡、辭遜、是非之情，自有條理而不亂。如此體認，不知是否？曰：未須說那「敬而無失」，與未有區別，及自有條理而不亂在，且要識認得這身心性情之德是甚底模樣。說未有區別，亦如何得？雖是未發時無所分別，然亦不可不有所分別。蓋仁自有一箇仁底模樣物

❶「貞」，原作「英」，今據朝鮮本、萬曆本改。

事在内,義自有箇義底模樣物事在内,禮、智皆然。今要就發處認得在裏面物事是甚模樣。故發而爲惻隱,必要認得惻隱之根在裏面是甚底物事;發而爲羞惡,必要認得羞惡之根在裏面是甚底物事,禮、智亦如之。譬如木有四枝,雖只一箇大根,然必有四根,一枝必有一根也。又問:宋傑尋常覺得資質昏愚,但持敬則此心虛静,覺得好。若敬心稍不存,則裏面固是昏雜,而發於外亦鶻突,所以專於「敬而無失」上用功。曰:這裏未消説敬與不敬在。蓋敬是第二節事,而今便把來夾雜説,則鶻突了,愈難理會。且只要識得那一是一,二是二。便是虛静,也要識得這物事。不虛静,也要識得這物事。如未識得這物事時,則所謂虛得這物事,亦是箇黑底虛静,不是白底虛静。而今須是要打破那黑底虛静,換做箇白浄底虛

静,則八窗玲瓏,無不融通。不然,則守定那裏底虛静,終身黑淬淬地,莫之通曉也。燾。

問:先生答余國秀云「須理會得其性情之德」。曰:須知那箇是仁義禮智之性,那箇是惻隱、羞惡、恭敬、是非之情,始得。

問:且如與人相揖,便要知得禮數合當如此。不然,則「行矣而不著,習矣而不察」。曰:常常恁地覺得,則所行也不會大段差舛。胡泳。

用之舉似:先生向日曾答蔡文書,承喻「以禮爲先」之説。又「似識造化」不免倚於一物,未是親切工夫耳。❶大抵濂溪説得的當,《通書》中數數拈出「幾」字。要當如此瞥地,即自然有箇省力處,無規矩

❶「是」,朝鮮本、萬曆本作「知」。

中却有規矩，未造化時已有造化。此意如何？曰：幾是要得。❶且於日用處省察，善便存放這裏，惡便去而不爲，便是自家切己處。古人禮儀都是自少理會了，只如今人低躬唱喏，自然習慣。今既不可考，而今人去理會，合下便別將做一箇大頭項。又不道且理會切身處，直是要理會古今因革一副當。❷將許多精神都枉耗了，元未切自家身己在。又曰：只有《大學》教人致知、格物底，便是就這處理會；到意誠、心正處展開去，自然大。若便要去理會甚造化，先將這心弄得大了，少間都沒物事說得滿。賀孫。

林仲參問下學之要受用處。曰：潑底倚卓在屋下坐，便是受用。若貪慕外面高山曲水，便不是受用底。舉詩云：「貧家净掃地，貧女好梳頭。下士晚聞道，聊以拙自

修。」前人只恁地說了。銖。

劉淮求教。曰：某無別法，只是將聖賢之書虛心下氣以讀之，且看這箇是，那箇不是。待得一回推出一回新，便是進處。不然，只是外面事，只管做出去，不見裏面滋味，如何責得他？

趙恭父再見。問：別後讀書如何？曰：近覺得意思却不甚迫切。曰：若只恁地據見定做工夫，却又有苟且之病去。曰：安敢苟且？曰：既不迫切，便相將向這邊來，又不可不察。又問：切己工夫，如何日愈見得己私難勝？曰：這箇也不須苦苦與他爲敵。但纔覺得此心隨這物事去，便與他喚回來，便都沒事。

❶ 「是」，朝鮮本、萬曆本作「箇」。
❷ 「今」，萬曆本作「人」。

謂南城熊曰：聖賢語言，只似常俗人說話。如今須是把得聖賢言語，湊得成常俗言語，方是。不要引東引西。若說這句未通，又引那句，終久兩下都理會不得。若這句已通，次第到那句自解通。銖。

看文字，不可過於疏，亦不可過於密。如陳德本有過於疏之病，楊志仁有過於密之病。蓋太謹密，則少間看道理從那窮處去，更插不入。不若且放下，放開闊看。叔蒙亦看得好，與器之看文字見得快，與前不同。賀孫。

許敬之侍教，屢與言，不合。曰：學未曉理，亦無害；說經未得其意，亦無害。且須靜聽說話，尋其語脉是如何。一向強辯，全不聽所說，胸中殊無主宰，少間只成箇狂妄人去。淳。

純叟問：方讀書時，覺得無靜底工夫。

須有讀書之時，有虛靜之時。曰：某舊見李先生，嘗教令靜坐。後來看得不然，只是一箇「敬」字好。方無事時，敬於自持。凡心不可放入無何有之鄉，須收斂在此。及應事時，敬於應事；讀書時，敬於讀書：便自然該貫動靜，心無時不存。德明。

先生見及劉淳叟事，曰：淳叟待要遺物，物本不可遺。大雅。

坐間有及劉淳叟事，曰：不意其變常至此。某向往奏事時來相見，極口說陸子靜之學大謬。某因詰之云：「若子靜學術自當付之公論，公如何得如此說他？」此亦見他質薄處。然某初間深信之，❶畢竟自家喚做不知人。賀孫。

《辨姦論》謂「事之不近人情者，鮮不爲

❶「某」，萬曆本作「其」。

大姦慝」。每常嫌此句過當，今見得亦有此樣人。某向年過江西與子壽對語，而劉淳叟堯夫獨去面角頭坐，都不管，學道家打坐，被某罵云：「便是某與陸文言不足聽，亦有數年之長，何故恁地作怪！」義剛。

因論劉淳叟事云：漕自來爲之亦好。不然，淳叟自爲太掀揭，故生事。

論治三吏事云：添差倅亦可爲。委別了事人。

因論今趙帥可語，鹽弊何不一言，云：某如何敢與？大率以沉審爲是，出位爲戒。振。

陳寅仲問劉淳叟。曰：劉淳叟，方其做工夫時，也過於陳正己；及其狼狠，也甚於陳正己。陳正己輕薄，向到那裏，覺得他意思大段輕薄，每事只說道他底是。他姿質本自撈攘，❶後來又去合那陳同父。伯恭教他時，只是教他權數了。笑云：向前見他門人伯恭教人，不知是怎生地至此。

有箇祭文云，其有能底，則教他立功名、作文章；其無能底，便語他正心誠意。義剛。

先生說：陳正己、薛象先喜之者何事？賀孫云：想是喜其有才。曰：叔權謂長孺：併無其才，全做事不成。汪長孺謂：「他日觀氣質之變，以驗進道之淺深。」此說最好。大凡人須是子細沉靜，《大學》謂「知止而後有定，❷定而後能靜，靜而後能安，安而後能慮，慮而後能得」。如一件物事，自家知得未曾到這裏，所見未曾定。以無定之見遂要決斷此事，如何斷得盡？一件物事有長有短，自家須實見得他那處是長，那處是短。如今便一定把着他短處，便一齊沒他長處。若只如此，少間一齊不通。《禮

❶ 「姿」，萬曆本作「資」。
❷ 「知」，原作「之」，今據朝鮮本、萬曆本改。

記》云：「疑事毋質，直而勿有。」看古人都是恁地不敢草草。周先生所以有「主靜」之說，如蒙、艮二卦皆有靜止之體。《洪範》五事「聽曰聰，聰作謀」，謀屬水，水有細潤意思；人之為謀，亦欲細潤。聖人所以為聖人，只是「動靜不失其時，時止則止，時行則行」。聖人這般所在，直是則得好。自家先恁地浮躁，如何要發得中節？做事便事事做不成，說人則不曾說得著實。又曰：老子之術，自有退後一著。事也不攙前去做，說也不曾說將出，但任你做得狼狽了，自家徐出以應之。如人當紛爭之際，自去僻靜處坐，任其如何。彼之利害長短，一一都冷看破了，從旁下一著，定是的當。此固是不好底術數，然較之今者浮躁胡說亂道底人，彼又較勝。因舉老子語「豫兮若冬涉川，猶兮若畏四鄰，儼若客，渙若冰將釋」。子房深於老子之學，曹參學之，有體而無用。賀孫。

問：姜叔權自言終日無思慮，有「寂然不動」之意，德輔疑其已至。曰：只問他還能「感而遂通天下之故」否？曰：須是窮理，若只如此，則不須說格物、致知。問：如此，則叔權之靜未是至？曰：固是。德輔。戴明伯請教。曰：且將一件書讀。聖人之言，即聖人之心；聖人之心，即天下之理。且逐段看令分曉，一段分曉，又看一段。如此至一二十段，亦未解便見箇道理，但如此心平氣定，不東馳西騖，則道理自逐旋分明。去得自家心上一病，便是一箇道理明也。道理固是自家本有，但如今隔一

❶「只」，萬曆本作「且」。

隔了，須逐旋揩磨呼喚得歸，然無一喚便見之理。如金溪只要自得，若自得底是，固善；若自得底非，却如何？不若且虛心讀書，讀書切不可自謂理會得了，便理會得；且只做理會不得。某見說不會底，便有長進；不長進者，多是自謂已理會得了底。如此，則非特終身不長進，便假如釋氏三生十六劫，也終理會不得。又云：此心先錯用向東去，及至喚回西邊，又也只是那向東底心；但只列轉些頓放，元不曾改換。後來雖不侫佛，來誦《大學》、《論》、《孟》，却依舊趕遍數，荒荒忙忙誦過，此亦只是將念《大悲咒》時意思移來念儒書爾。有一學者先佞佛，日逐念《金剛大悲咒》不停口。後來雖不念佛，日念《大悲咒》不必大。

括蒼徐元明，名琳。鄭子上同見，先生說：「博學而詳說之，將以反說約也。」今江西諸人之學，只是要約，更不務博。本來雖有些好處，臨事盡是鑿空杜撰。至於呂子約，又一向務博，而不能反約。讀得書多，左牽右撰，橫說直說，皆是此理。沈叔晦不讀書，不教人，只是所守者淺狹，只有些子道理，便守定了，亦不博之弊。璘。

陸深甫問爲學次序。曰：公家庭尊長平日所以教公者如何？陸云：刪定叔祖所以見教者，謂此心本無虧欠，人須見得此心，方可爲學。曰：此心固是無虧欠，然須是事事做得是，方無虧欠。若只說道本無虧欠，只見得這箇便了，豈有是理。因說：江西學者自以爲得陸刪定之學，便高談大論，略無忌憚。忽一日自以爲悟道，明日與人飲酒，如法罵人。某謂賈誼云秦二世今日即位而明日射人，今江西學者乃今日悟

道而明日罵人，不知所悟者果何道哉？時舉。

包詳道書來言「自壬子九月一省之後」，云云。先生謂顯道曰：人心存亡之決，只在出入息之間。豈有截自今日今時便鬼亂，已後便悄悄之理？聖賢之學，是揎揎定定做，不知不覺，自然做得徹。若如所言，則是聖賢修爲講學都不須得，只等得一旦恍然悟去，如此者起人僥倖之心。義剛。

看孫吉甫書，見得是要做文字底氣習。且如兩漢、晉、宋、隋、唐風俗，何嘗有箇人要如此變來？只是其風俗之變，衮來衮去，自然如此。漢末名節之極，便變作清虛底道理。到得陳、隋以後，都不理會名節，也不理會清虛，只是相與做一般纖艷底文字。君臣之間，把這文字做一件大事理會。如進士舉是隋煬帝做出來，至唐三百年以

至國初，皆是崇尚文辭。鄭子上問：風俗衮來衮去，如何到本朝程先生出來便理會發明得聖賢道理？曰：周子、二程説得道理如此，亦是上面諸公那趲將來。當楊、劉時，只是理會文字，到范文正、孫明復、石守道、李泰伯、常夷甫諸人，漸漸刊落枝葉，務去理會政事，思學問見於用處。及胡安定出，又教人作「治道齋」，理會政事，漸漸得近裏，所以周、程發明道理出來，非一人之力也。璘。

先生謂杜叔高曰：學貴適用。節。

先生謂魯可幾曰：事不要察取盡。

或問徐子顔。曰：其人有守，但未知所見如何。文蔚。

今學者有兩樣，意思鈍底，又不能得他理會得；到得意思快捷底，雖能當下曉得，

然又恐其不牢固。如龔鄴伯理會也快，但恐其不牢固。賀孫。

先生問郭廷碩：今如何？曰：也只如舊為學。曰：賢江西人，樂善者多，知學者少。又說：楊誠齋廉介清潔，直是少。謝尚書和易寬厚，也煞樸直。昔過湘中時，曾到謝公之家，頹然在敗屋之下，全無一點富貴氣，也難得。又曰：聞彭子壽造居甚大，何必如此？又及一二人，曰：以此觀謝尚書，直是樸實。祖道。

先生問：湘鄉舊有從南軒遊者，為誰？佐對以周奭允升、佐外舅舒誼周臣。外舅沒已數歲，南軒答其論《知言》疑義一書，載《文集》中。允升藏脩之所正枕江上，南軒題曰「漣溪書室」。鄉曲後學講習其間，但允升今病不能出矣。先生曰：南軒向在靜江曾得書，甚稱說允升，所見必別，

安得其一來？次第送少藥物與之。佐。

直卿告先生以趙友裕復有相招之意，先生曰：看今世務已自沒可奈何，只得隨處與人說，得識道理人多，亦是幸事。賀孫。

呂德遠辭，云將娶，擬某日歸。及期，其兄云：與舍弟商量了，且更承教一月，卻歸。曰：公將娶了，如何又恁地說？此大事，不可恃地。宅中想都安排了，須在等待，不可如此。呂即日歸。義剛。

季繹勸蔡季通酒，止其泉南之行。蔡決於先生，先生笑而不答，良久云：身勞而心安者為之，利少而義多者為之。人傑。○廣錄云：「或有所欲為，謀於先生。曰：心佚而身勞，為之；利少而義多，為之。」

先生看糊窗，云：有些三子不齊整，便不是他道理。朱季繹云：要好看，却從外糊。直卿云：此自欺之端也。賀孫。

朱子語類卷第一百二十一 計二十八板

朱子十八

訓門人九 總訓門人而無名氏者，爲此卷。

朋友乍見先生者，先生每日：若要來此，先看熹所解書也。

世昌問：先生教人，有何宗旨？曰：某無宗旨，尋常只是教學者隨分讀書。文蔚。

讀書須是成誦，方精熟。今所以記不得，說不去，心下若存若亡，皆是不精不熟之患。若曉得義理，又皆記得，固是好。若曉文義不得，只背得，少間不知不覺，自然曉得。

相觸發，曉得這義理。蓋這一段文義橫在心下，自是放不得，必曉而後已。若曉不得，又記不得，更不消讀書矣。横渠云：「讀書須是成誦。」今人所以不如古人處，只爭這些子。古人記得，故曉得；今人鹵莽，只記不得，故曉不得。緊要處、慢處皆須成誦，自然曉得也。今學者若已曉得大義，但有一兩處阻礙說不去，某這裏略此數句發動，自然曉得。今諸公盡不曾曉得，縱某多言何益？無他，只要熟看熟讀而已，別無方法也。卓。○僩略。

一學者患記文字不起，先生曰：只是不熟，不曾玩味入心，但守得册子上言語，所以見册子時記得，纔放下便忘了。若使自家實得他那意思，如何會忘？譬如人將一塊生薑來，須知道是辣。若將一塊砂糖來，便不信是辣。端蒙。

謂一士友曰：向嘗收書，云「讀書不用精熟」，又云「不要思惟」。讀書正要精熟，而言不用精熟；學問正要思惟，而言不可思惟。只爲此兩句在胸中做病根。正如人食冷物留於脾胃之間，十數年爲害。所以與吾友相別十年只如此者，病根不除也。蓋卿。

嘗見老蘇說他讀書：《孟子》、《論語》、《韓子》及其他聖人之文，兀然端坐終日以讀者十八年。方其始也，入其中而惶然，博觀於其外而駭然以驚。及其久也，讀之益精，而其胸中豁然以明，若人之言固當然者，猶未敢自出其言也。時既久，胸中之言日益多，不能自制。試出而書之，已而再三讀之，渾渾乎覺其來之易矣。又韓退之《答李翊》、柳子厚《答韋中立書》言讀書用功之法，亦可見。某嘗歎息，以爲此數人者，但

求文字、言語、聲響之工，用了許多功夫，費了許多精力，甚可惜也。今欲理會這箇道理，是天下第一至大至難之事，乃不曾用得旬月功夫熟讀得一卷書，只是泛然發問，臨時湊合，元不曾記得本文，及至問著，元不曾記得一段首尾。其能言者，不過敷演已說，與聖人言語初不相干，是濟甚事？今請歸家正襟危坐，取《大學》、《論語》、《中庸》、《孟子》逐句逐字分曉精切，求聖賢之意，切己體察，著己踐履，虛心體究。如是兩三年，然後方去尋師證其是非，方有可商量，有可議論，方是「就有道而正焉」者。入道之門，是將自家身己入那道理中去，漸漸相親，久之與己爲一。而今人道理在這裏，自家身在外面，全不曾相干涉。

因言及釋氏而曰：釋子之心卻有用處，若是好叢林，得一好長老，他直是朝夕

汲汲不捨，所以無有不得之理。今公等學道，此心安得似他？是此心元不曾有所用，逐日流蕩放逐，如無家之人。思量一件道理不透，便颺去聲放一壁，不能管得，三日五日不知拈起，每日只是悠悠度日，說閒話逐物而已。敢說公等無一日心在此上！莫說一日，一時也無；莫說一時，頃刻也無。悠悠漾漾，似做不做，從生至死，忽然無得而已。今朋友有謹飭不妄作者，亦是他資稟自如此。然其心亦無所用，只是閒慢過日。或云：須是汲汲。曰：公只會說汲汲，元不曾汲汲。若是汲汲用功底人，自別。他那得工夫說閒話？精專懇切，無一時一息不在裏許。思量一件道理，直是思量得徹底透熟，無一豪不盡。今公等思量這一件道理，思量到半間不界，便掉了，少間又看那一件；那件看不得，又掉

了，又看那一件。如此沒世不濟事。若真箇看得這一件道理透，入得這箇門路，以之推他道理，也只一般。只是公等不曾通得這箇門路，每日只是在門外走，所以都無入頭處，都不濟事。又曰：若是大處入不得，所以東觸西入；東邊入不得，便從西邊入。及至入得了，觸處皆是此理。今公等千頭萬緒，不曾理會得一箇透徹，所以東觸西模，❶更無一箇入頭處。❷又曰：學道做工夫，須是奮厲警發，悵然如有所失，不尋得則不休。如自家有一大光明寶藏，被人偷將去，此心還肯放捨否？定是去追捕尋捉得了方休。做工夫亦須如此。㒖。

諸公來聽說話，某所說亦不出聖賢之言。然徒聽之亦不濟事，須是便去下工夫

---

❶「觸」，萬曆本作「解」。
❷「更」，萬曆本作「便」。

始得。近覺得學者所以不成頭項者，只緣聖賢說得多了，既欲爲此，又欲爲彼。如夜來說「敬以直內，義以方外」，若實下工夫，見得真箇是敬立則內直，義形而外方，這終身可以受用。今人却似見得這兩句好，又見說「克己復禮」也好，又見說「出門如見大賓」也好，空多了，少間却不把捉得一項周全。賀孫。

今學者看文字，不必自立說，只記得前賢與諸家說，便得。而今看自家如何說，終是不如前賢。須盡記得諸家說，方有箇攛簇處，這義理根脚方牢，這心也有泊處。今心路只在這上走，久久自然曉得透熟。今公輩看文字，大概都有箇生之病，所以說得來不透徹。只是去巴攬包籠他，元無實見處。某舊時看文字極難，諸家說盡用記。且如毛《詩》，那時未似如今說得如此條暢。

古今諸家說，盡用記取，❶閑時將起思量。這一家說得那字是，那家說得那字不是；那字是，那家說得全非，所以是者是如何，所以非者是如何。只管思量，少間這正當道理，自然光明燦爛在心目間，如指諸掌。今公門只是紐捏巴攬來說，都記得不熟，所以這道理收拾他不住，自家也使他不動，他也不服自家使。相聚得一朝半日，又散去了，只是不熟。這箇道理，古時聖賢也如此說，今人也如此說，說得大概一般。然今人說終是不似，所爭者只是熟與不熟耳。縱使說得十分全似，猶不似在，何況和那十分似底也不曾看得出。敬子云：而今每日只是優游和緩，分外看得幾遍，分外讀得幾遍，意思便

❶「盡」，萬曆本作「蓋」。

覺得不同。曰：而今使未得優游和緩，須是苦心竭力下工夫方得。那箇優游和緩，須是做得八分九分成了，方使得優游和緩。而今便說優游和緩，只是泛泛而已矣。這箇做功夫，須是放大火中鍛煉，鍛教他通紅，鎔成汁，瀉成鋌，方得。今只是略略火面上燖得透，全然生硬，不屬自家使在，濟得甚事？須是縱橫舒卷皆由自家使得，方好搦成團，捺成匾，放得去，收得來，方可。某嘗思：今之學者所以多不得力，不濟事者，只是不熟。平生也費許多功夫看文字，下稍頭都不得力，正緣不熟耳。只緣一箇不熟，少間無一件事理會得精。呂居仁記老蘇說平生因聞「升裏轉，斗裏量」之語，遂悟作文章妙處。這箇須是爛泥醬熟，縱橫妙用皆由自家，方濟得事也。〔個〕

某煞有話要與諸公說，只是覺次序未到，而今只是面前小小文義尚如此理會不透，如何說得到其他事。這箇事，須是四方上下、小大本末，一齊貫穿在這裏，一齊理會過。其操存踐履處，固是緊要，不可間斷。至於道理之大原，固要理會，纖悉委曲處，也要理會；制度文爲處，也要理會；古今治亂處，也要理會；精粗大小，無不當理會。四邊一齊合起，功夫無些鑄漏。東邊見不得，西邊須見得；這下見不得，那下須見得。既見得一處，則其他處亦可類推。而今只從一處去攻擊他，又不曾着力，濟得甚事？如坐定一箇地頭，而他支脚也須分布擺陣。如大軍厮殺相似，大軍在此坐以鎮之，游軍依舊去別處邀截，須如此作功夫方得。而今都只是悠悠，礙定這一路，略略拂過，今日走來挨一挨，又退去，明日亦是如此。都不曾抓着那痒處，何況更望掐着

那痛處。所以五年十年只是恁地，全不見長進。這箇須是勇猛奮厲，直前不顧去做，四方上下一齊著到，方有箇入頭。孔子曰：「仁遠乎哉？我欲仁，斯仁至矣。」這箇全要人自去做。孟子所謂弈秋，只是爭這些子，一箇進前要做，一箇不把當事。某八九歲時讀《孟子》到此，未嘗不慨然奮發，以爲爲學須如此做功夫。當初便有這箇意思如此，只是未知得那綦是如何著，是如何做功夫。自後更不肯休，一向要去做功夫。今學者不見有奮發底意思，只是如此悠悠地過。今日見他是如此，明日見他亦是如此。

因建陽士人來請問，先生曰：公門如此做工夫，大故費日子。覺得今年只似去年，前日只是今日，都無昌大發越底意思，這物事須教看得精透後，一日千里始得。

而今都只泛泛在那皮毛上理會，都不曾抓著那痒處，濟得甚事？做工夫一似穿井相似，只是穿到水處，自然流出來不住。如今都說出去燥，只是心不在，不曾著心。如何說道：正是出一日，便不曾做得工夫？某常說：正是出去路上好做工夫。且如出十里外，既無家事炒，又無應接人客，正好提撕思量道理。所以學貴「時習」，到「時習」，自然「說」也。如今不敢說「時習」，須看得見那物事方能「時習」。如今都看不見，只是不曾入心，所以在窗下看，才起去便都忘了。須是心心念念在上，便記不得細注字，也須時時提起經正文在心，也爭事。而今都只在那皮毛上理會，盡不曾抓著痒處。若看得那物事熟時，少間自轉動不得。自家脚才動，自然踏著那物事行。又云：須是得這道理入心不忘了，然後時時以義理澆灌之。而今這

種子只在地面上，不曾入地裏去，都不曾與土氣相接着。

學者悠悠是大病。今覺諸公都是進寸退尺，每日理會些小文義，都輕輕地拂過，不曾動得皮毛上。這箇道理規模大，體面闊，須是四面去包括，方無走處。今只從一面去，又不曾着力，如何可得？且如曾點、漆雕開兩處，漆雕開事言語少，難理會，曾點底須子細看他是樂箇甚底，是如何地樂。不只是聖人說這箇事可樂，便信着他。須是自見得箇可樂底，❶依人口說不得。又曰：而今持守，便打疊教淨潔。看文字，須著意思索；應接事物，都要是當。四面去討他，自有一面通處。又曰：如見陳斯毅，擺着鼓，只是向前去，有死無二，莫更回頭，始得。胡泳。

或言：在家袞袞，但不敢忘書册，亦覺未免間斷。曰：只是無志，若說家事，又如何汩沒得自家？如今有稍高底人，也須會擺脫得過，山間坐一年半歲，是做得多少工夫。只恁地，也立得箇根腳。若時往應事，亦無害，較之一向在事務裏袞，是爭那裏去。公今三五年不相見，又只恁地悠悠，人生有幾箇三五年耶？賀孫。

或有來省先生者。曰：別後讀何書？曰：雖不敢廢學，然家間事亦多，難得全功。曰：覺得公今未有箇地頭在，光陰可惜，不知不覺便是三五年。如今又去赴官，官所事尤多，益難得餘力。人生能得幾箇三五年？須是自強。若尋得箇地頭，可以自上做做一兩年工夫，須尋得箇僻靜寺院將去。若似此悠悠，如何得進。廣。

❶「須」，萬曆本作「原」。

某見今之學者皆似箇無所作爲，無圖底人相似。人之爲學，當如救火追亡，猶恐不及。如自家有箇光明寶藏被人奪去，尋求趕捉，必要取得，始得。今學者只是悠悠地無所用心，所以兩年、三年、五年、七年相別，及再相見，只是如此。_{個。}

謂諸生曰：公皆如此悠悠，終不濟事。今朋友着力理會文字，一日有一日工夫，然尚恐其理會得零碎，不見得周匝。若如諸公悠悠，是要如何？光陰易過，一日減一日，一歲無一歲，只見老大。忽然死着，思量來這是甚則劇，恁地悠悠過了。_{賀孫。}

某平日於諸友看文字，相待甚寬，且只令自看。前日因病，覺得無多時月，於是大懼。若諸友都只恁悠悠，終於無益。只要得大家盡心，看得這道理分明透徹。所謂道理，也只是將聖賢言語體認本意。得

其本意，則所言者便只此道理，一一理會令十分透徹，無些鑄縫蔽塞，方始住。每思以前諸先生盡心盡力，理會許多道理，當時亦各各親近師承，今看來各人自是一說。本來諸先生之意，初不體認得，只各人挑載得些去，自做一家說話，本不曾得諸先生之心。某今惟要諸公看得道理分明透徹，無些小蔽塞。某之心，即諸公之心；諸公之心，即某之心，都只是這箇心。如何有人說到這地頭，又如何有人說不到這地頭？❶這是因甚恁地？這須是自家大段欠處。_{賀孫。}

先生痛言諸生工夫悠悠，云：今人做一件沒緊要底事，也着心去做，方始會成。如何悠悠會做得事？且如好寫字底人，念

---

❶「到」，萬曆本作「得」。

念在此，則所見之物無非是寫字底道理。又如賈島學作詩，只思「推」、「敲」兩字，在驢上坐，把手作推、敲勢。大尹出，有許多車馬人從，渠更不見，不覺犯了節。只此「推」、「敲」二字，計甚利害？他直得恁地用力，所以後來做得詩來極是精高。今吾人學問，是大小大事，却全悠悠，若存若亡，更不着緊用力，反不如他人做沒要緊底事，可謂倒置。諸公切宜勉之！時舉。

諸友只有箇學之意，都散漫，不恁地勇猛，恐度了日子。須著火急痛切意思，嚴了期限，趕了工夫，辦幾箇月日氣力去攻破一過，便就裏面旋旋涵養。如攻寨，須出萬死一生之計，攻破了關限，始得。而今都打寨未破，只循寨外走。道理都咬不斷，何時得透？淳。

謂諸生曰：公說欲遷善改過而不能，

只是公不自去做工夫。若恁地安排排，只是做不成。如人要赴水火，這心才發，便入裏面去。若說道在這裏安排，便只不成。看公來此，逐日只是相對默坐無言，恁地慢騰騰，如何做事？數日後，復云：坐中諸公有會做工夫底，有病痛底，某一一都看見，逐一救正他。惟公恁地循循默默，都理會公心下不得，這是幽冥暗弱，這是大病。若是剛勇底人，見得善，便還他做得透。❶做不是處，也顯然在人耳目，人皆見之。前日公說「風雷益」，看公也無些子風意思，也無些子雷意思。賀孫。

某於相法，却愛苦硬清癯底人，然須是做得那苦硬底事。若只要苦硬，而不知為

❶「便」，萬曆本作「别」。

學，❶何貴之有？而今朋友遠處來者，或有意於爲學。眼前朋友大率只是據見定了，更不求進步。而今莫說更做甚工夫，只真箇看得百十字精細底，也不見有。或曰：今之朋友，大率多爲作時文妨了工夫。曰：也不曾見做得好底時文，只是剽切亂道之文而已。若要真箇做得時文底，也須深資廣取以自輔益，以之爲時文，莫更好？只是讀得那亂道底時文，求合那亂道底試官，爲苟簡蔑裂底工夫。❷他亦不曾子細讀那好底時文，和時文也有時不子細讀得。某記少年應舉時，嘗下視那試官，説他如何曉得我底意思。今人盡要去求合試官，越做得那物事低了。嘗見已前相識間做賦者，甚麼樣讀書？無書不讀。而今只念那亂道底賦，有甚見識？若見識稍高，讀書稍多，議論高人，豈不更做得好文字出？看來如今學者之病，多是箇好名。且如讀書，却不去子細考究義理，教極分明。只是纔看過便了，只道自家已看得甚字了，都不思量於身上濟得甚事。這箇只是做箇名聲，其實又做得甚麼文字？下梢只得人説他已看得甚文字了。這箇非獨卓丈如此，看來都如此。若恁地，也是枉了一生。賀孫。

今學者大抵不曾子細玩味得聖賢言意，却要懸空妄立議論。一似喫物事相似，肚裏其實未曾飽，却以手鼓腹，向人説「我已飽了」。只此乃是未飽，若真箇飽者，却

❶「而」，萬曆本作「亦」。
❷「蔑」，四庫本作「滅」。

未必說也。人人好做甚銘,做甚贊,於已分上其實何益?既不曾實講得書,玩味得聖賢言意,則今日所說者是這箇話,明日又只是這箇話,豈得有新見邪?切宜戒之!時舉。

今朋友之不進者,皆有「彼善於此為足矣」之心,而無求為聖賢之志;故皆有自恕之心,而不能痛去其病。故其病常隨在,依舊逐事物流轉,將求其彼善於此亦不可得矣。大雅。

昌父言:學者工夫多間斷。曰:聖賢教人,只是要救一箇間斷。蔚。

因說學者工夫間斷,謂:古山和尚自言:「喫古山飯,阿古山矢,只是看得一頭白水牸。」今之學者却不如他。文蔚。

有一等朋友,始初甚銳意,漸漸疏散,終至於忘了。如此,是當初不立界分做去。

士毅。

今來朋友相聚,都未見得大底道理。還且謾恁地逐段看,還要直截盡理會許多道理,教身上沒些子虧欠。若只恁地逐段看,不理會大底道理,依前不濟事。這大底道理,如曠闊底基址,須是開墾得這箇,方始架造安排,有頓放處。見得大底道理,方有立脚安頓處。若不見得大底道理,如人無箇居着,趁得百十錢歸來,也無頓放處;況得明珠至寶,安頓在那裏?自家一身都是許多道理。人人有許多道理,蓋自天降衷,萬理皆具仁義禮智,❶君臣、父子、兄弟、朋友、夫婦,自家一身都擔在這裏。須是理會了,體認教一一周足,略欠闕此子不得。須要緩心,直要理會教盡。須是大

❶「具」原作「其」,今據朝鮮本、萬曆本改。

作規模，闊開其基，廣闊其地，少間到逐處，即看逐處都有頓放處。日用之間，只在這許多道理裏面轉，喫飯也在上面，上床也在上面，下床也在上面，脫衣服也在上面，更無些子空闕處。堯、舜、禹、湯也只是這道理。如人刺繡花草，不要看他繡得好，須看他下針處；如人寫字好，不要看他寫得好，只看他把筆處。賀孫。

先生問：諸公莫更有甚商量？坐中有云：此中諸公學問皆溺於高遠無根，近來方得生生發明，❶未遽有問。將來有所疑，却寫去問。先生曰：「以待來年然後已」說話，此只是不曾切己立志。睡也不着，起來理會，所以「發憤忘食」「終日不食，終夜不寢」去理會。今人有兩般見識：一般只是談虛說妙，全不切己，把做一場說話了；又有一般人說此事

難理會，只恁地做人自得，讓與他門自理會。如人交易，情願批退帳，待別人典買。今人情願批退學問底多。謙。諸公數日看文字，不曾切己。凡看文字，非是要就文字上理會，正要理會自家性分上事。學者須要主一，主一當要心存在這裏，方可做工夫。如人須尋箇屋子住，至於爲農工商賈，方惟其所之。主者無箇屋子，如小人趁得百錢亦無歸宿。孟子說「求其放心」，已是兩截。如常知得心在這裏，則心自不放。又云：無事時須要知得此心，不知此心，恰似睡困，都不濟事。今看文字，又理會義理不出，亦只緣主一工夫欠闕。植。○時舉同。

先生一日謂諸生曰：某患學者讀書不

❶ 「生生」，萬曆本作「先生」。

非特不見經文正意，只諸家之說，亦看他正意未著。又曰：《中庸》言「慎思」，何故不言深思？又不言勤思？蓋不可枉費心去思之，須是思其所當思者，故曰「慎思」也。必大。

或問：向蒙見教，讀書須要涵泳，須要浹洽。因看《孟子》千言萬語，只是論心。七篇之書如此看，是涵泳工夫否？曰：某爲見此中人讀書大段鹵莽，所以說讀書須當涵泳，只要子細看玩尋繹，令胸中有所得爾。如吾友所說，又襯貼一件意思，硬要安排，看書豈是如此？或曰：先生涵泳之說，乃杜元凱「優而柔之」之意？曰：固是如此，亦不用如此解說。所謂「涵泳」者，只是子細讀書之異名。與人說話便是難，某只是說一箇「涵泳」，一人硬來安排，一人硬來解說。此是隨語生解，支離延蔓，閑說閑

求經旨，談說空妙，故欲令先通曉文義，就文求意。下梢頭往往又只守定冊子上言語，却看得不切已。須是將切己看，玩味入心，力去行之，方有所益。端蒙。

學者說文字或支離泛濫，先生曰：看教切已。文蔚。

學者講學，多是不疑其所當疑，而疑其所不當疑。不疑其所當疑，故眼前合理會處多蹉過；疑其所不當疑，故枉費了工夫。金溪之徒不事講學，只將箇心來作弄，胡撞亂撞。此間所以令學者入細觀書做工夫者，正欲其熟考聖賢言語，求箇的確所在。今却致索得如此支離，反不濟事。如某向來作《或問》，蓋欲學者識取正意。觀此書者，當於其中見得此是當辨，此不足辨者，其不足辨者，令正意愈明白可也。若更去外面生出許多議論，則正意反不明矣。今

講。少間展轉只是添得多，説得遠，却要做甚？若是如此讀書，如此聽人説話，全不是自做工夫，全無巴鼻。可知是使人説學是空談。此中人所問，大率如此，好理會處不理會，不當理會處却支離去説，説得全無意思。蓋卿。

或解「居處恭，執事敬，與人忠」，云：須是從裏面做出來，方得他外面如此。曰：公讀書便是多有此病，這裏又那得箇裏面做出來底説話來？❶只是居處時便用恭，執事便用敬，與人時便用忠，「雖之夷狄，不可棄也」，不過只是如此説。大凡看書，須只就他本文看教直截，切忌如此支離蔓衍，拖脚拖尾不濟得事。聖賢説話，那一句不直截，如利刃削成相似。雖以孔子之語渾然温厚，然他那句語更是斬截。若如公説一句，更用數十字去包他，則聖賢何不

逐句上更添幾字，教他分曉？只看濂溪、二程、横渠門説話，無不斬截有力，語句自是恁地重。無他，所以看得如此寬緩無力者，只是心念不整肅，所以如此。緣心念不整肅，所以意思寬緩，都湊泊他那意思不着，説從別處去。須是整肅心念，看教他意思嚴緊，説出來有力，四方八面截然有界限，始得。如今説得如此支蔓，都不成箇物事，其病只在心念不整肅上。僩。

讀書之法，只要落窠槽。今公門讀書，盡不曾落得那窠槽，只是走向外去思量，所以都説差去。如初間大水瀰漫，少間水既退，盡落低窪處，方是入窠槽，今盡是泛泛説從別處去。某常以爲書不難讀，只要人緊貼就聖人言語上平心看他，文義自見。

❶「這裏」下，萬曆本有「面」字。

今都是硬差排，思其所不當思，疑其所不當疑，辨其所不當辨，盡是枉了，濟得甚事？個。

某嘗說：文字不難看，只是讀者心自嶢崎了，看不出。若大著意思反復熟看，那正當道理自湧出來。不要將那小意智私見識去問亂他，如此無緣看得出。如千軍萬馬從這一條大路去，行伍紀律自是不亂。若撥數千人從一小路去，空攪亂了正當底行陣，無益於事。又曰：看書且要依文看得箇大概意思了，却去攷究細碎處。如今未曾看得正當底道理出，便落草了，墮在一隅一角上，心都不活動。這箇似轉水車相似，只撥轉機關子，他自是轉，連那上面磨子篩籮一齊都轉，自不費力。而今一齊說得枯燥，無此子滋味，便更看二十年，也只不濟事。須教他心裏活動轉得，莫着在那角落頭處。❶ 而今諸公看文字，如一箇船閣在淺水上，轉動未得，無那活水泛將去，更將外面物事搭載放上面，越見動不得。都是枉用了心力，枉費日子。天下道理更有幾多，若只如此看，幾時得了？某而今也自與諸公門說不辨，只覺得都無意思。所願諸公寬著意思，且看正當道理，教他活動有長進處，方有所益。如一條死蛇，弄教他活。而今只是弄得一條死蛇，不濟事。個。

學者須要無事時去做得功夫，然後可來此剖決是非。今才一不在此，便棄了這箇。至此，又却臨時逐旋尋得一兩句言語來問，則又何益？壽昌。

或曰：某尋常所學，多於優游浹洽中得之。曰：若遽然便以爲有所見，亦未是。

❶「莫」，萬曆本作「若」。

大抵於博學、審問、謹思、明辨，且未可說「篤行」，只這裏便是浹洽處。孔子所以「好古敏以求之」，其用力如此。謨。

雖看至沒緊要底物事，亦須致疑。纔疑，便須理會得徹頭。個。

或謂：「問難只是作話頭，不必如此。」曰：不然。到無疑處不必問，疑則不可不問。今如此，云云。不是惡他人問，便是自家讀書未嘗有疑。可學。

讀《語錄》玩了，却不見者勇於得，此是病。方。

諸生請問不切。曰：群居最有益，而今朋友乃不能相與講貫，各有疑忌自私之意。不知道學問是要理會箇甚麼？若是切己做工夫底，或有所疑，便當質之朋友，同共商量。須有一人識得破者，已是講得七八分，却到某面前商量，便易為力。今既各自東西，不相講貫，如何得會長進？欲爲學問，須要打透這些子，放令開闊，識得箇「以能問於不能，以多問於寡」底意思，方

教人如何描摸？若說得，公又如何便曉得？若升高，必自下。今人要入室奧，須先入門入庭，見路頭熟，次第入中間來。如何自階裏一造要做後門出？伊川云：「學者須先就近處。」賀孫。

而今人聽人說話未盡，便要爭說。亦須待他人說教盡了，他人有說不出處，更須教人如何說教盡了，這裏方有處置在。反覆問，教說得盡了，這裏方有處置在。賀孫。

或人請諸經之疑，先生既答之，復曰：今雖盡與公說，公盡曉得，不於自家心地上做工夫，亦不濟事。道夫。

諸公所以讀書無長進，緣不會疑。某

是切於爲己。時舉。

或問太極。曰：看如今人與太極多少遠近？或人自說所讀書。曰：徒然說得一片，恁地多不濟事。如今且要虛心，心若不虛，雖然恁地問，待別人恁地說，自不入。他聽之如不聞，只是他自有箇物事橫在心下。如顏子，人道他「得一善則拳拳服膺而不失」，他不曾自知道「得一善則拳拳服膺而不失」；他「見不善未嘗不知，知之未嘗復行」他不曾自知道「見不善未嘗不知，知之未嘗復行」；他「不遷怒，不貳過」。他「不遷怒，不貳過」，他不曾自知道「不遷怒，不貳過」。他只見箇道理當如此。《易》曰：「君子以虛受人。」《書》曰：「惟學遜志。」舊有某人來問事，略不虛心，一味氣盈色滿。當面與他說，他全不聽得。賀孫。

其義理看。某看得學者有箇病：於他人如此說處，又討箇義理，責其不如彼說，於其如彼說處，又責其不如此說。因舉所執扇反復爲喻，曰：此扇兩邊各有道理，今學者待他人說此邊道理，便翻轉那一邊；及他說那一邊，却又翻轉這一邊難之。必大。

問：氣質之害，直是令人不覺。非特讀書就他氣質上說，只如每日聽先生說話，也各以其所偏爲主。如十句有一句合他意，便硬執定這一句。曰：是如此。且如《仲山甫》一詩，蘇子由專歎美「既明且哲，以保其身」二句，伯恭偏喜「柔嘉維則」一句。某問何不將那「柔亦不茹，剛亦不吐」以下四句做好？某意裏又愛這四句。問：這四句如何？曰：也自剛了。問：剛底終是占得分數多？曰：也不得，只是比柔又較争。胡泳。

天下之理有長有短，有大有小，當各隨

質敏不學，乃大不敏。有聖人之資必好學，必下問。若就自家杜撰，更不學，不問，便已是凡下了。聖人之所以為聖，也只是好學下問。舜自耕稼陶漁以至于帝，無非取諸人以為善。孔子說：「禮，吾聞諸老聃。」這也是學於老聃，方知得這一事。賀孫。

舒氣象，儘好。賀孫。

因人之昏弱而箴之曰：人做事，全靠這些子精神。節。

有言貧困不得專意問學者，曰：不干事。世間豈有無事底人？但十二時看那簡時閑，一時閑便做一時工夫，一刻閑便做一刻工夫。積累久，自然別。或又以離遠師席，不見解注為說。曰：且如某之讀書，那曾得師友專守在裏？初又曷嘗有許多文字？也只自著力耳。或曰：先生高明，某何敢望。曰：如此，則全未知自責。「堯、舜與人同耳」曷嘗有異？某嘗謂此皆是自恕之語，最為病痛。道夫。

或言氣稟昏弱，難於為學。曰：誰道是公昏弱？但反而思之，便強便明，這氣色打一轉。日日做工夫，日日有長進。子蒙。

或問：某欲克己而患未能。曰：此更

先生因學者少寬舒意，曰：公讀書恁地縝密，固是好。但恁地逼截成一團，此氣象最不好，這是偏處。如一項人恁地不細，固是不成道理。若一向蹙密，下梢拓不去。明道一見謝顯道，曰：「此秀才展拓得開，下梢可望。」又曰：於詞氣間亦見得人氣象。如明道語言固無甚激昂，便見寬舒意思。龜山人只道恁地寬，看來不是寬，只是不解理會得，不能理會得。范純夫《語解》比諸公說理最平淺，但自有寬

無商量。人患不知耳,既已知之,便合下手做,更有甚商量?「爲仁由己,而由人乎哉!」雉。

或言:今且看先生動容周旋以自檢,先生所著文義,却自歸去理會。曰:文義只是目下所行底,如何將文義別做一邊看?若不去理會文義,終日只管相守閑坐,如何有這道理?文義乃是躬行之門路,躬行即是文義之事實。賀孫。

或問:人固欲事事物物理會,然精力有限,不解一一都理會得。曰:固有做不盡底,但立一箇綱程,不可先自放倒。也須靜着心、實着意,沉潛反覆,終久自曉得去。祖道。

或說「居敬窮理」。曰:都不須如此說。如何說又怕居敬不得?窮理有窮不去處?豈有此理。❶只是自家元不曾居敬,元不曾窮理,所以說得如此。若真箇去敬,元不曾窮理,豈有窮不得之理?若心堅,便是石也穿,豈有道理了窮不得之理?而今說又怕有窮不得不理,又計較如何,都是枉了。只恁勇猛堅決向前去做,無有不得之理,不當如此遲疑。如人欲出路,若有馬,便騎馬去;有車,便乘車去;無車,便徒步去。只是從頭行將去,豈有不到之理?倜。○燾錄云:問:理有未窮,且只持敬否?曰:不消恁地說。持敬便只管持將去,窮理便只管窮將去。如說前面萬一有持不得、窮不得處,又去別生計較,這箇都是枉了思量。然亦只是不曾真箇持敬、窮理,豈有此說?譬如出路,要乘轎便乘轎,要乘馬便乘馬,要行便行,都不消思量前面去不得時,又着如何,但當勇猛堅決向前。那裏要似公說居敬不得處又着如何,窮理不得處又着如何。古人所謂心堅石穿,蓋未嘗有

❶「理」,萬曆本作「意」。

做不得底事。如公幾年讀書不長進時，皆緣公恁地，所以搭滯了。又曰：聖人之言，本自直截。若裏面有屈曲，聖人亦必說在上面。若上面無底，又何必思量從那屈曲處去？都是枉了工夫。

或問：格物一項稍支離。曰：公且試將所說行將去，看如何。若只管在這裏擬議，如何見得？如做得箇船，且安排槳楫，解了繩，放了索，打將去看，却自見涯岸。若不放船去，只管在這裏思量，怕有風濤，又怕有甚艱險，如何得到岸？公令恰似箇船全未曾放離岸，只管計較利害，聖賢之說那尚恁地？「子路有聞，未之能行，唯恐有聞。」如今說了千千萬萬，却不曾去下得分寸工夫。又曰：聖人嘗說「有殺身以成仁」，今如今說公那邊人，教他「殺身以成仁」，道他肯不肯？決定是不肯！才說着，他也道是怪在。又曰：「吾未見剛者」，聖人只是要討

這般人，須是有這般資質，方可將來磨治。《詩》云「追琢其章，金玉其相」，須是有金玉之質，方始琢磨得出。若是泥土之質，假饒你如何去裝飾，只是箇不好物事，自是你根脚本領不好了。又曰：如讀書，只是理會得，便做去。公却只管在這裏說道如何理會。伊川云：「人所最可畏者，便是」賀孫。

先生問學者曰：公今在此坐，是主靜，是窮理？久之未對。曰：便是公不曾做工夫。若不是主靜，又不窮理，便是心無所用者。既不主靜，又不窮理，便是心無所用，閒坐而已。如此做工夫，豈有長進之理？佛者曰：「十二時中，除了着衣喫飯，是別用心。」夫子亦云：「造次必於是，顛沛必於是。」須是如此做工夫，方得。公等每日只是閒用心，問閒事，說閒話底時節多，問緊要事、究竟自己事底時節少。若是真箇做

工夫底人，他自是無閑工夫說閑話、問閑事。聖人言語有幾多緊要大節目，都不曾理會。小者固不可不理會，然大者尤緊要。個。

或問：致知當主敬。又問：當如先生說，次第觀書。曰：此只是說話，須要下工夫方得。蓋卿。

諸公且自思量，自朝至暮，還曾有頃刻心從這軀殼裏思量過否？個。

賢輩但知有營營逐物之心，不知有真心，故識慮皆昏。觀書察理，皆草草不精，眼前易曉者亦看不見，皆由此心雜而不一故也。所以前輩語初學者必以敬，曰：「未有致知而不在敬者。」今未知反求諸心，而胸中方且叢雜錯亂，未知所守。持此雜亂之心以觀書察理，故凡工夫皆從一偏一角做去，何緣會見得全理。某以爲諸公莫若

且收斂身心，盡掃雜慮，令其光明洞達，方能作得主宰，方能見理。不然，亦終歲而無成耳。□雅。❶

諸公皆有志於學，然持敬工夫大段欠在。若不知此，何以爲進學之本？程先生云：「涵養須用敬，進學則在致知。」此最切要。游和之問：不知敬如何持？曰：只是要收斂身心，莫令走失。今人精神自不曾定，讀書安得精專？凡看山看水，風吹草動，此心便自走失，何以爲學？諸公切宜勉此。南升。

先生語諸生曰：人之爲學，五常百行，豈能盡常常記得？人之性惟五常爲大，五常之中仁尤爲大，而人之所以爲是仁者，又但當守「敬」之一字。只是常求放心，晝夜

❶ 「□」，原無，今據朝鮮本、萬曆本補。

相承，只管提撕，莫令廢惰，則雖不能常常盡記衆理，而義、禮、智、信之用，自然隨其事之當然而發見矣。子細思之，學者最是此一事爲要，所以孔門只是教人求仁也。壯祖。

或曰：每常處事，或思慮之發，覺得發之正者心常安，其不正者心常不安。及至事過，又却悔。悔時依舊是本心之德。孔子曰：「志士仁人無求生以害仁，有殺身以成仁。」求生如何便害仁？殺身如何便成仁？曰：不待接物時方是箇安與不安而已。又曰：不待接物時方是。曰：心如何見得？接物時只要求箇是。應得是，便是心得其正；應得不是，便是心失其正，所以要窮理。且如人唱喏，須至誠還他喏。人問何處來，須據實說某處來。即此便是應物之心，如何更要見此心？浙間有一般學問，又是得江西之緒餘，只管教人合眼端坐，要見一箇物事如頭相似，便謂之悟，此大可笑。夫子所以不少間接事便不至於流。上蔡解「爲人謀而

不忠」云：「爲人謀而忠，非特臨事而謀；至於平居靜慮，思所以處人者一有不盡，則非忠矣。」此雖於本文說得來大過，今人未到爲人謀時方不忠，只平居靜慮閑思念時，便自懷一箇利便於己，將不好處推與人之心矣。須是於此處常常照管得分明，方得。個。

或問：靜時見得此心，及接物時又不見。曰：心如何見得？接物時只要求箇是。應得是，便是心得其正；應得不是，便是心失其正，所以要窮理。且如人唱喏，須至誠還他喏。人問何處來，須據實說某處來。即此便是應物之心，如何更要見此心？浙間有一般學問，又是得江西之緒餘，只管教人合眼端坐，要見一箇物事如日頭相似，便謂之悟，此大可笑。夫子所以不大段說心，只說實事，便自無病。至孟子始

說「求放心」，然大概只要人不馳騖於外耳，其弊便有這般底出來，以此見聖人言語不可及。學蒙。

或問：覺得意思虛靜時，應接事物少有不中節者。纔是意思不虛靜，少間應接事物便都錯亂。曰：然。然公又只是守得那塊然底虛靜，雖是虛靜，裏面黑漫漫地不曾守得那白底虛靜，濟得甚事？所謂虛靜者，須是將那黑底打開成箇白底，教他裏面東西南北玲瓏透徹，虛明顯敞，如此方喚做虛靜。若只確守得箇黑底虛靜，何用？❶

有問：程門教人說敬，却遺了恭。《中庸》說「篤恭而天下平」，又不說敬。如何恭、敬不同？曰：昔有人曾以此問上蔡，上蔡云：「不同，恭是平聲，敬是側聲。」舉坐大笑。先生曰：不是如此理會，隨他所

說處理會。如只比並作箇問頭，又何所益？謙。

先生嘗語在坐者云：學者常常令道理在胸中流轉。過。

先生見學者解說之際，或似張大，即語之曰：說道理，不要大驚小怪。過。

今之學者只有兩般，不是玄空高妙，便是膚淺外馳。

張洽因先生言近來學者多務高遠，不自近處著工夫，因言：近來學者誠有好高之弊。昔有問伊川：「如何是道？」伊川曰：「行處是。」又問明道：「如何是道？」明道令於君臣、父子、兄弟上求。諸先生之言，不曾有高遠之說。先生曰：明道之言固如此。然君臣、父子、兄弟之間，各有箇

❶ 「用」下，萬曆本有「也」字。

當然之理，此便是道。

因說今人學問，云：學問只是一箇道理。不知天下說出幾多言語來，若内無所主，一隨人脚跟轉，是壞了多少人。吾人日夜要講明此學，只為要理明學至，不為邪說所害，方是見得道理分明。今人被人引得七上八下，殊話真不誤人。聖賢真可到，言可笑。謙。

或問《左傳》疑義。曰：公不求之於六經、《語》、《孟》之中，而用功於《左傳》，且《左傳》有甚麼道理？縱有，能幾何？所謂「棄却甜桃樹，緣山摘醋梨」。天之所賦於我者，如光明寶藏，不會收得，却上他人門教化一兩錢，豈不哀哉？只看聖人所說，無不是這箇大本。如云：「天高地下，萬物散殊，而禮制行矣。流而不息，合同而化，而樂興焉。」不然，子思何故說箇「天命

之謂性，率性之謂道，脩道之謂教」，此三句是怎如此說？是乃天地萬物之大本大根，萬化皆從此出。人若能體察得，方見得聖賢所說道理，皆從自己胸襟流出，不假他求。某向嘗見吕伯恭愛與學者說《左傳》，某嘗戒之曰：「《語》、《孟》、六經許多道理不說，恰限說這箇。縱那上有些零碎道理，濟得甚事？」伯恭不信，後來又說到《漢書》。若使其在，不知今又說到甚處，想益卑矣，固宜為陸子静所笑也。子静底是高，只是下面空疏，無物事承當。伯恭底甚低，如何得似他？又曰：人須是於大原本上看得透，自然心胸開濶，見世間事皆瑣瑣不足道矣。又曰：每日開眼，便見這四箇字在面前，仁、義、禮、智。只趁著脚指頭便是這四箇字若看得熟，於世間道理，沛然若決江河而下，莫之能禦矣。若看得道理透，方

見得每日所看經書，無一句一字、一點一畫不是此理之流行；❶見天下事，無大無小、無一名一件不是此理之發見。如此方見得這箇道理渾淪周遍，不偏枯，方見得所謂「天命之謂性」底全體。今人只是隨所見而言，或見得一二分，或見得二三分，都不曾見那全體，不曾到那極處，所以不濟事。浙中朋友，一等底只理會上面道理，又只會一箇空底物事，都無用，少間亦只是計較利害。一等又只就下面裏會事，❷眼前雖粗有用，又都零零碎碎了，少間只見得利害。如橫渠說釋氏有「兩末之學」，兩末，兩頭也，都是那中間事物轉關處都不理會。賀孫問：如何是轉關處？曰：如致知，格物，便是就事上理會道理。理會上面底道理，却然若還被他放下來，更就事上理會，又却棄置事物爲陳迹，便只說箇無形影底道理。僩。

易。只是他已見得上面一段物事，不費氣力，省事了，又那肯下來理會。理會下底，又都細碎了，這般道理，須是規模大，方理會得。遂舉伊川說：「曾子易簀，便與有天下一不義，殺一不辜不爲一同。」後來說得來，便無他氣象。大底却可以做小，小底要做大却難。大底就事物細碎上理會。賀孫。

先生問浙間事，某曰：浙間難得學問。會說者，不過孝悌、忠信而已。曰：便是守此四字不得，須是從頭理會來，見天理從此流出便是。炎。

謂邵武諸友：公看文字，看得緊切好。只是邵武之俗，不怕不會看文字，不患看文

❶「此」，萬曆本作「道」。
❷「裏」，四庫本作「理」。

字不切，只怕少寬舒意思。賀孫。

蔡季通丈亦有此語，且謂「四方從學之士稍方伯謨以先生教人讀《集注》爲不然，自負者皆不得其門而入，去者亦多」。某因從容侍坐，見先生舉似與學者云：❶讀書須是自肯下工夫始得。某向得之甚難，故不敢輕說與人。至於不得已而爲注釋者，亦是博採諸先生及前輩之精微寫出與人看，極是簡要，省了多少工夫。學者又自輕看了，依舊不得力。蓋是時先生方獨任斯道之責，其於聖賢精義皆不暇深考。而江西一種學問，甘於詭僻，和之者亦衆，然終四方辨詰紛然。又自善鼓扇學者，其於聖賢精義皆不暇深考。學者樂於簡易，甘於詭僻，和之者亦衆，然終不可與入堯、舜之道。故先生教人，專以主敬、窮理爲主，欲使學者自去窮究，見得道理如此，便自能立，不待辨說而明。此引而

不發之意，其爲學者之心蓋甚切，學者可不深味此意乎？炎。

或問：所謂「窮理」，不知是反己求之於心？惟復是逐物而求於物？曰：不是如此。事事物物皆有箇道理，窮得十分盡，方是格物。不是此心，如何去窮理？不成物自有箇道理，心又有箇道理，枯槁其心，全與物不接，却使此理自見？萬無是事。不用自家心，如何別向物上求一般道理？不知物上道理却是誰去窮得？近世有人爲學，專要說空、說妙，不肯就實，却說是「悟」字。此是不知學，學問無此法。才說一悟，便不可窮詰，不可研究，不可與論是非，一味說入虛談，最爲惑人。然亦但能謾得無學底人，若是有實學人，如何被他

❶「似」，萬曆本作「以」。

謾？才說「悟」，便不是學問。奉勸諸公，且子細讀書。書不曾讀，不見義理，乘虛接渺，指摘一二句來問人，又有漲開其說來問，又有牽甲證乙來問，皆是不曾有志樸實頭讀書。若是有志樸實頭讀書，真箇逐些理會將去，所疑直是疑，亦有可答。不然，彼已無益，只是一場閑說話爾，濟得甚事？且如讀此一般書，只就此一般書上窮究。將理明，冊子外一箇字且莫兜攬來炒。將理明，却將已曉得者去解得未曉者。如今學者將未能解說者，却去參解說不得者，鶻突好笑。悠悠歲月，只若人耳。謙。

或問：所守所行，似覺簡易，然茫然未有所獲。曰：既覺得簡易，自合有所得，却曰茫然無所獲者，如何？曰：比之以前為學多歧，今來似覺簡略耳。愚殊不敢望得道，只欲得一箇入頭處。曰：公之所以無

所得者，正坐不合簡易。楊子雲曰：「以簡以易，焉支焉離？」蓋支離所以為簡易也。人須是「博學之，審問之，謹思之，明辨之，篤行之」。然後可到簡易田地。若不如此用工夫，一蹴便到聖賢地位，却大段易了，古人何故如此博學、審問、謹思、明辨、篤行乎？夫是五者，無先後，有緩急。不可謂博學時未暇審問，審問時未暇謹思，謹思時未暇明辨，明辨時未暇篤行。五者從頭做將下去，只微有少差耳，初無先後也。如此用工，他日自然簡易去。謨錄注云：包顯道以書論此，先生面質如此。孟子曰：「博學而詳說之，將以反說約也。」《語》云：「博我以文，約我以禮。」須是先博然後至約，如何便先要約得？人若先以簡易存心，不知博學、審問、謹思、明辨、篤行，將來便入異端去。去偽。○謨同。

先生言：此兩日甚思諸生之留書院者，不知在彼如何。孔子在陳，思魯之狂士。《孟子》所記，本亦只是此說。「狂狷」即「狂簡」，「不忘其初」即「不知所以裁之」，當時隨聖人在外底，却逐日可照管他，留魯者却不見得其所至如何，然已說得「成章」了。成章是有首有尾，如異端亦然。釋氏亦自說得有首有尾，道家亦自說得有首有尾，大抵未成者尚可救，已成者爲足慮。時

或云：嘗見人說，凡是外面尋討入來底，都不是。曰：喫飯也是外面尋討入來，若不是時，須在肚裏做病，如何又喫得安穩？蓋飢而食者，即是從裏面出來，讀書亦然。書固在外，讀之而通其義者却自是裏面事，如何都喚做外面入來得？必欲盡捨《詩》、《書》而別求道理，異端之說也。琮

先生在郡中。○必大。

天下道理自平易簡直，人於其間，只是爲剖析人欲以復天理，教明白洞達，如此而已。今不於明白處求，却自得些理，其能幾何？今日諸公之弊，縱要說一種話云「我有此理，他人不知」，安有此事？理只是一般，只是要明得，安有人不能而我獨能之事？如此，則是錯了。可學。

學者同在此，一般講學，及其後說出來，便各有差誤。要其所成，有上截底無下截，有下截底無上截，有皮殼底無肚腸，有肚腸底無皮殼，不知是如何？必大曰：工夫有間斷，亦是氣質之偏使然。曰：固是氣質，然大患是不子細。嘗謂今人讀書，得如漢儒亦好。漢儒各專一家，看得極子細。今人才看這一件，又要看那一件，下梢都不曾理會得。必大。

看二十五條,曰:「此正與前段相反,却有上截無下截。天資高底,固有能不為富貴所累,然下此者亦必思所以處之。『貧而樂』者固勝如『無諂』,『富而好禮』者固勝如『無驕』。若未能『無諂』『無驕』底,亦須且於此做工夫。頃見一文集云:有一人天資善弈極高,遂入京見國手。國手與之下了,但云『可隨我諸處,看我與人弈。如此者半年,遂遣之。其人曰:『某隨逐許時,未蒙教得有所長。』國手曰:『汝碁本高,但未曾識低着,却恐與人下時錯了。我帶你去半年,只是欲汝識低着耳。』」因論碁,又曰:「《默堂集》中亦載一說:有兩箇對弈,方爭一段,甚危。其人忽舍所爭,却別於閒處下一着,眾所不曉。既畢,或問之,曰:『所爭處已自定,此一着亦有利害,不可不急去先下一着,然對者固未必曉。』問者曰:『既見

得其人未必曉,又何用急去下?』曰:『在彼雖可忽,在我者不可不盡耳。』天下事皆當如此,不獨弈也。」營。

政和有客同侍坐,先生曰:「這下人全不讀書,莫說道教他讀別書,只是要緊如六經、《漢書》、《唐書》、諸子也須着讀,始得。又不是大段直錢了,不能得他讀。只問人借將來讀,也得。如何一向只去讀時文?如何擔當箇秀才名目在身己上?既做秀才,未說道要他理會甚麼高深道理,也須知得古聖賢所以垂世立教之意是如何,古今盛衰、存亡、治亂事體是如何,從古來人物議論是如何,這許多眼前底都全不識,如何做士人?須是識得許多,方始成得箇人。」又云:「向來人讀書為科舉計,已自是末了。如今又全不讀而赴科舉,又末之末者。若以今世之所習,雖做得官,貴窮公相,也只

是箇沒見識底人。若依古聖賢所教做去，雖極貧賤，身自躬耕，而胸次亦自浩然，視彼污濁卑下之徒，曾犬彘之不若。又曰：如今人也須先立箇志趣，始得。還當自家要做甚麼人，是要做聖賢，是只要苟簡做箇人？天教自家做人，還只教恁地便是了？閒時也須思量着。聖賢還是元與自家一般，還是有兩般？天地交付許多與人，不獨厚於聖賢而薄於自家，自家是有這四端是無這四端？只管在塵俗裏面袞，還曾見四端頭面，還不曾見四端頭面？且自去看。最難說是意趣卑下，都不見上面許多道理。公今如只管去喫魚鹹，不知有芻豢之美。若去喫芻豢，自然見魚鹹是不好喫物事。又云：如《論語》說「學而時習之」，公且自看平日是曾去學，不曾去學？曾去習，不曾去習？學是學箇甚麼，習是習箇

甚麼？曾有說意思，無說意思？且去做好。讀聖賢之書，熟讀自見。如孟子說「亦有仁義而已」，這也不待注解。如今人如何只去義而教人舍利而就義？如今人如何只去義而趨利？賀孫。

問「曾點」。曰：今學者全無曾點分豪氣象，今整日理會一箇半箇字有下落，❶猶未分曉，如何敢望他？他直是見得這道理活潑潑地快活，若似而今諸公樣做工夫，如何得似它？問：學者須是打疊得世間一副當富貴利祿底心，方可以言曾點氣象，如何有可用功處？曰：這箇大故是外面粗處。某常說這箇不難打疊，極未有要緊，不知別人如何。正當是裏面工夫極有細碎難理會處，要人打疊得。若只是外面富貴利祿，此

---

❶ 「有」原作「育」，今據萬曆本、四庫本改。

何足道？若更這處打不透，①說甚麼學？正當學者裏面工夫多有節病。人亦多般樣。而今自家只見得這箇重，便說難打疊，它人病痛又有不在是者。若人人將這箇去律它，教須打併這箇了，方可做那箇去無此病者，却覺得緩散無力。急這一邊，便緩却那一邊。所以這道理極難，要無所不用其力，莫問他急緩先後，只認是處便奉行，不是處便緊閉，教他莫要出來。所以說「是故君子無所不用其極」「是故君子戒慎乎其所不覩，恐懼乎其所不聞。莫見乎隱，莫顯乎微」。又曰：「仁以爲己任，不亦重乎。」四方八面，盡要照管得到。若一處疏闕，那病痛便從那疏處入來。如人廝殺，凡山川途徑、險阻要害，無處不要防守。如姜維守蜀，它只知重兵守着正路，以爲魏師莫能來，不知鄧艾却從陰平、武都而入，反出

其後。它當初也說那裏險阻，人必來不得，不知意之所不備處，才有縫罅，便被賊人來了。做工夫都要如此，所以這事極難，只看「是故君子無所不用其極」一句便見。而今人有終身愛官職不知厭足者，又有做到中官職便足者；又有全然不要，只恁地懶惰因循，我也不要官職，我也無力爲善，平平過者；又有始間是好人，末後不好者，有做到宰相了，猶未知厭足，②更要經營久有做者，極多般樣。個

先生過信州，一士子請見，問爲學之道。曰：「道二，仁與不仁而已矣。」聖人千言萬語，只是要教人做人。文蔚。

① 「不」，萬曆本作「一箇」。
② 「未」原作「木」，今據朝鮮本、萬曆本改。

先生曰：相隨同歸者，前面未必程可說話；相送至此者，一別又不知幾年有話可早商量。久而無人問。先生遂云：學者須要勇決，須要思量，須要著業。又云：此間學者只有過底，無有不及底。在大桂鋪說。○震。

與或人說：公平日說甚剛氣，到這裏為人所轉，都屈了。凡事若見得了，須使堅如金石。賀孫。

舊看不尚文華薄勢利之類說話，便信以為然，將謂人人如此。後方知不然，此在資質。

先生因言：學者平居議論多頹塌，臨事難望它做得事。遂說：一姓王學者，後來狼狽，是其平時議論，亦專是回互。有一處責曾子許多時用大夫之簀，臨時不是童子說，則幾失易簀。王便云：「這是曾子好處。既受其簀，若不用之，必至取怒季孫，故須且將來用。」大抵今之學者多此病，如學夫子，便學他「微服過宋」「君命召，不俟駕」，「見南子」與「佛肸召」之類。有多少處不學，只學他這箇。胡泳。

大率為善須自有立。今欲為善之人，不可謂少，然多顧浮議，浮議何足恤！蓋彼之是非，干我何事？亦是我此中不痛切耳。若自著緊，自痛切，亦何暇恤它人之議哉！大雅。

或言某人好善。曰：只是徇人情與世浮沉，要教人道好。又一種人見如此，却欲矯之，一味只是說人短長，道人不是，全不反己。且道我是甚麼人？它是如何人？全不看他所為是如何，我所為是如何，一向只要胡亂說人。此二等人皆是不知本領，

學者輕俊者不美，樸厚者好。振。

見歸一偏，坐落在窠臼中不能得出，聖賢便不如此。謙。

因說：而今人須是它曉得，方可與它說話。有般人說與眼前事尚不曉，如何要他知得千百年英雄心事。燾。

有一朋友輕慢，去後因事偶語及之。先生曰：何不早說，得某與他道？坐中應曰：不欲說。曰：他在却不欲說，去後却後面說他，越不是。端蒙。

因論諸人爲學，曰：到學得爭綱爭紀，學却反成箇不好底物事。揚曰：大率是人小故然。又各人合下有箇肚私見識，世間書人無所不有，又一切去附會上，故皆偏側違道去。先生甚然之。揚。

門人有與人交訟者，先生數責之，云：欲之甚，則昏蔽而忘義理，求之極，則爭奪而至怨仇。賀孫。

每夜諸生會集，有一長上，纔坐定便閑話。先生責曰：公年已四十，書讀未通，纔坐便說別人事。夜來諸公閑話至二更，如何如此相聚，不回光反照，作自己工夫，却要閑說？歎息久之。賀孫。

有侍坐而困睡者，先生責之。敬子曰：僧家言，常常提起此志令堅強，則坐得自直，亦不昏困。纔一縱肆，則嗒然頹放矣。曰：固是。道家修養，也怕昏困，常要直身坐，謂之「生腰坐」。若昏困倒靠，則是「死腰坐」矣。因舉小南和尚少年從師參禪，一日偶靠倚而坐，其師見之，叱曰：「得恁地無脊梁骨！」小南悚然，自此終身不靠倚坐。又舉徐處仁知北京日，早晨會僚屬治事訖，復穿秉會坐設廳上。徐多記覽，多說平生履歷州郡利害，政事得失，及前言往行。終日危坐，僚屬甚苦之。嘗暑月會坐，

有秦兵曹者瞌睡，徐厲聲叱之起曰：「某在此説話，公却瞌睡，豈以某言爲不足聽耶！未論某是公長官，只論鄉曲，亦是公丈人行，安得恁如此！」叫客將撥取秦兵曹坐倚子去。問：徐後來做宰相，却無聲譽。曰：他只有治郡之才。個。

有學者每相揖畢，輒縮左手袖中，先生曰：公常常縮着一隻手是如何？也似不是舉止模樣。義剛。

先生讀書屏山書堂，一日與諸生同行登臺，見草盛，命數兵耘草，分作四段，令各耘一角。有一兵逐根拔去，耘得甚不多，其它所耘處一齊了畢。先生見耘未了者，問諸生曰：諸公看幾箇耘草，那箇快？諸生言諸兵皆快，獨指此一人以爲鈍。曰：不然。某看來，此卒獨快。因細視諸兵所耘處，草皆去不盡，悉復呼來再耘。先生復

曰：那一兵雖不甚快，看它甚子細，逐根去令盡。雖一時之難，却只是一番工夫了。這幾箇又着從頭再用工夫，只緣其初欲速苟簡，致得費力如此。看這處，便是學者讀書之法。寓。

留丞相以書問《詩集傳》數處，先生以書示學者曰：他官做到這地位，又年齒之高如此，雖在貶所，亦不曾閑度日，公等豈可不惜寸陰！友仁。

先生氣疾作，諸生連日皆無問難。一夕，遣介召入臥内，諸生亦無所請。先生怒曰：諸公恁地閑坐時，是怎生地？恁地便歸去強，不消得恁地遠來。義剛。

大有事用理會在，某今只是覺得後日子短促了，精力有所不逮。然力之所及，亦不敢不勉。思量着有萬千事要理會在，自是不容已。只是覺得後面日子大故催促

人，可爲慨歎耳！

先生言：日來多病，更無理會處，恐必不久於世。諸公全靠某不得，須是自去做工夫，始得。且如看文字，須要此心在上面，若心不在上面，便是不曾看相似，所謂「視之不見，聽之不聞」，只是心不在焉耳。時舉。

先生不出，令入臥內相見，云：某病此番甚重。向時見文字，也要議論，而今都怕了。諸友可各自努力，全靠某不得。時舉。

講學須要著實。向來諸公多見得不明，却要做一罩說。語次云：目前諸友亦多有識門户者。某旦暮死耳，不敢望大行。且得接續三四十年，說與後進，令知亦好。可學。

先生一日腰疼甚，時作呻吟聲，忽曰：人之爲學，如某腰疼方是。在坐者皆不能問，泳久而思之，恐是爲學工夫意思接續，自然無頃刻之忽忘，然後進進不已。痛楚在身，雖欲無之而不可得，故以開諭學者。其警人之意深矣。○胡泳。

因說工夫不可間斷，曰：某苦臂痛❶，常以手擦之，其痛遂止。若或時擦，或時不擦，無緣見效，即此便是做工夫之法。正叔退，謂文蔚曰：擦臂之喻最有味。文蔚。

---

❶ 「苦」，萬曆本作「若」。

朱子語類卷第一百二十二 計九板

呂伯恭

因説南軒、東萊，或云：二先生若是班乎？❶壽昌曰：不然。先生適聞之，遂問如何。曰：南軒非壽昌所敢知，東萊亦不相識。但以文字觀之，東萊博學多識則有之矣，守約恐未也。先生然之。壽昌。

某嘗謂：人之讀書，寧失之拙，不可失之巧；寧失之低，不可失之高。伯恭之弊，盡在於巧。伯羽。

伯恭説義理太多傷巧，未免杜撰。子靜使氣，好爲人師，要人悟。一云：呂太巧，杜撰。陸喜同己，使氣。○閎祖。

或問東萊、象山之學。曰：伯恭失之多，子靜失之寡。柄。

或問：東萊謂變化氣質，方可言學。曰：此意甚善。但如鄙意，則以爲學乃能變化氣質耳。若不讀書窮理、主敬存心，而徒切切計較於昨非今是之間，恐亦勞而無補也。

伯恭更不教人讀《論語》。方子。

伯恭教人看文字也鹵。有以《論語》是非問者，伯恭曰：「公不會看文字，管他是與非做甚？但有益於我者，切於我者，看之足矣。」且天下須有一箇是與不是，是處便是理，不是處便是咈理，如何不理會得？賜。

---

❶ 「二」，原作「三」，今據萬曆本改。

「躬自厚而薄責於人，則遠怨矣。」呂丈舊時性極褊急，因病中讀《論語》，於此有省，後遂如此好。廣錄云：伯恭言：少時愛使性，才見使令者不如意，便躁怒。後讀《論語》云云。某嘗問路德章：「曾見東萊說及此否？」

伯恭要無不包羅，只是撲過，都不精。《詩小序》是他看不破。邵數亦教季通說過一遍，又休了。揚。

東萊聰明，看文理却不子細。向嘗與較程《易》，到《噬嗑》卦「和而且治」，一本「治」作「洽」。據「治」字於理爲是，他硬執要做「洽」字。「和」已有洽意，更下「洽」字不得。緣他先讀史多，淳錄作：讀史來多而雜。所以看麁着眼。讀書須是以經爲本，而後讀史。義剛。○淳同。

李德之問：《繫辭精義》編得如何？曰：編得亦雜，只是前輩說話有一二句與《繫辭》相雜者皆載，只如「觸類而長之」，前輩曾說此便載入，更不暇問是與不是。蓋卿。

或問《繫辭精義》。曰：這文字雖然是哀集得做一處，其實於本文經旨多有難通者。如伊川說話與橫渠說話都有一時意見如此，故如此說。若用本經文一二句看得亦自通，只要成片看，便上不接得前，下不帶得後。如程先生說《孟子》「勿忘，勿助長」只把幾句來說敬，後人便將來說此一章，都前後不相通，接前不得，接後不得。若知得這般處是假借來說敬，只惢地看，也自見得程先生所以說之意，自與孟子不相背馳。若此等處，最不可不知。賀孫。

人言何休爲《公》《穀》忠臣，某嘗戲伯恭爲毛、鄭之佞臣。道夫。

問東萊之學。曰：伯恭於史分外子

細，於經却不甚理會。有人問他「忠恕」，楊氏、侯氏之說孰是，他却說：「公如何恁地不會看文字？這箇都好。」不知是如何看來。「他要說爲人謀而不盡心爲忠，傷人害物爲恕，恁地時他方說不是？義剛曰：他也是相承那江浙間一種史學，故恁地。」曰：史甚麼學？只是見得淺。義剛。

先生問：向見伯恭，有何說？曰：呂丈勸令看史。曰：他此意便是不可曉。某尋常非特不敢勸學者看史，亦不敢勸學者看經，只《語》、《孟》亦不敢便教他看，且令看《大學》。伯恭勸人看《左傳》、遷《史》，今子約諸人擡得司馬遷不知大小，❶ 恰比孔子相似。必大。

伯恭、子約宗太史公之學，以爲非漢儒所及，某嘗痛與之辨。子由《古史》言馬遷「淺陋而不學，疏略而輕信」，此二句最中馬遷之失，伯恭極惡之。《古史序》云：「古之帝王，其必爲善，如火之必熱，水之必寒，其不爲不善，如麒虞之不殺，竊脂之不穀。」此語最好。某嘗問伯恭：「此豈馬遷所能及？」然子由此語雖好，又自有病處。如云「帝王之道，以無爲宗」之類，他只說得箇頭勢大，下面工夫又皆空疏。亦猶馬遷《禮書》云：「大哉禮樂之道，洋洋乎鼓舞萬物，役使羣動。」說得頭勢甚大，然下面亦空疏，却引荀子諸說以足之。又如《諸侯年表》盛言形勢之利，有國者不可無，末却云：「形勢雖強，要以仁義爲本。」他上文本意主張形勢，而其末却如此說者，蓋他也知仁義是箇好底物事，不得不說，且說教好看。如《禮書》所云，亦此意也。伯恭極喜渠此等

---

❶ 「今」，萬曆本作「令」。

說，以爲遷知「行夏之時，乘殷之輅，服周之冕」，爲得聖人爲邦之法，非漢儒所及。此亦衆所共知，何必馬遷？然遷嘗從董仲舒游，《史記》中有「余聞之董生云」此等語言，亦有所自來也。遷之學，也說仁義，也說詐力，也用權謀，也用功利。然其本意却只在於權謀、功利。孔子說伯夷「求仁得仁，又何怨」，他一傳中首尾皆是怨辭，盡說壞了伯夷。子由《古史》皆删去之，盡用孔子之語作傳，豈可以子由爲非，馬遷爲是？可惜子約死了，此論至死不曾明。聖賢以六經垂訓，炳若丹青，無非仁義道德之說。今求義理，不於六經而反取疏略淺陋之子長，亦惑之甚矣！個。

問：東萊《大事記》有續《春秋》之意，中間多主《史記》。曰：公鄉里主張《史記》甚盛，其間有不可說處，都與他出脫得好。

如《貨殖傳》，便說他有諷諫意之類，不知何苦要如此？世間事是還是，非還非，黑還黑，白還白，通天通地，貫古貫今，決不可易。若使孔子之言有未是處，也只還他未是，如何硬穿鑿說？木之又問：《左氏傳》合如何看？曰：且看他記載事迹處。至如說道理，全不似《公》、《穀》。要知左氏是箇曉了識利害底人，趨炎附勢。如載劉子「天地之中」一段，此是極精粹底。至說「能者養之以福，不能者敗以取禍」，便只說向禍福去了。大率《左傳》只道得禍福利害底說話，於義理上全然理會不得。又問：所載之事實否？曰：也未必一一實。又問：所載卜妻敬仲與季氏生之類，是如何？曰：看此等處，便見得是六卿分晉、田氏篡齊以後之書。又問：此還是當時特故撰出此等言語否？曰：有此理。其間

做得成者，如斬蛇之事；做不成者，如丹書狐鳴之事。看此等書，機關熟了，少間都壞了心術。莊子云：「有機械者必有機事，有機事必有機心，則純白不備。純白不備者，道之所不載也。」今浙中於此二書極其推尊，是理會不得。因言：自孟子後，聖學不傳，所謂「軻之死不得其傳」。如荀卿說得頭緒多了，都不純一。至楊雄所說底話，又多是莊、老之說。至韓退之喚做要說道理，又一向主於文詞。至柳子厚却反助釋氏之說。因言異端之教，漢魏以後，只是老、莊之說。至晉時肇法師，釋氏之教始興。其初只是說，未曾身為。至達磨面壁九年，其說遂熾。木之。

看《大事記》，云：其書甚妙，考訂得子細，大勝《詩記》。此書得自由，《詩》被古說壓了。

伯恭解說文字太尖巧。渠曾被人說不曉事，故作此等文字出來，極傷事。敬之問：《大事記》所論如何？曰：如論公孫洪等處，亦傷太巧。德明。

伯恭《大事記》辨司馬遷、班固異同處最好。渠一日記一年。渠大抵謙退，不敢任作書之意，故《通鑑》、《左傳》已載者不載，其載者皆《左傳》、《通鑑》所無者耳。有太纖巧處，如指出公孫洪、張湯姦狡處，皆說得羞愧人。伯恭少時被人說他不曉事，故其論事多指出人之情偽，云「我亦知得此」。有此意思不好。璘。

東萊自不合做這《大事記》。他那時自感疾了，一日要做一年。若不死，自漢武至五代只千來年，他三年自可了此文字。人多云其解題煞有工夫，其實他當初作題目却煞有工夫，只一句要包括一段意。解題

只見成，檢令諸生寫。伯恭病後，既免人事應接，免出做官，若不死，大段做得文字。賀孫。

因說伯恭《少儀外傳》多瑣碎處，曰：人之所見不同。某只愛看人之大體大節，磊磊落落處，這般瑣碎便懶看。伯恭又愛理會這處，其間多引忍恥之說，最害義。他資質弱，與此意有合，遂就其中推廣得大。想其於忠臣義士死節底事，都不愛。他亦有詩，說張巡、許遠那時不應出來。淳。

伯恭是箇寬厚底人，不知如何做得文字却似箇輕儇底人。如省試義大段闒裝，說得堯、舜大段脅肩諂笑，反不若黃德潤辭雖窘，却質實尊重。《館職策》亦說得慢，不分曉，後面又全無緊要。伯恭尋常議論亦緣讀書多，肚裏有義理多。恰似念得條貫多底人，要主張一箇做好時，便自有許多

道理升之九天之上，要主張做不好時亦然。

或言：東萊《館職策》、君舉《治道策》，頗涉清談，不如便指其事說，自包治道大原意。曰：伯恭《策》止緣裏面說大原不分明，只自恁地依傍說，更不直截指出。賀孫。

伯恭《文鑑》，有正編其文理之佳者；有其文且如此，而衆人以爲佳者，雖不甚佳，而其人賢名微，恐其泯沒，亦編其一二篇者；有文雖不佳而理可取者：凡五例。先生云：已亡一例，後來爲人所譖，令崔大雅敦詩刪定，奏議多刪改之。如蜀人吕陶有一文論制師服，此意甚佳，吕止收此一篇。崔云：「陶多少好文，何獨收此？」遂去之，更參入他文。

先生方讀《文鑑》，而學者至，坐定，語學者曰：伯恭《文鑑》去取之文，若某平時

看不熟者，也不敢斷他。有數般皆某熟讀底，今揀得也無巴鼻。如詩，好底都不在上面，却載那衰颯底。把作好意思，又無好句法，把作好意思，又無好句法，把作勸戒，又無勸戒。林擇之云：他平生不會作詩。曰：此等有甚難見處！義剛。○淳錄云：伯恭《文鑑》去取未足爲定論。

東萊《文鑑》編得泛，然亦見得近代之文。如沈存中《律曆》一篇，説渾天亦好。義剛。

伯恭所編奏議，皆優柔和緩者，亦未爲全是。今丘宗卿作序者是舊所編，後修《文鑑》不止乎此，更添入。

嘗語呂丈編奏議，爲臺諫懷挾。

伯恭祭南軒文，都就小狹處説來，其文弱。

吕伯恭《文集》中，如《答項平父書》是

傅夢泉子淵者，如罵曹立之書是陸子静者，其他僞者想又多在。璘。

伯恭亦嘗看《藏經》來，然甚深，不見於言語文字間。有些伯術，却忍不住放得出來，今害人之甚。揚。

可憐子約一生辛苦讀書，只是竟與之説不合。今日方接得他三月間所寄書，猶是論「寂然不動」，依舊主他舊説。時子約已死。它硬説「寂然不動」是工夫極至處。伊川心無思慮，至此方是工夫極至處。某嘗答之云：「《洪範》五事：貌曰僵，言曰啞，視曰盲，聽曰聾，思曰塞。方得。還有此理云：「要有此理，除是死也。」幾多分曉。某否？」渠至死不曉，不知人如何如此不通？曰：然。它是務使神輕去其用之云：釋氏之坐禪入定便是無聞無見，無思無慮。曰：然。它是務使神輕去其體，其理又不同。神仙則使形神相守，釋氏

則使形神相離。佛家有「白骨觀」，初想其形，從一點精氣始，漸漸胞胎孕育，生產稚乳，長大壯實，衰老病死，以至屍骸胖脹枯僵，久之化為白骨。既想為白骨，則視其身常如白骨，所以厭棄脫離而無留戀之念也，此又釋氏工夫之最下者。僩。○以下子約。

今日得子約書，有「見未用之體」一句，此話却好。問：未用，是喜怒哀樂未發時，那時自覺有箇體段則是。如著意要見他，則是已發？曰：只是識認他。士毅。○廣錄云：近得子約書，有「未發之本體」一句，此語甚好，人須是看得這箇分曉始得。

《答子約書》云：目下放過了合做底親切工夫，虛度了難得少壯底時日。方子。

觀呂子約書，有論讀《詩》及劉壯輿字畫一段。曰：某之語《詩》與子約異，《詩序》多附會，須當觀《詩經》。渠平日寫書來

字畫難曉，昔日劉元城戒劉壯輿，謂此人字畫不正，必是心術不明，故寫此一段與之。子約書又云：「昨讀《左傳》劉康公說『民受天地之中以生』下云：『君子勤禮，小人盡力。』見得古人說道理平實，不張皇，而著實下手處隨貴賤高卑皆有地位。非如後世此之為可，而彼之為不可，人有所不可為，道有所不可行也。」先生曰：此一段議論却好。可學。

呂子約死，先生曰：子約竟齋着許多鶻突道理去矣。賀孫。

先生問：呂子約近況如何？曰：呂丈在鄉里，方取其家來，骨肉得團聚，不至落寞。曰：得渠書，多說仙郡士友日夕過從，以問學為樂。罪大責輕，遷客得如此，過分

① 「至」，萬曆本作「致」。

紀·贊》用乘商輅事,《高祖紀·贊》則曰「朝以十月,車服黃屋左纛」,蓋譏其不用夏時商輅也。遷之意脉誠恐如是,考得甚好。然但以此遂謂遷能學孔子,則亦徒能得其皮殼而已。假使漢高祖能行夏時、乘商輅,亦只是漢高祖,終不可謂之禹、湯。此等議論,恰與欲削《鄉黨》者相反。必大。

先生出示《答孫自脩書》,因言:陸氏之學雖是偏,尚是要去做箇人。若永嘉、永康之説,大不成學問,不知何故如此。他日用動靜間,全是這箇本子,卒乍改換不得。如呂氏言漢高祖當用夏之忠,却不合黃屋左纛。不知縱使高祖能用夏時、乘商輅,亦只是這漢高祖也,骨子不曾改變,蓋本原處不在此。銖。

矣。亦是仙郡士友好學樂善,豈非衡州流風餘韻所及乎?嗟歎久之,又問曰:識章茂獻否?曰:嘗見之,亦蒙教誨。曰:江西士大夫如茂獻亦難得。又言:吳伯豐有見識,力學不倦。祖道亦蒙教誨。祖道因言伯豐自植立事。曰:此某知之有未盡,不意伯豐能如此。祖道。

伯恭門徒氣宇厭厭,四分五裂,各自爲説,久之必至銷歇。子靜則不然,精神緊峭,其説分明,能變化人,使人旦異而哺不同,其流害未艾也。道夫。○以下門人。

婺州士友只流從祖宗故事與史傳一邊去,其馳外之失,不知病在不曾於《論語》上加工。❶升卿。

浙間學者推尊《史記》,以爲先黃老、後六經,此自是太史談之學。若遷則皆宗孔氏,如於《夏紀·贊》用行夏時事,於《商

---

❶「知」原作「少」,今據萬曆本改。

伊川發明道理之後，到得今日，浙中士君子有一般議論，又費力，只是云不要矯激。遂至於凡事回互，揀一般偎風躲箭處立地，却笑人慷慨奮發，以爲必陷矯激之禍，此風更不可長。如嚴子陵是矯激分明，呂伯恭作《祠記》須要辨其非矯激。想見子陵聞之，亦自一笑。子陵之高節，自前漢之末，如龔勝諸公不屈於王莽者甚多，《漢書》末後有傳可見。光武是一箇讀書識道理底人，便去尊敬嚴子陵。子陵既高蹈遠舉，又誰恤是矯激不是矯激在？胡文定父子平生不服人，只服范文正公。《嚴子陵祠記》云：❶「先生之心，出乎日月之上；光武之器，❷包乎天地之外。微先生不能成光武之大，微光武豈能遂先生之高？」直是說得好。其議論什麽正大！往時李泰伯作《袁州學記》說崇《詩》、《書》，尚節義，文字雖麗，其

說振屬，使人讀之森然，可以激懦夫之氣。近日浙中文字雖細膩，只是一般回互，無奮發底意思，此風漸不好。其意本是要懲艾昔人矯激之過，其弊至此。孔子在陳，思魯之狂士，蓋狂士雖不得中，猶以奮發，可與有爲。若一向委靡，濟甚事？又說：固是矯激者非，只是不做矯激底心，亦是私意。大凡只看道理合做與不合耳，如合做，豈可避矯激之名而不爲！璘。

鄭子上問：昨日所說浙中士君子多要回互以避矯激之名，莫學顏子之渾厚否？曰：渾厚自是渾厚，今浙中人只學一般回互底心意，不是渾厚。渾厚是可做便做，不計利害之謂。今浙中人却是計利害大甚，

---

❶ 「祠」，原作「詞」，今據萬曆本改。
❷ 「器」，萬曆本作「量」。

做成回互耳，其弊至於可以得利者無不爲。

如陳仲弓送官者葬，❶所謂有仲弓之志則可，無仲弓之志則不可。因說東漢事勢，士君子欲全身遠害，則有不仕而已。若出仕遇官縱橫，如何畏禍不與他理會得！若未免仕，只得辭尊居卑，辭富居貧。若既要爲大官，又要避禍，無此理。璘。

問：前蒙賜書，中有「近日浙中學者多靠一邊」，如何？曰：往往泥文義者只守文義，淪虛靜者更不讀書，又有陳同父一輩說不必求異者。❷某近到浙中，學者却別，滯文義者亦少。只沈晦叔一等皆問着不言不語，說着文義又却作怪。䇕。

近日浙中一項議論，盡是白空撰出，覺全捉摸不着。恰如自家不曾有基礎，❸却要起甚樓臺，就上面添一層，又添一層，只是道新奇好看，其實全不濟事。又云：空撰

出許多說話，如捏眼生花。賀孫。

叔度與伯恭爲同年進士，年又長，自視其學非伯恭比，即俯首執子弟禮而師事之，略無難色，亦今世之所無耳。道夫。○叔度。

叔度應童子進士詞科，然竟以不能隨世俛仰，不肯一日置其身於仕路也。道夫。

自叔度以正率其家，而子弟無一人敢爲非義者。道夫。

---

❶「官」，萬曆本作「宦」。
❷「不」，萬曆本作「又」。
❸「礎」，萬曆本作「地」。

朱子語類卷第一百二十三 計八板

陳　君　舉　陳同父、葉正則附。

先生問德粹：去年何處作考官？對以永嘉。問：曾見君舉否？曰：見之。曰：說甚話？曰：說《洪範》及《左傳》。曰：《洪範》如何說？曰：君舉以為讀《洪範》方知孟子之「道性善」，如前言五行、五事，則各言其德性而未言其失，及過於皇極，則方辨其失。曰：不然。且各還他題目，一則五行，二則五事，三則八政，四則五紀，五則皇極，至其後庶徵、五福、六極，乃權衡聖道而著其驗耳。又問：《春秋》如何

說？滕云：君舉云：「世人疑左丘明好惡不與聖人同，謂其所載事多與經異，此則有說。且如晉先蔑奔，人但謂先蔑奔秦耳，此乃先蔑立嗣不定，故書『奔』以示貶。」曰：是何言語？先蔑實是奔秦，如何不書「奔」？且書「奔秦」謂之「示貶」，不書「奔」則此事自不見，何以為褒？昨說與吾友，所謂專於博上求之，不反於約，乃謂此耳。是乃於穿鑿上益加穿鑿，疑誤後學。可學因問：左氏識見如何？曰：左氏乃一箇趨利避害之人，要置身於穩地，而不識道理，於大倫處皆錯。觀其議論，往往皆如此。且《大學》論所止，便只說君臣、父子五件，左氏豈知此？如云「周、鄭交質」，而曰「信不由中，質無益也」。正如田客論主，而責其不請喫茶。使孔子論此，肯如此否？尚可謂其好惡同聖人哉！又如論宋宣公事，

曰：「宋宣公可謂知人矣。立穆公，其子饗之，命以義夫。」是何等言談！可學曰：此一事，《公羊》議論却好。曰：《公羊》乃儒者之言。可學又問：林黃中亦主張左氏，如何？曰：林黃中却會占便宜。左氏疏脫多在「君子曰」，渠却把此殃苦劉歆。昔呂伯恭亦多勸學者讀《左傳》，嘗語之云：「《論》、《孟》聖賢之言不使學者讀，反使讀《左傳》。」伯恭曰：「讀《論》、《孟》，使學者易向外走。」因語之云：《論》、《孟》却向外走，左氏却不向外走。讀《論》、《孟》，且先正人之見識，以參他書，無所不可。此書自傳惠公元妃孟子起，便沒理會。大抵《春秋》自是難看，今人說《春秋》，有九分九釐不是，何以知聖人之意是如此。平日學者問《春秋》，且以胡文定《傳》語之。可學。

陳君舉得書，云「更望以《雅》、《頌》之

音消鑠群慝，❶章句訓詁付之諸生」。問他如何是《雅》、《頌》之音？今只有《雅》、《頌》之辭在，更沒理會，又去那裏討《雅》、《頌》之音？便都只是瞞人。又謂某前番不合與林黃中、陸子靜諸人辨，以為「相與詰難，竟無深益。蓋刻畫太精，頗傷易簡。矜持已甚，反涉吝驕」。不知更如何方是深益？若孟子之闢楊、墨，也只得恁地闢。他說「刻畫太精」，便只是某不合說得太分曉，不似他只恁地含糊。他是理會不得，被衆人擁從，又不肯道我不識，又不得不說。說又不識，所以不肯索性開口道這箇是甚物事，又只恁鶻突了。子靜雖占姦不說，然他見得成箇物事，說話間便自然有箇痕跡可見。只是人理會他底不得，故見不得，然

---

❶「音」，原作「意」，今據朝鮮本改。

亦易見。子静只是人未從，他便不說；及鈎致得來，便直是說。方始與你理會。至如君舉胸中有一部《周禮》，都撐腸拄肚，頓着不得。如《遊古山》詩又何消說着？只是他稍理會得，便自要說，又說不着。如東坡、子由見得箇道理，更不成道理，又却便開心見膽，說教人理會得。又曰：他那似得子静。子静却是見得箇道理，却成一部禪，他和禪識不得。賀孫。

金溪之學雖偏，然其初猶是自說其私路上事，不曾侵過官路來。後來於不知底亦要彊說，便說出無限亂道。前輩如歐公諸人爲文，皆善用其所長。凡所短處，更不拈出來說，所以不見疏脫。今永嘉又自說一種學問，更没頭没尾，又不及金溪。大抵只說一截話，終不說破是箇甚麼，然皆以道藝先覺自處，以此傳授。君舉到湘中一收，收盡南軒門人，胡季隨亦從之問學。某向見季隨，固知其不能自立，其胸中自空空無主人，所以纔聞他人之說，便動。季隨在湖南頗自尊大，諸人亦多宗之。凡有議論，季隨便爲之判斷孰是孰非。此正猶張天師，不問長少賢否，只是世襲做大。正淳曰：湖南之從南軒者甚衆且久，何故都無一箇得其學？曰：欽夫言自有弊，諸公只去學他說話，凡說道理，先大拍下。然欽夫後面却自有說，諸公却只學得那大拍頭。必大。

因說鄉里諸賢文字，以爲皆不免有藏頭亢腦底意思。有學者來問，便當直說與之，在我不可不說。若其人半間不界，與其人本無求益之意，故意來磨難，則不宜說。外此，說儘無害。我畢竟說從古聖賢已行底道理，不是爲姦爲盗，怕說與人。不知我說出便有甚罪過？諸賢所見皆如此。秖

緣怕人譏笑，遂以此爲戒，便藏頭不說。某與林黃中爭辨一事，至今亦只是說，不以爲悔。「夫道若大路然」，何掩蔽之有？打空說及某人，❶鄉里皆推其有所見。其與朋友書，言學不至於「不識不知，順帝之則」處，則學爲無用。先生曰：近來人自要向高說這句自是形容文王聖德不可及處。詩人教人，何嘗不由知、由識入來！聖人一等話。要知初學及此，是爲躐等。

或曰：永嘉諸公多喜文中子。曰：然。

因說永嘉之學，曰：張子韶學問雖不只是小。它自知定學做孔子不得了，才見箇小家活子，便悦而趨之。譬如泰山之高，它不敢登，見箇小土堆子便上去，只是小。寓。

曰：上蔡多說知覺，自上蔡一變而爲張子韶。學蒙。

古人紀綱天下，凡措置許多事，都是心法從這裏流出，是多少正大！今若去逐些子搜抉出來評議，恐不得。凡看文字，也須待自有忽然湊合見得異同處。若先去逐些安排比並，便不是。因問：君舉說漢、唐好處與三代暗合，是如何？曹曰：亦只就事上看，❷如漢初待群臣不專執其權略，堂陛之嚴不恁地操切，如財散於天下之類。曰：這也自是事勢到這裏，見得秦時君臣之勢如此間隔，故漢初待宰相如此。然而蕭何是多少功勞，幾年宰相，一旦繫獄，這喚做操切不操切？又如周勃，終身有功，後來也下獄對問。又如賈誼書中所說是如

❶ 「打空」，二字原爲空格，今據萬曆本補。
❷ 「就」，萬曆本作「是」。

何，財用那時自寬饒，不得不散在郡縣。且如而今要散在郡縣，得也不得？上面又不儲蓄財賦閑在那裏，只是每年合天下之所入，不足以供一年之用，一月之入，不足以供一月之用，逐時挨展將去。將漢初來看，要散之郡縣得否？這只是閑說。第一項最是養許多坐食之兵，其費最廣。州郡自是州郡底，如許多大軍，是如何區處？祖宗天下之半，而有祖宗所無之兵。如州郡兵還養在，何用？若留心太守，又會去教他攀此弓，射些弩，教他做許多模樣，也只是不忍將許多錢糧白與他。到有廝殺時，你道他與你去廝殺否？只是徒然。問：君舉曾要如何措置？曰：常常憂此，但措置亦未曾說出。問：看唐事如何？曰：聞之陳先生說，唐初好處也是將三省推出在外。這却從魏晉時自有裏面一項，

唐初却盡屬之外，要成一體。如唐經禍變後，便都有諸王出來克復，如肅宗事。及代宗後來，雖是郭子儀，也有箇主出來。曰：三省在外，怕自隋時已如此，只唐時併屬之宰相。諸王克復宗事，只是郭子儀，怕別無諸王。唐官看他《六典》，將前代許多官一齊盡置得遍，官如何不冗？今只看漢初時官如何，到得元、成間如何，到東漢初如何，到東漢末時如何，到三國魏晉以後如何，只管添，只管雜。賀孫。

器遠言：鄉間諸先生所以要教人就事上理會，教着實，緣是向時諸公多是清談，終於敗事。曰：便是而今自恁地說，某尚及見前輩都不曾有這話。是三十年前如此，不曾將這箇分作兩事。如所謂「推倒

❶「是」，萬曆本作「見」。

做？溫公是甚氣勢！天下人心甚麼樣感動！溫公直有旋乾轉坤之功。溫公此心，可以質天地，通幽明，豈容易及！後來呂微仲、范堯夫用調亭之說，兼用小人，分別，所以成後日之禍。若直是見得君子小人不可雜處，❶如何要委曲遮護得？蔡確也是卒急難去，也是猾。他置獄傾一從官，得從官；置獄傾一宰相，得宰相。看溫公那時已自失委曲了。如王安石罪既已明白，後既加罪於蔡確之徒，論來安石是罪之魁，卻於其死，又加太傅及贈禮皆備，想當時也道要委曲周旋他。如今看來，這般卻煞不好。要好，便合當顯白其罪，使人知得是非邪正，

牆，撞倒壁」，如此麄話，那時都恁地麄，卻有好處。南渡時，有許多人出來做得事。經變故後，將許多人都摧折了。到而今卻是氣卑弱了，凡事都無些子正大，只是細意，蓋怕下稍用處不足。如司馬公居洛六任，只理會得箇《通鑑》；到元祐出來做事，卻有未盡處，所以激後來之禍。如今須先要較量教盡。曰：便是如今都要恁地說話。如溫公所做，今只論是與不是，合當做與不合當做，如何說他激得後禍？這是全把利害去說。溫公固是有從初講究未盡處，也是些小事。如役法變得未盡，只是東南不便，他西北自便之。那時節已自極了，只得如此做。若不得溫公如此做，更自有一場出醜。今只將紙上語去看，便道溫公做得過當。子細看那時節，若非溫公，如何

曰：陳先生要人就事上理會實大巧。

---

❶ 「直」，萬曆本作「真」。

所謂「明其爲賊，敵乃可服」。須是明顯其不是之狀，若更加旌賞，却惹得後來許多群小不服。今又都没理會，怕道要做朋黨，那邊用幾人，這邊用幾人，不問是非，不別邪正，下稍還要如何？某看來，天下事須先論其大處，如分別是非邪正，君子小人，端的是如何了，方好於中間酌量輕重淺深施用。賀孫。

器遠言：陳丈大意説格君，且令於事上轉移他心下歸於正。如蕭何事漢，令散財於外，可以去其侈心，成其愛民之心。説北齊宣帝。云云。曰：欲事君者，豈可以此爲法？自元魏以下至北齊，最爲無綱紀法度，自家却以爲事君法。賀孫。

永嘉看文字，大字平白處都不看，偏要去注疏小字中尋節目以爲博。只如韋玄成傳廟議，渠自不理會得，却引《周禮·守祧》

「掌守先王先公之廟祧」注云「先公之遷主藏於后稷之廟，先王之遷主藏於文、武之廟」，遂謂周后稷别廟，殊不知太祖與三昭三穆皆各自爲廟，豈獨后稷别廟。又云：后稷不爲大祖，甚可怪也。閎祖。

季通及敬之皆云：永嘉貌敬甚至，及與宮祠，乃繳之，云「朱某素來迂闊，臣所不取。但陛下進退人才，不當如此」。以問先生。先生云：不曾見此文字，怎見得？閎祖。

德粹問陳君舉福州事，曰：無此，只是過當。作一添倅，而一州之事皆欲爲之。《益》之初九曰「利用爲大作，元吉，无咎」，《象》曰「下下不厚事也」。初九欲爲九四作事，在下本不當處厚事。以爲上之所任，故爲之而致元吉，乃爲之。若不然，❶不惟己

---

❶ 「若」，萬曆本作「又」。

不安，而亦累於上。璘録云：初九上爲四所任，而作大事，必盡善而後无咎。若所作不盡善，未免有咎也。故孔子釋之曰：「下不厚事也。」蓋在下之人不當任重事。若在下之人爲在上之人作事，未能盡善，自應有咎。向編《近思録》，説與伯恭：「此一段非常有，不必入。」伯恭云：「既云非常有，則有時而有，豈可不書以爲戒？」及後思之，果然。可學。○璘録少異。

青天白日在這裏，而今人雖不見信，後世也須有人看得此説，也須回轉得幾人。又嘆惜久之，①云：「今有一等自恁地高出聖人之上，一等自恁地陷身污濁，要擔頭出不得。」賀孫。

同父才高氣粗，故文字不明瑩。要之，自是心地不清和也。道夫。

先生説：看史只如看人相打，相打有甚好看處？陳同父一生被史壞了。直卿亦言：東萊教學者看史，亦被史壞。泳。

陳同父《祭東萊文》云：「在天下無一事之可少，而人心有萬變之難明。」先生曰：若如此，則鷄鳴狗盗皆不可無。因舉《易》曰：「天下之動，貞夫一者也。」天下何思何慮？同歸而殊塗，一致而百慮。天下

諷説，反被他玩。揚。○陳同父。

陳同父縱橫之才，伯恭不直治之，多爲恁地橫論，却不與他剖説打教破，却和他都自被包裹在裏。今來伯恭門人却亦有爲同父之説者，二家打成一片，可怪。君舉只道某不合與説，只是他見不破。天下事，不是是便是非，直截兩邊去，如何恁地含糊鶻突。某鄉來與説許多，豈是要眼前好看？

❶「惜」，萬曆本作「息」。

何思何慮？」又云：「同父在利欲膠漆盆中。閎祖。

鄭厚《藝圃折衷》當時以爲邪說，然尚自占取地步，但不知權。其說之行，猶使人知君臣之義。如陳同父議論却乖，乃不知正。曹丕既篡，乃曰：「舜、禹之事，吾知之矣。」此乃以已而窺聖人，謂舜、禹亦只是篡，而文之以揖遜爾。同父亦是於漢、唐事迹上尋討箇仁義出來，便以爲此即王者事，何異於此？必大。

因言：陳同父讀書，譬如人看劫盜公案，看了須要斷得他罪，及防備禁制他，做不得。它却不要斷他罪，及防備禁制它，做不得。

只要理會得許多做劫盜底道理，待學他做。廣。

或謂：同父口說皇王帝霸之略，而一身不能自保。先生曰：這只是見不破。

說箇是與不是便了，若做不是，恁地依阿苟免以保其身？此何足道。若做得是，便是委命殺身，也是合當做底事。賀孫。

陳同父學已行到江西，浙人信向已多。家家談王伯，不說蕭何、張良，只說王猛；不說孔、孟，只說文中子。可畏，可畏！可學。

陸子靜分明是禪，但却成一箇行戶，尚有箇據處。如葉正則說，則只是要教人都曉不得。嘗得一書來，言世間有一般魁偉底道理，自不亂於三綱五常。既說不亂三綱五常，又說別是箇魁偉底道理，却是箇甚麼物事？也是亂道。他不說破，只是籠統恁地說以謾人。及人理會得來都無效驗時，他又說你是未曉到這裏。他之說最誤人，世間獃人都被他瞞，不自知。義剛。○葉正則。

葉正則說話,只是杜撰。看他進卷,可見大略。泳。

葉進卷《待遇集》毀板,亦毀得是。淳。

葉正則作文論事,全不知此著實利害,只虛論,因及許多,云云。又見一文論社倉事。戴少望尚有此實說,然不是如此,葉則都是閑說。振。

見或人所作講義,不知如何如何。聖人見成言語,明明白白,人尚曉不得,如何須要立一文字,令深於聖賢之言,如何教人曉得?戴肖望比見其湖南語說却平正,只爲說得太容易了,兼未免有意於弄文。賀孫。

江西之學只是禪,浙學却專是功利。禪學後來學者摸索一上,無可摸索,自會轉去。若功利,則學者習之,便可見效。此意甚可憂。

朱子語類卷第一百二十四 計十六板

陸氏

性質，陸子美。精神。子靜。○若海。

問陸梭山《同異辨》。曰：若本有，却如何掃蕩得？若本無，却如何建立得？他以佛氏亦曉得理。他既曉得理後，却將一箇空底物事來口頭說時，佛不到今日了。他自見得一箇道理，只是空。又曰：佛也只是理會這箇性，吾儒也只理會這箇性，只是他不認許多帶來底。節。

陸子壽自撫來信，訪先生於鉛山觀音寺。子壽每談事，必以《論語》爲證。如

曰：聖人教人「居處恭，執事敬」。又曰：「子所雅言《詩》、《書》、執禮，皆雅言也」，「弟子入則孝，出則弟，謹而信，汎愛衆而親仁」，此等皆教人就實處行，何嘗高也。先生曰：某舊聞持論亦好高，近來漸漸移近下，漸漸覺實也。如孟子却是將他已到底教人，如言「存心養性，知性知天」，有其說矣，是他自知得。餘人未到他田地，如何知得他滋味？卒欲行之，亦未有入頭處。若《論語》，却是聖人教人存心養性、知性知天實涵養處，便見得便行得也。大雅。

陸子壽看先生解《中庸》「莫顯乎微」云「幾微細事也」。因歎美其說之善。曰：前後說者，連「莫見乎隱」一衮說了，更不見切體處。今如此分別，却是使人有點檢處。

九齡自覺力弱，尋常非禮念慮，固能常常警策，不使萌於心。然志力終不免有怠時，此

殆所謂幾微處須點檢也。先生曰：固然。大雅。

問：曾見陸子壽《志道據德說》否？曰：未也。其說如何？曰：大概亦好。必大。

因說陸子靜，謂：江南未有人如他八字着腳。文蔚。

叔器問象山師承。曰：它門天姿也高，❶不知師誰。然也不問師傳，學者多是就氣稟上做，便解偏了。義剛。

符舜功問陸子靜《君子喻於義口義》。曰：子靜只是拗。伊川云：「惟其深喻，是以篤好。」子靜必要云：「好後方喻。」看來人之於義利，喻而好者多。若全不曉，又安能好？然好之則喻矣，畢竟伊川說占得多。璘。

因說：陸先生每對人說：「有子非後學

急務，以其說不合有多節目，不直截。」某因謂是比聖人言語較緊。且如孝弟之人，豈解犯上，又更作亂？曰：人之品不同，亦自有孝弟之人解犯上者，自古亦有作亂者。聖賢言語寬平，不消如此急迫看。振。

問：象山言：「『本立而道生』，多卻『而』字。」曰：聖賢言語一步是一步。近來一種議論，只是跳躑。初則兩三步做一步，甚則十數步作一步，又甚則千百步作一步，所以學之者皆顛狂。方子。

先生問賀孫：再看《論語》前面，見得意思如何？曰：初看有未通處，今看得通。如「孝弟為仁之本」一章，初看未甚透，今卻看得分曉。先生曰：如此等說話，陸象山都不看。凡是諸弟子之言，便以為不

---

❶ 「姿」，萬曆本作「資」。

是而不足看，其無細心看聖賢文字如此。凡說未得處，便將箇硬說鬪倒了，不消看。後生繞入其門，便學得許多不好處，便悖慢無禮，便胡說亂道，更無禮律，只學得許多凶暴。❶可畏，可畏！不知如何學他許多不好，恁地快！賀孫又問：「孝弟為仁之本」，《集注》云：「學者務此，則仁道自此而生。」「此」字亦只指孝悌？先生曰：覺此句亦欠「本立」字。賀孫云：上文已說孝弟乃是行仁之本。先生曰：此段若無程先生說，終無人理會得透。看楊、謝諸說，如何是理會得？謝說更乖，「孝弟非仁，乃近仁也」，不知孝弟非仁，孝弟是甚麼物事？孝弟便是仁，非孝弟外別有仁，非仁外別有孝弟。如諸公說，將體、用一齊都沒理會了。賀孫。

有自象山來者，先生問：子靜多說甚話？曰：恰如時文相似，只連片衮將去。曰：所說者何？曰：他只說「天地之性人為貴」，人為萬物之靈。人所以貴與靈者，只是這心。其說雖詳，多只恁衮去。先生曰：信如斯言，雖聖賢復生與人說，也只得恁地。自是諸公以時文之心觀之，故見得它箇是時文也。便若時文中說得恁地，便是聖賢之言也。公也須自反，豈可放過！道夫。

陸子靜說「良知良能」、「四端」等處，且成片舉似經語，不可謂不是。但說人便能如此，不假修為存養，此却不是。譬如旅寓之人，自家不能送他回鄉，但與說云：「你自有田有屋，大段快樂，何不便回去？」那人既無資送，如何便回去得？又如脾胃傷

❶「得」下，萬曆本有「那」字。

弱、不能飲食之人，却硬要將飯將肉塞入他口，不問他喫得與喫不得。若是一頓便會得，亦豈不好？然非生知安行者，豈有此理！便是生知安行，也須用學。大抵子思説「率性」，孟子説「存心養性」，又説「孝弟」，「忠信篤敬」。蓋能如此，則道理便在其中矣。夫子更不曾説，只説「存心養性」，大段説破。人傑。

至之問告子「不得於言，勿求於心」。先生云：陸子靜不着言語，其學正似告子，故常諱這些子。至之云：陸嘗云：「人不惟不知孟子高處，也不知告子高處。」先生語諸生云：陸子靜説告子也高，也是他尚不及告子。告子將心硬制得不動，陸遇事未必皆能不動。植。

子靜常言「顏子悟道後於仲弓」，又曰「《易繫》決非夫子作」。又曰：「孟子無奈

告子何。」陳正己錄以示人，先生申言曰：正己也乖。道夫。

江西士風好爲奇論，恥與人同，每立異以求勝。如陸子靜説告子論性強孟子，又説荀子「性惡」之論甚好，使人警發，有緘密之功。昔荆公參政曰，作《兵論》藳，壓之硯下。劉貢父謁見，值客，徑坐於書院，竊取視之。可學録云：皆記得，又頓放元處。荆公問近作，貢父以近作《兵論》對，乃竊荆公之意而易其文以誦之。可學録云：荆公出論相見而坐書院爲非，遂出就客次。及相見，荆公問近作，貢父以近作《兵論》説曰：某策如此。荆公退，碎其硯下之藳，以爲所論同於人也。可學録作：兵，貢父依荆公《兵論》説曰：某策如此。焚之，好異惡同如此。皆是江西之風如此。淳○可學録略。

金溪説「充塞仁義」，其意之所指，似別有一般仁義，非若尋常他人所言者也。必大。

陸子靜學者欲執喜怒哀樂未發之中，不知如何執得？那事來面前，只得應他，當喜便喜，當怒便怒，如何執得。文蔚。

陸子靜說：「只是一心，一邊屬道心，一邊屬人心，」那時尚說得好在。節。

先生謂祖道曰：陸子靜答賢書，說箇「簡易」字，却說錯了。「乾以易知，坤以簡能」，是甚意思？如何只容易說過了？乾之體健而不息，行而不難，故易。坤則順其理而不爲，故簡。不是容易苟簡也。

某向與子靜說話，子靜以爲意見。某曰：「邪意見不可有，正意見不可無。」子靜說「此是閒議論」。某曰：閒議論不可議論，合議論則不可不議論。先生又曰：《大學》不曾說「無意」，而說「誠意」。若無意見，將何物去擇乎中庸？將何物去察邇言？《論語》「無意」只是要無私意，若是正見須是存留。如飢之思食，渴之思飲，合做

意，則不可無。先生又曰：他之無意見，則是不理會理，只是胡撞將去。若無意見，成甚麼人在這裏？節。

或問：陸子靜每見學者才有說話，不問如是，則曰「此只是意見」。曰：既不尚議論，則議論意見皆可廢乎？既不貴意見，則是寂然無思而已。聖門問學，不應如此。若曰偏議論、私意見則可去，不當概以議論、意見爲可去也。柄。

有一學者云：學者須是除意見。陸子靜說顏子克己之學非如常人克去一切忿欲利害之私，蓋欲於意念所起處，將來克去。先生痛加誚責，以爲：此三字誤天下學者。自堯、舜相傳至歷代聖賢，書册上並無此三字。某謂除去不好底意見則可，若好底意見，將何物去擇乎中庸？將何物去察邇言，將何物去存留。如飢之思食，渴之思飲，合做

「乾屎橛」等語，其上更無意義，又不得別思義理。將此心都禁遏定，久久忽自有明快處，方謂之得。「此之謂失其本心」，故下梢恣欲紛起，恣意猖獗，如劉淳叟輩所爲，皆彼自謂不妨者也。杲老在徑山，僧徒苦其使性氣，沒頭腦，甚惡之，又戀着他禪。嘗有一僧云：「好捉倒剝去衣服，尋看他禪是在左脅下，是在右脅下？待尋得見了，好與奪下，却趕將出門去。」杲老所喜，皆是粗疏底人，如張子韶、唐立夫諸公是也。汪丈爲錫、呂居仁輩稍謹愿，痛被他薄賤。人淳厚，趕張子韶輩不得，又有許多記問經史典故，又自有許多鶻突學問義理，又戀着鶻突底禪。群疑塞胸，都沒分曉，問他討禪，被他恣意窮究，只管上求下告，不自反躬相薄。汪丈嘗謂某云：「杲老禪學實自有好處。」某問之曰：「侍郎曾究見其好處

底事思量去做，皆意見也。聖賢之學如一條大路，甚次第分明。緣有「除意見」橫在心裏，便更不在做。如日間所行之事，想見只是不得已去做，才做便要忘了，生怕有意見。所以目視霄漢，悠悠過日，下梢只成得箇狂妄，今只理會除意見，安知除意見之心，又非所謂意見乎？ 人傑。

陸子靜說「克己復禮」，云「不是克去己私利欲之類，別自有箇克處」，又却不肯說破。某嘗代之下語云「不過是要『言語道斷，心行路絕』耳」。因言：此是陷溺人之深坑，學者切不可不戒。

因看金溪《與胡季隨書》中說顏子克己處，曰：看此兩行議論，其宗旨是禪，尤分曉。此乃捉着真賊正賊，惜方見之，不及與之痛辯。其說以忿欲等皆未是己私，而思索講習却是大病，乃所當克治者。如禪家

否？」又却云「不曾」。今金溪學問真正是禪，欽夫、伯恭緣不曾看佛書，所以看他不破，只某便識得他。試將《楞嚴》《圓覺》之類一觀，亦可粗見大意。釋氏之學，大抵謂若識得透，應干罪惡即都無了。王履道做盡無限過惡，遷謫廣中，剗地在彼說禪學，在世上乃亂臣賊子之三窟耳。然則此一種學，其所為過惡，皆不礙其禪學非細。此正謂其所為過惡，皆不礙其禪爾。必大。

舜功云：陸子靜不喜人說性。曰：怕不論性，不知所學何事。璘。

聖賢教人有定本，如「博學、審問、謹思、明辨、篤行」是也。其人資質剛柔敏鈍，只是自理會不曾分曉，怕人問難。又長大了，不肯與人商量，故一截截斷了。然學而不可一概論，其教則不易。

今日說有定，明日又說無定，陸子靜似之。

聖賢之教，無內外、本末、上下，今子靜却要理會內，不管外面，却無此理。硬要轉聖賢之說為他說，寧若爾說，且作爾說，不可誣罔聖賢亦如此。泳。○周公謹記。

陸子靜云：「涵養是主人翁，省察是奴婢。」陳正己力排其說。曰：子靜之說無定，常要云今日之說自如此，明日之說自不如此。大抵他只要拗，才見人說省察，他便反而言之，謂須是涵養。若有人向他說涵養，他又言須是省察以勝之。自渠好為詞佛罵祖之說，致令其門人「以夫子之道反害夫子」。璘。

吾儒頭項多，思量著得人頭疼。似陸子靜樣不立文字，也是省事。只是那書也不是分外底物事，都是說我這道理，從頭理會過更好。僩。

汪長孺說：江西所說「主靜」，看其語

是要不消主這靜，只我這裏動也靜，靜也靜。先生曰：若如其言，天自春了夏，夏了秋，秋了冬，自然如此，也不須要「輔相裁成」始得。賀孫。

江西之學，無了惻隱、辭遜之心，但有羞惡之心，然不羞其所當羞，不惡其所當惡；有是非之心，然是其所非，非其所是。方子。

潘恭叔說：象山說得如此，待應事，都應不是。曰：可知是他所學所說盡是杜撰，都不依見成格法。他應事也只是杜撰，如何得合道理。賀孫。

陸氏會說，其精神亦能感發人，一時被它聳動底，亦便清明。只是虛，更無底簟。「思而不學則殆」，正謂無底簟便危殆也。「山上有木，漸，君子以居賢德善俗」。有堦梯而進，不患不到。今其徒往往進時甚銳，然其退亦速。纔到退時，便如墜千仞之淵。

頃有一朋友作書與陸子靜，言陸之學蕩而無所執。❶ 陸復書言：「『蕩』本是好語，『君子坦蕩蕩』，《書》云『王道蕩蕩』，《詩》云『蕩蕩上帝』，堯『蕩蕩無能名』，皆以『蕩』為善，豈可以為不善邪？」其怪如此。㝢。

向見陸子靜與王順伯論儒、釋，某嘗竊笑之。儒、釋之分，只爭虛實而已。如老氏亦謂「恍兮惚兮，其中有物；窈兮冥兮，其中有精」。所謂「物」、「精」，亦是虛。吾道雖有「寂然不動」，然其中粲然者存，事事有。節。

先生問人傑：別後見陸象山，如何？

❶「無」，原作「而」，今據朝鮮本、萬曆本改。

曰：在都下相處一月，議論間多不合。因舉戊戌春所聞於象山者，多是分別「集義所生，非義襲而取之」兩句。曰：彼之病處正在此，其説「集義」却是「義襲」。彼之意，蓋謂學者須是自得於己，不爲文義牽制，方是集義。若以此爲義，從而行之，乃是求之於外，是義襲而取之也。故其弊自以爲是，自以爲高，而視先儒之説皆與己不合。至如《與王順伯書》論釋氏義利、公私，皆説不着。蓋釋氏之言見性，止是虚見；儒者之言性，止是仁義禮智，皆是實事。今專以義利、公私斷之，宜順伯不以爲然也。人傑。螢録詳。

問正淳：陸氏之説如何？曰：癸卯相見，某於其言不無疑信相半。曰：信是信甚處？疑是疑甚處？曰：信其論學，疑其詞詆古人。曰：須是當面與它隨其説上

討箇分曉。若一時不曾分疏得，於書問間議論，只是説得皮外；它亦只是皮外答來，越不分曉。若是它論學處是，則其它説話皆是，便攻詞古人、今人，亦無有不是；若是它詞詆得古人不是，便是它説得學亦不是。向來見子静與王順伯論佛，云「釋氏與吾儒所見亦同，只是義利、公私之間不同」。此説不然。如此却是吾儒與釋氏同一箇道理。若是同時，何緣得有義利不同？只被源頭便不同，吾儒萬理皆實，釋氏萬理皆空。又曰：它尋常要説「集義所生者」，其徒包敏道至説成「襲義而取」，却不説「義襲而取之」。它説如何？正淳曰：它説須是實得。如義襲，只是强探力取。曰：謂如人心知此義理，行之得宜，固自内發。人性質有不同，或有魯鈍，一時見未到得。別人説出來，反之於心，見其詞詆古人。曰：須是當面與它隨其説上

得爲是而行之，是亦内也。人心所見不同，聖人方見得盡。今陸氏只是要自渠心裏見得底，方謂之内。才自別人說出，便指爲義外。如此，乃是告子之說。如「生而知之」與「學而知之」、「困而知之」，「安而行之」與「利而行之」、「勉強而行之」及其知之行之則一也，豈可一一須待自我心而出，方謂之内？所以指文義而求之者皆不爲内。故自家才見得如此，便一向執着，將聖賢言語便亦不信，更不去講貫，只是我底是，其病痛只在此。只是專主「生知」、「安行」而「學知」以下一切皆廢。又只管理會「一貫」理會「一」。且如一貫，只是萬理一貫，無内外本末、隱顯精粗，皆一以貫之。此政「同歸殊塗，百慮一致」，無所不備。今却不教人憑地理會，却只尋箇「一」，不知去那裏討頭處？螢。○必大録云：先生看正淳與金溪往復書云云，「釋氏皆空」之下，有曰：學所以貴於講書，是要入細理會。今陸氏只管說「一貫」。夫「一貫」云者，是舉萬殊而一貫箇甚底？學要大綱涵養，子細講論。嘗與金溪辨「義外」之說。某謂事之合如此者，雖是在外，然於吾心以爲合如此而行之，便是内也。且如人有性質魯鈍，或一時見不到，因他人說出來，見得爲是，從而行之，亦内也。金溪以謂此乃告子之見，直須自得於己者方是。若以他人之說爲義而行之，是求之於外也。遂於事當如此處，亦不如此。不知此乃告子之見耳。必大因言：金溪有云：「不是教人不要讀書，讀書自是講學中一事。纔說讀書，已是剩此一句。」曰：此語却是。必大又言其學全在踐履之說。曰：此言雖是，然他意只是要踐履他之說耳。

禪學熾則佛氏之說大壞，緣他本來是大段着工夫收拾這心性，今禪說只恁地容易做去。佛法固是本不見大底道理，只就他本法中是大段細密，今禪說只一向龍暴。陸子靜之學，看他千般萬般病，只在不知有

氣稟之雜，把許多麁惡底氣都把做心之妙理，合當恁地自然做將去。向在鉛山，得他書云：「看見佛之所以與儒異者，止是他底全是利，吾儒止是全在義。」某答他云：「公亦只見得第二著。」看他意，只說吾儒絕斷得許多利欲，❶便是千了百當，一向任意做出都不妨。不知初自受得這氣稟不好，今才任意發出，許多不好底也只都做好商量了。只道這是胸中流出自然天理。不知氣有不好底夾雜在裏，一齊袞將去，道害事不害事？看子靜書，只見他許多麁暴底意思，可畏。其徒都是這樣，才說得幾句，便無大無小，無父無兄，只我胸中流出底是天理，全不著得些工夫。看來這錯處，只在不知有氣稟之性。又曰：「論性不論氣，不備。」孟子不說到氣一截，所以說萬千與告子幾箇，然終不得他分曉。告子以後，如

荀、楊之徒，皆是把氣做性說了。賀孫。

子靜「應無所住以生其心」。閎祖。謂陸氏不窮理。○方子。迎而距之。

子靜尋常與吾人說話，會避得箇「禪」字。及與其徒，却只說禪。自脩。

吳仁父說及陸氏之學。曰：只是禪。初間猶自以吾儒之說蓋覆，如今一向說得熾，不復遮護了。渠自說有見於理，到得做處，一向任私意做去，全不睹是。人同之則喜，異之則怒。至任喜怒，胡亂便打人、罵人。後生纔登其門，便學得不遜無禮，出來極可畏。世道衰微，千變百怪如此，可畏，可畏！木之。

陸子靜之學，自是胸中無奈許多禪何，看是甚文字，不過假借以說其胸中所見者

❶「吾儒」，萬曆本作「儒者」。

耳。據其所見，本不須聖人文字得，他却須要以聖人文字說者。此正如販鹽者，上面須得數片鯗魚遮蓋，方過得關津，不被人捉了耳。廣。

先生嘗說：陸子靜、楊敬仲自是十分好人，只似患淨潔病底。又論說道理，恰似閩中販私鹽底，下面是私鹽，上面以鯗魚蓋之，使人不覺。蓋謂其本是禪學，却以吾儒說話遮掩。過。

為學若不靠實，便如釋、老談空，又却不如他說得索性。又曰：近來諸處學者談空浩瀚，可畏，可畏！引得一輩江西士人都顛了。浩。

陸子靜好令人讀介甫萬言書，以為渠此時未有異說，不曉子靜之意。璘。

因言讀書之法，曰：一句有一句道理，窮得一句，便得這一句道理。讀書須是曉

得文義了，便思量聖賢意指是如何，要將作何用？因坐中有江西士人問為學，曰：公門都被陸子靜誤，教莫要讀書，誤公一生。使公到今已老，此心悵悵然，如村愚柏盲無知之人。❶撞牆撞壁，無所知識。使得這心飛揚跳躑，渺渺茫茫，都無所主。若涉大水，浩無津涯，少間便會失心去，何故？下此一等，只會失心，別無合殺也。傅子淵便是如此。子淵後以喪心死。豈有學聖人之道，臨了却反有失心者，是甚道理？吁，誤人，誤人！可悲可痛！分明是被他塗其耳目，至今猶不覺悟。❷今教公之法：只討聖賢之書，逐日逐段分明理會。且降伏其心，遂志以求之，理會得一句，便一句理明；理

❶「柏」，四庫本作「瞽」。
❷「悟」，原作「悞」，今據朝鮮本、萬曆本改。

會得一段，便一段義明。積累久之，漸漸曉得。近地有朋友，便與近地朋友商量；近地無朋友，便遠求師友商量。莫要閒過日子。在此住得旬日，便做旬日工夫。公看此間諸公每日做工夫，都是逐段逐句理會。如此久之，須漸見些道理。公今只是道聽塗說，只要說得行。❷若聖賢之道，只是說得贏，何消做工夫？只半日便說盡了。「博學、審問、謹思、明辨」，是理會甚事？公今莫問陸刪定如何，只認問取自己便了。陸刪定還替得公麼？陸刪定他也須讀書來。只是公那時見他不讀書，便說他不讀書。他若不讀書，如何做得許多人先生？吁，誤人，誤人！又曰：從陸子靜者，不問如何，箇箇學得不遜。只纔從他門前過，便學得悖慢無禮，無長少之節，可畏，可畏！僴。

象山死，先生率門人往寺中哭之。既罷，良久，曰：可惜死了告子！此說得之文卿。○泳。

因論南軒欲曾節夫往見陸先生，作書令去看陸如何，有何說備寄來。先生曰：只須直說。如此則便謂教我去看如何，便不能有益了。楊。

因說陸子靜，❸云：這箇只爭些子，才差了，便如此。他只是差過去了，更有一項，却是不及。若使過底，拗轉來却好；不及底，趲向上去却好。只緣他纔高了，便不肯下；纔不及了，便不肯向上。過底，便道只是就過裏面求箇中；不及底，也道只就不及裏面求箇中。初間只差了些子，所

❶「間」，原作「閒」，今據朝鮮本、萬曆本改。
❷「行」，萬曆本作「待」。
❸「說」，萬曆本作「問」。

「差之毫釐，繆以千里」！又曰：如伯夷之清、柳下惠之和，孟子便說道：「隘與不恭，君子不由。」如孔子說「逸民，伯夷、叔齊」，這已是甚好了，孔子自便道：「我則異於是，無可無不可。」又曰：某看近日學問，高者便說做天地之外去，卑者便只管陷溺；高者必入於佛、老，卑者必入於管、商。定是如此，定是如此！賀孫。

曹叔遠問：陸子靜教人合下便是，如何？曰：如何便是？公看經書中還有此樣語否？若云便是，夫子當初引帶三千弟子，日日說來說去則甚？何不云你都是了，各自去休？也須是做工夫始得。又問：或有性識明底，合下便是，後如何？曰：須是有那地位方得。如「舜與木石俱與鹿豕遊，及聞一善言，見一善行，沛然若決江河，莫之能禦」，須是有此地位方得。

如「堯、舜之道孝悌」，不成說才孝悌便是堯、舜？須是誦堯言、行堯行，真箇能「徐行後長」，方是。

問：陸象山道「當下便是」。曰：看聖賢教人，曾有此等語無？聖人教人，皆從平實地上做去。所謂「克己復禮，天下歸仁」，須是先克去己私，方得。孟子雖云「人皆可以為堯、舜」，也須是「服堯之服，誦堯之言，行堯之行」方得。聖人告顏子以「克己復禮」，告仲弓以「出門如見大賓，使民如承大祭」，告樊遲以「居處恭，執事敬，與人忠」，告子張以「言忠信，行篤敬」，這箇是說甚底話！又平時告弟子，也須道是「學而時習」、「行有餘力，則以學文」，又豈曾說箇「當下便是」底語？大抵今之為學者有二病：一種只當下便是底，一種便是如公平日所習底。却是這中間一條路不曾有人行

得。而今人既不能知，但有聖賢之言可以引路。聖賢之言，分分曉曉，八字打開，無些子回互隱伏說話。卓。

或問：陸象山大要說「當下便是」，與聖人不同處是那裏？曰：聖人有這般說話否？聖人不曾恁地說。聖人只說「克己復禮。一日克己復禮，天下歸仁」。而今截斷「克己復禮」一段，便道只恁地便了。不知聖人當年領三千來人，積年累歲，是理會甚麼？何故不說道才見得，便教他歸去自理會便了？子靜如今也有許多人來從學，亦自長久相聚，還理會箇甚麼？何故不教他自歸去理會。只消恁地便了。且如說「堯、舜之道，孝悌而已矣」似易，須是做得堯許多工夫，方到得堯；須是做得舜許多工夫，方到得舜。又曰：某看來，如今說話只有兩樣。自淮以北，不可得而知。自淮

以南，不出此兩者。如說高底，便如「當下便是」之說，世間事事都不管。這箇本是專要成己，而不要去成物。少間只見得上面許多道理，切身要緊去處不曾理會，而終亦不足以成己。如那一項却去許多零零碎碎上理會，事事要曉得。這箇本是要成物，而不及於成己。少間只見得下面許多羅羅嘈嘈，自家自無箇本領，自無箇頭腦了，後去更不知得那箇直是是，那箇直是非，都恁地鶻鶻突突，終於亦不足以成物。這是兩項如此，真正一條大路，却都無人識，這箇只逐一次第行將去。那一箇只是過，那一箇只是不及。到得聖人大道，只是箇中。然如今人說那中，也都說錯了。只說道恁地含含胡胡，同流合污，便喚做中。這箇中，本無他，只是平日應事接物之間，每事理會教盡，教恰好，無一豪過、不及之意。賀孫。

陸子靜之學，只管說一箇心本來是好底物事，上面着不得一箇字，只是人被私欲遮了。若識得一箇心了，萬法流出，更都無許多事。他却是實見得一箇道理恁地，所以不怕天，不怕地，一向胡叫胡喊。又曰：如東萊便是如何，云云。不似他見得恁地直拔俊偉。下梢東萊學者一人自執一說，更無一人守其師說，亦不知其師緊要處是在那裏，都只是恁地衰塌不起了，其害小。他學者是見得箇物事，便都恁地胡叫胡說，實是卒動他不得，一齊恁地無大無小，便是「天上天下，惟我獨尊」。若我見得，我父不見得，便是父不似我；兄不見得，便是兄不似我。不待至後世，即今便是。又曰：南軒初年說，却有些似他。即今便更無大小，其害甚大。

《嶽麓書院記》却只恁地說。如愛牛，如赤子入井，這箇便是真心。若理會得這箇心了，都無事。後來說却不如此。子靜却雜些禪，又有術數，或說或不說。南軒却平直恁地說，却逢人便說。又曰：浙中之學，一種只說道理底，又不似他實見得。若不識，又不肯道我不識，便含胡鶻突遮蓋在這裏。又因說人之喜怒憂懼，皆是人所不能無者，只是差些便不正。所以學者便要於此處理會，去其惡而全其善。今他只說一箇心，便都道是了，如何得？雖曾子、顏子是着多少氣力，方始庶幾其萬一。又曰：孟子更說甚「性善」與「浩然之氣」，孔子便全不說，便是怕人有走作，只教人「克己復禮」。到克盡己私，復還天理處，自是實見得這箇道理，便是貼實底。聖賢他只說恁地了，便是聖賢，然無這般顛狂底聖賢。聖人說「克己復禮」，便是真實下工夫。「一日克己復禮」，施之於一家，則一家歸其仁；施之一

鄉，則一鄉歸其仁；施之天下，則天下歸其仁。是真實從手頭過，如飲酒必醉，食飯必飽。他們便說一日悟得「克己復禮」，想見天下歸其仁；便是想象飲酒便能醉人，恰似說「如飲醇酎」意思。又曰：他是會說得動人，使人都恁地快活，便會使得人都恁地發顛發狂。某也會恁地說，使人便快活，只是不敢，怕壞了人。他之說却是使人先見得這箇物事了，方下來做工夫，却是上達而下學，與聖人「下學上達」都不相似。然他才見了，便發顛狂，豈肯下來做？若有這箇直截道理，聖人那裏教人恁地步步做上去？ 賀孫。

許行父謂：陸子静只要頓悟，更無工夫。曰：如此說不得。不曾見他病處，說他不倒。大抵今人多是望風便罵將去，都不曾根究到底。見他不是，須子細推原怎

生不是，始得。此便是窮理。既知他不是處，須知是處在那裏。他既錯了，自家合當如何，方始有進。子静固有病，而今人却不曾似他用功，如何便說得他？所謂「五穀不熟，不如稊稗」，恐反爲子静之笑也。且如看史傳，其間有多少不是處。見得他不是，便有箇是底在這裏，所以無往非學。 閎祖。

先生問：曾見陸子静否？可學對以向在臨安欲往見。或云：吾友方學，不可見，見歸必學參禪。先生曰：此人言極有理。吾友不去見，亦是。然更有一說：須修身立命，自有道理，則自不走往他。若自家無所守，安知一日立脚得牢。正如人有屋可居，見他人有屋宇，必不起健羨。若是自家自無住處，忽見人有屋欲借自家，自家雖欲不入，安得不入？切宜自作工夫。

可學。

守約問：吾徒有往從陸子靜者，多是舉得這下些小細碎文義。致得子靜謂先生教人只是章句之學，都無箇脫洒道理。其實先生教人，豈曾如此？又有行不掩其言者，愈招他言語。先生曰：不消得如此說。是他行不掩言，自家又奈何得他？只是自點檢教行掩其言，便得看自家平日是合當恁地，不當恁地。不是因他說自家行不掩言，方始去行掩其言。而今不欲窮理則已，欲窮理，如何不在讀書講論？也只是渾淪吞棗，終不幾箇理會得章句？今學者有若欲窮理，於章句外別撰壹箇物事與他鬭成又學他，如何不在讀書講論？又曰：某也難說他，有多多少少，某都不敢說他。只是因諸公問，不得不說。他是向一邊去拗不轉了，又不信人言語，又怎奈何他？自家只是理會自家是合當做。聖人

說「言忠信，行篤敬」、「居處恭，執事敬，與人忠」等語，都是實說鐵定是恁地，無一句虛說。只是教人就這上做工夫，做得到便是道理。賀孫。

學者須是培養。今不做培養工夫，如何窮得理？程子言：「動容貌，整思慮，則自生敬。」敬只是主一也。存此，則自然天理明。」又曰：「整齊嚴肅，則心便一。一則自是無非僻之干。此意但涵養久之，則天理自然明。」今不曾做得此工夫，胸中膠擾駁雜，如何窮得理？如它人不讀書，是不肯去窮理。今要窮理，又無持敬工夫。從陸子靜學，如楊敬仲輩，持守得亦好。若肯去窮理，須窮得分明。然它不肯讀書，只任一己私見，有似箇稊稗。今若不做培養工夫，便是五穀不熟，又不如稊稗也。次日，又言：陸子靜、楊敬仲有為己工夫，若肯窮

理，當甚有可觀，惜其不改也。德明。

論子由《古史》，言帝王以無爲宗。因言：佛氏學只是恁它意所爲，於事無有是處。德明云：楊敬仲之學是如此。先生曰：佛者言「但願空諸所有，謹勿實諸所無」。事必欲忘却，故曰「但願空諸所有」，心必欲其空，故曰「謹勿實諸所無」；已讀之書皆欲忘却，是要「空諸所有」。德明。

仲學於陸氏，更不讀書，是要不「實諸所無」，已讀之書皆欲忘却，是要「空諸所有」。

至之舉似楊敬仲詩云：「有時父召急趨前，不覺不知造淵奧。」此意如何？曰：如此却二了：有箇父召急趨底心，又有箇造淵奧底心。纔二，便生出無限病痛。蓋這箇物事，知得是恁地便行將去，豈可更帖着一箇意思在那上？某舊見張子韶有箇文字論仁義之實云：「當其事親之時，有以

見其溫然如春之意，便是仁；當其從兄之際，有以見其肅然如秋之意，便是義。」某嘗對其說：「古人固有習而不察，如今却是略地習，却加意去察。古人固有由之而不知，如今却是略地由，却加意去知。」因笑云：李先生見某說，忽然曰：「公適間說得好，可更說一遍看。」道夫。

楊敬仲《己易》說雷霆事，身上又安得有？且要着實。可學。

楊敬仲說陽爻一畫者在己，陰爻一畫者應物底是。先生云：正是倒說了，應物者却是陽。泳。

楊敬仲言天下無掣肘底事，沈叔晦言天下無不可教底人。先生云：此皆好立偏論者。振。

楊敬仲有《易論》，林黃中有《易解》，《春秋解》專主左氏。或曰：林黃中文字可

毀。先生曰：却是楊敬仲文字可毀。泳。

撫學有首無尾，婺學有尾無首，禪學首尾皆無，❶只是與人說。泳。

有說悟者，有說端倪者。若說可欲是善，不可欲是惡，而必自尋一箇道理以爲善，根脚虛矣，非鄉人皆可爲堯、舜之意。「說悟者」指金溪，「說端倪者」指湖南。○人傑。

因論今之言學問者，人自爲說，說出無限差異。胡文定曰首有一二句記不詳。「諸子百家人肆其說，誑惑衆生」者是也。「諸子百家，人人自生出一般見解，欺誑衆生。」○必大。謝上蔡。

彭世昌守象山書院，盛言山上有田可耕，有圃可蔬，池塘碓磑，色色皆備。先生曰：既是如此，下山來則甚？世昌曰：陸先生既有書院，却不曾藏得書，某此來爲欲求書。曰：緊要書能消得幾卷？某向來亦愛如此。後來思之，這般物事聚者必散，

何必役於物？世昌臨別，贈之詩曰：象山聞說是君開，雲木參天瀑響雷。好去山頭且堅坐，等閒莫要下山來。文蔚。

---

❶「禪」，原作「潭」，今據萬曆本、四庫本改。

朱子語類卷第一百二十五 計二十六板

老氏 莊、列。

老子

做，才有一豪於己不便，便不肯做。閎祖。

老子之學，大抵以虛靜無爲、沖退自守爲事。故其爲說，常以懦弱謙下爲表，以空虛不毀萬物爲實。其爲治，雖曰「我無爲而民自化」，然不化者則亦不之問也。其爲道每每如此，非特「載營魄」一章之指爲然也。若曰「旁日月，扶宇宙，揮斥八極，神氣不變」者，是乃莊生之荒唐；其曰「光明寂照，無所不通，不動道場，遍周沙界」者，則又瞿曇之幻語：老子則初豈嘗有是哉。今世人論老子者，必欲合二家之似而一之，以爲神常載魄而無所不之，則是莊、釋之所談，而非老子之意矣。僴。

伯豐問：程子曰「老子之言竊弄闔闢」者，何也？曰：如「將欲取之，必固與之」之類，是它亦窺得些道理，將來竊弄。所謂「代大匠斲則傷手」者，謂如人之惡者，不

康節嘗言「老氏得《易》之體，孟子得《易》之用」，非也。老子自有老子之體、用，孟子自有孟子之體、用。「將欲取之，必固與之」，此老子之體、用也；存心養性，充廣其四端，此孟子之體、用也。廣。

老子之術，謙沖儉嗇，全不肯役精神。

老子之術，須自家占得十分穩便，方肯
閎祖。

必自去治它，自有別人與它理會。只是占便宜，不肯自犯手做。嘗曰：此正推惡離己。曰：固是。如子房爲韓報秦，攛掇高祖入關，又項羽殺韓王成，❶又使高祖平項羽，兩次報仇皆不自做。後來定太子事，它亦自處閑地，又只教四老人出來定之。嘗。

老子不犯手，張子房其學也。陶淵明亦只是老、莊。

問：楊氏愛身，其學亦淺近，而舉世宗尚之，何也？曰：其學也不淺近，自有好處，便是老子之學。今觀老子書，自有許多說話，人如何不愛。其學也要出來治天下，清虛無爲，所謂「因者君之綱」，事事只是因而爲之。如漢文帝、曹參便是用老氏之效，然又只用得老子皮膚，凡事只是包容因循將去。老氏之學最忍，它閑時似箇虛無卑弱底人，莫教緊要處發出來，更教你支梧不

住，如張子房是也。子房皆老氏之學，如嶢關之戰，與秦將連和了，忽乘其懈擊之；鴻溝之約，與項羽講解了，忽回軍殺之：這箇便是他柔弱之發處。可畏，可畏！它計策不須多，❷只消三兩次如此，高祖之業成矣。僩。

問：楊朱似老子，頃見先生如此說。看來楊朱較放退，老子反要以此治國，以此取天下。曰：大概氣象相似。如云「致虛極，守靜篤」之類，老子初間亦只是要放退，未要放出那無狀來。及至反一反，方說「以無事取天下」，如云「反者道之動，弱者道之用」之類。僩。

楊朱之學出於老子，蓋是楊朱曾就老

---

❶ 「又」，萬曆本作「及」。
❷ 「計」，原作「詩」，今據萬曆本改。

子學來，故《莊》《列》之書皆説楊朱。孟子闢楊朱，便是闢莊、老了。釋氏有一種低底，如梁武帝是得其低底。彼初入中國，也未在。後來到中國，却竊取老、莊之徒許多説話，見得儘高，《新唐書》贊李蔚。説得好。南升。

人皆言孟不排老子，老子便是楊氏。可學。

問老子與鄉原如何？曰：老子是出人理之外，不好聲，不好色，又不做官，然害倫理。鄉原猶在人倫中，只是箇無見識底好人。淳。○義剛一條見《論語》類。

《老子》中有仙意。

列　子

列子平淡疏曠。方子。

莊　子

莊周曾做秀才，書都讀來，所以他説話都説得也是。但不合沒拘檢，便凡百了。❶

或問：康節近似莊周？曰：康節較穩。燾。

莊子比邵子見較高，氣較豪。他是事事識得，又却蹴踏了，以爲不足爲，邵子却有規矩。方子。

李夢先問：莊子、孟子同時，何不一相遇，又却不聞相道及。林作：其書亦不相及。如何？曰：莊子當時也無人宗之，他只在僻處自説，然亦止是楊朱之學。但楊氏説得大了，故孟子力排之。義剛。○夔孫同。

問：孟子與莊子同時否？曰：莊子後

❶「凡」原作「九」，今據萬曆本改。

得幾年，然亦不爭多。或云：莊子都不說着孟子一句。曰：孟子平生足跡只齊、魯、滕、宋、大梁之間，想見聲聞不相接。莊子自是楚人，大梁之南。不曾過大梁之南。莊子多有此樣差異底人物學問，大抵楚地便良云。曰：如今看許行之說如此鄙陋，當時亦有數十百人從他，是如何？曰：不特此也，如《莊子》書中說惠施、鄧析之徒與夫「堅白異同」之論，歷舉其說。是甚麼學問？然亦自名家。或云：他恐是借此以顯理。曰：便是禪家要如此。凡事須要倒說，如所謂「不管夜行，投明要到」，如「人上樹，口銜樹枝，手足懸空，却要答話」，皆是此意。廣云：《通鑑》中載孔子順與公孫龍辯說數語，似好。曰：此出在《孔叢子》，其他說話又不如此。此書必是後漢時人撰者。若是古書，前漢時又都不見說是如何。

其中所載孔安國書之類，其氣象萎薾，都不似西京時文章。廣。

老、莊

老子猶要做事，在莊子都不要做了，又却說道他會做，只是不肯做。廣。

莊周是箇大秀才，他都理會得，只是不把做事。觀其第四篇《人間世》及《漁父》篇以後，多是說孔子與諸人語，只是不以後，所謂「知者過之」者也。如說《易》以道陰陽，《春秋》以道名分」等語，後來人如何下得？它直是似快刀利斧劈截將去，字字有着落。公晦曰：莊子較之老子，較平帖些。曰：老子極勞攘，莊子得些只也乖。莊子跌蕩，老子收斂，齊脚斂手，莊子却將許多道理掀翻說，不拘繩墨。方子錄云：莊子是

一箇大秀才，他事事識得。如《天下》篇後面乃是說孔子，似用快刀利斧斫將去，更無些礙，且無一句不着落。如說「《易》以道陰陽」等語，大段說得好，然却不肯如此做去。老子猶是欲斂手齊脚去做，他却將他窠窟一齊踢翻了。❶

莊子去孟子不遠，其說不及孟子所言者，亦是不相聞。今亳州明道宮乃老子所生之地。莊子生於蒙，在淮西間。孟子只往來齊、宋、鄒、魯，以至於梁而止，不至於南。然當時南方多是異端，如《孟子》所謂「陳良，楚產也，悅周公、仲尼之道，北學於中國」，是當時說「南蠻鴃舌之人，非先王之道」，又有人從之？或問：許行恁地低，也有人從方多異端。曰：非獨是許行，如公孫龍「堅白同異」之說是甚模樣？也使得人終日只弄這箇。漢卿問：孔子順許多話却好。曰：出於《孔叢子》，不知是否？只《孔叢子》說話多類東漢人文，其氣軟弱，又全不似西漢人文。兼西漢初若有此等話，何故不略見於賈誼、董仲舒所述？恰限到東漢方突出來？皆不可曉。賀孫。○前廣錄一條疑聞同。

問：老子與莊子似是兩般說話。曰：莊子於篇末自說破矣。問：先儒論老子，多為之出脫，云老子乃矯時之說。以某觀之，不是矯時，只是不見實理，故不知禮樂刑政之所出，而欲去之。曰：渠若識得「寂然不動，感而遂通天下之故」，自不應如此。它本不知下一節，欲占一箇徑言之。然上節無實見，故亦不脫洒。今讀《老子》者多錯，如《道德經》云「名非常名」，則下文有名、無名皆是一義，今讀者皆將「有」、「無」作句。又如「常無欲，以觀其妙；常有欲，以觀其徼」，只是說無欲、有欲，今讀者乃以

❶「窟」，原作「屈」，今據萬曆本改。

「無」、「有」爲句，皆非老子之意。可學。

莊子、老子不是矯時。夷、惠矯時，亦未是。可學。

此類是也。大雅。

老、莊、列子

莊子是箇轉調底老子，列子又細似莊子。

雷擊所在，只一氣衮來，間有見而不爲害，只緣氣未搠裂，有所擊者皆是已發。季通云：人於雷所擊處收得雷斧之屬，是一氣擊後方始結成，不是將這箇來打物。見人拾得石斧如今斧之狀，似細黃石，因說道士行五雷法。先生曰：今極卑陋是道士，許多說話全亂道。蔡云：禪家又勝似他。曰：禪家已是九分亂道了，他又把佛家言語參雜在裏面。如佛經本自遠方外國來，故語音差異，有許多差異字人都理會不得。他便撰許多符呪，千般萬樣，教人理會

莊、列

孟子、莊子文章皆好。列子在前，便有迂僻處。左氏亦然，皆好高而少事實。人傑。

因言：《列子》語，佛氏多用之。《莊子》全寫《列子》，又變得峻奇。《列子》語溫純，柳子厚嘗稱之。佛家於心地上煞下工夫。列、莊本楊朱之學，故其書多引其語。賀孫。

《莊子》說「子之於親也，命也，不可解於心」。至臣之於君，則曰「義也，無所逃於天地之間」。是他看得那君臣之義，却似是逃不得，不奈何，須着臣服他。更無一箇自然相胥爲一體處，可怪！故孟子以爲無君，

不得，極是陋。曰：蔡云：道士有箇莊、老在上，却不去理會。曰：如今秀才讀多少書？理會自家道理不出，他又那得心情去理會莊、老？蔡云：無人理會得《老子》通透，大段鼓動得人，恐非佛教之比。曰：公如何？蔡云：緣他帶治國、平天下道理在。曰：做得出，也只是箇曹參。蔡云：曹參未能盡其術。曰：也只是恁地，只是藏縮無形影。因問蔡曰：公看「道可道，非常道，名可名，非常名。無名天地之始，有名萬物之母」是如何說？蔡云：只是無名是天地之始，有名便是有形氣了。向見先生說《庚桑子》一篇都是禪，今看來果是。曰：若其它篇，亦自有禪話，但此篇首尾都是這話。又問蔡曰：《莊子》「虛無因應」如何點？曰：只是恁地點。多有人將「虛無」自做一句，非是，他後面又自解如何是「無」，如何是「因」。

又云：莊子文章只信口流出，煞高。蔡云：列子亦好。曰：列子固好，但說得困弱，不如莊子。問：老子如何？曰：老子又較深厚。蔡云：看《莊周傳》說，似乎莊子師於列子。云有作者如此，恐是指列子。自說道理，未必是師列子。蔡問：「皆原於道德之意」是誰道德？曰：這道德只自是他道德。蔡云：人多作吾聖人道德。太史公智識卑下，便把這處作非細看，便把作《大學》《中庸》看了。曰：《大學》《中庸》且過一邊，公恁地說了，主張《史記》人道如何？大凡看文字，只看自家心下，先自偏曲了，看人說甚麼事，都只入這意來。如大路看不見，只行下偏蹊曲徑去；如分明大字不看，却只看從鏟縫偏旁處去；❶如字寫在上面

---

❶ 「偏」，萬曆本作「四」。

不看，却就字背後面看。如人眼自花了，看不見眼前物事都差了，便說道只恁地。蔡云：不平心看文字，將使天地都易位了。曰：道理只是這一箇道理，但看之者情偽變態，言語文章自有千般萬樣。合說這裏，自說那裏；都是將自家偏曲底心求古人意。又云：如太史公說話，也怕古人有這般人，只自家心下不當如此，將臨川、何言、江默之事觀之，說道《公羊》、《穀梁》是姓姜人一手做，其文軟弱，不似《尚書序》不似孔安國作，也不似東漢人文，不似西漢人文，西漢文粗豪。也不似東晉人文，東晉如孔坦疏也自得。他文是大段弱，讀來却宛順，是做《孔叢子》底人一手做。看《孔叢子》撰許多說話，極是陋。只看他撰造說陳涉，那得許多說話？正史都無之，他却說道自

好，陳涉不能從之。看他文卑弱，說到後面都無合殺。蔡云：《春秋吕氏解》煞好。曰：也不見得。蔡說：《春秋吕氏解》煞好。曰：那箇說不好？如一句經在這裏，說做褒也得，也有許多說話，做貶也得，也有許多說話，都自說得似。又云：如《史記・秦紀》分明是國史，中間儘謹嚴。若如今人把來生意說，也都由他說。《春秋》只是舊史錄在這裏。蔡云：如先生做《通鑑綱目》，是有意，是無意？須是有去取。聖人豈無意？曰：聖人雖有意，今亦不可知，却妄爲之說不得。蔡云：左氏怕是左史倚相之後，蓋《左傳》中楚事甚詳。以三《傳》較之，在左氏得七八分。或云：三《傳》道理則《穀梁》及七八分。蔡云：中間有許多駁處，都是其學者後來添入。賀孫。

儒教自開闢以來，二帝三王述天理、順人心，治世教民，厚典庸禮之道。後世聖賢遂著書立言，以示後世。及世之衰亂，方外之士厭一世之紛拏，畏一身之禍害，耽空寂以求全身於亂世而已。及老子唱其端，而列禦寇、莊周、楊朱之徒和之。以為無父無君，比之禽獸。然其言易入，其教易行。當漢之初，時君世主皆信其說，而民亦化之。雖以蕭何、曹參、汲黯、太史談輩亦皆主之，以為真足以先於六經，治世者不可以莫之尚也。及後漢以來，米賊張陵、海島寇謙之徒遂為盜賊，曹操以兵取陽平，陵之孫魯即納降款，可見其虛繆不足稽矣。偃。

老子書

道可道章第一

問：《老子》「道可道」章，或欲以「常無」、「常有」為句讀，而「欲」字屬下句者，如何？曰：先儒亦有如此做句者，不妥貼。

問：「三十輻共一轂，當其無，有車之用。」曰：恐不然。若以坐處為無，則上文自是就輻轂而言，與下文戶牖埏埴是一例語。某嘗思之，「無」是轂中空處，惟其中空，故能受軸而運轉不窮。猶傘柄上木管子，衆骨所會者，不知名何。緣管子中空，又可受傘柄，而開闔下上，❶車之

❶ 「開」，萬曆本作「闢」。

縠亦猶是也。莊子所謂「樞始得其環中，以應無窮」，亦此意。個。

谷神不死章第六

正淳問「谷神不死，是爲玄牝」。曰：谷虛，谷中有神，受聲所以能響，受物所以生物。營。

問「谷神」。曰：谷，只是虛而能受；神，謂無所不應。它又云：「虛而不屈，動而愈出。」有一物之不受，則虛而屈矣；有一物之不應，是動而不能出矣。問：「玄牝」，或云「玄」是衆妙之門，「牝」是萬物之祖。曰：不是恁地說。牝只是木孔承笋，能受底物事。如今門櫺謂之牝，鐶則謂之牡，鐶管便是牡，鐶鬚便是牡。雌雄謂之牝牡，鐶管便是牝，可見。玄者，謂是至妙底牝，不是那

一樣底牝。問：老子之言，似有可取處。曰：它做許多言語，如何無可取？如佛氏亦儘有可取，但歸宿門户都錯了。夔孫。

問「谷神不死」。曰：谷之虛也，聲達焉，則響應之，乃神化之自然也。「是謂玄牝」，玄，妙也；牝，是有生生之意焉，有所受而能生物者也。至妙之理，有生生之意焉，程子所以取老氏之說也。人傑。

沈莊仲問：「谷神不死，是謂玄牝」，如何？曰：谷神是那箇虛而應物底物事。又問：「常有欲以觀其徼」，徼之義如何？曰：徼是那邊徼，如邊界相似，說那應接處。向來人皆作「常無」、「常有」點，不若只

元牝，蓋言萬物之感而應之不窮，又言受而不先。如言「聖人執左契而不責於人」，契有左右，左所以銜右。言左契，受之義也。方子。

作「常有欲」、「無欲」點。義剛問：原壤看來也是學老子。曰：他也不似老子，老子却不恁地。莊仲曰：却似莊子。曰：是。便是夫子時已有這樣人了。莊子雖以老子爲宗，然老子之學尚要出來應世，莊子却不如此。曰：莊子說得較開闊，較高遠，然却較虛，走了老子意思。當時看來，也不甚喜他如此說。莊仲問：「道可道」如何解？曰：道而可道，則非常道；名而可名，則非常名。又問「玄」之義。曰：玄，只是深遠而至於黑窣窣地處，那便是衆妙所在。又問「寵辱若驚，貴大患若身」。曰：從前理會此章不得。義剛。

張以道問「載營魄」與「抱一能無離乎」之義。曰：魄是一，魂是二；一是水，二是火。二抱一，❶火守水；魂載魄，動守靜也。「專氣致柔」，只看他這箇甚麼樣工夫。

專，非守之謂也，只是專一無間斷。致柔，是到那柔之極處。纔有一毫發露，便是剛，這氣便粗了。僩。

老子之學只要退步柔伏，不與你爭。才有一豪主張計較思慮之心，這氣便麁了。故曰「致虛極，守靜篤」，又曰「專氣致柔，能如嬰兒乎」，又曰「知其雄，守其雌，爲天下谿。知其白，守其黑，爲天下谷」。所謂谿，所謂谷，只是祇下處。❷讓你在高處，要在卑下處，全不與你争。他這工夫極難，常見畫本老子便是這般氣象，笑嘻嘻地，便是箇退步占便宜底人。雖未必肖他，然亦是它氣象也。只是他放出無狀來，便不可當。如曰「以正治國，以奇用兵，以無事取

---

❶ 「二」，原作「一」，今據朝鮮本、萬曆本改。
❷ 「祇」，萬曆本作「低」。

天下」，他取天下便是用此道，如子房之術全是如此。嶢關之戰，啗秦將以利，與之連和了，即回兵殺之。項羽約和，已講解了，即勸高祖追之。漢家始終治天下，全是得此術，至武帝盡發出來。便即當子房閑時不做聲氣，莫教他說一語，更不可當。少年也任俠殺人，後來因黃石公教得來較細，只是都使人不疑他，此其所以乖也。老子便不同，莊子又轉調了精神，發出來麄。列子比莊子又較細膩。問：御風之說，亦寓言否？曰：然。僩

廣因以質於先生。曰：老子說話大抵如此，只是欲得退步占姦，不要與事物接。如「治人事天莫若嗇」，迫之而後動，不得已而後起，皆是這樣意思。故為其學者多流於術數，如申、韓之徒皆是也。其後兵家亦祖其說，如《陰符經》之類是也。他說「以正治國，以奇用兵，以無事取天下」，據他所謂無事者，乃是大奇耳，故後來如宋齊丘遂欲以無事竊人之國。如今道家者流，又却都不理會得他意思。廣

古之爲善士章第十五

甘叔懷說：先生舊常謂老子也見得此箇道理，只是怕與事物交涉，故其言有曰「豫兮若冬涉川，猶兮若畏四鄰，儼若容」。

將欲噏之章第三十六

問老氏柔能勝剛、弱能勝強之說。曰：它便揀便宜底先占了。若這下，則剛柔、寬猛各有用時。德明

上德不德章第三十八

郭德元問：「老子云：『夫禮，忠信之薄而亂之首。』孔子又却問禮於他，不知何故？」曰：「他曉得禮之曲折，只是他說這箇無緊要底物事，不將爲事。某初間疑有兩箇老聃，橫渠亦意其如此，今看來不是如此。他曾爲柱下史，故禮自是理會得，所以與孔子說得如此好。只是他又說這箇物事不用得亦可，一似聖人用禮時反若多事，所以如此說。《禮運》中『謀用是作，而兵由此起』等語，便自有這箇意思。」文蔚

反者道之動章第四十一

問「反者道之動，弱者道之用」。曰：「老子說話都是這樣意思。緣他看得天下事變熟了，都於反處做起。且如人剛強咆哮跳躑之不已，其勢必有時而屈。人纔弱時，却蓄得那精剛完全，及其發也，自然不可當。故張文潛說老子惟靜故能知變，然其勢必至於忍心無情，視天下之人皆如土偶爾。其心都冷冰冰地了，便是殺人也不卹，故其流多入於變詐刑名。太史公將他與申、韓同傳，非是強安排，其源流實是如此。」廣

《易》不言有無，《老子》言「有生於無」，便不是。閎祖

道生一章第四十二

「一便生二，二便生四，老子却說『二生三』，便是不理會得。

「道生一，一生二，二生三」，不合說一箇生一箇。方。

名與身章第四十四

多藏必厚亡，老子也是說得好。義剛。

天下有道章第四十六

「天下無道，却走馬以糞車」是一句，謂以走馬載糞車也。頃在江西見有所謂「糞車」者，方曉此語。今本無「車」字，不知先生所見何本。○僩。

治人事天章第五十九

老子言：「治人事天莫若嗇。夫惟嗇，是謂早服，謂之重積德；重積德，則無不克。」他底意思，只要收斂，不要放出。友仁。

儉德極好，凡事儉則鮮失。老子言：「治人事天莫若嗇。夫惟嗇，是謂早服，是謂重積德。」被它說得曲盡。早服者，言能嗇則不遠而復，便在此也。重積德者，言先已有所積，復養以嗇，是又加積之也。如脩養者，此身未有所損失，而又加以嗇養，是謂早服而重積。若待其已損而後養，則養之方足以補其所損，不得謂之重積矣，所以貴早服。早服者，早覺未損而嗇之也。如某此身已衰耗，如破屋相似，東扶西倒，雖欲脩養，亦何能有益邪？今年得季通書，說近來深曉養生之理，盡得其法。只是城郭不完，無所施其功也。看來是如此。僩。

《老子》「治人事天莫如嗇」。嗇，養也。先生曰：嗇，只是吝嗇之嗇，它說話只要少用些子。舉此一段至「莫知其極」。河。

莊子書

内篇養生第三

「因者，君之綱。」道家之說最要這因。萬件事，且因來做。因舉《史記‧老子傳贊》。云云。虛無因應，變化於無窮。曰：虛無是體，與「因應」字當爲一句。蓋因應是用因而應之之義云爾。植。

因論「庖丁解牛」一段至「恢恢乎其有餘刃」，曰：理之得名以此。目中所見無全牛，❶熟。佃。

外篇天地第十二

莊子云「各有儀則之謂性」，此謂「各有儀則」，如「有物有則」。董仲舒云「質樸之謂性，性非教化不成」。性本自成，於教化下一「成」字，極害理。可學。

問：「野馬也，塵埃也，生物之以息相吹也」，是如何？曰：他是言九萬里底風，也是這箇推去。息，是鼻息出入之氣。節。

問：《莊子》「實而不知以爲忠，當而不知以爲信」，此語似好。曰：以實當言忠信，也好，只是它意思不如此。雖實，而我不知以爲忠；雖當，而我不知以爲信。問：莊生他都曉得，只是却轉了說。曰：其不

---

❶ 「目中」二字原爲空格，今據萬曆本補。

知處便在此。僩。

外篇天運第十四

先生曰:「天其運乎,地其處乎,日月其爭於所乎。孰主張是?孰綱維是?孰居無事推而行是?❶意者,其有機緘而不得已邪?意者,其運轉不能自止邪?雲者爲雨乎?雨者爲雲乎?孰隆施是?孰居無事淫樂而勸是?」莊子這數語甚好,是他見得,方說到此。其才高如老子。《天下篇》言「《詩》以道志,《書》以道事,《禮》以道行,《樂》以道和,《易》以道陰陽,《春秋》以道名分」,若見不分曉,焉敢如此道?要之,他病,我雖理會得,只是不做。又曰:《莊》、《老》二書解注者甚多,竟無一人說得他本義出,只據他臆說。某若拈出便別,只

參同契

先生以《參同契》示張以道云:近兩日方令書坊開得,然裏面亦難曉。義剛問:曾景建謂《參同》本是《龍虎上經》,果否?曰:不然。蓋是後人見《魏伯陽傳》有「龍虎上經」一句,遂僞作此經,大概皆是體《參同》而爲,故其間有說錯了處。如《參同》中云「二用無爻位,周流行六虛」,《易》中用九、用六也。乾、坤六爻,上下皆有定位,唯用九、用六無位,故周流行於六

「烈風」《莊子》音作「厲風」,如此之類甚多。節。

是不欲得。友仁。

❶「推而」,萬曆本作「而推」。

虛。今《龍虎經》却錯說作虛危去。蓋討頭不見,胡亂牽合一字來說。義剛。

《參同契》所言坎、離、水、火、龍、虎、鉛、汞之屬,只是互換其名,其實只是精氣二者而已。精,水也,坎也,龍也,汞也;氣,火也,離也,虎也,鉛也。其法以神運精氣結而爲丹,陽氣在下,初成水,以火煉之則凝成丹。其說甚異,内外異色如鴨子卵,真箇成此物。《參同契》文章極好,蓋後漢之能文者爲之,讀得亦不枉。其用字皆根據古書,非今人所能解,以故皆爲人妄解。世間本子極多,其中有云「千周粲彬彬兮,萬遍將可覩;神明或告人兮,魂靈忽自悟」。言誦之久,則文義要訣自見。又曰:「二用無爻位,周流行六虛」,二用者,用九、用六。九、六,亦坎、離也。六虛者,即乾、坤之初、二、三、四、五、上六爻位也。言二

用雖無爻位,而常周流乎乾、坤六爻之間,猶人之精氣上下周流乎一身而無定所也。世有《龍虎經》云在《參同契》之先,季通亦以爲好。及得觀之,不然,乃檃括《參同契》之語而爲之也。個。○卓錄云:鉛、汞、龍、虎、水、火、坎、離,皆一樣是精氣。《參同契》盡被後人胡解。凡說鉛汞之屬,只是互換其名,其實只一物也。精與氣二者,而以神運之耳云云。千周兮粲彬彬,用之萬遍斯可覩。鬼神將告予,神靈忽自悟。言誦之久,則文義要訣自見。又云:「二用無爻位,周流遍六虛」,言二用雖無爻位,常周流乎乾、坤六爻之間,猶人身之精氣常周流乎人之一身而無定所也。又云:「往來無定所,上下無常居」,亦此意也。世有《龍虎經》,或以爲在《參同契》之先。嘗見季通說好,及觀之,不然,盡是檃括《參同契》爲之。如說「二用六虛」處,彼不知爲《周易》之「二用六虛」,遂分說云有六樣虛,盡是亂說。《參同契》文章極好,念得亦不枉。其中心云,武若不告人,❶絶聖道罪誅,言之著

❶ 「武」,中華本作「汝」。

竹帛，又恐漏泄天機之意。故但爲重覆反復之語，令人子細讀之自曉。其法皆在其中，多不曉。

《參同契》爲艱深之詞，使人難曉。其中有「千周萬遍」之說，欲人之熟讀以得之也。大概其說以爲欲明言之，恐泄天機，欲不説來，又却可惜。人傑。

論修養

人言仙人不死，不是不死，但只是漸漸銷融了，不覺耳。蓋他能煉其形氣，使查滓都銷融了，唯有那些清虛之氣，故能升騰變化。《漢書》有云：「學神仙尸解銷化之術。」看得來也是好則劇，然久後亦須散了。且如秦、漢間所説仙人，後來都不見了，國初説鍾離權、吕洞賓之屬，後來亦不見了，近來人又説劉高尚，過幾時也則休也。廣。

長孺説修養、般運事。曰：只是屏氣減息，思慮自少，此前輩之論也。今之人傳得法時，便授與人，更不問他人肥與瘠、怯與壯。但是一律教他，未有不敗、不成病痛者。愚。

因論道家修養，有默坐以心縮上氣而致閉死者。曰：心縮氣亦未爲是。某嘗考究他妙訣，只要神形全不撓動，故《老子》曰「心使氣則強」。纔使氣，便不是自然。只要養成嬰兒，如身在這裏坐，而外面行者是嬰兒，但無工夫做此。其導引法，只如消息，皆是下策。淳。

《陰符經》恐是唐李佺所爲，❶是他着意去做，學他古文。❷何故只因他説起，便行於世？某向以語伯恭，伯恭亦以爲然。一

❶ 「是」，萬曆本作「皆」。
❷ 「文」，萬曆本作「人」。

如《麻衣易》，只是戴氏自做自解，文字自可認。道夫曰：向見南軒跋云：「此真麻衣道者書也。」曰：敬夫看文字甚疏。道夫。

閭丘主簿進《黃帝陰符經傳》，先生說：《握奇經》等文字恐非黃帝作，因其詩章多是牽合，須細考可也。閭丘問《握奇經》引程子說，先生曰云云。唐李筌為此下云：又《詩序》是衛宏作，好事者附會，以為出於聖人之。池本作：有到有不到處。不可概定。横渠尋常有太深言語，如言「鬼神二氣之良能」，說得好。問「良能」之義。曰：只是二氣之自然者耳。因舉「明則有禮樂，幽則有鬼神」。鬼自是屬禮，從陰；神自是屬樂，從陽。《易》言「精氣」。池本云：鬼神即禮樂。又云：前輩之說如此。當知幽與明之實如何。鬼自

聖賢言語自平正，都無許多嶢崎。此却是戴氏自做自解，文字自可認。

輩說處或有未到，池本作：有到有不到處。不可概定。橫渠尋常有太深言語，如言「鬼神二氣之良能」，說得好。問「良能」之義。曰：只是二氣之自然者耳。因舉「明則有禮樂，幽則有鬼神」。鬼自是屬禮，從陰；神自是屬樂，從陽。《易》言「精氣」。

從陰，屬禮；神自從陽，屬樂。因舉「樂者敦和，率神而從天；禮者別宜，歸鬼而從地」云云。《易》言「精氣為物，游魂為變」，此却是知鬼神之情狀。「魂氣升於天，體魄歸於地」，是神氣上升，鬼魄下降。不特人也，凡物之枯敗也，其香氣騰於上，其物腐於下，此可類推。寓。

閭丘次孟謂：《陰符經》所謂「自然之道靜，故天地萬物生，天地之道浸，故陰陽勝。陰陽相推，變化順矣」。此數語，雖六經之言無以加。先生謂：如他閭丘此等見處，儘得。今按：《陰符經》無其語。○道夫。

《陰符經》云「天地之道浸」，這句極好。陰陽之道無日不相勝，只管逐些子挨出這箇退一分，那箇便進一分。道夫。

問：《陰符經》云「絕利一源」。曰：絕利而止守一源。節。

問：《陰符經》「三反晝夜」是如何？

曰：三反如「學而時習之」，是貫上文言，言專而又審。反，是反反覆覆。節。

「三反晝夜」之說，如脩養家子午行持。今日如此，明日如此，做得愈熟，愈有效驗。人傑。

論道教

老氏初只是清净無爲。後來卻只說得長生不死，帶得長生不死，後來卻只說得長生不死一項。如今恰成箇巫祝，專只理會厭禳祈禱，這自經兩節變了。賀孫。

道家有《老》、《莊》書，卻不知看，盡爲釋氏竊而用之，卻去做傚釋氏經教之屬。譬如巨室子弟，所有珍寶悉爲人所盜去，卻去收拾他人家破甕破釜。必大。

道教最衰，儒教雖不甚振，然猶有學者

班班駁駁，說些義理。又曰：佛書中多說「佛言」，道書中亦多云「道言」。佛是箇人，道卻如何會說話？然自晉來，已有此說。必大。

道家之學出於老子，其所謂「三清」，蓋倣釋氏「三身」而爲之爾。佛氏所謂「三身」：法身者，釋迦之本性也；報身者，釋迦之德業也；肉身者，釋迦之真身，而實有之人也。今其宗其教者，遂分爲三像而駢列之，則既失其指矣。而道家之徒欲做其所爲，遂尊老子爲「三清」：元始天尊、太上道君、太上老君。而昊天上帝反坐其下，悖戾僭逆，莫此爲甚。且玉清元始天尊既非老子之法身，上清太上道君又非老子之報身，設有二像，又非與老子爲一，而老子又自爲上清太上老君，蓋倣釋氏之失而又失之者也。況莊子明言老聃之死，則聃亦人鬼爾，

豈可僭居昊天上帝之上哉？釋、老之學盡當毀廢。假使不能盡去，則老氏之學但當自祀其老子、關尹、列、莊子徒以及安期生、魏伯陽輩。而天地百祠自當領於天子之祠官，而不當使道家預之，庶乎其可也。義剛。

論道家三清，今皆無理會。如那兩尊，已是詭名俠戶了。但老子既是人鬼，如何卻居昊天上帝之上？朝廷更不正其位次。又如真武，本玄武，避聖祖諱故曰「真武」。玄，龜也；武，蛇也。此本虛、危星形似之，故因而名。北方為玄武七星，至東方則角、亢、心、尾象龍，故曰蒼龍。西方奎、婁狀似虎，故曰白虎。南方張、翼狀似鳥，故曰朱鳥。今乃以玄武為真聖，而作真龜蛇於下，已無義理。而又增天蓬、天猷及翊聖真君作四聖，殊無義理。所謂「翊聖」，乃今所謂「曉子」者。真宗時有此神降，故遂封為「真君」。義剛。

道家行法，只是精神想出，恐人不信，故以法愚之。太史遷《呂與叔集》記一事極怪：舊見臨漳有孫事道巡檢亦能此。可學云：天下有許多物事，想極，物自入來。曰：然。可學。

道家說仙人尸解，極怪異。將死時，用一劍一圓藥，安於睡處，少間劍化作自己，藥又化作甚麼物，自家卻自去別處去。其劍亦有名，謂之「良非子」。「良非」之義，猶言本非我也，「良非子」好對「亡是公」。

朱子語類卷第一百二十六 共計二十九板

釋 氏

孟子不闢老、莊而闢楊、墨即老、莊也。今釋子亦有兩般：禪學，楊朱也；苦行布施，墨翟也。道士則自是假，今無說可闢。然今禪家亦自有非其佛祖之意者，試看古經如《四十二章》等經可見。楊文公集《傳燈錄》說西天二十八祖，知他是否？如何舊時佛祖是西域夷狄人，卻會做中國樣押韻詩？今看《圓覺》云：「四大分散，今者妄身當在何處？」即是竊《列子》「骨骸反其根，精神入其門，我尚何存」語。

宋景文說《楞嚴》前面呪是他經，後面說道理處是附會。《圓覺》前數疊稍可看，後面一段淡如一段去，末後二十五定輪與夫誓語可笑。大雅。○以下論釋氏亦出楊、墨。

問：佛、老與楊、墨之學如何？曰：楊、墨之說猶未足以動人。墨氏謂「愛無差等」，欲人人皆如至親，此自難從，故人亦未必信也。楊氏一向「爲我」，超然遠舉，視營營於利祿者皆不足道，此其爲說雖甚高，然人亦難學他，未必盡從。楊朱即老子弟子。人言孟子不闢老氏，不知但闢楊、墨，則老、莊在其中矣。佛氏之學亦出於楊氏，其初如不愛身以濟衆生之說，雖近於墨氏，然其說最淺近，未是他深處。後來是達麼過來，初見梁武，武帝不曉其說，只從事於因果，遂去面壁九年。只說人心至善，即此便是，不用辛苦修行。又有人取莊、老之說從而

附益之，所以其說愈精妙，然只是不是耳。又有所謂「頑空」、「真空」之說，頑空者如死灰槁木，真空則能攝衆有而應變，然亦只是空耳。今不消窮究他，伊川所謂「只消就跡上斷便了。他既逃其父母，雖說得如何道理，也使不得」。如此，却自足以斷之矣。時舉。

宋景文《唐書贊》說佛多是華人之譎誕者，攘莊周、列禦寇之說佐其高。此說甚好！如歐陽公只說箇禮法，程子又只說自家義理，皆不見他正賊，却是宋景文捉得他正賊。佛家先偷列子，列子說耳、目、口、鼻、心、體處有六件，佛家便有六根，又三之爲十八戒。此處更舉佛經語與列子語相類處，當考。初間只有《四十二章經》，無恁地多。到東晉，便有談議，小説及史多說此。如今之講師做一篇議總說之。到後來談議厭了，達麼便

入來只靜坐，於中有稍受用處，人又都向此。今則文字極多，大概都是後來中國人以莊、列說自文夾插其間，都没理會了。攻之者所執，又出禪學之下。淳。○以下論釋氏出於莊、老。

老子說他一箇道理甚縝密。老子之後有列子，亦未甚至大段不好。說列子是鄭穆公時人，然穆公在孔子前，而《列子》中說孔子則不是鄭穆公時人，乃鄭頃公時人也。列子後有莊子，莊子模倣列子，殊無道理。為他是戰國時人，便有縱横氣象，其文大段豪偉。《列子序》中說老子、列子言語多與佛經相類，覺得是如此。疑得佛家初來中國，多是偷《老子》意去做經，如說空處是也。後來道家做《清靜經》，又却偷佛家言語，全做得不好。佛經所謂「色即是空」處，他把色、受、想、行、識五箇對一箇「空」字

說，故曰「空即是色，受、想、行、識亦復如是」，謂是空也。而《清淨經》中偷此句意思，却說「無無亦無」，只偷得他「色即是空」之意，全無道理。佛家偷得他「受、想、行、識亦復如是」之意，却不曾理會得他「受、想、行、識亦復如是」之意。譬如處，後來道家却只偷得佛家不好處。人說孟子只道家有箇寶藏，被佛家偷去；後來道家却只取得佛家瓦礫，殊可笑也。佛家偷得《老子》好關楊、墨，不闢老氏，却不知道家修養之說，只是爲己，獨自一身便了，更不管別人，便是楊氏「爲我」之學。又曰：孔子問老聃之禮，而老聃所言禮殊無謂。恐老聃與老子非一人，但不可考耳。因說「子張學干祿」，先生曰：如今科舉取者不問其能，應者亦不必其能，只是寫得盈紙，便可得而推行之。如除擢皆然。禮官不識禮，樂官不識樂，皆是吏人做上去。學官只是備員考試

而已，初不是有德行、道藝可爲表率，仁義禮智從頭不識到尾。國家元初取人如此，爲之奈何！明作。

佛氏乘虛入中國，廣大自勝之說，幻妄寂滅之論，自齋戒變爲義學。如遠法師、支道林皆義學，然又只是盜襲莊子之說。今世所傳《肇論》，云出於肇法師，有「四不遷」之說：「日月歷天而不周，江河競注而不流，野馬飄鼓而不動，山嶽偃仆而常靜。」此四句只是一義，只是動中有靜之意，如適間所說東坡「逝者如斯而未嘗往也」之意爾。此是齋戒之學一變，遂又說出這一般道理來。及達麼入來，又翻了許多窠臼，說出禪來。其始者禍福報應之說，以爲可以直超徑悟。而其始者禍福報應之說，又足以鉗制愚俗，以爲資足衣食之計。遂使有國家者割田以贍之，擇地以居之，以相從陷於無父無君之域

而不自覺。蓋道、釋之教皆一再傳而浸失其本真。有國家者雖隆重儒學，而選舉之制、學校之法、施設注措之方，既不出於文字言語之工，而又以道之要妙無越於釋、老之中，而崇重隆奉，反在於彼。至於二帝三王述天理、順人心、治世教民、厚典庸禮之大法，一切不復有行之者。唐之韓文公、本朝之歐陽公以及關洛諸公，既皆闡明正道以排釋氏，而其言之要切，如《傅奕本傳》、宋景文《李蔚贊》、東坡《儲祥觀碑》、陳後山《白鶴宮記》，皆足以盡見其失。此數人皆未深知道，而其言或出於強爲，是以終有不滿人意處。至二蘇兄弟晚年諸詩，自言不墮落，則又躬陷其中而不自覺矣。

釋氏書其初只有《四十二章經》，所言甚鄙俚，後來日添月益，皆是中華文士相助撰集。如晉、宋間自立講師，孰爲釋迦，孰

爲阿難，孰爲迦葉，各相問難，筆之於書，轉相欺誑。大抵多是剽竊《老子》、《列子》意思，變換推衍以文其說。《大般若經》卷帙甚多，自覺支離，故節縮爲《心經》一卷。《楞嚴經》只是強立一兩箇意義，只管疊將去，數節之後全無意味。若《圓覺經》本初亦能幾何？只鄙俚甚處便是，其餘增益附會者爾。佛學其初只說空，後來說動靜，支蔓既甚，達麼遂脫然不立文字，只是默然端坐，便心靜見理。此說一行，前面許多皆不足道，老氏亦難爲抗衡了。今日釋氏其盛極矣，但程先生所謂「攻之者執理，反出其下」，吾儒執理既自卑污，宜乎攻之而不勝也。說佛書皆能舉其支離篇章成誦，此不能盡記。○謨。

因說程子「耳無聞，目無見」之答，曰：決無此理。遂舉釋教中有「塵既不緣，根無

所著，反流全一，六用不行」之說。蘇子由以爲此理至深至妙，蓋他意謂六根既不與六塵相緣，則收拾六根之用，反復歸於本體，而使之不行。顧烏有此理！廣因舉程子之說，譬如：「靜坐時，忽有人喚自家，只得應他，不成不應？」曰：彼說出《楞嚴經》，此經是唐房融訓釋，故說得如此巧。佛書中唯此經最巧。然佛當初也不如是說，如《四十二章經》最先傳來中國底文字，然其說却自平實。道書中有《真誥》，末後有《道授篇》，却是竊《四十二章經》之意爲之。非特此也，至如地獄託生妄誕之說，皆是竊他佛教中至鄙至陋者爲之。某嘗謂其徒曰：「自家有箇大寶珠，被他竊去了，却不照管，亦都不知，却去他牆根壁角竊得箇破瓶破罐用，此甚好笑。」西漢時儒者說道理，亦只是黃、老意思，如楊雄《太玄經》皆

是，故其自言有曰「老子之言道德，吾有取焉耳」。後漢明帝時，佛始入中國，當時楚王英最好之，然都不曉其說。直至晉、宋間其教漸盛，然當時文字亦只是將莊、老之說來鋪張，如遠師諸論，皆成片盡是老、莊意思。直至梁會通間達麽入來，然後一切被他掃蕩，不立文字，直指人心。蓋當時儒者之學既廢絕不講，老、佛之說又如此淺陋，被他窺見這箇罅隙，故橫說豎說，如是張王，沒奈他何。人才聰明，便被他誘引將去。嘗見畫底諸祖師，其人物皆雄偉，故呆老謂臨濟若不爲僧，必作一渠魁也。又嘗在廬山見歸宗像，尤爲可畏。若不爲僧，必作大賊矣。廣。

道之在天下，一人說取一般。禪家最說得高妙去，蓋自莊、老來，說得道自是一般物事，圓圓在天地間。後來佛氏又放開

說，大決藩籬，更無下落，愈高愈妙，吾儒多有折而入之。把聖賢言語來看，全不如此。世間惑人之物不特尤物為然，❶一語一言可取，亦是惑人，況佛氏之說足以動人如此乎。有學問底人便不被它惑。謙。

因論佛，曰：老子先唱說，後來佛氏又做得脫洒廣闊，然考其語，多本莊、列。公晦云：曾聞先生說，莊子說得更廣闊似佛，後若有人推演出來，其為害更大在。拱壽。

謙之問：佛氏之空，與老子之無一般否？曰：不同，佛氏只是空豁豁然，和有都無了，所謂「終日喫飯，不曾咬破一粒米；終日著衣，不曾掛著一條絲」。若老氏猶骨是有，只是清淨無為，一向恁地深藏固守，自為玄妙，教人摸索不得，便是把有無做兩截看了。恪。○以下雜論釋、老同異。

謙之問：今皆以佛之說為無，老之說為空，空與無不同，如何？曰：空是兼有無之名。道家說半截有，半截無，已前都是無，如今眼下卻是有，故謂之空。若佛家之說都是無，已前也是無，如今眼下也是無，「色即是空，空即是色」。大而萬事萬物，細而百骸九竅，一齊都歸於無。終日喫飯，卻道不曾咬著一粒米；滿身著衣，卻道不曾掛著一條絲。賀孫。

問：釋氏之無，與老氏之無，何以異？曰：老氏依舊有，如所謂「無欲觀其妙，有欲觀其徼」是也。若釋氏，則以天地為幻妄，以四大為假合，則是全無也。柄。

老氏欲保全其身底意思多，釋氏又全不以其身為事，自謂別有一物不生不滅。歐公嘗言「老氏貪生，釋氏畏死」，其說亦

---

❶ 「尤」，萬曆本作「於」。

好。氣聚則生，氣散則死，順之而已，釋、老則皆悖之者也。廣。

釋、老，其氣象規模大概相似，然而老氏之學尚自理會自家一箇渾身，釋氏則自家一箇渾身都不管了。燾。

佛氏之失，出於自私之厭；老氏之失，出於自私之巧。厭薄世故，而盡欲空了一切者，佛氏之失也；關機巧便，盡天下之術數者，老氏之失也。故later之用兵、算數、刑名，多本於老氏之意。端蒙。

老氏只是要長生，節病易見。釋氏於天理大本處見得些分數，然却認為己有，而以生為寄。故要見得父母未生時面目，既以生為寄，死後亦不失，而以父母所生之身為寄寓。譬以舊屋破倒，即自跳入新屋，❷故黃蘗一僧有偈與其母云「先曾寄宿此婆家」。

見，更不認作眾人公共底。❶須要見得為己有，死後亦不失，而以父母所生之身為寄寓。

止以父母之身為寄宿處，其無情義絕滅天理可知。當時有司見渠此說，便當明正典刑。若聖人此道則不然，於天理大本處見得是眾人公共底，便只隨他天理去，更無分豪私見。如此便倫理自明，不是自家作為出來，皆是自然如此，往來屈伸，我安得而私之哉？大雅。

釋氏見得高底儘高。或問：他何故只說空？曰：說「玄空」，又說「真空」。「玄空」便是空無物，「真空」却是有物，與吾儒說略同。但是它都不管天地四方，只是理會一箇心。如老氏亦只是要存得一箇神氣，伊川云「只就迹上斷便了」，不知它如此要何用？南升。

❶「更」，萬曆本作「便」。
❷「跳」，萬曆本作「挑」。

問：釋氏以天地萬物爲幻，老氏又却說及下載。曰：老氏勝。可學。

釋氏之說易窮，大抵不過如道家《陰符經》所謂「絕利一源，便到至道」。大雅。

「奪胎出世」之說有之，釋道專專此心，故神。道出神，故能奪胎；釋定，故死而能出世。釋定，故能入定；道定，故能成丹。楊。

釋氏只《四十二章經》是古書，餘皆中國文士潤色成之。《維摩經》亦南北時作，道家之書只《老子》、《莊》、《列》及《丹經》而已。《丹經》如《參同契》之類，然已非老氏之學。《清淨》、《消災》二經皆模學釋書而誤者。《度人經》、《生神章》皆杜光庭撰，鄙俚是《北斗經》。蘇子瞻作《儲祥宮記》，說後世道者只是方士之流，其說得之。蕚。

有言莊、老、禪、佛之害者。曰：禪學最害道。莊、老於義理絕滅猶未盡，佛則人倫已壞。至禪，則又從頭將許多義理掃滅無餘。以此言之，禪最爲害之深者。頃之，復曰：要其實則一耳，害未有不由淺而深者。□○以下論釋、老滅綱常。

或問佛與莊、老不同處。曰：莊、老絕滅義理未盡，至佛則人倫滅盡，至禪則義理滅盡。方子錄云：正卿問莊子與佛所以不盡。曰：莊子絕滅不盡，佛絕滅盡。

佛初入中國，止說修行，未有許多禪底說話。學蒙。

佛、老之學不待深辨而明，只是廢三綱五常，這一事已是極大罪名，其他更不消說。賀孫。

天下只是這道理，終是走不得。老雖是滅人倫，然自是逃不得。如佛，却拜其師，以其弟子爲子，長者爲師兄，少

者爲師弟。❶但是只護得箇假底,聖賢便是存得箇真底。夔孫。

釋、老稱其有見,只是見得箇空虛寂滅,真是虛,真是寂無處,不知他所謂見者見箇甚底?莫親於父子,却棄了父子;莫重於君臣,却絕了君臣;以至民生彝倫之間不可闕者,它一皆去之。所謂「見」者,見箇甚物?且如聖人「親親而仁民,仁民而愛物」,他却不親親,而剗地要仁民愛物。他則是食之有時,用之有節;愛物時,也則是食之有時,用之有節。如仲春之月,犧牲無用牝,不麛不卵,不殺胎,不覆巢之類,聖人不忍見其死,聞其聲不忍食其肉。如此而已。他則不食肉,不茹葷,以至投身施虎,此是何理?卓。

某人言:「天下無二道,聖人無兩心。」某説道:惟儒、釋雖不同,畢竟只是一理。其天下無二道,聖人無兩心,所以有我底着

他底不得,有他底着我底不得。若使天下有二道,聖人有兩心,則我行得我底,他行得他底。節。○以下儒、釋之辨。

儒、釋言性異處,只是釋言空,儒言實;釋言無,儒言有。德明。

吾儒心雖虛而理則實,若釋氏則一向歸空寂去了。柄。

釋氏虛,吾儒實;釋氏二,吾儒一。釋氏以事理爲不緊要而不理會。釋氏只要空,聖人只要實。釋氏所謂「敬以直内」,只是空豁豁地,更無一物,却不會「方外」。聖人所謂「敬以直内」,則湛然虛明,萬理具足,方能「義以方外」。

問:儒、釋之辨,莫只是虛、實兩字上分別?曰:未須理會。自家已分若知得

❶「者」上,原衍一「者」字,據萬曆本、四庫本删。

真，則其偏自別，甚分明，有不待辨。可學。

問：釋氏以空寂爲本？曰：釋氏說空，不是便不是，但空裏面須有道理始得。若只說道我見箇空，而不知有箇實底道理，却做甚用得？譬如一淵清水，清泠徹底，看來一如無水相似。它便道此淵只是空底，不曾將手去探是冷是溫，不知道有水在裏面，佛氏之見正如此。今學者貴於格物、致知，便要見得到底，今人只是一班兩點見得些子，所以不到極處也。南升。

吾以心與理爲一，彼以心與理爲二。亦非固欲如此，乃是見處不同，彼見得心空而無理，此見得心雖空而萬理咸備也。雖說心與理一，不察乎氣稟物欲之私，是見得不真，故有此病，《大學》所以貴格物也。❶或錄云：近世一種學問，雖說心與理一，而不察乎氣稟物欲之私，故其發亦不合理，却與釋氏同病，不可植。

不察。

儒者以理爲不生不滅，釋氏以神識爲不生不滅。龜山云：「儒、釋之辨，其差眇忽。」以某觀之，真似冰炭。方子。

儒者見道，品節粲然。佛氏亦見天機，有不器於物者，然只是綽過去。方。

問：先生以釋氏之說爲空，爲無理。以空言，似不若「無理」二字切中其病。曰：惟其無理，是以爲空。它之所謂心，所謂性者，只是箇空底物事，無理。節。

先生問衆人曰：釋氏言「牧牛」，老氏言「抱一」，孟子言「求放心」，皆一般，何緣不同？節就問曰：莫是無這理？曰：無理煞害事。節。

釋氏合下見得一箇道理空虛不實，故

❶「以」，萬曆本作「謂」。

要得超脫，盡去物累，方是無漏爲佛地位。其他有惡趣者，皆是眾生餓鬼，只隨順有所修爲者，猶是菩薩地位，未能作佛也。若吾儒，合下見得箇道理便實了，故首尾與之不合。大雅。

舉佛氏語曰：「千種言，萬般解，只要教君長不昧。」此說極好。問：程子曰：「佛氏之言近理，所以爲害尤甚。」所謂「近理」者，指此等處否？曰：然。它只是守得這些子光明，全不識道理，所以用處七顛八倒。吾儒之學，則居敬爲本，而窮理以充之。其本原不同處在此。

曹問：何以分別儒、釋差處？曰：只如說「天命之謂性」，釋氏便不識了，便遽說是空覺。❶吾儒說底是實理，看他便錯了。❷他云「不染一塵，不捨一法」，既不染一塵，却如何不捨一法？到了是說那空

處，又無歸著。且如人心，須是其中自有父子、君臣、兄弟、夫婦、朋友，他做得徹到底，便與父子、君臣、兄弟、夫婦、朋友都不相親，吾儒做得到底，便「父子有親，君臣有義，兄弟有序，夫婦有別，朋友有信」。吾儒只認得一箇誠實底道理，誠便是萬善骨子。

問佛氏所以差。曰：從劈初頭便錯了，如「天命之謂性」，他把做空虛說了。吾儒見得都是實，若見得到自家底，從頭到尾小事大事都是實。他底從頭到尾恁地見得破，如何解說不通？又如「實際理地不受一塵，萬行叢中不捨一法」等語，這是他後來桀黠底又撰出這一話來倚傍吾儒道理，正所謂「遁辭知其所窮」。且如人

❶「遽」，原作「傻」，今據萬曆本改。
❷「了」，原作「子」，今據萬曆本改。

生一世間，須且理會切實處。論至切至實處，不過是一箇心，不過一箇身，若不自會做主，更理會甚麼？然求所以識那切實處，則莫切於聖人之書。聖人之書，便是箇引導人底物事。若舍此而它求，則亦別無門路矣。「舜，人也；我，亦人也。舜為法於天下，可傳於後世；我猶未免為鄉人也，是則可憂也。憂之如何？如舜而已矣。」「高山仰止，景行行止。」只怕不見得，若果是有志之士，只見一條大路直上行將去，更不問着有甚艱難險阻。孔子曰：「向道而行，忘身之老也，不知年數之不足也，俛焉日有孳孳，斃而後已。」自家立着志向前做將去，鬼神也避道，豈可先自計較，先自怕？却如此終於無成。賀孫。

因舉佛氏之學與吾儒有甚相似處，如云：「有物先天地，無形本寂寥，能為萬象主，不逐四時凋。」又曰：「撲落非它物，縱橫不是塵。山河及大地，全露法王身。」又曰：「若人識得心，大地無寸土。」看他是甚麼樣見識！今區區小儒，怎生出得他手，宜其為他揮下也。此是法眼禪師下一派宗旨如此。今之禪家皆破其說，以為有理路，落窠臼，有礙正當知見。今之禪家多是「麻三斤」、「乾屎橛」之說，謂之「不落窠臼」、「不墮理路」。妙喜之說便是如此，然又有翻轉不如此說時。個。

佛者云：「置之一處，無事不辦。」也只是教人如此做工夫，若是專一用心於此，則自會通達矣。故學禪者只是把一箇話頭去看，如何是「佛」、「麻三斤」之類，又都無義理得穿鑿。看來看去，工夫到時，恰似打一箇失落一般，便是參學事畢。莊子亦云「用志不分，乃凝於神」，也只是如此教人，但他

都無義理，只是箇空寂。儒者之學，則有許多義理，若看得透徹，則可以貫事物，可以洞古今。廣。○士毅錄云：釋氏云：「置之一處，無事不辦。」此外別有何法？只是釋氏沒道理，白呀將去。❶

釋、老之書，極有高妙者，句句與自家箇同，但不可將來比方，煞誤人事。季文道夫。

先生遊鍾山書院，見書籍中有釋氏書，因而揭看。先君問：其中有所得否？曰：幸然無所得。吾儒廣大精微，本末備具，不必它求。季札。

言釋氏之徒爲學精專，曰：便是某常說，吾儒這邊難得如此。看他下工夫，直是自日至夜，無一念走作別處去。學者一時一日之間是多少閑雜念慮，如何得似他？只惜他所學非所學，枉了工夫！若吾儒邊人下得這工夫，是甚次第？如今學者有二

病：好高，欲速，這都是志向好底如此。一則是所以學者失其旨，二則是所學者多端，所以紛紛擾擾，終於無所歸止。賀孫。○以下論釋氏工夫。

問釋氏入定、道家數息。曰：他只要靜，則是理會「旦晝之所爲」。曰：吾儒何不效他恁地？曰：他開眼便依舊失了，只是硬把捉，不如吾儒非禮勿視、聽、言、動，戒謹恐懼乎不睹不聞，「敬以直內，義以方外」，都一切就外面攔截。曰：釋氏只是勿視、勿聽，無那「非禮」工夫。曰：然。季通因曰：世上事便要人做，只管似它坐定做甚？日月便要行，天地便要運。曰：他不行、不運，固不是。吾輩是在這裏行，是在

❶「白」，萬曆本作「自」。

這裏運，只是運行又有差處。如今胡喜胡怒，豈不是差？他是過之，今人又不及。榦。

問：昔有一禪僧，每自喚曰：「主人翁惺惺着！」《大學或問》亦取謝氏「常惺惺法」之語，不知是同是異？曰：謝氏之說地步闊，於身心事物上皆有工夫。若如禪者所見，只看得箇主人翁便了，其動而不中理者都不管矣。且如父子，天性也。父被他人無禮，子須當去救，他却不然。若有救之之心，便是被愛牽動了心，便是昏了主人翁處。若如此惺惺，成甚道理？向曾覽《四家錄》，有此說話極好笑，亦可駭。說若父母爲人所殺，無一舉心動念，方始名爲「初發心菩薩」。他所以叫「主人翁惺惺着」，正要如此。「惺惺」字則同，所作工夫則異，豈可同日而語！友仁。

佛家有「流注想」，水本流將去，有此滲漏處，便留滯。蓋卿。

僧家尊宿得道，便入深山中，草衣木食，養數十年。及其出來，是甚次第！自然光明俊偉！世上人所以只得叉手看他自動。方。

徐子融有「枯槁有性無性」之論，先生曰：性只是理，有是物斯有是理。子融錯處是認心爲性，正與佛氏相似。只是佛氏磨擦得這心極精細，如一塊物事，剝了一重皮，又剝一重皮，至剝到極盡無可剝處，所以磨弄得這心精光，它便認做性。殊不知此正聖人之所謂心，佛氏所謂性，正聖人所謂心；佛氏所謂心，正聖人所謂意。」心只是該得這理。佛氏元不曾識得

---

❶「自」，原作「曰」，今據萬曆本改。

這理一節，便認知覺運動做性。如視、聽、言、貌，聖人則視有視之理，聽有聽之理，言有言之理，動有動之理，思有思之理，如箕子所謂「明、聰、從、恭、睿」是也。佛氏則只認那能視、能聽、能言、能思、能動底便是性。視，明也得，不明也得；聽，聰也得，不聰也得；言，從也得，不從也得；思，睿也得，不睿也得。它都不管。橫來豎來，它都認做性。它最怕人說這「理」字，都要除掉了，此正告子「生之謂性」之說也。閒問：禪家又有以揚眉瞬目知覺運動為弄精魂，而訶斥之者，何也？曰：便只是弄精魂。閒問：彼言一切萬物皆有破壞，惟有法身常住不滅。所謂「法身」，便只是這箇？曰：然。不知你如何占得這物事住？天地破壞，又如何被你占得這物事常

不滅？問：彼大概欲以空為體，言天地萬物皆歸於空，這空便是他體。曰：他也不是欲以空為體，它只是說這物事裏面本空，著一物不得。○以下論釋氏誤認心性。

問：聖門說知性，佛氏亦言知性，有以異乎？先生笑曰：也問得好。據公所見如何？試說看。曰：據友仁所見及佛氏之說者，此一「性」在心所發為意，在目為見，在耳為聞，在口為議論，在手能持，在足運奔，所謂「知性」者，知此而已。曰：且據公所見而言，若如此見得，只是箇無星之秤、無寸之尺。若在聖門，則在心所發為意，須是誠始得；在目雖見，須是明始得；在耳雖聞，須是聰始得；在口談論及在手、在足之類，須皆動之以禮始得。❶「天生烝

---

❶ 「皆」，萬曆本作「是」。

民，有物有則。」如公所見及佛氏之說，只有物，無則了，所以與聖門有差。況孟子所說「知性」者，乃是「物格」之謂。友仁。

若是如釋氏道，只是那坐底視底是便了，何故却說「非禮勿視，非禮勿聽，非禮勿言，非禮勿動」？如居處、執事、與人交，止說居處、執事、與人交便了，何故於下面著箇「恭」、「敬」？如「出門」、「使民」，也只說箇「出門」、「使民」便了，何故却說「如見大賓」、「如承大祭」？孔子言「克己復禮爲仁」！厲聲言「復禮」、「仁」字。○節。

釋氏只知坐底是，行底是。如坐，交脛坐也得，疊足坐也得，邪坐也得，正坐也得。將見喜所不當喜，怒所不當怒，爲所不當爲。他只是直衝去，更不理會理。吾儒必要理會坐之理當如尸、立之理當如齊、如頭

夫子之教人也只說視聽言動底是便了，何容便要直，所以釋氏無理。節。

知覺之理是性所以當如此者，釋氏不知。他但知知覺，没這理，故孝也得，不孝也得。所以動而陽，靜而陰者，蓋是合動不得不動，合靜不得不靜。節。

釋氏棄了道心，却取人心之危者而作用之，遺其精者，取其粗者以爲道。如以仁、義、禮、智爲非性，而以眼前作用爲性是也。此只是源頭處錯了。人傑。

釋氏專以作用爲性。如某國王問某尊者曰：「如何是佛？」曰：「見性爲佛。」曰：「如何是性？」曰：「作用爲性。」云云。禪家又有點者云：❶「當來尊者答國王時，國王何不問尊者云：『未作用時，性在甚處？』」蓋。

❶「點」，萬曆本作「偈」。

「作用是性：在目曰見，在耳曰聞，在鼻齅香，在口談論，在手執捉，在足運奔」，即告子「生之謂性」之說也。且如手執捉，若執刀胡亂殺人，亦可爲性乎？龜山舉龐居士云「神通妙用，運水般柴」，以比「徐行後長」，亦坐此病。不知「徐行後長」乃謂之弟，「疾行先長」則爲不弟。如曰「運水般柴」即是妙用，則徐行、疾行皆可謂之弟耶？人傑。

問釋氏「作用是性」。曰：便只是這性，他說得也是。孟子曰「形色，天性也，惟聖人然後可以踐形」，便是此性。如口會說話，說話底是誰？目能視，視底是誰？耳能聽，聽底是誰？便是這箇。「在眼曰見，在耳曰聞，在鼻齅香，在口談論，在手執捉，在足運奔。遍現俱該法界，收攝在一微塵。識者知是佛性，不識喚作

精魂。」他説得也好。又舉《楞嚴經》波斯匿王見恆河水一段，云云。所以禪家説「直指人心，見性成佛」，他只要你見得，言下便悟，做處便徹，見得無不是此性。也説「存養心性」，養得來光明寂照，無所不遍，無所不通。唐張拙詩云「光明寂照遍河沙，凡聖含靈共我家」云云。又曰：「實際理地不受一塵，佛事門中不舍一法。」他箇本自説得是，所養者也是，只是差處便在這裏，吾儒所養者是仁、義、禮、智，他所養者只是視、聽、言、動。儒者則全體中自有許多道理，各自有分別，有是非，降衷秉彝，無不各具此理。他只見得箇渾淪底物事，無分別，無是非，橫底也是，竪底也是，直底也是，曲底也是，非理而視也是此性，以理而視也是此性。少間用處都差，所以七顛八倒，無有是處。吾儒則只是一箇真底道理，他也

說我這箇是真實底道理，如云「惟此一事實，餘二則非真」。只是他說得一邊，只認得那人心，無所謂道心，無所謂仁義禮智、惻隱羞惡、辭遜是非，所爭處只在此。吾儒則自「天命之謂性，率性之謂道」，以至至誠盡人物之性，贊天地之化育，識得這道理無所不周，無所不偏。❶ 他也說我這箇無所不周，無所不遍，然眼前君臣、父子、兄弟、夫婦上，便不能周遍了，更說甚周遍？他說「治生產業，皆與實相不相違背」云云，如善財童子五十三參，以至神鬼神仙、士農工商技藝都在他性中。他說得來極闊，只是其實行不得。只是諱其所短，強如此籠罩去。他舊時瞿曇說得本不如此廣闊，後來禪家自覺其陋，又翻轉棄曰，只說「直指人心，見性成佛」。

昨夜說「作用是性」，因思此語亦自好。

雖云釋氏之學是如此，他卻是真箇見得，真箇養得。如云說話底是誰？說話底是這性。目視底是誰？視底也是這性。聽底是誰？聽底也是這性。鼻之聞香、口之知味，無非是這箇性。他凡一語默，一動息，無不見得此性，養得此性。或問：他雖見得，如何能養？曰：見得後，常常得在這裏，不走作，便是養。今儒者口中雖常說性是理，不止於作用，然卻不曾做他樣存得、養得，只是說得如此，元不曾用功，心與身元不相管攝，只是心麄。若自早至暮，此心常常照管，甚麼次第！這箇道理在在處處發見，無所不有，只是你不曾存得、養得。佛氏所以行六七百年，其教愈盛者，緣他也依傍這道理，所以做得盛。他卻常在這身

❶ 「偏」，萬曆本作「徧」。

上，他得這些子，即來欺負你秀才，你秀才無一人做得似他。今要做，無他，只說四端廣充得便是。孟子說「存心養性」，其要只在此。「凡有四端於我者，知皆廣而充之矣，若火之始然、泉之始達。」學者只要守得這箇，如惻隱、羞惡、辭遜、是非。若常存得這惻隱之心，便養得這惻隱之性；若合當愛處，自家却不起愛人之心，便傷害了那惻隱之性。❶ 如事當羞惡，自家不羞惡，便是傷害了那羞惡之性。辭遜、是非皆然。「人能充無欲害人之心，而仁不可勝用矣；人能充無受爾汝之實，無所往而不為義也。」只要就這裏存得、養得。所以說利與善之間只爭這些子，只是絲髮之間。如人靜坐，忽然一念之發，只這箇便是道理，便有箇是與非。其發之正者，理也；雜而不正者，邪也。邪與正。在在處處無非發見處，只要常

存得、常養得耳。個。

佛家作用，引酇賓王問。某問：他初說空，今却如此。曰：既無理，亦只是無。他後來又不聽亦此。然只是認得第二箇，然雖不如此，然卒走此不得。傅大士云云。曰：他問儒、釋。曰：然。可學。

據他說道明得心，又不曾得心爲之用；他說道明得性，又不曾得性爲之用。不知是如何？又問：不知先從他徑處入，然後却歸此。曰：若要從徑入，是猶從近習求言職。須是見他都無所用。泳。

佛家說：「會萬物於一己。」若曉得這道理，自是萬物一體，更何須會？若是曉不得，雖欲會，如何會得？恪。

❶ 「傷」，萬曆本作「是」。

佛氏見影，朝說這箇，暮說這箇。至於萬理錯綜如此，却都不知。釋氏先知死，只是學一箇不動心。告子之學則是如此。端蒙。

凡遇事先須識得箇邪正，是非，盡掃私見，則至公之理自存。大雅云：釋氏欲驅除物累，至不分善惡，皆欲掃盡。云凡聖情盡，即如如佛，❶然後來往自由。吾道却只要掃去邪見，邪見既去，無非是處，故生不爲物累，而死亦然。曰：聖人不說死，已死了，更說甚事？聖人只說既生之後，未死之前，須是與他精細理會道理教是。胡明仲侍郎自說得好：「人，生物也，佛不言生而言死；人事可見，佛不言顯而言幽。」釋氏更不分善惡，只尊向他底便是好人，背他底便入地獄。若是箇殺人賊，一尊了他，便可生天。大雅云：于頔在《傳燈錄》爲法嗣，可見。曰：然。大雅。

佛書多有後人添入。初入中國，只有《四十二章經》，但此經亦有添入者。且如西天二十八祖所作偈皆有韻，分明是後人增加。如楊文公、蘇子由皆不悟此，可怪！又其文中至有甚拙者云云。如《楞嚴經》，前後只是說呪，中間皆是增入，蓋中國好佛者覺其陋而加之耳。可學。○以下論佛經。

佛初止有《四十二章經》，其說甚平。如言彈琴，弦急則絕，慢則不響，不急不慢乃是。後來達磨出來，一齊掃盡。至《楞嚴經》，做得極好。柳宗元《六祖塔銘》有「中外融有粹孔習」。○方子。

達磨未來中國時，如遠、肇法師之徒只是談莊、老，後來人亦多以莊、老助禪。古

❶「如如」，萬曆本作「如知」。

亦無許多經。西域豈有韻，諸祖相傳偈，平仄押韻語，皆是後來人假合。

問：《心經》如何？曰：本《大般若經》六百卷，《心經》乃是節本。曰：他既說空，又說色，如何？曰：他蓋欲於色見空耳，大抵只是要鶻突人。如云「實際中不立一法」，又云「不捨一法」此佛經語，記不全。之類，皆然。問：「劫數」如何？曰：他之說，亦說天地開闢，但理會不得。某經云：到末劫人皆小，先爲火所燒成劫灰，又爲風所吹，又爲水所淹。水又成沫，地自生五穀，天上人自飛下來喫，復成世界。他不識陰陽，便恁地亂道。問：佛默然處如何？曰：是他到處。曰：如何「與灑掃應對合」？曰：蓋言精粗無二。曰：「活潑潑地」是禪語否？曰：不是禪語，是俗語。今有儒家字爲佛家所竊用，而後人反以爲

出於佛者，如「寺」、「精舍」之類不一。可學。

佛書中說六根、六塵、六識、四大、十二緣生之類，皆極精巧，故前輩學佛者謂此孔子所不及。今學者且須截斷，必欲窮究其說，恐不能得身己出來。他底《華嚴合論》精密。閔祖。

《華嚴合論》其言極鄙陋無稽，不知陳了翁一生理會這箇，是有甚麽好處，也不會厭。可惜極好底秀才，只恁地被它引去了。

又曰：其言旁引廣諭，說神說鬼，只是一箇

「四大」，即吾儒所謂魂魄聚散。「十二緣生」在《華嚴合論》第十三衔卷，❶佛說本言盡去世間萬事，其後點者出，却言「實際埋地不染一塵，❷萬事門中不舍一法」。可學。方子錄止此。

---

❶「衔」，萬曆本作「御」。
❷「際埋」，四庫本作「陞理」。

天地萬物皆具此理而已。經中本說得簡徑白直，却被注解得越沒收殺。或問《金剛經》大意。曰：他大意只在須菩提問「云何住，云何降伏其心」兩句上，故說不應住法生心，不應住色生心，「應無所住而生其心」，此是答「云何住」。又說「若胎生，若卵生，若濕生，若化生，我皆令入無餘涅槃而滅度之」，此是答「云何降伏其心」。彼所謂「降伏」者，非謂欲遏伏此心，謂盡降收世間眾生之心入它無餘涅槃中滅度，都教你無心了方是，只是這兩句。自此以後，只管纏去，只是一箇「無」字。如這卓子，非名卓子，是名卓子。「若見諸相非相，則見如來」，離一切相即名佛，皆是此意。要之，只是說箇「無」。㝢。

問：《龜山集》中所答了翁書，論《華嚴》大旨，不知了翁諸人何為好之之篤？

曰：只是見不透，故覺得那箇好。以今觀之，也是好，也是動得人。道夫曰：只為他大本不立，故偏了。先生默然良久，曰：真所謂誠、淫、邪、遁。蓋誠者，是它合下見得偏。儒者之道大中至正，四面均平。釋氏只見一邊，於那處都蔽塞了，這是「誠辭知其所蔽」。淫者，是只見得一邊，又却說得周遮浩瀚，所以其書動數百卷，是皆陷於偏而不能返，這是「淫辭知其所陷」。邪者，是它見得偏了，於道而不通，知其所離」。遁者，是它已離於道而不知道之精妙不在乎此，這是「遁辭知其所窮」。於君臣、父子都已棄絕，見去不得，却道初只是誠，誠而後淫，淫而後邪，邪而後離，離而後遁。要之，佛氏偏處只是虛其理。理是實理，他却虛了，故於大本不立也。因問：溫公解禪偈，却恐後人作儒、佛一貫會

先生因誦之曰：「此皆佛之至陋者也，妙處不在此。」又問：「《遺書》云：『釋氏於「敬以直內」則有之，「義以方外」則未也。』」道夫於此未安。先生笑曰：「前日童蜚卿正論此，以為釋氏大本與吾儒同，只是其末異。某與言：『正是大本不同。』」因檢《近思錄》有云：「佛有一箇覺之理，可以『敬以直內』矣，❶然無『義以方外』。其『直內』者，要之其本亦不是。」這是當時記得全處，前者記得不完也。又曰：只無「義以方外」，則連「敬以直內」也不是了。又曰：程子謂：「釋氏唯務上達而無下學，然則其上達處豈有是邪？」亦此意。學佛者嘗云「儒、佛一同」，某言：「你只認自家說不同。若果是，又何必言同？只這靠傍底意思，便是不同，便是你底不是，我底是了。」道夫。

《圓覺經》只有前兩三卷好，後面便只是無說後強添。如《楞嚴經》，當初只有那阿難一事，及那燒牛糞時一呪，其餘底皆是文章之士添。那燒牛糞，便如爇蕭樣，後來也有人祈雨後燒，亦出此意也。義剛。

《楞嚴經》本只是呪語，後來房融添入許多道理說話，呪語想亦淺近，但其徒恐譯出則人易之，故不譯。所以有呪者，蓋浮屠居深山中，有鬼神蛇獸為害，故作呪以禁之。緣他心靈，故能知其性情，制馭得他。呪全是想法。西域人誦呪如叱喝，又為雄毅之狀，故能禁伏鬼神，亦如巫者作法相似。又云：汀州人多為巫。若巫者法行，則治之者全使不行。沈存中記水中《金剛經》不濕，蓋人心歸向深固，所感如此。因言：後世被他佛法橫入來，鬼神也沒理會了。

---

❶ 「以」，萬曆本作「言」。

又曰：世人所謂鬼神，亦多是喫酒喫肉漢，見他戒行精潔，方寸無累底人，如何不生欽敬。閎祖。

《維摩詰經》舊聞李伯紀之子說，是南北時一貴人如蕭子良之徒撰。渠云載在正史，然檢不見。伯紀子名繽，讀書甚博。○必大。

《傳燈錄》極陋，蓋真宗時一僧做上之。真宗令楊大年刪過，故出楊大年名，便是楊大年也曉不得。義剛。

因語禪家，云：當初入中國只有《四十二章經》，後來既久，無可得說，晉、宋而下，始相與演義，其後義又窮。至達磨以來，始一切掃除。然其初答問，亦只分明說。其後又窮，故一向說無頭話，如「乾矢橛」、「柏樹子」之類，只是胡鶻突人。既曰不得無語，又曰不得有語，道也不是，不道也不是。如此，則使之東亦不可，西亦不可。置

此心於危急之地，悟者為禪，不悟者為顛。雖為禪，亦是蹉了蹊徑，置此心於別處，和一身皆不管，亦是氣。然細觀之，只是於精神上發用。問：渠既一向說空，及其作用又只是氣。曰：作用是心，亦是氣，渠自錯認了。渠雖說空，又要和空皆無，如曰「空生大覺中」之類。昔日了老專教人坐禪，杲老以為不然，著《正邪論》排之。其後杲在天童，了老乃一向師尊禮拜，杲遂與之同。及死，為之作銘。問：渠既要清靜寂滅，如何不坐禪？曰：渠又要得有悟。杲舊甚喜子韶，及南歸，貽書責之，以為與前日不同。今其小師錄杲文字，去《正邪論》、《與子韶書》亦節却。問：病翁墓志中說官莆田事，如何？曰：佛家自說有體無用，是渠言如此，依實載之。問：禪僧有鳴鼓升坐死者，如何？曰：世念既去，自知得。

只是能攫不卧床席耳，別無它說。可學。○以下禪學。

禪只是一箇呆守法，如「麻三斤」、「乾屎橛」，他道理初不在這上，只是教他麻了心，只思量這一路，專一積久，忽有見處，便是悟。大要只是把定一心，不令散亂，久後得偈頌。悟後所見雖同，然亦有深淺。某舊來愛問參禪底，其說只是如此。其間有會說者，却吹噓得大。如杲佛日之徒，自是氣魄大，所以能鼓動一世，如張子韶、汪聖錫輩皆北面之。閎祖。

或問：禪家說無頭當底說話，是如何？曰：他說得分明處，却不是。只内中一句黑如漆者，便是他要緊處。於此曉得時，便盡曉得。他又愛說一般最險絶底話，如引取人到千仞之崖邊，猛推一推下去。

人於此猛省得，便了。或曰：不理會得，也是一事不了。曰：只此亦是格物。祖道。

郭德元問：禪者云：「『知』之一字，衆妙之門。」它也知得這「知」字之妙。曰：所以伊川說「佛氏之言近理」，謂此類也。它也微見得這意思，要籠絡這箇道理。只是它用處全差，所以都間斷，相接不著。個問：其所謂知，正指此心之神明作用者否？曰：然。郭又問：圭峰云：「作有義事，是省悟心；作無義事，是狂亂心。狂亂由情念，臨終被業牽。省悟不由情，臨終能轉業。」又自注云：「此『義』非『仁義』之『義』，乃『理義』之『義』。」甚好笑。曰：它指仁義爲恩愛之義，故如此說。他雖說理義，何嘗夢見其後杲老亦非之云：「理義」之「義」便是「仁義」之「義」。如何把虛空打做兩截？個。

僧家所謂禪者，於其所行全不相應。向來見幾箇好僧說得禪，又行得好，自是其資質為人好耳，非禪之力也。所謂禪，是僧家自舉一般見解，如秀才家舉業相似，與行己全不相干。學得底人有許多機鋒，將出來弄一上了，便收拾了。到其為人，與俗人無異。只緣禪自是禪，與行不相應耳。僧家有云「行、解」者，行是行己，解是禪也。璘。

禪僧自云有所得，而作事不相應，觀他又安有晬面盎背氣象。只是將此一禪橫置胸中，遇事將出，事了又收。大抵只論說，不論行。昔日病翁見妙喜升座，却云：「彥沖修行却不會禪，渠於開喜升座，却云：『彥沖修行却不會禪，寶學會禪却不修行，所謂張三有錢不會使，李四會使又無錢。』」皆是亂說。大抵此風亦有盛衰，紹興間最盛，閩中自有數

人，可嘆，可嘆！先王之道不明，却令異端橫出豎立。可學。

釋氏須灼然看得他底之非，一出一入不濟事，禪將作何用？振。

禪學一喝一棒，都掀翻了，也是快活。却看二程說話，可知道不索性。豈特二程，便夫子之言亦如此。「學而時習之，不亦說乎！」看得好支離。

學道又雜佛學者，但歇一月工夫，看誰邊有味？佛氏只歇一月，味便消了。彼漸消則此漸進，此是鈍工夫，然却是法門也。方。

問德粹：在四明曾到天童、育王否？曰：到。曰：亦曾參禪否？曰：有時夜靜無事，見長老入室，亦覺心靜。先生笑，因問：德光如何？滕曰：不問渠法門事，自是太管人事。先生曰：皆如此。今年往莆

中弔陳魏公，迴途過雪峰，長老升堂說法，且胡鶻過。及至接人，却甚俗，只是一路愛便宜，纔說到六七句，便道仰山大王會打供，想見宗杲也是如此。又問人傑如何。曰：臨死只是漸消削。先生曰：它平日只理會臨行一節，又却如此。可學。雜論。

釋氏「地、水、火、風」之說，彼所謂地水，如云魄氣；火風，如云魂氣。又說火風先散，地水後散，則其疾不暴；地水先散，火風後散，則其疾暴。德明。

釋氏「地、水、火、風」，粗而言之：地便是體，水便是魄，火、風便是魂，他便也是見得這魂魄。

釋氏說：法身便是本性，報身是其德業，化身是其肉身。問：報身是如何？曰：是他成就效驗底說話。看他畫毗盧遮那坐千葉蓮珠常富貴，便如吾儒說聖人備

道全美相似。

魯可幾問釋氏「因緣」之說。曰：若看《書》『作善降之百祥，作不善降之百殃』，則報應之說誠有之，但他說得來不是。又問：陰德之說如何？曰：也只是「不在其身，則在其子孫耳」。道夫。

佛家不合將才作緣習，緣習是說宿緣。可學。

禪家以父子、兄弟相親愛處爲有緣之慈。如虎狼與我非類，我却有愛及他，如以身飼虎。便是無緣之慈，以此爲真慈。淳。○義剛同。

甘吉父問「仁者，愛之理，心之德」，時舉因問：釋氏說「慈即是愛也，然施之不自親始，故愛無差等」。先生曰：釋氏說「無緣慈」，記得甚處說「融性起無緣之大慈」，蓋佛氏之所謂「慈」並無緣由，只是無所不

愛。若如愛親之愛，渠便以爲有緣。故父母棄而不養，而遇虎之飢餓，則捨身以食之，此何義理耶？時舉。

問：佛法如何是以利心求？曰：要求清淨寂滅超脫世界，是求一身利便。可學。

釋氏之學，務使神輕去其幹以爲坐亡立脫之備，其魄之未盡化者，則流爲膏液，散爲珠琲，以驚動世俗之耳目，非老子「專氣致柔」之謂也。僩。

因論釋氏多有神異，疑其有之。曰：此未必有。便有，亦只是妖怪。方子。

佛家多有「奪胎」之說，也如何見得？只是在理無此。

問說禪家言性，太陽之下置器處。曰：此便是說輪回。可學。

問禪家言性「傾此于彼」之說耳。禪家言偷生奪

陰，謂人懷胎，自有箇神識在裏了，我却撞入裏面，去逐了它，我却受它血陰。它說傾此于彼，蓋如一破弊物在日下，其下日影自有方圓、大小，却欲傾此日影爲彼日影。它說是人生有一塊物事包裹在裏，及其既死，此箇物事又會去做張三，做了張三，又會做王二。便如人做官，做了這官任滿，又去做別官，只是無這道理。或舉世間有如此類底爲問。先生曰：而今只是理會箇正理，若以聞見所接論之，則無了期。又曰：横渠說「形潰反原」，以爲人生得此箇物事，既死，此箇物事却復歸大原去，又別從裏面抽出來生人。如一塊黄泥，既把來做箇彈子了，却依前歸一塊裏面去，又做箇彈子出來。伊川便說是「不必以既屈之氣爲方伸之氣」。若以聖人「精氣爲物，游魂爲變」之語觀之，則伊川之說爲是。蓋人死則氣散，

其生也，又是從大原裏面發出來。夔孫。

問：輪迴之說當時如何起？曰：自漢以來已有此說話，說得成了，因就此結果。曰：不知佛祖已有此說否？曰：今佛經存者亦不知孰為佛祖之書。厚之云：或傳范淳夫是鄧禹後身。曰：鄧禹亦一好人，死許多時，如何魄識乃至今為他人？某云：呂居仁詩亦有「狗腳朕」之語。曰：它又有「偷胎奪蔭」之說，皆脫空。可學。

鄭問：輪迴之說是佛家自創否？曰：自《漢書》載溫公謂「吾欲扶教耳」，溫公也看不語錄》載溫公謂「吾欲扶教耳」，溫公也看不破，只是硬恁地說。淳。

或有言脩後世者，先生曰：今世不脩，却脩後世，何也？道夫。

德粹問：人生即是氣，死則氣散。浮屠氏不足信。然世間人為惡死，若無地獄治之，彼何所懲？曰：吾友且說堯、舜、三代之世無浮屠氏，乃比屋可封，天下太平。及其後有浮屠，而為惡者滿天下。若為惡者必待死然後治之，則生人立君又焉用？滕云：嘗記前輩說「除却浮屠祠廟，天下便知向善」，莫是此意？曰：自浮屠氏入中國，善之名便錯了。渠把奉佛為善，如脩橋道造路，猶有益於人。以齋僧立寺為善，善安在？所謂除浮屠祠廟便向善者，天下之人既不溺於彼，自然孝父母、悌長上，做一好人，便是善。大抵今之佛書，多是後世做文字者所為。向見伯恭說曾看《藏經》，其中有至不成說話者。今世傳一二本經，乃是其祖師所傳，故士大夫好佛者，多為簧鼓。某問：道家之說，云出於老子，今世道士又却不然。今之傳，莫是張角術？曰：是張陵，見《三國志》。他今用印，乃「陽平屠氏

「治都功印」。張魯起兵之所,又有祭酒,有都講祭酒。魯以女妻馬超,使爲之。其設醮用五斗米,所謂「米賊」是也。向在浙東祈雨設醮,拜得脚痛,自念此何以得雨,自先不信。某問:漢時如鄭康成注二《禮》,但云鬼神是氣,至佛入中國,人鬼始亂。曰:然。可學。

初,西域僧來東漢時,令鴻臚寺寄居,後以爲僧居,因名曰「寺」。寺是官寺,非釋者取之。寺之起自此時。○揚。

俗言佛燈,此是氣盛而有光,又恐是腐葉飛虫之光。蔡季通去廬山問得,云是腐葉之光。云:昔人有以合子合得一團光,來日看之,乃一腐葉。某處見光,令人撲之,得一小蟲,如蛇樣而甚細,僅如布線大。此中有人隨汪聖錫到峨眉山,云五更初去看,初布白氣,已而有圓光如鏡,其中有佛。然其人以手裹頭巾,則光中之佛亦裹頭巾,知乃人影耳。今所在有石,號「菩薩石」者,如水精狀,於日中照之,便有圓光。想是彼處山中有一物,日初出,照見其影圓,而映人影如佛影耳。峨眉山看佛,以五更初看。璘。

道謙言:《大藏經》中言禪子病脾時,只坐禪六七日,減食便安。謙言:渠曾病,坐得三四日便無事。

雪峰開山和尚住山數年,都無一僧到,遂下山。至半嶺,忽有一僧來,遂與之俱還。先生曰:若是某,雖無人來,亦不下山。文蔚。

王質不敬其父母,曰:「自有物無始以來,自家是換了幾箇父母了。」其不孝莫大於是。以此知佛法之無父,其禍乃至於此。使更有幾箇如王質,則雖殺其父母,亦以爲

常。佛法說君臣、父子、兄弟，只說是偶然相遇。趙子直《戒殺子文》末爲因報之說，❶此，佛教初入中國，只是脩行說話，如《四十二章經》是也。初間只有這一卷經，其中有云佛問一僧：「汝處家爲何業？」對曰：「愛彈琴。」佛問：「絃緩如何？」曰：「不鳴矣。」「絃急如何？」曰：「諸音普矣。」佛曰：「學道亦然。心須調適，道可得矣。」初間只如此說。後來達磨入中國，見這般說話中國人都會說了，遂換了話頭，專去面壁靜坐默照，那時亦只是如此。到得後來，又翻得許多禪底說話來，盡掉了舊時許多話柄。不必看經，不必靜坐，越弄得來闊，其實只是作弄精神。或曰：彼亦以知覺運動爲形而下
云：「汝今殺他，他再出世必殺汝。」此等言語，乃所以啓其殺子，❷蓋彼安知不說道：「我今可以殺汝，必汝前身曾殺我。」賀孫。○以下論釋氏滅人倫之害。

佛家說要廢君臣、父子，他依舊廢不得。且如今一寺，依舊有長老之類，其名分亦甚嚴，如何廢得？但皆是僞。義剛。

問：釋氏之失，一是自利，厭死生而學，大本已非；二是滅絕人倫；三是遙求上達，不務下學，偏而不該。曰：未須如此立論。人傑。

次日，因余國秀解「物則」語及釋氏，先生曰：他佛家都從頭不識，只是認知覺運動做性，所以鼓動得許多聰明豪傑之士。緣他是高於世俗，世俗一副當汚濁底事，他

❶ 「殺子」，萬曆本作「殺身」。
❷ 「子」，萬曆本作「身」。

者，以空寂爲形而上者，如何？曰：便只是形而下者。他只是將知覺運動做玄妙說。或曰：如此，則安能動人？必更有玄妙處。曰：便只是這箇。他那妙處，離這知覺運動不得；無這箇，便說不行。只是被他作弄得來精，所以橫渠有「釋氏兩末」之論。只說得兩邊末梢頭，中間真實道理却不曾識。如知覺運動，是其上一梢也；因果報應，是其下一梢也。或曰：因果報應，他那邊有見識底，亦自不信。曰：雖有不信底，依舊離這箇不得。如他幾箇高禪，縱說高殺，也依舊掉舍這箇不下，將去愚人。他那箇物事沒理會，捉攝他不得。你道他如此，他又說不如此；道他不如此，他又有時掉翻了。都不說時，雖是知覺運動，他又爲他所鄙陋，所以便溺於他之說，被他引入翻，依舊離這箇不得。或問：今世士大夫所以晚年都被禪家引去者，何故？曰：是去。燾。

他底高似你。你平生所讀許多書，許多記誦文章，所藉以爲取利祿聲名之計者，到這裏都靠不得了，所以被他降下。他底是高似你，且是省力，誰不悅而趨之？王介甫平生讀許多書，說許多道理，臨了捨宅爲寺，却請兩箇僧來住持，也是被他笑。你這箇物事，如何出得他？或問：今也不消學他那一層，只認着自家底做便了。曰：固是。豈可學他！只是依自家底做，少間自見得他底低。偶。○以下論士大夫好佛。

問：士大夫末年多溺於釋氏之說者，如何？曰：緣不曾理會得自家底原頭，但看得些小文字，不過要做些文章，務行些故事，爲取爵祿之具而已。却見得他底高，直是玄妙，又且省得氣力，自家反不及他，反爲他所鄙陋，所以便溺於他之說，被他引去。燾。

今之學者，往往多歸異教者，何故？蓋爲自家這裏工夫有欠缺處，奈何這心不下，沒理會處，又見自家這裏說得來疏略，無箇好藥方治得他沒奈何底心。而禪者之說則以爲有箇悟門，一朝得入，則前後際斷，說得恁地見成捷快，如何不隨他去？此却是他實要心性上理會了如此。不知道自家這裏有箇道理，不必外求而此心自然各止其所。非獨如今學者，便是程門高弟，看他說那做工夫處，往往不精切。廣。

老氏見得煞高，佛氏安敢望他。唐人方說佛。本朝士大夫好佛者，始初楊大年，後來張無盡。又說：張無垢參杲老，汪玉山被他引去，後來亦好佛。但汪丈爲人無果決，好佛又見不透，又不能果決而退。嘗見汪丈論楊大年好佛，後來守不定，汪丈甚不信。云是蘇子由記此，恐未必是。南升。

老氏煞清高，佛氏乃爲逋逃淵藪。今看何等人，不問大人小兒、官員村人商賈、男子婦人，皆得入其門。最無狀是見婦人便與之對談。如杲老與中貴權要及士夫皆好。湯思退與張魏公如水火，杲老與湯、張皆好。又云：杲老乃是禪家之俠。又云：陳了翁好佛，說得來七郎八當。南升。

韓退之詩「陽明人所居，幽暗鬼所寰。嗟龍獨何智，出入人鬼間」。今僧家上可以交賢士大夫，下又交中貴小人，出入其間，不以爲恥，所謂「出入人鬼間」也。如妙喜與張魏公好，又與一種小人小官好。璘。

信州人新鄂州教官龔安國，聞李德遠過郡，見之。李云：「若論學，唯佛氏直截。如學周公、孔子，乃是抱橋柱澡洗。」方。

問：近世王日休立化，如何？曰：此人極不好，貪污異常。曰：既如此，何故立

脫？曰：它平日坐必向西，心在於此，遂想而得。此乃佛氏最以爲下者。程氏說「野狐精」，正是以如此爲不足貴。○可學。

因說某人棄家爲僧，以其合奏官與弟弟又不肖，母在堂，無人奉養。先生蹙蹙曰：奈何棄人倫滅天理至此？某曰：此僧乃其家之長子。先生曰：縱佛許亦不可。方伯謨曰：佛法亦自不許長子出家。先生曰：人之卑陋乃如此。淳。

陳福公臨終，親筆戒其子勿用浮屠，林子方力責之。

先生說及俗人之奉佛者，每晨拜跪備至；及其老也，體多康健，以爲獲福於佛。不知其日勞筋骨，其他節省運用血氣，所以安也。過。

夷狄之教入于中國，非特人爲其所迷惑，鬼亦被他迷惑。大乾廟所塑僧像，❶乃勸其不用牲祭者。其他廟宇中，亦必有所

謂勸善大師。蓋緣人之信向者既衆，鬼神只是依人而行。必大。

本朝歐陽公排佛，就禮法上論，終不如宋景文公捉得正臟出。二程就理上論，終不如宋景文公捉得正臟出。見《李蔚傳贊》論華人增加處。佛書分明是中國人附益。問：佛法所以傳至今，以有禍福之說助之？曰：亦不全如此，却是人佐佑之。初來只有《四十二章經》，至晉、宋間乃談義，皆是剽竊《老》、《莊》，取《列子》爲多。其後達磨來，又說禪，又有三事：一空，二假，三中。空，全論空；假者，想出世界，中，在空假之中。唐人多說假。可學。○以下闢佛。

問：胡僧不能害傅奕，只是邪不能干正否？曰：是他心不動。胡泳。

---

❶ 「所」下，萬曆本有「以」字。

論釋氏之說，如明道數語，闢得極善。見《行狀》中者。它只要理會箇寂滅，不知須強要寂滅它做甚？既寂滅後却作何用？何況號爲尊宿禪和者，亦何曾寂滅得？近世如宗杲，做事全不通點檢，喜怒更不中節。晉、宋以前遠法師之類，所談只是莊、列，今其《集》中可見。其後要自立門戶，方脫去莊、列之談，然實剽切其說。傅奕亦嘗如此說，論佛只是說箇大話謾人，可憐人都被它謾，更不省悟。試將《法華經》看，便見其誕。開口便說恒河沙數幾萬幾千幾劫，更無近底年代。又如佛受記某甲幾劫後方成佛。佛有神通，何不便成就它做佛？何故待闕許久？❶ 又如住世羅漢猶未成佛，何故許多時修行都無長進？今被它撰成一藏說話，遍滿天下，惑了多少人。勢須用退之盡焚去乃可絕。今其徒若聞此說，必曰

此正是爲佛教者。然實繆爲此說，其心豈肯如此？此便是言行不相應處。今世俗有一等卑下底人，平日所爲不善，一旦因讀佛書，稍稍收斂，人便指爲學佛之效，不知此特粗勝於庸俗之人耳。士大夫學佛者全不曾見得力，近世李德遠輩皆是也。今其徒見吾儒所以攻排之說，必曰此吾之迹耳，皆我自不以爲然。如果是不以爲然，當初如何却恁地撰下？又如僞作《韓歐別傳》之類，正如盜賊怨捉事人，故意攤賊耳。㽦。

因論釋氏，先生曰：自伊洛君子之沒，諸公亦多聞闢佛氏矣。然終竟說他不下者，未知其失之要領耳。釋氏自謂識心見性，然其所以不可推行者何哉？爲其於性

❶「故」，萬曆本作「以」。

與用分爲兩截也。聖人之道，必明其性而率之，凡修道之教，無不本於此。故雖功用充塞天地，而未有出於性之外者。釋氏非不見性，及到作用處，則曰無所不可爲。故棄君背父，無所不至者，由其性與用不相管也。時魏才仲侍側，問其故。先生曰：如今未有此病，然亦不可不知。譬如人食物，欲知烏喙之爲毒，須是認下這底是烏喙，知此物之爲毒，則他日不食之矣。若不便認下，他日卒然遇之，不知其毒，未有不食之也。異端之害道，如釋氏者極矣。以身任道者，安得不辨之乎！如孟子之辨楊、墨，正道不明，而異端肆行，周、孔之教將遂絶矣。譬如火之焚將及身，任道君子豈可不拯救也。

因説「誠意」曰：前輩有謂闢釋氏爲扶教者，安在其不妄語也。閎祖。

伊川謂所執皆出禪學之下，此説甚好。謂攻之者。○淳。

今之闢佛者，皆以義、利辨之，此是第二義。正如唐人檄高麗之不能守鴨緑之險，高麗遂守之。今之闢佛者類是。佛以空爲見，其見已錯，所以都錯，義利又何足以爲辨。舊嘗參究後，亦且背一壁放，且理會學問看如何，後年歲間漸見其非。揚。

李先生之言，初亦信未及，亦疑其不是。及見儒之不闢異端者，謂如有賊在何處，任之不必治。揚。

近看《石林過庭録》，載上蔡説伊川參某僧，後有得，遂反之。蜀本作「去」。偷其説來做已使，是爲洛學。某也嘗疑如石林之説固不足信，却不知上蔡也恁地説，是怎生地？向見光老示及某僧《與伊川居士帖》，

後見此帖乃載《山谷集》中，後又見蜀本有「文集別本」四字。有跋此帖者，蜀本作「語」。乃僧《與潘子真潘淳，乃興嗣之子也。帖》，蜀本云其所以載於《山谷集》者，以山谷嘗録其語，❶而或以爲山谷帖也。○淳録云：其非與伊川明矣。其差謬類如此。但當初佛學只是説無存養底工夫，至唐六祖始教人存養工夫。當初學者亦只是説不曾就身上做工夫，至伊川方教人就身上做工夫，所以謂伊川偷佛説爲己使。義剛。

問：靈源《與潘子真書》，今人皆將做與伊川書，謂伊川之學出於靈源也。恐後人以入《傳燈録》中，如退之之比，不知可寓於何書注破？❷ 云：某舊十年前聞此事，則半夜起來爲作文矣，其好辯甚也。振。

釋氏之教，其盛如此，其勢如何拗得他轉？吾人家守得一世再世，不崇尚他者，已自難得。三世之後，亦必被他轉了。不

知大聖人出，「所過者化，所存者神」時，又如何？必大。

---

❶「嘗録其語」，萬曆本作「載於山谷」。
❷「注」，萬曆本作「汪」。

朱子語類卷第一百二十七 計一十六板

本朝一 ❶

太祖朝

漢高祖、本朝太祖有聖人之材。必大。

或言：太祖受命，盡除五代弊法，用能易亂爲治。曰：不然。只是去其甚者，其他法令條目多仍其舊。大凡做事底人，多是先其大綱，其他節目可因則因，此方是英雄手段。如王介甫大綱都不曾理會，却纖悉於細微之間，所以弊也。儒用。

問：藝祖平定天下如破竹，而河東獨難取，何耶？以爲兵強則一時政事所爲，皆有敗亡之勢，不知何故如此？曰：這却本是他家底。郭威乘其主幼而奪之，劉氏遂據有并州。若使柴氏得天下，則劉氏必不服，所以太祖以書喻之，謂本與他無嫌隙，渠答云「不忍劉氏之不血食也」，此其意可見矣。被他辭直理順了，所以難取。榦。

國初下江南，一年攻城不下，是時江州亦城守三年。蓋其國小，君臣相親，故能得人心如此。因說先世理評公仕江南死事，❷及此。德明。

因說今官府文移之煩，先生曰：國初時事甚簡徑，無許多虛文。嘗見太祖時樞密院一卷公案，行遣得簡徑。畢竟英雄底

---

❶「本朝一」，朝鮮本作「祖宗」。下至卷一三三同此。

❷「評」，萬曆本作「平」。

人做事自別，甚樣索性！聞番中却如此，文移極少。且如駕過景靈宮，差從官一人過盞子，有甚難事？只消宰相點下便了。須要三省下吏部，吏部下太常，太常擬差申部，部申省，動是月十日不能得了，所差又即是眼前人。趙丞相在位，甚有意要去此等弊，然十不能去一二，可見上下皆然。太祖時公案。乃是蜀中一州軍變，後申來乞差人管攝軍馬，❶樞密院具已經差使使臣及未經差使姓名，内一人姓樊。注云：「樊愛能孫，只有一人。」注：「此人清廉可使。」太祖就此人姓上點一點，就下批四字云：「只教他去。」後面有券狀云：「雜隨四人，某童某童，某甲某乙。」太祖又批其下云：「只帶兩人去。」「小底二人，大紫騮馬一疋，❷并鞍轡；小紫騮馬一疋，并鞍轡。」太祖又批其下云：「不須帶紫騮馬，只騎騮馬去。」又乞下銓曹疾速差知州，後面有銓曹疑差狀。❸約只隔得一二日，又有到任申狀。其兵馬監押纔到時，其知州亦到了。其行遣得簡徑健速如此。○雅。

秀才好立虛論事，朝廷纔做一事，閧閧地鬧過了，事又只休。且如黃河事，合即其處看其勢如何，朝夕只在朝廷上鬧，河東決、西決。揚録云：害幾多了，此中論要導河處亦未住。凡作一事皆然。漢時在上重，唐亦多為虛論所汩。如憲宗討蔡，不是憲宗，如何做得？刺武元衡，傷裴度，憲宗決為之，乃成。凡作一事皆然。太祖當時亦無秀才，全無許多閑說。只是今日何處看修器械，明日何處看習水戰，又明日何處教閱。日日著寔做，故事成。

問：開寶九年，不待踰年而遂改元，何也？曰：這是開國之初，一時人材矬疏，理會不得。當時藝祖所以立得許多事，也未有許多秀才說話牽制他。到這般處，又

❶「後」，萬曆本作「復」。
❷「騮」，原作「驕」，今據萬曆本改。
❸「疑」，四庫本作「擬」。

忒欠得幾箇秀才說話。榦。

太宗、真宗朝

才卿問：秦、漢以下，無一人知講學明理，所以無善治。曰：然。因泛論歷代以及本朝太宗、真宗之朝，可以有為而不為。太宗每日看《太平廣記》數卷，若能推此心去講學，那裏得來。不過寫字作詩，君臣之間以此度日而已。真宗東封西祀，縻費巨萬計，不曾做得一事。仁宗有意於為治，不肯安於小成，要做極治之事。只是資質慈仁，却不甚通曉用人，驟進驟退，終不曾做得一事，然百姓戴之如父母。契丹初陵中國，後來却服仁宗之德，也是慈仁之效。緣它至誠惻怛，故能動人如此。卓。

氣有盛衰，盛時便做得未是，亦不大段覺。真宗時遼人直至澶州，旋又無事，亦是氣正盛。靖康時直弄得到這般田地。前漢如此之盛，至光武再興，亦只得三四分，後來一切扶不起，亦氣衰故。揚。

仁宗朝

問：章獻不如宣仁，然章獻輔仁宗，後來却無事。曰：亦是仁宗資質好。後來亦是太平日久，宮中太寬。如雇乳母事，宣仁不知，此一事便反不及章獻。可學。

英宗朝

亞夫問「濮議」。曰：歐公說不是，韓公、曾公亮和之。溫公、王珪議是。范鎮、呂誨、范純仁、呂大防皆彈歐公，但溫公又

「濮議」之爭，結殺在王陶擊韓公，蔣之奇論歐公。伊川代彭中丞奏議，似亦未爲允當。其後無收殺，只以濮國主其祀。可見天理自然，不由人安排。方子。

本朝許多大疑禮都措置未得，如濮廟事，英宗以皇伯之子入繼大統，後只令嗣王奉祭祀，天子則無文告。賀孫。

於濮王一邊禮數太薄，須於中自有斟酌可也。歐公之說斷不可。且如今有爲人後者，一日所後之父與所生之父相對坐，其子來喚所後父爲父，終不成又喚所生父爲父？這自是道理不可。試坐仁宗於此，亦坐濮王於此，使英宗過焉，終不成都喚兩人爲父。只緣衆人道是死後爲鬼神不可考，胡亂呼都不妨，都不思道理不可如此。先時仁宗有詔云：「朕皇兄濮安懿王之子猶朕之子也。」此甚分明，當時只以此爲據足矣。亞夫問：古禮自何壞起？曰：自定陶王時已壞了。蓋成帝不立弟中山王，以爲禮：兄弟不得相入廟，乃立定陶王，蓋子行也。孔光以《尚書》盤庚殷之兄王爭之，不獲。當時濮廟之爭，都是不曾好好讀古禮，❶見得古人意思，爲人後、爲之子，其義甚詳。賀孫。

神宗朝

神宗銳意爲治，用人便一向傾信他。初用富鄭公，甚傾信。及論兵，鄭公曰：「願陛下二十年不可道着『用兵』二字。」神宗只要做，鄭公只要不做，説不合。後來傾信王介父，終是坐此病。只管好用兵，用得

❶ 「曾」，萬曆本作「爭」。

又不着，費了無限財穀，殺了無限人，殘民蠹物之政皆從此起。西蕃小小擾邊，只是打一陣退便了，却去深入侵他疆界，才奪得鄜州等空城，便奏捷。朝廷不審，便命官發兵去守，依舊只是空城，城外皆是番人，及不能得歸朝廷，又發兵去迎歸，多少勞費。[1]熙河之敗，喪兵十萬，神宗臨朝大慟，自此得疾而終。後來蔡京用事，又以爲不可棄，用兵復不利，又事幽、燕，此亦自神宗啓之，遂至中朝傾覆。反思鄭公之言，豈不爲天下至論！義剛。

神宗極聰明，於天下事無不通曉。真不世出之主，只是頭頭做得不中節拍。如王介甫爲相，亦是不世出之資，只緣學術不正當，遂悞天下。使神宗得一真儒而用之，那裏得來，此亦氣數使然。天地生此人便有所偏了，可惜，可惜！卓。

神宗大概好用生事之人。如吳居厚在京西，括民買鑊，官司鑄許多鑊，令民四口買一，五口則買二。其後民怨，幾欲殺之，吳覺而免，然卒稱旨。其後如蔡京欲舉行神宗時政，而所舉行者皆熙寧之政，非元豐神祖自行之政也。故了翁摘擿其失，以爲京但行得王安石之政，而欺蔽不道，實不曾紹復元豐之政也。義剛。

神宗事事留心。熙寧初，闢闊京城至四十餘里，盡修許多兵備，每門作一庫以備守城。如《射法》之屬，皆造過。但造得太文，軍人劃地不曉。義剛。

熙寧作《陣法》，令將士讀之。未厮殺時，已被將官打得不成模樣了。義剛。

論及木圖，云：神宗大故留心邊事，自

[1]「勞費」，萬曆本作「費力」。

古人主何曾恁地留心？義剛。

神宗理會得文字，極喜陳殿院師錫，建人。之文，嘗於太學中取其程文閱之，每得則貯之錦囊中。及殿試編排卷子奏御，神宗疑非師錫之文，從頭閱之，至中間見一卷子，曰：「此必陳某之文也」。實之第三，已而果然。儒用。

溫公《日錄》中載厚陵事甚詳。林子中《雜記》載裕陵事甚詳。方子。

哲宗朝

哲宗常使一舊卓子，不好。宣仁令換之，又只如此在。問之，云：「是爹爹用底。」宣仁大慟，知其有紹述意也。又劉摯嘗進君子、小人之名，欲宣仁常常喻哲宗使知之。宣仁曰：「常與孫子說，然未曾了得。」宣仁亦是見其如此，故皆不肯放下，哲宗甚銜之。紹述雖是其本意，亦是激於此也。揚。

哲宗春秋尚富，平日寡言。一旦講筵說《書》，至「又用三德」，發問云：「只是此三者，還更有？」這也問得無情理。然若有人會答時，就這裏推原，卻煞有好說話。當時被忽然問後，都答不得。義剛。

紹聖四年，長安民家得秦璽，改元元符。是時下公卿雜議，莫有知者。李伯時號多識，辨其果秦璽，遂降八寶赦。德明。

徽宗朝

欽聖當時諭宰執，有廢劉再立孟之意，曾子宣兩存之。後蔡京以曾欲廢劉治之，蔡為相，弟卞為樞密，入文字，謂任伯雨曾

謂臣欲謀廢宣仁,臣無此事。欲案治,遂治任伯雨,其他一二十人。此事者,亦因以治之。揚。

徽廟初,上蔡初召,上殿問對語不及然。上蔡云多不誠,遂退,只求監局之類去。或謂建中年號與德宗同,不佳,上蔡云,恐亦不免一播,後下獄,事不知。方。

徽宗因見星變,即令衛士仆黨碑,云:「莫待明日,引得蔡京又來炒。」明日,蔡以爲言,又下詔云:「今雖仆碑,而黨籍却仍舊。」義剛。

蔡京謀取鄞鄂,費四千萬緡。揚。

試思之,無着可下手。事弄得極了,反爲虜人所持。當初約女真同滅契丹,既女真先滅了契丹,王師到日,惟有空城,金帛子女已爲女真席卷而去,遂竭府庫問女真換此空城,又以歲幣二百萬貫而爲每歲空額。是時帑藏空竭,遂斂敷民間,云免百姓往燕山打糧草,每人科錢三十貫,以充免役之費。民無從得錢,遂命監司、郡守親自徵督,必足而後已。亦瞰得錢,共科得六百餘萬貫,然奉虜亦不多,恣爲用事者侵使,更無稽攷。及結局日,任事者遂焚簿曆,朝廷亦不問。又契丹相郭藥師以常勝軍來降,朝廷處之河北諸路近邊塞上。後又有契丹甚人來降,亦有一軍名義勝軍,亦處之河北諸路,皆厚廩給。是時中國已空竭,而邊上屯戍之兵餼廩久絶,飢寒欲死,而常勝、義勝兩軍安坐而享厚祿,故中國屯戍之兵數

今看着徽宗朝事,更無一着下得是。古之大國之君,猶有一二着下得是,而大勢不可支吾。那時更無一小着下得是,使無虜人之猖獗,亦不能安。以當時之勢,不知有伊、呂之才能轉得否?恐也不可轉。嘗

罵詈之云：「我爲中國戰鬭守禦幾年矣，今反受飢寒。汝輩皆降蕃，有何功而享厚俸！」久之，兩邊遂相殺。及後來虜入中國，常勝、義勝兩軍先往降之。二軍散處中國，盡知河北諸路險要虛實去處，遂爲虜鄉導，長驅入中原。又徽宗先與阿骨打盟誓，兩邊不得受叛降。中國雖得契丹空城而無一人，又遠屯戍中原之兵以守之，飛芻轉餉，不勝其擾。又契丹敗亡餘將數數引兵來降，朝廷又皆受之，蓋不受又恐其爲盜。虜人已有怨言。又虜中有張瑴者，知平州，欲降，徽宗親寫詔書以招。由間路往，❶又爲虜所得，而張瑴已來降矣，虜益怨。又契丹亡國之主天祚者，在虜中，徽宗又親寫招之，若歸中國，當以皇兄之禮相待，賜甲第，極所以奉養者，天祚大喜，欲歸中國，又爲虜所得。天祚故爲虜人所殺。由是虜人大

怒，云：「始與我盟誓如此，今乃寫詔書招納我叛亡。」遂移檄來責問，檄外又有甚檄文，極所以罵詈之語，今《實錄》中皆不敢載。徽宗大恐，遂招引到張瑴來，不奈何，斬其首與虜人。又作道理分雪天祚之事，遂啓其輕侮之心。然阿骨打却乖，他常以守信義爲說。其諸將欲請起兵問罪，阿骨打每不可，曰：「吾與大宋盟誓已定，豈可敗盟！」夷狄猶能守信義，而我之所以敗盟失信，取怒於夷狄之類如此。每讀其書，看得人頭痛，更無一版有一件事做得應節拍。卓。

宣和內禪，惟有吳敏有《中橋居士記錄》說得最詳。銖。

老內侍黃節夫事徽宗，言道人林靈素

❶「由」，萬曆本作「中」。

有幻術，其實也無。如溫革言見鬼神者，皆稗官，某不曾見。所作《天人示現記》，皆集眾人之妄。吏部親見節夫，聞其言如此。○方子。

欽宗朝

淵聖即位時，日重暈相軋，太祖陳橋即位時亦然。淵聖即位三四日後，昏霧四塞，豈耿南仲邪說有以蒙蔽之乎？揚。

欽宗勤儉慈仁，出於天資。當時親出詔答，所論事理皆是。但於臣下賢否、邪正辨別不分明，又無剛健勇決之操，纔說著用兵便恐懼，遂致播遷之禍，言之使人痛心。如詔旨付主帥論用兵事，亦儘有商量處置。但其後須有「更當子細，不可悮事」之語。又嘗在李先生家藥方冊子上見箇御筆，其冊子是朝報紙做，❶乃是當時議臣中有請授

祖宗科舉之法，上既俞之矣。明日耿南仲、馮澥輩又論神宗法制當紹述，不可改，故降御筆云：「昨來因議臣論奏，失於不審，遂行出。今得師傅大臣之言，深合朕心。所有前降旨揮，更不施行。」當時只緣紹述做得如此了，猶且不悟。故李伯紀煞與欽宗論說，但却不合。因綱罷，而太學生及軍民伏闕乞留之，自後君臣遂生間隙，疑其以軍民脅己。方圍閉時，降空名告身千餘道，令其便宜補授，其官上至節度使。了數名小使臣，餘者悉繳回。而欽宗已有「近日人臣擅作威福，漸不可長」之語。如此，教人如何做事？廣曰：自漢、唐來，惟有本朝臣下最難做事，故議論勝而功名少。曰：議論勝，亦自仁廟後而蔓衍於熙豐。

❶「報」，萬曆本作「廷」。

若是太祖時，雖有議論，亦不過說當時欲行之事耳，無許多閒言語也。

靖康所用，依舊皆熙、豐、紹聖之黨，欽宗欲襃贈溫公、范純仁，以畏徽廟，遂抹「純仁」字，改作「仲淹」，遂贈文正太師。揚。

言及靖康之禍，曰：「本朝全盛之時，如慶曆、元祐間，只是相共扶持這箇天下，不敢做事，不敢動。被夷狄侮，也只忍受，不敢與較，亦不敢施設一事，方得天下稍寧。積而至於靖康，❶一旦所為如此，安得天下不亂！」卓。

高宗朝

二聖北狩時，遣曹真中道歸。於背心生領上寫云：「可便即真來救父母。」義剛。

胡明仲初召至楊州，久之未得對。忽聞鄰居有一衛士語一衛士云：「今夜次第去了。」胡聞之，急去問之。云：「官家亦去。」胡只聞得一句，便歸叫僕羅數斗米，造飯裹囊，夜出候城門。暗中見數騎出，謂上也，遂出。逐後得舟渡江，乃見一人擁氈坐石上，乃上也。揚。

渡楊州時，煞殺了人。那不得過來底，切骨怨。當時人骨肉相散失，沿路皆帖榜子，店中都滿，樹下都是。這邊却放得幾箇官者恁地。❷一日，康履與諸官者出觀潮。❸帳設塞街，軍人皆憤惋不平，後成苗、劉之變。王淵也是善戰，然未為有大功，不及當時諸老將，一旦簽書樞密，人皆不服。

---

❶ 「靖康」，二字原為空格，今據朝鮮本、萬曆本補。
❷ 「官」，萬曆本作「宦」。
❸ 「官」，萬曆本作「宦」。

一日早，只見街上鬨鬨地，人不敢開門，從隙中窺，但見人馬皆滿路，見苗傅左手提得王淵頭，右手提一劍以徇衆。少頃，盡殺官者。❶逃在人家夾壁中底，也一齊捉出來殺。朱勝非却也未爲大乖，當時被苗、劉做得來可畏了，不奈何，只得且隱忍去調護他。却未幾而義兵至，這事便都休了。是他無狀時，不合説他調護甚有功，被義兵來，劃地壞了他事。是他要自居其功，這箇却乖。當時若不殺了苗、劉，也無了當。他若尚在那裏，終是休不得。義剛。

苗傅乃一愚夫。劉正彥本文士，先欲投中官唐某。唐云：「子乃文臣，吾其如子何？子換武而來，乃可。」劉既換武，唐不顧之，專主王淵，正彥遂鼓扇傅。是時命淵簽書，武將皆憤怒，故起此禍。張魏公在平江，湯東野作守，有傳云赦書到。湯訪于魏公，公云「可遣一識文理人先去拆看」，乃遣教授行，果明受赦。是時恐諸軍變，魏公乃與湯商量，先搬出犒賞錢，使人將舊赦書於樓上宣之。既而韓世忠軍至，遂同謀起兵。呂丞相在建康，推爲盟主。問：朱丞相之功如何？曰：在城中亦只得如此。但設有它變，渠亦不能死節。要之，亦有功。其後苗、劉出走，到臨平，爲魏公等所敗。朱乃全諱此一節，未是。今朝天門乃是其所造。隆祐自禁中乘篼以出。金人陷京師，亦取隆祐，適瑤華失火，步歸孟氏，得免。

苗傅并一姓張人，不記其名，乃教苗起事人。走至武夷新村，張諭人捉之。苗銜之，遂言於捉者曰：「某却是苗太尉，然今捉某却是可學。

❶「殺」，萬曆本作「宦」。

張,則汝功已被張分之矣。」捉者即殺張。

時韓世忠收范汝爲,尚在建州。韓欲得苗,而其人乃解送建守李,李送行在。韓勢盛,遂入文字,以苗爲某得,被其人奪了。其捉人遂編管,建守亦罷官,其功遂爲韓所攘。文字所載,皆言韓收苗,其功中人知之。以此知天下事多如此,文字上如何可全信?以此知天下事多如此,文字上如何可全信?

又云:劉正彥結王淵,王淵結康。便更宦者,❶其事皆正彥教苗爲之。○揚。

高宗行達會稽,樓寅亮待次某縣丞,寓會稽村落中,出奏書乞建儲。高宗時年二十六七,大喜,即日除監察御史,遣黃院子懷勅牒物色授之。中使至其家,家人聞倉卒有聖恩,以爲得罪且死,相與環泣。寅亮出,使者自懷中出勅命,寅亮拜受,與使者俱詣行在所。此事國史不載。先生嘗欲聞於太史,俾之編入而不果,每以爲恨。方子。

樓寅亮明州人。太上朝入文字云:「自太宗傳子之後,至今太祖之後有類庶姓者。今虜未悔過,中原未復,云云。乞立太祖後,承大統。」太上喜,遂用樓爲察院。振。

曾光祖論及《中興遺史》載孟后過贛州時事,與鄉老所傳甚合。云太后至城中,遭某賊放火,城中且救火,連日不止,城外又有一隊賊來圍了城。曰:其時也是無策。虜人是破了潭州後,過來分隊至諸州,皆是緣港上來。太后先至洪州時,此間王修撰在彼作帥,覺得事勢不是,遂白扈駕執政,太后乃去。後三四日,虜果至,王乃走。城中百姓相率推一大寄居作首而降虜。進賢姓傅者言是李侍郎。曰:不必更說他名字。又曰:信州先降虜,撫州守姓王,聞信

❶「便更」,原作「庚庚」,今據萬曆本改。

守降，亦降。義剛。

先生脚疼，卧息樓下，吟詠杜子美《古柏行》三數遍，賀孫侍立，先生云：「偶看《中興小記》，載勾龍如淵入争和議時言語。若果有此言，如何夾持前進，以取中原？最可恨者，初來魏公既勉車駕到建康，當紹興七年時，虜主已篡，❶高慶裔、粘罕相繼或誅或死。劉豫既見疑於虜，二子又大敗而歸，北方更無南向意。如何魏公纔因吕祉事見黜，趙丞相忽然一旦發回蹕臨安之議？一坐定着，竟不能動，不知其意是如何？因歎息久之，云：『爲大臣謀國一至於此，自今觀之，爲大可恨！若在建康，則與中原氣勢相接，北面顧瞻，則宗廟父兄生靈塗炭莫不在目，雖欲自已，有不能自已者。惟是轉來臨安，南北聲迹寖遠，上下宴安，都不覺得外面事，事變之來，皆不及知，此最利害。』

方建康未回蹕時，胡文定公方被召，沿江而下，將至，❷聞車駕已還臨安，遂稱疾轉去。看來若不在建康，也是徒然，出來做得甚事？是時有陳無玷者，字筠叟，在荆、鄂間爲守，聞車駕還臨安，即令人齎錢酒之屬往接胡文定。吏人云：『胡給事赴召去多日，兼江面闊，船多，如何去尋得？』陳云：『江面雖闊，都是下去船。你但望見有逆水上來底船，便是給事船。』已而果然。當時講和本意，上不爲宗社，下不爲生靈，中不爲息兵待時，只是怯懼，爲苟歲月計。從頭到尾，大事小事無一件措置得是當。然到今日所以長久安寧者，全是宗社之靈。看當時措置，可驚，可笑！」賀孫。

---

❶ 「主」，萬曆本作「王」。
❷ 「至」，萬曆本作「去」。

建康形勢勝於臨安，張魏公欲都建康，適值淮西兵變，魏公出而趙相入，遂定都臨安。饒。

東南論都，所以必要都建康者，以建康正諸方水道所湊，一望則諸要害地都在面前，有相應處。臨安如入屋角房中，坐視外面，殊不相應。武昌亦不及建康。然今之武昌，非昔之武昌。吳都武昌，乃今武昌縣，地勢迫窄，只恃前一水為險耳。鄂州正今之武昌，亦是好形勢，上可以通關、陝，中可以向許、洛，下可以通山東。若臨安，只可通得山東及淮北而已。義剛。

前輩當南渡初，有言都建康者。人云建康非昔之建康，亦不可都，雖勝似坐杭州，如在深窟裏，然要得出近外，不若都鄂渚，應接得蜀中上一邊事體。看來其說也是。如今杭州一向偏在東南，終不濟事。

記得岳飛初勵兵於鄂渚，有旨令移鎮江陵，飛大會諸將與謀，遍問諸將，皆以為可，獨任士安不應。飛頗怒之，任曰：「大將所以移鎮江陵，若是時，某安敢不說？某為見飛，所以不敢言。據某看，這裏已自成規摹，已自好了，此地可以阻險而守。若往江陵，則失長江之利，非某之所敢知。」飛遂與申奏，乞止留軍鄂渚。建康舊都所以好，卻以石頭城為險。此城之下，上流之水湍急，必渡得此水上這岸，方得，所以建鄴可守。屯軍於此城之上，虜兵不可向矣。賀孫。

建康形勢雄壯，然攻破著淮，則只隔一水。欲進取，則可都建康；欲自守，則莫若都臨安。或問江陵。曰：江陵低在水中心，全憑堤，被他殺守堤之吏，便乖。那堤一年一次築，只是土。節。

張戒見高宗，高宗問：「幾時得見中原？」戒對曰：「古人居安思危，陛下居危思安。」陳同父極愛此對。方子。

太上曰：「朕恨不手斬耿南仲。」揚。

岳飛嘗面奏：虜人欲立欽宗子來南京，欲以變換南人耳目，乞皇子出閣以定民心。時孝宗方十餘歲，高宗云：「卿將兵在外，此事非卿所當預。」是時有參議姓王者，在候班，見飛呈劄子時手震。及飛退，上謂王曰：「岳飛將兵在外，却來干與此等事。卿緣路來，見他曾與甚麼人交？」王曰：「但見飛沿路學小書甚密，無人得知。」但以此推脫了。但此等事甚緊切，不知上何故恁地說？如飛武人能慮及此，亦大故是有見識。某向來在朝，與君舉商量，欲拈出此等事，尋數件相類者一併上之。將其後裔，乞加些官爵以顯之，未及而罷。義剛。

范伯達如圭盡哀仁宗時論立英宗許多文字進呈。一日，太上謂陳康伯曰：「范某近進一文字，亦好，朕此意定已久。」遂命陳公論立太子事，一時盡定。振。

昭慈嘗小不快，高廟問疾，因話間曰：「有一事久欲說與官家。」高廟請其故。曰：「宣仁廢立之說，皆是章惇之徒撰造。中間雖曾辨白，然載在《國史》者尚未曾改，❶可令史官重議刪修，以昭明聖母之德于萬世。」時趙忠簡當國，遂薦元祐故家子第如范如圭數人，❷方始改得正。然亦頗有偏處：才是元祐事便都是，熙豐時事便都不是。後趙罷，張魏公繼之，又欲脩改動，蓋魏公亦不甚主張元祐事。

❶「曾」，萬曆本作「嘗」。
❷「第」，萬曆本作「弟」。

改而又罷。趙復相，遂以爲言而辭。趙、張因是有不協處。是時又有人上書，乞禁錮章厚子孫親戚者，高廟欲從之。趙有文字，說但禁其子孫足矣，恐不可及其親戚。上批以爲省所奏，可見仁恕，更宜子細，無貽後悔。未幾，趙復罷，謝祖信爲諫官，遂排擊之不遺餘力。嶺表之貶，實祖信之力也。祖信，邵武人，乃章厚之婿。因言當時若非高廟要辨別邪正如此，則一代史冊被他糊塗，萬世何以取信。廣。

太上出使時至磁州，磁人不欲其往，諫不從。宗忠簡欲假神以拒之，曰：「此有崔府君廟甚靈，可以卜珓，仍其廟有馬能如何。」遂入燒香。其馬銜車輦等物塞了去路，宗曰：「此可以見神之意矣。」遂止不往。後太上感其事，以爲車輦是即位之兆，不曾關白中書，只令内官就玉津園路口造

崔府君廟，令曹詠作記。一日，北使來，秦出接，過玉津園，見之，歸奏所見大廟，不知是何神，太上因語之。秦曰：「虜以爲功，今却歸功於神，恐虜使見之不便。」即日拆之。秦全是倚虜脅太上，每取旨時，只是說過。一日，除周葵作何官，太上曰：「周葵爲彼官未久，且令在彼。」秦不應，下來即批勅除之。政府一人云：「適間上意未允。」秦曰：「此等事只是奏過便了。」遂除之。取縈崇禮御批事，徐惇立作一《宰相拜罷記》載其事。秦欲毀之，行文字令天下盡投官焚其書。徐先不喜於秦矣，又以此書，懼不可言。一日，只見一使來下書，并封文字一束。徐視之，乃直省舊吏送其所作書藳也，小人中有好人如此。揚。○璘録云：檜末年作事皆與光堯爭勝，光堯作崔府君廟於玉津園路上，檜設計移之。曹筠言水漲，光堯逐之，檜遂除他從官。今上奏

邊事，檜遂閣其俸。殿中侍御史周葵欲言戶部尚書梁汝嘉。梁結中書舍人林待聘，林密禱於檜，檜遂除周葵起居郎。不待光堯應之，便改除。○可學錄云：周葵為御史，欲按知臨安府某人。某人遂給一從官厚於檜者，❶曰：「端公將搖動公。」早朝，其人遂直入檜幕中，再三懇告。檜先奏事，袖中出所欲上章奏，乃是臨安尹某。從官方悟其給。❷葵不得上，至省中與某官相見，遽掇葵為起居郎。

靖康、建炎太上未立時，有一宗室名叔向，秦王位下人，自山中出來，招數十萬人，欲為之。忽太上即位南京，欲歸朝廷，然不肯以其兵與朝廷，欲與宗澤。其謀主陳烈曰：「大王若歸朝廷，則當以其兵與朝廷。不然，即提兵過河迎復二聖。」叔向卒歸朝廷，後亦加官之類，拘於一寺中。亦與陳烈官，烈棄之而去，竟不知所之。烈去，叔向陰被害。揚。

張子韶人物甚偉，高廟時除講筵，嘗有

所奏陳，上云：「朕只是一箇至誠。」張奏云：「陛下對群臣時如此，退居禁中時不知如何？」云：「亦只是箇誠。」又問：「對宮嬪時如何？」云：「只此便是不誠。」先生云：「上方經營答語間，張便奏云：高宗容諫，故臣下得以盡言。張侍郎一生學佛，此是用老禪機鋒。德明。

論及黃察院劾王醫師，先生曰：今此東百官宅，乃王醫師花園，後來籍為百官宅。直卿曰：中貴只合令入大內住，庶可免關節之類。先生曰：他若出來外面與人打關節，也得。更是今大內甚窄，無去處，便是而今都不是古。古人置宦者，正以他絕人道後可入宮，今却皆有妻妾，居大第，

❶「給」，萬曆本作「結」。
❷「掇」，萬曆本作「權」，四庫本作「擢」。

都與常人無異，這都不是。出入又乘大轎。記得京師全盛時，百官皆只乘馬，雖侍從亦乘馬。惟是元老大臣老而有疾底，方賜他乘轎，然也尚辭遜，未敢便乘。今却百官不問大小，盡乘轎，而官者將命之類皆乘轎。❶見說虜中却不如此。中貴出入宮禁，只獨自。若有命令，只是自勒馬，亦無人引。裏一幞頭，却取落兩隻脚在懷裏，自勒馬去，這却大故省徑。且如祖宗朝，百官都無屋住，雖宰執亦是賃屋。自神宗置東、西府，宰相方有第，今却官者亦作大屋。❷以祖宗全盛之天下而猶省費如此，今却不及祖宗天下之半，而耗費却如此，安得不空乏？

義剛。

斥，乃降旨令開閩中路，闊丈五尺。又宿州之戰，高宗已遜位。日雇夫五百人立殿廷下，人日支一千足，各備擔索。高宗懲維揚之禍，故百官般家者皆不問。揚錄云：逆亮犯順時，朝士皆辦去，惟陳魯公、黃通老不動。當時亦有言者令止之，太上曰：「任之。揚州時悔不先令其去，多壞了人。」

問：庚辰《親征詔》，舊聞出於洪景盧之手，近施慶之云劉共甫實爲之，乃翁嘗從公當國，命二公人爲一詔，後遂合二公之文而一之，前段用景盧者，後段用共甫者。共甫見其草本，未知孰是？曰：是時陳魯公與黃端明耳。是時廖剛請駕幸閩中，以爲閩中天險，人民忠義。是時閩中盜賊正充

逆亮臨江，百官中不挈家走者，惟陳魯公當國。問：此詔如何？曰：亦做得欠商量，蓋名義未正故也。記得汪丈嘗以此相問，某答曰：「此只當以淵聖爲辭。蓋前時屈己講

❶「官」，萬曆本作「宦」。
❷「官」，萬曆本作「宦」。

和者，猶以鸞輅在北之故，今其禍變若此，天下之所痛憤。復讎之義，自不容已，以此播告，則名正言順。如八陵廢祀等說，此事隔闊已久，許多時去那裏來。」儒用。

孝宗朝

孝宗小年極鈍，高宗一日出對廷臣云：「夜來不得睡。」或問：「何故？」云：「看小兒子讀書，凡二三百遍，更念不得，甚以為憂。」某人進云：「帝王之學，只要知興亡治亂，初不在記誦。」上意方少解。後來却恁聰明，試文字有不如法者，舉官必被責。邵武某人作省元，「五母雞」用「畝」字，孝宗大怒，欲駁放了，後又不行。問壽皇為皇子本末。曰：本一上殿官樓寅亮上言，舉英宗故事。且謂太祖受命

而子孫無為帝王者，當於太祖之下選一人養宮中。他日皇子生，只添一節度使耳。繼除臺官，趙忠簡遂力贊於外。當時宮中亦有齟齬，故養兩人。後來皆是高宗自主張，未禪位前數日，忽批云：「宗室某可追贈『秀王』，諡『安僖』。」先已安排了。若不然，壽皇如何處置？可學。

高宗將禪位，先追贈秀王，可謂能盡父子之道者矣。僩。

高宗初，張魏公奏事論恢復，中外皆言上神武不可及，後來講和了便休。壽皇初年要恢復，只要年歲做成。問：壽皇時人才已不及高宗時。曰：高宗也無人，當時有許多有名底人，而今看也只如此。問：岳侯若做事，何如張、韓？曰：張、韓所不及，却是它識道理了。又問：岳侯以上者，當時有誰？曰：次第無人。胡泳。

上初恢復之志甚銳，及符離之敗，上方大慟，曰：「將謂番人易殺。」遂用湯思退，再和之後，又敗盟。揚。

壽皇合下若有一人夾持定，十五六年做多少事！道夫。

壽皇直是有志於天下，要用人。嘗歎自家不如箇孫仲謀，能得許多人。賀孫。

某嘗謂士大夫不能盡言於壽皇，真爲自負。蓋壽皇儘受人言，未嘗有怒色。但不樂時，止與人分疏辨析爾。道夫。

壽皇晚來極爲和易，某嘗因奏對言檢旱，天語云：「檢放之弊，惟在於後時而失實。」只這四字，盡得其要領。又言經、總制錢，則曰：「聞巧爲名色以取之民。」其於天下事極爲諳悉。道夫。

問：或言孝宗於內殿置御屏，書天下監司、帥臣、郡守姓名，作揭貼子其上，❶果否？曰：有之。孝宗是甚次第英武！劉共甫奏事便殿，嘗見一馬在殿庭間不動，❷疑之。一日，問王公明，公明曰：「此刻木爲之者。上萬機之暇，❸即御之以習據鞍騎射故也。」又曰：「某嘗以浙東常平事入見，奏及賑荒。上曰：『其弊只在後時失實。』」此四字極切荒政之病。儒用。

歲旱，壽皇禁中祈雨有應。一日，引宰執入見。恭父奏云：「此固陛下至誠感通然天人之際，其近如此。若他事一有不至，則其應亦當如此。願陛下深加聖慮，則天下幸甚！」恭父斯語頗得大臣體。因言梁丞相白蓮事。○道夫。

因言孝宗末年之政，先生曰：某嘗作

❶「子」，萬曆本作「于」。
❷「庭」，萬曆本作「廷」。
❸「機」，萬曆本作「幾」。

孝宗挽辭，得一聯云：「乾坤歸獨御，日月要重光。」雄。

因論壽皇最後所用宰執多是庸人，如某人不知於上前説何事。可學云：某人却除大職名，與小郡。又有被批出與職名外任，❶却是知他不足取。曰：壽皇本英鋭，欲安静，厭人唤起事端，且如此打過。至於此等皆照見。只是向前為人所誤，後來於太甚，則又厭之。正如惡駿馬之奔踶，而求一善馬騎之，至其駑鈍不前，則又不免加以鞭策。薛補闕曾及某人，壽皇云：「亦屢以意導之而不去。」舉此亦可見。大抵作事不出於義理而去於血氣，❷久之未有不消鑠者。向來封事中亦嘗言此。可學。

高宗大行，壽皇三年戴布幞頭，着布衫，遵行古禮，可謂上正千年之失。當時宰相不學，三日後便服朝服，雖壽皇謙德，不

孝宗居高宗喪，常朝時裹白幞頭，着布袍，當時臣下却依舊着紫衫。周洪道要着涼衫，王季海不肯，止於紫衫上繫皂帶。今上登極，常時着白綾背子，臣下却着涼衫，頗不失禮，而君之服遂失其舊。人傑。○廣錄云：今上居孝宗喪，臣下都着涼衫，方正得臣為君服。人主之服却有未盡。頃在潭州，聞孝宗訃三日後易服，心下殊不穩。不免使人傳語官員，且着涼衫。後來朝廷行下文字來，方始敢出榜曉示。

欲以此喻羣臣，然臣子自不當如此，可謂有父子而無君臣。賜。

寧宗朝

上即位踰月，留揆以一二事忤旨，特批

❶ 「任」，萬曆本作「恁」。
❷ 「去」，萬曆本作「出」。

逐之,人方服其英斷。先生被召至上饒,聞之有憂色,曰:「人心易驕如此,某今方知可懼。黃問曰:「某人專恣當逐,何懼之有?」曰:「大臣進退,亦當存其體貌,豈宜如此?」又問:「恐是廟堂諸公難其去,故以此勸上逐之。」曰:「亦不可如此。何不使其徒論之以物論不佳,❶恐丞相久勞機務,或欲均佚?俟其請去而後許之,則善矣。幼主新立,豈可導之以輕逐大臣耶?且如陳源之徒,論其罪惡,須是斬之乃善。然人主新立,復教以殺人,某亦不敢如此做也。」至。

向改慶元年號時,先擬「隆平」,某云:「向來改「隆興」時有人議破,以爲「隆」字近「降」字,今既說破,則不可用。」又曰:「『淳熙』本作『純』字,時人有言此字必改,言未既而改文字至,蓋『純』字有『屯』字在旁。」又曰:「真宗時楊大年擬進『豐亨』字,上曰:

「爲子不了。」不用。義剛。

❶「佳」,萬曆本作「唯」。

朱子語類卷第一百二十八

本朝二

法制

唐殿庭間種花柳，故杜詩云「香飄合殿春風轉，花覆千官淑景移」，又云「退朝花底散」。國朝惟植槐楸，鬱然有嚴毅氣象。又唐制：天子坐朝，有二宮嬪引至殿上，故前詩起句云「戶外昭容紫綬垂，雙瞻御座引朝儀」。至敬宗時方罷，止用小黃門引導，至今是如此。按：岑參詩「花迎劍佩星初落，柳拂旌旗露未乾」，亦殿庭種花柳之一證也。又杜《贈田澄舍人》有「舍人退食收封事，宮女開函進御筵」，亦可為二宮嬪之證。○儒用。

舊時主上每日不御正殿，然自升朝官以上，凡在京者皆着去立，候宰相奏事罷，却來押班，拜兩拜方了，日日如此。後來韓魏公不知如何偶然忘了，不及押班便歸第，御史中丞王陶即彈之，然遂去國。溫公代為中丞，先奏云：「前王陶以彈宰相不押班而去國，今若宰相更不押班，則中丞無以為職。須是令宰相押班，某方就職。」如此，便是不押班也不是。義剛。○方子錄云：國初文德殿正衙常朝，升朝官以上皆排班，宰相押班，再拜而出。時歸班官甚苦之，其後遂廢，致王樂道以此攻魏公，蓋亦以人情趨於簡便故也。

祖宗於古制雖不能守，然守得家法却極謹。舊時朝見皆是先引見閤門，閤門方引從殿下舞蹈後，方得上殿，而今都省了。

本來朝見底，皆是用一榜子上於閤門，閤門奏上，方始引見。而今却於引見時，閤門積得這榜子，俟放見時却一併上，則都省了許多，只是殿下拜兩拜，便上殿。這非惟是在下之人嬾，亦是人主不能恁地等得，看他在恁地舞手弄脚。更是閤門也懶能教得他，及它有失儀，又着彈奏。而今都是從簡易處去了。義剛。

引見、上殿是兩事。今閤門引見，便用舞蹈。近日多是放見，只是上殿拜於墀下，直前奏事而已。惟授告門謝有舞蹈。文蔚。

近日上殿禮簡，如所謂舞蹈等事皆無之，只是直至殿下拜一雙，上殿奏事，退又拜，即退。這也是閤門要省事，故如此。壽皇初間得幾時見群臣，皆許只用紫衫。後來有人説道太簡，後不如此。賀孫。

問朝見舞蹈之禮。曰：不知起於何時。元魏末年方見說那舞，然恐或是夷狄之風。廣。

近日拜表之禮甚異。論禮，班首合跪進，上面却有人來跪受，但進表者因跪而拜。今則進表者先拜，却跪進，其受者亦拜。此禮不可曉。文蔚。

皇太子參決時，見宰相侍從以賓主之禮，餘官不然。又曰：獨宰相爲正拜者，蓋餘官謝恩在殿下拜，侍從以上雖拜殿上，亦只偏拜，獨宰相正拜，故云。敬仲。

近日上殿禮簡，宮中有內尚書，主文字，文字皆過他處，亦掌印璽，多代御批。或賜之坐，不係嬪御。行出底文字，只到三省。文蔚。

問：本朝十一室，則九廟、七廟之制如何？曰：孝宗未祔廟，僖祖、宣祖未祧遷時爲十二室，是九世。今既祔宣祖，又祧僖

祖，却祔孝宗，止是八世，❶進不及九，退不謂次妃者，乃元妃之妾，固不可同坐。若如及七。當時且祧宣祖，存得九廟，却待後世後世士大夫家或三娶，皆人家女，雖同祀何商量猶得。直如此怱忙，何也？人傑。害？所謂「禮以義起」也，唐人已如此。可

今景靈宮乃叔孫通所謂「原廟」是也。學云：唐人立廟院，重氏族，固能如此。
叔孫通言「原廟」，則是衣冠月出遊之地，只曰：唐人極有可取處。可學。
一月一次到彼，初無神坐。今則一一有之，因言五禮，云：今諸后位數多，至尊拜
又只似太廟了，恐非叔孫通所謂「原廟」之跪勞。古人一帝只以一后配，其餘自別立
意。今景靈宮謂之「朝獻」，太廟謂之「大廟，庶幾不亂嫡妾之分。今皆配，不是。唐
享」。子蒙。人有言，人家夫婦却不同。蓋古者天子、諸

問：景靈起於何代？曰：起於真廟。侯不再娶，故次后與正后有名分。若人家，
初只祀聖祖，諸帝后神御散於諸寺。其後則再娶亦妻也，故可同祭。伊川《祭儀》「祭
神宗始祀聖祖於前殿，帝后於後殿。似此繼室於別廟」也，恐未穩。璘。
等禮數，唐人亦無。且如唐人配廟只一后，
餘后立別廟。本朝諸后俱配。問：人家配　　三后並配，自本朝真廟始。其初議者
如何？先儒説只用元妃。伊川謂若所祭皆以歸咎於錢惟演，後既習見爲常，亦無復
人是次妃生，即配以次妃。曰：此未安。有議之者矣。古人雖以子貴，然庶母無係

古者諸侯一娶九女，元妃卒，次妃奉事。所

❶「止」，萬曆本作「正」。

於先君之禮。如《左傳》書「僖公成風」，《晉書》「簡文太后」，皆以係於其子，而別制廟以祀之。必大。

「玄朗」諱起於真廟朝，王欽若之徒推得出，這也無致竟處。義剛。

某常疑本朝諱得那舊諱無謂。且如宣帝舊名病已，何曾諱？平帝舊名亦不曾諱。虞中諱得又嶢崎，偏旁皆諱：謂諱「敬」字，立人傍底也諱，下面着言字底也諱。近日朝廷挑了幾箇祖諱却是，❶然玄朗却不挑，那聖祖莫較遠似宣祖些麼？義剛。

張以道曰：秦王陵在汝州，太祖以下八朝陵在永安軍，翟興、翟俊父子嘗提兵至此，乏水，興禱之。天無雨，小溪平白湧洪流，六軍遂得水用。義剛。

古者車只六尺六寸，今五路甚大。嘗見人說秦太師制此，又高於京師舊日者。

上面耀葉三層皆高於舊日三寸，成尺二寸。周輅，孔子猶以爲侈，要乘殷輅，今輅只是極其侈靡。

因問陳庭秀臨安人。曰：今大禮命從官一人立玉輅側，以帛維之，名何官？先生笑曰：名「備顧問官」，又曰「執綏官」。然遍檢古今郊禮，安有所謂「備顧問官」、「執綏官」者？蓋此本太僕卿，即執御之職。古者君將升車，則御者先升，執轡中立，以綏度左肩而雙垂之。綏如圜彎。君以兩手援綏而升，立車之左，以左爲尊。魏公子無忌自駕，❷虛左方以迎侯生是也。行大禮，不敢坐。車行數步止。中書令宣詔，命千牛將軍千牛，擇武力者爲之。執長刀立車之右以防非常，所謂

---
❶「挑」，萬曆本作「挑」，下「挑」字同。
❷「自」，萬曆本作「有」。

驂乘也。既升車，復行。望郊壇數步，復少駐，千牛將軍乃降立道左。車復行，則執長刀前導而行，此唐制也。及政和修禮，脫千牛升車一節，而但有「降車立道左」之文。初未嘗登，何降之有？所謂太僕卿執御之職，遂訛曰「執綏官」、「備顧問官」。然又不執綏，却立于輅側，恐其傾跌，以物維之。雖今之典禮官，亦但曰「執綏官」、「備顧問官」。今爲太常少卿者，便撥數日工夫，將《禮書》細閱一過，亦須略曉，而直爲此鹵莽也。周洪道嘗記渠作執綏官事，自云考訂精博。某問周：「何謂執綏官？」渠亦莫曉。又，綏，本人君升車之所執，御者但授與君，則御者亦不可謂之執綏官。《語》曰：「升車，必正立執綏」，謂乘車者爾。又曰：「今玉輅太重，轉動極難，兼雕刻既多，反不堅牢，不知何用許多金玉裝飾爲也。所以

聖人欲乘殷之輅，取其堅質而輕便耳。仁宗、神宗朝兩造玉輅，❶皆以重大致壓壞。本朝尚存唐一玉輅，聞小而輕，捷而穩，諸輅之行，此必居先。或置之後，則隱隱作聲。既有此輅，乘此足矣，何以更爲？聞後來此輅亦入虜中。僩。

南渡以前，士大夫皆不甚用轎，如王荆公、伊川皆云不以人代畜，朝士皆乘馬。或有老病，朝廷賜令乘轎，猶力辭後受。自南渡後至今，則無人不乘轎矣。

因言：物纔數年不用，便忘之。祖宗時升朝官出入有柱斧，其制是水精小斧頭子，在轎前。至宣政間方罷之，今人遂不識此物，亦不聞其名矣，如祖宗時人畫像有執柱斧者。璘。

❶ 「朝兩」，萬曆本作「兩朝」。

册命之禮，始於漢武封三王，後遂不廢。古自有此禮，至武帝始復之耳。郊祀宗廟，太子皆有玉册，皇后用金册，記不審。宰相貴妃皆用竹册。凡宰相宣麻，非是宣與宰相，乃是揚告王庭，令百官皆聽，問以其人可用與否。首則稱道之文，後乃警戒之詞，如今云「於戲」以下數語是也。末乃云「主者施行」，所謂施行者，行册拜之禮也。此禮唐以來皆用之，至本朝宰相不敢當册拜之禮，遂具辭免，三辭然後許。只命書麻詞于誥以賜之，便當册文，不復宣麻于庭，便是書以賜宰相。乃是獨宣誥命於宰相，而他人不得與聞，失古意矣。因論今宗室與漢差別。漢宗室只是天子之子封王，王子封侯，嫡子世襲，支庶以下皆同百姓，只是免其繇戍，如漢光武皆是起於民間也。燾。〔僩〕

今南班宗室，多帶「皇兄」、「皇叔」等冠於官職之上，非古者「不得以戚戚君」之意。王定國嘗言之神廟，欲令只帶某王孫，或曾孫，或幾世孫。且如越王下當云「越王幾世孫」。廣錄云：此説却是。不惟可免「戚君」之非禮，又可因而見其世系，稍全得些宗法。後來定國得罪，指以爲離間骨肉。今宗室散無統紀，若使當時從定國之説，却有次序可攷也。人傑。○廣同。

古者三公坐而論道，方可子細説得。如今莫説教宰執坐，奏對之時，頃刻即退。文字懷於袖間，只説得幾句，便將文字對上宣讀過，那得子細指點。且説無坐位，也須有箇案子，令開展在上，指畫利害，上亦知得子細。今頃刻便退，君臣如何得同心理會事？六朝時，尚有「對案畫勅」之語。若有一案，猶使大臣略憑倚細説，如今公吏門

呈文字相似，亦得子細。又云：直要理會事，且如一事屬吏部，其官長奏對時，下面許多屬官一齊都着在殿下。逐事付與某人，某人便有箇區處，當時便可參考是非利害，即時施行此一事便了。其他諸部有事皆如此，豈不了事？如今只隨例送下某部看詳，遷延推托，無時得了。或一二月，或四五月，或一年，或兩三年，如何得了？某在漳州要理會某事，集諸同官商量，皆逡巡泛泛，無敢向前，如此幾時得了？於是即取紙來，某自先寫起，教諸同官各隨所見寫出利害，只就這裏便見得分明，便了得此一事。少間若更有甚商量，亦只是就這上理會，寫得在這裏定了，便不到推延。若只將口說來說去，何時得了！朝廷萬事只緣各家都不說要了，但隨時延歲月，作履歷遷轉耳，那得事了！古者人君「自朝至于日中

昃，不遑暇食，用咸和萬民」，「一日二日萬幾」。如今群臣進對，頃刻而退，人主可謂甚逸。古人豈是故爲多事？又云：漢、唐時御史彈劾人，多抗聲直數其罪於殿上。又如要劾某人，先榜於闕外，直指其名，不許入朝。這須是如此。如今要說一事，要去一人，千委百曲，多方爲計而後敢說，說且不盡，是甚模樣？六朝所載「對案畫勑」下又云「後來不如此，有同謳恩」。看如今言事者，雖所言皆是，亦只類謳恩。賀孫。

本朝祖宗積累之深，無意外倉卒之變。惟無意外之變，所以都不爲意外之防。今樞密院號爲典兵，倉卒之際，要得一馬使也沒討處。今樞密要發兵，須用去御前畫旨下殿前司，然後可發。若有緊急事變，如何待得許多節次？漢三公都帶司馬及將軍，所以倉卒之際，便出得手，立得事，扶得傾

危。今幸然無意外之變，若或有之，樞密且倉卒下手未得。苗、劉之事，今人多責之朱、呂，當時他也是自做未得。古人定大難者不知是如何。不知范文正、寇萊公人物生得如何？氣貌是如何？平日飲食言語是如何樣底人？今不復得親身看，且得箇依稀樣子，看是如何。如今有志節擔當大事人，亦須有平闊廣大之意，始得。致道云：若做不得，只得繼之以死而已。曰：固是事極也不愛一死。但拚却一死，於自身道理雖僅得之，然恐無益於事，其危亡傾頹自若，奈何？如靖康，李忠愍死於虜手，亦可謂得其死。但當時使虜人感慨，謂中國有忠臣義士如此，可以不必相擾，引兵而退。如此，却於宗社有益。若自身既死，事變只如此，濟得甚事？當死而死，自是無可疑者。賀孫。

因說歷代承襲之弊，曰：本朝鑒五代藩鎮之弊，遂盡奪藩鎮之權，兵也收了，財也收了，賞罰、刑政一切收了，州郡遂日就困弱。靖康之禍，虜騎所過，莫不潰散。因及熙寧變法，曰：亦是當苟且廢弛之餘，欲振而起之，但變之不得其中爾。賀孫。

本朝官制與唐大概相似，其曲折却也不同。義剛。

神宗用《唐六典》改官制，頒行之。介甫時居金陵，見之大驚，曰：「上平日許多事，無不商量來。只有此一大事，却不曾商量。」蓋神宗因見《唐六典》，遂斷自宸衷，銳意改之，不日而定，初不曾與臣下商量也。❶

唐初每事先經由中書省，中書做定將

---

❶「初」，萬曆本作「却」。

上，得旨再下中書，中書付門下。或有未當，則門下繳駁，又上中書，中書又將上，得旨再下中書，中書又下門下。若事可行，門下即下尚書省，尚書省但主書填「奉行」而已，故中書之權獨重。本朝亦最重中書，蓋以造命可否進退皆由之也。門下雖有繳駁，依舊經由中書，故中書權獨重。及神宗做《唐六典》，三省皆依此制，而事多稽滯。故渡江以來，執政事皆歸一。獨諸司吏曹二十四曹。依舊分額各屬，三省吏人自分所屬，而其上之綱領則不分也。舊時三省事各自由，不相侵越，不相聞知。中書自理會中書事，尚書自理會尚書事，門下自理會門下事。如有除授，則宰執同共議定，當筆宰執判「過中」，中書吏人做上去，再下中書，中書下門下，門下下尚書。書行給舍繳駁，❶猶州郡行下事，須幕職官僉押，如有不是，得以論執。中書行下門下，皆用門下省官屬僉押。事有未當，則官屬得以執奏。侗。

舊制：門下省有侍中，有門下侍郎；中書省有中書令、中書侍郎。改官制，神宗除去侍中、中書令，只置門下、中書侍郎，後併尚書左右丞、門下中書侍郎四員，為參政官。或云：始者昭文館大學士兼同中書門下平章事，富鄭公等為之。後改為左、右僕射，則蔡京、王黼首居是選。及改為左、右丞相，則某人等為之。名愈正而人愈不逮前，亦何預名事？曰：只是實不正，使名既正而實亦正，豈不尤佳？又曰：人言王安石以「正名」之說馴致禍亂。且「正名」是孔子之言，如何便道王安石說得不是？使其名果正，豈不更佳？侗。

❶「給」，原作「繪」，今據朝鮮本、萬曆本改。

問：何故起居郎却大，屬門下省？起居舍人却小，屬中書省？曰：不知當初何故，只是胡亂牽挐得來底便是。起居郎居左，起居舍人居右，故如此分大小。只緣改官制時，初無斬新排到理會底說。故如此牽拖舊職，不成倫序。個。

給事中初置時，蓋欲其在內給事。或差除有不當，❶用捨有不是，要在裏面整頓了，不欲其宣露於外。今則不然，或有除授小報纔出，遠近皆知了，給舍方繳駁，乃是給事外也。這般所在，都沒理會。賀孫。

問：或言六尚書得論臺諫之失，是否？曰：舊來左、右丞得糾臺諫。嘗見長老言，神宗建尚書省，中爲令廳，兩旁則左右僕射、左右丞、左右司郎中。蔡京得政，奏言土地神在某方，是居人位，所以宰相累不利，建議將尚書省拆去。因言：蔡氏以

「紹述」二字箝天下士大夫之口，其實神宗良法美意，變更殆盡。它人拆尚書省，便如何了得！德明。

初，蔡京更定幕職，推、判官謂之「分曹建院」。以爲節度使、觀察使在唐以治兵、治財，今則皆是閑稱呼，初無職事，而推、判官猶襲節度、觀察之名，甚無謂。又古者以軍興，故置參軍。今參軍等職皆治民事，而猶循用參軍之號，亦無謂。故分曹建院推、判等官，改爲司士曹事、司儀曹事。此類有六。參軍之屬改爲某院、某院，去節度參軍之名，看來改得自是。又如婦人封號，有夫爲秦國公而妻爲魏國夫人者，亦有封兩國者。秦檜妻封兩國，范伯達笑之曰：「一妻而爲兩國夫人，是甚義理？」

---

❶ 「或」，萬曆本作「不」。

故京皆改隨其夫號：如夫封建安郡，則妻封建安郡夫人，夫封秦國，則妻亦封秦國夫人；侯、伯、子、男皆然。看來隨其夫稱極是。如淑人、碩人、宜人、孺人之類，亦京所定，各隨其夫官帶之。後人謂淑人、碩人非婦人所宜稱。但只有一節未善：有夫方封某郡伯，而妻已先封爲某國夫人者，此則與京所改者相值，齟齬不可行。蓋其封贈格法如此。當初合并格法也與整頓過，則無病矣。遂使人得以咎之，謂其法自相違戾，亦是京不子細，乘勢寵改。後人以其出於京也，遂不問是非，一切反之。又如神宗所改官制。舊制，凡通判太守出去，皆帶吏部員外郎、吏部郎中，其見居職者則加以判流內銓、流外銓。豈有吏部官而可帶出治州郡者？故神宗皆爲諸郎，如朝奉郎、朝

散郎、朝奉大夫、朝散大夫之類。所以朝散大夫以下謂之員郎，蓋本員外郎之資叙；朝奉大夫方謂之正郎，蓋吏部郎中資叙也。朝散郎、朝奉大夫之類有二十四階，分爲三等，每等八階，以別異雜流有出身、無出身，故有前行、中行、後行。又問知縣、通判、知州資叙。曰：在法，做兩任知縣，有關陞狀，方得爲知州；兩任通判，有關陞狀，方得爲提刑。提刑又有一節，方得爲轉運。今巧宦者欲免州縣之勞，皆經營六院。蓋既爲六院，便可經營寺、監、簿、丞出來，便可得小郡。又不肯作郡，便欲經營爲郎官。郎官非作郡不得除，故又經營權郎，却自權郎徑除卿、監長貳，則已在正郎官之右矣。又如法中非作縣不得作郡，故不作縣者，必經營爲臨安

倅。蓋既爲臨安倅，則必得郡，更不復問先曾爲縣否也。人君深居九重，安知外間許多曲折？宰相雖知，又且苟簡，可以應副親舊。若是人君知得，都與除了這般體例，苟不作縣，雖爲臨安倅，亦不免便使權卿、監，苟不作郡，定不得除郎。爲卿、監者，亦須已作郡人方得做，不得以寺、監、丞、簿等官權之，則人無饒倖之心矣。只緣當初立法，不肯公心明白，留得這般掩頭藏倖底路徑，所以使人趨之。嘗記歐公說舊制，觀文殿大學士壓資政殿大學士，資政殿大學士壓觀文殿學士，觀文殿學士壓資政殿學士。後來改觀文兩學士都壓資政兩學士，議者以見任者難爲改動。歐公以爲此不難，已任者勿改，而自今除者始可也。以今觀之，亦何須如此勞攘？將見任者皆與改定又何妨？不過寫換數

字而已，又不會痛，當時疑慮顧忌已如此。只緣自來立法建事，不肯光明正大，只是如此委曲回護。其弊至於今日略欲觸動一事，則議者紛然以爲壞祖宗法。故神宗憤然欲一新之，要改者便改。孝宗亦然，但又傷於太鋭，少商量。個。

唐制：某鎮節度使，某州刺史觀察使，使持節某州軍州事，此屬州軍所稱。某鎮節度使，此屬藩鎮所稱。其屬官則云某州軍事判官、某州軍事推官。今尚如此。若節鎮屬官，則云節度推、判官，以自異於屬州。使與州各分曹案。使院有觀察判官、觀察推官，州院有知錄，糾六曹官，爲六曹之長。凡兵事則屬使院，民事則屬州院，刑獄則屬司理院。三者分屬，不相侵越。司法專檢法，司户專掌倉庫。❶ 然司理既結獄，須推、判官

---

❶ 「掌」原作「堂」，今據朝鮮本、萬曆本改。

簽押方爲圓備。不然，則不敢結斷。本朝併省州院、使院爲一。如署銜，但云知某州軍州事。軍州事，則使院之職也。自併省三院，而州郡六曹之職頗爲淆亂，司法、司理、司戶三者尚仍舊。知錄管州院事，專主教民，今乃管倉庫，獨爲不得其職。所以六曹官惟知錄免三日衙，以其職尊，故優異之。此等事，史書並不載，惟雜說中班駁見一二。舊嘗疑州院即是司理院，後閱《范文正公集》有云如使院、州院宜併省歸一，方知不然。因曉州院、使院之別，使院，今之僉廳也。凡諸幕職官皆謂之當職官。如《唐書》所云，有事當罰，則詔云自當職官以下以次受罰；有事當賞，則云當職官以下以次受賞，謂自推、判官而下也。又曰：後來蔡京改六曹官名，頗得舊職，爲不淆亂，以其出於京也，皆罷之。又問：長史何

官？曰：六朝時，長史甚輕，次第只是奔走長官之前，有君臣之分，不得坐。至唐，則甚重。蓋皇子既遙領副大帥，其羣臣出爲藩鎮者，則稱云副大帥某州長史。韓文董晉官位可見。至唐中葉，而長史、司馬、別駕皆爲貶官，不事事。蓋節度使既得自辟置官屬，如節度觀察、推、判官之屬。此既重，則彼皆輕矣。僩。

蔡元道所爲祖宗官制舊典，他只知懲創後來之禍，遂皆歸咎神宗，不合輕改官制，事事以祖宗官制爲是，便說此是百王不可易之典。殊不知後來所以放行踰越，任用小人，自是執法者偏私，何關改官制事？如武臣諸節度、副總管諸使所以恩禮隆異，俸給優厚者，蓋太祖初奪諸鎮兵權，恐其謀叛，故置諸節度使，隆恩異數，極其優厚，以收其心而杜其異志。及太宗、真宗以後，則

此輩或已老死，❶又無兵權。後來除授者自可殺其禮數，減其俸給，降其事權，而猶襲一時權宜苟且之制，爲子孫不可易之常典，豈不過哉？然祖宗時放行，極艱其選，不過一二人、二三人。後來小人用事，凡宰相除罷，及武臣、寵倖、宦者之徒，無不得之，實法制不善有以啓之耳。及經變故，乃追咎輕越祖宗法度之過。不知此既開其可入之塗，彼孰不爲可入之塗以求合乎？僩。

唐沈既濟之説已如此，新添改官制而舊職名不除，所以愈見重複。然唐時猶自歸一，如藩鎮節度使、觀察使民事、兵事一人皆了。今既有帥，又有家居節度使居守閑名者請俸却大。節度使請俸月千餘緡。費許多錢養他。見任事者請俸却寡，而家又節度印，古者所以置旄節以爲儀衛，而重其權，今却令帶之家居，請重俸，是甚意？

今爲福州安撫使，而反不如威武軍節度使之請俸。僩。

祖宗置資格，自立僥倖之門。如武臣橫行，最爲超捷。纔除橫行，便可越過諸使，許多等級皆不須歷，一向上去。然今人又不用除橫行，橫行猶用守這數級，官則無所不可。❷祖宗之法，本欲人遵守資格，謹重名器。而不知自置許多僥倖之路，令人脱過，是甚意思？除是執法者大段把得定，不輕放過一箇半箇，無一毫私，方執得住。不然，便不可禁遏矣！不知當初立法何故如此？今獸底人便只守此爲不可易之典，才觸動着，便説是變動祖宗法制也須賭箇是，始得。僩。

❶「已」，萬曆本作「以」。
❷「階」，萬曆本作「借」。

趙表之生做文官，纔到封王，便用換武。豈文官不可封王而須武官邪？又今宗正須以宗室武官爲之，文官也只做得。世間一樣愚人，便以此等制度爲百王不可易之法。（個。）封安定郡王。

只改儒林、文林之屬，其他皆可通行。文官猶有古名，❶如武官諸階稱呼，多有無意義者。又曰：四廂都指揮使，又有甚諸色使，皆是虛名。只有三衙都指揮使真有職事。又曰：元豐以前武臣無宮觀，故武臣無閒者。凡武臣乞解軍職，❷必出藩府及元豐介甫相，置宮觀，方有閒者。（個。）

本朝先未有祠祿，但有主管某宮、某觀公事者，皆大官帶之，眞箇是主管本宮、本觀御容之屬。其他多只是監當差遣。雖嘗爲諫議官，亦有爲監當者，如監船場，酒務之屬。自王介甫更新法，慮天下士大夫議

論不合，欲一切彈擊罷黜，又恐駭物論，於是創爲宮觀祠祿，以待新法異議之人。然亦難得，惟監司、郡守以上，眷禮優渥者方得之。自郡守以下，則盡送部中與監當差遣。後來漸輕，今則又輕，皆可以得之矣。（個。）

華州雲臺觀、南京鴻慶宮，有祖宗神像在，❸使人主管，猶有說。若武夷山沖佑觀、臨安府洞霄宮，知他主管箇甚麼？今太廟室深而堂淺，一代爲一室；堂則雖在室前，而實同爲一堂。古人大抵室事尚東向，堂事尚南向。❹（賀孫。）

皇城使有親兵數千人，今八廂貌士之

---

❶「古」原作「右」，今據朝鮮本、萬曆本改。
❷「凡」，萬曆本作「見」。
❸「祖」，萬曆本作「神」。
❹「南」，萬曆本作「西」。

宣徽亞執政也，遂創宣政使處之。朝臣諸將中豈無可任者，須得用宦者？彼既有功，則爵賞不得吝矣。然猶守得這些意思，恐啓宦者權重之患。❷及熙豐用兵，遂皆用宦者。李憲在西，權任如大將，馴至後來，遂有童貫、譚稹之禍。宦者其初只是走馬承受之類，浸漸用事，遂至如此。○僩。

今之總管，乃國初之部署。後避英廟諱，改焉。都監乃是唐之監軍，不知何時轉了。廣。

太祖收諸鎮節度兵權，置諸州指揮使，大州十數員，次州六七員，又次州三四員，每員管兵四五百人。本州自置營招兵，而軍員管之。每遇遷陛，則密院出宣付之。

問：唐之人主喜用宦者監軍，何也？曰：是他信諸將不過，故用其素所親信之人。後來一向疏外諸將，盡用宦者。本朝太宗令王繼恩平李順有功，宰相擬以宣徽使賞之。太宗怒，切責宰相，以爲太重，蓋

屬是也，以武臣二員并内侍都知二員掌之。❶本朝只此一項，令宦者掌兵，而以武臣參之。因笑曰：此項又以制殿前都指揮之兵也。僩。

今之三衙，即舊日之指揮使。朱温由宣武節度使篡唐，疑忌他人，自用其宣武指揮使爲殿前指揮使，管禁衛諸軍。以至今日，其權益重。嘗見歐陽公記其爲某官時，殿帥之權猶輕，見從官，不接坐，但傳語，不及獻茶。及再入爲執政，則禮數大異矣。

問：何故如此？曰：也是積漸致然。是他權重後，自然如此。僩。

❶「內」，萬曆本作「物」。
❷「啓」，萬曆本作「起」。

用紙一大幅，題其上曰「宣付指揮使某」，却不押號，而以御前大寶印之。軍員得此極重，有一人而得數宣者，蓋營中亦有數等品級遷轉也。指揮有廳，有射場，只在營中升降，不得出官。指揮有廳，有射場，只在營中升降，不得出官。個。

總領一司，乃趙忠簡所置，當時之意甚重。蓋緣韓、岳統兵權重，方欲置副貳，又恐啓他之疑，故特置此一司，以總制財賦爲名，却專切報發御前兵馬文字，蓋欲陰察之也。或謂：總領之職自可併歸漕司。曰：財賦散在諸路，漕司却都呼吸不來。亦如坑冶，須是創立都大提點，方始呼吸得聚。

運使本是愛民之官，今以督辦財賦，反成殘民之職。提刑本是仁民之官，今以經總制錢，反成不仁之具。淳。

祖宗：凡升朝官在京，未有職事者，每

日赴班，纔有差遣則已。廣。

今群臣以罪去者，不能全其退處之節。凡有辭避，必再三不允，直待章疏劾之，遂從罷黜。人傑。

舊制：遷謫人詞頭，當日命下，當日便要，不許隔宿，便與詞頭報行。而今緣有信劄，故詞頭有一兩月不下者。中書以此覺得事多，此皆軍興後事多，故如此。國朝舊制，煞有因軍興後廢格而未復者。廣。

舊法：貶責人若是庶官，亦須帶別駕或司馬，無有帶階官者。今呂子約却是帶階官安置。

今日作史，左、右史有《起居注》，宰執有《時政記》，臺官有《日曆》，並送史館著作處參改，入《實錄》作史。大抵史皆不實，緊切處不敢上史，亦不關報。椿。

史甚弊，因《神宗實錄》皆不敢寫。傳

聞只據人自錄來者。才對者，便要所上文字并奏對語上史館。楊。

今之修史者只是依本子寫，不敢增減一字。蓋自紹聖初，章惇爲相，蔡卞修國史，將欲以史事中傷諸公。前史官范純夫、黃魯直已去職，各令於開封府界內居住，就近報國史院，取會文字。諸所不樂者，逐一條問黃、范，又須疏其所以然，至無可問，方令去。後來史官因此懲創，故不敢有所增損也。按《實錄》，是時史官趙彥若亦同於府界居住。後趙安置澧州，范，永州，黃，黔州。○儒用。

先生問訔：有山谷《陳留對問》否？曰：無之。曰：聞當時秦少游最爭得峻，惜乎亦不見之。陸農師却有《當來對問》，其易乎？

問云，當與山谷爭入王介甫「無使上知」之語。又云，當時史官因論溫公改詩賦不是。某云：司馬光那得一件是？皆是自敘與

諸公爭辯之語。訔。

《道君欽宗實錄》數百卷，呂丈月十日修了。云只是得大節目百十條。問云：何不入文字展日？曰：便不是呂丈規模。振。

本朝《國紀》好看，雖略，然大綱却都見。《長編》太詳，難看。熊子復編《九朝要略》，不甚好。《國紀》，徐端立編。○僩。

《聖政編年》一書，起太祖，止紹興九年，書坊人做，非好書。振。

今之《學規》非胡安定所撰者。仁宗置州縣學，取湖學規矩頒行之。湖學之規，必有義理，不如是其陋也。如第一條「謗訕朝政」之類，其出於蔡京行舍法之時，有所改易乎？當時如徐節孝爲楚州教官，乃罷之，而易以其黨。大抵本朝經王氏及蔡京用事後，舊章蕩然，可勝歎哉！人傑。

問學究一科沿革之故。曰：此科即唐

之明經是也。進士科則試文字,學究科但試墨義。有才思者多去習進士科,有記性者則應學究科。凡試一大經,兼一小經,每段舉一句,令寫上下文,以通不通爲去取。應者多是齊、魯、河朔間人,只務熟讀,和注文也記得,故當時有「董五經」、「黃二傳」之稱,但未必曉文義,正如和尚轉經相似。又有司待之之禮,亦不與進士等。進士入試之日,主文則設案焚香,垂簾講拜。至學究,則徹幕以防傳義,其法極嚴,有渴至飲硯水而黔其口者,當時傳以爲笑。歐公亦有詩云:「焚香禮進士,徹幕待諸生。」或云「徹幕」乃「瞑目」字,❶亦非歐詩。其取厭薄如此,荆公所以惡而罷之。但自此科一罷之後,人多不肯去讀書。儒用。

熙寧「三舍法」,李定所定。崇、觀「三舍法」,蔡京所定。胡德輝理。嘗作記。學者,所以學爲忠與孝也。今欲訓天下士以忠孝,而學校之制乃出於不忠不孝之人,不亦難乎!儒用。

太學舍法壞人多,龜山嘗立論。高抑崇曾見龜山。太學初興,召爲司業,善類頗屬望。到彼一切放倒,「三舍法」却在渠手中成,莫負了龜山否?王子合曰:聞那時只是取法於一舊老吏。浩曰:秦會之是舊大學中人,想是據他向日所行了。高公不合與承當。高公大率不立,五峰嘗有書責他。浩。

先生因論本朝南渡以來,其初立法甚放寬,蓋欲聚人。不知後來放緊,便不得。燾。

今之法,大概用唐法。淳。

問:今三代之法或可見於律中否?

❶ 「瞑」,萬曆本作「瞑」。

曰：律自秦、漢以來，歷代修改，皆不可得而見矣。如漢律文簡奧，後代修改，今亦不可見矣。淳。

律是歷代相傳，勅是太祖時修，律輕而勅重。如勅中刺面編配，律中無之，只是流若干里。如今之白面編管是也。勅中上刑重而下刑輕，如律中杖一百，實有一百，勅中則折之為二十。五折一。今世斷獄只是勅，勅中無，方用律。淳。

因言：律極好。律即《刑統》。後來勅令格式，罪皆太重，不如律。《乾道淳熙新書》更是雜亂。一時法官不識制法本意，不合於理者甚多。又或有是計囑妄立條例者，如母已出嫁，欲賣產業，必須出母著押之類。此皆非理，必是當時有計囑而創此條也。孝宗不喜此書，嘗令修之，不知修得如何。僩。

《刑統》大字是歷代相傳，注字是世宗時修。淳。舊來勅令文辭典雅，近日殊淺俗。裏面是有幾多病痛。○方子。

宋莒公曰：「『應從而違，堪供而闕』，此六經之亞文也。」謂子不從父不義之命及力所不能養者，古人皆不以不孝坐之。義當從而不從，力可供而不供，然後坐以不孝之罪。淳。

或問：勅、令、格、式如何分別？曰：此四字乃神宗朝定法時綱領。本朝止有編勅，後來乃命群臣脩定。元豐中，執政安燾等上所定勅令，上喻燾曰：「設於此而逆彼之至，謂之『格』；設於此而使彼效之，謂之

❶「淳」，原作「同」，今據朝鮮本改。
❷「典」，原作「興」，今據萬曆本改。

「式」，禁於未然，謂之「令」；治其已然，謂之「勅」。脩書者要當知此。若其書完具，政府總之，有司守之，斯無事矣。此事載之《己卯錄》，時出示學者。因記其文如此，然恐有脫誤處。神廟天資絕人，觀此數語，直是分別得好。格，如五服制度，某親當某服，某服當某時，各有限極，所謂「設於此而逆彼之至」之謂也。式，如磨勘轉官，求恩澤封贈之類，只依箇樣子寫去，所謂「設於此而使彼效之」之謂也。令，則條令禁制其事不得爲，某事違者有罰之類，所謂「禁於未然」者。勅，則是已結此事，依條斷遣之類，所謂「治其已然」者。格、令、式在前，勅在後，則有「教之不改而後誅之」底意思。今但欲尊「勅」字，以勅居前，令、格、式在後，則與「不教而殺」者何異？殊非當時本指。又問：伊川云：「介甫言『律是八分書』。是他見得如此。」

何故？曰：律是《刑統》，此書甚好，疑是歷代所有傳襲下來。至周世宗命竇儀注解過，名曰《刑統》，即律也。今世却不用律，只用勅、令、格、式，大概勅、令之法皆重於《刑統》。《刑統》與古法相近，故曰「八分書」。「介甫之見，必竟高於世俗之儒。」此亦伊川語，因論祧廟及之。○

某事合當如何，這謂之「令」。如某得幾等賞，某罪得幾等罰，這謂之「格」。凡事有箇樣子，如令家保狀式之類，這謂之「式」。某事當如何斷，某事當如何行，這謂之「勅」。今人呼爲「勅、令、格、式」，據某看，合呼爲「令、格、式、勅」。勅是令、格、式所不行處，故斷之以勅。某在漳州曾編得戶、婚兩門法。賀孫。

❶「知」，萬曆本作「如」。

本合是先令而後勑，先教後刑之意。自荊公用事以來，方定為「勑、令、格、式」之序。德明。

唐藩鎮權重，為朝廷之患。今日州郡權輕，却不能生事，又却無以制盜賊。或曰：此亦緣介父刮刷州郡太甚。曰：也不專是介父。且如仁宗時，淮南盜賊發，趙仲約知高郵軍，反以金帛牛酒使人買覓他去。富鄭公欲誅其人，范文正公謂他既無錢，又無兵，却教他將甚去殺賊？得他和解得去，又甚，不殘破州郡，亦自好。只是介父後來又甚，州郡禁軍有闕額處，都不補，錢糧盡欲解發歸朝廷，謂之「封樁闕額禁軍錢」，係提刑司管。文蔚。

經制錢，宣和間用兵，經制使所創。總制錢，紹興初用兵，總制使所創。二人不記姓名。應干稅錢物，雜色場務納錢，每貫刻五十文，作頭子錢。括之為二色錢，以分毫積，計大計多，況其大者！經制錢，陳亨伯所創。蓋因方臘反，童貫討之，亨伯為隨軍轉運使。朝廷以其權輕，又重為經制使。患軍用不足，創為此名，以收州縣之財，當時大獲其利。然立此制時，明言軍罷而止，其後遂因而不改。至紹興四年，韓球又創總制錢，大略倣經制為之。十一年，經界法行，民間印契多倍有所得，朝廷遂以此年立額。至次年，則其數大虧，乃令州縣添補解發。自後州縣大困，朝廷亦知之。議者乃請就三年中取中制以立額。却不知中制者乃所添補之歲，其額猶為重也，因仍至今。頃年得江西憲時，陛對日，亦嘗為孝宗言之。蓋此政是憲司職事。

❶「趙」，原作「晁」，今據萬曆本改。

又曰：亨伯創經制錢時，其兄弟有名某者，勸止之。不從，乃率其子姪哭於家廟，以為作俑之罪，祖先將不祀矣。廣。

德粹語婺源納銀之弊，方伯謨因問和買。先生言其初曰：今日惟紹興最重。舊拋和買數時，兩浙運使乃紹興人。朝廷拋降三十萬匹與浙東，紹興受十四萬。是時都吏乃會稽縣人，會稽又受多。惟餘姚令不肯受，為其民以瓦礫擲之，不得已受歸，而其數少，恨不記其名。滕云：婺源乃汪內翰鄉邑，汪知鄉郡，朝廷初降月椿時，會諸縣令于廷。婺源令偶言丹楊鄉民頑，汪本此鄉人，以令為譏之，先勒令受十分之四分三釐，至於今為害。先生曰：疇昔創封椿時，本無實數，只是賴州縣。提舉司錢今日又解，明日又解，解必有限，彼豈不來爭？以此觀之，事皆係作始不是。可學。

祖宗立法催科，只是九分，才破這一分，便不催。但破得一百貫，謂之「破分」，便住。自曾丞相仲欽為戶部時，便不用這法，須要催盡，至今所以如此。恪。

所在上供銀，皆分配諸縣。獨建寧因吳公路作憲，算就鹽綱上納。雖是算在綱上，中間依舊科數，❶諸縣甚者至科民間買納。後沈公雅來，却檢會前時行下指揮，遂罷買上供銀。道夫。

張定叟尚書云：青城每郊用木十五萬，縛幕屋，事已撤去，皆諸璫得之，其費出於臨安。渠知府日，嘗奏乞從本府出錢蓋屋，庶免逐郊費用，不從。閎祖。

---

❶ 「依」，萬曆本作「作」。

朱子語類卷第一百二十九

本朝 三

自國初至熙寧人物

因論唐初、國初人才云：國初人材，是五代時已生得了。德明。

太宗朝一時人多尚文中子，蓋見朝廷事不振，而文中子之書頗說治道故也，然不得其要。范文正公雖有欲爲之志，然也麄不精密，失照管處多。卓。○僩錄略。

國初人便已崇禮義，尊經術，欲復二帝三代，已自勝如唐人，但說未透在。直至二

程出，此理始說得透。因看《談明逸集》[1]。方子。

問本朝宰相孰優。曰：各有所長。力行。

趙幾道云：本朝宰相，但一味度量而已。曰：「寬裕溫柔，足以有容」固好，又須「發強剛毅，足以有執」則得。大雅。

宰相薦張齊賢，曾受一曹司甚恩，忘了。齊賢後以兄事之。舉此一事，齊賢可知矣。先生曰：祖宗時人樸實如此，今好薦章如此，乃是一言章也。揚。

李文靖只做得如此，若有學，便可做三代事。真宗晚年豈有如此等事？揚。

《談苑》說李文靖沒口匏事，極好，可謂鎮浮。然與不興利事，皆落一偏。胡不廣

---

[1] 「科」疑當作「种」。

求有道賢德，興起至治也。方。

李文靖重厚沉默，嘗寓京師，亦少出入。一日，忽有一轎至，下轎，乃一蓋頭婦人，不見其面，然儀度甚美。入文靖房，久而出。衆訝之，以爲文靖如此，却引得這般人來，遂問之。文靖亦只依違應之曰：「亦言某前程之類，何足信！」深詰之，文靖曰：「諸公曾見其面乎？一面都是目。」許文靖爲相。○揚。

問：本朝如王沂公，人品甚高，晚年乃求復相，何也？曰：便是前輩都不以此事爲非，所以至范文正方屬廉恥，振作士氣。

曰：如寇萊公，也因天書欲復相。曰：固是。植。

問：王沂公云：「恩欲己出，怨使誰當？」似此不可爲通法否？曰：它只説不欲牢籠人才，説使必出自我門下。它亦未

嘗不薦人才。柏。

問：先生前日曾論本朝惟范文正公振作士大夫之功爲多，不知使范公處韓公否？曰：看范公才氣，亦能如韓公否？曰：祖宗以來，名相如李文靖、王文正諸公，只恁地善，亦不得。至范文正時，便大厲名節，振作士大夫之功爲多。問：范文正作《百官圖》以獻，其意如何？曰：它只説如此遷轉即是公，如此遷轉即是私。呂許公當國，有無故躐等用人處，故范公進此圖於仁宗。因舉《詩》云：「誨爾序爵。」人主此事亦不可不知，假如有人已做侍御史，宰相驟擢作侍從，雖官品高，然侍御史却緊要。爲人主者，便須知把他擢作侍從，如何不把做諫議大夫之類。植。

近得周益公書，論呂范解仇事，曰：初

范公在朝，大臣多忌之。及爲開封府，又爲《百官圖》以獻。因指其遷進遲速次序曰：某爲超遷，某爲左遷，如是而爲公，如是而爲私。意頗在呂相，呂不樂，由是落職出知饒州。未幾，呂亦罷相。後呂公再入，元昊方犯邊，乃以公經略西事，公亦樂爲之用。嘗奏記呂公云：「相公有汾陽之心、之德，仲淹無臨淮之才、之力。」後歐陽公爲《范公神道碑》，有「懽然相得，戮力平賊」之語，正謂是也。公之子堯夫乃以爲不然，遂刊去此語，前書今集中亦不載，說得更乖，疑亦堯夫所刪。他如《叢談》所記，雖未可測，然其補過之功使天下寸隱微，則有不可得而掩者。范公平日胸襟豁達，毅然以天下國家爲己任。既爲呂公而出，豈復更有匿怨之意？況公嘗自謂平生無怨惡於一人，此言尤可驗。忠宣固

是賢者，然其規模廣狹與乃翁不能無間。意謂前日既排申公，今日若與之解仇，前後似不相應，故諱言之。却不知乃翁心事政不如此。歐陽公聞其刊去碑中數語，甚不樂也。問：後來正獻亦及識范公否？曰：正獻通判潁州時，歐陽公爲守。范公知青州，過潁，謁之。因語正獻曰：「太博近朱者赤，歐陽永叔在此，宜頻近筆硯。」異時同薦三人，則王荆公、司馬溫公及正獻公也。其知人如此。又曰：呂公所引，如張方平、王拱辰、李淑之徒多非端士，終是不樂范公。張安道過失更多。❶ 但以東坡父子懷其汲引之恩，文字中十分說他好，今人又好看蘇文，所以例皆稱之。介甫文字中有說他不好處，人既不看，看又不信。儒用。

❶ 「多」，原作「名」，今據朝鮮本改。

呂申公斥逐范文正諸人，至晚年復收用之，范公亦竭盡底蘊而爲之用，這見文正高處。忠宣辨歐公銘志事，這便是不及文正。道夫。

范文正，傑出之才。

某嘗謂：天生人才，自足得用，豈可厚誣天下以無人？自是用不到耳。且如一箇范文正公，自做秀才時便以天下爲己任，無一事不理會過。一旦仁宗大用之，便做出許多事業。今則所謂負剛大之氣者，且先一筆勾斷。秤停到第四、五等人，氣宇厭厭，布列臺諫，如何得事成？故某向謂：姓名未出，而內外已知其非天下第一流矣！道夫。

范文正公嘗云：「浙人輕佻易動，切宜戒之！」子蒙。

某嘗說呂夷簡最是箇無能底人，今人却說他有相業，會處置事，不知何者爲相業？何者善處置？爲相正要以進退人才爲先，使四夷聞知，知所聳畏。方其爲相，其才德之大者，如范文正諸公既不用，下而豪俊跅弛之士，如石曼卿諸人，亦不能用。其所引援，皆是半間不界無狀之人，弄得天下之事日入於昏亂。及一旦不奈元昊何，遂盡挨與范文正公。若非范文正公，則西方之事決定弄得郎當，無如之何矣。今人以他爲有相業，深所未曉。子蒙。

因言仁宗朝講書楊安國之徒，一時聚得幾箇樸純無能之人，可笑。先生曰：此事緣范文正招引一時才俊之士，聚在館閣。如蘇子美、梅聖俞之徒，①此輩雖有才望，雖皆是君子黨，然輕儇戲謔，又多分流品。一

---

① 「如」，原作「知」，今據朝鮮本改。

時許公爲相，張安道爲御史中丞，王拱辰之徒皆深惡之，求去之，未有策。而蘇子美又杜祁公婿，杜是時爲相，蘇爲館職，兼進奏院。每歲院中賽神，例賣故紙錢爲飲燕之費。蘇承例賣故紙，因出己錢添助爲會，請館閣中諸名勝，而分別流品，非其侶者皆不得與。會李定願與，而蘇不肯，於是盡招兩軍女妓作樂爛飲，作爲傲歌。王勝之名直柔，句云「欹倒太極遣帝扶，周公、孔子驅爲奴」。這一隊專探伺他敗闕，才聞此句，拱辰即以白上。仁宗大怒，即令中官捕捉，諸公皆已散走逃匿。而上怒甚，捕捉甚峻，城中喧然。於是韓魏公言於上曰：「陛下即位以來，未嘗爲此等事。一旦遽如此，驚駭物聽。」仁宗怒少解，而館閣之士罷逐一空，故時有「一網打盡」之語。杜公亦罷相，子美除名爲民，永不叙復。子美居湖

州，有詩曰「不及雞竿下坐人」，言不得比罪人引赦免放也。雖是拱辰、安道輩攻之甚急，然亦只這幾箇輕薄做得不是。縱有時名，然所爲如此，終亦何補於天下國家邪？仁宗於是懲才德輕薄之弊，這幾箇承意旨，盡援引純樸持重之人以愚仁宗。凡解經，不過釋訓詁而已，如楊安國、彭乘之徒是也。是時張安道爲御史中丞，助呂公以攻范。卓。

陳執中俗吏，然執法，仁廟謂「惟此人不瞞人」，近世葉顒近似之。揚。

問其書中所言。先生曰：渠言「漢之名德粹以明州士人所寄書納先生，因請魏、晉之曠蕩，隋、唐之辭章，皆懲其弊爲之」。不然。此只是正理不明，相衮將去，遂成風俗。後漢名節，至於末年，有貴己賤人之弊。如皇甫規鄉人見之，却問：「卿前

在鴈門，食鴈美乎？」舉此可見。積此不已，其勢必至於虛浮入老、莊。相衮到齊、梁間，又不復如此，只是作一般艷辭，君臣賡歌襲瀆之語，不以爲怪。隋之辭章乃起於煬帝，進士科至不成科目，故遂衮纏至唐，及本朝然後此理復明。❶正如人有病，今日一病，明日變一病，不成要將此病變作彼病？某問：已前皆衮纏成風俗。本朝道學之盛，豈是衮纏？先生曰：亦有其漸。自范文正以來，已有好議論，如山東有孫明復，徂徠有石守道，湖州有胡安定，到後來遂有周子、程子、張子出。故程子平生不敢忘此數公，依舊尊他。若如楊、劉之徒作四六駢儷之文，又非此比。然數人者天資高，知尊王黜霸，明義去利。但只是如此便了，於理未見，故不得中。某問：安定學甚盛，何故無傳？曰：當時所講止此，

只些門人受去做官，死後便已。嘗言劉彝善治水，後來果然。彝有一部《詩》，遇水處便廣說。璘錄云：劉彝治水，所至興水利。劉有一部《詩》解，處處作水利說，好笑。熟處難忘。某又問：以前說後漢之風皆以爲起於嚴子陵，近來說又別。曰：前漢末，極有名節人。光武起，❷極崇儒重道，尊經術，後世以爲法。如見樊英築壇場，猶待神明。嚴子陵直分明是隱士，渠高氣遠邁，直是不屈。又論其不矯激，呂伯恭作《祠堂記》却云它中和。嘗問之：嚴子陵何須如此說？使它有知，聞之豈不發一笑？因說：前輩如李泰伯門之議論，只說貴王賤伯，張大其說，欲以劫人之聽，却是矯激，然猶有以使人奮起。今日

❶「及」，萬曆本作「至」。
❷「起」，萬曆本作「却」。

須要作中和，將來只便委靡了。如范文正公作《子陵祠堂記》云：「先生之心，出乎日月之上；光武之器，包乎天地之外。微先生，不能成光武之大；微光武，豈能遂先生之高。」胡文定父子極喜此語。大抵前輩議論粗而大，今日議論細而小，不可不理會。某問：此風俗如何可變？曰：如何可變，只且自立。可學。

論安定規模雖少疏，然却廣大著實。如孫明復《春秋》雖過當，然占得氣象好。如陳古靈文字尤好，嘗過台州，見一豐碑，説孔子之道甚佳。此亦是時世漸好，故此等人出，有「魯一變」氣象，其後遂有二先生。若當時稍加信重，把二先生義理繼之，則可以一變，而乃爲王氏所壞。問：當時如此積漸將成，而壞於王氏，莫亦是有氣數？曰：然。可學。

因言兼山、艾軒二氏《中庸》，曰：程子未出時，如胡安定、石守道、孫明復諸人，説話雖龐疏，未盡精妙，却儘平正，更如古靈先生文字都好。道夫云：只如《諭俗》一文，極爲平正簡易。曰：許多事都説盡，也見他一箇胸襟盡包得許多。又曰：大抵事亦自有時。如程子未出，而諸公已自如此平正。道夫。

本朝孫、石輩忽然出來，發明一箇平正底道理自好，前代亦無此等人。如韓退之已自五分來，只是説文章。若非後來關、洛諸公出來，孫、石便是第一等人。孫較弱，石健甚硬做。

問：孫明復如何恁地惡胡安定？曰：安定較和易，明復却剛勁。或曰：孫泰山也是大故剛介。曰：明復未得爲介，石守道却可謂剛介。義剛。

石守道只是龎，若其名利嗜欲之類，直是打疊得怜俐，茲所以不動心也。嘉祐前輩如此厚重，胡安定於義理不分明，然是其氣象。❶揚。

之徒。

因論李泰伯，曰：「當時國家治，時節好，所論皆勁正如此。曾南豐携歐公書往餘杭見范文正，文正云：『歐九得書，令將錢與公。今已椿得甚處錢留公矣。亦欲少款，適聞李先生來，欲出郊迓之』云云。閩宰方叔珪，永嘉人。以書來，稱本朝人物甚盛，而功業不及於漢、唐，只緣是要去小人。先生曰：是何等議論！小人如何不去得？自是不可合之物。『一薰一蕕，十年尚猶有臭。』觀仁宗用韓、范、富諸公是甚次第，只為小人所害。及韓、范、富再當國，前日事都忘了。富公一向畏事，只是要看經念佛，緣是小人在傍故耳。若謂小人不可去，則舜當時去『四凶』是錯了。可學

問：安定平日所講論，今有傳否？曰：並無。薛士龍在湖州，嘗以書問之，回書云：『並無。如當初取湖州學法以為太學法，今此法無。今日法乃蔡京之法。』又云：祖宗以來，學者但守注疏，其後便論道，如二蘇直是要論道，但注疏如何棄得？可學。

安定、太山、徂徠、廬陵諸公以來，皆無今日之術數。老蘇有九分來許罪。揚

安定胡先生只據他所知，說得義理平正明白，無一些玄妙。近有一輩人，別說一般惹邪底禪說話。禪亦不是如此，只是不曾見那禪師，便是被他笑。○揚錄云：徐子儀

❶「其」，萬曆本作「甚」。

問：方君意謂不與小人競則身安，可以做事。曰：不去小人，如何身得安？劉晦伯云：有人說《泰》卦「內君子，外小人」爲君子在內，小人在外。小人道消，乃是變爲君子。曰：亦有此理。聖人亦有容小人處，又是一截事。且當看正當處，使小人變爲君子固好，只是不能得如此。可學云：小人譖君子，須加以朋黨叛逆。曰：如此，則一網可打盡。雖是如此，然君子亦不可過當。如元祐諸公行蔡新州事，却不是。渠固有罪，然以作詩行重責，大不可。以此觀君子之於小人，未能及其毫毛，而小人之於君子，其禍常大，安可不去？可學。

祐時，只行遣渠一人，至紹聖則禍甚酷。然當韓、富初來時，要拆洗做過，做不得，出去。及再來，亦只隨時了。遇聖明如此，猶做不得。揚。

富鄭公與韓魏公議不合，富恨之，至不弔魏公喪。富公守某州，魯直爲尉，久不之任，在路遷延。富有所聞，大怒，及到，遂不與交割。後幕幹勸之，方肯。及魯直在史館修《韓魏公傳》，使人問富曾弔韓喪否。知其不曾，遂以此事送下案中，遂成案底。後人雖欲修去此事，而有案底，竟不可去。魯直也可謂乖。但魏公年年却使人去鄭公家上壽，恁地便是富不如韓較寬大。義剛。

韓魏公、富鄭公皆言新法不便。韓公更能論列，上面不從他，也委曲作箇道理着行他底。如富公更不行，自用他那法度，後來遂被人言。雖如此，畢竟喚做是不得。今事有不便，但當如韓公論列。若不從，也須做道理減省了行他底。大不可行，則有去而已。如富公直截自用己意，則不可也。端蒙。

歐公章疏言地震,山石崩入于海。某謂正是「羸豕孚蹢躅」之義。當極治時,已自栽培得這般物在這裏了,故直至如今。道夫。

先生因泛言交際之道,云:先人曾有雜錄册子,記李仲和之祖見居三衢。同包孝肅同讀書一僧舍,每出入,必經由一富人門,二公未嘗往見之。一日,富人俟其過門,邀之坐,二公託以他事,不入。他日復招飯,意廑甚。李欲往,包公正色與語曰:「彼富人也,吾徒異日或守鄉郡,今妄與之交,豈不爲他日累乎?」竟不往。後十年,二公果相繼典鄉郡。先生因嗟歎前輩立已接人之嚴蓋如此,方二公爲布衣,所志已如此。此古人所謂言行必「稽其所終,慮其所敝」也。或言:近有爲鄉邑者,泛接部內士民,如布衣交,甚至狎溺無所不至。後來遇

事入手,處之頗有掣肘處。曰:爲邑之長,此等處當有限節。若脫略繩墨,其末流之弊,必至於此。包、李之事,可爲法也。時舉。

張乖崖云:「陽是人有罪,而未書案,尚變得;陰是已書案,更變不得。」此人曾見希夷來,言亦似《太極圖》。節。

趙叔平樂易厚善人也,平生做工夫,欲驗心善惡之多少,以一器盛黑豆,一器盛白豆,中間置一虛器。才一善念動,則取白豆投其中;惡念動,則取黑豆投其中。至夜,則倒虛器中之豆,觀其黑白,以驗善惡之多少。初間黑多而白少,久之漸一般,又久則白多而黑少,又久則和豆也無了,便是心純一於善矣。或曰:恐無此理。曰:前輩有一種工夫如此。若能持敬,則不消如此心煩,自然當下便復於善矣。

陳烈字季慈。行甚高,然古怪太甚。使

其知義理之正,是如何樣有力量。惜其只一向從一邊去,《辭官表》甚古,橫渠嘗稱之。溫公薨,陳上表慰國家,《張文潛集》中有代范忠宣答其表書。

陳烈《辭官表》,上謂似《尚書》之文。❶ 陳好行古禮,其妻厭之而求去,人遂誣陳惡其妻醜而出之。揚。

陳烈初年讀書,不理會得,又不記。因讀《孟子》「求放心」一段,遂謝絕人事,靜坐室中。數月後,看文字記性加數倍,又聰明。揚。

阮逸撰《元經》、《關朗易》、《李靖問對》,❷見《後山談叢》。賀。

崔正言《奏議》亦好。又問:曾看劉質夫《春秋》,謝顯道、胡明仲《集》否?賀。

---

❶ 「尚」,萬曆本作「中」。

❷ 「朗」,原作「郎」,今據萬曆本改。

朱子語類卷第一百三十 計三十五板

本朝四

自熙寧至靖康用人

問荊公得君之故。曰：神宗聰明絕人，與群臣說話，往往領略不去，才與介甫說，便有「於吾言無所不說」底意思，所以君臣相得甚懽。向見何萬一之少年時所著數論，其間有說云，本朝自李文靖公、王文正公當國以來，廟論主於安靜，凡有建明，便以生事歸之，馴至後來，天下弊事極多。此說甚好。且如仁宗朝是甚次第時節，國勢却如此緩弱，事多不理。英宗即位，已自有性氣要改作，但以聖躬多病，不久晏駕，所以當時謚之曰「英」。神宗繼之，性氣越緊，尤欲更新之。便是天下事難得恰好，却又撞着介甫出來承當，所以作壞得如此。又曰：介甫變法，固有以召亂。後來又却不別去整理，一向放倒，亦無緣治安。儒用。○以下荊公。

論王荊公遇神宗，可謂千載一時，惜乎渠學術不是，後來直壞到恁地。問：荊公初起便挾術數？為後來如此。曰：渠初來只是要做事，到後面為人所攻，便無去就。不觀荊公《日錄》，無以知其本末。它直是強辯，邈視一世，如文潞公更不敢出一語。問：溫公所作如何？曰：渠亦只見荊公不是，便倒一邊。如東坡當初議論亦要變法，後來皆改了。又問：神宗元豐之政

又却不要荆公。曰：神宗盡得荆公許多伎倆，更何用他？到元豐間，事皆自做，只是用一等庸人備左右趨承耳。又問：明道、橫渠初見時，皆許以峻用，後來乃如此，莫是荆公説已行故然？曰：正如吾友適説。徐子宜上殿極蒙褒獎，然事却不行。曰：設使橫渠、明道用於當時，神宗盡得其學，他日還自做否？曰：不然。使二先生得君，却自君心上爲之，正要大家商量，以此爲根本。君心既正，他日雖欲自爲，亦不可。又云：富韓公召來，只是要去，語人云：「入見上，坐亦不定，豈能做事？」某云：韓公當仁廟再用時，與韓魏公在政府十餘年，皆無所建明，不復如舊時。曰：此事看得極好，當記取。又問：使范文正當此，定不肯回。曰：文正却不肯回，須更精密似前日。可學。

荆公初作江東提刑，回來奏事，上萬言書，其間一節云：「今之小官俸薄，不足以養廉，必當有以益之。然當今財用匱乏，而未復爲此論，人必以爲不可行。然天下之財未嘗不足，特不知生財之道，無善理財之人，故常患其不足。」神宗甚善其言。後來纔作參政，第二日便專措置理財，遍置回易庫以籠天下之利，謂《周禮》泉府之職正是如此。却不知周公之制只爲天下之貨有不售，則商旅留滯而不能行，官中却給與之，初未嘗以官錢買之，使後來有欲買者，官以錢買以此求利息也。時舉云：「凡國之財用取具焉」，則是國家有大費用皆給於此，豈得謂之不取利邪？朝廷財用，但可支常費耳。設有變故之來，定無可以應之。曰：國家百年承平，其實規模未立，特幸其無事耳。若有大變，豈能支邪？神宗一日聞回易庫

零細賣甚果子之類，因云：「此非朝廷之體。」荊公乃曰：「國家創置有司，正欲領其繁細。若回易庫中，雖一文之物亦當不憚出納，乃有司之職，非人君所當問。若人君問及此，則乃為繁碎而失體也。」其說甚高，故神宗信之。時舉。

新法之行，諸公實共謀之，雖明道先生不以為不是，蓋那時也是合變時節。但後來人情洶洶，明道始勸之以不可做逆人情底事。及王氏排眾議行之甚力，而諸公始退散。道夫問：新法之行，雖塗人皆知其有害，何故明道不以為非？曰：自是王氏行得來有害。若使明道為之，必不至恁地狼狽。問：若專用韓、富，則事體如何？曰：二公也只守舊。又問：專用溫公如何？曰：他又別是一格。又問：若是二程出來擔負，莫須別否？曰：若如明道，十事須還

他全別，方得。只看他當時薦章，謂其「志節慷慨」云云，則明道豈是循常蹈故、塊然自守底人？道夫。

《呂氏家傳》載荊公當時與申公極相好，新法亦皆商量來，故行新法時，甚望申公相助。又用明道作條例司，皆是望諸賢之助，是時想見其意好。後來盡背了初意，所以諸賢盡不從。《明道行狀》不載條例司事，此卻好分明載其始末。

神宗嘗問明道云：「王安石是聖人否？」明道曰：「『公孫碩膚，赤舄几几』，聖人氣象如此。王安石一身尚不能治，何聖人為？」先生曰：此言最說得荊公著。

先生論荊公德行，學則非。若海。

先生論荊公之學所以差者，以其見道理不透徹。因云：洞視千古，無有見道理不透徹而所說所行不差者。但無力量做得

來，半上落下底，則其膚淺如庸醫不識病，❶只胡亂下那沒緊要底藥，便不至於殺人。若荊公輩，他硬見從那一邊去，則如不識病證，而便下大黃、附子底藥，便至於殺人。燾。

劉叔通言：王介甫其心本欲捄民，後來弄壞者，乃過誤致然。曰：不然。正如醫者治病，其心豈不欲活人？却將砒霜與人喫，及病者死，却云我心本欲捄其病，死非我之罪，可乎？介甫之心固欲捄人，然其術足以殺人，豈可謂非其罪？僩。

因語荊公、陸子靜云：他當時不合於法度上理會。語之云：法度如何不理會。只是他所理會非三代法度耳。居甫問：荊公節儉恬退，素行亦好。曰：他當時作此事已不合中，如孔子於飲食衣服之間亦豈務滅裂？它當初便只苟簡，要似一苦行

然。某問：明道「共改」之說亦是權？曰：是權。若從所說，縱未十分好，亦不至如它日之甚。問：章子厚說溫公以母改子，不是。此說却好。問：溫公當路，却亦如荊公，不通商量。曰：溫公亦只是見得前日不是，已又已病，急欲救世耳。哲宗於宣仁有憾，故子厚輩得入其說。如親政次日，即召中官。范淳夫疏，拳拳君臣之間，只說到此，向上去不得，其如之何？問：宣仁不還政，如何？曰：王彥霖《繫年錄》一段可見。嘗對宣仁論君子小人，彥霖云：「太皇於宮中須說與皇帝。」「亦屢說，孫兒都未理會得。」觀此一節，想是以未可分付，故不放下。宣仁性極剛烈。蔡新州之事行遣

❶「膚」，萬曆本作「害」。

極重。曰：當時若不得范忠宣救殺了他，他日諸公禍又重。又問：韓師樸、曾子宣建中事如何？曰：賴有此耳。又問：卻要和會。子宣《日錄》極見渠心迹。當時商量，云不除卻軾、轍，右除卻京，下此意亦好。後來元祐人漸多，頗攻其短，子宣反悔，師樸無如之何。又問：蔡京之來，乃師樸所引，欲以傾子宣。曰：京入朝，師樸遣子迎之十里，子宣卻遣子迎之二十里。京既入，和二人皆打出。可學。○或錄云：韓師樸是箇鶻突底人，薦蔡京，欲使之排曾子宣云云。

汪聖錫嘗問某云：了翁攻《日錄》，其說是否？曰：不是。曰：如何不是？曰：若言荆公學術之繆，見識之差，誤神廟委任，則可。壯祖錄云：若言荆公學術不正，負神廟委任之意，是非謬亂，為神廟聖學之害，則可。卻云《日錄》是蔡卞增加，[1]又云荆公自增加，如此，

則是彼所言皆是，但不合增加其辭以誣宗廟耳。又以其言「太祖用兵，何必有名？真宗矯誣上天」為謗祖宗，此只是把持他，元不曾就道理上理會，如何說得他倒？方子。

伯豐問《四明尊堯集》。曰：只似討鬧，卻不於道理上理會。蓋它止是於利害上見得，於義理全疏。如介甫心術隱微處，都不曾攻得，卻只是把持。如曰「謂太祖濫殺有罪，謂真宗矯誣上天」，皆把持語也。

《龜山集》中有攻《日錄》數段，卻好。蓋龜山長於攻王氏。然《三經義辨》中亦有不必辨者，卻有當辨而不曾辨者。營。王氏《新經》儘有好處，蓋其極平生心力，豈無見得著處？因舉書中改古注點句

[1]「曰」，原作「目」，今據朝鮮本改。

數處，云：「皆如此讀得好。此等文字，某嘗欲看一過，與攄撮其好者而未暇。」賀孫。

三舍士人守得荊公學甚固。銖。

陳後山說：「人爲荊公學，喚作『轉般倉，模畫手。致無贏餘，但有虧欠』。」東坡云：「荊公之學未嘗不善，只是不合要人同己。」此皆說得未是。若荊公之學是，使人人同己，俱入於是，何不可之有？今却說「未嘗不善，而不合要人同」，成何說話？若使彌望皆黍稷，都無粮莠，亦何不可？只爲荊公之學自有未是處耳。銖。

荊公作《字說》時，只在一禪寺中。禪床前置筆硯，掩一龕燈。人有書翰來者，拆封皮埋放一邊。就倒禪床睡少時，又忽然起來寫一兩字，看來都不曾眠。字本來無許多義理，他要箇箇如此做出來，又要照顧得前後，要相貫通。

介甫解佛經亦不是，解「揭帝揭帝」云：「揭其所以爲帝者而示之。」不知此是胡語。璘。

唐坰林夫力疏荊公，對神宗前叱荊公。每誦其疏一段竟，又問云：「王安石是如此也無？」荊公力辯之，坰云：「在陛下前尚如此不臣！」荊公不曾收用，故後詆之。坰初欲言時，就曾魯公借錢三百千，以言荊公了，必見逐，貧用以作裹足。曾以其作言事官，借與之。後得罪逐，曾監取其錢，而後放行。揚。

輩卿問荊公與坡公之學。曰：「二公之學皆不正，但東坡之德行那裏得似荊公！東坡初年若得用，未必其患不甚於荊公。但東坡後來見得荊公狼狽，所以都自改了。初年論甚生財，後來見青苗之法行得狼狽，便不言生財。初年論甚用兵，如曰『用臣之

言,雖北取契丹可也」,後來見荆公用兵用得狠狠,更不復言兵。他分明有兩截底議論。道夫。

荆公後來所以全不用許多儒臣,也是各家都說得沒理會。如東坡以前說許多,如均戶口、較賦役、教戰守、定軍制、倡勇敢之類,是煞要出來整理弊壞處。後來荆公做出,東坡又却盡底翻轉,云也無一事可做。如揀汰軍兵,也說怕人怨,削進士恩例,也說士人失望,恁地都一齊沒理會,始得。且如役法,當時只怕道衙前之役,易致破蕩。當時於此合理會,如何得會破蕩?《晁以道文集》有論役法處,煞好。賀孫。

熙寧更法,亦是勢當如此。凡荆公所變更者,初時東坡亦欲爲之。及見荆公做得紛擾狠狠,遂不復言,却去攻他。如荆公初上底書,所言皆是,至後來却做得不是。

自荆公以改法致天下之亂,人遂以因循爲當然。天下之弊,所以未知所終也。必大。

介甫與呂吉甫好時,常簡帖往來。其一云:「勿令上知。」後來不足,呂遂繳奏之,神宗亦胡亂藏擫了。介甫只好人奉己,故與呂合。若東坡門不順己,硬要治他,如何天生得恁地狠!義剛。

問:萬世之下,王臨川當作如何評品?曰:陸象山嘗記之矣,何待它人。問:莫只是學術錯否?曰:天姿亦有拗強處。❶曰:若學術是底,此樣天姿却更有力也。曰:然。琮。

介甫每得新文字,窮日夜閱之。喜食羊頭饊,家人供至,或值看文字,信手撮入口,不暇用箸,過食亦不覺,至於生患。且

---

❶「姿」,萬曆本作「資」,下「姿」字同。

道將此心應事，安得會不錯？不讀書時，常入書院。有外甥懶學，怕他入書院，多方討新文字，得之，只顧看文字，不暇入書院矣。文蔚。

因論王氏之學，而曰：元澤幼即穎悟。嘗有人籠獐、鹿各一以遺介甫，元澤時俱未識也。或問之曰：「孰爲鹿？孰爲獐？」元澤曰：「獐邊者是鹿，鹿邊者是獐。」其後解經，大抵類此。必大。

世上有「依本分」三字，只是無人肯行。且如蘇氏之學，卻成箇物事。若王氏之學，都不成物事，人卻偏要去學，這便是不依本分。近看《博古圖》，更不成文理，更不可理會，也是怪。其中說一「旅」字云：「王曰：『衆也。』」這是自古解作衆，他卻要怎地說時，是說王氏較香得此三子。這是要取奉那王氏，但怎地也取奉得來不好。義剛。

先生取荆公奏藁進《鄴侯家傳》者，令人傑讀之，廣錄云：取荆公議府兵奏藁，及鄴侯與德宗議復府兵之說，令諸生誦之。曰：如今得箇宰相如此，甚好。又讀益公《跋》，先生曰：如益公說，則其事都不成做。人傑云：鄴侯有智略，如勸肅宗先取范陽，亦好。曰：此策誠善。彼勸肅宗未可取兩京者，欲以兩京縶其四將，惜乎不用也。人傑云：荆公保甲行於畿甸，其始固咈人情，元祐諸公盡罷之，卻是壞其已成之法。曰：固是。近張元德亦有此議論寄來。因言：元祐諸公大略有偏處，多如此。人傑云：如棄地與西夏，亦未安。曰：當時如呂微仲，自以爲不然。蓋呂是西人，❶知其利害。其他諸公所見，恨不得納諸其懷，其意待西夏倔強時，只欲卑

---

❶ 「是」，原無，今據朝鮮本補。

巽請和耳。因言：本朝養兵蠹國，更無人去源頭理會，只管從枝葉上去添兵添將。太祖初定天下，將諸軍分隸州郡，特寄養耳，故謂之「第幾指揮」，謂之「禁軍」，明其爲禁衛也。其將校乃衛前，今所謂「都知兵馬使」，謂之「教練」，乃其軍之將也。若都監，乃唐末監軍之遺制。鈐轄、都部署，皆國初制也。部署，即今之總管。今州鈐、路鈐、總管，皆無職事，但大閱時供職一兩日耳。潭州有八指揮，其制皆廢弛。而飛虎一軍獨盛，人皆謂辛幼安之力。以某觀之，當時何不整理親軍？自是可用。却別創一軍，又增其費。又今之江上屯駐，祖宗時亦無之。某之意，欲使更成於州郡，可以漸汰將兵，然這話難說。又今之兩淮、荊、襄義勇皆可用，但人多不之思耳。人傑。○廣錄云：京畿保甲之法，荊公做十年方成。至元祐時，溫公廢

了，深可惜。蓋此是已成之事，初時人固有怨者，後來做得成，想人亦安之矣。却將來廢了，可惜！因言軍政後來因事而添者甚多，添得新者，却不理會舊有者。祖宗只有許多禁軍散在諸州，謂之禁軍者，不許他役，而今添得許多御前諸軍分屯了，故諸州舊有禁軍皆不理會。又如潭州緣置飛虎一軍了，都不管那禁軍與親兵。

溫公可謂知、仁、勇。他那活國救世處，❶是甚次第！其規模稍大，又有學問，其人嚴而正。植。○以下溫公。

義剛曰：溫公力行處甚篤，只是見得淺。曰：是。義剛。

子思所謂「誠」，包得溫公所謂「不妄語」者，溫公誠在子思誠裏。閎祖。

曹兄問：諸先生皆以爲司馬公許多年居洛，只成就得一部《通鑑》。及到入朝，却

❶ 「活」，朝鮮本作「治」。

做得許多不好事。曰：道司馬公做得未善，即是；道司馬公之失，却不是。當時哲廟若有漢昭之明，便無許多事。又曰：不知有聖人出來，天下事如何處置？因舉《易》云：「井洌不食，行惻也；求王明，受福也。」卓。

溫公忠直，而於事不甚通曉。如爭役法，七八年間直是爭此一事。他只說不合令民出錢，其實不知民自便之，此是有甚大事，却如何捨命爭？端蒙。

司馬溫公爲諫官，與韓魏公不合。其後作《祠堂記》，極稱其爲人，豈非自見熙、豐之事故也？韓公真難得，廣大沉深。可學。

司馬公憂國之心，至垂絕猶未忘，道鄉亦然。切謂到此無可奈何，亦只得休矣。先生曰：全不念著，却如釋氏之忘。若二公者，又似太過。問：夫子曳杖負手，逍遙而歌，却不然。曰：夫子猶言「明王不興，天下孰能宗予」，依舊是要做他底。德明。

「與其得小人，不若得愚人。」溫公晚年更歷之，多爲此說。楊。

范蜀公作《溫公墓誌》，乃是全用東坡《行狀》，而後面所作銘，多記當時姦黨事。東坡令改之，蜀公因令東坡自作，因皆出蜀公名，其後却無事。若依范所作，恐不免被小人掘了。義剛。

《涑水記聞》，呂家子弟力辨，以爲非溫公書。蓋其中有記呂文靖公數事，如殺郭后等。某嘗見范太史之孫某說，親收得溫公手寫藁本，安得爲非溫公書？某編《八朝言行錄》，呂伯恭兄弟亦來辨。爲子孫者只得分雪，然必欲天下之人從己，則不能也。個。

溫公省試，作《民受天地之中以生論》，

以生爲活。其説以爲民能受天地之中，則能活也。《溫公集》中自有一段如此説，也説得好，却説他人以生爲生育之生者不然，拗論如此。某舊時這般文字及《了齋集》之類，盡用子細看過。其有論此等去處，盡拈出看。少年被病翁監看，他不許人看，要人讀。其有議論好處，被他監讀，煞喫工夫。又云：《了翁集》後面説禪，更沒討頭處。病翁笑曰：這老子後來説話如此，想是病心風。偶。

正獻爲溫公言佛家心法，只取其簡要，此呂氏之學也。方。

問：明道論元祐事，須並用熙、豐之黨。曰：明道只是欲與此數人者共變其法，且誘他入脚來做。問：如此，却似任術？曰：處事亦有不能免者，但明道是至誠爲之，此數人者亦不相疑忌。然須是明道方能了此，後來元祐諸公治得此黨太峻，亦不待其服罪。溫公論役法疎略，悉爲章子厚所駁，只一向罷逐，不問所論是非，却是太峻急。然當時如蔡確輩留得在朝廷，豈不害事？德明。

元祐諸公大綱正，只是多疎，所以後來熙、豐諸人得以反倒。揚。

元祐諸賢議論，大率凡事有據見定底意思，蓋矯熙、豐更張之失，而不知其墮於因循。既有箇天下，兵須用練，弊須用革，事須用整頓，如何一切不爲得？又曰：元祐諸賢多是閉著門説道理底，後來見諸行事，如趙元鎮意思，是其源流大略可睹矣。儒用。

熙、豐時，諸人生財治獄紛起，可畏！一人嘗以獄事累及呂申公。申公時爲樞密，其人帶吏直入樞府，令申公供文字之

類，甚無禮。後元祐間例治此等人，申公遂以其嘗治己之故，恐人以爲私報之讎，遂特輕之，當時人以爲是美。先生曰：只是莫過行遣，至當得這般罪，合與他行遣。此皆是病。揚。

元祐特立一司，名「理訴所」。令熙、豐間有所屈抑者盡來雪理，此元祐人之過也。後徽宗即位求言，人盡言之。後爲蔡京將放，❶有說熙、豐不好者，盡罪之，以鍾世美第一，蘇季明亦以此得罪。揚。

范淳夫純粹，精神短，雖知尊敬程子，而於講學處欠缺。如《唐鑑》極好，讀之亦不無憾。道夫。

范淳夫論治道處極善，到說義理處却有未精。䦕。

范淳夫說《論語》較龎，要知却有分明好處。如《唐鑑》文章，議論最好。不知當

時也是此道將明，如何便教諸公都恁地白直。某嘗看文字，見說得好處，便尋他來歷，便是出於好人之門。賀孫。

范淳夫講義做得條暢，此等正是他所長，說得出，能如此分曉。必大。

又嘗薦陳元興自代。若道要純謹，李方叔初不純謹；若道要學術議論，元興又不是這樣人。德明。

范淳夫不可曉，招李方叔教其子溫輩，溫者不佳。

韓持國、趙清獻俱學佛。向在衢州，見清獻公家書，雖佛尋常言語奉持亦謹，居家清苦之甚。韓持國卧病，令家人奏樂於前，就牀上輾轉稱快。以此而觀，則清獻所得多矣。德明。

正淳問：韓持國言「道上無克」，此說

❶ 「放」，原作「攷」，今據萬曆本改。

猶可。至説「道無真假」，則誤甚矣！曰：正緣其謂「道無真假」，所以言「無克」。若知道有真假，則知假者在所當克也。必大。

南豐與兄，看來是不足，觀其兄與歐公帖可見。義剛。

曾南豐初亦耿耿，後連典數郡，欲入而不得，故在福建亦進荔子。後得滄州，過闕上殿，劄子力為諛說，謂本朝之盛自三代以下所無，後面略略説要戒懼等語，所謂「勸百而諷一」也。然其文極妙。

曾子固初與介甫極厚善，入館後，出倅會稽。今集中有詩云：「知者尚復然，悠悠誰可語。」必是曾諫介甫來，介甫不樂，故其當國不曾引用。後介甫罷相，子固方召入，又却專一進諛辭，歸美神宗更新法度，得箇中書舍人。丁艱而歸，不久遂亡，不知更活幾年，又做如何合殺？❶ 子宣在後，一向做

出疏脱。初子宣有意調停，不主元祐，亦不主元豐，遂有建中靖國年號，如豐相之陳瑩中、鄒志完輩皆其所引。却又被諸公時攻其短，子宣不堪，有斥之使去國者。其弟子開有書與子宣云：「某人者皆時名流，今置閒處。」蓋爲是也。後韓忠彥欲擠子宣，遂引蔡京入來。子宣知之，反欲通慇懃於京。忠彥方遣其子迓京，則子宣之子已將父命迎之於二十里外矣。先時子宣攻京甚力，至是遂不復誰何。凡京有所論奏，不曰「京之言是」，則曰「京之言善」，又不自知其疏脱，載之《日録》。儒用。

問：「劉元城不知培植君子之黨，才一小事，便一向搏擊，以致君子盡去而小人用矣。此其過否？」曰：「過不在此，是他見識

❶「又」，萬曆本作「只」。

有病。「不知言，無以知人也」，是他不知言。且如說伊川，他只見得祖宗有典故，才有不合，便道不是。渠不知輔導少主之理當如此，故伊川一向被他論列，是他見識只如此。又如蔡新州事，被他當時自謂有定策功，宣仁亦甚惡之，謂須與他痛治，恐後來皇帝被人惑，治他不得。元城亦欲因其詩以治之。當時執政、侍從、臺諫有不欲治蔡者，一切逐去。蓋以詩治人自不正，因此以治彼罪，又不是。詩胡說，何足道？定策謀，他又不說了。又無緣治得他，都不消問了。其本原只在開導人主心術，使人主知不賞私恩，不罰私怨之理，則蔡何足慮！元城亦不是私意，只是言不當如此，却不知以詩治人不當，又欲絕其定策姦謀。如此治之，豈不使人主益疑？後蔡死，其家果訴冤，謂蔡有定策功。諸人忌之，遂起大禍。後治元祐諸公，皆爲蔡報怨也。溫公治時，必不如此。揚。

問：黃履、邢恕少居太學，邢固俊拔，黃亦謹厚力學，後來二人却如此狼狽。曰：它固會讀書，只是自做人不好。然黃却是箇白直底人，只是昏愚無見識，又愛官職，故爲邢所誘壞。邢則有意於爲惡，又濟之以才，故罪過多。僩。

邢恕本不定疊，知隨州時，溫公猶未絕之，與通書。只是明道、康節看得好。康節詩云「慎勿輕爲西晉風」，明道語見上蔡《錄》中「便不得不說」處。開封劍子事，只是後來撰出，當時無此事，《辨誣》中有「妄謂」二字。德明。

問：邢恕少年見諸公時，亦似好。先生曰：自來便尖利出頭，不確實，到處裏去入作章惇用。林希作御史，希擊伊川，只俟

邢救，便擊之。恕言於哲宗：「臣於程某嘗事之以師友，今便以程某斬作千段，臣亦不救。」當時治恕者，皆尋得《明道行狀》後所載說，即本此治之。恕過惡如此，皆不問。只在這一邊者，有豪髮必治之。

邢恕令王直方父爲高忘其名。做一脫宣仁欲廢哲宗事由文字，令高上之，人初不知之。直方臨死，以文字籠分人，籠中有其文字在，其說謂宣仁欲立其所生神宗弟。徐度侍郎云：「便是立神宗弟，亦無不是。」揚。

蘇子容薦李清臣，清臣一對，便說繼述事，蘇聞之駭然。出，蘇語李曰：「邦直將作好官。」振。

因論高甲人及葉祖洽，曰：此人本無才能，但時方尊尚介甫之學，祖洽多用其說，且因而推尊之，故作第一人。按《編年》，上好讀《孟子》，人未之知。時廷試進士，始用策，葉祖洽鄉

人黃履在禁從，因以告之。祖洽試策皆援引《孟子》，故稱旨，擢爲第一。然其人品凡下，又不敢望新進用事之人，提拔不起，當時不甚擢用。元祐固是無緣用他，及至紹聖間，復行「紹述」之說，依舊在閒處，無聊之甚，遂自詭以爲熙、豐舊人，知熙、豐事爲詳。今蒙擢在言路，乞亦熙、豐舊人，嘗薦臣。」士大夫貪得患失，未有若祖洽之甚者。或謂：「此等人亦緣科第高，要做官職，牽引得如此。曰：只是自家無志。若是有志底，自然牽引它不得。蓋他氣力大，如大魚相似，看是甚網都迸裂出去。才被這些子引動，便是元無氣力底人，如張子韶、汪聖錫、王龜齡一樣底人，如何牽得他。儒用。

莊仲問：本朝名公，有說得好者，於行上全不相應，是如何？曰：有一等人能談

仁義之道，做事處却乖。此與鬼念《大悲咒》一般，更無奈何他處。又曰：只是知得不明之故。《筆談》言士人門做文字，問即不會，用則不錯者，皆是也。豈可便以言取人？然亦不可以人廢言。說得好處，須還他好始得。如孟子取陽虎之言，但其用意別耳。友仁。

學中策問，蘇、程之學，二家當時自相排斥，蘇氏以程氏爲姦，程氏以蘇氏爲縱橫。以某觀之，只有荆公修《仁宗實錄》言老蘇之書大抵皆縱橫者流，程子未嘗言也。如《遺書》「賢良」一段，繼之以「得志不得志」之說，却恐是說他。坡公在黃州猖狂放恣，「不得志」之說恐指此而言。道夫問坡公苦與伊洛相排，不知何故？曰：他好放肆，見端人正士以禮自持，❶却恐他來檢點，故恁詆訾。道夫曰：坡公氣節有餘，然

過處亦自此來。曰：固是。又云：老蘇《辨姦》，初間只是私意如此，後來荆公做不着，遂中他說。然荆公氣習自是一箇要遺形骸、離世俗底模樣，喫物不知飢飽。嘗記一書載，公於飲食絕無所嗜，惟近者必盡。左右疑其爲好也，明日易以他物，而置此品於遠，則不食矣。往往於食未嘗知味也。至如食釣餌，當時以爲詐，其實自不知了。近世呂伯恭亦然，面垢身污，似所不卹，飲食亦不知多寡。要之，即此便是放心。《辨姦》以此等爲姦，恐不然也。老蘇之出，當時甚敬崇之，惟荆公不以爲然，故其父子皆切齒之。然老蘇詩云「老態盡從愁裏過，壯心偏傍醉中來」，如此無所守，豈不爲他荆公所笑？如上韓公書求官職，如此所爲，

❶「持」，原作「將」，今據萬曆本改。

又豈不爲他荊公所薄？至如坡公著述，當時使得盡行所學，則事亦未可知。從其遊者，皆一時輕薄輩，無少行檢，就中如秦少游，則其最也。諸公見他說得去，更不契勘。當時若使盡聚朝廷之上，則天下何由得平！更是坡公首爲無稽，游從者從而和之，豈不害事？但其用之不久，故他許多敗壞之事未出。兼是後來群小用事，又費力似他，故覺得他箇好。道夫。○以下三蘇及門人。

或問：東坡若與明道同朝，能順從否？曰：這也未見得。明道終是和粹，不甚嚴厲。東坡稱濂溪，只是在他前，不與同時同事。因說：當時諸公之爭，看當時如此，不當論相容與不相容。只看是因甚麼不同，各家所爭是爭箇甚麼。東坡與荊公，固是爭新法。東坡與伊川，是爭箇甚麼？只看這處，曲直自顯然可見，何用別商量？只看東坡所說云「幾時得與他打破這『敬』字」，看這說話，只要奮手捰臂，放意肆志，無所不爲便是。只看這處，是非曲直自易見。論來若說爭，只爭箇是非。若是，雖斬首穴胸，亦有所不顧；若不是，雖日食萬錢、日遷九官，亦只是不是。看來別無道理，只有箇是非。若不理會得是非分明，便不成人。若見得是非，方做得人。這箇是處，便是人立脚底地盤。向前去，雖然更有裏面子細處，要知大原頭只在這裏。且要理會這箇教明白，始得。這箇是處，便即是道，便是所謂「天命之謂性，率性之謂道」。萬物萬事之所以流行，只是這箇。做得是，便合道理；纔不是，便不合道理。所以《大學》要先格物、致知，也只在這裏。一件物事，固當十分好；若有七分好，

三分不好，❶也要分明。這箇道理，直是要分明，細入於豪髮，更無些子夾雜。又云：東坡如此做人，到少間便都排廢了許多端人正士，却一齊引許多不律底人來。如秦、黃雖是向上，也只是不律。因舉魯直《飲食帖》。東坡雖然疏闊，却無毒。子由不做聲，却險。少游文字煞弱，都不及衆人，得與諸蘇並稱，是如何？子由初上書，煞有變法意。只當是時非獨荆公要如此，諸賢都有變更意。賀孫。

問：二蘇之學得於佛、老，於這邊道理，元無見處，所以其說多走作。曰：看來只是不會子細讀書。它見佛家之說直截簡易，驚動人耳目，所以都被引去。聖人之書，❷非細心研究不足以見之。某數日來因閑思聖人所以說箇「格物」字，工夫盡在這裏。今人都是無這工夫，所以見識皆低。

然格物亦多般，有只格得一兩分而休者，有格得三四分而休者，有格得四五分、五六分者。格到五六分者，已爲難得。今人元不曾格物，所以見識極卑，都被他引將去。二蘇所以主張箇「一」與「中」者，只是要恁糊不分別，所以横說豎說，善作惡作，都不害道理也。❸然當時人又未有能如它之說者，所以都被他說動了。故某嘗說，今人容易爲異說引去者，只是見識低，只要鶻突包藏，不敢說破。纔說破，便露脚手。所以都將「一」與「中」蓋了，則無面目，無方所，人不得而非之。個。

二蘇呼喚得名字都不是了。振。

❶「三」，原作「二」，今據朝鮮本改。
❷「人」，萬曆本作「賢」。
❸「害」，萬曆本作「會」。

兩蘇既自無致道之才，又不曾遇人指示，故皆鶻突無是處。

胡問：東坡兄弟若用時，不是聽得人底？只管鑽去，謂此是我自得，人豈可以一己所見下國家否？曰：就他分限而言，亦各有用處；論其極，則亦不濟得事。淳。

東坡議論大率前後不同，如介甫未當國時是一樣議論，及後來又是一樣議論。公謹。

東坡只管罵王介甫。介甫固不是，但教東坡作宰相時，引得秦少游、黃魯直一隊進來，壞得更猛。淳。

或問：張安道爲人何如？曰：不好。如攻范黨時，他大節自虧了。後來爲溫公攻擊，章凡六七上，神宗不聽，遂除溫公過翰林學士，而張居職如故。嘗見東坡爲《溫公神道碑》，叙溫公自翰林學士爲御史中丞，自御史中丞再爲翰林學士，心嘗疑之，此一節必有所以。後觀《溫公集》，乃知溫公以攻安道之故，再自御史過翰林。而東坡兄弟懷其平日待遇之厚，尊之，故東坡刪去此一節，不言其事，極力讀者有疑安道不好。又劉公湖州人，忘其名。亦數章攻之，而不見其首三章。《集》中止有第四章，大概言臣攻方平之短，已具於前數奏中。記得是最言其不孝之罪，可惜不見。蓋東坡尊方平，而天下後世之人以東坡兄弟之故，遂爲東坡諱而隱其事，併毀其疏以滅蹟。某嘗問劉公之孫某求之，而其家亦已無本矣。方平嘗托某人買妾，其人爲出數百千買妾，方平受之而不償其直，其所爲皆此類也。安道是箇秦不收、魏不管底人，他又爲正人所惡，那邊又爲王介甫所惡。蓋介甫是箇修飭廉隅孝謹之人，而安

道之徒平日苟簡放恣慣了，纔見禮法之士，必深惡。如老蘇作《辨姦》以譏介甫，東坡惡伊川，皆此類耳。論來介甫初間極好，他本是正人，見天下之弊如此，銳意欲更新之，可惜後來立脚不正，壞了。若論他甚樣資質孝行，這幾箇如何及得他！他門平日自恣慣了，只見修飭廉隅不與己合者，即深詆之，有何高見！卓。

溫公自翰林學士遷御史中丞，累章論張方平。所論不行，自中丞復爲翰林學士。東坡作《溫公神道碑》，只說自中丞復爲翰林學士，却節去論方平事，爲方平諱也。某初時看，更曉不得。後來看得溫公文集，方知是如此。文蔚。

老蘇說得眼前利害事却好。學蒙。

因說老蘇曰：不能言而蹺蹊而其中不蹺蹊者，揚。

三代節制之師，老蘇權論不是。謨。

東坡善議論，有氣節。若海。

東坡解經，一作「解《尚書》」。莫教說着處精神。

東坡天資高明，其議論文詞自有人不到處。如《論語說》亦煞有好處，但中間須有些漏綻出來。如作《歐公文集序》，先說得許多天來底大，恁地好了，到結末處却只如此，蓋不止龍頭蛇尾矣。當時若使他解虛心屈己，鍛煉得成甚次第來。木之。

問：東坡與韓公如何？曰：平正不及韓公。東坡說得高妙處，只是說佛，其他處又皆籠。又問：歐公如何？曰：淺。久之，又曰：大概皆以文人自立。平時讀書，

❶「蹊」，萬曆本作「蹊」。

只把做考究古今治亂興衰底事，要做文章，都不曾向身上做工夫，平日只是以吟詩飲酒戲謔度日。義剛。

東坡平時為文論利害，如主意在那一邊利處，只管說那利。其間有害處，亦都知，只藏匿不肯說，欲其說之必行。

因論東坡《刑賞論》「悉舉而歸之仁義」，如是則仁義乃是不得已而行之物，只是作得一癡忠厚。此說最礙理，學者所當察。可學。

東坡《刑賞論》大意好，然意闊疏，說不甚透。只似刑賞全不奈人何相似，須是依本文將「罪疑惟輕，功疑惟重」作主意。因論二蘇《刑賞論》極做得不是，先生曰：用刑，聖人常有不得已之心；用賞，聖人常有不吝予之意：此自是忠厚了。若更於罪之疑者從輕，於功之疑者從重，這尤是

忠厚。此是兩截之事。卓。

《溫公墓碑》云：「曰誠，曰一。」人多議之，然亦未有害。誠者，以其表裏言之；一者，以其始終言之。人傑。

坡公作《溫公神道碑》，敘事甚略。然其平生大致，不踰於是矣，這見得眼目高處。道夫曰：其作《富公碑》甚詳。❶ 曰：溫公是他已為行狀，若富公，則異於是矣。又曰：富公在朝，不甚喜坡公。其子弟求此文，恐未必得，而坡公銳然許之。自今觀之，蓋坡公欲得此為一題目，以發明己意耳。其首論富公使虜事，豈苟然哉！道夫曰：向見文字中有云：富公在青州活飢民，自以為勝作中書令二十四考，而使虜之功，蓋不道也。坡公之文，非公意矣。曰：須

❶「其」，萬曆本作「某」。

要知富公不喜，而坡公樂道而鋪張之意如何。曰：意者，富公嫌夫中國衰弱而夷狄盛強，其爲此舉，實爲下策。而坡公則欲救當時之弊，故首以爲言也。先生良久乃曰：富公之策自知其下，但當時無人承當，故不得已而爲之爾，非其志也。使其道得行，如所謂選擇監司等事一一舉行，則內治既強，夷狄自服，有不待於此矣。今乃增幣通和，非正甚矣。坡公因紹聖、元豐間用得兵來狠狠，故假此說以發明其議論爾。道夫。

東坡《南安學記》說：古人井田封建不可行，今只有箇學校而已。其間說舜遠不可及，得如鄭子產爲鄉校足矣。如何便決定了千萬世無人可以爲舜，只得爲子產？又說古人於射時因觀者群聚，遂行選士之法，此似今之聚場相撲相戲一般，可謂無稽之論。自海外歸來，大率立論皆如此。淳。

或問：東坡言「逝者如斯，而未嘗往也；盈虛者如代，而卒莫消長也」。❶只是老子「獨立而不改，周行而不殆」之意否？曰：然。又問：此語莫也無病？曰：便是不如此。既是「逝者如斯」，如何不往？「盈虛者如代」，如何不消長？既不往來、不消長，却是箇甚底物事？這箇道理，其來無盡，其往無窮。聖人但云「維天之命，於穆不已」，又曰「逝者如斯夫」，只是說箇不已，何嘗說不消長、不往來？它本要說得來高遠，却不知說得不活了。既是「往者如斯，盈虛者如代」，便是道理流行不已也。東坡之說，便是肇法師「四不遷」之說也。又云：「盈虛者如代」，「代」字今多誤作「彼」字。「而吾與子之所共食」，「食」字多

---

❶「卒」，萬曆本作「率」。

誤作「樂」字。嘗見東坡手寫本,皆作「代」字、「食」字。頃年蘇季真刻《東坡文集》,嘗見問「食」字之義,答之云:「如『食邑』之『食』,猶言享也。史書言『食邑其中』、『食其邑』,是這樣『食』字。今浙間陂塘之民謂之『食利民户』,亦此意也。」又云:「碑本《後赤壁賦》『夢二道士』,『二』字當作『一』字,疑筆誤也。」僩。

須見得道理都透了,而後能靜。東坡云:「定之生慧,不如慧之生定較速。」此說得也好。淳。

或言:東坡雖說佛家語,亦說得好。先生曰:他甚次第見識!甚次第才智!它見得那一道明,亦曾下工夫,是以說得那一邊透。今世說佛,也不曾做得他工夫;說道,也不曾做得此邊工夫,只是虛飄飄地,沙颺過世。謙。

草堂劉先生曾見元城云:「舊嘗與子瞻同在貢院,早起洗面了,遶諸房去胡說亂說。被他撓得不成模樣,人皆不得看卷子。及夜乃歸,張燭一看數百副。在贛上相會,坐時已自瞌睡,知其不永矣。不知當時許多精神那裏去?」二公皆歸自嶺海。東坡曾知貢舉。○揚。

東坡記賀水部事,或云無此事,蓋喬同給東坡以求詩爾。僩。

東坡薦秦少游,後爲人所論,他書不載,只《丁未錄》上有。嘗謂東坡見識如此,若作相,也弄得成蔡京了。李方叔如許,東坡也薦他。

東坡聰明,豈不曉覺得?他晚年自知所學底倚靠不得。及與李昭玘書,有云「黄、秦輩挾有餘之資而騖於無涯之智,必極其所如,將安所歸宿哉?念有以反之」。

范淳夫持兩端,兩邊都不惡他,也只是不是。如今說是說非,都是閑說。若使將身己頓放在蘇、黃間,未必不出其下。須是自家強了他,方說得他,如孟子闢楊、墨相似。這道理只是一箇道理,只會自家身己是本,其他都是閑物事。緣自家這一身是天造地設底,❶已盡擔負許多道理,纔理會得自家道理,則事物之理莫不在這裏。一語一默,一動一靜,一飲一食,皆有理。纔不是,便是違這理。若盡得這道理,方成箇人,方可以拄天踏地,方不負此生。若不盡得此理,只是空生空死,空具許多形骸,空受許多道理,空喫了世間人飯。見得道理若是,世上許多閑物事都沒要緊,要做甚麼?又曰:伊尹說:「天之生斯民也,使先知覺後知,使先覺覺後覺。❷予,天民之先覺者也,予將以斯道覺斯民也,非予覺之而誰也?」「思天下之民,匹夫匹婦有不與被堯、舜之澤者,若己推而納之溝中。」其自任以天下之重如此。聖賢與眾人皆具此理,眾人自不覺察耳。聖人之心如青天白日,更無些子蔽翳。又曰:萬理皆具於吾心,須就自家身己做工夫,方始應得萬理萬事,所以《大學》說「在明明德,在新民」。賀孫。

先生因論蘇子由云「學聖人,不如學道」:他認道與聖人做兩箇物事,不知道便是無軀殼底聖人,聖人便是有軀殼底學道。聖人做兩箇物事,學聖人便是學道,如何將做兩箇物事看?燾。

看子由《古史序》說聖人「其為善也,如

❶ 「底」,原作空格,今據萬曆本補。
❷ 「覺後」之「覺」,原無,今據萬曆本補。

水之必寒，火之必熱，其不爲不善也，如驥虞之不殺，竊脂之不穀」。此等議論極好，程、張以後文人無有及之者。蓋聖人行事，皆是胸中天理自然發出來不可已者，不勉強有爲爲之。後世之論，皆以聖人之事有所爲而然。《周禮》纖悉委曲去處，却以聖人有邀譽於天下之意，大段鄙俚。緣本領見處低了，所以發出議論如此。如陳君舉《周禮說》有「畏天命，即人心」之語，皆非是聖人意。因說：歐公文字大綱好處多，晚年筆力亦衰。曾南豐議論平正，耐點檢。李泰伯文亦明白好看。木之問：老蘇文議論不正當。曰：議論雖不是，然文字亦自明白洞達。木之。

子由《古史論》，前後大概多相背馳，亦有引證不著。是他老來精神短，做這物事都忘前失後了。淳。

近見蘇子由《語錄》，大抵與《古史》相出入。它也說要「一以貫之」，但是他說得別。他只是守那一，說萬事都在一，淳錄有「外」字。然而又不把一去貫，說一又別是一箇物事模樣。義剛。

因說《欒城集》曰：舊時看他議論亦好，近日看他文字，煞有害處。如劉原父才傲物，子由與他書，勸之謙遜下人，此意甚好。其間却云：「天下以吾辯而以辯乘我，以吾巧而以巧困我，不如以拙養巧，以訥養辯。」如此，則是怕人來困我，故卑以之，此大段害事。如東坡作《刑賞忠厚之至論》，却說「懼刑賞不足以勝天下之善惡，舉而歸之仁」。如此，則仁只是箇鶻突無理會底物事，故又謂「仁可過，義不可過」。大抵今人讀書不子細，此兩句却緣「疑」字上面生許多道理。若是無疑，罪須是罰，功須

是賞，何須更如此？或曰：此病原起於老蘇。曰：看老蘇《六經論》，則是聖人全是以術欺天下也。子由晚年作《待月軒記》，想他大段自說見得道理高，而今看得甚可笑。如說軒是人身，月是人性，則是先生下一箇人身，却外面尋箇性來合湊着，成甚義理？雉。

子由深，有物。作《潁濱遺老傳》，自言件件做得是。如拔用楊畏，來之邵等事，皆不載了。當時有「楊三變」、「兩來」之號。門下侍郎甚近宰相，范忠宣、蘇子容輩在其下。楊攻去一人，當子由做，不做，又自其下用一人；楊又攻去一人，子由當做，又不做，自其下拔一人。凡數番如此，皆不做。楊曰：「蘇不足與矣。」遂攻之。來亦攻之。後老居潁昌，❶全不敢見一客。一鄉人自蜀特來謁

之，不見。候數日，見在亭子上，直突入。子由無避處了，見之。云：「某特來見。」云：「可少候，待某好出來相見。」歸，不出矣。揚。

劉大諫與劉草堂言，子瞻却只是如此。一日，蔡京黨中有一人來見子由，遂先尋得京舊常賀生日一詩，與諸小孫先去見人處嬉看。及請其人相見，諸孫曳之滿地。子由急自取之，曰：「某罪廢，莫帶累他元長去。」京自此甚畏之。揚。

《龍川志序》所載，多得之劉貢父。害蘇子美者是一李定。蘇東坡時守湖州，來攝，東坡驚甚。時陳伯脩為倅，多調護事。伯脩名師錫，建

---

❶「老」，萬曆本作「來」。

陽人，嘗作察院，同了翁言蔡京，後貶死。東坡下御史獄，考掠之甚。蘇子容時尹開封，勘陳世儒事。有人言文潞公之徒，嘗請託之類亦置獄。子容與東坡連獄，聞其有考掠之聲，有詩云云。世儒，執中子也。世儒所生張氏酷甚。似是呂申公外甥。世儒妻一日諷群婢云：「本官若丁憂，汝輩要嫁底爲好嫁，要錢底與之錢。」群婢以此遂藥殺之。後置獄，夫婦皆赴法。其婦慧甚，臨赴法時，遂掣窗紙一片，即搯成一「番」字，使人送與其夫。云云。○揚。

蘇東坡子過，范淳夫子溫，皆出入梁師成之門，以父事之。然以其父名在籍中，❶亦不得官職。師成自謂東坡遺腹子，待叔黨如親兄弟，諭宅庫云：「蘇學士使一萬貫以下，不須覆。」叔黨緣是多散金，卒喪其身。又有某人亦以父事師成，師成妻死，溫與過當以母禮喪之，方疑忌某人。不得已

衰絰而往，則某人先衰絰在帷下矣。可學。

東坡諡「文忠」，時無「太師」，曾誤寫作「太師」。人與言之，曰：「何妨？」遂因而贈之。今行遣年月前後可攷。揚。

論東坡之學，曰：當時遊其門者，雖苦心極力，學得他文詞言語，濟得甚事？如見識議論，自是遠不及。今東坡經解雖不甚純，然好處亦自多，其議論亦有長處。但他只從尾梢處學，所以只能如此。

富鄭公初甚欲見山谷，及一見，便不喜，語人曰：「將謂黃某如何，元來只是分武寧一茶客。」富厚重，故不喜黃。振。

黃山谷慈祥之意甚佳，然殊不嚴重。書簡皆及其婢妮，艷詞小詩，先已定以悅人，忠信孝弟之言不入矣。

---

❶ 「在」，萬曆本作「其」。

山谷使事多錯本旨，如作人墓誌云：「敬授來使，病于夏畦。」本欲言皇恐之意，却不知與「夏畦」相去關甚事？

黃魯直以元祐黨貶，因為荊南甚寺作塔記，人以此媒蘗他，故再貶。蘇子由門皆閉門絕賓客。有人自蜀來，累日不得見，詢其鄰人，云他十數日必一出門外小亭上坐。其人遂日候其出，才得一揖。子由讓其坐，且云：「待某入着衣服。」即入去，一向不出。

黃魯直《書浯溪碑》是他最好底議論，而沙隨却說他不是，蓋云肅宗收復兩京，再造王室，其功甚大，不可短他。這事不如此，肅宗之收復京師，其功固可稱。至不待父命而即位，分明是篡。功過當作兩項說，不以相撐可也。沙隨之論，大概要考細碎制度，不要人說義理，與致堂說皆相反。

云韓、趙、魏為諸侯，不為不是。蓋為周室微弱，不可不立他，待自家強盛，方可去治他。又云晉之所以為三卿分者，是其初不合併得地太大，所以致得恁地。若如此，則周室為諸侯所陵，亦謂之武王不合有此天下，可乎？漢匡衡當恭、顯用事，不敢有言，至恭、顯死後方論他，遂為王尊所劾。沙隨以為人主之意不可回，宰相不可以諫他，反遭禍害。又唐劉蕡云：「天子不可漏言。」他却誦言于庭，使宦官之勢愈張。沙隨却云：「劉蕡以布衣應直言極諫科，合如此說，縱殺身猶可以得名。」豈有宰相與天子一體，而不諫諍人主，布衣却可出來說？致堂說二疏是見元帝不足傅相，故持知止之義以求退，看來是如此。若蕭望之則不容於不死，是不若二疏之先見。沙隨乃云不然，且引鄭忽之事為證，又不着題，皆不

成議論。

先生看《東都事略》。文蔚問曰：「此文字如何？」曰：「只是說得簡影子。適間偶看《陳無已傳》，他好處都不載。」問曰：「他好處是甚事？」曰：「他最好是不見章子厚，不着趙挺之綿襖。」傅欽之聞其貧甚，懷銀子見他，欲以贐之。坐間聽他議論，遂不敢出銀子。如此等事，他都不載。如《黃魯直傳》，魯直亦自有好處，他都不曾載得。文蔚問：「魯直好在甚處？」曰：「他亦孝友。文蔚。

陳無已、趙挺之、邢和叔皆郭大夫壻。陳在館職，當侍祠郊丘，非重裘不能禦寒氣。無已止有其一，其內子爲於挺之家假以衣之。無已詰所從來，內以實告。無已曰：「汝豈不知我不著渠家衣耶？」却之。既而遂以凍病而死。謝克家作其文集序，中有云「篋無副裘」，又云「此豈易衣食

者？」蓋指此事。必大。揚錄云：謝任伯作墓誌，所載不明，此豈可不白於後世也。

陳後山與趙挺之、邢和叔爲友壻，皆郭氏壻也。後山推尊蘇、黃，不附王氏，故與和叔不協。後山在館中，差與南郊行禮，親戚謂其妻曰：「登郊臺，率以夜半時，寒不可禁，須多辦綿衣。」而後山家止有一裘，其妻遂於邢家借得一裘以衣。後山云：「我只有一裘，已着，此何處得來？」妻以實告。後山不肯服，趣令送還，竟以中寒感疾而卒。或曰：「非從邢借，乃從趙借也。」故或人祭文有云「囊無副衣」即謂此也。趙挺之初亦是熙、豐黨中人，附蔡元長以得進，後來見得蔡氏做得事勢不好了，却去攻他。趙有三子，曰□誠，曰思誠，曰明誠。明誠，

① 「附」，萬曆本作「服」。

李易安之夫也，文筆最高，《金石錄》煞做得好。廣。

晁以道後來亦附梁師成，有人以詩嘲之曰：「早赴朱張飯，隨廣蔡子詩。此回休倔強，凡事且從宜。」人傑。

張文潛軟郎當地，❶所作詩前四五句好，後數句胡亂填滿，只是平仄韻耳。想見作州郡時闒冗，平昔議論宗蘇子由，一切放倒無所爲，故秦檜喜之。檜其他豈肯無所爲？陳無己亦是以策言不用兵，孝文和戎好，檜亦喜之。楊。

徐德占爲御史中丞，不敢見人，朝路見南豐，敘致甚恭。南豐待之甚踞，云「公是徐禧，久聞公名」。云云。○揚。

董敦逸在紹聖間爲御史，嘗命錄問孟后事。文字都上，次日忽入文字云：「臣昨日錄問時，覺得宮中人口中有無舌者，臣恐有枉。」當時以御史錄問爲重，未上文字時，能論列未必如是。後來朝廷以其反覆，罪之。後曾子宣薦士，皆一時名士，董亦在其中，名下注云：「臣履常疑其人。履前時細行亦謹，與邢恕同學，未必不是爲邢所誘。」楊。

汪表民進言，史臣不能發明神宗德業，其史不好，諸小人遂執此以生事。揚。

小人不可與君子同處於朝，昔曾布當建中靖國初，專欲涵養許多小人，漸漸被他得志，一時諸君子皆爲其所陷。要之，要出來做時，小人若未可卒去，亦須與分明開說是非善惡，使彼依自家話時，却以事付之，若分明與說是非，不依自家話時，自家只得去了。如何含胡胡，我也做些，他也做些，都不與問那箇是是，那箇是非。久之未

❶ 「地」，萬曆本作「他」。

有不爲其所勝。若與說得是非通透了，他也自要做人。他若既知得是非，又自要做人，這須旋旋安頓，與在外好差使。吾家便把許多智巧對副他。兼是才做一事，自家便把許多精神智巧對副他，自家心術已自壞了。明道先生若大用，雖是可以變化得小人，然亦須與明辨是非。舜去「四凶」，孔子誅少正卯，當初也須與他說是非。到得他自恃其高，不依聖人說話，只得去了。賀孫。

曾子宣初亦未嘗有甚惡元祐人之意，被陳瑩中書之後，遂乘勢作起，徽宗攻治之，亦以其與熙、豐本合也。子開嘗有書諫其兄莫如此，并莫用蔡京之類。子宣亦有答書，謂「吾弟亦嘗不容於元祐，今何故議論如此」。子開雖然所見，亦鶻突。

曾子宣作相，薦蔡京。子開不樂之甚，

力諫其兄，即乞出。本不喜蔡京，蔡京來去途中遇之，避又不得，不見又不得，遂謁見之。京公服秉笏謝云：「今此得還朝，❶皆相公之力、翰林之助。」子開聞其言，愈不樂，一切失措。京秉笏謝之，子開亦忘了笏，只叉手答之。子開因蔡確事，被劉器之所逐。後見其兄引薦繆，遂多主元祐之人。子宣書與之曰：「平日吾弟議論平正，無所偏黨。吾弟今見蔡京事，深自恨，而敬服了翁。」揚。○或錄云：京致恭，子開略答之。忽出笏稟事，因及子宣政事。子開正色曰：賢道家兄做得是邪？

曾子宣《手記》被曾揀出好底印行，某於劉共父家借得全書看，其間邪惡之論甚多。或問：若據布所記，則元符間何爲與

---

❶「朝」，萬曆本作「門」。

章厚同在政府而能兩立？曰：便是恐不可全信。然每奏事，布必留身對，必及厚獨對，必及布。哲宗欲兩聞其過失，亦多詢及之。至。

了翁以書達曾子宣，子宣怒，蹺足而讀。陳曰：「此國家大事，相公且平心，無失待士之禮。」曾下足，陳因此出。揚。

了翁平生於取舍處看得極分明，從此有入，凡作文多好言此理。嘗作一文祭李家人，云「熊掌我取，天實予之」。所以平生所立如此。

陳了翁在貶竄中，與蔡京輩爭辯不已，亦是他有智數。蓋不如此，則必爲京輩所殺矣。人傑。○或錄云：了翁固是好人，亦有小小智數云云。

陳了翁氣剛才大，惜其不及用也。若海。

問：元城、了翁之剛，孰爲得中？曰：元城得中，了翁後來有太過處。元城只是居其位，便極言無隱，罪之即順受。了翁後來做得都不從容了。所以元城嘗論其《尊堯集》所言之過，而戒之曰：「告君行己，苟己無憾，而今而後，可以忘言矣。」僩。

了翁有濟時之才，道鄉純粹，才不及也。使了翁得志，必有可觀。道夫。

先生問：潮州前此有遷客否？德明答以不知。先生因言：子由謫循州。元城經行梅州，當時有言劉器之好命，用事者擬竄某州，云「且與他試命」。後放還居南都。宣和末年方没，只隔一年，便有金虜之禍。使其不死，必召用。是時天下事被人作壞，已如魚爛了，如何整頓？一場狼狽不小。今日且是無人望。元城在南都，似箇銀山鐵壁，地又當往來之衝。過者必見，歷歷爲説平生出處，無少回護。群小

雖睥睨，不敢動着他。○當錄云：此老若在，教他做時，不知能救得如何？德明。

鄒道鄉《奏議》不見於世，德父嘗刊行《家集》，龜山以公所彈擊之人猶在要路，故今集中無《奏議》。後來汪聖錫在三山刊《龜山集》，求《奏議》於其家，安止移書令勿刊，可惜！不知龜山猶以出處一事為疑，故《奏議》不可不行於世。安止判院聞之，刊於延平。○德明。

問劉元承撻鄒志完舟人事。見《晁氏客語》，更當考。曰：道鄉赴貶到某州，元承為守。舟人覆，「若載鄒正言，不敢取一錢」。元承撻之。因云：元承當蔡京用事時，煞做好官。德明。○揚錄云：舟子不用錢，願載。劉聞之，追舟子吏一頓。❶ 不得去載。

先生傷時世之不可為，因歎曰：忠臣殺身不足以存國，讒人構禍，無罪就死。後人

徒為悲痛，奈何！劉莘老死亦不明，今其行狀似云：死後以木匣取其首。或云服樂，或云取首級，皆無可考。國史此事是先君修正，❷云：「劉摯、梁燾相繼死嶺表，天下至今哀之。」初，文潞公之子及甫，以劉莘老當言路，潞公欲除中書令。諸公議，恐事多易雜，若致繳駁，反傷老成，遂只除平章軍國重事，乃是為安潞公計耳。渠家不悉，反終以為怨。及甫以書與邢恕，有「粉昆，司馬昭」等語，邢恕收藏此束，待黨事發，即以此嫁禍於劉、梁。本來「粉昆」之語乃指韓忠彥，蓋忠彥之弟嘉彥為駙馬都尉，人呼為「粉侯」昆，即兄也。後事發，文及甫下獄，供稱「司馬昭」是說劉摯，「粉」是說王巖叟，

❶「頓」，萬曆本作「慎」。
❷「正」，原作「止」，今據萬曆本改。

以其面白如粉。昆者，兄也。兄，況也，是說梁況之。故王巖叟雖已死，而二人皆以此重行貶竄以死。賀孫。

劉摯、梁燾諸公之死，人皆疑之，今其家子孫皆諱之。然當時多遣使恐嚇之，又州郡監司承風旨皆然，諸公多因此自盡。劉元城屢被人嚇令自裁，劉不畏，曰：「君命死即死，自死奚爲？」寫遺祝之類訖，處，然此須學得他始得。卒無恙。劉只有過當曰：「今死無難矣！」部作實錄云：「梁燾、劉摯同時死嶺表，人皆冤之。」因論范淳夫及此。○揚。○廣錄云：范淳夫死亦可疑，雖其子孫備載其死時詳細，要之深可疑。惟劉器之死得明白，亦幾不免，只是他處得好。

呆老爲張無盡所知。一日，語及元祐人才，問：「相公以爲如何？」張曰：「皆好。」呆曰：「如此，則相公在如溫公，大賢也。」

言路時，論他則甚？」張笑曰：「公便理會不得，只是後生死急要官做後如此。」廣。

龜山作《周憲之墓銘》，再三稱其勁童貫之疏，但尚書當時亦少索性。若海。

章子厚與溫公爭役法，雖子厚悖慢無禮，諸公爭排之，然據子厚說底却是。溫公之說，前後自不相照應，被他一一捉住病痛，敲點出來。諸公意欲救之，所以排他出去。又他是箇不好底人，所以人皆樂其去耳。儒用。○以下章、蔡。

朝廷以議役法去章惇，故惇後得以爲言。揚。

問：章、蔡之姦何如？曰：京之姦惡又過於惇。方惇之再入相也，京謁之於道，袖出一軸以獻惇。如《學校法》《安養院》之類，凡可以要結士譽、買覓人情者，具在。惇辭曰：「元長可留他時自爲之。」後京爲

相，率皆建明，時論往往歸之。至詣學自嘗饅頭，其中沒見識士人以手加額，曰：「太師留意學校如此！」京之當國，費侈無度。趙挺之繼京爲相，便做不行。挺之固庸人，後張天覺亦復無所措手足。京四次入相，後至盲廢，始終只用「不患無財，患不能理財」之說，其原自荊公。又以鹽鈔、茶引成櫃進入，上益喜，謂近侍曰：「此太師送到朕添支也。」由是内庭賜予，不用金錢，雖累巨萬，皆不費力。鈔法之行，有朝爲富商、暮爲乞丐者矣。儒用。

蔡京誣王珪當時有不欲立哲宗之意。珪無大惡，然依違鶻突。章惇則以不欲立徽宗之故，故入姦黨，皆爲爲臣不忠。揚。

蔡京奏其家生芝，上攜鄆王等幸其第，賜宴，云：「朕三父子勸卿一盃酒。」是時太子却不在，蓋已有廢立之意矣。義剛。

蔡京不見殺淵聖，以嘗保佑東宫之故。道君嘗喜嘉王，王黼輩嘗搖東宫。道君作事亦有大思慮者。欲再立后，前數人有寵者當次立。道君一日盡召語之曰：「汝輩當立，然皆有子，立之，恐東宫不安。」遂立鄭后，鄭無子。揚。

京當時不主廢立，故欽宗獨治童貫等，而京罪甚輕。義剛。

問：蔡京何故得全首領，卒於潭州？曰：當時執政大臣皆他門下客，如吳元忠輩亦其薦引，不無牽制處。虞人物一番退時，是甚時節。臺諫却別不曾理會得事，三五箇月，只反倒得京，逐數百里，慢慢移去，結末方移儋州。及到潭州，遂死。問：李伯紀後來當國時，京想已死否？不然，則必如張邦昌，想已正典刑矣。曰：靖康名流多是蔡京晚年牢籠出來底人才，伯紀亦

所不免。如李泰發是甚次第硬底人，亦爲京所羅致，他可知矣。今衡州所刊《劉諫議文集》中有一帖與泰發，蓋微諷之。按《遺史》，京之愛妾二：曰慕容夫人，曰小李夫人。又童貫之子童五十者，認以爲妹，生子儵，復尚主。小李出其下，怏怏求出，遂嫁宣贊舍人曹濟，後爲湖南兵馬都監。京死潭州，李氏殯之於一僧寺。○儒用。

蔡京靖康方貶死於潭州，八十餘歲，自病死。初不曾有行遣，後張安國守潭，治疊此等，爲埋之。然有人見其無頭，後來朝廷取看也。揚。

蔡攸，字居安，京長子也。王師入燕，以功進少師，領樞密院事，封英國公、燕國公，後欲相之，既而悔之，但進太保。上將謀內禪，親書「傳立東宮」字，以授李邦彥。邦彥却立，不敢承白。時中輩皆在列，上躊躇四顧以付攸，攸退，屬其客給事中吳敏，敏即約李綱共爲之議，遂定。淵聖既貶之，

又欲誅之，乃命陳述持詔即所在斬之。述且行，上又取詔書從旁批三字曰「儵亦然」。於是兄弟及誅。揚。

蔡絛又有《鐵圍山語錄》，絛與攸雖不同，然其用志又自乖。攸只是藝狎，絛欲竊國柄。○必大。

許右丞在宣、政間見奉上極於侈靡，亦如龜山意，歸咎於王氏《鳧鷖》之説，因別解此詩以進云：「涇水最濁，濁者所以厚民。」當時花石綱正盛，許乃要將此等文字去攔截，不知攔得住否？必大。

范致虛初間本因同縣道士徐知常皆建陽人。薦之於徽宗，遂擢爲右正言。徐本一庸凡人，不知因甚得幸。徽宗喜其會説話，遂親幸之。致虛未到即首疏云：「陛下若欲紹述熙、豐之政，非用蔡京爲政不可。」京一到，這許多事一變，更遏捺不下。雖爲曾子宣論列一番，

然如何過得蔡京之勢。呼嘯群小之黨,以致亂天下。范一到,便爲驚世駭俗之論,取他人之不敢言者,無所忌憚而言之。范某,蜀公族人,入宜州,見魯直,又見張懷素,甚愛之。一夜與之觀星,曰:「熒惑如貫索,東南必有獄。」范以告,得官。湯東野資之入京,東南亦得官。可學。

宣、政間,鄆州有數子弟,好議論士大夫長短,常聚州前邸店中。每士大夫過,但以觜舒縮,便是短長他。時人目爲「豬觜」,以其狀似豬以觜掘土。此數子弟因戲以其號自標,爲甚「豬觜大夫」、「豬觜郎」之屬。少間爲人告以私置官屬,有謀反之意,興大獄鍛煉。舊見一策子載,今記不得。近看《長編》,有一段:徽宗一日問執政:「東州逆黨何不爲處分了?」都無事之首尾。若是大反逆事,合有首尾。今看來,只是此

一項語言。想李熹也不曾見此事,只大略聞得此事。

宣、政末年,論元祐學術事,如徐秉哲、孫覿輩說得更好。後來全是此等人作過,故曰「天下有道,盜其先變乎」!德明。

因論賈生《治安策》中「深計者謂之妖言」,曰:宣、政間,凡「危」、「亡」、「亂」字皆不得用,安得無後來之禍?又云:世間有一種却是妖言。如葉夢得、宇文虛中二人所爲,極是亂道,平日持論却甚正。每進言,必勸人主以正心、脩身爲先。其言之辨裁,雖前輩有說不及處。正如鬼出來念《大悲呪》相似,正所謂妖言也。又曰:此等人多是有才會說底。若使有好人在上,收拾將去,豈不做好人?只緣時節不好,義理之心不足以勝其利欲之心,遂由徑捷出,無所不至。若逢治世,他擇利而行,知爲君子

之為美，亦必知所趨向。治世之才，亦那得箇箇是好人？但是好人多，自是相夾持在裏面，不敢為非耳。又問：邢和叔、章子厚之才，使其遇治世，能為好人否？曰：好人多，須不至如此狼狽。然邢亦難識，雖以富、韓、馬、呂、邵、程，亦看他不破。❶曰：亦只是就他皮膚上略點他耳。又曰：他家自有一本《言行錄》記他平日做作好處。頃於滄峽見其家有子弟在彼作稅官，以一本見遺，看來當初亦有得他力處。蓋元豐末，邢恕嘗說蔡持正變熙豐法，召馬、呂，故《言行錄》多記此等事，見徐端立侍郎說，邢和叔之於元祐，猶陳勝、吳廣之於漢，以其首事而先起也。因言：宇文虛中嘗從童貫開燕山，隨童貫亦多年，未嘗有一言諫童貫之失。後來徽宗與其弟粹中說：「聞卿云虛中也極

善料事，朕方欲令在政府，而執政不可，不得已出之。」虛中後為奉使，虜人留之，尊為國師，凡事必咨問，甚敬信之。凡虜人制禮作樂，創法建置，皆虛中教之。後來取其家眷，秦檜發與之，以其子某為河南安撫。或者謂虛中雖在虜中，乃為朝廷嘗探伺虜動靜來報這下，多結豪傑欲為內應，因其子為帥。又兀朮是時往蒙國，國中空虛，虛中遂欲叛，剋日欲發。兀朮聞之，遂亟走歸，殺虛中而盡滅其族。或者以為秦檜知虛中消息，密令人報虜中，云虛中欲叛，故虜人得先其未發誅之。卓。

徽宗任郭藥師，❷其人甚狡獪。靖康之難，正原於此。如李宗嗣，此人只是會說，

❶「他」，原作「池」，今據朝鮮本、萬曆本改。
❷「任」，萬曆本作「嗣」。

却不似那郭底有謀，那箇甚乖。義剛。

因論靖康執政，曰：徐處仁曾忤蔡京來，舊做方面亦有聲，後却如此錯繆。孫傅略得，却又好六甲神兵。時節不好，人材往往如此。又曰：張孝純守太原，被圍甚急，朝廷遣其子灝總師往救，❶却徘徊不進，坐視其父之危急而不卹，以至城陷。時節不好時，首先是無了那三綱。按：《封氏編年》載此甚詳。

或曰：京師再被圍時，張叔夜首領勤王之師以入。叔夜爲人亦好。曰：他當時亦不合領兵入城，只當駐在旁近以爲牽制，且伸縮自如。一入城後，便有許多掣肘處，所以迄無成功，至於扈從北狩。儒用。

徐處仁，字擇之，南京人，靖康間執政。舊嘗作師時，早間理會公事，飯後與屬官相見，皆要穿執如法。各人稟職事了，相與久坐，説話議論，又各隨其人問難教戒，所以鞭策者甚至，故有人爲其屬者無不有所知曉事。呂居仁亦嘗事之。凡作事，無不有規模，雖小事亦然，無苟作者。只如支官吏酒，當其支日，以酒缸盛廳前，自往各營之。或差出外處，或辭去，或初來官，按曆令各人以瓶來取，或數給之。從小至大一樣，無分豪私偏。先生又云：小處好，作州郡極佳，不甚知大體。嘗作疏上道君，論太后不居禁中事，如罵然。道君曰：「徐許多問目，教朕如何答他。」李伯紀乞得去後，於今太上處納了。揚。

張孝純，靖康間守太原，虜人圍其城。凡抵當半年，後來却去降番人，虜人攻之不能下。本自好了，後却去降番人，做他官職。是時淵聖以其圍急，遣孝純之子張灝爲河北

❶「遣」，原作「遺」，今據朝鮮本改。

招討使之屬，令自招義兵往援之。以言君命，則甚急而不可違；以言河北之地，則國家所持以爲根本；以言其父，則正在危難，有垂亡之厄，當晨夕倍道以救之。灝受命了，自走了。世界不好，都生得這般人出來，可歎！子蒙。

問：圍城時，李伯紀如何？曰：當時不使他，更使誰？士氣至此消索無餘，它人皆不肯向前。惟有渠尚不顧死，且得倚仗之。問：姚平仲劫寨事，是誰發？曰：人皆歸罪伯紀，此乃是平仲之謀。姚、种皆西方將家。及劫不勝，欽廟親批，令伯紀策應。或云：當時若再劫，可勝，但無人敢主張。問：种師中河東之死，或者亦歸罪伯紀。曰：不然。嘗親見一將官說师中之敗，乃是爲流矢所中，非戰敗，渠親見之，甚可

怪。如种師道方爲樞密，朝廷倚重，遽死，亦是氣數。伯紀初管御營，欽廟授以空名告身，自觀察使以下使之自補。師退，只用一二小使臣告。御批云：「大臣作福作威，漸不可長。」及遣救河東，伯紀度事勢不可，辭不行，御批云：「身爲大臣，遷延避事。」是時許松老爲右丞，與伯紀善，書「杜郵」二字與之，伯紀悟，遂行。當危急時，反爲姦臣所使，伯紀豈能做事？問：种師道果可倚仗否？曰：師道爲人口訥，語言不能出。上問和親，曰：「臣執干戈以衛社稷，不知其它。」遂去，不能反覆力執。大抵是時在上者無定說，朝變夕改，縱有好人，亦做不得事。可學。

論李仁甫《通鑑長編》，曰：近得周益公書，亦疑其間考訂未甚精密，因寄得數條來。某看他書靖康間事最疏略，如姚平仲

劫寨，則以爲出於李綱之謀；种師中赴敵而死，則以爲迫於許翰之令。不知二事俱有曲折，劫寨一事決於姚平仲僥倖之舉，綱實不知。按：綱除知密院，辭免劄子云：「方脩戰具，嚴守備，以俟援師，乘便迫虜，使進不得攻，退無所掠，勢窮而遁。候其渡河，半濟而擊，勝可萬全。而平仲引衆出城，幾敗乃事。然平仲受節制於宣撫，不關白於行管。二月八日夜半，平仲之出，种師道亦不知之，在微臣實無所與。」時執政如耿南仲輩，方極力沮綱，幸其有以藉口，遂合爲一辭，謂平仲之出，綱爲其謀。師中之死，亦非翰之故。按《中興遺史》云：「河北制置副使种師中軍真定，進兵解太原圍。去榆次三十里，金人乘間來突，師中欲取銀賞軍，而輜重未到，故士心離散。又嘗約姚古、張灝兩軍同進，二人不至，師中身被數創，裹創力戰又一時，死之。朝廷議法失律兵將，中軍統制官王從道朝服而斬於馬行市。」脫如所書，則翰不度事宜，移文督戰，固爲有罪。師中身爲大將，握重兵，豈有見樞府一紙書，不量可否，遂忿然赴敵以死？此二事蓋出於孫覿所紀，故多失實。問：覿何如人？曰：覿初間亦說好話。夷考其行，不爲諸公所與，遂與王及之、王時雍、劉觀諸人阿附耿南仲，❶以主和議。後竄嶺表，尤銜諸公，見李伯紀輩，望風惡之。洪景盧在史館時，沒意思，謂靖康諸臣，覿尚無恙，必知其事之詳，奏乞下覿具所見聞進呈。秉筆之際，遂因而誣其素所不樂之人，如此二事是也。其他仁甫不審，多采其說，反爲小字以疏其下，紀載有可信者，遂作正文書之。觀者信之不疑，極是害事。昔王允之殺蔡邕，也謂「不可使佞臣執筆在幼主旁，使吾黨蒙訕議」。允之用心，固自可誅，然佞臣不可執筆，則是不易之論。儒用。

❶ 「阿附」，萬曆本作「附阿」。

姚平仲劫寨事，李伯紀不知。當時廟堂問老种如何處置，种云：「合再劫。」諸公不從。种老將不會說，蓋虜人不支吾再劫也，當時欲俟立春出戰者，待种中來也。德明。

姚平仲出城劫寨，不勝。或問計於种師道，曰：「再劫。」時不能從。曾有人問尹和靖：「靖康中孰可以爲相？」良久，曰：「种師道。」又問：「孰可以爲將？」曰：「也只教他做。」閎祖。

因論姚平仲劫寨，种師道令更劫，曰：虜人以其不再來了，再劫却是。因說虜怕人劫寨，他那大勢定相殺時，却不怕。此中人輕挑，❶劫寨時却會，相殺却易困。那人三四月，只喫火燒之類。此人半日不食，便軟了。後魏帝嘗言「吳兒長於斫營，吾但三四十里下寨」。云云。斫營便是劫寨，是他最

怕此也。汪丈帥福時，某亦在。逆亮來時，一日送劉寶去用兵。汪丈問云：「今太尉去時如何？」曰：「與虜人戰時，第一陣決勝，第二陣未可知，第三陣殺他不去矣。蓋此中只有些精銳在前，彼敵不得，他頑不動，第三四陣已困於彼矣。」汪丈云：「劉大將如此說了，却如何！」揚。

种師道字彝叔，贈太傅世衡之孫也。少從橫渠學，練古今事宜。上曰：「女真不知兵，豈有孤軍深入人境而能善其歸乎！」上曰：「業已講和矣。」對曰：「臣以軍旅之事事陛下，餘非所敢知也。」拜檢校少傅，同知樞密院事，爲京畿、河北河東路宣撫使，以姚平仲爲都統制，諸道兵悉隸之。師道時被病，

❶ 「挑」，萬曆本作「佻」。

特命毋拜，許乘肩輿入朝，家人掖升殿。虜使王芮素頏頏，方入對，望見師道，拜跪稍如禮，上顧笑曰：「彼爲卿故也。」又請緩與金幣，禁遊騎，使不得遠接，俟彼墮歸，扼而殲諸河。公薨于第，年七十六。閱月，京師復受圍。城陷，上慟哭曰：「朕不用種師道言，以至於此。」初，虜之去也，師道勸上乘其半渡擊之，不從。曰：「異日必爲國患。」故上嗟嘆之。建炎加贈少保。揚。

昔人嘗問尹和靖：「世難如此，孰可以當之者？」尹曰：「种師道可。」曰：「將則可矣，孰可以相？」久之，曰：「亦只令師道做也好。」一日，召師道來，全不能言，遂不用。

許翰時爲諫議，爲徽宗言：「當今之世，豈可令閑而不用？」上曰：「种老，不堪用矣。卿可自見种問之，如何？」往見之，种亦不言。許曰：「上令某問公，公無以某爲書

生，某以爲今日之兵。」云云，要從其去而擊之。种方應，謂彼云云。「今不可擊，俟其過河擊之。」❶許爲上備言其意，方用之。种，關西人，其性寡默，與中朝士大夫不合。一日，因對，淵聖曰：「朕已與和矣。」种於此全不能有所論，但曰：「臣以甲兵之事事陛下，其他非臣所與聞。」揚。

靖康之禍，縱元城、了翁諸人在，亦了不得。

問：伯謨曰：心腹潰了。
可主張否？曰：也難主張。胡文定謂龜山云：「使當時若早用其言，也須救得一半。」說得極公道。道夫。

天下不可謂之無人才，如靖康、建炎間，未論士大夫，只如盜賊中是有多少人！

❶「俟」，萬曆本作「候」。

宗澤在東京收拾得諸路豪傑甚多，力請車駕至京圖恢復，只緣汪、黃一力沮撓，後既無糧食供應，澤又死，遂散而爲盜，非其本心，自是當時不曾收拾得他，致爲飢寒所迫，以苟旦夕之命。後來諸將立功名者，往往皆是此時招降底人。所以成湯說：「萬方有罪，在予一人。」聖人見得意思直是如此。儒用。○卓録云：因言靖康、紹興間事，曰：「天下不可謂之無人才。如高宗初興，天下多少人才！自是高宗不能盡舉而用之。未說士大夫，只盜賊中是有幾箇人才！朝廷既不能用，皆散而爲盜賊，可惜！宗澤在東京煞招收得諸路豪傑盜賊，力請高宗還都，亦以圖恢復。被汪、黄讒譖，一面放散了，皆去而爲盜賊。當初高宗能聽宗澤、李伯紀輩，猶有少進步處。所以古人云：『萬方有罪，在予一人。』怪他不得，你既不能用他，又無糧食與他喫，教他如何得？其勢只得散爲群盜。❶以苟旦夕之命而已。其中有多少人材，可惜，可惜！

因論人物，云：「浙人極弱，却生得一宗汝霖，至剛果。」某云：「明州近印《忠簡遺事》，讀之使人感憤流涕。如請駕還都之事，皆備載，當時只是爲汪、黄所沮。」曰：「陛下於近處，偶得二人爲相。」當時駕既南下，中原群盜四起，宗公使人招之，聞其名，皆來隸麾下。欲請駕還都，自將往河北討伐金虜。廟堂却行下，問所招人是何等色，以沮其策，遂至發病而死。舊嘗見知宗子熹，云高宗在南京時，有宗室十五太尉者，名叔尚，❷起兵於汝州，有數萬人，其謀主曰陳烈，叔尚自稱「大王」。已而下詔召之，令以兵屬大將某人，身赴行在。叔尚願以兵屬宗澤。陳烈曰：「朝廷不令屬宗澤，而自欲屬之，不可。」叔尚曰：

❶ 「盜」，萬曆本作「賊」。
❷ 「尚」，賀本據《宋史》改爲「向」。

「然則何以爲策？」烈曰：「某有一策，提兵過河北，乃蕭王之舉。」是時詔下補烈通直郎。叔尚既就召，烈不受官而去，終身不知所之。子肅云：向見叔尚時，有一人常着道服隨之，疑即是陳烈。可學。

問今日事，因及石子重，是以其官召者，時爲福州撫幹。因史直翁薦，被召。知廟堂不肯休，❶須着去。先生曰：雖是如此，然亦濟得甚事？因舉孟子言：「或遠或近，或去或不去，歸潔其身而已。」又舉了翁云：「在彼者是『舉爾所知』，在我者是『爲仁由己』。」遂言：靖康初張邦昌僭位，呂舜徒爲其門下侍郎。當時有言他人不足惜，只舜徒可惜者。胡文定記其事云：「舜徒雖爲邦昌官，却能勸邦昌收回僞赦，迎太后垂簾，皆其力也。其人云，終是難分雪。」文定記此，只到「終是難分雪」處便住，更無它語。問：只如狄梁公在武后時，當時若無梁公，更害事。曰：梁公只是薦得張柬之數人，它已先死。如梁公爲周朝相，舜徒爲邦昌官，皆不可以訓。伊川論平、勃，謂當以王陵爲正，是也。如舜徒輩一生踐履，適遭變故，不幸有此事。今人合下便如此，却不得。德明。

劉聘君言，在太學時，傳寫伊洛文字者，皆就帳中寫，以當時法禁重也。揚。

靖康間，士人陳規守德安府城，虜人、群盜皆攻不破。《朝野僉載》有規《跋》甚好。○佃。

陳規唐弼父也。守順昌，先教市人做泥團，如今涼棚樣，閣之於上。虜人來一齊放下，滿街泥團，馬陷，皆不能動矣。揚。

和州有官本《忠義錄》，刻靖康以來忠

❶「知」，原作「如」，今據萬曆本改。

義死節之人。從《實錄》編出。○子蒙。

張以道曰：京西漕魏安行計口括牛，每四人共田百畝，只得一牛，由是大擾。時穎州倅李椿之攝郡，與議不合，遂和《歸去來詞》休官，歸作「見一亭」，而魏竟追官勒停。李字彭年，岳州人。義剛。

朱子語類卷第一百三十一

本朝五

中興至今日人物上 李、趙、張、汪、黃、秦

李伯紀，徽廟時因論京城水災被出，後復召用，遂約吳敏勸行內禪事。李恐吳做不得，乃自作文於袖中入，吳已為之矣。後欽宗即位，用之。一日，聞金人來，殿上臣寮都失措，皆欲作竄計。李叩閤門入論，閤門立之。❶欽宗聞之，令引見。力陳禦戎之策，忠義慨然。上大喜，即擢知樞密院事。李英爽奮發，然性疏用術。欽廟用督太原師，適种師中敗，遂得罪。太上登極，建炎初召。汪、黃輩云：「李好用兵，今召用，恐金人不樂。」上曰：「朕立於此，想彼亦不樂矣。」遂用為相。後汪、黃竟使言官去之，在相位止百餘日。許右丞作《陳少陽哀詞》，亦略見其出處。揚。

李丞相不甚知人，所用多輕浮，相於南京時，建議三事，一借民間錢，二云云，三云云。宋齊愈言之。其時正誅叛人，遂以宋嘗令立張邦昌，戮之。當時人多知是立張邦昌，間有未知者，宋書以示之。及刑，人多冤之。張魏公深言宋甚好人。宋，蜀人，當時模樣亦是汪、黃所使人。魏公亦汪、黃薦，李罷相，乃魏公言罷也。揚。

黃仲本言於先生曰：李伯紀一再召，

❶「立」，四庫本作「止」。

乃黃潛善薦也。途中見顏岐言章，遂疑潛善爲之。李入國門，潛善率百官迓之，李默不一語，因此二公生隙。先生曰：上云「李綱孩視朕」。李丞相有大名，當時誰不咎其不用，以至於此。上意亦須向之。潛善因而推之，背後却令顏岐言之，情理必是如此。

問：仲本是其族人，不欲辯之。揚。

問：魏公何故亦嘗論列李丞相？曰：魏公初赴南京，亦主汪、黃，後以其人之不足主也，意思都轉。後居福州李公家，于彼相得甚懽。是時李公亦嘗薦魏公，曾惹言語。又問：魏公論李丞相章疏中有「修怨專殺」等語，似指誅宋齊愈而言，何故？曰：宋齊愈舊曾論李公來，但他那罪過亦非小小刑杖斷遣得了。又曰：當時議論，自是一般好笑。方召李丞相時，顏岐之徒論列，謂張邦昌虜人所厚，不宜疏遠；李綱

虜人所惡，不宜再用。幸而高宗語極好，云「如朕之立，恐亦非虜人所樂」。遂得召命不寢。❶ 曰：方南京建國時，全無紀綱。自李公入來整頓一番，方略成箇朝庭模樣。如僭竊及嘗受僞命之臣，方行誅竄；死節之臣，方行旌卹。然李公亦以此去位矣。

又曰：便是天下事難得恰好。是時恰限撞着汪、黃用事，二人事事無能，却會專殺。如置馬伸於死地，陳東、歐陽徹之死，皆二人爲之。按《中興詔令》，❷ 御史臺勘到，❸ 宋齊愈自外至會議處，❹ 於卓子上取筆寫「張邦昌」三字，坐皆失色。

○僩用。

陳少陽之死，黃潛善害之也，其詳見於

❶「召命」，萬曆本作「命召」。
❷「按」，萬曆本作「傳」。
❸「勘到」，萬曆本作「勸劄」。
❹「自」，原無，今據朝鮮本補。

許右丞《哀詞》中。同時死者歐陽徹，徹，楚州人。某族叔祖時居高郵，一日使一人往楚州鹽城小村中買物事，久而不歸。後問之，乃云彼村中三四日大雪。叔祖甚怪之，乃云：「八月二十間，安得有雪？」亦且據其僕云。後有人自彼中來，問之果然，乃歐陽死時也。揚。

舜舉十六相，誅「四凶」，如此方恰好，兩邊方停勻。後世都不然，惟小人得志耳。方天下無事之時，則端人正士、行義謹飭之士爲小人排擯，不能一日安于朝廷，遷竄貶謫。及擾攘多故之秋，所謂忠臣義士者，犯水火、蹈白刃，以捐其軀。而小人者，平世固是他享富貴，及亂世亦是他獨寬，縱橫顛倒，無非是他得志之日。君子者常不幸，而小人者常幸也。如汪、黃在高宗初年爲宰相，後來竄廣中，正中原多故之日，却是好相，後來竄廣中，正中原多故之日，却是好

好送他去廣中避盜。及事稍定，依舊取他出來爲官。高宗初啓中興，而此等人爲宰相，如何有恢復之望？在維楊時，番人兵矢簇在胸前了，他猶自不管，世間有此愚人。子蒙。

問中興諸相。曰：張魏公才極短，雖大義極分明，而全不曉事。扶得東邊，倒了西邊；知得這裏，忘了那裏。趙忠簡却曉事，有才，好賢樂善，處置得好，而大義不甚分明。李丞相大義分明，極有才，做事有始終，本末昭然可曉。只是中間蘢，不甚謹密，此是他病。然他綱領大，規模宏闊，照管得始終本末，才極大，諸公皆不及，只可惜太麄耳。朱丞相《秀水閒居録》自誇其功太過，以復辟之事皆由他不公道。❶ 魏公有

❶ 「他」下，萬曆本有「做」字。

《鎮江録》。又問呂頤浩。曰：這人麤，胡亂一時間得他用，不足道。魏公才短，然中興以來，要爲者只李、張二公。子蒙。揚。

李伯紀大節好，敗兵事，乃當時爲其所治者附會滋益之，不足盡信。揚。

李伯紀請誅張邦昌并畔者，後以結余覩事過海。振。

李伯紀丞相爲宣撫使時，幕下賓客盡一時之秀。胡德輝、何晉之、翁士特諸人皆有文名，德輝尤蒙特顧。諸將每有稟議，正紛拏辨説之際，諸公必厲聲曰：「且聽大丞相處分。」諸將遂無語。看來文士也是誤人，蓋眞簡能者未必能言。文士雖未必能，却又口中説得，筆下寫得，眞足以動人聞聽，多至敗事者，此也。儒用。

因語李忠定，曰：君子能勤小物，故無

大患。閎祖。

問：中興賢相，皆推趙忠簡公，何如？曰：看他做來做去，亦只是王茂洪規摹。當時廟論大概亦主和議。按：王庶《乞免僉書和議文字劄》貼黃云：契勘臣前項所上章奏，及與王倫議，❶ 實有妨嫌。今若不自陳稟，則又如趙鼎、劉大中輩首鼠兩端，於陛下國事何益？使當國久，未必不出於和。但就和上，却須有些計較。如歲幣、稱呼、疆土之類，不至一一聽命如秦會之樣，草草地和了。後來秦没意智，乃以「不合沮撓和議」爲詞貶之，却十分送箇好題目與他。問：趙好處何如？曰：意思好，又孜孜汲引善類，但其行事亦有不强人意處。如自平江再都建康，張德遠極費調護，已自定疊了。只因酈瓊叛去，德遠罷相，趙公再

---

❶ 「倫」，萬曆本作「論」。

入，憂虞過計，遂決還都臨安之策。一夜起發，自是不復都金陵矣。問：酈瓊之叛，或云因呂安老折辱之，不能安，遂生反心。如此等事。曰：此亦傳聞之過。又問：當時皆歸罪魏公，以爲不合罷劉光世，故有此變。曰：光世在當時貪財好色，無與爲比，軍政極是弛壞，罷之未爲不是，❶但分付得他兵馬無著落。又云：此事似不偶然。如虜人寇虐，劉豫不臣，但無人敢問著他。至此屯重兵淮上，方謀大舉，以伐劉豫，忽然有此一段疏脫，遂止。問：酈瓊叛去之後，聞人，觀其議論，亦甚精確。又云：如呂安老才氣儘自過人，亦不得志于虜。曰：虜後來亦用他爲將，但初叛歸于劉豫，虜人却疑豫擁兵太衆，或疑與我爲內應，遂有廢豫之謀。酈瓊叛于淮西，實紹興大立秋戊辰也。❷瓊既降劉豫，金人憂其難制，遂

廢僞齊，其詔有云：勿謂奪蹊田之牛，其罰則甚。不能爲托子之友，非棄亦何？此天滅齊豫也，豈偶然哉？○儒用。

問趙忠簡、張魏公當國，魏公欲戰，忠簡欲不戰。忠簡以爲劉豫机上肉耳，然豫挾虜人以爲重，今且得豫遮蔽虜人，我之被禍猶小。若取劉豫，則我獨當虜人，難矣。魏公不然之，必欲戰。二策孰是？曰：忠簡非是。殺得劉豫了，又却抵當虜人，有何不可？劉豫亦未便是机上肉在。若以趙之才，恐也當未得那机上肉，他亦未會被你殺得，只是胡説。若真箇殺得劉豫，則我之勢益強，虜人自畏矣，何難當之有？虜豺狼犬羊也，見威則畏，見善則愈肆欺侮。若

❶「未」，原作「术」，今據萬曆本改。
❷「興」，原作「與」，今據萬曆本改。「大立」，四庫本作「某年」。

自家真箇曾勝劉豫，殺得一兩番贏，他便怕矣。靖康以後，自家只管怕他，與之和，所以他愈肆欺侮。若自家真箇能勝劉豫，他安得不懼？虜，禽獸耳，豈可以柔服也？嘗見《征蒙記》李成之子某從兀朮征蒙國，因記征蒙時事。云：兀朮在甚處，淮上二十人說之曰：「今韓世忠渡江，遺棄糧草甚多，若我急往收取，資之以取江南，必可得也。」兀朮然其言，遂急來淮上，則空無所有。先般輜重糧草歸，而後抽軍回也。彷徨淮上，正未有策，而糧草已竭，窘不可言。先已敗於劉錡，錡在順昌扼其前，進退不可，遂遣使請和。兀朮謂其下曰：「今南朝幸而欲和，即大幸。不然，即送死耳，無策可爲也。」這下又不知其狼狽如是。若知之，以偏師臨之，無遺類矣。是時雖稍勝，然高宗終畏之，欲和。因其使來，喜甚。遂遣使

報之，欲和。兀朮大喜，遂得還。是兀朮不敢望和，自以爲必死。其遣使也，蓋亦謾試此間耳。可惜此機會。所以後來也怕，一向欲和。又云：劉信叔是時以孤軍在順昌，兀朮來伐，諸將皆欲走，信叔曰：「不可。我若走，則虜人必前拒我，襲在後，必無遺類。不若堅守此城，亦必盡殺我，決無可生之理。不若幸而得至江，則諸將盡扼江上，責我以擅棄歸之罪，亦必盡殺我，決無可生死中求生也。」某嘗說，斯殺無巧妙，只是死中求生。兩軍相拄，一邊立得腳住不退，即贏矣。須是死中求生，方勝也。遂據城與虜人戰，大敗虜人，兀朮由是畏怯。若非錡順昌一勝，兀朮亦未必便致狼狽如之甚。信叔本將家子，喜讀書，能詩，詩極佳，善寫字，後來當完顏亮時，已自老病，緣其姪劉玘先戰敗，遂至於敗。卓。○饒錄

云：「張魏公欲討劉豫，趙丞相云：『留他在，尚可以扞蔽北虜。❶若除了，便與北虜為鄰，恐難抵當。』此是甚說話！豈有不能討叛臣而可以服夷狄乎？

趙丞相亦自主和議，但爭河北數州及不肯屈膝數項禮數爾。至秦丞相便都不與爭。趙丞相是西人，人皆望其有所成就，不知他倒都不進前！ 方子錄云：趙元鎮亦只欲和。

但秦檜既擔當了，元鎮却落得美名。

張魏公與趙忠簡同心輔政，陳公輔排程氏，乃因趙公。趙公去，已而呂安老敗，趙公復相。可學。

趙丞相，中興名臣一人而已，然當時不滿人意處亦多。且如好伊洛之學，又不大段理會得，故皆為人以是欺之。一日，出見一屋稍好，栽些花木之類，問知是一內官家，乃言於上，謂：「今暫駐蹕於此，當日圖恢復，而內臣乃安居如此！」遂編管之。揚。

趙丞相收拾得此人才，然亦雜，如喻子才之徒亦預焉。揚。

先生云：沈公雅言：「趙丞相鎮靜，德量之懿，而諳練事機，則恐於秦公不逮。」張子功以為不然，且曰：「燾在都司日，忠簡為相，有建議者，公必計曰：『如是則利在上而害在民，如是則利在民而害在上。今須如此行，則利澤均而公私便。』❷至秦公，則僚屬凡有關白，默無一語，而非復前日之所擬。事出，則皆吏輩所為，而屬諸吏。」道夫。○侗錄云：嘗見沈公雅云：「某嘗問張子功，趙忠簡與秦丞相二公孰能辦事？某以秦公為能。子功曰：『不然。某嘗為都司，事二公。每百官有稟白事件，趙公必當面剖析商量，此事合如何行。如此行則利國，如此行則利民，如此則利民而害國，如此則利國而害民，如此則國與民俱

❶「尚」，萬曆本作「上」。
❷「私」，原作「利」，今據朝鮮本改。

利。當面便商量判斷了，僚屬便奉承以行。及至秦公，則百官凡有所稟白，更無酬酢，略不可否，但付與吏人，少間更沒理會，此事便沉埋了。如此，謂之秦公勝趙公可乎？」

魏公初以何右丞薦為太常簿，趙忠簡為開封推官，相得甚懽。在圍城中，朝夕講論濟時之策。魏公先達，力相汲引，遂除司勳員外郎，一向超擢，反在魏公上。嘗論天下人材，魏公劇談秦會之可用。趙云：「此人得志，吾輩安所措足邪？」魏公云：「且為國事計，姑置吾人利害。」時趙公為左，公為右，皆兼樞密院事。忽報兀朮大舉深入，朝廷震怖。時劉光世將重兵屯合肥，魏公親往視師，因奏記曰：「此決非兀朮，必劉豫遣其子姥麟，猊來寇耳。臣往在關西，數與兀朮戰，熟其用兵利害。今觀此舉，決非其人。」魏公遂下令督戰。光世恐懼，謀欲退師而南，以與趙公平時有鄉曲雅故，遂

私有請於趙。折彥質時知樞密院事，復助之請，遂徑自樞府下文字，令光世退師。魏公聞之，大怒，下令曰：「敢有一人渡江，即斬以徇！」光世聞之，復駐軍如故。此事雖謂之曲在趙公，可也。已而拓皋大捷，虜騎遂退。魏公既還，絕不言前功，欲以安趙公，與共國事也。而二公門下士互相排抵，魏公之人至有作為詩賦以嘲趙公者。趙公之迹不安，且有論之者，遂去。魏公獨相，乃力薦會之為樞密使。及酈瓊叛于合肥，呂安老死之，魏公之迹亦不安，懇辭求去。高宗問：「誰可代卿者？」魏公復薦趙公，遂令魏公擬批召之。既出，會之謂必薦己，就閤子語良久，魏公言不及之，會之色漸變。未幾，中使傳宣促進所擬文字，魏公遂就坐作劄子，封付中使，會之色變愈甚。魏公遂上馬去。及趙公再相，會之反謂之

曰：「張德遠直恁無廉恥，弄壞得淮上事如此，猶不知去。及主上傳宣來召相公，方皇恐上馬去。」趙公以爲然。後又數數讒間之，趙公不能不信也。又如光世之罷，實當於罪。酈瓊叛去，豈不可舉能者？乃復以淮西之軍付光世，弄得都成私意。及趙公極惡秦之爲人，不與通情。及趙公爲相，秦爲樞密使，每事惟趙公之命是聽。久而趙公安之，復深信之，又薦之，至與之並相。並相之後，復不敢專，唯諾而已。忽一日，高宗怒唐暉，趙公爲之分解。檜察上意惡暉，遽巡發一語云：「如唐暉樣人才，也不難得。」又一日，趙公奏：「恩平郡王乃建之弟，建王乃恩平之兄。建州不過一郡之地，吳乃一大都會，恐弟之封不宜壓兄。檜察見高宗意主於恩平，遂奏曰：「也不較此。」因此二事，高宗深眷之。又

主和議，趙公罷，遂拜左相。他言語不多，只用兩句，那事都了。趙公不知魏公之無他，爲檜所排，得泉州；是時魏公知福州。二公相見，因說及曩日之事，趙公方知爲檜所中，相與太息而已。或曰：以檜之才，若用之以正，豈不能任恢復之責？曰：他亦只是閉着門在屋子裏做得，不知出門去又如何，這事難。坐間多稱其能處置大事。曰：他急時也荒忙無計策。他初一番講和，虜人以河南之地歸，未幾敗盟，大舉入寇。邊報既至，大恐，不知所爲，顧盼朝士，問以計策。時張巨山微誦曰：「德無常師，主善爲師，善無常主，協于克一。」檜心異之。衆人既退，獨留巨山坐，問適間之語。巨山曰：「天下之事，各隨時節，不可拘泥。曩者相公與虜人講和者，時當講和也。今虜人既敗盟，則曲在彼，我不得不應，亦時

當如此耳。」因為之畫策，召諸將為戰攻之計。他大喜，即命巨山為奏藳，倉卒不子細，起頭兩句云：「伊尹告成湯曰『德無常師，主善為師』，孔子曰『陳力就列，不能者止』。」遂急書進呈。會之復喜，遂播告天下，決策用兵。已而劉信叔順昌大捷，虜人遂退，檜復專其功，大喜。嘔擢用巨山至中書舍人。有無名子作詩嘲之，一聯云：「成湯為太甲，宣聖作周任！」周莊仲云：劉參政，大中之子，知某州，劉季章曾為其館客，嘗與先生説，見其翁《日錄》，覺得高宗之意，極不樂魏公。先生曰：然。劉曰：有張御史者，川人，名戒，字定夫。魏公在川陝時，上書言利害。魏公喜，檄用之，倔強不從。魏公遂疏遠之，戒由是不樂。後酈瓊之叛，魏公去位。張為御史，首論魏公，高宗喜，謂輔臣曰：「張戒論浚曰：『不臣之迹已見，跋扈之迹未明。』此兩句極當其罪。」謂其已罷宣撫使除樞密，而猶用宣撫使印除吏不已也。是時趙公奏曰：「此恐是一時不審之過，亦未至於不臣也。」秦檜徐進曰：「既為

臣子，恐亦不宜如此。」檜之乘機伺人主喜怒擠陷人，皆此類也。儒用按：是時周祕、石公揆、李誼交章詆公，不特一張戒而已。○儒用。○德明錄二條，今附正之：問劉寶學當初從魏公始末。先生云：當時趙公且要持重，魏公却要大舉。有劉麟者，舉兵掠邊。朝廷不探虛實，以為虜復大入，趙公震恐。張公出，視師江上，趙公手書云：「今日之事，且須持重，未可輕戰。萬一失事，雖公不為一身慮，如宗廟社稷何？」是時劉麟兵已為折彥古敗於淮上❶遁去。於是張公鼓舞，益為大舉計，謂趙公怯而有論列，趙遂罷相。寶學見川中無兵無財，歸告魏公：「向者公亦遣寶學往。寶學見川中無兵無財，兵財如許，尚不能集事，今實未可動。」魏公疑寶學附會趙公，時又欲令寶學帥淮西，代領酈瓊兵。寶學以為此軍不可代，遂改呂安老。安老願往，寶學為陳利害，宜辭此行。安老以告魏公，魏公怒，於是出寶學知泉州。既而淮西果失師，酈瓊全軍遁虜，於是魏公罷相，帥福州。先是，秦相與呂相同在政府，呂相視師淮上，秦相盡改其規模。一時

❶ 「已」，萬曆本作「以」。

為呂相所引用人多逐去，盡起在外諸賢，如胡文定、張子公、程伯禹諸人，布在朝列，實欲傾呂相也。後呂相召還，過某州，席大光邀留，告所以傾秦之術，以爲莫若先去黨魁。黨魁，指文定也。秦竟爲呂相所傾，出知紹興府。是時富直柔者，富公之子，嘗於一寺中與秦相握臂款語，且及富公爲相時事。忽若有所思，徑入去，踰時不出。富怪之，須臾出云：「元來宰相要如此做。」一時會稽政事便放下不問，雖公筵亦只令去通判處理會。趙公素鄙秦之爲人，魏公却薦秦相，遂再召除樞密使。既視事，一切不問。魏公出知福州，朝辭。上問：「孰可以代卿者？」魏公薦趙相。上云：「可一面批旨奏來。」魏公還堂，秦色變。少頃，中使傳宣云：「有旨，令作趙相公文字來。」於是魏公旨揮堂吏作文字奏上，秦大不樂。魏公去國，趙相至，秦譖魏公於趙公曰：「德遠到堂中，尚未肯去。」趙公於是益不樂魏公。及趙公爲秦所傾，出知泉州，過福州，與魏公相見，語及當時薦代之事，二公始豁然無疑。先生曰：秦相自爲樞密使，不理會事。及與趙公並相，一切聽其所爲，皆富直柔教之也。直柔不才子，富公相業安有此哉？其後上頗厭趙公，爲秦所窺，只兩言傾

去。是時有吳輝者，❶作舍人，求去。上云：「吳輝只管求去。」趙公力薦，乞且留此人。秦奏云：「似這般人才，亦不難得。」上欲封普安郡王爲建王，恩平爲吳王。趙公以爲建一郡耳，吳古大國，事體不稱。秦奏云：「此亦只是虛名，有何不可？」趙公愕然，於是遂求去。○又一條云：秦相初罷政，例賜茶、藥、纖蓋之屬。趙相知臨安。故事，前宰相召還，魏公出視師，遂起秦公並不檢舉。秦相使人禱魏公，公盡與合得禮數。魏公淮上方向進，趙公憂不便，奏乞退師保建康以南。既而虜兵卻，言者攻趙相，謂進師非趙鼎意，坐是罷出。魏公遂挽秦爲樞密使。及呂安老廬州失師，魏公乞出，上不能留。久之，始與公爭事。因問：「卿去，孰可代者？」公遂薦趙相。上云：「卿可具文字來。」既退，至都堂，秦迎之，有喜色。意其必薦己也。坐久無語，公乃指揮堂吏作召趙相文字。及趙公來，秦相譖魏公曰：「上意如此，德遠猶且彷徨宣索召相公文字，方上馬去。」及中使宣索召相公文字，方上馬去。」及言魏公所以短趙公者，由是二公爲深仇。故趙相居位，不復牽挽魏公。其後因一

❶「吳」，萬曆本作「唐」。下同。

僧與魏公生日，秦相治之甚峻，幾逮及公。又治趙相之子，獄未成。夜忽有一燈墜獄中，其上書一「反」字，獄具，罪當斬。秦檜不悅，欲加「族誅」文字，未上，檜死。明日先生云：若族趙相家，當時連逮數十人。做到這裏，自休不得，其勢須如曹操去。

個因問：當初高宗若必不肯和，乘國勢稍振，必成功。曰：也未知如何，蓋將驕惰不堪用。個問：如張、韓、劉、岳之徒，富貴已極，如何責他死了，宜其不可用。若論數將之才，則岳飛爲勝。然飛亦橫，只是他猶欲向前廝殺。先生曰：便是如此。有才者又有些毛病，然亦上面人不能駕馭他。若撞着周世宗、趙太祖，那裏怕他！駕馭起皆是名將。緣上之舉措無以服其心，所謂「得罪於巨室」者也。是夜因論「爲政不得罪於巨室」，語及此。又問：劉光世本無能，然却軍心向他，其裨將亦多可用者。曰：他本將

家子。云云。張魏公撫師淮上，督劉光世進軍。是時虜人正大舉入寇，光世恐懼，遂背後懇趙忠簡。是時趙爲相，折彥質爲樞密，折助之請，樞密院遂命劉光世退軍。魏公聞之大怒，遂趕回劉光世，出榜約束云：「如一人一馬渡江者，皆斬！」光世遂不敢渡江，便回淮上。樞府一面令退軍，而宣撫令進軍淮上，然終退怯。魏公既還朝，遂力言光世異儒❶不堪用，罷之，而命呂安老董其軍。及安老爲瓊等所殺，降劉豫，魏公由是得罪，而趙忠簡復相。趙既相，遂復舉劉光世爲將，都弄成私意。魏公已自罷得劉光世好了，雖呂安老敗事，然復舉能者而任之，亦足矣，何必須光世哉？此皆趙之私

❶「儒」，萬曆本作「懦」。

意。以某觀，❶必竟魏公去得光世是，而趙所爲非。豈有虜人方入，你却欲掉了去？一邊令進軍，一邊令退軍，如何作事？云云。又言：諸將驕橫，張與韓較與高宗密，故二人得全。岳飛較疏，高宗又忌之，遂爲秦所誅。而韓世忠破膽矣！只有韓世忠在大儀鎮算殺得虜人一陣好。高宗初遣魏良臣往虜中講和，令韓世忠退師渡江。韓聞魏將至，知其欲講和也，遂留之云：「某方在此措置得略好，正抵當得虜人住，大功垂成，而主上乃令追還，何也？」魏云：「主上方與大金講和，以息兩國之民，恐邊將生事敗盟，故欲召公還，慎勿違上意。」韓再三嘆息，以爲可惜。又云：「既上意如此，只得抽軍歸耳。」遂命士卒束裝，即日爲歸計。魏遂渡淮，兀朮問以韓世忠已還否，魏答以某來時，韓世忠正治疊行，即日起離矣。兀

朮再三審之，知其然，遂稍弛備。世忠乘其懈，回軍奮擊之，兀朮大敗。魏良臣皇恐無地，再三求哀云：「實見韓將回，不知其給已。」乃得免。

因言：陳同父上書乞遷都建康，而曰：「黃帝披山通道，未嘗寧居。今宮室臺榭、妃嬪媵嬙之盛如此，如何動得？」高宗本遷都建康了，却是趙忠簡打疊歸來。蓋初間虜人入寇，群臣勸高宗躬往撫師，行至平江而止。繼而淮上諸將相繼獻捷，趙公得人望，正在此時。已而欲返臨安，適張魏公來，遂堅勸高宗移歸臨安。及淮師失律，趙公荒窘，遂急勸高宗往建康。看趙公後來也無奈何，其勢只得與虜人講和。是時已遣王倫以二十事使虜，約

❶「觀」下，朝鮮本有「之」字。

不稱臣，以濁河爲界，此便是講和了。後來秦檜力排趙公，遂以不肯講和之罪歸之，使萬世之下趙公得全其名者，乃檜力也。問：張、趙二公優劣。曰：若論理會朝政、進退人才，❶趙公又較縝密，無疏失。若論擔當大事，竭力向前，則趙公不如張公。張公雖是竭力擔當，只是他才短，慮事疏處多，盡其才力方照管得。若才有些不到處，便弄出事來，便是難。趙公也是不諳軍旅之務，所以不敢擔當。萬一虜人來到面前，無以應之，不若退避耳。偁。○儒用錄云：或問：趙簡公與魏公材品如何？曰：趙公於軍旅邊事上不甚諳練，於國事人才上却理會得精密，仍更持重，但其心未必如張公辦得爲國家擔當向前。自中興以來，廟堂之上主恢復者，前有李伯紀，後有張公而已。但張公才短，處事有疏略處。他前後許多事，皆是竭其心力而爲之。少有照管不到處，便有疏脫出來。

問：《趙忠簡行狀》，他家子弟欲屬筆

於先生，先生不許，莫不以爲疑，不知先生之意安在？曰：這般文字利害，若有不實，朝廷或來取索，則爲不便。如某向來《張魏公行狀》，亦只憑欽夫寫來事實做將去。後見《光堯實錄》，其中煞有不相應處，故於這般文字不敢輕易下筆。《趙忠簡行實》，向亦嘗爲看一過，其中煞有與魏公同處。或有一事，張氏子弟載之，則以爲盡出張公；趙氏子弟載之，❷則以爲盡出趙公。某既做了魏公底，以爲出於張公，今又如何説是趙公耶？故某答他家子弟，盡令他轉托陳君舉，且要他去子細推究，❸參考當時事實，庶得其實而無牴牾耳。問：張、趙都

❶「若」，原重，今據萬曆本刪其一。
❷「氏」，萬曆本作「公」。
❸「且」，萬曆本作「見」。

是好宰相，未知人品如何？曰：他兩箇當初都要協力出來主張國事，只緣後來有些不足，遂做不成。以某觀之，趙公未免有些不是處。曰：何以見之？曰：且如淮上既敗，張公既退，趙公復相，凡張公所爲，一切更改。張公已遷都建康，却將車駕復歸臨安。張公所用蜀中人才，一皆出之。❶觀此，似亦趙公未免有不是處也。曰：臨安駐蹕門之立，意不欲安於此耳。又嘗聞長老之言，有植竹於內庭者，趙公見而拔之，曰：「汝欲安於此乎？」然則再歸臨安，必有爲，非是與魏公相反也。又見《趙公遺事》有一條說張公罷相、趙公復相事甚詳云：德遠所用人才，如馮如熊等在朝諸人，趙公皆更用之，亦豈得謂之故與張公相反乎？先生曰：拔竹之事，似是汪端明所記，但某未敢深信。嘗記張公欲行遣一內

臣，趙公但欲薄責之，蓋恐其徒或來報復。如此，則拔竹事其能然乎！至於收用蜀中人才，恐未必然也。大抵張公才疏意廣，却不敢檐當大事。至於趙公，却深曉事，其於人才世務區處得頗精密，至於檐當天下事，恐不及張公也。枅。

張魏公材力雖不逮，而忠義之心，雖婦人孺子亦皆知之，故當時天下之人惟恐其不得用。若海。

杜子美詩云「艱危須藉濟時才」，某思至此，不覺感歎「濟時才」分明是難得！直卿問：志與才互相發否？曰：有才者未必有志，有志則自然有才。人多言張魏公才短，然被他有志後，終竟做得來也正當道夫。

---

❶「出」，萬曆本作「退」。

明受之禍，魏公在江中，忽有人登其舟，公問爲誰，云：「苗太尉使我來殺相公。」公云：「汝何不殺我？」云：「相公忠義，某門不肯做此事。後面更有人來，相公不可不防備。」公問姓名，不告而去。欽夫云。○德明。

孝宗初，起魏公用事，魏公議論與上意合，故獨付以恢復之任，公亦當之而不辭。然其居廢許時，不曾收拾人才，倉卒從事，少有當其意者。諸公多薦查元章，籤，江陵人。馮圓仲，方，蜀人。魏公亦素相知，辟置幕府。朝廷恐其進太銳，遂以陳福公、唐立夫參其軍，以二人厚重詳審故也。緣唐立夫亦只是箇清曠、會説話、好骨董、談禪底人，與魏公同鄉里，契分素厚，故令參其軍事。因笑曰：「正如趙元鎮相似，那邊一面去督戰，這邊一面令回軍，成甚舉指？」❷魏公既失利，遂用湯進之。未幾，虜人再來，湯往視師，辭不行。又命王瞻叔，瞻叔又辭不行。蓋魏公初罷淮上宣撫時，朝廷命王治其錢穀。瞻叔極力搜索，軍士皆忿怨。若往，必有一場大疏脱，蓋是時軍士已肆言欲殺之矣。沈莊仲云：嘗見先生説魏公被李顯忠、邵宏淵二將説動，故決意進兵。既而唐、陳二公皆不從。魏公令問二將，二將曰：「聞虞人積糧芻於虹縣、靈壁矣。今若不先其未發而破之，及其來，莫説某輩不肯用心。」二公聞此言，故亦從之。魏公入奏事，淹留一兩月。及還，則已六月矣。乘劇暑進兵，以至於敗。未幾，魏公薨背，無人可用。幸而復與虜人講和，乃定。○儒用。

張魏公初召來，搢紳甚喜。時湯進之在右揆，衆以爲魏公必居左。既而告庭雙

❶「收」，原作「敢」，今據朝鮮本、萬曆本改。
❷「指」，萬曆本作「措」。

麻，湯遷左，魏公居右，凡事皆爲湯所沮。魏公不得已，出視師，言官尹穡陰搖撼之。一日，陳良翰邦彥上殿，言及此，壽皇云：「安有此事？」當今群臣誰出魏公之右者？陳退，自念臺諫中某人某人姓名失記 皆主魏公，恐是臺諫中陰有所沮，卿可宣諭之。」陳退，自念臺諫中某人某人姓名失記 只有尹一人意異。然上旨如此，不可不宣諭，遂以上意達諸人。尹云：「某明日亦上殿。」既不見報，次日又上殿。繼而有旨，陳知建寧，魏公遂罷。問：湯後來罪責如何？曰：渠建議和親，以四州還之，而虜復犯淮。壽皇怒，免官削爵土。可學。

張魏公被召入相，議北征。某時亦被召，辭歸，嘗見欽夫與說，若相公誠欲出做，則當請旨盡以其事付己，拔擢英雄智謀之士，一任諸己，然後可爲。若欲與湯進之同做，決定做不成。後來果如此。然那時又除湯爲左相，却把魏公做右相。雖便得左相，湯做右相，也不得。何況却把許多老大去爲他所制，後來乖。此只要濟事，故不察，外人見利害甚分明。賀孫。

因論張魏公、湯思退主戰和，曰：亦不可徒從上言戰，以拗太上。太上以做兩番不曾成了，❶所以怕主戰者。須是做得模樣在人眼前，教太上看見，❷自信其可以戰，則自無說也。揚。

張魏公不與人共事，有自爲之意。也是當時可共事之人少，然亦不可如此，天下事未有不與人共而能濟者。汪明遠得旨出措置荊襄，奏乞迂路過建康，見張公。張公不與之言，問亦不答。揚。

──────────

❶「做」，萬曆本作「故」。
❷「見」，萬曆本作「得」。

張魏公可惜一片忠義之心而疏於事，亦是他年老，覺得精神衰，急欲成事，故至此。兼是朝廷諸公不能得公用兵，幸其敗，以爲口實。初間是李顯忠、邵宏淵請於公，以爲虜人精兵在虹縣，及俟秋來大舉南寇，今若不先破其巢穴，待他事成驟至，某等此時直當不得。公問其實否，李顯忠、邵宏淵便云：「某人之說甚詳。」即下僉廳，呼二人議，其說如前。公曰，云云。於是即動，不知如何恁地輕率。德明。

魏公言：「元祐待熙、豐人太甚，所以致禍。人無君子、小人，孰不可爲善？」此是其父賢良之說。汪書答云：「又有如何大圭者。」何爲張所禮，後譖張于秦。人。」云云。先生謂汪書云：若某則曰：公當深於《易》，《易》只言君子、小人。今若言無小人，是無用《易》也。方。

秦會之入參時，胡文定有書與友人云：「吾聞之，喜而不寐。」前輩看他都不破如此。淳。○秦檜。

翟公巽知密州，秦檜作教授。一日，有一隱者至，會相，曰：「此教授大貴。」翟問「與某如何？」曰：「翰林如何及之，如何及之！」時游定夫在坐，退因勉秦云：「隱者甚驗，幸自重！」游因說與胡文定曰：「此中有箇秦會之好。」胡問：「如何？」曰：「事事裏不會。」秦後於陳應之處問游。「曾爲游所知」云。❶上秦言於陳應之，❷應之言於先生。下「事事裏不會」，籍溪言於先生。○揚。

問胡文定公與秦丞相厚善之故。曰：「秦會之嘗爲密教，翟公巽時知密州，薦試宏

---

❶ 「所」，萬曆本作「酢」。
❷ 「秦」，萬曆本作「蔡」。

詞。游定夫過密，與之同飯于翟，奇之。後康侯問人才於定夫，首以會之爲對，云其人類荀文若。又云：無事不會。京城破，虜欲立張邦昌，執政而下無敢有異議，惟會之抗疏，以爲不可。康侯亦義其所爲，力言於張德遠諸公之前。後會之自海上歸，與聞國政，康侯屬望尤切，嘗有書疏往來，講論國政。康侯有詞掖講筵之召，則會之薦也。然其雅意堅不欲就，是必已窺見其微隱有難處者，故以老病辭。後來會之做出大疏脫，則康侯已謝世矣。定夫之後，及康侯諸子，會之皆擢用之。時在坐范兄云：定夫之子不甚發揚。秦老數求乃翁《論語解序》，因循不果錄呈。其姪有知之者，遂默記之。一日進見秦老，及此，則舉其文以對，由是喜之。後故擢至侍從，是爲子蒙尊人。❶又曰：此老當國，却留意故家子弟，往往被他牢籠出去，多墜家聲。獨胡明仲兄弟却有

樹立，終是不歸附他。嘗問和仲先世遺文，因曰：「先公議論好，但只是行不得。」和仲曰：「聞之先人，所以謂之好議論，政以其可以措諸行事。何故却行不得？」答曰：「公不知，便是六經，也有說得行不得處。」此是這老子由中之言。看來聖賢說話，他只將做一件好底物事安頓在那裏。又曰：此老千鬼百怪，如不樂這人，貶竄將去，却與他通慇懃不絕。一日，忽招和仲飯，意極拳拳。比其還家，則臺章已下，又送白金爲贐。按：程子山諸公在貶所，俱有啟事謝其存問者，皆此類也。如欲論去之人，章疏多是自爲，以授言者，做得甚好。傅安道諸公往往認得，如見《彈洪慶善章》，曰：「此秦老筆也。」儒用。○德明錄云：秦相嘗語胡和仲云：「先丈議論固好，然行

❶「蒙」，萬曆本作「家」。

不得。」和仲問：「既是議論好，何故不可行？」秦云：「仲尼垂世立教，且説箇道理如此以示人，如何便一一行得？」一日，又語和仲云：「柳下惠降志辱身，如何？」和仲對云：「降志辱身，是下惠之和。」秦曰：「不然。也有合降志時，合辱身時。」先生曰：秦老自再相後，每事便如此。未若伯夷、叔齊不降其志、不辱其身。陳剛云：向見東萊説秦老語和仲云：「先丈説『敬以直内，義以方外』，一句是，一句不是。我只是『敬以直内』。」○賀孫録云：胡寧爲太常丞，上令取遺文看。❶寧遂告兄寅。寅繕寫表進，更以副本獻秦檜。檜看畢，即謂和仲曰：「都使不得。」和仲曰：「某聞之先人，皆是可用之語，丞相如何説使不得？」曰：「《論語》《孟子》許多説話，那曾是盡使得？只是也要教後人知得有許多説話。」又一日，問和仲曰：「賢道『敬以直内，義以方外』，是兩事，是一事？」和仲曰：「這只是一事。」和仲曰：「賢後生不識，某看來只是上一句用得。」檜曰：「某平生所行，只上一句。賢説須着下一句，賢且試方看。」聖賢法言無一非實用，檜只作好説話看過。平生如此，宜其誤國也。○可學録云：檜召五峰兄弟，五

峰辭甚力。和仲言頗孫，遂再召赴闕。檜問：「來時明仲何言？」曰：「家兄令禀丞相，善類久廢，民力久困。」檜不答，問和仲曰：「『敬以直内』，只行上一句，下一句只與賢行。」又曰：「❷『文定文字甚好』。」和仲進此文字，以副本納之，檜云：「只是行不得。」和仲再三問：「既好，何故行不得？」檜云：「孔、孟言語亦有行不得。寫在策上，只是且教人知得此。」○又揚録云：太上一日問胡和仲：「文定《春秋》外更有甚文字？」胡曰：「只有幾卷家集。」上曰：「可進來。」遂進之。後秦檜問胡曰：「先丈文字進了？」連説「先公好議論」三四句後，曰：「只是一句也行不得。」胡曰：「議論好時，只是謂好行。相公既説好，如何行一句不得？」曰：「不特先丈文字如此，聖賢議論亦豈盡可行？只是且教世間人知得有這一般道理。」○又燾録云：或問「信而好古」。曰：「而今人多不好古，皆是他不信。因舉秦會之嘗與胡和仲説：『如先公解《春秋》，儘好議論，只是無一句行得。』對曰：『惟其可行，方是議論。若不可行，則成甚議論？』秦曰：『且如周公、孔子之言，那有一句行得？

❶「取」，萬曆本作「録」。
❷「又」，萬曆本作「只」。

只是說得好，所以存留在，與後人看。」○又璘錄云：檜召胡和仲來，問「敬以直內，義以方外」。和仲之父子兄弟尋常以爲此兩句只是一事，檜云：「不然。『敬以直內』可用，某逐日受用便是。『義以方外』不可行。」和仲疑之，檜云：「『公試行看。』和仲上殿，光堯索《文定公文集》，因以副本呈。檜云：「先公議論甚好，但一句也行不得。且如孔、孟許多說話，也只是存一箇好話，令人知有此好話耳，決不可行。」又問和仲：「『不降其志，不辱其身』如何？」和仲既解以對。檜云：「合降志，須着降；合辱身，須着辱。」和仲以太常丞權郎，檜忽請喫酒五盃，歸而章疏下矣。檜之不情如此。

秦檜聞富季申言，深有感。歸，出謂富曰：「元來作相當如此！」後來所爲，皆得之於此。不知其說，然大率保位之術耳。揚。

秦檜初罷相，出在某處，與客握手入內，語庭中。客偶說及富公事，秦忽掉手入內，客莫知其故。久之方出，再三謝客云：「荷見教。」客亦莫知所謂，扣問，乃答云：「處

相位，元來是不當起去。」是渠悔出，偶投其機，故發露如此。趙丞相初亦不喜之。及其再入，全然若無能，趙便謂其收斂，不做一聲，遂一向不疑之，亦不知其如此。胡康侯初甚喜之，於家問中云：「秦會之歸自虜中，若得執政，必大可觀。」康侯全不見得後來事，亦是知人不明。又云：秦會之是有骨力，惜其用之錯。或問：他何故不就攻戰上做？曰：他是見得這一邊難成功，兼察得高宗意向亦不決爲戰討計。賀孫。

問：富直柔握手之語，不審何說？曰：往往只是說富公後來去朝廷使河北，被人讒間等事。秦老聞之，忽入去，久之不出，富訝之。❶後出云：「元來做宰相是不可去。」秦既再入，遂譖魏公於趙公。又因

❶「訝」，原作「讀」，今據朝鮮本改；萬曆本作「怪」。

秦太師與呂並相，呂出甚所在，秦一時換了臺諫人物。呂聞之，不平。有客告之云，其黨魁乃胡文定，可逐去，則秦不足慮。呂如其言，歸而諷臺諫論之。秦爭於上，❶遂併論秦。高宗欲罷其相，令人行詞。當時秦所引皆是好人，而立朝無過，人皆不平。行詞者遂求御批，以疏其罪。高宗遂批與之，大略云：「其未相時，説作相數月可以致治。既相，皆無所建明。」後來秦再相，數年之後，却奏過，以爲當初無過，爲人所讒。遂行下詞臣家索御批。既得之，則以納于高宗，其無禮不臣如此。可學録云：秦會之初罷相，高宗親批，付綦叔厚草麻，御書藏綦氏。及秦氣焰盛，自廣倅移某人知台州，於其家索出，而納於高

德明。

吳輝等二事傾去趙相，一向自做，更不肯去。胡和仲嘗勸秦云：「相公當國日久，中外小康，宜請老以順盈虛消息之理。」秦曰：「此事不然。我當時做這事，尚拖泥帶水，不曾了得。」問：「何事未了？」曰：「是未取得他中原。」曰：「若取中原，必須用兵，相公是主和議者。」曰：「我從來固不主用兵。然虜自衰亂，不待用兵，自可取。」後來楊安止亦有劄子勸秦相去位，秦相大率如對和仲者。於是不樂，安止遂坐此去國。不然，安止亦須做從官。先生曰：不曉他要取中原之意。後來見陳國壽璹説，秦老初欲以此事付國壽，擬除它廬帥。陳云：「荷朝廷任使，帥長沙、廣西，皆内地，若邊帥，當擇才。」某於軍旅事素不習，恐敗事。」其議遂已。竊意秦老只是要兵柄入手，此事做未成。若兵柄在手，後來必大段作怪。

❶「上」下，朝鮮本有「前」字。

宗。某人，潮州人。又當時史館有《宰臣拜罷錄》，已載此罷相時事，亦有士大夫錄得此書。秦已改史館之書了，又行下收民間所藏者。德明。○揚錄云：秦前罷相時，有御批其罪狀，與翰林學士綦崇禮行詞。後再相，令人於綦家搜索之，自於上前納了。兄秦楚材作翰林之類官，上以檜故，亦眷其人，檜亦忌而出之。

因話及秦丞相，問：當時諸公皆入虜，渠何以全家得還？曰：此甚可疑。當和親時，王倫自虜至，欲高宗屈膝，中外憤怒。秦老出，有人牓云「秦相公是細作」。楊錄云：都下甚恢悩。❶有欲殺之之意。一日，在甚寺中聖節，一樹上貼一榜子云「秦相公是細作」。是時陳應之正同書。」因顧左右，令取國書與應之看，乃是詔聚。」但人主有六十歲老親在遠，須要取來相到廟堂，問和親之故。秦云：「某意無他，書。秦捲其前後，只見中間云「不求而得，

可謂大恩」。蓋指河南也。先生言畢，云：此事當記取，恐久後無人知之者。當時虜中諸將爭權，廢劉豫，以河南歸我，乃是獵辣。獵辣既誅，兀朮用事，又欲背約。是時命婁㝹書密院，為宣撫，辟鄭亨仲又一人，記不全。為屬。至蜀，見吳玠。玠曰：「某有一策：昔失陝西五路，最為要害。今虜人以河南歸我，而陝西在其中，可謂失策，徐必悔悟。今不若移近蜀之兵，進而據之，則猶庶幾。稍遲，則不及事矣。」婁云：「此策固善，但某不敢專，須奏朝廷。」亨仲因力贊之，即草奏。❷未數日，虜兵已下陝西矣。當時下河南，止用單使。有一相識，姓名失記。為蔡州平興尉。一日弓手報：「天使至，縣尉當出迎。」

❶「恢悩」，萬曆本作「憤似」。
❷「草」，原作「莫」，今據朝鮮本改。

曰：「天使何人？」曰：「北使。」曰：「我南朝官，不可拜北使。」曰：「如此，則官人可歸矣。」乃爲辦兩車，并骨肉送之入南境。既而使到，縣官皆投拜，蓋本北人未換者可學。○僩錄云：胡明仲與秦檜爭和議於朝堂，秦無語，但取金人所答國書，以手急卷，箝其兩頭，止留中間一行示明仲，云：「不求而得，可謂大恩。」字如掌大。時虜人初以河南之地歸我也。先生親見致堂說。○楊錄云：秦老講和後，曾取得河南地。關中五路，地連河南，盡得之。時令樓炤往守，鄭剛中在幕。吳玠云「今與之講和極是」云云。「今得五路，須急發兵守之。」某守某處，要急爲之。虜人只是不曾思量，恐覺便來取。因言「鄭才識高」云云。當時他人亦以爲常，惟鄭剛中擊節稱是。
樓曰：「某來時不曾得旨，須著人文字。」鄭曰：「可急入文字。」未幾，虜人取去矣。
秦老倡和議以誤國。❶ 挾虜勢以邀君，終使彝倫斁壞，遺親後君，此其罪之大者。至於戮及元老，賊害忠良，攘人之功以爲己

有，又不與也。若海。

李泰發參政，在上前與秦相爭論甚力，每語侵秦相，皆不應。及李公奏事畢，秦徐曰：「李光無人臣之禮。」上始怒。德明。

秦檜初主和議時，舉朝無人從之。遂奏太上曰：「乞召李光來問如何。」遂召至。未對時，全不得見人，不知如何與秦檜相見。秦待之酒行，如誤言云「滿斟參政酒」。時光爲尚書之類，光聞「參政」之言，秦遂與論和議如何，光贊之。次日，對陳和議之是，和議遂定，遂參政。光性剛，雖暫屈，終是不甘，遂與秦治。秦所判文，光取塗改之。後爲秦治，過海，歸死。揚。

章貢軍叛，上不知。一日，問如何，秦

❶ 「秦」，原作「奏」，今據朝鮮本、萬曆本改。「老」，萬曆本作「檜」。

曰：「軍人門閑相爭之類，已令人去撫定矣。」問是誰說，上初不言，詰之，乃曰「兒子說」。遂尋別事罰俸，三月不支。揚。

施全刺秦檜，或謂岳侯舊卒，非是。蓋舉世無忠義，這些正義忽然自他身上發出來。秦檜引問之曰：「你莫是心風？」曰：「我不是心風。舉天下都要去殺番人，你獨不肯殺番人，我便要殺你。」賀孫。

胡邦衡作書，記當時事，其《序》云：「有張扶者，請檜乘副車。」他當初拜相罷去，極好。再來，却曰：「前日但知道行則留，不行則去。今乃知不可去。」漸漸便到此田地。及至極處，亦顧其家，曹操下令云云。是也。問霍光。先生曰：「霍光無此心，只是弒許后一事不發覺，此大謬。」又問秦氏科第。先生曰：「曾與汪端明說，此是指鹿為馬。」汪丈云：「只是無見識。」可學。○璘錄云：秦太師專政時，張扶，或云張柄，請乘副車。呂愿中作《秦城王氣詩》以獻，檜皆受之不辭。呂知靜江府，府有驛名秦城，忽傳所作《紹興間被貶逐人事實序》。熊子復欲作一書記其事，從其子借之。呂作詩與僚屬和之，成冊以獻。此見胡邦衡言有王氣。或云非邦衡所作。又曰：「私科舉，或云恐是愚弄天下之人，指鹿為馬之意。」汪聖錫云：「恐不如此，只愚騃耳。」初時人以伊、周譽檜，檜亦受之。大抵久執權柄，與人結怨多。才欲放下，恐人害己。似執守不放，其初未必有邪心，到後來漸漸生出，皆是鄙夫患失之謀耳。

問：《張魏公行狀》，秦相叛逆事如何？曰：「當時煞有士大夫獻謀者，亦有九錫之議矣，吳曾輩是也。」振。

秦檜在相時，執政皆用昏庸無能者，如汪渤、章夏、董德元，皆一類人。太上一日問處州兵反事，秦久未對。章夏在後，恐秦忘之，因對一句。後秦語之曰：「檜不能對

時，參政却好對。檜未對，參政何故便如此？」即時逐去之。興化林大鼐爲士人，時對策，言自宣、政以來，人無節義。後得秦檜於虜中，乞立趙氏，節義可取。後秦知之，大擢用。時秦被黜閒居。一日在經筵，因講得甚稱上意，上喜，賜一帶，秦逐出之。揚。

秦檜每有所欲爲事，諷令臺諫知後，令林一飛輩往諭之。要去一人時，只云劾某人去，臺諫便着尋事上之。臺諫亦嘗使人在左右探其意，纔得，即上文字。太上只是慮虜人，故任之如此。及秦死，遂召陳誠之、沈該、萬俟卨、金安節諸人，以誠之輩嘗爲奉使，沈嘗以贓罷官，後以上書言講和進用，皆秦黨也。秦死封王，禮數之類皆得。又一面行遣昔時臺諫，爲皆附會權臣。揚。

秦檜舊作好人時，❶亦多有好相識，晚

年都不與他，一切壞了。一日，謂和仲曰：「舊時亦煞有好相識，後皆不濟事，近來却有幾人好。」如曹泳、湯思退輩，皆其晚年所信用者。曹凶險狡獪之甚，秦之妻兒親黨皆爲其所離間。秦信愛之如子，然皆在其籠絡中矣。決定後來推秦作一大惡事，旋害了秦而自爲之。秦死，其妻兒銜之，泣訴於太上，謂秦時多事皆曹爲之，遂編置海外而死。❷曹妻亦自狡，要令一人軍將等去取曹喪，恐其不從，先教一婢子云：「你待我使其人不從，你便倒地作侍郎語云：『平日受我多少恩。你若不從我，即有禍及汝。』」及使其人，果有不肯從意，婢遂倒地如其言，其人拜告，即請行。蓋曹平日詭怪，家

❶「人」，萬曆本作「文」。
❷「置」，萬曆本作「直」。

習之也。然曹有才可用,知紹興曰,當聖節,吏人呈年例,店家借紫絹結甚物事。曹云:「不必借,看每年軍人緋紫衫要幾多絹。」遂檢籍所用,與此所用不爭多。出染結了,却將染緋紫,遂不擾。知臨安日,當拜郊,郊壇要若干土朱刷,年例先出錢買朱。吏人呈,曹曰「不要」。近郊壇有赤黃土,先令人將炭若干斤放彼處燒赤黃土,令追鐵匠於彼處放炭,❶如何燒土,以膠和塗其壇,遂省錢多少。天下事無不理會得,只是凶惡可畏。❷又秦檜之子娶其兄女。揚。

秦檜己亥年冬死。未死前一二年間,作一二件無狀底事,起獄斷送士大夫之類。近死兩年,朝不保暮,日日起獄,凶焰張大可畏。黃豐知興化日,有人有一弟,因爭兄財不與,遂以其兄嘗編錄得胡銓上書,言秦檜緊要數語,告以爲兄罵秦太師。官司亦以尋常,不曾爲理會。時有一囚,與爭財弟同獄,問得其首尾。其囚配卒,不記何州。一日,福州帥張某過,其人直訴之于帥,爲有人罵太師,黃不爲理會。帥上其事於秦,即時攝取黃下大理,并其妻孥皆繫之。遂勘閩中何處州海島上有林二十三娘,過度甚物事,❸追之。尉即往海上收一二老婦女,林幾娘皆有之,但無林二十三娘。❹鄉老云:「此中只有一廟,是林二十三娘廟。」遂令鄉老供文字去,且休了。黃不曾有一分事,亦追官勒停。揚。

殺岳飛,范同謀也。胡銓上書言秦檜,

---

❶「追」,萬曆本作「諸」。
❷「是」,萬曆本作「甚」。
❸「過」,萬曆本作「適」。
❹「但」,萬曆本作「俱」。

檜怒甚，問范：「如何行遣？」范曰：「只莫採，半年便冷了。若重行遣，適成孺子之名。」秦甚畏范，後出之。揚。

王次翁，河東人，曾做甚官，已致仕。秦檜召來作臺官，受檜風旨治善類，自此人始。揚。

王循友彥霖家子孫。知建康，辭秦而往。問有何委，秦曰：「亦無事，只有一親戚在彼，秦之甥。極不肖，恐到庭下，為痛治。」及到任，其人果犯來，與痛治喫棒之類。其人母骨肉訴之秦，秦大怒，即尋一事加於王。王得罪，妻孥皆配了，婦女皆為軍人所娶。揚。

建人黃公達作太守，有賍，提領韓美成欲治之。黃已去，告之朝士。朝士曰：「公能作一事，❶不惟可以解此，又可以得美官，但恐公尚有所惜，不肯為耳。」黃

問如何。曰：「公上殿，能以劄子言曾天隱、李彌遜之徒不主和議，宜罪之。」黃即為之，秦檜大喜，即擢為察院。韓徑使人守察院門，云：「黃察院有公事未了，要去理會。」秦見不是道理，遂罷黃。揚。

興化一傅丈云：❷秦今諸子孫，皆其夫人正家人。林一飛乃秦作教官時婢所生，夫人不容，與同官林家人養。秦後欲取歸，未遂而死。後其黨人欲為料理，其夫人自陳云：「妾有幾子，林非是。」林遂貶何地。林死有子，今皆無祿，乃檜親孫也。林居興化。○揚。

秦太師死，高宗告楊郡王云：「朕今日始免得這膝褲中帶匕首。」乃知高宗平日常

❶ 「事」，萬曆本作「件」。
❷ 「丈」，萬曆本作「文」。

防秦之爲逆。但到這田地，匕首也如何使得？秦在虜中，知虜人已厭兵，歸又見高宗亦厭兵，心知和議必可成，所以力主和議。獵辣主事，始定和議。至次年，兀朮殺獵辣而畔盟，至順昌，爲劉信叔所敗；至楚州，又爲糧絕，兵師離散，方得成和。若不喫這兩著，亦恐未便成和。太后自虜歸，云：「某年月日，虜人待之禮數有加，至某年月，又加禮；又某年月，又甚厚。」今以年月考之，皆是我師克捷之時，故虜懼而加禮。禮極厚，乃是順昌之捷。高宗初見秦能擔當得和議，遂悉以國柄付之，被他入手了，高宗更收不上。高宗所惡之人，秦引而用之，高宗亦無如之何。高宗所欲用之人，秦皆擯去之。舉朝無非秦之人，見說有三十餘家皆當不得。蔡京門著數高，治元祐黨只一章疏便盡行遣了。秦檜死，有論其黨者，不能如

此。只管今日說兩箇，明日又說兩箇，不能得了。有薦張魏公者，高宗云：「朕寧亡國，不用張浚！」

問：秦相既死，如何又却不肯。曰：自是高宗不肯。當渠死後，乃用沈該、萬俟卨、魏道弼，又有一人。此數人皆是當時說和親者。中外既知上意。未幾，又下詔云：「和議出於朕意，故相秦檜只是贊成。今檜既死，聞中外頗多異論，不可不戒約。」甚沮人心。當初有一二件事，皆不是。如檜家既保全，而專治其黨。士大夫遭檜貶竄者，敘復甚好，若更在，甚可畏。當時已欲殺趙丞相之家，既加以反逆，則牽聯甚衆，中外寒心。高宗亦甚厭惡之，但無如之何。問：所以至於如此者，何故？曰：伊川云：「人主致危亡之道非一，而逸欲爲

甚。」渠當初一面安排,作太平調度,以奉高宗,陰奪其權,又挾虜勢以爲重。可學。

秦老既死,中外望治。在上人不主張,却用一等人物。當時理會秦氏諸公,又宣諭止了。當時如張子韶、范仲達之流,人已畏之。但前輩亦多已死。當時如張子韶、范仲達之流,人已畏之。但前輩亦多已死。後來因逆亮起,方少驚懼,用人才。籍溪輪對,乞用張魏公、劉信叔、王龜齡、查元章,又一人繼之。時有文集,謂之《四賢集》。可學。

好底氣數,常守那不好底氣數不過。且如秦檜在相位十一二年,被他守殺了幾箇人,❶又殺了許多人,皆是他那不好底氣數到長了。

秦老是士大夫之小人,曹詠是市井之小人。揚。

---

❶ 「守」,萬曆本作「手」。

朱子語類卷第一百三十二

本朝 六

中興至今日人物下

宗澤守京城，治兵禦戎，以圖恢復之計，無所不至。上表乞回鑾，數十表乞不南幸，乞修二聖宮殿，論不割地。其所建論、所謀畫，是非利害，昭然可觀。觀其勢，駸駸乎中興之基矣。耿南仲沮之於南京時，使不歸京城。❶汪、黃沮之淮甸時，動相掣肘，使不得一有所為。如令椿管器甲之類，不得擅有支遣；問所召募係何色額人，召募得百十萬以上人。令京民出助軍錢；不得支錢修城池造器械數事，皆汪、黃、張慤為之。初，宗守京，太上即位南京時，河東北、京西之民日夜自守，望駕歸京。王師之來，全無盜賊。駕一居淮甸，盜起百十萬。❷丁進、李成、楊進之徒競起，宗盡召之為用，事垂成而薨。朝廷不為諸人作主，諸人四散為盜矣。傷哉！宗薨時，年七十，謚忠簡。揚。

宗忠簡公薨，其家人方入棺，未斂。軍兵皆出大廳，三日祭弔來哭不絕，祭物滿廳無數，其得軍情人心如此！揚。

王庶，西人，趙元鎮引作樞密，甚有威

❶「使」，萬曆本作「勢」。
❷「盜」，萬曆本作「賊」。

又言也彊倔，❶死葬廬山。王之奇是庶之子，亦作樞密。之子，亦作樞密。西人，庶嘗在其軍中，幾爲端所殺。振。曲端。端命一愛將救之。既至，欲求休息數日，王不許，戰敗，奔入城，王斬之。既而城陷，王奔端，端詰責，欲殺之。有幕僚力諫止，囚之。一日，遣入蜀，遂譖端於魏公，魏公殺端。可學。

徐師川微時，嘗遊廬山，遇一宦者鄭諶，與之詩曰：「平生不善劉蕡策，色色門中皆有人。」❷後入樞府，鄭時適用事，模樣似有力爲。徐在密院時，金人寇襄陽，中書集議。徐曰：「彼本盜賊所有，時國步未安，盜有竊發據城邑者，因以與之。好時爲官，跋扈則爲盜。得失不足爲國家輕重。」時趙元鎮爲參知政事，曰：「襄陽爲金人所據，則川、廣路絕，國家危矣！」徐曰：「此是樞密院事，參政不須與。」趙曰：「小小兵事，樞密自主之可也。此國家大事，政府安得不與？」即上馬而去。太上聞之，罷徐樞密。徐歸鄉，以前輩自居，恃文使氣好罵，專以飲酒爲事，不擇貧賤，皆往啖之，詩亦無甚佳者。揚。○可學錄云：徐師川在密院，荆、襄有密報，五府會議。師川曰：「今日朝廷視荆、襄乃無用地，何不棄之？」趙丞相爲參政，曰：「此乃係政事之大者，安得不預？」遂策馬徑出。入文字，朝廷爲之罷師川，趙遂知院參政？」趙曰：「某參知政事，此乃上流，何可棄？」師川曰：「密院事，可預爲帥，未行，虞退師。

韓世忠作小官時，一城被圍，郡將無計。世忠令募敢死士，得二百人。世忠云：「不消多。」只擇得精者八十人，令人持

❶「也」，萬曆本作「他」。
❷「皆」，萬曆本作「看」。

一斧。世忠問云：「其間豈無能爲盜者？」遂令往偷了鼓槌，却略將石頭去驚他門。他必往報中軍，便隨入，見有紅帳者便斫。俟彼人集，便出來。恐有馬軍來赶，便與相殺。城上皆噉云：「馬軍進！」如是果退圍。揚。

岳太尉飛本是韓魏公家佃客，每見韓家子弟必拜。振。

岳飛恃才不自晦。郭子儀晚節保身甚闒冗，然當緊要處又不然，單騎見虜。云云。飛作副樞，便直是要去做。張、韓知其謀，便只依違。然便不做亦不免，其用心如此，直是忠勇也。揚。

紹興間諸將橫。劉光世使一將官來奏事，應對之類皆善。上喜之，轉官，頗賜予。其人走投朝廷，朝廷不知如何區處之。劉又使人劉疑其以軍中機密上聞，欲殺之。

逐路殺之，追者已近，其人告州將藏之獄中，入文字朝廷，方免。揚。

吳玠到饒風關却走回，此事惟張巨山《退虜記》得實。德明。

後世用兵，只是胡廝殺，那曾有節制？如季通說八陣可用，怕也未必可用。當臨陣時，只看當時事體排撥得着所在。❶如吳璘敗虜於殺金平，前面對陳交兵正急，後諸軍一齊擁前，爛殺虜人，這有甚陳法？且如用兵前陳交接，後陳即用木車隔了，不令突出。當吳璘那時，軍勢勇猛，將來隔了，一齊都斫開突前去，有甚陳法？看來兵之勝負，全在勇怯。又云：用兵之要，敵勢急，則自家當委曲以纏繞之；敵勢緩，自家當勁直以衝突之。賀孫。

❶「撥」，萬曆本作「扒」。

古之戰也，兩軍相對，甚有禮。有餽惠焉，有飲酌焉，不似後世便只是爛殺將去。劉錡順昌之捷，亦只是投之死地而後生。當時虜騎大擁而至，凡十餘萬。諸將會議，以爲固知力不能當，然急渡江，則朝廷兵守已自戒嚴，必不可渡。兼攜持老幼，虜騎已迫，必爲所追，其勢終歸於死。若兩下皆死，不若固守，庶幾可生。遂開城門而守。虜人大至，劉錡先遣人約他某日戰，虜人謂其敢與我約戰，大怒。至日，虜騎壓於城外。時正暑月，劉錡分部下兵五千爲五隊，先備暑藥、飯食、酒肉存在。先以一副兜牟與甲，置之日下曬，時令人以手摸，看熱得幾何，如此數次。其兜牟與甲尚可容手，則未發。直待熱如火，不可容手，乃喚一隊至，令喫酒飯。少定，與暑藥，遂各授兵出西門戰。少頃，又喚一隊上，授之，出南門。

如此數隊，分諸門迭出迭入，虜遂大敗。緣虜人衆多，其立無縫，僅能操戈，更轉動不得。而我兵執斧直入人叢，掀其馬甲，以斷其足。一騎縴倒，即壓數騎，殺死甚衆。況當虜衆正熱，甲盾如火，流汗喘息煩悶。而吾軍迭出，飽銳清涼，而傷困者即扶歸就藥調護。遂以至寡敵至衆，虜人大敗，方有怯中國之意，遂從和議。前此皆未肯真箇要和。此是庚申年六月。可惜此機不遂進。賀孫。

張棟字彥輔。謂劉信叔親與他言，順昌之戰，時金人十上萬人圍了城，城中兵甚不多。劉使人下書約戰日，虜人笑。是日早，虜騎迫城下而陣，連山鐵陣甚密不動。劉先以鐵甲一聯瞰庭中，一邊以肉飯犒師。時使人摸鐵甲，未大熱，又且候。候甲熱甚，遂開城門，以所犒一隊持斧出，令只掀

起虜騎，斫斷馬腳。人馬都全裝，一騎倒，又粘倒數騎，虜人全無下手處。此隊歸，以五苓大順散與服之，令歇。又以所犒第二隊出如前，殺甚多。虜覺得勢敗，遂遁走。後人問瞭甲之事如何，曰：「甲熱則虜久在日中皆熱悶矣，此則在涼處歇方出。暑月也。」揚。

籍溪嘗云：建炎間勤王之師所過州縣，如入無人之境，恣行摽掠，❶公私苦之。嘗作某縣，宿戒邑人，各備器械，候聞鍾聲，則人執以出，隨其所居，相比排列。未幾，勤王之師入縣，將肆縱橫之狀，即命擊鍾。邑人聞之，如其宿戒以出，師徒見其戈矛森列，不虞其有備若此也，相顧失色，遂整師以過，秋毫無犯，邑人德之。又胡文定公之趨召命也，汎舟而下，無玷走吏致書，戒其吏云：「計程到江、黃間，有官船自下而上者，可扣之，當是本官。」吏至彼，果有舟上者，一問得之，其善料事如此。蓋渠以事占之，知文定之不果造朝也。儒用。

某人作縣，臨行請教於某人。先生言，其姓名今忘記。某人曰：「張直柔在彼，每事可詢訪之。」某人到官，忽有旨，令諸縣造戰船。召匠計之，所費甚鉅。因憶臨行請教之語，亟訪策於張。張曰：「此事甚易，可作一小者，計其丈尺廣狹長短，即是推之，則大者可見矣。」遂如其語爲之，比成推算，比前所計之費減十之三四。其後諸縣皆重有科敷，獨是邑不擾而辦。❷後其人知紹興

---

❶「摽」，萬曆本作「擒」。
❷「辦」，萬曆本作「辨」。

府，太后山陵，被旨令應副錢數萬結磚爲牆。❶其大小厚薄，呼磚匠於後圃依樣造之。會其直，比拋降之數減數倍。正中宦者欺弊，遂申朝廷，乞紹興自認磚錢。遂令紹興府應副錢，不得干預磚牆事。儒用。○或錄云：其人曰：「如何費許多錢！」遂呼燒磚匠結之，費比朝廷所拋降之數減數倍云云。先問其磚之大小厚薄，依樣燒磚而結之，費比朝廷所拋降之數減數倍云云。

張翬，字直柔。福唐人，❷嘗知處州。有人欲造大舟，不能計其所費，問之。張云可造一小舟，以寸折尺，❸便可計算。後又有人欲築紹興園神廟牆，召匠計之，云費八萬緡。其人用張法，自築一丈長，算其牆可直二萬，遂以四萬與匠者。董事內官無所得，遂與奏紹興貧，不如自出錢。太后遂自出錢，費三十二萬緡。揚。

高宗朝有朝士，後爲尚書，建炎嘗請駕

幸福建，以爲福建有天險。又上言：邵武、南劍人，多鑿紙錢，廢農業，❹乞降旨禁之。或人家忌日之類，不得燒紙錢，只燒經幡一二紙，好笑如此。粘罕長槍大劍如此，而使若輩人謀國。云云。邵武有文集。又有趙霈者，清獻之孫，此時亦上言，聖節殺雞鵝太多，只令殺豬羊大牲。適傳有一「龍虎大王」南侵，邊方以爲懼。胡侍郎云：「不足慮，此有『雞鵝御史』足以當之。」揚。

紹興間，曾天隱名恬。作中書舍人。曾亦賢者，然嘗爲蔡京引用。後修《哲宗實錄》成，太上、趙丞相要就褒賞修《實錄》官，制辭上說破前後是非。曾以蔡之故，常主

❶「結」，萬曆本作「給」。
❷「唐」，萬曆本作「建」。
❸「尺」，原作「赤」，今據萬曆本改。
❹「廢」，萬曆本作「費」。

那一邊。及行詞，只模糊作一修史轉官制。上與丞相不樂，命呂居仁行。呂權中書舍人，自丁巳三月二十五日上一狀論分別邪正。謂曾之徒，也自荊公諸人熙、豐間用事，《新經》、《字說》之類，已壞了人心術。元祐諸公所爲，那一邊人終不以爲是。聖以後，又復新政，敗壞一向，至於渡江。紹然舊人亦多在者，其所見舊染不省，雖賢者亦復如是，如曾之徒是也。因論人以先入爲主，一生做病。揚。

湯思退事秦檜最久，其無狀皆親學得，故所爲如此之乖。揚。

湯思退作樞密，董德元參政，商量薦小秦作相。董言之不答，湯即背其說，逐董出，召魏良臣來作參。魏治楊存中，上不答。湯又逐出魏，湯遂作相。揚。

湯思退、王之望、尹穡三人姦甚，又各

有文。以計去了魏公，盡毀其邊備山寨水櫃之類，凡險要處有備禦者皆毀之。還了金人四州，以謂可以保其和好而無事矣。一日，只見虜騎十萬突至，驚擾一番而去，三人者乃罷其謀，蓋三人之所同也。尹乃疏平日邊事，尹能文其事，尚如此好。宰相自爲一室藏文書，全不令臺諫至，其後及賈誼待大臣盤劍之類事。湯卒以驚死敗，小人情狀如此。初去了魏公，毀邊備時，諸將皆欲得而殺之。王之望尚在其所，急上書論三事：一恢復，二守禦，三與之和時，亦要地界、歲幣之類分明。上大喜，即日召歸參大政。及金人有所須，上商量之際，上意欲不與，欲之望有所說，之望全不言。上顧之云：「如何？」之望曰：「不如且與之。」上曰：「卿前書意如何？」及敗，二人皆懼邊將之怨己不敢出師，上前至以鄙語相罵。之

望謂湯小數子，成把價撒出來，好士夫所爲如此之類，言語記不全。三人之意，惟恐奉虞不至，但看要如何。虞見其著數低，易之，遂無所不敢。使其和議如秦檜時，則亦一檜矣。好梟三人首於都市，俾虜人聞之，亦以少畏。此是甲申年。虜騎來時，思退、之望既罷，檜不罷。上令胡銓、檜往經略邊備，二人皆搬家先去。上但知胡如此，怒去之。時召陳魯公，魯公至，留胡。上曰：「用其經略邊事，遂搬家先去，用是罷之。」陳曰：「如此，則檜亦搬家去。臣途中見之。」遂罷。檜多讀書，能文，然行不成人。上初極重之，每對群臣言「無人及檜」。龔茂良爲左司諫，與檜同對，欲促上早定和議。龔曰：「內政只消三二箇月打疊，不日可以致太平敵未去，下手未得，且與講和爲便。」揚。方伯謨問：某人如何？忘其姓名。先生

曰：對移縣丞一節，全處不下。又問：是當初未見得？曰：他當初感發踴躍，只是後來不接續。語朱希真曰：天下有一等人，直是要文采，求進用。因說及尹檜：前日趙蕃稱他是好人。伯謨問：他當初如何會許多年不出？曰：只是且礙過，及至上手則亂。渠初擢用，力言但得虞和，三二月綱紀自定。龔實之云：「便是他人耳聾，敢如此說！」如減冗官事是，但非其人，行之失人心。渠初除浙西制置，胡邦衡除浙東。陳魯公再用，因言於上曰：「胡銓般家固可罪，尚向北；尹檜般家乃向南。」上云：「無此事。」公云：「臣親見之。自古人主無與天下立敵之理，天下皆道不好，陛下乃力主張。」張魏公在督府，渠欲搖撼。一日，陳彥方伯謨問：某人似有罷意。」上曰：「安有此

事？方今誰出魏公上？」上每呼張相只曰「魏公」。「必是臺諫中為此，卿可宣諭。」陳見尹，道上意，尹云：「某請對。」數日，駕在德壽，批出，陳知建寧府，魏公亦罷。某問：當時諸公薦之何故？曰：亦能文章，大抵以此取人，不考義理，無以知其人，多為所誤。如蘇子由用揚畏，畏為攻向上三人，蘇終不遷。畏曰：「蘇公不足與矣。」乃反攻之。可學。

或問「胡邦衡在新州十七八年不死」。先生曰：天生天殺，道之理也，人如何解死得人？廣。

胡邦衡尚號為有知識者，一日以書與范伯達云：「某解得《易》，魏公為作《序》；解得《春秋》，鄭億年為作《序》。」以為美事。范答書云：「《易》得魏公序甚好。鄭序《春秋》者，不知是何人，得非劉豫左相乎？是

此人時，且請去之。」胡舊常見李彌遜，字似之，亦一好前輩。謂胡曰：「人生亦不解事，只做得一兩節好便好。」胡後來喪名失節，亦未必非斯言有以入之也。揚。

呂居仁學術雖未純粹，然切切以禮義廉恥為事，所以亦有助於風俗。今則全無此意。方子。

呂家之學，大率在於儒、禪之間，習典故。居仁遂去學作詩，亦不說於趙丞相，後於秦檜所為，亦有輔之者。籍溪云：「嘗代一表云『仰日月於九天之上』，下一句甚卑，可憐之詞，居仁為之也。」❶ 後虜中此文亦有人傳之。」揚。

呂居仁作舍人時，繳奏文字好處多。一章論袁煥章乞作教官：「教官，人之師

❶ 「也」，原作「地」，今據朝鮮本、萬曆本改。

曰：作龜山底尤不好，故文定全不用，盡做過了。振。

呂居仁家往往自檯舉，他家人便是聖賢。❶其家法固好，然專恃此，以爲道理只如此，却不是。如某人纔見長上，便須尊敬以求教，見年齒纔小，便要教他。多是如此。人傑因曰：此乃取其家法而欲施之於他人也。人傑。

汪聖錫不直潘子賤直前事，云：「無緣聽得殿上語。」向宣卿云：❷「吾當時是言尹和靖某事，❸又爲朱子發理會卹典。子賤當時爲呂居仁所賣。」德明。

張無垢說得一般道理，一切險而動。

表，豈可乞？」此論不聞數十年矣。今皆是陳乞，然不陳乞，朝廷又不爲檢舉。檢舉方是，亦可以養士大夫廉恥。今皆不然，都要陳乞。舊除官，便不磨勘。今亦不然。如磨勘，大約用三載考績之法，一年一切了。今年年日日理會官員磨勘。揚。

呂居仁不甚惡贓污，深惡多才刻薄者。此自回避黨人，故有此論出來。然大害名教，豈不使得子孫取受！如論固窮守節處，甚佳。揚。

呂舍人好言忍恥之類，此意不佳。揚因及劉道原不受溫公惠。曰：如此做得人，也靈利。揚。

說呂居仁解《大學》，曰：他諸公何故一做下便不改動一字？非聖人安能如此？這般非是大聖，便是大愚。因說呂居仁作《江民表墓誌》不好，

---

❶「家人」，萬曆本作「人家」。
❷「宣」，萬曆本作「宜」。
❸「是」，萬曆本作「之」。

張無垢氣魄，汪端明全無些子氣魄。無垢《論語》說得甚敷暢，橫說竪說，居之不疑。

永嘉前輩覺得却到好，到是近日諸人無意思。陳少南，某向雖不識之，看他舉動煞好，雖是有些疏，却無而今許多纖曲。賀孫問：少南雖是疏，到在講筵議論，實有正直氣象。曰：然。近日許多人，往往到自議論他。賀孫。

問：陳少南詩如何？曰：亦間有好處，然疏，又爲之甚輕易。秦檜居溫州時，陳嘗爲館客。後入經筵，因講《公羊》「母以子貴」之說爲非是，因論嫡妾之分。是時太母還朝，陳遂忤太上意，安置惠州。張宋卿於彼從之。徽廟梓宮歸，鄭后梓宮亦歸，邢后太上初聘，亦隨歸。及邊，以訃聞。太母還，秦檜欲以吉服迎，吳才老時爲禮官，獨以爲不可，謂須先以凶服迎梓宮歸。太上幾年不見太母了，不爭此二三日。奉安梓宮了，却以吉服迎太母歸。衆禮官聚都堂，皆從秦意，吳獨爭之。秦曰：「此不是公聚訟處。」即以吳出之。先生又云：「《公羊》之說非是，只有一嫡。」揚。

因論李德遠、黃世永爲湯進之所買，云：他亦是不曾見前輩，前輩皆不如此。誠使彼足以抗虜，此中亦何以處之？其策直翁亦然，然却較好。史雖主和，然亦有去交結得一人爲應者，然許他皆過分數了。湯見人時，一面顔色言語皆買人之物。

史丞相好薦人，極不易；然却有些籠絡人意思，不佳。陳丞相較渾厚，無這般意思，又若賢否不辨者。振。

陳福公自在，只如一無所能底村秀才還，秦檜欲以吉服迎，吳才老時爲禮官，獨

梁丞相亦然。振。

史老雖如此，然常愛論薦引拔士人，此一節可喜。如陳應求方寸平正，遠過龔實之。然龔又却好士，每到處便收拾得些人才。劉樞不好士人，先亦讀書，《長編》從頭批抹過。近得書云，尚要諸經史從頭爲看一遍，顧老病，恐不能。揚。

因論張戒定夫，其初名節好，後來亦以書與諸公，論當時某不是全不主和議，但謂和時要如何。後來多有如某之料，其意欲進甚銳。太上終是嫌破和議底人。秦檜死，嗾下詔守和議不變，用沈該、萬俟卨、陳誠之輩，故張戒自秦檜死後數年，終不用。而張自躁如此，蓋是學無本原故耳。張老子之類。揚。

張定夫居建昌，享高壽，有文集曰《正平集》。自言初學孔子之道而無所得，後讀老子之類。揚。

《老子》而願學焉。又喜《管子》，其議多尚法制。立朝亦可觀，人傑錄云：與先吏部厚善。當時朝士皆敬之，雖有素喜陵人者，亦不敢慢。嘗對高宗云：「陛下有仁宗之儉慈，而乏藝祖之英略。」高宗以爲説得好。又嘗言：「過江以來，非李伯紀、趙元鎮、張魏公三人，也立不住。」

先生謂若海曰：令祖全節翁孝義篤至，又能堅正自守。當時權貴欲一見之，竟不爲屈。至於通判公，又爲張、趙所知，持論凜然，不肯阿附秦老，可謂「無忝於所生」者。前輩高風，誠可敬仰。爲子孫者，其忍不思所以奉承而世守之乎！或曰：今人志在趨利，聞人道及此等事，則多非毀訕笑。先生曰：某嘗謂得他當面言之，猶似可。又有口以爲是，心實非之，存在胸中，不知不覺做出怪事者，兹尤可畏。按：胡泳

云：「內翰，文公之後。」○若海。

鄧名世，臨川人，學甚博，趙丞相以白衣起爲著作郎，與先吏部同局，吏部甚敬畏之。有攷證文字甚多，攷證姓氏一部甚詳，紹興府有印板。謂左丘姓，人有牌牓在賣卦，左氏只是姓左。先生云：楚左史倚相之後，左氏只是姓左也。鄧著作後爲秦檜以傳出祕書文字罪之，褫官勒停。

熊叔雅，名彥詩。王時雍壻也。金人入寇，京城不守，時雍盡搜取婦女與虜人，人號時雍爲「虜人外公」。當秦檜時，叔雅知永州，魏公時安置永州。秦檜之父曾爲玉山知縣，玉山人要爲老秦立祠堂，求叔雅作記。叔雅質之魏公，魏公令勿須作。自後只是言貧，這後恐不得差遣。十數日後，魏公知其意，與之曰：「前日所謂作祠堂記，作也不妨。」叔雅作之，大意言：人問

云：內翰，文公之後。

公有甚異政？曰：無異政，只見民父子有親，君臣、夫婦、長幼、朋友之倫皆如此好了。子太師得其道以治天下亦然，云云。立大碑於玉山。揚。

三山黃明陟登。是黃傳正之父。揚錄云：張登，福唐人。❶嘗錄云：張致中父登。從周錄云：永福姓張人。其人樸實公介，爲甚處宰，諸錄云尤溪。初上任，凡邑人來見者，都請，諸錄云「士夫僧道百餘人」。但一揖。問：「諸公能打對否？」人皆不敢對。因云：「『天』對甚？」其中有人云「對『地』」。又問：「『月』。」「『陽』對甚？」云：「對『陰』。」揚錄云：坐處亦不足，只立說話。問：「『利』對甚？」云：「對『害』。」乃大聲云：「這便不是了。天下一切人都被這些

❶「唐」，萬曆本作「建」。

子壞了，才把『害』對『利』，便事事上只見得利害，更不問義理。㽦錄云：人只知以「利」對「害」，便只管尋利去。須知道『利』乃對『義』，才明得義、利，便自無乖爭之事。自後只要如此分別，不要更到訟庭。」後來在任果有政聲。此事雖近於迂闊，然却甚好，今不可多見矣。時舉。○㽦錄云：一揖而退，此亦可書。其桃符云「奉勸邑人依本分，莫將閑事到公庭」，言雖質，意亦好。揚錄云：其人爲政簡易，無係累。後坐化死。

李椿年行經界，先從他家田上量起，今之輔弼能有此心否？人傑。

王龜齡學也麄疏。只是他天姿高，❶意思誠慤，表裏如一，所至州郡上下皆風動，而今難得此等人。賀孫。

王詹事守泉，初到任，會七邑宰，勸酒，歷告之以愛民之意。出一絕云：「九重天子愛民深，令尹宜懷惻怛心。今日黃堂一

盃酒，使君端爲庶民斟。」七邑宰皆爲之感動。其爲政甚嚴，而能以至誠感動人心，故吏民無不畏愛。去之日，父老兒童攀轅者不計其數，公亦爲之垂淚。至今泉人猶懷之如父母。時舉。

汪端明學亦平正，然疏。文亦平正，不好小蹊曲徑。福唐政事鎮靜，❷與福亦相宜。蜀政不及。見事亦快。揚。

汪端明少從學於焦先生。汪既達時，從杲老問禪。憐焦之老，欲進之以禪，因勸焦登徑山見杲。杲舉「寂然不動，感而遂通」，焦曰：「和尚不可破句讀書。」不契而歸，亦奇士也。焦名援，字公路，南京人，清修苦節之士。○閎祖。

---

❶ 「姿」，萬曆本作「資」。
❷ 「唐」，萬曆本作「建」。

汪聖錫曰以親師取友、多識前言往行爲事，故其晚年德成行尊，爲世名卿。若海。

汪季路甚子細，但爲人性太寬，理會事不能得了。賀孫。

祝懷汝昭嘗論張說。衢守施元之謂張曰：「祝婢乃其父婢，祝污之，恐事泄，抑令其死。」張遂言之於上。上曰：「此事大，若有之，行遣不得草草；若無，不須以此陷人。」遂陰遣一兵士之類來衢探其事。往來月餘日，得其實矣。一日，乃投都監曰：「奉聖旨來探祝編修家公事。」遂叫集鄰里作保明狀去，事方已。兵士小人，乃能如此。揚。

主上一日嘉鄭自明直言，遂問近臣曰：「昔時有一魏掞之好直言，今何在？」無人爲敷陳，遂贈直祕閣宣教郎。揚。

這道理易晦而難明。某少年過莆田，見林謙之、方次榮說一種道理，說得精神，極好聽，爲之踊躍鼓動。退而思之，忘寢與食者數時。好之，念念而不忘。及至後來再過，則二公已死，更無一人能繼其學者，也無一箇會說了。個。

論林艾軒作文解經。曰：「林成季井伯爲艾軒作墓銘，諱艾軒著書。此是有《中庸》九經及某篇，是艾軒所著。但云幸學，講冒子，全與所講不干涉。其說是言「巍巍乎，惟天爲大，唯堯則之」、「巍巍乎，舜、禹之有天下而不與焉」，人看時，都理會不得。某却曾見他口說來，乃是說道：巍巍乎者，世上有恁地大底事，惟堯有之，惟堯則之；下面又說箇「巍巍乎」者，言此大事，只是天與堯有之，舜、禹都不與此。蓋是取奉光

堯，不知却推倒舜、禹。又云：在興化南寺，見艾軒言曾點言志一段，「歸」自釋音作「饋」字，此是物各付物之意。某云：如何見得？艾軒云：「曾點不是要與冠者童子真箇去浴沂風雩。只是見那人有冠者，有童子，也有在那裏澡浴底，也有在那裏饋餉饁南畝底。曾點見得這意思，此謂物各付物。」艾軒甚祕其說，密言於先生也。德輔。

王說習之性直，好人，與林艾軒輩行。上即位即召見，論不可講和。上一日謂宰臣曰：「前日上殿，有箇生得貌寢，是言此。」遂除官。龔實之笑王習之以不講和奉上意，忘了甚底官人，議論亦好。先生謂習之直，不是奉上。龔實之多讀書，知前輩大體，頗識義理。又有才，做得去，亦有文。小官時甚好。為正言時，攻曾龍。後來心術一偏至於如此，可惜，可惜！反不如陳應求，全不如他，却較好。揚。

因給舍繳駁事，而大臣無所可否，云：「昔梁叔子將為執政時，曾語劉樞云：『某若當地頭，有文字從中出，也須說教住了，始得。』後梁已大用，而文字自中出者，初不聞有甚執奏。劉樞深怪其事。後見錢某因事說及，丞相煞有力。中出文字，日日有之，丞相每每袖回了而後已。自今觀之，又不見此。」賀孫。

某人初登宰輔，奏逐姜特立。忽有旨召姜，乞出甚力，在六和塔待命。有旨免宣押。某人初過樞，天下屬望，首有召姜之命，經由樞密，曾無奏止，坐視丞相以近習故去國。其意只以入樞未久，恐說不行而去，為人所笑，故放過此一着，是甚小事。

直卿云：「人日日常將理義夾持箇身心，庶

幾遇事住不得。若是平常底人，也是難得不變。如某人，❶固謂世人屬望，但此事亦須不要官爵，方做得。曰：固是。若是不要官爵，這一項事如何放得過？每看史策到這般地頭，爲之汗栗！一箇身己便頓在兵刃之間。然漢、唐時爭議而死，愈死愈爭，其爭愈力。本朝用刑至寬，而人多畏懦，到合説處，反畏似虎。致道因問：武后事，狄梁公雖復正中宗，然大義終不明，做得似鶻突。曰：當此時世，只做得到恁地。狄梁公終死於周，然薦得張柬之，迄能反正。又問：呂后事勢倒做得只如此，然武后却可畏。曰：呂后只是一箇村婦人，因戚姬，遂迤邐做到後來許多不好。武后乃是武功臣之女，便鴆殺其子，以傾王后。中宗無罪而廢之，則武后之罪已定。只可便以此廢之，昭儀，合下便有無稽之心。❷自爲

拘於子無廢母之義，不得。吕后與高祖同起行伍，識兵略，故布置諸吕於諸軍。平、勃之成功也，適值吕后病困，故做得許多脚手，平、勃亦幸而成功。胡文定謂武后之罪，當告于宗廟社稷而誅之。又云：中宗決不敢爲黜母之事。然而并武后廢天子，故疾之深。惟是見武后以非罪廢天子，故疾之深。惟是見中宗以無罪被廢，故願復之切。若并中宗廢之，又未知何以收拾人心，這般處極難。賀孫。

耿京起義兵，爲天平軍節度使。有張安國者，亦起兵與京爲兩軍。辛幼安時在京幕下爲記室，方銜命來此，致歸朝之義，則京已爲安國所殺。幼安後歸，挾安國馬

❶ 「某」，萬曆本作「其」。
❷ 「稽」，萬曆本作「君」。

上，還朝以正典刑。儒用。

辛幼安亦是箇人才，豈有使不得之理？但明賞罰，則彼自服矣。今日所以用之者，彼之所短，更不問之。視其過當爲害者，皆不之卹。及至廢置，又不敢收拾而用之。人傑。

問：陳亮可用否？曰：朝廷賞罰明，此等人皆可用。如辛幼安亦是一帥材，但方其縱恣時，更無一人敢道它，略不警策之。及至如今一坐坐了，又更不問著，便如終廢。此人作帥，亦有勝它人處，但當明賞罰以用之耳。當。

近世如汪端明，專理會民；如辛幼安，却是專理會兵，不管民。他這理會兵，便要驅山塞海，其勢可畏。植。

辛幼安爲閩憲，問政，答曰：「臨民以寬，待士以禮，馭吏以嚴。」❶恭甫再爲潭帥，

律己愈謹，御吏愈嚴。某謂如此方是。道夫。

劉樞帥建康，所得月千緡。劉欲止受正所當得者。以恐壞後來例，不敢。但受之，後却送其不當得者於公使庫。後韓元龍來作漕，盡不受其所不當得者，劉甚稱服之。平父云。振。

劉共父創第，規模宏麗，先生勸止之曰：「匈奴未滅，何以家爲！」忠肅意不樂也。道夫。

劉寶學初娶熊氏，生樞密。生次子，方落地，問是男，即命與其弟直閣爲子。熊不樂，都不問，竟以是而沒。後樞密娶呂氏入門，未幾，即命呂一切儀物盡與直閣女爲嫁具，呂即送與之。平父云。振。

某曾訪謝昌國，問：「良齋安在？」謝

---

❶ 「吏」，萬曆本作「士」。

指廳事云：「即此便是。」其廳亦敝陋。○文蔚。

金安節爲人好。振。

戴少望云：洪景盧、楊廷秀爭配享，俱出，可謂無黨。曰：不然。要無黨，須是分別得君子、小人分明。某嘗謂：凡事都分做兩邊，是底放一邊，非底放一邊，是底是天理，非底是人欲；是即守而勿失，非即去而勿留：此治一身之法也。治一家，則分別一家之是非；治一邑，則分別一邑之邪正。推而一州一路以至天下，莫不皆然，此直上直下之道。若其不分黑白，不辨是非，而猥曰「無黨」，是大亂之道也。戴曰：信而後諫，意欲委曲以濟事。曰：是枉尺直尋而可爲也。閎祖。

孫逢吉從之煞好。初除，便上一文字，盡將今所諱忌如「正心、誠意」許多說話，一齊盡說出，看來這是合著說底話。只如今

人那箇口道是是，那箇不多方去回避。賀孫。

天下事須論一箇中節與不中節。余古失於許，❶然使其言見聽，不無所補。李琪則所謂「不在其位，不謀其政」，要之卻亦有以救其失也。❷如二子，卻所謂是「中節不中節」者。❸道夫。

耿直之作浙漕時，有一榜在客位甚好，說用考課之法。應州縣官不許用援，可考，自發薦章。如考課在上而挾貴援者，即降次等。今在鎮江亦然否？曰：僻在山林，不知其詳，但聞私謁不行。曰：向來耿守有一書說：「用之則行，舍之則藏。」從周曰：此義尚如何說？曰：也只是前來

❶「許」，原作「計」，今據朝鮮本改。
❷「之」，萬曆本作「知」。
❸上「節」字，原作「之」，今據朝鮮本改。

説。若如耿説，却是聖人學得些骨董，要把來使，全不自心中流出。從周曰：伊尹耕於有莘之野，而樂堯、舜之道。濂溪曰：志伊尹之所志，學顔子之所學。伊尹耻其君，至若撻於市。學者若橫此心在胸中，却是志於行，莫不可？曰：非是私。修身養性與致君澤民只是一理。從周。

吳公路作《南劍天柱灘記》曰：「事無大小，爲之必成；害無大小，除之必去。」此見其志。方。

王宣子説：甘抃言，士大夫以面折廷爭爲職，以此而出，人皆高之。官官以承順爲事，❶忽犯顔而出，誰將你當事？如黃彥節是也。❷其見如此之乖！後漢吕强，後世無不賢之。揚。

近年有洪邦直爲宰，以贓被訟，求救於伯圭。伯圭薦之甘抃，甘抃薦之。上召見，

先生聞黃文叔之死，頗傷之，云：觀其文字議論，是一箇白直響快底人，想是懊悶死了。言不行，諫不聽，要去又不得去，也是悶人。因言：蜀中今年煞死了係名色人，如胡子遠、吴挺，都是有氣骨底人，吴是賜錢，以爲此人甚廉而賢，除監察御史。振。

得力邊將。賀孫。

近世士大夫憂國忘家，每言及國事輒感憤慷慨者，惟於趙子直、黄文叔見之耳。偶。

趙子直奉命將入蜀，請於先生，曰：某將入蜀，蜀中亦無事可理會。意欲請於朝，得沿淮差遣，庶可理會屯田。曰：出於朝廷之意，猶恐不得終其事。若自請以行，則

❶「官官」，萬曆本作「宦官」。
❷「如」，萬曆本作「而」。

下梢或有小事請乞不行，便難出手。如舉薦小吏而不從其薦，或按劾小吏而不從其劾，或求錢米以補闕之而不從其所求，這如何做？賀孫。

趙子直政事都瑣碎，看見都悶人。曾向擇之云：「朱丈想得不喜某政事。」可知是不喜。賀孫。

或言趙子直多疑，先生曰：諸公且言人因甚多疑？魯可幾曰：只是見不破爾。道夫。

趙子直要分門編奏議，先生曰：只是逐人編好。因論舊編《精義》，逐人編。自始終有意。今一齊節去，更拆散了，不見其全意矣。

趙子直亦可謂忠臣，然以宗社之大計言之，亦有未是處，不知何以見先帝。

一日獨侍坐，先生忽顰蹙云：趙丞相

謫命似出胡紘。問：胡紘不知曾識他否？曰：舊亦識之。此人頗記得文字，莆陽之政亦好，但見朋友多說其很愎。某曰：丞相前日之事，做得都是否？曰：也有些不是處。問所以不是處。曰：公他日當自見之。先生又曰：一時正人皆已出去，今全無一好人在朝。某曰：鄭溥之當時草趙丞相罷相詞固好。以某觀之，當時不做便乞出，尤爲奇特。曰：也不必如此。但是後來既遷之後便出亦自好。它却不合不肯出，所以可疑。若說教他不做便出，亦無此典故。某曰：且如富鄭公繳國夫人之封，以前亦何曾有此？自富公既做，後遂爲例。先生微笑而不答。某又問：丞相秉軸，首召先生入經筵。命下，士子相慶，以爲太平可致。忽然一日報罷，莫不惶惑。竊議者云：先生請早晚入講筵，人主將不

能堪，便知先生不能久在君側。曰：早晚入講筵，非某之請，是自來如此。然某當時便教久在講筵，文字分明，一一解注，亦只講過而已，❶看來亦只是文具。枅。

或曰：今世士大夫不詭隨者，亦有五六人。曰：此輩在向時本是闒茸人，不比數底。但今則上面一項真箇好人盡屏除了，故這一輩稍稍能不變，便稱好人。其實班固九品之中，方是中下品人。若中以上，不復有矣。先生因問：某人如何？或曰：也靠不得。曰：然。見他寫書來，皆不可曉。頃在某處得書來，說學問又如何，資質又如何，讀書不長進又如何。某答之云：不須如此說話，❷不濟事。若資質弱，便放教剛；若過剛，便放教稍柔些；若懶，便放教勤。讀《論語》，便徹頭徹尾理會《論語》；讀《孟子》，便徹頭徹尾理會《孟子》；其他書皆然。此等事，本不用問人，問人只是杭唐日子，不濟事。只須低著頭去做。若做底，自是不消問人。這番又得他書，亦不可曉。或曰：終是他於利欲之場打不透。欲過這邊，又捨彼不得；欲倒向那邊，又畏友朋之議。又緣頃被某人擡獎得太過。正如箇船閣在沙岸上，要上又不得，要下又推不動。曰：然。無一番大水來泛將去，這船終不動。要之，只是心不勇之故。某嘗歎息天下有些英雄人，都被釋氏引將去，甚害事！且如昔日老南和尚，他後生行腳時，已有六七十人隨著他參請。於天下叢林尊宿，無不徧謁，無有可其意者。只

❶「講」，原作「謂」，今據萬曆本改。
❷「此」，原作「何」，今據朝鮮本改。

聞石霜楚圓之名，不曾得去，遂特地去訪他。及到石霜，頗聞其有不可人意處。老南大不樂，❶徘徊山下數日，不肯去見。後來又思量既到此，須一見而決。如是又數日，不得已，隨衆入室，揭簾欲入，又舍不得拜他。如是者三，遂奮然曰：「爲人有疑不決，終非丈夫。」遂揭簾徑入，才交談，便被石霜降下。他這般人立志勇決如此。觀其三四揭簾而不肯入，他定不肯詭隨人也。錄云：世上有一種人，心下自不分明，只是怕人道不會，不肯問人。昔老南去參慈明時，已有人隨他了。它欲入慈明室，數次欲揭簾入去，又休。末後乃云：「有疑不決，終非大丈夫。」遂入其室。廣

某常說：怪不得今日士大夫，是他心裏無可作做，無可思量，「飽食終日，無所用心」，自然是只隨利欲走。間有務記誦爲詞章者，又不足以拔其本心之陷溺，❷所以箇箇如此。只緣無所用心，故

如此。前輩多有得於佛學，當利害禍福之際而不變者。蓋佛氏勇猛精進、清净堅固之說，猶足以使人淡泊有守，不爲外物所移也。若記覽詞章之學，這般伎倆如何救拔得他那利欲底窠窟動！或曰：某人讀書，只是摘奇巧爲文章以求富貴耳。曰：某人恁地工夫，也只做得那不好底文章，定無氣魄，所以他文字皆困苦。❸某少年見上一輩，未說如何，箇箇有氣魄，敢檐當做事。而今人箇箇都恁地衰，無氣魄，也是氣運使然。而今秀才便有些氣魄，少年被做那時文，都銷磨盡了。所以都無精彩，做事不成。個

彪居正德美記得無限史記，只是不肯

---

❶ 「老」，原無，今據朝鮮本補。
❷ 「拔」，萬曆本作「捄」。
❸ 「苦」，原作「善」，今據萬曆本改。

說,只要說一般無巴鼻底道理。在南嶽說:「『溫故而知新』,不是今人所說之故、新。故者,性也;新者,心也。溫性而知心,故可以爲人師。」其說道理如此,然口嘵嘵不肯已。璘。

朱子語類卷第一百三十三 計二十四板

本朝 七

盜賊

方臘起，向薌林時爲小官，言今無策，只有起劉元城、陳了翁作相，則寇不戰而自平。❶揚。

伊川嘗説：「今人都柔了。」蓋自祖宗以來，多向寬仁，不曾用大刑之屬，❷由此人皆柔軟，四方無盜賊。後來靖康時多盜，蓋虜難方急，朝廷無暇治之耳。且如紹聖之後，山東、河北連年大饑而盜作，也皆隨即仆滅。但見長上云，若更遲四五年，虜人不來，盜亦難禁止，蓋是饑荒極了。義剛。

方臘之亂，愚民望風響應。其間聚黨劫掠者，皆假竊臘之名字，人人曰「方臘來矣」，所至瓦解。臘之婦紅裝盛飾，如后妃之象。以鏡置胸懷間，就日中行，則光彩爛

蜀中有趙教授者，因二蘇斥逐，以此搖動人心，遂反。當時也自響應，但未幾而哲宗上仙，事體皆變了，所以做得來也没巴鼻。蜀人大故强悍易反。成都嘗有一通判要反，已自與府中都吏客將皆有謀了。不知如何，一婢走出來告云：「日逐有官員來議事。」帥因下簾，令辨府中人，則皆每日所見合謀者，其事遂敗。義剛。

❶「寇」，萬曆本作「心」。
❷「刑」，萬曆本作「利」。

然,競傳以爲祥瑞。儒用。

論及楊么,❶云:當時也無甚大賊,不過只是盜賊而已。如李成之徒,也只是劫掠。若無計,則不過自食人,皆不是做事底。義剛。

建賊范汝爲本無技能,爲盜亦非其本心。其叔積中却素有包藏,陰結徒黨,置兵器滿倉箱中。其徒勸之舉事,每每猶豫,若有所待。有不快於中者,輒火十數家,且殺人,因劫之爲首,其人終不肯,但曰:「時未可,我決不能爲,汝輩可別推一人爲主。」衆遂擁戴汝爲,勢乃猖獗。建之士如歐陽穎士、施逵、吳琮者,善文章,多材藝,或已登科,皆望風往從之。置僞官,日以蕭、曹、房、杜自相標置,以漢祖、唐宗頌其功德。汝爲愚人,偃然當之。朝廷遣官軍來平賊,時秋稼已熟,賊聞官軍且至,放水灌田,又以禾秸相結連,已而決塍去水。官軍至,不諳其山川道路。賊縱之入山,山路險隘,騎卒不能前。賊覺官軍已疲困,乃出平原以誘官軍。官軍出山,爭趨田中,既爲結秸牽絆,又陷泥淖。賊因四面鏖擊之,官軍大敗。乘勝據建州三年,累降累叛。世忠來,方能勦除之。汝爲自縊,尸爲衆所焚,弗獲。初,建人陸棠、謝尚有鄉曲之譽。陸乃軀山塍,爲士人時,極端重,頗似有德器者。賊聲言:「使二人來招我,吾降矣。」朝廷遣之,既而賊有二心,乃拘係久之。歐陽輩又説之日益切,因循遂爲賊用。賊敗,歐陽穎士、吳琮先誅死,陸、謝、施逵以檻車送行在。至中途,逵謂二人曰:「吾輩至,必死。與其戮于市朝,且極痛楚,曷若早自裁?」

❶ 「么」,萬曆本作「公」。

二人曰：「何可得自死？」逵曰：「易爾。」乃密令人爲藥三元，小大形色俱相似，一乃無毒者。逵取無毒者服之，餘二人服即死。逵既至行在，歸罪于二人，理官無所考證，迄從末減，但編置湖南某州。中途又逃去，或爲道人，或爲行者，或爲人典庫藏，後迤迆望淮去。有喜其材者，以女妻之，住數月，復北走降虜，改名宜生。逆亮將犯淮時，猶爲之奉使。此用甚峻。❶黃尚書通老爲館伴。黃幼與之同筆硯，雅相好，至是不欲見其人，以疾辭，遂改名張子公。宜生猶問子公：「通老安在？」子公以實對，欲扣虜中事，不可得。因登六和塔，子公領客，宜生先登，呃問之曰：「奉使得無首丘之念乎？」宜生曰：「必來。」言方終而介使至，宜生色爲之變。既歸，即爲虜所誅。龍泉尉施慶之乃其族也，常舉宜生十數詩，内

入使時《題都亭驛》詩云：「江梅的礫未全開，老倦無心上將臺。人在江南望江北，斷鴻聲裏送潮來。」又按《蕭閑集注》，宜生字朋望，建安浦城人，宣、政間爲穎川教授，與宗室趙德麟友善，後仕豫。豫廢，歸其國，歷南臺郎中，刺濕、深二州，召爲禮侍，累遷侍講，道號三住道人。○

一士人見龜山，容貌甚莊，端坐不動，每來必如是，以此喜之。一日，引入書院，久坐。忽報有客，龜山出接，士人獨坐凝然，不動如故。宅眷壁外窺之，大段驚異。士人別去，家人以實告，皆稱其如此好人，愈爲所取。後以女妻之，乃陸棠也。及范汝爲作亂，棠入其黨，見矯情飾貌之難信也。過。

李楫寇廣西，出榜，約不收民稅十年，故從叛者如雲，稱之爲「李王」，反謂官兵爲

❶ 「此」，萬曆本作「比」。

賊。以此知今日取民太重，深是不便。廣。

瀘州之事，朝廷既是命委清強官體究，帥司若有謀，只那體究官便是捉賊官。且如揀差體究官，帥司秪密着一不下司文字與之，令到地頭體究，隨宜便與處分。若體究官到彼，他見朝廷之意未十分來煎迫，亦須開門放入。但只與之言：「今日之事既是如此，若大兵四合勦滅，亦不難。今亦未能如是，但你這頭首人，合當出來陳說始初是如何。」及其既至，則收而梟之，事即定矣。若遽然進兵掩捕，則事勢須激，城中之人不可保，而州郡必且殘破。道夫。

之，遂召繼遷歸京師，以別人代之。一日，繼遷逃歸，朝廷費無限心力不能得，遂以其兄繼隆知夏州，令招之。其兄遂陰與之合，每奏朝廷，謂已無事。後朝廷又召其兄歸，繼遷遂復有其地。靈州屬朝廷，又在西夏之外，爲西夏截斷，又以兵圖之，使不得通朝廷。靈州絕遠，難救援。又其地渾沙無水，不可掘。每兵行，則用□水以自隨，渴殺了多少。人行其沙，地上皆動，陷了數百人馬，只見不在。太宗心欲棄之而不言，時參政張洎南唐亡國之臣，專以謟敗其主。歸，又以謟遇。揣知上意，❶即進可棄之說。上問宰相呂端，又令各進說。端言如此則各有說，非僉議合謀之意。洎即詆端避事，端言洎不過揣合上意。後洎即進說，端不曾進。上

夷狄

西夏李繼遷本夷狄，姓托跋，後賜姓李。五代時有其地，國初世襲。太宗欲取

---

❶ 「洎」，原作「泊」，今據萬曆本改。

謂洎揣合果如端言，封還其說。朝廷遂詔靈州守臣出兵與接，漸漸離去棄之。張齊賢以爲不可，如此則被夏人掩殺，須是與之戰，勝則得之，不勝則漸漸引去。方議未定，忽報靈州已爲夏人所破矣，因而爲彼所有。後來朝廷費了幾多氣力去取，韓、范輩用兵後，徐禧永樂之敗是也。張魏公舊官於陝西，嘗登高望見西夏界外，則西夏土地亦不甚闊，如何強盛，被他守得如此好？祖宗時，兵每出輒敗。今依舊五州，全又更取過那邊去了，土地合闊矣。只見強盛，虜人亦不奈何，當時亦曾敗於彼。揚。

因論西夏事，曰：當時事不可曉。看來韓、范亦無素定基本，只是逐旋做出。且如當時覆軍敗將，這下方且失利，他之勢甚張，忽然自來納款求和，這全不可曉。後來不久，元昊遂死。不知他不死數年，又必有

甚姦謀，大未可知。且如當時朝廷必欲他稱臣，遂使契丹號令之。契丹方自以爲功，朝廷正未有所處，又却二國自相侵凌。不爾，則當時又須費力。大抵西人勇健喜鬭，三五年必一次爲邊害。本朝韓、范、張魏公諸人，他只是一箇秀才，於這般事也不大段會。只是被他忠義正當，故做得恁地。道夫。

或問：范文正公經理西事，看得多是收拾人才。曰：然。如滕子京、孫元規之徒，素無行節，范公皆羅致之幕下。後犯法，又極力救解之。如劉滬、張亢亦然。蓋此等人是有才底，做事時須要他用，但要會用得他。又云：范公嘗立一軍爲「龍猛軍」，皆是招收前後作過黥配底人，後來甚得其用。時人目范公爲「龍猛指揮使」。又曰：方范公起用事時，軍政全無統紀，從頭與他整頓一番。其後却只務經理內地，養

威持重，專行淺攻之策，以爲得寸則吾之寸，得尺則吾之尺。卒以此牽制夏人，遣使請和。儒用。

問：本朝建國，何故不都關中？曰：前代所以都關中者，以黃河左右旋繞，所謂「臨不測之淵」是也。近東獨有函谷關一路通山東，故可據以爲險。又關中之山，皆自蜀漢而來，至長安而盡。池錄作：關中之山，皆自西而東。若橫山之險，乃山之極高處。橫山皆黃石山，不生草木。本朝則自橫山以北盡爲西夏所有，山河之固與吾共之，反據高以臨我，是以不可都也。神宗銳意欲取橫山，蓋得橫山，則可據高以臨彼。然取橫山之要，又在永樂。故永樂之城，夏人以死爭之，我師大敗。神宗聞喪師大慟，聖躬由是不豫。

山諸險以抗中國。慶曆中，王嗣宗、范仲淹建議收之，❶會元昊納款而止。元豐中，李憲建議，又會王師失利，神宗厭兵，不克行。貫嘗從憲得其規摹。政和初，議進築。至是十餘年，遂得橫山之地。❷夏人失援，故納款。然國家是時已建下燕之策，益以多故。其後西夏與女真有❸乙巳冬，女真圍太原，夏人犯河外，則是橫山之取，有以結怨於彼也。又曰：神宗初即位，富韓公爲相，問爲治之要，富公曰：「須是二十年不說着『用兵』二字。」此一句便與神宗意不合。已而，擢用王介甫，首以用兵等說稱上旨，君臣相得甚懽。時建昌軍司戶王韶上《平戎策》介甫力薦之。初爲秦鳳路經略，司機宜，後知通遠軍，遂一戰而復熙河。捷書聞，上大喜，解白玉帶以賜介甫，賞其知兵。

❶「收」，萬曆本作「取」。
❷「地」，原作「也」，今據朝鮮本、萬曆本改。
❸「有」，原爲墨丁，今據朝鮮本補；萬曆本作「人」。

按《編年》，重和元年，童貫命种師道、劉延慶等取夏國求和等寨，大敗夏人而還。六月，夏人納款。初，夏人恃橫

人;又加詔爲龍圖閣待制,以爲熙河帥。熙河本鎮洮軍,因復其地,改爲熙州。只是廣漠之鄉,有之不加益,無之不加損。狃於一勝之後,廟論一意主於用兵,三敗,至於永樂,極矣。永樂之敗,徐禧死之。禧,師川之父,黃魯直之妹夫也。能文章,好談兵,也有進策行於世,文字甚好。二蘇之文未出,學者爭傳誦之。儒用。

神宗其初要結高麗去共攻契丹。高麗彼,如何敢去犯他?契丹自是大國,高麗如何去得?

人主好勤遠略底,也是無意思。當初高麗遣使來,朝廷只就他使者以禮答遣之,神宗却要別差兩使去。緣他那裏知文,故兩使皆侍從,皆是文人。高麗自是臣屬國,如何比得契丹?契丹自是敵國,義剛。

嘗見韓無咎説高麗入貢時,神宗喻其進先秦古書。及進來,內有六經不曾焚者。神宗喜,即欲頒行天下。王介甫恐壞他《新經》,遂奏云:「真僞未可知,萬一刊行後爲他所欺,豈不傳笑夷夏。」神宗遂止,本亦不傳。以某觀之,未必有是事。蓋招徠高麗時,介甫已不在相位。且神宗是甚次第剛明,設使所進真有契于上心,亦豈介甫所能止之?又記《文昌雜錄》中説高麗所進《孝經》門上下一二句記未真。緯經,只是識緯之書,必無進先秦古書之事。但嘗聞尤延之云:「《孟子》『仁也者人也』章下,高麗本云:『義也者,宜也;禮也者,履也;智也者,知也;信也者,實也;合而言之,道也。』」此説近是。儒用。

或問:高麗風俗好?曰:也終帶蠻夷之風。後來遣子弟入辟雍,及第而歸者甚多。嘗見先人《同年小録》中有「賓貢」者,

即其所貢之士也。「賓貢」二字，更須訂證。當時宣賜幣帛之外，又賜介甫《新經》三十本，盛以黑函，黃帕其外，得者皆寶藏之。儒用。

老醫而責之。其一人出門吐血，後不死，其一人歸即死。義剛。○儒用錄云：先生嘗見玉山汪丈云，得之御吏臺一老史。❷方徽宗通好女真，爲滅遼之約，高麗有所聞，欲納忠誠，不可得。遂托病，遣使求醫於本朝，且願得供奉內庭，上所親信者。遂擇二國醫以往。至則館御供帳，其禮甚厚，但經月無引見之音。二醫怪之，私有請於館伴者。一日，得旨入見，引至內庭，盡屏左右，諭二醫曰：「寡人非病也，顧有誠款，願效於上國，欲得附卿奏知，❸幸密以聞。」二醫許諾。則曰：「女真人面獸心，貪婪如豺狼，安可與之共事？今不早圖之，後悔無及。聞其訓練國人皆爲精兵，累歲有事于燕，每戰轉勝。小國得一二陣法，可與之角。如欲得之，敢不惟命！」諭畢，乃厚爲之禮而遣之。二醫歸，具奏本末。徽宗聞之，滋不樂，且懼其語泄。丞相童、蔡輩乃爲食於家，召二醫以食之，食畢而斃。

國家方與女真和時，高麗遣使來求近上醫師二人。上召老醫，擇二人遣往。至則日夕厚禮，皆不問醫，而多問禁中事。二醫怪而問之，高麗主曰：「我有緊密事，欲達宋皇。恐所遣使不能密，故欲得宋皇親近之人而分付之。所以問公禁中事者，欲以見公是所親信耳。」二人因問之，高麗主曰：「聞宋皇欲與女真和，夾攻契丹，此非良策。蓋我國與女真陸路相通，常使人察之。女真不是好人，勝契丹後，必及宋，我國亦不能自存，此合當思所以備之。」因令觀教其女真好，我今思得一法勝之。」二人問所以備之之說，曰：「女真作一陣法甚陣，蓋如拐子馬之類。二人歸奏，上怒，召

❶「後不」，朝鮮本作「而」。
❷「吏」，萬曆本作「史」。「史」，萬曆本作「吏」。
❸「知」，萬曆本作「之」。

高麗與女真相接，不被女真所滅者，多是有術以制之。高麗更五十餘主，❶今此方爲權臣所篡而易姓。高麗更五十餘主，義剛。○又一條云：高麗得四十主。今已易姓，姓王。

金虜舊巢在會寧府，四時遷徙無常。春則往鴨綠江獵，夏則往一山，冷，避暑，秋亦往一山射虎，冬往一山如何，今都燕山矣。揚。

燕山之北，古有大山嶺爲隔，但有一路傍險水，後來石晉以與耶律，則其險路在其度內矣。揚。

燕山是古幽州，石晉割賂契丹。契丹既爲金人所滅，其種之傑者遂來據燕。其主死，其妻蕭太后主之。童貫、蔡攸往取之。番兵敗後，金人自取之。朝廷求之，遂盡載數州之物、婦女之類而去，更索厚資賣之。朝廷以其所索之物與之，遂得數州空地，朝廷空內資以守之。郭藥師者，燕將，初歸本朝。金人來取燕，遂歸金，郭只留守燕。及本朝得燕，郭又迎降。金人一日大節，冬至之類。官吏都集賀郭。郭留飲，盡取各人家屬之類來飲。少頃，金人兵至，無一人得脫者，自此遂入寇矣。朝廷與大遼結好百十年矣，一日忽與金人約共攻遼，而本朝無一人往。是時方十三起，童貫自這邊來了，遂不及往。既失約，後取燕又是金人。金人見本朝屢敗兵於燕，遂有入寇之心。是時相王黼主其事，童貫主兵，蔡攸副之。蔡京不主，作詩送其子云：「百年信約宜堅守，六月師徒早罷休。」京作事都作兩下：取燕有功，則其子在；無功，則渠不曾主。又有一子條，上書言其父不是，聞亦是

❶「更」，原作「要」，今據朝鮮本改。

其父之謀也。金寇初圍城時，京云：「有一策可使虜人一兵不反。」朝廷使人問之，云：「見上方可言。」寇去，人問之，云：「決汴河可以灌之。」後寇再來，未至時已決之矣。西北數千里，渺然巨浸，東南遂爲寇所據。四方音問一信不通，以此故也。揚。

粘罕圍太原一年有餘，姚師古輩皆爲其戰退，遂破太原。張孝純守太原一年，多少辛苦。及城破，挤一死不得，遂降，後爲劉豫處官。太原既破，遂一直圍京城。李若水勸欽宗出。李謂虜人可信，醉後枕人睡熟，以此信之。揚。

金人初起時，初未立將，臨發兵，召集庭下問之，有能言其策之善者，即授以將使往。及成功而歸，又集庭下問衆人而賞之金幾多。衆人言未得，又加之。賞罰如此分明，安得不成事？楊。

虜人有一謀時，聚諸尊長於一屋內，全不言，只用一物畫地，謀了便各去做。如其事難決，便出野外無人處商量。楊。

兀朮征蒙，死於道，有三策獻於虜主：一則以汴京立淵聖，欲招致江南之人；二則以近上宗室守邊；三則講和。曰：若行前二者，也被他攪。又曰：道君有子四十人，只放二十人歸來。●這二十人親王，也要物事供他。燾。

虜至紹興，守臣李鄴降虜。及駕至明州，張俊大殺一番，駕泛海，虜人走。明人今尚怨張俊不乘時殺去，可大勝，遂休了。辛巳，逆亮來時，一隊自海中來，李寶自膠西殺敗。李鄴既降，與虜酋並馬出。有一衛士赴駕不及，尚留紹興，見之。以一

● 「放」，原作「做」，今據萬曆本改。

大方磚逐打其酋，幾中，因被害，死之。今立一廟在其所，賜「旌忠」額。後人皆於其廟賣酒，某至，一切逐去之，說與王書，令崇奉之。先生又云：某在時，更爲大其廟。其衛士姓唐。揚。

劉豫來寇，朝廷只管謀避計。李伯紀云：「自南京退維揚，遂失河東、北；自維揚退金陵，遂失京東、西。一番退，一番失。設若是金人來，奈熱不得，亦着去不能久留。今又只是劉豫，只是這邊人。渠得一邑守一邑，得一郡守一郡，如何只管遠避。」揚。

逆亮入寇時，劉信叔在揚州。亮欲至，劉盡焚城外居屋，盡用石灰白了城，多寫「元顏亮死於此」字。❶亮多忌，見而惡之，遂居龜山。人多不可容，必致變，果死滅。揚。

王仲衡云：「虜中大臣有過時，用紫茸氈鋪地，令伏其上杖之。嘗有一宰相、一駙馬受杖。駙馬因此怏怏而死，非恨其杖也，恨不得紫茸氈也。」又曰：「嘗有一官人出，有一吏人來，至其花園中，背上黃袱，袱得一束文字。某問：『何文字？』曰：『史書也。』那官人伊是史官。某問：『可借否？』曰：『不妨。』遂開看。謀南伐，內有一段云：『詔宰相姓名某。謀南伐，若以爲是，合盡心以贊其謀；以爲不是，合盡忠極力以諫之。不可依違以敗成算。今某人略略諫之，可杖六十。』」揚。

楊割大師阿骨打，楊割之子。吳乞買，阿骨打之弟。完顏亶，乞買之子。完顏亮、完顏雍、葛王璟、幹离不、幹离嘔、兀朮，皆阿骨兄弟

❶「元」，萬曆本作「完」。

也。阿骨打既死，諸酋立其弟吳乞買。乞買死，國人欲立阿骨打之子暗版孛訖烈。此五字不知如何，記不得。中謂「大官人」也。暗版者，大也；孛訖者，官人也。虞大官人者，即所謂太子也。諸酋不肯，復立乞買之子完顏亶，而以暗版孛訖烈為相。暗版孛訖烈實懷怨望，云己當為主。亶覺之，遂殺宗盤。一日遂盡誅二十七王，悟室亦被誅。孛訖烈亦在其中，二十七王皆其黨與兄弟也。連蔓宗族親舊皆殺了。亶又為亮所弒，自立。葛王先名褒，後以其字似「衰」字，遂改名雍。亶、亮皆兄弟也。亶之父行名皆從「宗」，兄弟名皆從「乙」。粘罕亦阿骨打族人，嘗為相。初入中國，破京師，斡离不、粘罕也。斡离不早死，斡离喎後亦早死。粘罕後來勸立劉豫，內則蕭慶主其事，蕭慶用事久。及兀朮、撻懶廢劉豫而誅蕭慶，粘罕

爭之不能得，亶遂忌之，粘罕悒怏而死。後來獨兀朮得後死。初，虜入中國，問何姓最大。中原人答以王姓最大，虜人呼王為「完顏」，自是王者之後遂姓完顏。今漸衰替？曰：卒急倒他未得。被他立得箇頭勢大，若十分中做得一兩分事，便足以扶持振起。除是大無道殘暴酷虐，則不知如何。若是如此做將去，無大段殘暴事，恐卒消磨他未得，蓋其勢易以振起也。卓。

論及北虜事，當初起時，如山林虎豹縱於原野，豈是人！伯謨曰：當時曲端獻策，不出十年，彼必以酒色死，方可取。先生曰：阿骨打纔得幽州，便死。曾見有人論虜人無事，權在其主；用兵，權在將，故虜主不用兵。此說是。大抵當初出時是夷狄，及志得意滿，與我何異？因語某人欲

請邊郡自效，❶先生曰：「《易》曰：『知進退存亡而不失其正者，其惟聖人乎。』上之人不欲用兵，而我自欲爲之，是不識時。問：恢復之事，多始勤終惰，❷如何？曰：只以私意爲之，不以復讎爲念。可學。

葛王大故會。他所以要和親者，蓋恐用兵時諸將執兵權，或得要已。不如和親，可坐享萬乘之樂。其初雖是利於用兵，到後來惟恐我來與他廝殺。義剛

葛王便是會底，他立得年號也強，謂之「大定」。義剛。

葛王懲逆亮之敗，一向以仁政自居。先生喟然嘆曰：或者說：葛王在位，專行仁政，中原之人呼他爲「小堯舜」。曰：他能尊行堯舜之道，要做大堯舜也由他。又曰：他豈能變夷狄之風？恐只是天資高，偶合仁政耳。友仁。

南渡之後，說復讎者，惟胡氏父子說得無病，其餘並是半上落下說。雖魏公要用兵，其實亦不能明大義，所以高宗只以區區成敗進退之。到秦檜主和，虞歸河南，上下欣然，便只說得地之美，更不說大義。若無范伯達如圭，則陵寢一向忘之矣。魏公時責永州，亦入文字，只說莫與之和，如何感動。魏公傾五路兵爲富平之敗，又潰於淮上。若無氣力，也是做不得事。韓魏公煞是箇人物，然亦適是人事恰做得。若更向上，且怕難檐當。賀孫。○論規恢。

檜死，上即位，正大有爲之大機會。❸揚。

---

❶「語」，萬曆本作「與」。
❷「惰」，萬曆本作「怠」。
❸「正」，原作「二」，今據萬曆本改。

邵弘取泗州，胡昉取海州，邵公人脚家。胡角場牙人。唐、鄧、汝三州，皆官軍取之，王師駸駸到南京矣，而諸將虜掠婦女之類不可言。吳玠更要人錢，虜騎來，走歸矣。虜人一番圍泗州，弘力扼之，後救兵至，方解。○揚。

泗、海、唐、鄧四州，皆可取西京中原之地。逆亮來時用兵，僅取得此四州，而湯思退無故與之，惜哉！揚。

晉人下吳，却是已得蜀。從蜀中造船，直抵南岸。周世宗只圖江南，是時襄、漢、蜀中别有主，所以屯淮上，開河抵江。今蜀中出兵可以入武關，從襄、漢、樊、鄧可以擣汝、洛，緣淮上可以取徐州。辛巳間，官軍已奪宿州。國家若大舉，只用十五萬精兵。德明。

江州皇甫將名佃。曾領兵守信陽，作山寨三年。云：由其山接金、房諸山而出，取

西京中原。云：國家用事，某願當此一路。云：都不用國家兵糧，沿路人皆自願爲兵，且與糧。其人忠醇，能同甘苦，得士心，不附内貴，然亦未必能以律御兵而戰也。揚。

陳問：復讎之義，《禮記疏》云：「《穀梁春秋》許百世復讎」。又某書，「庶人許五世復讎」。又云：「國君許九世復讎。」又某人引魯桓公爲齊襄公所殺，其子莊公與齊桓公會盟，《春秋》不譏。自桓至定公九世，孔子相定公，會齊侯于夾谷，是九世不復讎也。此說如何？曰：謂復百世之讎者是亂說。許五世復讎者，謂親親之恩欲至五世而斬也。《春秋》許九世復讎，與《春秋》不譏，《春秋》美之之事，皆是解《春秋》者亂說。《春秋》何嘗說不譏與美他來？聖人作《春秋》，不過直書其事，美惡人自見。後世言《春秋》者，動引譏、美爲言，不知他何

從見聖人譏、美之意？又曰：事也多樣。
國君復讎之事又不同。間云：如本朝夷狄
之禍，雖百世復之可也？曰：這事難說。
久之，曰：凡事貴謀始也，要及早乘執做
才放冷了，便做不得。如魯莊公之事，他親
見齊襄公殺其父，既不能復，又親與之燕
會，又與之主婚，築王姬之館於東門之外，
使周天子之女去嫁他。所爲如此，豈特不
能復而已？既親與讎人如此，如何更責他
報齊桓公？況更欲責定公夾谷之會，爭那
裏去？見讎在面前，不曾報得，更欲報之
於其子若孫，非惟事有所不可，也自沒氣
執，無意思了。又況齊桓公率諸侯尊周室
以義而舉，莊公雖欲不赴其盟會，豈可得
哉？事又當權箇時勢義理輕重。若桓公
不是尊王室，無事自來召諸侯，如此，則莊
公不赴可也。今桓公名爲尊王室，若莊

不赴，非是叛齊，乃叛周也。又況桓公做得
氣執如此盛大，自家如何便復得讎？若欲
復讎，則襄王殺其父之時，莊公當以不共戴
天之故，告之天子，方伯、連率，必以復讎爲
事，殺得襄公而後已，如此方快人。既不
能然，又親與之同會，與之主婚，於其正當
底讎人尚如此，則其子何罪？又況其子承
其被殺後而入國，又做得國來自好，莊公之
所不如，宜其不能復而俛首事之也。陳
問：若莊公能殺襄公了，復與桓公爲會，可
否？曰：既殺襄公，則兩家之事已了，與桓公
邊方平，自與桓公爲會亦何妨？但莊公若
能殺襄公，則「九合諸侯，一正天下」之功將
在莊公而不在齊桓矣！惟其不能，所以只
得屈服事之也。只要乘氣勢方急時便做

❶「人」，萬曆本作「今」，則當屬下讀。

了，方好。才到一世、二世後，事便冷了。假使自家欲如此做，也自鼓氣不振。又況復讎，須復得親殺吾父祖之讎方好。若復其子孫，有甚意思？漢武帝引《春秋》「九世復讎」之説，遂征胡狄，欲爲高祖報讎，他自好大喜功，欲攘伐夷狄，姑托此以自詭耳。如本朝靖康虜人之禍，看來只是高宗初年，乘兀朮、粘罕、斡离不及阿骨打未死之時，人心憤怒之日，以父兄不共戴天之讎，就此便打疊了他，方快人意。孝宗即位，鋭意雪恥，然事已經隔，與吾敵者，非親殺吾父祖之人，自是鼓作人心不上。所以當時號爲端人正士者，又以復讎爲非，和議爲是。而乘時喜功名輕薄巧言之士，則欲復讎。彼端人正士，豈故欲忘此虜？蓋度其時之不可，而不足以激士心也。如王公

明炎、虞斌父之徒，百方勸用兵，孝宗盡被他説動。其實無能，用着輒敗，只志在脱賺富貴而已。所以孝宗盡被這樣底欺，做事不成，蓋以此耳。個云：但不能殺虜主耳。若而今捉得虜人來殺之，少報父祖之怨，豈不快人意？而今是他子孫，干他甚事？自是他祖父事。你若捉得他父祖來殺，豈不快人意？曰：固是好，只是已不干他事，又問：《疏》中又引君以無辜殺其父，其子當報父之讎，如此則是報君，豈有此理？曰：疏家胡説，豈有此理？又引伍子胥事，説聖人是之。曰：聖人何嘗有明文是子胥來？今之爲《春秋》者都是如此。胡問：《疏》又引子思曰「今之君子，退人若將墜諸淵。」❶毋爲戎首，不亦善乎！」言當執

❶「若」原作「君」，今據朝鮮本、萬曆本改。

之，但勿爲兵首，從人以殺之可也。曰：盡是胡解。子思之意，蓋爲或人問「禮爲舊君有服」，禮歟？子思因云：人君退人無禮如此，他不爲戎首來殺你，已自好了，何況更望其爲你服？此乃自人君而言，蓋甚之之辭，非言人臣不見禮於其君，便可以如此也。讀書不可窒塞，須看他大意。個。

恢復之計，須是自家喫得些辛苦，少做十年或二十年，多做三十年。豈有安坐無事，而大功自致之理哉？道夫。

今朝廷之議，不是戰，便是和，不和便戰。不知古人不戰不和之間，亦有箇且硬相守底道理，却一面自作措置，亦如何便侵軼得我。今五六十年間，只以和爲可靠，兵又不曾練得，財又不曾蓄得，說恢復底，都是亂說耳。蟄。

某嘗謂：恢復之計不難，惟移浮靡不

急之費以爲養兵之資，則虜首可梟矣。道夫。

近見吳公濟會中朋友讀時文策，其間有問道德功術者二篇。一篇以功術爲不好，一篇以爲有道德，則功術乃道德之功術，無道德則功術不好。前篇不如後篇。

某常見一宰相說：「上甚有愛人之心，不合被近日諸公愛說恢復。」某應之曰：「公便說得不是，公何不曰愛人乃所以爲恢復，恢復非愛人不能？」因說《爲政篇》道德政刑與此一般。有道德，則刑政乃在其中，不可道刑政不好，但不得專用政刑耳。

本朝禦戎，始終爲「和」字壞。後來人見景德之和無恙，遂只管守之。殊不知當時本朝全盛，抵得住。後來與女真，彼此之勢如何了。揚。○和戎。

問：不能自強，則聽天所命；修德行仁，則天命在我。因說靖康之禍，云云。終

始爲講和所誤。虜人至城下，攻城，猶說講和。及高宗渡江，亦只欲講和。問：秦檜之所以力欲講和者，亦以高宗之意自欲和也。曰：然。是他知得虜人之意是欲用兵。他當初自虜中來時，已知得虜人厭兵，故這裏迎合高宗之意，那箇又投合虜人之意。虜人是時子女玉帛已自充滿厭足，非復曩時長驅中原之銳矣，又被這邊殺一兩陣怕了。兼虜之創業之主已死，他那邊兄弟自相屠戮，這邊兵執亦稍稍强，所以他亦欲和。卓。

秦檜自虜中歸，見虜人溺於聲色宴安，得之中國者日夜爛熳。亦有厭兵意。秦得此意，遂歸來主和。其初亦善矣，❶然屈己奉之，蕩不爲一毫計。使其和中自治有策，後當逆亮之亂，一掃而復中原，一大機會也。惜哉！揚。

秦檜講和時，歲幣絹二萬五千匹，銀二萬五千兩，今歲絹減五千匹，銀減五千兩，此定數。每歲往來人事禮數，皆用金銀器盛腦子貴藥物之類，所費不貲。大約等絹三千五百文一匹，銀二千五百文一兩，大數一百二十萬緡。彼來時只是些羊巴匹段之類，甚微。揚。

---

❶ 「善」，萬曆本作「是」。

朱子語類卷第一百三十四 一十四板

歷代一

以下歷代史。

司馬遷才高，識亦高，但粗率。閎祖。

太史公書疏爽，班固書密塞。振。

司馬子長動以孔子為證，不知是見得，亦且是如此說。所以伯恭每發明得非細，只恐子長不敢承領耳。

《史記》亦疑當時不曾得刪改脫藁。

《高祖紀》記迎太公處稱「高祖」，此樣處甚多。高帝未崩[1]，安得「高祖」之號？《漢書》盡改之矣。《左傳》只有一處云「陳桓公

有寵於王」。

曹器遠說《伯夷傳》「得孔子而名益彰」，云云。先生曰：伯夷當初何嘗指望孔子出來發揮他。又云：「黃屋左纛，朝以十月，葬長陵。」此是大事，所以書在後。先生曰：某嘗謂《史記》恐是箇未成底文字，故記載無次序，有疏闊不接續處，如此等是也。閎祖。

因言：班固作《漢書》，不合要添改《史記》字，行文亦有不識當時意思處。如七國之反，《史記》所載甚疏略，却都是漢道理；班固所載雖詳，便却不見此意思。呂東萊甚不取班固，如載文帝《建儲詔》云：「楚王，季父也，春秋高，閱天下之義理多矣，明於國家之大體。吳王於朕，兄也，惠仁以好

---

[1]「帝」，萬曆本作「祖」。

德。淮南王，弟也，秉德以陪朕，豈不爲豫哉?」固遂節了吳王一段，只於「淮南王」下添「皆」字，云「皆秉德以陪朕」。蓋「陪」訓「貳」，以此言弟則可，言兄可乎？今《史記》中却載全文。又曰：屏山却云「固作漢紀」，有學《春秋》之意。其叙傳云：『爲春秋攷紀。』」又曰：遷史所載，皆是隨所得者載入，正如今人草藁。如酈食其踞洗前面已載一段，末後又載，與前說不同。蓋是兩處說，已寫入了，又據所得寫入一段耳。䇔。

顔師古注《前漢書》如此詳，猶有不可曉者，況其他史無注者。❶ 漢宣謂上詔令「單于毋謁」，范升劾周黨「伏而不謁」，「謁」不知是何禮數，無注。疑是君臣之禮，見而自通其名，然不可考矣。方子。○必大錄云：想謁禮必又重。

《漢書》有秀才做底文章，有婦人做底

文字，亦有載當時獄辭者。秀才文章便易曉。當時文字多碎句，難讀，《尚書》便有如此底。《周官》只如今文字，太齊整了。《漢書》言：「幾者動之微，吉、凶之先見者也。」又如：「豈若匹夫匹婦之爲諒，自經於溝瀆而人莫之知也！」添一箇「人」字，甚分曉。道夫。

「解雜亂紛糾者不控拳。」拳，音「綣」，攘臂繩，今之骨袖手圈也。言解鬭者當善解之，不可牽引縈繩也。「批亢擣虛」，亢音「剛」，喉嚨也。言與人鬭者，不扼其喉、拊其背，未見其能勝也。僴。

沈存中以班固《律曆志》定言數處爲脛，說是小說中「脛廟」之意，蓋不曉算法而言爾。人傑。

❶「者」，原作「渚」，今據萬曆本、四庫本改。

《漢書》「引繩排根音痕。不附己者」，今曰「恩加四海」。宋景文爲改作「恩加骨肉」。

人誤讀「根」爲「根」。注云「猶今言『根柎』音戶各反。❶之類」。蓋關中俗語如此。「根柎」猶云「抵拒檐閣」也。「引繩排根」，如以繩扞拒然。個。

《五代史》略假借太原，以劉知遠之後非僭竊，辭較直也。揚。

劉昭《補志》於冠幘車服尤詳，前史所無。方子。

《五代舊史》，溫公《通鑑》用之。歐公蓋以此作文，因有失竄處。如宦者張居翰當時但言緩取一日則一日固，二日則二日固。歐公直將作大忠，說得太好了。

《晉書》皆爲許敬宗胡寫入小說，又多改壞了。東坡言，《孟嘉傳》，陶淵明之自然，今改云「使然」。更有一二處。揚因問：「此類甚多」。饒何氏錄作「問：《班史》、《通鑑》二氏之學如何？曰：讀其書自可見。又曰：溫公不取孟子取楊子，至謂王伯無異道。夫王伯之不侔，猶碔砆之於美玉。故荀卿謂粹而王、駁而伯。孟子與齊、梁之君力判其是非者，❷以其有異也。又溫公不喜權謀，至修書時頗

《晉書》說得晉人風流處好。先生云云。又云：《世說》所載，說得較好，今皆改之矣。」揚。

《載記》所紀夷狄祖先之類，特甚，此恐其故臣追記而過譽之。

《舊唐書》一傳載乞加恩相王事，其文

❶「各」，萬曆本作「谷」。
❷「與」，萬曆本作「謂」，四庫本作「爲」。

删之，奈當時有此事何，只得與他存在。若每處刪去數行，只讀着都無血脉意思，何如存之，却別做論說以斷之？驤。

《通鑑》文字有自改易者，仍皆不用《漢書》上古字，皆以今字代之。《南》《北史》除了《通鑑》所取者，其餘只是一部好笑底小說。

明仲看《節通鑑》，文定問：當是溫公節否？明仲云：豫讓好處，是不以死生二其心，故襄子云真義士也。今節去之，是無見識，必非溫公節也。方。

溫公無自節《通鑑》，今所有者乃僞本，序亦僞作。

《通鑑》例，每一年或數次改年號者，只取後一號。故石晉冬始篡，而以此年繫之。曾問呂丈，呂丈曰：「到此亦須悔。然多了不能改得。某只以甲子繫年，下面注所改

年號。」

《通鑑》：「告姦者與斬敵首同賞，不告姦者與降敵同罰。」《史記》商君議更法，首便有斬敵首、降敵兩條賞罰，後面方有此兩句比類之法。其實秦人上戰功，故以此二條爲更法之首。溫公却節去之，只存後兩句比類之法，遂使讀之者不見來歷。溫公修書，凡與己意不合者，即節去之，不知他人之意不如此。《通鑑》此類多矣。個。

《通鑑》：「事末利及怠而貧者，舉以爲收孥。」謂收之爲奴婢，不得比良民。有罪，則民得以告之官而自殺之。個。

溫公論才、德處未盡，如此，則才都是不好底物矣。個。

或問溫公才、德之辯。曰：溫公之言

① 「襄」，原作「簡」，今據《通鑑》卷一《周紀》一改。

非不是,但語脈有病耳。才如何全做不好?人有剛明果決之才,此自是好。德亦有所謂「昏德」,若塊然無能爲,亦何取於德?德是得諸己,才是所能爲。若以才、德兼全爲聖人,却是聖人又夾雜箇好不好也。銖。

才有好底,有不好底;德有好底,有不好底。德者,得之於己;才者,能有所爲。如溫公所言,才是不好底,既才是不好底,又言「才、德兼全謂之聖人」,則聖人一半是不好底。溫公之言多說得偏,謂之不是則不可。

問:溫公言「聰察彊毅之謂才」,聰明恐只是才,不是德。曰:溫公之言便是有病。堯、舜皆曰「聰明」,又曰「欽明」,「文明」,豈可只謂之才?如今人不聰明,便將何者喚作德也?銖。

溫公以正直中和爲德,聰察彊毅爲才。先生曰:皆是德也。聖人以仁智勇爲德,聰察便是智,强毅便是勇。賜。陳仲亨問諸儒才、德之說。曰:合下語自不同。如說「才難」,須是那有德而有才。高陽氏才子八人,這須是有德底才。若是將才對德說,則如「周公之才之美」樣,便有是才更要德。這箇合下說得自不同。又問智伯五賢。曰:如說射御足力之類,也可謂之才。義剛。

溫公《通鑑》不信四皓輔太子事,謂只是叔孫通諫得行,意謂子房如此,則是脅其父。曰:子房平生之術,只是如此。唐太

① 「察」,萬曆本作「明」。
② 「察」,萬曆本作「明」。
③ 「察」,萬曆本作「明」。

宗從諫，亦只是識利害，非誠實。高祖只是識事機，明利害。故見四人者輔太子，❶便知是得人心，可以爲之矣。叔孫通嫡庶之說，如何動得他！又謂高祖平生立大功業過人，只是不殺人。溫公乃謂高祖殺四人甚異。事見《考異》。其後一處所在，又却載四人。又不信劇孟事，意謂劇孟何以爲輕重人。然著其事而立論以明之可也，豈可以有無其事爲褒貶？溫公此樣處議論極純。因論章惇言溫公義理不透，曰：溫公大處占得多。章小點，❸何足以知大處！揚。

然又載周丘，其人極無行，自請於吳，去呼召得數萬人助吳。❷如子房、劇孟，皆溫公好惡所在。

溫公謂魏爲正統，使當三國時，便去仕魏矣。升卿。

胡致堂云：「《通鑑》久未成書。或言

溫公利餐錢，故遲遲，溫公遂急結末了，故唐、五代多繁冗。」見《管見》後唐莊宗「六月甲午」條下。〇方子。

溫公之言如桑麻穀粟。且如《稽古錄》，極好看，常思量教太子諸王。恐《通鑑》難看，且看一部《稽古錄》。人家子弟若先看得此，便是一部古今在肚裏了。學蒙。

《稽古錄》有不備者，當以《通鑑》補之。

溫公作此書，想在忙裏做成，元無義例。閎祖。

《稽古錄》一書可備講筵官僚進讀，小兒讀六經了，令接續讀去亦好。末後一表，其言如蓍龜，一一皆驗。宋莒公《歷年通譜》與此書相似，但不如溫公之有法也。高

❶ 「人」，萬曆本作「皓」。
❷ 「去」，萬曆本重此字。
❸ 「點」，萬曆本作「黠」。

氏《小史》亦好一書，但難得本子。高峻，唐人，《通鑑》中亦多取之。○方子。

《康衡傳》、司馬公《史論》、《稽古錄》、范《唐鑑》，不可不讀。賀孫。

致堂《管見》方是議論。《唐鑑》議論弱，又有不相應處，前面說一項事，末又說別處去。

《唐鑑》欠處多，看底辨得出時好。

《唐鑑》多說得散開無收殺，如姚崇論擇十道使患未得人，它自說得意好，不知范氏何故却貶其說。䕫。

范《唐鑑》第一段論守臣節處不圓，要做一書補之，不曾做得。范此文草草之甚。其人資質渾厚，說得都如此平正，只是疏，多不入理。終守臣節處，於此亦須有些處置，豈可便如此休了？如此議論，豈不爲英雄所笑。楊錄云：程門此人最好，然今看，都只是氣

質，吕與叔緊。

范《唐鑑》首一段專是論太宗本原，然亦未盡。太宗後來做處儘好，只爲本領不是，與三伐便別。❶問：歐陽以「除隋之亂，比跡湯、武，致治之美，庶幾成、康」贊之，無乃太過？曰：只爲歐公一輩人尋常亦不曾理會本領處，故其言如此。端蒙。

范氏以武王釋箕子、封比干事，比太宗誅高德儒，此亦據他眼前好處恁地比並，也未論到他本原處。似此樣，且寬看。若一一責以全，則後世之君不復有一事可言。端蒙。

《唐鑑》白馬之禍，歐公論不及此。

《唐鑑》議論，覺似迂緩不切。考其意，蓋王介甫秉政造新法，神考專意信之，以爲

❶「伐」，萬曆本作「代」。

真可以振起國勢，一新其舊，故范氏之論每以爲此惟在人主身心之間而不在法。如言「豐財在於節用」，神考曰：「豈有着破皂襖、破皮鞋，即能致國富邪？」公謹。

《唐鑑》意正有疏處。孫之翰《唐論》精練，説利害如身處親歷之，但理不及《唐鑑》耳。閎祖。

伯恭晚年謂人曰：「孫之翰《唐論》勝《唐鑑》。」要之，也是切於事情，只是大綱却不正了。《唐鑑》也有緩而不精確處，如言租庸調及楊炎二税之法，説得都無收殺。只云在於得人，不在乎法，有這般苟且處。審如是，則古之聖賢徒法云爾。他也是見熙寧間詳於制度，故有激而言。要之，只那有激，便不平正。道夫。

或説「二氣五行，錯揉萬變」。曰：物久自有弊壞，秦、漢而下，二氣五行自是較

昏濁，不如太古之清明淳粹。❶ 且如中星，自堯時至今已自差五十度了。秦、漢而下，自是弊壞。得箇光武起，整得略略地，後又不好了。又得箇唐太宗起來，整得略略地，後又不好了。終不能如太古。或云：本然底亦不壞。曰：固是。夔孫。〇論歷代。

周自東遷之後，王室益弱，畿内疆土皆爲世臣據襲，莫可誰何。而畿外土地亦皆爲諸侯爭據，❷天子雖欲分封而不可得。如封鄭桓公，都是先用計，指射鄶地，罔而取之，亦是無討土地處。此後王室子孫，豈復有疆土分封？某常以爲郡縣之事已萌於此矣，至秦時是事勢窮極，去不得了，必須如此做也。僩。

❶「淳」，萬曆本作「純」。
❷「外」，原作「内」，今據賀本改。

權重處便有弊：宗室權重，則宗室作亂，漢初及晉是也；外戚權重，則外戚作亂，兩漢初是也。春秋之君多逐宗族，晉惠公得國便不納群公子，文公之入即殺懷公，此乃異日六卿分晉之兆。必大。

問：春秋時良法美意尚有存者？曰：去古愈近，便古意愈多。升卿。○以下春秋。

論周稱「卿士」不同：在《周官》六卿之屬言之，則卿士乃是六卿之士也。徒幾人，士幾人。如「皇父卿士，番爲司徒」，如「周人將畀虢公政」，亦卿士。「卿士惟月」，衛武公爲平王卿士之類，則這般之職不知如何？子蒙。

封建世臣，賢者無頓身處，初間亦未

甚。至春秋時，孔子事如何？可學。

楚地最廣，今之襄、漢皆是，儘是強大。齊、晉若不更伯，楚必吞周而有天下。緣他極強大，所以齊威、晉文責之，皆是沒緊要底事。威公豈不欲將僭王猾夏之事責之？但恐無收殺，故只得如此。至如晉文城濮之戰，依舊委曲還他許多禮數，亦如威公之意。然此處亦足以見先王不忍戕民之意未泯也。設使威、文所以責之者不少假借，他定不肯服。兵連禍結，何時而已？到得戰國，斬首動是數萬，無復先王之意矣！個。

問揚：管仲、子產如何？揚謂：管仲全是功利心，不好。子產較近道理。聖人稱子產有「君子之道四」，然只就得如此，何是本原頭有病否？曰：是本原雜。問：傅全美謂范文正所爲似子產，謂細膩。是否？曰：文正疏，決不相似。「亦籠？」

曰：只是雜。揚。

管仲内政士卿十五，乃戰士也。所以教之孝悌忠信、尊君親上之義。夫子曰：「以不教民戰，是謂棄之。」故雖霸者之道，亦必如此。人傑。

問：晉伐原以示信，大蒐以示禮，此是信禮否？曰：此是假禮信之名以欺人，舉而用之，非誠心也。如湯之於葛，葛云「無以供粢盛」，「湯使亳衆往爲之耕」；葛云「無以供犧牲」，「湯使人遺之牛羊」。至於不得已而後征之，非是以此餌之，而圖以殺之也。又云：司馬遷云：文王之治岐，「耕者九一，仕者世禄」，皆是降陰德以分紂之天下。不知文王之心誠於爲民者若此。漢高祖取天下所謂仁義者，豈有誠心哉！其意本謂項羽背約。及到新城，遇三老董公遮道之言，方假此之名，以正彼之罪。所謂縞素發喪之舉，其意何在？似此之謀，看當時未必不是欲項羽殺之而後罪之也。卓。

因論甯武子，義剛言：春秋時識義理者多。曰：也是那時多世臣，君臣之分密，其情自不能相舍，非是皆曉義理。古時君臣都易得相親，天下有天下之君臣，淳錄云：大處有大君臣，小處有小君臣。一國有一國之君臣，一家有一家之君臣。自秦、漢以來，便都遼絶。今世如士人，猶略知有君臣之分。若是田夫，去京師動數千里，它曉得甚麽君臣！本朝但制兵却有古意。太祖軍法曰「一階一級」，皆歸服事之儀，故軍中階級却嚴，有定分。義剛。○淳錄略。

鬻拳只是箇儱豪人，其意則忠，而其事皆非理，不足言也。偶。

子升問伍子胥曰：「父不受誅，子復

讎，可也。」謂之亂臣賊子，亦未可。又問：還是以其出亡在外而言，亦可以爲通論否？曰：古人自有這般事，如不爲舊君服之義可見。後世天下一家，事體又別。然亦以其出亡之故。若曾臣事之，亦不可也。又問：父死非其罪，子亦可仕否？曰：不可。「孫曾如何？」曰：世數漸遠，終是漸輕，亦有可仕之理。但不仕者正也，可仕者權也。木之。

越棲會稽本在平江，楚破越，其種散，故後號爲百越。此間處處有之，山上多有小小城郭故壘，皆是諸越舊都邑也。春秋末，楚地最廣，蓋自初間并吞諸蠻而有其地。如淮南之舒、宿亳之蓼，皆是。初間若不得齊威、管仲，看他氣勢定是吞周室。以此觀之，孔子稱管仲之功，豈溢美哉？吳之所以得破楚，也是楚平以後日就衰削，

又恰限使得吳子胥如此，先又有申公巫臣往吳，教之射御、戰陣。這兩人所以不向齊、晉那邊去，也是見得齊、晉都破壞了，兼那時如闔閭、夫差、勾踐幾人，皆是蠻夷中之豪傑。今浙間是南越，地平曠，閩、廣是東越，地狹多阻，南豐《送李柳州》誤謂柳爲南越。賀孫。

越都會稽，今東在外所門。土地只如今闊狹。後并吳了，却移都平江，亦名會稽。秦後於平江立會稽郡。吳、越國勢人物亦不爭多，越尚着許多氣力。今虞何止於吳？所以圖之者，又不及越，如何濟事？今做時，亦須着喫些艱辛，如越始得范蠡、文種，❶未是難。二人皆在越籠絡中，此是難。某在紹興，想像越當時事，亦自快人。越止

❶ 「文」，原爲墨丁，今據萬曆本補。

一小國，當時亦未甚大段富貴。在越自克如此，亦未是難事。然自越之後，後來不曾見更有一人似之，信立事之難也。揚。

范蠡載西子以往，王銍性之言，歷攷文書無此事。其原出杜牧之詩云「西子下吳會，一舸隨鴟夷」，王解此意又不然。曰：王性之不成器，如這般潑事，渠讀書多，攷究得甚精且多也。揚。

義剛論田子方「貧賤驕人」之說，雖能折子擊，却非知道者之言。不成我貧賤便可凌人，此豈忘乎貧賤富貴者哉？陳仲亨不以爲然，次日請問。先生曰：他是爲子擊語意而發，但子方却別有箇意思。它後面說「言不用，行不合，則納履而去」，此是說我只是貧賤，不肯自詘。「説大人則藐之」，孟子也如此説。雖曰聖人「無小大，無敢慢」，不肯如此説，但視那爲富貴權勢所

移者有間矣。聖人氣象固不如此，若大賢以下，則未免如是。○以下戰國。

趙武靈王也是有英氣，所以做得恁地。也緣是他肚裏乖，會恁地做得，但他不合只倚這些子。如後來立後一事，也是心不正，後感召得這般事來。義剛。

問：樂毅伐齊，文中子以爲善藏其用，東坡則責其不合妄效王者事業以取敗，二說孰是？曰：這只是他們愛去立說，後都不攷教子細。這只是那田單會守後，不去攷教子細。當時樂毅自是兼秦、魏之師，又因人怨湣王之暴，故一旦下齊七十餘城。及人怨湣王，則人心自是休了，它又怕那三國來分他底，連忙發遣了它。以燕之力量，既殺了湣王，則人心自是休了，它又怕那三國來分他底，連忙發遣了它。以燕之力量，也只做得恁地。更是那田單也忠義，盡死節守那二城。樂毅不是不要取它，它又怕那三國來分他底，連忙發遣了它。樂毅也只是氣力，被它善守，後不奈他何。樂毅也只是

戰國之士，又何嘗是王者之師？它當時恣意去鹵掠，政如孟子所謂「毀其宗廟，遷其重器」，不過如此舉措。它當時那鼎也去扛得來，他豈是不要它底？但是田單與他兩箇相遇，智勇相角，至相持三年。便是樂毅也煞費氣力，但取不得。及騎劫用則是大段無能，後被田單使一箇小術數子，便乘勢殺將去。便是國不可以無人，如齊但有一田單，盡死節恁地守，便不奈他何。義剛。

常先難而後易，不然則難將至矣。如樂毅用兵，始常懼難，乃心謹畏，不敢忽易，故戰則雖大國堅城，無不破者。❶及至勝則自驕，膽大而恃兵強，因去攻二城，亦攻不下。壽昌。

樂毅莒、即墨之圍，乃用師之道適當如此，用速不得。又齊湣王人多叛之，及死而

其子立于莒，則人復惜之，不忍盡亡其國。即墨又有田單，故下之難。使毅得盡其策，必不失之。光武下一城不得。❷明帝謂下之太束。❸○揚。

義剛曰：藺相如其始能勇於制秦，其終能和以待廉頗，可謂賢矣。但以義剛觀之，使相如能以待廉之術待秦，乃為善謀。蓋柔乃能制剛，弱乃能勝強。今乃欲以匹夫之勇，恃區區之趙而鬬強秦。若秦奮其虎狼之威，恃區區之趙，將何以處之？今能使秦不加兵者，❹特幸而成事耳。先生曰：子由有一段說，大故取它。說它不是戰國之士，此說也太過。其實它只是戰國之士。龜山亦有一

❶「無」下，萬曆本有「有」字。
❷「下」，原作「不」，今據萬曆本改。
❸「束」，萬曆本作「速」。
❹「加」，原作「如」，今據萬曆本改。

说，大概與公説相似，説相如不合要與秦爭那璧。要之，恁地説也不得。和氏璧也是趙國相傳以此爲寶，若當時驟然被人將去，則國勢也解不振。古人傳國皆以寶玉之屬爲重，若子孫不能謹守，便是不孝。當秦也是強，但相如也是料得秦不敢殺它後方恁地做。若其它人，則是怕秦殺了，便不敢去。如藺相如豈是孟浪恁地做？它須是料度得那秦過了。戰國時如此等也多。黃歇取楚太子，也是如此。當時被它取了，秦也不曾做聲，只恁休了。義剛。

春秋時相殺，甚者若相罵然。長平坑殺四十萬人，史遷言不足信。❶敗則有之，若謂之盡坑四十萬人，將幾多所在？又趙卒都是百戰之士，豈有四十萬人肯束手受死？決不可信。又謂秦十五年不敢出兵窺山東之類，何嘗有此等事？皆史之

溢言。

常疑四十萬人死，恐只司馬遷作文如此，未必能盡坑得許多人。德明。

常思孫臏料龐涓暮當至馬陵，如何料得如此好？僴曰：使其不燭火看白書，則如之何？曰：臏料龐涓是箇絮底人，必看無疑。此有三樣：上智底人，他曉得必不看，下智底人，亦必不看；中智底人必看，看則墮其機矣。嘗思古今智士之謀略詭譎，固不可及。然記之者能如此曲折書之而不失其意，則其智亦不可及矣。僴。

燕丹知燕必亡，故爲荆軻之舉。德明。

術至韓非《説難》，精密至矣。蘇、張亦尚疏。

陳仲亨問：合從便不便？曰：温公是

❶「遷」，原作「過」，今據文義改。

說合從爲六國之便。觀當時合從時，秦也是懼。蓋天下盡合爲一，而秦獨守關中一片子地，也未是長策。但它幾箇心難一，如何有箇人兜攬得他，也是難。這箇却須是如孟子之說方得。「如有不嗜殺人者，則天下之人皆引領而望之。」「師文王，大國五年，小國七年，必爲政於天下。」孟子只是責辦於己。設使當時有仁政，則如大旱之望雲霓，民自歸之。秦雖強，亦無如我何。義剛問：蘇秦激怒張儀，如秦人皆說它術高，切以爲正是失策處。曰：某謂未必有此事。所謂激怒者，只是蘇秦當時做得稱意，後去欺那張儀。而今若說是蘇秦怕秦來敗從，所以激張儀入秦，庶秦不來敗從，那張儀與你有甚人情？這只是蘇秦之徒見他做倒了這一着後，粧點出此事來謾人。義剛。

○夔孫錄云：因說蘇秦激張儀入秦事，曰：某嘗疑不恁他做得拙。❶蘇秦豈不知張儀入秦會翻了他，想是蘇秦輸了這一籌，其徒遂裝撰此等說話。○人傑錄云：嘗疑蘇秦資送張儀入秦事，恐無此理。當時范睢、蔡澤之徒多是乘人間隙而奪之位，何嘗立得事功。吳起務在富國強兵，破遊說之言。縱橫者若是立脚務實，自不容此輩紛紜撓亂也。

問：關中形勝，周用以興。到得後來，秦又用以興。曰：此亦在人做。當春秋時，秦亦爲齊、晉所軋，不得伸。到戰國時，六國又皆以夷狄擯之，使不得與中國會盟。及孝公因此發憤，致得商鞅而用之，遂以強大。後來又得惠文、武、昭襄皆是會做底，故相繼做起來。若其間有一二君昏庸，則依舊做壞了。以此見得形勝也須是要人相副。因言：昭王因范睢傾穰侯之故，却盡收得許多權柄，秦遂益強，豈不是會？廣。

❶「他」，萬曆本作「地」。

○秦。

陳仲亨以義剛所疑問云：商鞅說孝公帝王道不從，乃說以伯道。鞅亦不曉帝王道，但是先將此說在前者，渠知孝公決不能從，且恁地說，庶可以堅後面伯道之說耳。先生曰：鞅又如何理會得帝王之道！但是大拍頭去揮那孝公耳。他知孝公是行不得，他恁地說，只是欲人知道我無所不曉。義剛問：不知溫公削去前一截是如何？曰：他說無此事，不肯信。又問：如子房招四皓，伊川取之，以為得「納約自牖」之義，而溫公亦削之，如何？曰：是他意裏不愛，不合他意底，則削去。某常說，陳平說高祖曰：項王能敬人，故多得廉節之士。大王嫚侮人，故廉節之士多不為用。然廉節士終不可得。臣願得數萬斤金以間疏楚君臣。這便是商鞅說孝公底一般。他知得高祖決不能不嫚侮以求廉節之士，但直說他則恐未必便從，故且將去嚇他一嚇。等他不從後，却說之，此政與商鞅之術同。而溫公也削去。若是有此一段時，見得他說得有意思，今削去了，則都無情意。他平白無事，教把許多金來用間，❶高祖便肯？如此等類，被他削去底多，如何恁地得？善惡惡，是是非非皆着存得在那裏，其間自有許多事，若是不好底便不載時，孔子一部《春秋》便都不是了，那裏面何所不有？義剛。○元本云：商鞅先以帝王說孝公，此只是大拍頭揮他那本色底來。它知孝公必不能用得這說，姑且說這大話了，却放出那本色底來。《通鑑》削去前一節，溫公之意謂鞅無那帝王底道理，遂除去了。溫公便是不曉這般底人。如條侯擊吳、楚，到洛陽，得劇孟，隱若一敵國，亦不信。他說道：如何得一箇俠士，便隱若一敵國？不知這般人得之未必從，且恁地說，庶可以堅後面伯道之說耳。

高祖決不能不嫚侮以求廉節之士，但直說他則恐未必便從，故且將去嚇他一嚇。

❶「間」，萬曆本作「問」。

能成事，若爲盜所得，煞會撓人。蓋是他自有這般賓客，那一般人都信向他。若被他一下鼓動得去，直是能生事。又如陳平說高帝，謂項王下人，能得廉節之士。大王嫚侮人，故嗜利無恥者歸之。大王誠能去兩短，集兩長，則云云。然大王資侮嫚，❶必不得廉節之士。故勸捐數萬斤金以間楚君臣。這也是度得高祖必不能下士，故先說許多話，教高祖亦自去做不得了，❷方說他本謀來，故能使人聽信。某說此正與商鞅之術同，而溫公亦削了。○夔孫錄同，但云：溫公性樸直，便是不曉這般底人。得劇孟事也不信，謂世間都無這般底人。

以今觀之，秦取六國當甚易，而秦甚難之。以古來無此樣，不敢輕易。因說後世篡奪難。大凡事前未有樣者，不易做。揚。

仲亨問開阡陌。曰：阡陌便是井田陌，百也。阡，千也。東西曰阡，南北曰陌。或謂南北曰阡，東西曰陌，未知孰是。但却是一箇橫、一箇直。且如百夫有遂，❸遂上有涂，這便是陌。若十箇涂，恁地直在橫

頭，又作一大溝，謂之洫，洫上有路，這便是阡。阡陌只是疆界。自阡陌之外有空地，則只恁地閑在那裏。所以先王要如此者，也只是要正其疆界，遇可做田處便墾作田，怕人相侵互。而今商鞅却開破了，恁地齊整。這「開」字非「開創」之「開」，乃「開闢」之「開」。《蔡澤傳》曰：「破壞井田，決裂阡陌。」觀此可見。這兩句自是合掌說，後人皆不曉。唐時却說寬鄉爲井田，狹鄉爲阡陌。東萊論井田，引《蔡澤傳》兩句，然又却多方回互，說從那開創阡陌之意上去。義剛。

問井田阡陌。曰：已前人都錯看了。

❶「資」，萬曆本作「恣」。
❷「去」，萬曆本作「知」。
❸「且」，萬曆本作「耳」。

某嘗攷來，蓋陌者百也，阡者千也。井田一夫百畝，則爲遂，遂上有徑，此是縱，爲陌。十夫千畝則爲溝，溝上有畛，此是橫，爲阡。積此而往，百夫萬畝，則爲洫，洫上有涂縱，又爲陌；千夫十萬畝，則爲澮，澮上有道，道橫，又爲阡。商鞅開之，乃是當時井田既不存，便以此物爲無用，一切破蕩了。《蔡澤傳》云「商君決裂阡陌」，乃是如此，非謂變井田爲阡陌也。<small>夔孫。○僩錄云：人皆謂廢古井田，開今阡陌云云。</small>

阡陌是井田路，其路甚大。廢田，遂一齊開小了作田，故謂之「破井田，開阡陌」。<small>揚。</small>

伯恭言：秦變法，後世雖屢更數易，終不出秦，如何？曰：此意好。但使伯恭爲相，果能盡用三代法度否？問：後有聖賢者出，如何？曰：必須別有規模，不用前

人硬本子。<small>升卿。</small>

黃仁卿問：自秦始皇變法之後，後人君皆不能易之，何也？曰：秦之法盡是尊君卑臣之事，所以後世不肯變。且如三皇稱「皇」，五帝稱「帝」，三王稱「王」，秦則兼「皇帝」之號。只此一事，後世如何肯變！又問：賈生「仁義攻守」之說，恐秦如此，亦難以仁義守之。曰：它若延得數十年，亦可扶持整頓。只是犯衆怒多，下面逼得來緊，所以不旋踵而亡。如三皇、五帝、三王以來，皆以封建治天下，秦一切掃除不留種子。秦視六國之君如坑嬰兒，不留種子。秦視六國之君如坑嬰兒，捉一人，明年捉兩人，絕滅都盡，所以犯天下衆怒。當時但聞「秦」字，不問智愚男女盡要起而亡之。陳涉便做陳王，張耳便做趙王，更阻遏它不住。漢高祖自小路入秦，由今襄陽、金、商、藍田入關，<small>節錄作：從長安角</small>

上入關。項羽自河北大路入關。及項羽盡殺秦人，想得秦人亦悔不且留取子嬰在也。鉄。

秦以水德王，故數用六爲紀。振。

五德相承，古人所說皆不定。謂周爲木德，後秦以鄒衍之說推之，乃以爲火德。故秦以所不勝者承周，號水德。漢又承周不承秦。後又有謂漢非火德者。王莽又有云云。三代而上，未有此論。則東坡謂「威侮五行，怠棄三正」者，又未必是。揚。

咸陽在渭北，漢在渭南。秦建十月已久，《通鑑》不曾契勘。揚。

朱子語類卷第一百三十五 計十二板

歷代 二

大亂之後易治，戰國、嬴秦、漢初是也。揚。

周人繁密，❶秦人盡掃了，所以賈誼謂秦「專用苟簡自恣」之行。秦又太苟簡自恣，不曾竭其心思。太史公、董仲舒論漢事，皆欲用夏之忠。不知漢初承秦，掃去許多繁文，已是質了。至。○學蒙錄：漢承焚滅之後，却有忠質底意。

漢高祖私意分數少，唐太宗一切假仁借義以行其私。若海。

漢興之初，人未甚繁，氣象劃地較好。到武、宣極盛時，便有衰底意思，人家亦然。義剛。

或問：高祖爲義帝發喪是詐，後如何却成事？曰：只緣當時人和詐也無。如五伯假之，亦是諸侯皆不能假故也。祖道。

伯謨問：汪公《史評》說酈食其，說得好。曰：高祖那時也謾教他去，未必便道使得着。又問：聖人處太公事如何？曰：聖人須是外放教寬，一面自進，必不解如高祖突出這般說話，然高祖也只是寬他。劉、項之際，直是紛紛可畏。度那時節有百十人、有千來人，皆成部落，無處無之。那時也無以爲糧，只是劫奪。賀孫。

廣武之會，太公既已爲項羽所執，高祖

---

❶ 「人」，萬曆本作「太」。

若去求告他,定殺了。只得以兵攻之,他却不敢殺。時高祖亦自知漢兵已強,羽亦知殺得無益,不若留之,庶可結漢之懽心。人傑錄云:使高祖屈意事楚,則有俱斃而已,惟其急於攻楚,所以致太公之歸也。問:舜棄天下猶敝屣。曰:如此,則父子俱就戮爾,亦救太公不得。若「分羮」之語,自是高祖説得不是。○人傑錄云:「分羮」之説則大不可。然豈宜以此責高祖?若以此責之,全無是處也。○方子錄却云:「桮羮」之語,只得如此。

問:「養虎自遺患」事,張良當時若放過,恐大事去矣,如何?曰:若只計利害,即無事可言者。當時若放過未取,亦不出三年耳。問:機會之來,間不容髮。況沛公素無以繫豪傑之心,放過即事未可知。曰:若要做此事,先來便莫與項羽講解。既已約和,即不可爲矣。大抵張良多陰謀,

如入關之初,賂秦將之爲賈人者,此類甚多。問:伊川却許以有儒者氣象,豈以出處之際可觀邪?曰:爲韓報仇,是爲君父報仇。德明。

或問:太史公書項籍垓下之敗,實被韓信布得陣好,是以一敗而竟斃。曰:不特此耳。自韓信左取燕、齊、趙、魏,右取九江英布,收大司馬周殷,而羽漸困于中,而手足日觭。則不待垓下之敗,而其大勢蓋已不勝漢矣。壯祖。

伯豐因問善家令言,尊太公事。曰:此等處,高祖自是理會不得。但它見太公擁篲,心却不安。然如尊太公事,亦古所未有耳。營。

高祖斬丁公,赦季布,季布所以生,蓋欲示天下功義,特私意耳。非誠心欲伸大臣。是時功臣多,故不敢殺季布。既是明

大義，陳平、信、布皆項羽之臣，信、布何待反而誅之？壽昌。

義剛說賜姓劉氏，云：古人族系不亂，只緣姓氏分明。自高祖賜姓，而譜系遂無稽攷，姓氏遂紊亂。但是族系紊亂，也未害於治體。但一有同姓異姓之私，則非以天下爲公之意。今觀所謂「劉氏冠」，「非劉氏不王」，往往皆此一私意。使天下後世有親疏之間，而相戕相黨，皆由此起。先生曰：古人是未有姓，故賜他姓，教他各自分別。後來既有姓了，又何用賜？但一時欲以恩結之，使之親附於己，故賜之。如高祖猶少，如唐，夷狄來附者皆賜姓，道理也是不是，但不要似公樣恁地起風作浪說。義剛。

太史公三代《本紀》皆著孔子所損益四代之說，《高帝紀》又言「色尚黃，❶朝以十

月」此固有深意。且以孔、顏而行夏時，乘商輅，服周冕，用《韶》舞，則好；以劉季爲之，亦未濟事在。方子。

高祖、子房英，項羽雄。道夫。

嘗欲寫出蕭何、韓信初見高祖時一段，鄧禹初見光武時一段，武侯初見先主時一段，將這數段語及王樸《平邊策》編爲一卷。雉。

程先生謂何追信，❷高祖通知，亦有此理。無垢謂申屠嘉責鄧通，文帝亦通知，恐未必然。嘉乃高祖時踏弩之卒，想亦一樸直人。文帝教做宰相，便爲他做，有事當行便行。《大事記解題》謂自嘉薨，宰相權便輕了，爲以御史大夫副之也。揚。

❶「帝」，萬曆本作「祖」。
❷「追」下，萬曆本有「韓」字。

論三代以下人品，皆稱子房、孔明。子房今日說了脫空，明日更無愧色，必竟只是黃、老之學。及後疑戮功臣時，更尋討他不着。螢。

唐子西云：「自漢而下，惟有子房、孔明爾，而子房尚黃、老，孔明喜申、韓。」也說得好。子房分明是得老子之術，其處己、謀人皆是。孔明手寫申、韓之書以授後主，而其意自在韓而不在漢。及韓滅無所歸，乃治國以嚴，皆此意也。問：邵子云「智哉留侯，善藏其用」，如何？曰：只燒絕棧道，始歸漢，則其事可見矣。道夫。

問子房、孔明人品。曰：子房全是黃、老，皆自黃石一編中來。又問：一非今之《三略》乎？曰：又有黃石公《素書》，然大率是這樣說話。廣云：觀他博浪沙中事也甚奇偉。曰：此又忒瞭不黃、

老。爲君報仇，此是他資質好處。後來事業則都是黃、老了，凡事放退一步。若不得那些清高之意來緣飾遮蓋，則其從衡詭譎，殆與陳平輩一律耳。孔明學術亦甚正大。廣云：他雖嘗學申、韓，却覺意思頗雜。曰：唐子西嘗說子房與孔明皆是好人才，但其所學，一則從黃、老中來，一則從申、韓中來。又問：崔浩如何？曰：也是箇博洽底人。他雖自比子房，然却學得子房獸了。子房之辟穀，姑以免禍耳，他却真箇要做。廣。

子房多計數，堪下處下。揚。

張良一生在荊棘林中過，只是殺他不得，任他流血成川，橫尸萬里，他都不知。椿。

叔孫通爲縣蕝之儀，其效至於羣臣震恐，無敢喧嘩失禮者。比之三代燕享羣臣

氣象便大不同，蓋只是秦人尊君卑臣之法。人傑。○必大錄云：叔孫通制漢儀，一時上下肅然震恐，無敢諠譁，時以爲善。然不過尊君卑臣，如秦人之意而已，都無三代燕饗底意思了。

齊、魯二生之不至，亦是見得如此，未必能傳孔、孟之道。只是它深知叔孫通之爲人，不肯從它耳。營。

漢之四皓，元積嘗有詩譏之，意謂楚、漢紛爭却不出，只爲呂氏以幣招之便出來，只定得一箇惠帝，結裹小了。然觀四皓，恐不是儒者，只是智謀之士。營。

伯豐問：四皓是如何人品？曰：是時人材都沒理會，學術權謀，混爲一區。如安期生、蒯通、蓋公之徒，皆合做一處。四皓想只是箇權謀之士，觀其對高祖言語重，如「願爲太子死」，亦脅之之意。又問：高祖欲易太子，想亦是知惠帝人才不能負荷？

曰：固是。然便立如意，亦了不得。蓋題目不正，諸將大臣不心服。到後來呂氏橫做了八年，人心方憤悶不平，故大臣誅諸呂之際，因得以誅少帝。少帝但非張后子，或是後宮所出，亦不可知。史謂大臣陰謀以少帝非惠帝子，意亦可見。少帝畢竟是呂氏黨，不容不誅耳。杜牧之詩云「南軍不祖左邊袖，四老安劉是滅劉」。如唐中宗事，致堂、南軒皆謂五王合併廢中宗，因誅武氏，別立宗英。然當時事勢，中宗却未有過，正緣無罪被廢，又是太宗孫、高宗子，天下之心思之，爲它不憤，五王亦因此易於成功耳。中宗後來所爲固謬，然當時便廢他不得。營。

召平高於四皓，但不知高后時此四人在甚處。蔡丈云：康節謂事定後，四人便自去了。曰：也不見得。恐其老死，亦不

可知。廣。

韓信反，無證見。閎祖。

問：南軒嘗對上論韓信、諸葛之兵異。
曰：韓都是詭詐無狀。揚。

三代以下，漢之文帝可謂恭儉之主。道夫。

文帝曉事，景帝不曉事。文蔚。

文帝學申韓刑名、黃老清靜，亦甚雜。
但是天資素高，故所爲多近厚。至景帝，以刻薄之資，又輔以慘刻之學，故所爲不如文帝。班固謂漢言「文景」者，❶亦只是養民一節略同，亦如周云「成康」，康亦無大好處。或者説《關雎》之詩，正謂康后淫亂，故作以譏之。子蒙。

文帝不欲天下居三年喪，不欲以此勤民，所爲大綱類墨子。賀孫。

或問：文帝欲短喪，或者要爲文帝遮護，謂非文帝短喪，乃景帝之過。曰：恐不是恁地。文帝當時遺詔教大功十五日，小功七日，纖三日。❷或人以爲當時當服大功者只服十五日，當服小功者只服七日，當服纖者只服三日，恐亦不解恁地。臣爲君服，不服則已，服之必斬衰三年，豈有此等級？或者又説古者只是臣爲君服三年，如諸侯爲天子、大夫爲諸侯，及畿内之民服之，於天下吏民無三年服，道理必不可行。此制必是秦人尊君卑臣，却行這三年，至文帝反而復之耳。子蒙。

問：文帝問陳平錢穀、刑獄之數，而平不對，乃述所謂宰相之職。或以爲錢穀、刑獄一得其理，則陰陽和，萬物遂，而斯民得

❶「景」下，萬曆本有「帝」字。
❷「纖」上，萬曆本有「服」字。

其所矣。宰相之職，莫大於是，惜乎平之不知此也。曰：「平之所言，乃宰相之體。此之所論，亦是一說。但欲執此以廢彼，則非也。要之，相得人，則百官各得其職。擇一户部尚書，則錢穀何患不治？而刑部得人，則獄事亦清平矣。昔魏文侯與田子方飲，文侯曰：「鐘聲不比乎左高。」田子方笑。文侯曰：「何笑？」子方曰：「臣聞之，君明樂官，不明樂音。今君審於音，臣恐其聾於官也。」陳平之意，亦猶是爾。蓋知音而不知人，則瞽者之職爾。本朝韓魏公爲相，或謂公之德業無愧古人，但文章有所不逮。公曰：「某爲相，歐陽永叔爲翰林學士，天下之文章莫大於是！」自今觀之，要說他自不識，安能知歐陽永叔，也得。但他偶然自知，亦奈他何？道夫。

問：周亞夫「軍中聞將軍令，不聞天子詔」，不知是否？曰：此軍法。又問：大凡爲將之道，首當使軍中尊君親上，若徒知有將而不知有君，則將皆亞夫，固無害也。設有姦將一萌非意，則軍中之人，豈容不知有君？曰：若說到反時，更無說。凡天子命將，既付以一軍，只當守法。且如朝廷下州縣取一件公事，亦須知州知縣肯放，方可發去。不然，豈可輒易也？自脩。

賈誼說教太子，方說那承師問道等事，却忽然說帝入太學之類，後面又說太子，勢都不相干涉，不知怎地。賈誼文章大抵恁地無頭腦，如後面說「春朝朝日，秋莫夕月」亦然。他方說太子，又便從天子身上去。某嘗疑「三代之禮」一句合當作「及其爲天子」字。蓋詳他意，是謂爲太子時教得如此，及爲天子則能如此。它皆是引《禮

《經》全文以爲證,非是他自說如此。義剛。

問:賈誼《新書》云「太子處位不端,受業不敬,言語不序,聲音不應律,恐是以歌詠而言?」曰:不是如此。太子新生,太師吹律以驗其啼。所謂應律,只是要看他聲音高下。如大射禮「舉旌以宮,偃旌以商」,便是此類。文蔚。

問:賈誼《新書》「立容言早立」,何謂「早立」?曰:不可曉。如《儀禮》云「疑立」,「疑」却音「屹」,屹然而立也。節。

問賈誼《新書》。曰:此誼平日記錄藁草也。其中細碎俱有,《治安策》中所言亦多在焉。方子。

賈誼《新書》除了《漢書》中所載,餘亦難得粹者。看來只是賈誼一雜記藁耳,中間事事有此。廣。

問:賈誼「五餌」之說如何?曰:伊川嘗言,本朝正用此術。契丹分明是被金帛買住了,今日金虜亦是如此。昌父曰:交鄰國,待夷狄,固自有道。「五餌」之說恐非仁人之用心。曰:固是。但虜人分明是遭餌。但恐金帛盡則復來,不爲則已,爲則五餌須並用。然以宗室之女妻之,則大不可。如烏孫公主之類,令人傷痛。然何必夷狄?「齊人歸女樂」,便是如此了。如阿骨打初破遼國,勇銳無敵。及既下遼,席卷其子女而北,肆意蠱惑,行未至其國而死。因笑謂趙曰:頃年於呂季克處見一畫卷,畫虜酋與一胡女並轡而語。季克苦求詩,某勉爲之賦,末兩句云「却是燕姬解迎敵,不教行到殺胡林」,正用阿骨打事也。個。

陸子靜《省試策》說武帝強文帝。其論雖偏,亦有此理。文帝資質雖美,然安於此而

已。其曰「卑之無甚高論，令今可行」，題目只如此。先王之道，情願不要去做，只循循自守。武帝病痛固多，然天資高，志向大，足以有爲。使合下便得箇真儒輔佐，豈不大有可觀？惜乎無真儒輔佐，不能勝其多欲之私，做從那邊去了。他若知得此，豈無「修文德以來」道理。又如討西域，初一番去不透，又再去，只是要得一馬，此是甚氣力。若移來就這邊做，豈不可？末年海內虛耗，去秦始皇無幾。若不得霍光收拾，成甚麼？輪臺之悔，亦是天資高，方如此。嘗因人言太子仁柔不能用武，答以「正欲其守成。若朕所爲，是襲亡秦之迹」！可見他當時已自知其罪。向若能以仲舒爲相，汲黯爲御史大夫，豈不善？先生歸後，再有取答問目云：狂者志高，可以有爲；狷者志索，

有所不爲，而可以有守。漢武狂，然又不純一，不足言也。○淳。○寓錄見「狂狷」章。

漢守高祖無功不侯之法甚嚴。武帝欲侯李廣利，亦作計，終破之。法制之不足恃，除得人方好。因論□□取武帝，曰：其英雄，乃其不好處，看人不可如此。又謂文帝雖此，然亦不是胸中無底。觀與賈誼夜半前席之事，則其論說甚多。誼雖說得如「厝火薪下」之類，如此之急，帝觀之亦未見如此。又云：彼自見得，當時之治，亦且得安靜不可撓。揚。

武帝做事，好揀好名目。如欲逞兵立威，必曰「高皇帝遺我平城之憂」。若果以此爲恥，則須「修文德以來之」，何用窮兵黷武，驅中國生民於沙漠之外，以償鋒鏑之慘？道夫。

武帝征匈奴，非爲祖宗雪積年之忿，但假此名而用兵耳。❶ 壽昌。

王允云：「武帝不殺司馬遷，使作謗書。」如《封禪書》所載祠祀事。《樂書》載得神馬爲《太一歌》，汲黯進曰：「先帝百姓豈能知其音邪？」公孫弘曰：「黯誹謗聖制，當族。」下面却忽然寫許多《禮記》。又如《律書》說律，又說兵，又說文帝不用兵，贊歎一場。全似箇醉人東撞西撞。觀此等處，恐是有意。閎祖。

漢儒，董仲舒較穩，劉向雖博洽而淺，然皆不見聖人大道。賈誼、司馬遷皆駁雜，大意是說權謀功利。說得深了，覺見不是，又說一兩句仁義。然權謀已多了，救不轉。蘇子由《古史》前數卷好，後亦合雜權謀了。漢儒初不要窮究義理，但是會讀，記得多，便是學。揚。

漢儒注書，只注難曉處，不全注盡本文，其辭甚簡。揚。

問：君臣之變，不可不講。且如霍光廢昌邑，正與伊尹同。然尹能使太甲「自怨自艾」，而卒復辟。光當時被昌邑說「天子有爭臣七人」兩句後，他更無轉側。萬一被他更咆哮時，❷ 也惡模樣。曰：到這裏也不解恁得惡模樣了。義剛曰：光畢竟是做得未宛轉。曰：做到這裏，也不解得宛轉了。良久，又曰：人臣也莫願有此。萬一有此時，也十分使那宛轉不得。義剛。

問：霍光廢昌邑，是否？曰：是使太甲終不明，伊尹如之何？曰：亦有道理。可學。

---

❶ 「但」，原作「祖」，今據萬曆本、四庫本改。
❷ 「哮」，原作「勃」，今據朝鮮本改。

或問：霍光不負社稷，而終有許后之事，援以口過戒子孫，而他日有裹屍之禍。先生曰：「采葑采菲，無以下體。」取人之善，爲己師法，不當如此論也。若海。

問宣帝雜王伯之說。曰：「須曉得如何是王，如何是伯，方可論此。宣帝也不識王伯，只是把寬慈底便喚做王，嚴酷底便喚做伯。明道《王伯劄子》說得好，❶自古論王伯，至此無餘蘊矣。義剛。

叔器問：宣帝言漢雜王伯，此說也似是。曰：這箇先須辨別得王、伯分明，方可去論它是與不是。叔器云：如約法三章，爲義帝發喪之類，做得也似好。曰：這箇是它有意無意？曰：有意。曰：既是有意，便不是王。義剛。

《韓延壽傳》云：「以期會爲大事。」某舊讀《漢書》，合下便喜他這一句。直卿

曰：「敬事而信」，也是這意。曰：然。道夫。

問不疑誣金事。徐節孝以金還人。曰：初也須與他至誠說是無，看如何。他人解，便休；若是硬執，只得還他。若皆不與之解說，人才誣便還，則是以不善與人而自爲善，其心有病矣。揚。

楊惲坐上書怨謗，要斬。此法古無之，亦是後人增添。今觀其書，謂之怨則有之，何謗之有？淳。

正淳論二疏不合徒享爵位而去，又不合不薦引剛直之士代己輔導太子。先生曰：疏廣父子亦不必苛責之。雖未盡出處之正，然在當時親見元帝懦弱，不可輔導，它只得去，亦是避禍而已。觀渠自云：「不去，懼貽後悔。」亦自是省事恬退底。世間去，懼貽後悔。」亦自是省事恬退底。世間

❶ 「好」，原作「知」，今據朝鮮本改。

自有此等人，它性自恬退，又見得如此，只得去。若不去，蕭望之便是樣子，望之即剛直之士。又問：元帝是時年十二，如何便逆知其後來事？曰：若是狡者，便難知。如南北時，有一王當面做好人，背後即爲非，此等却難知。若庸謬底人，自是易見。又問：如何不以告宣帝，或思所以救之？曰：若是恁地，越不能得去。便做告與宣帝，教宣帝待如何？鹽。

先生因言：嘗見一人云，康衡做得相業全然不是，只是所上疏議論甚好，恐是收得好懷挾。又云：如《答淮陽王求史遷書》，其詞甚好。又曰：如宣、元間詔令及一戒諸侯王詔令，皆好，不知是何人做。漢初時却無此議論，漢初却未曾講貫得恁地。又曰：康衡說《詩·關雎》等處甚好，亦是有所師授，講究得到。鹽。

事無有自做得成者。光武要小小自做家活子，亦是鄧禹先尋得許多人。太宗便是房、杜爲尋得許多人。今只要自做。揚。

古人年三十時，都理會得了，便受用行將去。今人却如此費力。❶只如鄧禹十三歲學於京師，已識光武爲非常人，後來杖策謁軍門，只以數言定天下大計。德明。

古之名將能立功名者，皆是謹重周密乃能有成。須學這樣底，方可。如劉琨恃才傲物，驕恣奢侈，卒至父母妻子皆爲人所屠。今人率以才自負，自待以英雄，以至恃氣傲物，不能謹嚴。以此臨事，卒至於敗而已。要做大功名底人，越要謹密，未聞粗魯闊略而能有成者。個。

❶「却」，萬曆本作「都」。

漢儒專以災異讖緯與夫風角鳥占之類爲內學，❶如徐孺子之徒多能此，反以義理之學爲外學。且如《鍾離意傳》所載修孔子廟事，說夫子若會覆射者然，甚怪！徐孺子以綿漬酒，藏之雞中，去吊喪，便以水浸綿爲酒以奠之，便歸。所以如此者，是要用他自家酒，不用別處底。所以綿漬者，蓋路遠難用器皿盛故也。義剛。

或問：黃憲不得似顏子。曰：畢竟是資稟好。又問：若得聖人爲之依歸，想是煞好。曰：又不知他志向如何。顏子不是一箇衰善底人，看他是多少聰明，便敢問爲邦，孔子便告以四代禮樂。因說至「伯夷聖之清，伊尹聖之任，柳下惠聖之和」，都是箇有病痛底聖人。又問：伊尹似無病痛？曰：「五就湯，五就桀」，孔、孟必不肯恁地，只爲他任得過。又問：伊尹莫是「枉尺直尋」？曰：伊尹不是恁地，只學之者便至「枉尺直尋」。賀孫。

亂世保身之難，申屠蟠事可見。郭林宗彰而獲免，以稱人之美而不稱惡，人不惡之。陳仲弓分太守謗，送宦者葬，其爲皆如此。不送其葬亦得，爲之詭遇。揚。

後漢魏桓不肯仕，鄉人勉之，曰：「干禄求進，❷以行志也。方今後宮千數，其可損乎？廄馬萬匹，其可減乎？左右權豪，其可去乎？」廢馬萬匹慨然嘆曰：「使桓生行而死還，於諸子何有哉！」賀孫。

問器遠：君舉說漢黨錮如何？曰：也只說當初所以致此，止緣將許多達官要位付之宦官，將許多儒生付之閒散無用之地，

❶「讖」，原作「纖」，今據萬曆本改。
❷「進」，原作「延」，今據朝鮮本、萬曆本改。

所以激起得如此。曰：這時許多好官尚書，也不是付宦官，也是儒生，只是不得人。許多節義之士，固是非其位之所當言，宜足以致禍。某常説，只是上面欠一箇人。若上有一箇好人，用這一邊節義，剗去那一邊小人，大故成一箇好世界。只是一轉關子。賀孫。

説東漢誅宦官事，云：「欽夫所説，只是翻謄好看，做文字則劇，其實不曾説着當時事體。到得那時節，是甚麽時節？雖倉公、扁鵲所不能療。如天下有必死之病，喫熱藥也不得，喫涼藥也不得。有一人下一服熱藥，便道他用藥錯了。天下有必亡之勢，這如何慢慢得。若許多宦者未誅，更恁地保養過幾年，更乖。這只是胡説。那時節是甚麽時節，都無主了。立箇渤海王之子纘，纔七八歲，方説梁冀跋扈，便被弑了。

立蠱吾侯爲桓帝，方十五歲，外戚、宦官手裏養得大，你道他要誅他不要誅他？東漢外戚、宦官從來盤踞，軌轍相銜，未有若此之可畏。養箇女子，便頓放在宫中，十餘年後便窮極富貴。到得有些蹶跌，便闔族誅滅無遺類，欲爲孤豚而不可得。必亡之勢，未有若東漢末年。」伯謨問：「唐宦官與東漢末如何？」曰：「某嘗説，唐時天下尚可爲，唐時猶有餘策。東漢末直是無着手處，且是無主了。如唐昭宗、文宗直要除許多宦官。那時若有人，似尚可爲。宣宗便度得事勢不能誅，❶便一向不問他，也是老練了如此。如伊川《易解》❷失契勘。説『屯其膏』云：『又非恬然不爲，若唐

❶「勢」，萬曆本作「易」。
❷「誅」，萬曆本作「諌」。

之憘、昭也。」這兩人全不同，一人是要做事，一人是不要做，與小黃門啗果食度日，呼田令孜爲「阿父」。不知東漢時若一向盡引得忠賢布列在內，不知如何。只那都無主可立。天下大勢，如人衰老之極，百病交作，略有些小變動，便成大病。如乳母也聒噪一場，如單超、徐璜也作怪一場，如張讓、趙忠之徒❶，纔有些小權柄，便作怪一場。這是甚麼時節？伯謨云：從那時直到唐太宗，天下大勢方定疊。曰：這許多時節，直是無着手處。然亦有幸而不亡者，東晉是也。汪萃作詩史，以爲竇武、陳蕃誅宦者，不合前收鄭颯，而未收曹節、王甫、侯覽。若一時便收却四箇，便了。陽球誅宦者，不合前誅王甫、段熲，而未誅曹節、朱瑀。若一時便誅却四箇，亦自定矣。此説是。賀孫。

荀文若爲宦官唐衡女婿，見殺得士大夫厭了，爲免禍計耳。升卿。

漢時宿衞皆是子弟，不似而今用軍卒。義剛。

漢有十三州，一州建一刺史，刺舉一路，則諸侯、郡守雜建，諸侯甚大。如齊七十餘城，大率置官法度之類，與天子等。七國變後，方漸削奪。主父偃用賈誼策，分王諸侯子孫，方漸小了。後漢亦雜建。魏陵逼諸侯甚，每令人監之，不得朝覲并親知往來。曹丕待宗室如此。晉大封同姓，八王之亂以此，元帝中興亦以此。齊、梁間削奪諸侯尤甚。唐亦尚有之，然只是遙領。楊。《漢律》康成《注》，今和正文皆亡矣。淳。

---

❶「徒」，原作「徙」，今據萬曆本改。

漢人斷獄辭亦如今之款情一般，具某罪，引某法爲斷。淳。

今法中有「保辜」二字，自後漢有此語，想此二字是自古相傳。淳。

朱子語類卷第一百三十六

歷代 三

因論三國形勢，曰：曹操合下便知據河北可以爲取天下之資。既被袁紹先說了，他又不成出他下，故爲大言以誑之。致堂說史臣後來代爲文辭以欺後世，看來只是一時無說了，大言耳。此着被袁紹先下了，後來崎嶇萬狀，尋得箇獻帝來，爲挾天子令諸侯之舉，此亦是第二大着。若孫權據江南，劉備據蜀，皆非取天下之勢，僅足自保耳。曹操用兵，煞有那幸而不敗處，却極能料。如征烏相[1]便能料得劉表不從其後來。端蒙。

問：先主爲曹操所敗，請救於吳。若非孫權用周瑜以敵操，亦殆矣。曰：孔明之請救，知其不得不救。孫權之救備，須着救他。必大錄云：孫權與劉備同禦曹操，亦是其勢不得不合。不如此，便當迎操矣。此亦非好相識，勢使然也。及至先主得荊州，權遂遣吕蒙擒關羽，才到利害所在，便不相顧。人傑。○必大錄小異。

劉備之敗於陸遜，雖言不合輕敵，亦是自不合連營七百餘里，先自做了敗形。是時孔明在成都督運餉，後云：「法孝直若在，不使主上有此行。」孔明先不知曾諫止與否？今皆不可考。但孔明雖正，然盆去

① 「相」，四庫本作「桓」。

聲。法孝直輕快，必有術以止之。必大。

諸葛孔明大綱資質好，但病於粗疏。孟子以後人物，只有子房與孔明。子房之學出於黃、老，孔明出於申、韓，如授後主以《六韜》等書與用法嚴處，可見。若以比王仲淹，則不似其細密。他却事事理會過來。當時若出來施設一番，亦須可觀。木之。

或問孔明。曰：南軒言其體正大，問學未至。此語也好，但孔明本不知學，全是駁雜子，然却有儒者氣象，後世誠無他比。

問：孔明興禮樂如何？曰：也不見得。孔明都是禮樂中人，也只是粗底禮樂。寓。○淳録云：孔明也粗。若興禮樂，也是粗禮樂。砥録云：孔明是禮樂中人，但做時也麤疏。

忠武侯天資高，所爲一出於公。若其規模并寫《申子》之類，則其學只是伯。程

先生云：「孔明有王佐之心，然其道則未盡。」其論極當。魏延請從間道出關中，侯不聽。侯意中原已是我底物事，何必如此？故不從。不知先主當時只從孔明，不知孔明如何取荆取蜀。[1] 若更從魏延間道出，關中所守者只是庸人。從此一出，是甚聲勢？如拉朽然，後竟不肯爲之。揚。

致道問孔明出處。曰：當時只有蜀先主可與有爲耳。如劉表、劉璋之徒，皆了不得。曹操自是賊，既不可從，孫權又是兩間底人，只有先主名分正，故只得從之。時可

問：王猛從符堅如何？曰：符堅事自難看。觀其殺符生與東海公陽，分明是特地殺了，而史中歷數符生酷惡之罪。東海公之死，云是太后在甚樓子上，見它門前車馬

❶「知」，原作「如」，今據萬曆本改。

曰：這只是不是。初間教先主殺劉璋，先主不從。到後來，先主見事勢迫，也打不過，便從他計。要知不當恁地行計殺了他，若明大義，聲罪致討，不患不服。看劉璋欲從先主之招，傾城人民願留之。那時郡國久長，能得人心如此。賀孫。

毅然問：孔明誘奪劉璋，似不義。曰：便是後世聖賢難做，動着便粘手惹脚。淳。

諸葛孔明天資甚美，氣象宏大，但所學不盡純正，故亦不能盡善。取劉璋一事，以爲先主之謀，未必是孔明之意，然在當時多有不可盡曉處。如先主東征之類，不見孔明一語議論，後來壞事，却追恨法孝直若在，則能制主上東行。孔明得君如此，猶有不能盡言者乎？先主不忍取荊州，不得已

甚盛，欲害符堅，故令人不近人情。蓋皆是己子，❶不應便專愛堅而特使人殺東海公也。此皆是史家要出脱符堅殺兄之罪，故裝點許多，此史所以難看也。時舉。

諸葛亮之事，其於荊、蜀亦合取。當日草廬亦是商量準擬在此，但此時不當恁地。若是恁地取時，全不成舉措。如二人視魏而不伐，自合當取。兼在是時捨此無以爲資。若能聲其罪，用兵而取之，却正。時劉焉爲父子亦得人情，恐亦未易取。問：聖人處此，合如何？曰：亦須別有箇道理。若似如此，寧可事不成。伯豐事欲苟成功，欲苟就，便有許多事。亮大綱却好，只爲如此，便有斑駁處。嘗問：孔明執劉璋，蓋緣事求可，功求成，故如此。曰：然則寧事之不成？曰：然。

器遠問：諸葛武侯殺劉璋是如何？

❶「子」，原作「了」，今據萬曆本、四庫本改。

而爲劉璋之圖。若取荊州，雖不爲當，然劉表之後，君弱勢孤，必爲他人所取，較之取劉璋，不若得荊州之爲愈也。學者皆知曹氏爲漢賊，而不知孫權之爲漢賊也。若孫權有意興復漢室，自當與先主協力并謀，同正曹氏之罪。如何先主纔整頓得起時，便與壞倒？如襲取關羽之類是也。權自知與操同是竊據漢土之人，若先主事成，必滅曹氏，且復滅吳矣。權之姦謀，蓋不可掩。平時所與先主交通，姑爲自全計爾。或曰：孔明與先主俱留益州，獨令關羽在外，如何可出？此特關羽恃才疏鹵，自取其敗。據當時處置如此，若無意外齟齬，曹氏不足平，兩路進兵何可當也？此亦漢室不可復興、天命不可再續而已，深可惜哉！謨。

直卿問：孔明出師每之糧，古人做事須有道理，須先立些根本。曰：孔明是殺賊，不得不急。如人有箇大家，被賊來占了，趕出在外牆下住，殺之豈可緩？一纔緩，人便一切都忘了。孔明亦自言一年死了幾多人，不得不急爲之意。司馬懿甚畏孔明，便使得辛毗來遏令不出兵，其實是不敢出也。國家只管與講和，聘使往來，賀正賀節，稱叔稱姪，只是見鄰國，不知是讎了。又問：勾踐謀吳二十年，又如何？曰：事體不同。諸侯各有國，未便伐吳，則越亦自在，如此謀乃是。揚。

孔明《出師表》，《文選》與《三國志》所載字多不同，互有得失。「五月渡瀘」是說前事。如孟獲之七縱七擒，正其時也。渡瀘是先理會南方許多去處。若不先理會許

多去處，到向北去，終是被他在後乘間作撓。既理會得了，非惟不被他來撓，又却得他兵衆來使。賀孫。

誦武侯之言曰：治世以大德，不以小惠。從周。

問武侯「寧靜致遠」之說。曰：靜，便養得根本深固，自可致遠。淳。

孔明治蜀，不曾立史官，陳壽險甚揚錄作「撿拾」。而爲《蜀志》，故甚略。孔明極是子細者，亦恐是當時經理王業之急，有不暇及此。

諸葛亮臨陣對敵，意思安閑，如不欲戰。而符堅踴躍，不寐而行師，此其敗不待至淝水而決矣。方。

看史策，自有該載不盡處。如後人多説武侯不過子午谷路。往往那時節必有重兵守這處，不可過。今只見子午谷易過，而

武侯自不過。史只載魏延之計，以爲夏侯楙是曹操婿，怯而無謀，守長安，甚不足畏。這般所在，只是該載不盡。亮以爲此危計，不如安從坦道，又揚聲由斜谷，又使人據箕谷，此可見未易過。賀孫。

先生説《八陣圖法》，人傑因云：尋常人説戰陣事多用變詐，恐王者之師不如此。曰：王者勢嚮大，自不須用變詐。譬如孟賁與童子相搏，自然勝他孟賁不得。且如諸葛武侯七縱七擒事，令孟獲觀其營壘，分明教你看見，只是不可犯。若用變詐，已是其力不敵，須假此意智勝之。又令之戰者，只靠前列，後面人更着力不得。前列勝則勝，前列敗則敗。如八陣之法，每軍皆有用處，天衝、地軸、龍飛、虎翼、蛇、鳥、風、雲之類，各爲一陣。有專於戰鬬者，有專於衝突者，又有纏繞之者，然未知如何用之。又問

垓下之戰。曰：此却分曉。又問：淮陰多多益辨，❶程子謂「分數明」，如何？曰：此御衆以寡之法，且如十萬人分作十軍，則每軍有一萬人，大將之所轄者，十將而已。一萬又分爲十軍，一軍分作十卒，則一將所管者，十卒而已。卒正自管二十五人，則所管者三卒正耳。推而下之，兩司馬雖管二十五人，然所自將者五人，又管四伍長，伍長所管四人而已。至於大將之權，專在旗鼓。大將把小旗，撥發官執大旗，三軍視之以爲進退。若李光弼旗麾至地，令諸軍死生以之是也。若《八陣圖》，自古有之。《周官》所謂「如戰之陳」，蓋是此法。《握幾文》雖未必風后所作，然由來須遠。武侯立石於江邊，乃是水之回洑處，所以水不能漂蕩。其擇地之善，立基之堅如此，此其所以爲善用兵也。又問：《陰符經》有「絕利一源，用師十倍，三反晝夜，用師萬倍」之説，如何？曰：絕利者，絕其二三；一源者，一其原本。三反晝夜者，更加詳審。豈惟用兵？凡事莫不皆然。倍，如「事半古之人，功必倍之」之謂。上文言「瞽者善聽，聾者善視」，則其專一可知。注《陰符》者分爲三章：上言神仙抱一之道，中言富國安民之法，下言強兵戰勝之術。又有人每章作三事解釋。後來一書吏竊而獻之高宗，高宗大喜，賜號「渾成」。其人後以強橫害物，爲知饒州汪某斷配。人傑。

或問：季通《八陣圖說》，其間所著陳法是否？曰：皆是元來有底。但季通分開許多方圓陳法，不相混雜，稍好。又問：《史記》所書高祖垓下之戰，季通以爲正合

❶「辨」，萬曆本作「辯」。

八陳之法。曰：此亦後人好奇之論。大凡有兵須有陳，不成有許多兵馬相戰鬭，只衮作一團，又只排作一行。必須左右前後，部伍行陣，❶各有條理，方得。今且以數人相撲言之，亦須擺布得所而後相角。今人但見《史記》所書甚詳，《漢書》則略之，便以司馬遷爲曉兵法，班固爲不曉，此皆好奇之論。不知班固以爲行陣乃用兵之常，故略之，從省文爾。看古來許多陳法，遇征戰亦未必用得。所以張巡用兵，未嘗做古兵法，蓋未論臨機應變，方略不同，只如地圓則須布圓陣，地方則須布方陣，大要臨陣，又豈容概論也。又曰：常見老將說，大要臨陣，方略不同，只如地圓則須布圓陣，地方則須布方陣，又在番休遞上，分一軍爲數替，將戰則食。第一替人既飽，遣之入陣，便食第二替人。覺第一替人力將困，即調發第二替人往代。第三替亦如之。只

管如此更番，則士常飽健，而不至於困乏。鄉來張柔直守南劍，戰退范汝爲，只用此法。方汝爲之來寇也，柔直起鄉兵與之戰，令城中殺羊牛豕作肉串，仍作飯，分鄉兵爲數替，以入陣之先後更迭食之。士卒力皆有餘，遂勝汝爲。又云：劉信叔順昌之勝，鄉見張仲隆云親得之信叔，大概亦是如此。時極暑，探報人至，云「虜騎至矣」！信叔令一卒擐甲，立之烈日中。少頃，問：「甲熱乎？」曰：「熱矣。」「可着手乎？」則曰：「熱甚，不可着手矣。」時城中軍亦不甚多。信叔嘗有宿戒，遇戰則分爲數替。於是下令軍中：❷「可依次飲食，士卒更番而上。」又多合暑藥，往者、歸者皆飲之，人情胥快，

❶ 「部」，萬曆本作「步」。
❷ 「於」，萬曆本作「如」。

元城劉師閔,向張魏公督軍,暑藥以薑麨爲之,與今冰壺散方大概相似。故能大敗虜人。蓋方我之甲士甲熱不堪着手,則虜騎被甲來者其熱可知,又未免有困餒之患。於此時而擊之,是以勝也。或曰:是戰也,信叔戒甲士人帶一竹筒,其中實以煮豆。入陣,則割棄竹筒,狼籍其豆於下,虜馬飢,聞豆香,低頭食之,又多爲竹筒所衮,脚下不得地,以故士馬俱斃。曰:此則不得而知。但聞多遣輕銳之卒,以大刀斫馬足,每折馬一足,則和人皆仆,又有相蹂踐者。大率一馬仆,則從旁而斃不下十數人。儒用。

《八陣圖》,敵國若有一二萬人,自家止有兩三千人,雖有法,何所用之?蔡云:勢不敵,則不與鬬。先生笑曰:只辦着走便了。蔡云:這是箇道理。譬如一箇十分雄壯底人與一箇四五分底人厮打,雄壯底

只有力,四五分底却識相打法,對副雄壯底更不費力,只指點將去。這見得八陣之法,有以寡敵衆之理。先生曰:也須是多寡強弱相侔,可也。又須是人雖少,須勇力齊一始得。蔡云:終不是使病人與壯人鬬也。賀孫。

陣者,定也。《八陣圖》中有奇正。前面雖未整,猝然遇敵,次列便已成正軍矣。季通語。○方。

用之問:諸葛武侯不死,與司馬仲達相持,終如何?曰:少間只管算來算去,看那箇錯了便輸。輸贏處也不在多,只是爭些子。季通云:看諸葛亮不解輸。若諸葛亮輸時,輸得少;司馬懿輸時,便狼狽。賀孫。

---

❶「更」,萬曆本作「便」。

諸葛公是忠義底司馬懿，司馬懿是無狀底諸葛公。劉禪備位而已。道夫。

羊、陸相遺問，非是好意思。只是敵國相傾之謀，欲以氣相勝，彰其德於祜」之言，斯可見矣。如漢文修尉佗祖墓及石勒修祖逖母墓事，皆相近。人傑錄云：觀陸抗「正是必大。

王儀爲司馬昭軍師，昭殺之雖無辜，哀仕晉猶有可說；而哀不仕，乃過於厚者。嵇康，魏臣，而晉殺之，紹不當仕晉明矣。蕩陰之忠固可取，亦不相贖。事讎之過，自不相掩。司馬公云：「使無蕩陰之忠，殆不免君子之譏。」不知君子之譏初不可免也。〇人傑錄云：儀嘗仕昭而昭誅之。云云。

晉元帝無意復中原，却託言糧運不繼，誅督運令史淳于伯而還。行刑者以血拭柱，血爲之逆流。天人幽顯，不隔絲毫。閎祖。

「湯執中，立賢無方。」東晉時所用人才，皆中州浮誕者之後。惟顧榮、賀循有人望，不得已而用之。人傑。

王導爲相，只周旋人過一生。嘗有坐客二十餘人，逐一稱讚，獨不及一胡僧并一臨海人，二人皆不悅。導徐顧臨海人曰：「自公之來，臨海不復有人矣。」又謂胡僧曰：「蘭奢。」蘭奢，乃胡語之褒譽者也。於是二人亦悅。人傑。

問：老子之道，曹參、文帝用之皆有效，何故以王、謝之力量反做不成？曰：「王導、謝安又何曾得老子妙處？淳錄云：人常以王導比謝安。然謝安又勝王導。石林說：王導只是隨波逐流底人，謝安却較有建立，也煞有心於中原。王導自渡江來，只是恁地，都無取中原之意。此說也是。但謝安也被

這清虛絆了，都做不得。又問：孔子惡鄉原，如老子可謂鄉原否？曰：老子不似鄉原，鄉原卻尚在倫理中行，那老子卻是出倫理之外。它自處得雖甚卑，不好聲，不好色，又不要官做；然其心卻是出于倫理之外，其說煞害事。如鄉原，便卻只是箇無見識底好人，未害倫理在。義剛。

謝安之待桓溫，本無策。溫之來，廢了一君。幸而要討九錫，要理資序，未至太甚，猶是半和秀才。若它便做箇二十分賊，如朱全忠之類，更進一步，安亦無如之何。王儉平日自比謝安，王儉是已敗闕底謝安，謝安特幸未疎脫底王儉耳。安比王儉只有些英氣。符堅之來，亦無措置。前輩云：非晉人之善，乃符堅之不善耳。然堅只不合擁衆來，謝安必有以料之。兼秦人國内自亂，晉亦必知之，故安得以鎮靜待

之。堅之來，在安亦只得發兵去迎敵。當來符堅若不以大衆來，只以輕兵時擾晉邊，便坐見狼狽。因問正淳曰：桓溫移晉祚時，安能死節否？曰：必不能，卻須逃去。曰：逃將安往？曰：必不能，卻須逃去。若非死節，即北面事賊耳。到這裏是築底處，中間更無空地。因說：韋孝寬智略如此，當楊堅篡周時，尉遲迥等皆死，孝寬乃獻金熨斗。始嘗疑之，既不與它爲異，亦何必如此附結之？元來到這地位，便不與辨，亦不免死。既不能死，便只得失節耳。又曰：謝安之與符堅，如近世陳魯公之於元顏亮，❶幸而睡得它死耳。伯豐問：寇萊公澶淵事如何？曰：當來它卻有措置。❷然到此，只得向前，不可

❶「元」，萬曆本作「完」。
❷「置」，萬曆本作「處」。

退後也。礐。

溫太真處王敦事難。先生云：亦不以臨之，有何不可？何必掃境而來？

又問：他若欲滅晉，遣一良將提數萬之兵佳，某做不得。楊。

王祥孝感，只是誠發於此，物感於彼。曰：他是急要做正統，恐後世以其非正統，或以為內感，或以為自誠中來，皆不然。王故急欲亡晉。此人性也急躁，初令王猛滅祥自是王祥，魚自是魚。今人論理，只要包燕，猛曰：「既委臣，陛下不必親臨。」及猛合一箇渾淪底意思，雖是直截兩物，亦須衮入燕，忽然堅至，蓋其心又恐猛之功大，故合一説，正不必如此。世間事雖千頭萬緒，其親來分其功也。便是他器量小，所以後來實只一箇道理，「理一分殊」之謂也。到感如此。僩。

通處，自然首尾相應。或自此發出而感於
外，或自外來而感於我，皆一理也。謨。
　　王猛事符堅，煞有事節。符堅之兄乃
　　其謀殺之。賀孫。

淵明所説者莊、老，然辭却簡古，堯夫
辭極卑，道理却密。升卿。
　　桓溫入三秦，王猛來見。眼中不識人，
　　却謂三秦豪傑未有至，何也？三秦豪傑，
　　非猛而誰？可笑！揚。

問：陶淵明，古之逸民。若海。
　　晉任宗室以八王之亂，自宋而後，皆殺
　　兄弟宗室。以至召去知其不好，途中見人
問：符堅立國之勢亦堅牢，治平許多哭。問：「如何死？」曰：「病死。」曰：「病
年，百姓愛戴，何故一敗塗地，更不可救？後何哭？」至有臨刑時，平日念佛者皆合
曰：他是掃土而來，所以一敗更救不得。

掌,願後世莫生王侯家。揚。

蘇綽立租、庸等法,亦是天下人殺得少了,故行得易。

三代而下,以義爲之,只有一箇諸葛孔明。若魏鄭公,全只是利。李密起,有一道士說密即東都縛煬帝獨夫,天下必應。揚謂:密不足道。漢、唐之興,皆是爲利。須是有湯、武之心始做得。太宗亦只是爲利,亦做不得。先生曰:項羽謂「彼可取而代也」。其利心一也。郭汾陽功名愈大而心愈小,意思好。《易》傳及諸葛,次及郭汾陽。揚。

漢高祖取天下却正當,爲他直截恁地做去,無許多委曲。唐初,隋大亂如此,高祖、太宗因群盜之起,直截如此做去,只是誅獨夫。爲他心中打不過,又立恭帝,假援

回護委曲如此,亦何必爾?所以不及漢之創業也。端蒙。

高祖辭得九錫,却是。端蒙。

高祖與裴寂最昵。宮人私侍之說,未必非高祖目爲之,❶而史家反以此文飾之也。端蒙。

因論唐事,先生曰:唐待諸國降王不合道理。竇建德所行亦合理,忽然而亡,不可曉。王世充却不殺。當初高祖起太原,入關,立代王,遂即位。世充於東都亦立越王。二人一樣,故且赦之。至殺蕭銑,則大無理。他自是梁子孫,元非叛臣。某問:唐史臣論高祖殺蕭銑,不成議論。曰:然。通老問:以宮人侍高祖,在太宗不當爲。曰:它在當時,只要得事成,本無救世之

❶「目」,萬曆本作「自」。

心,何暇顧此?唐有天下三百年。唐宗室最少,屢經大盜殺之,又多不出閣,只消磨盡了。可學。

唐太宗以晉陽宮人侍高祖,是致其父於必死之地,便無君臣、父子、夫婦之義。漢高祖亦自粗疎,惟光武差細密,却曾讀書來。問:晉元帝所以不能中興者,其病安在?曰:元帝與王導元不曾有中原志。問:祖逖攦鋒越河,所向震動,使其不死,當可觀。曰:當是時,王導已不愛其如此,使戴若思輩監其軍可見,如何得事成?問:紹興初,岳軍已向汴都,秦相從中制之,其事頗相類。曰:建炎初,宗澤留守東京,招徠群盜數百萬,使一舉而取河北數郡,即當時事便可整頓。及爲汪、黃所制,❶怏怏而死,京師之人莫不號慟。於是群盜分散四出,

為山東、淮南劇賊。德明。

唐源流出於夷狄,故閨門失禮之事,不以為異。祖道。

太宗奏建成、元吉,高祖云:「明當鞫問,汝宜早參。」及次早建成入朝,兄弟相遇,遂相殺。尉遲敬德著甲持刃見高祖,高祖在一處泛舟。程可久謂:既許明早理會,又却去泛舟,此處有闕文,或為隱諱。先生曰:此定是添入此一段,與前後無情理。太宗決不曾奏,既奏了,高祖見三兒要相殺,如何尚去泛舟?此定是加建成、元吉罪處。又謂太宗先奏了,不是前不說。太宗誅建成,比於周公誅管、蔡,只消以公私斷之。周公全是以周家天下為心,太宗則假公義以濟私欲者也。端蒙。

❶「及」,萬曆本作「乃」。

太宗殺建成、元吉，比周公誅管、蔡，如何比得？太宗無周公之心，只是顧身。然當時亦不合爲官屬所迫，兼太宗亦自心不穩。溫公此處亦看不破，乃云待其先發而應之，亦只便是鄭伯克段于鄢。須是有周公之心，則可。問曰：范太史云是高祖處得不是。曰：今論太宗，且責太宗；論高祖，又自責高祖。不成只責高祖，太宗全無可責？又問：不知太宗當時要處得是，合如何？曰：爲太宗孝友從來無了，却只要來此一事上使，亦如何使得？先生又曰：高祖不數日，軍國事便付與太宗，亦只得已。唐世內禪者三，如肅宗分明不是，只如睿宗之於玄宗，亦只爲其誅韋氏有功了，事亦不得已爾。端蒙。

又論太宗事，云：太宗功高，天下所係屬，亦自無安頓處，只高祖不善處置了。又

建成乃欲立功蓋之。如玄宗誅韋氏有功，睿宗欲立宋王成器，宋王成器便理會得事，堅不受。端蒙。

因及王、魏事，問：論後世人，不當盡繩以古人禮法。畢竟高祖不當立建成。曰：建成既如此，王、魏何故不見？又何故不知太宗如此，便須莫事建成？亦只是望僥倖。問：二人如此機敏，何故不見得？曰：王、魏亦只是直。揚。

因問太宗殺建成事，及王、魏何故不能死難。曰：只爲秖見得功利，結君，後又不能死難。端蒙。

太宗納巢剌王妃，魏鄭公不能深諫，范純夫論亦不盡。純夫議論，大率皆只從門前過。資質極平正，點化得甚次第？不知伊川當時如何不曾點化他。先生嘗語呂丈云：范純夫平生於書冊皆只從忙中攛過了。蓋所以諷呂

丈也。

太宗從魏鄭公「仁義」之說，只是利心，意謂如此便可以安居民上。漢文帝資質較好，然皆老氏術也。揚。

或謂：史贊太宗，止言其功烈之盛，至於功德兼隆，則傷夫自古未之有。❶曰：恐不然。史臣正贊其功德之美，無貶他意。其意亦謂除隋之亂是功，致治之美是德。自道學不明，故曰功德者如此分別。以聖門言之，則此兩事不過是功，未可謂之德。驤。

問：胡氏《管見》斷武后於高宗非有婦道。合稱高祖、太宗之命，數其九罪，廢爲庶人而賜之死。竊恐立其子而殺其母，未爲穩否？曰：這般處，便是難理會處。在唐室言之，則武后當殺；在中宗言之，乃其子也。宰相大臣今日殺其母，明日何以相

見？問：南軒欲別立宗室，如何？曰：以後來言之，則中宗不當立；❷以當時言之，中宗又未有可廢之事。天下之心皆矚望中宗，高宗又別無子，不立中宗，又恐失天下之望，此最是難處。不知孟子當此時作如何處？今生在數百年之後，只據史傳所載，不見得當時事情，亦難如此斷定。須身在當時，親看那時節及事情如何。若人心在中宗，只得立中宗；若人心不在中宗，方別立宗室。是時承乾亦有子在，若率然妄舉，失人心，做不行。又事多看道理，未須便將此樣難處來闌斷了。須要通其他，更有好理會處多。且看別處事事通透後，此樣處亦易。義剛。

❶ 「之」，萬曆本作「知」。
❷ 「當立」，原作「了」，今據朝鮮本改。

先生問人傑：姚崇擇十道使，患未得人，如何？曰：只姚崇說患未得人，便見它真能精擇。曰：固是。然《唐鑑》却貶之。《唐鑑》議論大綱好，欠商量處亦多。又云：范文正、富文忠當仁宗時，條天下事，亦只說擇監司爲治，只此是要。❶ 人傑。

退之云：「凡此蔡功，惟斷乃成。」今須要知他斷得是與不是，古今煞有以斷而敗者。如唐德宗非不斷，却生出事來。要之，惟憲宗知蔡之不可不討，知裴度之不可不任。若使他理自不明，胸中無所見，則何以知裴公之可任？若只就「斷」字上看，而遺其左右前後，殊不濟事。道夫。

周莊仲曰：憲宗當時表也看，如退之《潮州表》上，一見便怜之，有復用之意。曰：憲宗聰明，事事都看。近世如孝宗，也事事看。義剛。

李白見永王璘反，便從臾之，文人之沒頭惱乃爾。後來流夜郎，是被人捉著罪過了，劃地作詩自辨被迫脅。李白詩中說王說霸，當時人必謂其果有智略，不知其莽蕩，立見疎脫。必大。

顔魯公只是有忠義而無意智底人，當時去那裏，見使者來，不知是賊，便下兩拜，後來知得，方罵。義剛。

史以陸宣公比賈誼，誼才高似宣公，宣公諳練多學，更純粹。大抵漢去戰國近，故人才多是不粹。道夫。

《陸宣公奏議》極好看。這人極會議論，事理委曲說盡，更無滲漏。雖至小底事，被他處置得亦無不盡。如後面所說二

❶「要」下，萬曆本有「矣」字。

稅之弊，極佳。人言陸宣公口說不出，只是寫得出。今觀《奏議》中多云「今日早面奉聖旨」，云云。「臣退而思之」，云云。疑或然也。問：陸宣公比諸葛武侯如何？曰：武侯氣象較大，恐宣公不及。武侯當面便說得，如說孫權一段，雖辯士不及其細密處，不知比宣公如何？只是武侯也密，如橋梁道路、井竈圊溷，無不修繕，市無醉人，更是密。只是武侯密得來嚴，其氣象剛大嚴毅。僩。

《陸宣公奏議》末數卷論稅事，極盡纖悉。是他都理會來，此便是經濟之學。淳。

問：陸宣公既貶，避謗，闔戶不著書，祇爲古今集驗方。曰：此亦未是。豈無聖經賢傳可以玩索，可以討論？終不成和這箇也不得理會？人傑。

或問：維州事，溫公以德裕所言爲利，僧孺所言爲義，如何？曰：德裕所言雖以利害言，然意却全在爲國；僧孺所言雖義，然意却全濟其已私。且德裕既受其降矣，雖義有未安，也須別做處置。❶乃縛送悉怛謀，使之恣其殺戮，果何爲也。升卿。

牛僧孺何緣去結得箇杜牧之，後爲渠作墓志。今《通鑑》所載維州等，有些事好底皆是。揚。

說者謂陽城居諫職，與屠沽出沒。果然，則豈能使其君聽其言哉？若楊綰用，而大臣損音樂，減騶御，則人豈可不有以養素自重耶？銖。

方伯謨云：「使甘露之禍成，唐必亡無疑。」壽昌。

唐租、庸、調大抵改新法度，是世界一

---

❶「處置」，萬曆本作「置處」。

齊更新之初方做得。晉代魏，亦只用這箇。以至六朝舊物事。晉代魏，亦是遞相祖述，弊法卒亦變更不得。相代，亦是遞相祖述，弊法卒亦變更不得。直到得元魏、北齊、後周居中原時，中原生靈死於兵寇幾盡，所以宇文泰、蘇綽出來，便做得租、庸、調，故隋、唐因之。賀孫。

《唐六典》載唐官制甚詳。古禮自秦、漢已失，北周宇文泰及蘇綽有意復古，官制頗詳盡。如租、庸、調、府兵之類，皆是蘇綽之制，唐遂因之。唐之東宮官甚詳。某以前上封事，亦言欲復太子官屬如唐之舊。

因論唐府兵之制，曰：永嘉諸公以爲兵、農之分，反自唐府兵始，却是如此。蓋府兵家出一人，以戰以戍，并分番入衛，則此一人便不復爲農矣。個。

唐口分是八分，世業是二分。有口則有口分，有家則有世業，古人想亦似此樣。

○義剛錄云：唐口分是二分，世業是八分。有口則有口分，寡婦皆無過十二云云。

唐節度使收稅，皆入其家，所以節度富。淳。

杜佑可謂有意於世務者。問《理道要訣》。曰：是一箇非古是今之書。《理道要訣》亦是杜佑書，是一箇《通典》節要。○方子。

朱梁不久而滅，無人爲他藏掩得，故諸惡一切發見。若更稍久，必掩得一半。揚。

後唐莊宗善音律，好寵伶優。其卒也，得鷹坊人善友，斂樂器而焚之。所謂「君以此始，必以此終」豈欺我哉！壽昌。

周世宗天資高，於人才中尋得箇王樸來用，不數年間，做了許多事業。且如禮、樂、律、曆等事，想見他都會得，故能用其說，成其事。又如本朝太祖，直是明達。故當時創法立度，其節拍一一都是，蓋緣都曉

得許多道理故也。一本此下云：所謂神聖，其臣莫及，趙普輩皆不及之。○廣。

問：世宗果賢主否？曰：看來也是好。問：當時也曾制禮作樂？曰：只是四年之間，煞做了事。問：今《刑統》亦是他所作？曰：《開寶通禮》當時做不曾成，後來太祖足成了。而今一邊征伐，一邊制禮作樂，自無害事，自是有人來與他做。今人鄉一邊，便不對那一邊，才理會征伐，便將禮樂做得閑慢了。世宗胸懷又較大。胡泳。

五代時甚麼樣，周世宗一出便振。收三關是王樸死後事，模樣世宗未死時，須先取了燕、冀，則雲中、河東皆在其內矣。本朝收河東，契丹常以重兵援其後，契丹嫌劉氏不援，始取之。揚。

周世宗亦可謂有天下之量，纔見元積《均田圖》，便慨然有意。

周世宗大均天下之田，元積《均田圖》世未之見。德明。

周世宗規模雖大，然性迫，無甚寬大氣象。做好事亦做教顯顯地，都無些含洪之意，亦是數短而然。揚。

晉悼公幼年聰惠似周世宗，只是世宗却得太祖接續他做將去。雖不是一家人，以公天下言之，畢竟是得人接續，所做許多規模不枉却。且如周武帝一時也自做得好，只是後嗣便如此弱了。後來雖得一箇隋文帝，終是不甚濟事。文蔚。

朱子語類卷第一百三十七 計十六板

戰國漢唐諸子

《家語》雖記得不純，却是當時書，《孔叢子》是後來白撰出。道夫。

《家語》只是王肅編古錄雜記，其書雖多疵，然非肅所作。《孔叢子》乃其所注之人偽作，讀其首幾章皆法《左傳》句，已疑之。及讀其後序，乃謂渠好《左傳》便可見。

《孔叢子》鄙陋之甚，理既無足取，而詞亦不足觀。有一處載「其君曰必然」云云。「疑事毋質」，蓋無所考據，不必恁地辨析耳。如辟雍之義，古不可考，或以為樂名，無由辨證。某初解《詩》，亦疑或以為學名，無由辨證。某初解《詩》，亦疑放那裏。但今說作學，亦說得好了。亦有人說辟雍是天子之書院，大學又別。子蒙。

《管子》之書雜。管子以功業著者，恐

未必曾著書。如《弟子職》之為，全似《曲禮》。它篇有似莊、老，又有說得也卑，直是小意智處，不應管仲如此之陋。其內政分鄉之制，《國語》載之却詳。僴。

《管子》非仲所著，仲當時任齊國之政事甚多，稍閑時又有三歸之溺，決不是閑功夫著書底人，著書者是不見用之人也。其書老、莊說話亦有之，想只是戰國時人收拾仲當時行事言語之類著之，并附以它書。

問：管仲中說辟雍，言不是學，只是「君和」也。先生曰：既不是學，「君和」又是箇甚物事？而今不必論。《禮記》所謂「疑事毋質」，蓋無所考據，不必恁地辨析耳。如辟雍之義，古不可考，或以為樂名，無由辨證。某初解《詩》，亦疑或以為學名，無由辨證。某初解《詩》，亦疑放那裏。但今說作學，亦說得好了。亦有人說辟雍是天子之書院，大學又別。子蒙。

《國語》文字多有重疊無義理處，蓋當時只要作文章說得來多爾，故柳子厚論爲文有曰「參之《國語》以博其趣」。廣。

《國語》中多要說人有不可教則勿教之之意。廣。

問：《史記》云：「申子卑卑，施於名實。韓子引繩墨，切事情，明是非，其極慘礉少恩，皆原於道德之意。」曰：張文潛之說得之。宋齊丘《化書序》中所論也。道夫曰：東坡謂商鞅、韓非得老子所以輕天下者，是以敢爲殘忍而無疑。曰：也是這意。要之，只是箇占便宜、不肯擔當做事底人，自守在裏，看你外面天翻地覆都不管，❶此豈不是少恩？道夫曰：若柳下惠之不恭，莫亦至然否？曰：下惠其流必至於此。又曰：老子著書立言，皆有這箇底意思。道夫。

諸子百家書亦有說得好處，如《荀子》曰「君子大心則天而道，小心則畏義而節」，此二句說得好。曰：看得荀子資質，也是箇剛明底人。曰：只是麄。他那物事皆未成箇模樣，便將來說。曰：揚子工夫比之荀子恐却細泥。❷曰：揚子說到深處，止是走入老、莊窠窟裏去，如清靜寂寞之說皆是也。又如《玄》中所說靈根之說。云云，亦只是莊、老意思，止是說那養生底工夫爾。至於佛徒，其初亦只是以老、莊之言駕說爾。如遠法師文字與《肇論》之類皆成片用老、莊之意。然他只是說，都不行。至達麽來，方始教人自去做，所以後來有禪，其傳亦如是遠。問：晉、宋時人多說莊、老，然恐其

❶「面」，原作「而」，今據萬曆本改。
❷「泥」，萬曆本作「膩」。

亦未足以盡莊、老之實處。曰：當時諸公只是借他言語來，蓋覆那滅棄禮法之行爾。據其心下污濁紛擾如此，如何理會得莊、老底意思。廣。○荀、揚。

荀子儘有好處，勝似楊子，然亦難看。賀孫。

不要看楊子，他説話無好處，議論亦無的實處。荀子雖然是有錯，到説得處也自實，不如他説得恁地虛胖。賀孫。

問：東坡言三子言性，孟子已道性善，荀子不得不言性惡，固不是。然人之一性，無自而見。荀子乃言其惡，它莫只是要人修身，故立此説？先生曰：不須理會荀卿，且理會孟子性善。渠分明不識道理，如天下之物有黑有白，此是黑，彼是白，又何須辨？荀、揚不惟說性不是，從頭到底皆不識。當時未有明道之士，被它説用於世千餘年。韓退之謂荀、揚「大醇而小疵」，伊川曰「韓子責人甚恕」。自今觀之，他不是責人恕，乃是看人不破。今且於自己上作工夫，立得本，本立則條理分明，不待辨。可學。

或言性，謂荀卿亦是教人踐履。先生曰：須是有是物，而後可踐履。今於頭段處既錯，又如何踐履？天下事從其是，曰同，須求其真箇同；曰異，須求其真箇異。今則不然，只欲立異，道何由明？陳君舉作《夷門歌》，說荊公、東坡不相合，須當和同，不知如何和得？可學。○荀子。

荀子說「能定而後能應」，此是荀子好話。賀孫。

「入乎耳而著乎心」，著，音直略切。燾。

問荀、揚、王、韓四子。曰：凡人著書，須自有箇規模，自有箇作用處。或流於申、

韓，或歸於黃、老，或有體而無用，或有用而無體，不可一律觀。且如王通這人，於世務變故、人情物態、施爲作用處極見得分曉，只是於這作用曉得處却有病。韓退之則於大體處見得，而於作用施爲處却見不曉。如《原道》一篇，自孟子後無人似它見得。「郊焉而天神格，廟焉而人鬼享。以之爲天下國家，無所處而不當。」說得極無疵，只是空見得箇本原如此，下面工夫都空疏，更無物事撐拄襯簹，❶所以於用處不甚可人意。緣它費工夫去作文，所以讀書者只爲作文用。而於經綸實務不曾究心，所以作用不得。每日只是招引得幾箇詩酒秀才、和尚度日，有些工夫，只了得去磨煉文章，所以無工夫來做這邊事。兼他說我這箇便是聖賢事業了，自不知其非。如論文章云「自屈原、荀卿、孟軻、司馬遷、相如、楊雄之徒」，却把孟軻與數子同論，可見無見識，都不成議論。荀卿則全是申、韓，觀《成相》一篇可見。他見當時庸君暗主戰鬬不息，憤悶惻怛，深欲提耳而誨之，故作此篇。然其要卒歸於明法制、執賞罰而已，他那做處麄，如何望得王通？楊雄則全是黃、老。某嘗說楊雄最無用，真是一腐儒。他到急處，只是投黃、老，如《反離騷》并「老子道德」之言，可見這人更無說，自身命也奈何不下，如何理會得別事？如《法言》一卷，議論不明快，不予決，❷如其爲人。荀、楊二人自不可與王、韓同日語。他見識全低，語言極獸，甚好笑。

❶ 「拄」，萬曆本作「住」。
❷ 「予」，萬曆本作「了」。

問：王通病處如何？曰：這人於作用處曉得，急欲見之於用，故便要做周公底事業，便去上書要興太平。及知時勢之不可爲，做周公事業不得，則急退而續《詩》、《書》，續《元經》，又要做孔子底事業。殊不知孔子之時接乎三代，有許多典、謨、訓、誥之文，有許多禮樂、法度、名物度數，數聖人之典章皆在於是，取而纘述，方做得這箇家具成。王通之時，有甚麼典、謨、訓、誥？有甚麼禮樂、法度？乃欲取漢、魏以下者爲之書，則欲以《七制》、《命》、《議》之屬爲續《書》，「七制」之説亦起於通。有高、文、武、宣、光武、明、章之制，蓋以比二《典》也。詩則欲取曹、劉、沈、謝者爲續《詩》。續得這般詩書，發明得箇甚麼道理？自漢以來，詔令之稍可觀者，不過數箇，如高帝《求賢詔》雖好，已自不純。❶文帝《勸農》，武帝《薦賢》、《制策》、輪臺之

悔，只有此數詔略好，此外盡無那壹篇典、謨、訓、誥，便求一篇如《君牙》、《冏命》、《秦誓》也無。曹、劉、沈、謝之詩，又那得一篇如《鹿鳴》、《四牡》、《文王》、《關雎》、《鵲巢》？亦有學爲四句古詩者，但多稱頌之詞，言皆過實，不足取信。樂，如何有《雲》、《英》、《咸》、《韶》、《濩》、《武》之樂？禮，又如何有伯夷、周公制作之禮？它只是急要做箇孔子，又無佐證，故裝點幾箇人來做堯、舜、湯、武，皆經我删述，便顯得我是聖人。如《中説》一書，都是要學孔子。《論語》説泰伯「三以天下讓」，它便説陳思王善讓；《論語》説「殷有三仁」，它便説荀氏有二仁。又捉幾箇公卿大夫來相答問，便比當時門人弟子，正如梅聖俞説：

❶「已」，萬曆本作「又」。

「歐陽永叔它自要做韓退之，却將我來比孟郊。」王通便是如此，它自要做孔夫子，便胡亂捉別人來為聖為賢。殊不知秦、漢以下君臣人物斤兩已定，你如何能加重？《中說》一書固是後人假託，非王通自著，然畢竟是王通平生好自夸大，續《詩》續《書》，紛紛述作，所以起後人假託之過。❶後世子孫見他學周公、孔子學不成，都冷淡了，故又取一時公卿大夫之顯者，纘緝附會以成之。畢竟是王通有這樣意思在，雖非它之過，亦它有以啓之也。如世人說坑焚之禍起於荀卿，荀卿著書立言，何嘗教人焚書坑儒？只是觀它無所顧藉，敢為異論，則其末流便有坑焚之理。然王通比荀、揚又復別，王通極開爽，說得廣闊，緣它於事上講究得精，故於世變興亡、人情物態、更革沿襲、施為作用、先後次第都曉得，識得箇仁義禮樂都

有用處。若用於世，必有可觀，只可惜不曾向上透一著，於大體處有所欠闕，所以如此。若更曉得高處一著，那裏得來？只細看它書，便見它極有好處，非特荀、揚道不到，雖韓退之也道不到。韓退之只曉得箇大綱，下面工夫都空虛，要做更無下手處，其作用處全疏，如何敢望王通。然王通所以如此者，其病亦只在於不曾子細讀書，他只見聖人有箇六經，便欲別做一本六經，將聖人腔子填滿裏面。若是子細讀書，知聖人所說義理之無窮，自然無工夫閑做。他死時極後生，只得三十餘歲。或云：「若少假之年，必有可觀。」曰：不然。它氣象局促，只如此了。它做許多書時，方只二十餘歲。孔子七十歲方

❶ 「過」，萬曆本作「故」。

繫《易》、作《春秋》，而王通未三十皆做了，聖人許多事業氣象去不得了，宜其死也。又曰：《中說》一書，如子弟記它言行也煞有好處，雖云其書是後人假託，不會假得許多，須真有箇人坯模如此，方裝點得成。假使懸空白撰得一人如此，則能撰之人亦自大有見識，非凡人矣。個。○以下論荀、揚、王、韓及諸子。

賈誼之學雜，他本是戰國縱橫之學，只是較近道理，不至如儀、秦、蔡、范之甚爾。他於這邊道理見得分數稍多，所以說得較好，然終是有縱橫之習，緣他根脚只是從戰國中來故也。漢儒惟董仲舒純粹，其學甚正，非諸人比。只是困善無精彩，❶極好處也只有「正義」、「明道」兩句。下此諸子皆無足道，如張良、諸葛亮固正，只是太麄。王通也有好處，只是也無本原工夫，却要將

秦、漢以下文飾做箇三代，他便自要比孔子，不知如何比得。他那斤兩輕重自定，你如何文飾得？如續《詩》、續《書》、《元經》之作，盡要學箇孔子，重做一箇三代，如何做得？如續《書》要載漢以來詔令，他那詔令便載得，發明得甚麼義理？發明得甚政事？只有高帝時三詔令稍好，然已不純，如曰「肯從時游者，吾能尊顯之」，此豈所以待天下之士哉？都不足錄。三代之書、誥、詔、令皆是根源學問，發明義理，所以粲然可為後世法。如秦、漢以下詔令，濟得甚事？緣他都不曾將心子細去讀聖人之書，只是要依他箇模子，見聖人作六經，我也學他作六經。只是將前人腔子，自做言語填放他腔中，便說我這箇可以比並聖

❶「善」，萬曆本作「苦」。

人。聖人做箇《論語》，我便做《中說》。如楊雄《太玄》、《法言》亦然，不知怎生比並？某嘗說：自孔、孟滅後，諸儒不子細讀得聖人之書，曉得聖人之旨，只是自說他一副當道理。說得却也好看，只是非聖人之意，硬將聖人經旨說從他道理上來。孟子說「以意逆志」者，以自家之意逆聖人之志。如人去路頭迎接那人相似，或今日接着聖人之志，明日接着不❶，或更遲數日來也不定，或那人來也不定，不來也不定」。今人讀書，却不去等候迎接那人，只認硬趕捉那人來，更不由他情願，又教它莫要做聲，待我與你說道理。聖賢已死，它看你如何說，他又不會出來與你爭，只是非聖賢之意。他本要自說他一樣道理，又恐不見信於人。偶然窺見聖人說處與己意合，便從頭如此解將去，更不子細虛

心，看聖人所說是如何。正如人販私鹽、檐私貨，恐人捉他，須用求得官員一兩封書，并掩頭行引，方敢過場務，偷免稅錢。今之學者正是如此，只是將聖人經書拖帶印證己之所說而已，何嘗真實得聖人之意？却是說得新奇巧妙，可以欺惑人，只是非聖人之書。此無他，患在於不子細讀聖人之意。人若能虛心下意，自莫生意見，只將聖人書玩味讀誦，少間意思自從正文中迸出來，不待安排，不待杜撰。如此方謂之善讀書。且屈原一書近偶閱之，從頭被人錯解了，自古至今，訛謬相踵，❷更無一人能破之者，而又爲說以增飾之。看來屈原本是一箇忠誠惻怛愛君底人，觀他所作《離騷》數篇盡是

❶「日」原作「目」，今據萬曆本改。
❷「踵」，萬曆本作「傳」。

歸依愛慕、不忍捨去懷王之意，所以拳拳反復，不能自已，何嘗有一句是罵懷王？亦不見他有褊躁之心，後來沒出氣處，不奈何，方投河殞命。而今人句句盡解做罵懷王，枉屈說了屈原，只是不曾平心看他語意，所以如此。僴

問揚雄。曰：雄之學似出於老子，如《太玄》曰「潛心于淵，美厥靈根」，《測》曰「潛心于淵，神不昧也」，乃老氏說話。問：《太玄》分《贊》於三百六十六日下，不足者乃益以「踦贏」，固不是。如《易》中卦氣如何？曰：此出於京房，亦難曉。如《太玄》中推之，蓋有氣而無朔矣。問：伊川亦取雄《太玄》中語，如何？曰：不是取他言，他地位至此耳。又問：賈誼與仲舒如何？曰：誼有戰國縱橫之風，❶仲舒儒者，但見得不透。曰：伊川於漢儒取大毛公，如何？曰：今亦難考，但《詩注》頗簡易，不甚泥章句。問：《文中子》如何？曰：渠極識世變，有好處，但太淺，決非當時全書。如說家世數人，史中並無名。又關朗事，與通年紀甚懸絕。可惜《續經》已失，不見渠所作如何。可學謂：可必見？只如《續書》有《桓榮之命》，明帝如此，則榮可知。使榮果有帝王之學，則當以開導明帝，必不至爲異教所惑。如《秋風》之詩，乃是朱年不得已之辭，❷又何足取？渠識見不遠，却要把兩漢事與三代比隆。近來此等說話極勝，須是於天理、人欲處分別得明。如唐太宗分明是殺兄劫父代

---

❶ 「風」，萬曆本作「氣」。
❷ 「朱」，萬曆本作「末」。

位，又何必爲之分説？❶沙隨云：史記高祖泛舟於池中，❷則「明當早參」之語，皆是史之潤飾。看得極好，此豈小事？高祖既許之明早入辨，而又却泛舟，則知此事經史臣文飾多矣。問：禪位亦出於不得已。曰：固是。它既殺元良，又何處去？明皇殺太平公主亦如此，可畏！可學。

子升問仲舒、文中子。曰：仲舒本領純正，如説「正心以正朝廷」與「命者天之令也」以下諸語皆善，班固所謂「純儒」，極是。至於天下國家事業，恐施展未必得。王通見識高明，如説明德、新民、至善等處皆不理會，却要闘合漢、魏以下之事整頓爲法，這便是低處。要之，文中論治體處高似仲舒，而本領不及，爽似仲舒，而純不及。因言：魏徵作《隋史》，更無一語及文中，自不可

曉。嘗考文中世系，并看阮逸、龔鼎臣注及《南史》、《劉夢得集》，次日因考文中世系，四書不同，殊不可曉。又檢《李泰伯集》，先生因言：文中有志於天下，亦識得三代制度，較之房、魏諸公文，稍有些本領，只本原上工夫都不理會。❸若究其議論本原處，亦只自《老》、《莊》中來。木之。

先生令學者評董仲舒、揚子雲、王仲淹、韓退之四子優劣，或取仲舒，或取退之。曰：董仲舒自是好人，揚子雲不足道，這兩人不須説。只有文中子、韓退之這兩人疑似，試更評看。學者亦多主退之。曰：看來文中子根脚淺，然却是以天下爲心，分明

❶「分」下，萬曆本有「別」字。
❷「祖」原作「宗」，今據朝鮮本改。
❸「不」下，萬曆本有「曾」字。

是要見諸事業。天下事它都一齊入思慮來，雖是卑淺，然却是循規蹈矩，要做事業底人，其心却公。如韓退之，雖是見得箇道理之大用是如此，然却無實用功處。它當初本只是要討官職做，❶始終只是這心。他只是要做得言語似六經，便以爲傳道。至其每日工夫，只是做詩、博奕、酬飲、取樂而已。觀其詩便可見，都襯貼那《原道》不起。至其做官臨政，也不是要爲國做事，也無甚可稱，其實只是要討官職而已。僴

立之問：揚子與韓文公優劣如何？曰：各自有長處。揚子雲爲人深沈，會去思索，如陰易得也。韓文公見得大意已分明，但不曾去子細理會。如《原道》之類，不恐不是道理。又且有氣而無剛，有日星而無月，而揚子却添兩作三，謂之天地人，事事要分作三截。又且有氣而無剛，有日星而無月，恐不是道理。亦如孟子既說「性善」，荀子既說「性惡」，他無可得說，只得說箇「善惡混」。若有箇三底道理，聖人想自說了，不待後人說矣。看他裏面推得辛苦，却就上面說些道理，亦不透徹。看來其學似本於老氏，如「惟清惟静，惟淵惟默」之語，皆是老子意思。韓文公於仁義道德上看得分明，其綱領已正，却無它這箇近於老子底說話。又問：文中子如何？曰：文中子之書恐多是後來人添入，真僞難見，然好處甚多。但一一似聖人，恐不應恰限有許多事蓋天地間只有箇奇耦，奇是陽，耦是陰，春陽消長之妙，他直是去推求。然而如《太玄》之類，亦是拙底工夫，道理不是如此。

---

❶「討」，原作「計」，今據萬曆本改。

相湊得好。如見甚荷蓧隱者之類，❶不知如何得恰限有這人。若道他都是粧點來，又恐粧點不得許多。然就其中惟是論世變因革處，説得極好。又問：程子謂「楊子之學實，韓子之學華」，是如何？曰：只緣韓子做閑雜言語多，故謂之「華」。若楊子雖亦有之，不如韓子之多。時舉。

楊子雲、韓退之二人也難説優劣。但子雲所見處多得之老氏，在漢末年難得人似它。亦如荀子言語亦多病，但就彼時亦難得一人如此。子雲所見多老氏者，往往蜀人有嚴君平源流。且如《易》中只有陰陽奇耦，便有四象，如春爲少陽，夏爲老陽，秋爲少陰，冬爲老陰。楊子雲見一二三四都被聖人説了，却杜撰就三上起數。晏問：温公最喜《太元》。曰：温公全無見處。若作《太元》，何似作

曆？老泉嘗非《太元》之數，亦説得是。又問：與康節如何？曰：子雲何敢望康節？康節見得高，又超然自得。退之却見得大綱，有七八分見識。如《原道》中説得仁義道德煞好，但是他不去踐履玩味，故見得不精微細密。伊川謂其學華者，只謂愛作文章。如作詩説許多閑言語，皆是華也。看得來退之勝似子雲。南升。

問：先生王氏《續經》説云云，荀卿固不足以望之，若房、杜輩，觀其書，則固嘗往來于王氏之門，其後來相業，還亦有得於王氏之道否？曰：房、杜如何敢望文中子之萬一？其規模事業，無文中子髣髴。某常説房、杜只是箇村宰相，文中子不干事，他那制度規模誠有非後人之所及者。又問：

❶ 「蓧」，萬曆本作「蕢」。

仲舒比之如何？曰：仲舒却純正，然亦有偏，又是一般病。韓退之却見得又較活，然亦只是見得下面一層。大概此諸子之病皆是如此，都只是見得下面一層，源頭處都不曉。所以伊川說「《西銘》是《原道》之宗祖」，蓋謂此也。個。

只有董仲舒資質純良，摸索道得數句著，如「正誼不謀利」之類。然亦非它真見得這道理。恪。○董子。

問「性者，生之質」。曰：不然。性者，生之理；氣者，生之質，已有形狀。

問仲舒云「性者，生之質」，也不是。

只當云「性者，生之理也；氣者，生之質」也」。璘謂：「性者，生之質」，本《莊子》之言。曰：《莊子》有云「形體保神，各有儀則」，謂之性」。前輩謂此說頗好，如「有物有則」之意。璘。

問：仲舒以情爲人之欲，如何？曰：也未害。蓋欲爲善，欲爲惡，皆人之情也。

童問董仲舒見道不分明處。曰：也見得鶻突。如「命者，天之令；性者，生之質；情者，人之欲。命非聖人不行，性非教化不成，情非制度不節」等語，似不識性善模樣。又云「明於天性，知自貴於物，然後知仁義；知仁義，然後重禮節；重禮節，然後安處善；安處善，然後樂循理」，又似見得性善模樣。終是說得騎牆，不分明端的。淳。

仲舒言「命者，天之令；性者，生之質」，如此說，固未害。下云「命非聖人不行」，便牽於對句，說開去了。如「正誼明道」之言，却自是好。道夫問：或謂此語是有是非，無利害，如何？曰：是不論利害，則」之意。璘。

只論是非。理固然也，要亦當權其輕重方盡善，無此亦不得。只被今人只知計利害，於是非全輕了。道夫。

建寧出「正誼明道如何論」。先生曰：「正其誼不謀其利，明其道不計其功。」誼必正，非是有意要正，道必明，非是有意要明，功利自是所不論。仁人於此有不能自已者。「師出無名，事故不成，明其為賊，敵乃可服」，此便是有意立名以正其誼。

在浙中見諸葛誠之千能云：「仁人正其義不謀其利，明其道不計其功」，仲舒說得不是。只怕不是義，是義必有利；只怕不是道，是道必有功。先生謂：才如此，人必求功利而為之，非所以為訓也。固是得道義則功利自至；然而有得道義而功利不至者，人將惟功利之徇，而不顧道義矣。仲舒所立甚高，後世之所以不如古人者，以道義功利關不透耳。其議匈奴一節，婁敬、賈誼智謀之士為之，亦不過如此。

劉淳叟問：漢儒何以溺心訓詁而不及理？曰：漢初諸儒專治訓詁，如教人亦只言某字訓某字，自尋義理而已。至西漢末年，儒者漸有求得稍親者，終是不曾見全體。問：何以謂之全體？曰：全體須徹頭徹尾見得方是。且如康衡論時政，❶亦及治性情之說，及到得他入手做時，又却只修得些小宗廟禮而已。翼奉言「見道知王治之象，見經知人道之務」，亦自好了，又却只教人主以陰陽日辰、貪狼廉貞之類辨君子小人。以此觀之，他只時復窺見得些子，終不曾見大體也。唯董仲舒三篇說得稍親切，終是不脫漢儒氣味。只對江都易王云「仁

❶ 「論」，萬曆本作「問」。

人正其義不謀其利，明其道不計其功」方無病，又是儒者語。大雅。

董仲舒才不及陸宣公而學問過之，張子房近黃、老而隱晦不露，諸葛孔明近申、韓。節。

楊子雲出處非是，當時善去，亦何不可？揚。○楊子。

問：揚子「避礙通諸理」之說，是否？曰：大概也似，只是言語有病。問：莫是「避」字有病否？❶曰：然。少間處事不看道理當如何，便先有箇依違閃避之心矣。僩。

「學之爲王者事」不與上文屬，只是言人君不可不學底道理，所以下文云「堯、舜、禹、湯、文、武汲汲，仲尼皇皇。以數聖人之盛德，猶且如此」。問：「仲尼皇皇」如何？曰：夫子雖無王者之位，而有王者之德，故

作一處稱揚。道夫。

楊子雲謂南北爲經，東西爲緯，故南北爲縱，東西爲橫。六國之勢，南北相連則合從，秦據東西，以橫破縱也。蓋南北長，東西短，南北直，東西橫，錯綜於其間也。敬仲。

「德隆則晷星，星隆則晷德」，晷，影也，猶影之隨形也。蓋德隆則星隨德而見，星隆則人事反隨星而應。僩。

楊子雲云：「月未望，則載魄于西；既望，則終魄于東，其遡於日乎。」先生舉此，問學者是如何？衆人引諸家註語，古註解「載」作「始」，「魄」作「光」；溫公改「魄」作「朒」。先生云：皆非是。皆不合。久之，乃曰：只曉得箇「載」字，便都曉得。載者，如加載之載。如《老子》云「載營魄」，《左氏》云「從之載」，正

❶ 「莫」下，萬曆本有「不」字。

是這箇「載」字。諸家都亂說，只有古注解云：「月未望，則光始生於西面，以漸東滿；既望，則光消虧於西面，以漸東盡。」此兩句略通而未盡。此兩句盡在「其逆於日乎」一句上，蓋以日為主，月之光也日載之，光之終也日終之，載猶加載之載。又訓上，如今人「上光」、「上采色」之「上」。蓋初二三間，時日落於西，月是時同在彼，至初八九日落在酉，則月已在午，至十五日相對，日落於西而月在卯，此未望而載魄于西。及日與月相去愈遠，則光漸消而魄生。少間月與日相蹉過，日却在東，月却在西，故光漸至東盡，則魄漸復也。及日與月相對，日却在東，日載之光也。蓋月在東，而日在西，日載之光也。及日加魄於西面，以漸東盡；日復魄於西面，以漸東滿；當改古注云：「日加魄於西面，以漸東盡；日復魄於西面，以漸東滿。」其載也，日載之」，其終也，日終之：皆繫於日。」又說秦、周之士，貴賤拘肆，皆繫于上之人，猶月之

載魄、終魄皆繫於日也，故曰「其逆於日乎」，其載其終，皆向日也。溫公云「當改『載魄』之『魄』作『朏』」，都是曉楊子雲說不得，故欲如此改。《老子》所謂「載營魄」便是如此。「載營魄，抱一，能無離乎？」一便是魄，抱便是載，蓋以火養水也。魄是水，以火載之。「營」字恐是「熒」字，光也，古字或通用，不可知。或人解作經營之「營」，亦未是。次日，又云：昨夜說終魄于東，「終」字亦未是，昨夜解「終」作「復」，言光漸消而復其魄也。蓋終魄亦是日光加魄于東而終之也。始者日光加魄之西，以漸東滿，及既望，則日光旋而東，以終盡月之魄，則魄之西漸復，而光漸滿于魄之西矣。因又說《老子》「載營魄」：昨日見溫公解得揚子「載魄」沒理會，因疑其解《老子》亦必曉不得。及看，果然。但注云「載營魄」闕」，只有此四字而已。

潁濱解云「神載魄而行」，言魄是箇沈滯之物，須以神去載他，令他外舉。其說云：「聖人則以魄隨神而動，眾人則神役於魄。」據他只於此間如此強解得，若以解《楊子》，則解不行矣。❶又解魄做物，如何解做物得？又以一爲神，亦非。一，正指魄言，神抱魄，火抱水也。溫公全不理會修養之術，以今觀之，全曉不得，都說錯了。潁濱一生去理會修養之學，所以不曉。潁濱解《老子》，全不曉得《老子》大意。他解作所居，言常處於所居也，更是胡說。王弼解載作所居，亦如王弼也全解錯了。據潁濱解《老子》之意正不如此，只是要柔伏退步耳。觀他這一章盡說柔底意思，云：「載營魄，抱一，能無離乎？專氣致柔，能如嬰兒乎？天門開闔，❷能爲雌乎？」《老子》一書意思都是如此，它只要退步不與你爭。如一人叫哮跳躑，我這裏只是不做聲，只管退步，少間叫哮跳躑者自然而屈，而我之柔伏應自有餘。老子心最毒，其所以不與人爭者，乃所以深爭之也，其設心措意都是如此。閑時他只是如此待你。張子房亦是如此。遇著那剛強底人，它便是如此柔伏。又云「推天下之至柔，馳騁天下之至堅」，又云「以無爲取天下」，這裏便是它無狀處。據此，便是它柔之發用功效處。又《楚詞》也用「載營魄」字，其說與潁濱解《老子》同。若《楚詞》恐或可如此說，以此說《老子》，便都差了。

❶ 「行」，萬曆本作「得」。
❷ 「闔」，萬曆本作「闢」。

張毅然遭試回，先生問曰：今歲出何論題？張曰：論題云云。出《文中子》。曰：如何做？張曰：大率是罵他者多。先生笑曰：他雖有不好處，也須有好處，故程先生言：「他雖則附會成書，其間極有格言，荀、楊道不到處。」豈可一向罵他？友仁請曰：願聞先生之見。曰：文中子他當時要爲伊、周事業，見道不行，急急地要做孔子。他要學伊、周，其志甚不卑，但不能勝其好高自大、欲速之心，反有所累。二帝三王却不去學，却要學兩漢，此是他亂道處，亦要作一篇文字說這意思。友仁。○文中子。

徐問《文中子》好處與不好處。曰：見得道理透後，從高視下，一目瞭然。今要去揣摩，不得。淳。

《文中子》其間有見處，也即是老氏，又其間被人夾雜，今也難分別。但不合有許多事全似孔子，孔子有荷蕢等人，它也有許多人，便是裝點出來。其間論文史及時世變，煞好，今浙間英邁之士皆宗之。南升。

文中子《中說》被人亂了。說治亂處與其他好處極多，但向上事只是老、釋。如言非老、莊、釋迦之罪，并說若云云處，可見。揚曰：過《法言》。曰：大過之。揚。

文中子論時事及文史處儘有可觀，於文取陸機，史取陳壽，曾將陸機文來看，也是平正。南升。

房、杜於河汾之學後來多有議論，且如《中說》，只是王氏子孫自記，亦不應當時開國文武大臣盡其學者，何故盡無一語言及其師兼所記其家世事？致之傳記，無一合者。營。

文中子，看其書忒裝點，所以使人難信。如說諸名卿大臣，多是隋末所未見有

者。兼是他言論大綱雜霸,凡事都要硬做,如說禮樂治體之類,都不消得從正心誠意做出。又如說「安我所以安天下,存我所以厚蒼生」,都是爲自張本,做雜霸鏃基。黃德柄問:《續書》「天子之義:制、詔、志、策,有四;大臣之義:命、訓、對、讚、議、誡、諫,有七」。如何?曰:這般所在極膚淺。中間說話大綱如此,但看世俗所稱道,便喚做好,都不識。如云晁、董、公孫之對,據道理看,只有董仲舒爲得。如公孫已是不好,晁錯是說箇甚麽?又如自叙許多說話,盡是夸張,考其年數,與唐煞遠,如何唐初諸名卿皆與說話?若果與諸名卿相處,一箇人恁地自標致,史傳中如何都不見說?因說:史傳儘有不可信處。嘗記五峰說:看太宗殺建成、元吉事,尚有不可憑處。如云:先一日,太宗密以其事奏高祖,高祖省

表愕然,報曰:「明當鞫問,汝宜早參。」只將這幾句看,高祖且教來日鞫問,如何太宗明日便擁兵入内?又云:上已召裴寂、蕭瑀、陳叔達欲按其事,又云「上方泛舟海池」,豈有一件事恁地恬然無事?此必有不極,爲父者何故恁地恬然無事?此必有不足信者。只《左傳》是有多少難信處,如趙盾一事,後人費萬千說話與出脱,其實此事甚分明。如司馬昭之弑高貴鄉公,他終不成親自下手,必有抽戈用命,如賈充、成濟之徒。如曰「司馬公畜養汝等,正爲今日今日之事,無所問也」。看《左傳》載靈公欲殺趙盾,今日要殺,殺不得;明日要殺,殺不得。只是一箇人君要殺一臣,最易爲力,恁地殺不得,也是他大段强了。今來許多說話,自是後來三晉既得政,撰造掩覆,反有不可得而掩者矣。物來若不能明,事至

若不能辨，是吾心大段昏在。賀孫。

文中子議論，多是中間暗了一段，無分明。其間弟子問答姓名，多是唐輔相，恐亦不然，蓋諸人更無一語及其師。人以爲王通與長孫無忌不足，故諸人懼無忌而不敢言，亦無此理，如鄭公豈畏人者哉？「七制」之主」，亦不知其何故以「七制」名之？此必因其《續書》中曾採七君事迹以爲書，而名之曰「七制」。如《二典》體例，今無可考，大率多是依倣而作。謂諸公可爲輔相之類，皆是以孔子自居。又安排七制之君爲它之堯、舜。考其事迹，亦多不合。劉禹錫作《歙池江州觀察王公墓碑》，乃仲淹四代祖，碑中載祖諱多不同，及阮逸所注并載關朗等事，亦多不實。王通大業中死，自不同時。如推説十七代祖，亦不應遼遠如此。唐李翱已自論

《中説》可比《太公家教》，則其書之出亦已久矣。伊川謂《文中子》有些格言，被後人添入壞了，看來必是阮逸諸公增益張大，復借顯顯者以爲重耳。今之僞書甚多，如鎮江府印《關子明易》并《麻衣道者易》皆是僞書。《麻衣易》正是南康戴紹韓所作，❷昨在南康，觀其言論皆本於此，及一訪之，見其著述大率多類《麻衣》文體。其言險側輕佻，不合道理。又嘗見一書名曰《子華子》，説天地陰陽，亦説義理人事，皆支離妄作。至如世傳《繁露玉杯》等書，皆非其實。大抵古今文字皆可考驗，古文自是莊重。如孔安國《書序》并注中語，多非安國所作，蓋西漢文章雖麁亦勁，今《書序》只是六朝

---

❶ 「爲」，萬曆本作「如」。
❷ 「戴」，原作「載」，今據朝鮮本改。

軟慢文體。因舉《史記》所載《湯誥》并武王伐紂言辭不典，不知是甚底齊東野人之語也。謨。

因舉《史記》所載「嫂溺援之」之義，以義爲「授受不親」之禮，但不如此。問：義便有隨時底意思。曰：固是。問：它只緣以《元經》帝魏，生此說。曰：便是它大本領處不曾理會，縱有一二言語可取，但偶然耳。問：它以心、迹分看了，便是錯處。曰：它說「何憂何疑」，也只是外面恁地，裏面卻不恁地了。又問：「動靜見天地之心」，說得似不然。以方員爲形，動靜爲理，然亦無意思。而今自家若見箇道理了，見它這說話，都似不曾說一般。夔孫。

文中子《續經》猶小兒豎瓦屋然。世儒既無高明廣大之見，因遂尊崇其書。方子。

「天下皆憂，吾獨得不憂；天下皆疑，

問文中子之學。曰：它有箇意思，以爲堯、舜、三代也只與後世一般，也只是偶然做得著。問：它續《詩》續《書》，意是如此。❶ 因舉答賈瓊數處說，它便忌程先生說「帝王以道治天下，後世只是以智力把持天下」，正緣便是這般說話，它便忌。問：《元經》尤可疑，只緣獻公奔北，便以爲天命已歸之，遂帝魏。曰：今之注本是阮逸注，龔鼎臣別有一本注，後面敘它祖，都與《文中子》所說不同，說它先已仕魏，不是後來方奔去。明日尋看，又問：它說「權義舉而皇極立」，如何？曰：如皇極，某曾有辨，今說權義也不是。蓋義是活物，權是稱錘。義是稱

❶ 「是」，萬曆本作「只」。

朱子語類卷第一百三十七　戰國漢唐諸子

三四二九

3501

吾獨得不疑。」又曰：「樂天知命吾何憂，窮理盡性吾何疑！」蓋有當憂疑者，有不當憂疑者，然皆心也。文中子以爲有心迹之判，故伊川非之。又曰：惟其無一己之憂疑，故能憂疑以天下，疑以天下，故無一己之憂疑。道夫。

大抵觀聖人之出處，須看他至誠懇切處及洒然無累處。《文中子》說：「天下皆憂，吾獨得不憂；天下皆疑，吾獨得不疑。」又曰：「窮理盡性吾何疑，樂天知命吾何憂！」此說是。恪。

或問：文中子僭擬古人，是如何？曰：這也是他志大，要學古人。如退之則全無要學古人底意思，柳子厚雖無狀，卻又占便宜，如致君澤民事，也說要做。退之則只要做官，如末年潮州上表，此更不足說了。退之文字儘好，末年尤好。燾。

韓退之卻有些本領，非歐公比。《原道》其言雖不精，然皆實，大綱是。○韓子。

程先生之說最分明，只是不子細看。要之，仁便是愛之體，愛便是仁之用。

蔣明之問：《原道》起頭四句恐說得差，且如「博愛之謂仁」，愛如何便盡得仁？曰：只爲他說得用，又遺了體。明之又問：四字先後當如何？曰：公去思量，久後自有著落。震。

或問「由是而之焉之謂道」。曰：此是說行底，非是說道體。問「足乎己無待於外之謂德」。曰：此是說行道而有得於身者，非是說自然得之於天者。節。

子耕問「定名」、「虛位」。曰：恁地說亦得。仁義是實有底，道德卻是總名，凡本末小大無所不該。如下文說「道有君子，有

「小人，德有凶，有吉」是也。人傑。○䕫錄詳。

問：「仁與義爲定名，道與德爲虛位」，「虛位」之義如何？曰：亦說得通。蓋仁義禮智是實，此「道德」字是通上下說，卻虛。如有仁之道、義之道、仁之德、義之德，此道德只隨仁義上說，是虛位。他又自說「道有君子小人，德有凶有吉」，謂吉人則爲吉德，凶人則爲凶德，君子行之爲君子之道，小人行之爲小人之道，如「道二：仁與不仁」、「君子道長，小人道消」之類。若是「志於道，據於德」，方是好底，方是道德之正。䕫。

問：《原道》上數句如何？曰：首句極不是，「定名」、「虛位」卻不妨，有仁之道、義之道、仁之德、義之德，故曰「虛位」。大要未說到頂上頭，故伊川云：「《西銘》，《原道》之宗祖。」可學。

「坐井觀天」，謂天只如此大小，是他見得如此，須出井來看方得。必大。

退之謂：「以之爲人，則愛而公。」「愛」、「公」二字甚有意義。

《原道》中舉《大學》，卻不說「致知在格物」一句，這兩箇好做對。《原性》，卻不說「不明乎善，不誠乎身」上，蘇子由《古史論》舉《中庸》「不獲乎上」後，卻不說「不明乎善，不誠乎身」二句。司馬溫公說儀、秦處，說「立天下之正位，行天下之大道」，「居天下之廣居」，看得這樣底，都是箇無頭學問。夔孫。

韓子《原性》曰：「人之性有五，最識得性分明。」蔣兄因問：「博愛之謂仁」四句如何？曰：說得卻差，仁義兩句皆將用做體看。事之合宜者爲義，仁者愛之理。若曰「博愛」，曰「行而宜之」，則皆用矣。蓋卿。

韓文《原性》，人多忽之，卻不見他好之宗祖。」可學。

處。如言「所以爲性者五：曰仁、義、禮、智、信」，此語甚實。

問：韓文公說人之「所以爲性者五」，是它實見得到後如此說邪，惟復是偶然說得着？曰：看它《文集》中說，多是閒過日月，初不見他做工夫處，想只是才高，偶然見得如此。及至說到精微處，又却差了。因言：惟是孟子說義理說得來精細明白，活潑潑地，如荀子空說許多，使人看着如喫糙米飯相似。廣。

問：退之《原性》「三品」之說是否？曰：退之說性，只將仁義禮智來說，便是識見高處，如論「三品」亦是。但以某觀，人之性豈獨三品，須有百千萬品，退之所論却少了一「氣」字。程子曰：「論性不論氣，不備；論氣不論性，不明。」此皆前所未發。如夫子言「性相近」，若無「習相遠」一句，便

說不行。如「人生而靜」，靜固是性，只着一「生」字，便是帶着氣質言了，但未嘗明說着「氣」字。惟周子《太極圖》却有氣質底意思，程子之論，又自《太極圖》中說出來也。韓文公《原鬼》不知鬼神之本，只是在外說箇影子。

至問：韓子稱「孟子醇乎醇，荀與楊大醇而小疵」。程子謂：「韓子稱孟子甚善，非見得孟子意，亦道不到；其論荀、楊則非也。荀子極偏駁，只一句『性惡』，大本已失。楊子雖少過，然亦不識性，更說甚道？」至謂韓子，既以失大本不識性者爲大醇，則其稱孟子「醇乎醇」，亦只是說得到，未必真見得到。先生曰：如何見得韓子稱荀、楊大醇處便是就論性處說？據程子有此議論，故至因問及此。至云：但曰：韓子說荀、楊大醇是泛說，與田駢、慎

到、申不害、韓非之徒觀之，則荀、楊爲大醇。韓子只說那一邊，湊不着這一邊。若是會說底，說那一邊，亦自湊着這一邊。程子說「荀子極偏駁，揚子雖少過」此等語，皆是就分金秤上說下來。今若不曾看《荀子》、《楊子》，則所謂「偏駁」、「雖少過」等處，亦見不得。

至問：孟子謂「揚、墨之道不息，孔子之道不著」。韓文公推尊孟氏闢楊、墨之功，以爲「不在禹下」。而《讀墨》一篇却謂「孔子必用墨子，墨子必用孔子」者，何也？曰：韓文公第一義是去學文字，第二義方去窮究道理，所以看得不親切。如云「其行己不敢有愧於道」，他本只是學文，其行己不敢有愧於道爾。把這箇做第二義，似此樣處甚多。

先生考訂韓文公《與大顚書》，堯卿問曰：觀其《與孟簡書》，是當時已有議論，而與之分解，不審有崇信之意否？曰：真箇是有崇信底意。❶ 他是貶從那潮州去，無聊後，被它說轉了。義剛曰：韓公雖有心學問，但於利禄之念甚重。曰：他也是不去做工夫。他於外面皮殼子上都見得，安排位次是恁地。於《原道》中所謂「寒然後爲之衣，飢然後爲之食，爲宮室，爲城郭」等，皆說得好，只是不曾向裏面省察，不曾就身上細密做工夫。只從麄處去，不見得原頭來處。如一港水，他只見得是水，却不見那源頭來處是如何。把那道別做一件事，道是可以行於世，我今只是恁地去行，故立朝議論風采，亦有可觀，却不是從裏面流出。平日只以做文吟詩、飲酒博戲爲事。

❶「底」，萬曆本作「之」。

及貶潮州，寂寥，無人共吟詩，無人共飲酒，又無人共博戲，見一箇僧說道理，便爲之動。如云「所示廣大深迥，非造次可喻」。不知大顛與他說箇什麼，得恁地傾心信向。韓公所說底，大顛未必曉得；大顛所說底，韓公亦見不破。但是他說得恁地好後，便被他動了。安卿曰：「博愛之謂仁」等說，亦可見其無原頭處。曰：「以博愛爲仁，則未有博愛之前，❶不成是無仁？」義剛曰：他說「明明德」，却不及「致知、格物」，緣其不格物，所以恁地。先生曰：他也不曉那「明明德」，若能明明德，便是識原頭來處了。又曰：孟子後，荀、揚淺，不濟得事，只有箇王通、韓愈好，又不全。安卿曰：他也只是見不得十分，不能止於至善。曰：也是。又曰：淳錄云：問：禪學從何起？曰：云云。佛學自前也只是外面話說，到梁達麼來，方

說那心性，然士大夫未甚理會淳錄作「信向」。做工夫。及唐中宗時，有六祖禪學，專就身上做工夫，直要求心見性，士大夫才有向裏底者，無不歸他去。韓公當初若早有向裏底工夫，亦早落在中去了。又曰：亦有一般人已做得工夫，道理上已有所見，只它些小近似處。不知只是近似，便把做一般。這裏才一失脚，便陷他裏面去了。此等不能然，亦間有然者。義剛。

退之《與大顛書》，歐公云「實退之語」，東坡却罵以爲退之家奴隸亦不肯如此說，但是陋儒爲之，復假託歐公語以自蓋。然觀《集古錄》，歐公自有一跋，說此書甚詳，東坡應是未見《集古錄》耳。看得來只是錯字多。歐公是見他好處，其中一兩段不可

❶「之」，萬曆本作「以」。

曉底都略過了，東坡是只將他不好處來說。義剛。

退之晚年覺沒頓身己處，❶如招聚許多人博塞去聲。為戲，所與交如靈師、惠師之徒，皆飲酒無賴。及至海上，見大顛壁立萬仞，自是心服。「其言實能外形骸，以理自勝，不為事物侵亂」，此是退之死款。莫年賣馬遣妾，後亦落莫，其詩可見。歐公好事，金石碑刻都是沒著身己處，却不似參禪修養人，猶是貼著自家身心理會也。宋子飛言：張魏公謫永州時，居僧寺，每夜與子弟賓客盤膝環坐於長連榻上，有時說得數語，有時不發一語，默坐至更盡而寢，率以為常。李德之言：東坡晚年却不衰。先生曰：東坡蓋是夾雜些佛、老，添得又鬧熱也。方子。

韓退之云「磨礲去圭角，浸潤著光精」，

又曰「沈浸醲郁」，又曰「沈潛乎訓義，反復乎句讀」。杜元凱云：「優而柔之，❷使自求之；饜而飫之，使自趨之。若江海之浸，膏澤之潤，渙然冰釋，怡然理順，然後為得也。」而今學者都不見這般意思。又曰：「磨礲去圭角」易曉；「浸潤著光精」此句最好，人多不知。又曰：只是將聖人言語只管浸灌，少間自是生光精，氣象自別。個。

包顯道曰：《新史》做得《韓退之傳》較不甚實。先生曰：《新史》最在後，收拾得事須備。據某意，只將那事說得條達。但是它要去做文章，剗地說得不條達。而今要去做言語，剗地說得不分明。

❶ 「年」，萬曆本作「來」。
❷ 「柔」，萬曆本作「游」。

韓文公似只重皇甫湜，以《墓誌》付之，李翱只令作《行狀》。翱作得《行狀》絮，湜所作《墓誌》又顛蹶。李翱却有些本領，如《復性書》有許多思量，歐陽公也只稱韓、李。義剛。○又一條云：退之却喜皇甫湜，却不甚喜李翱。後來湜爲退之作《墓誌》，却說得無緊要，不如李翱《行狀》較着實。蓋李翱爲人較樸實，皇甫湜較落魄。

浩云：唐時莫是李翱最識道理否？曰：也只是從佛中來。浩曰：渠有《去佛齋文》，闢佛甚堅。曰：只是寵迹。至說道理，却類佛。問：退之見得不甚分明？曰：他於大節目處又却不錯，亦未易議。

浩云：莫是說傳道是否？曰：亦不止此，他氣象大抵大。又歐陽只說韓、李，不曾說韓、柳。浩。

韓退之，歐陽永叔所謂扶持正道，❶不雜釋、老者也。然到得緊要處，更處置不行，更說不去。便說得來也拙，不分曉。緣他不曾去窮理，只是學作文，所以如此。東坡則雜以佛、老，到急處便添入佛、老，相和去聲。須戶孔切。瞞人，如裝鬼戲，放煙火相似，且遮人眼。及才議學校，便說不行，臨了又却只是詞賦好，是甚麼議論！如王介甫用《三經義》取士，及元祐間議廢之，復詞賦，爭辨一上，臨了又却只是說經義難考，詞賦可以見人之工拙，易考。所爭者只此而已者，大可笑也。㑔。

韓退之及歐、蘇諸公議論，不過是主於文詞，少間却是邊頭帶說得些道理，其本意終自可見。木之。

❶「道」，萬曆本作「學」。

朱子語類卷第一百三十八 計十五板

雜類

「禹入聖域而不優」，優，裕也，言入聖域恰好，更不優裕。優裕，謂有餘剩。漢儒見得此意思好。賀孫。

《爾雅》是取傳注以作，後人却以《爾雅》證傳注。文蔚。

《爾雅》非是，只是據諸處訓釋所作。趙歧說《孟子》、《爾雅》皆置博士，在《漢書》亦無可攷。泳。

陳仲亨問《周書》云：「將欲敗之，必姑輔之；將欲取之，必姑與之。」今《周書》何緣無之？曰：此便是那《老子》裏數句，是周時有這般書，老子為柱下史，故多見之。孔子所以適周問禮之屬，也緣是他知得古人以竹簡寫書，民間不能盡有，惟官司有之。如秦焚書，也只是教天下焚之，他朝廷依舊留得，如說「非秦記及博士所掌者盡焚之」。到六經之類，他依舊留得，但天下人無有。義剛。

汲冢古書，堯憂囚，舜野死，尹篡太甲，太甲殺尹之類，皆其所出。

誠之常袖呂不韋《春秋》，云其中甚有好處。及舉起，皆小小術數耳。璘。

書坊印得六經，前面纂圖子，也略可觀。如車圖雖不甚詳，然大概也是。義剛。

《七書》所載《唐太宗李衛公問答》，乃阮逸偽書。逸，建陽人。文中子《元經》、關子明《易》皆逸所作。揚。

問《山海經》。曰：一卷說山川者好。如說禽獸之形，往往是記錄漢家宮室中所畫者，如說南向北向，可知其為畫本也。方子。

《素問》語言深，《靈樞》淺，較易。振。

柳文後《龍城雜記》，王銍性之所為也。子厚敘事文字多少筆力，此記衰弱之甚，皆寓古人詩文中不可曉知底於其中，似暗影出。偽書皆然。

杜牧之《燕將錄》，文甚雄壯。

《省心錄》乃沈道原作，非林和靖也。

程泰之《演蕃露》，其零碎小小議論亦多可取，如辨「罘罳」之類是也。某頃因看《筆談》中辨某人誤以屏為反坫，後看《說文》「坫」字下乃注云「屏也」，因疑存中所辨未審。後舉以問泰之，泰之曰：「存中辨是，然不是某人誤，乃《說文》誤耳。」洪景盧

《隨筆》中辨得數種偽書皆是，但首卷載歐帖事，却恐非實。世間偽書，如《西京雜記》，顏師古已辨之矣，柳子厚《龍城錄》乃王性之輩所作。必大。

《金人亡遼錄》、《女真請盟背盟錄》。汪端明撰。○偶。

《洛陽志》說道最好，文字最簡嚴，惜乎不曾見。義剛。

《指掌圖》非東坡所為。

《砥柱銘》上說禹「掛冠莫顧，過門不入」。掛冠，是有箇文字上說禹治水時冠掛着樹，急於治水，今記不得是甚文字。世間文字甚多，只《後漢書》注內有無限事。

《警世》、《競辰》二圖偽。道夫。

《邵公濟墓誌》好。方子。

吳才老《叶韻》一部，每字下注某處使作某音，亦只載得有證據底，只是一例子。

泉州有板本。○淳。

近世考訂訓釋之學，唯吳才老、洪慶善爲善。個。

稱平。者，自他人稱平。之；稱去。者，人之本號。道夫。

周貴卿問「折衷」之義。曰：衷，只是字，衷，是三摺而取其處中者。❶義剛。

問「折衷」之「衷」。曰：是無過些子，無不及些子，正中間。又曰：是恰好底。節。

「折衷」者，摺轉來取中。❷衷，只是箇中。節。

中，如字，即其中也。中，音衆，則是當之義，謂適當其中也。如「六藝折衷音衆。於夫子」，亦謂所當使歸於中之義。❸中與所以謂之中，音衆。以適當其中如字。而異也。❹振。

《左傳》説「始」、「中」、「終」亦用此「衷」

淳、醇皆訓厚，純是不雜。節。

先生曰：期，極也，古人用「期」字多作「極」字。周昌云「心期期知其不可」言極知其不可。口吃，故重一字也。銖。之謂，名之也。之謂，直爲也。方。

復復，指期上「復」字，❺扶又反，再復也。方子。

尚衣、尚書、尚食、尚乃主守之意，❻秦語作平音。淳。

「魏，大名也」，魏、巍字通。「魏」字，篆文亦有山字在其中，是有大義，因是名爲

❶「取其處」萬曆本作「處其」。
❷「摺」萬曆本作「折」。
❸「所當使」萬曆本作「折當世」。
❹「異」萬曆本作「易」。
❺「期」萬曆本作「其」。
❻「尚」，原脱，今據朝鮮本補。

「大名府」。揚。

舅子謂之內兄弟，姑子謂之外兄弟。揚。

因說：外甥似舅，以其似母故也。致道問：形似母，情性也似。曰：情性也似。大抵形是箇重濁底，占得地步較闊。情性是箇輕清底，易得走作。賜。

古者姓、氏，大概姓只是女子之別，故字從女。男則從氏，如季孫氏之類，《春秋》可見。後世賜姓，殊無義理。端蒙。

氏，如孟孫、叔孫、季孫是也。姓則同姓，後世子孫或以氏爲姓，今人皆稱張氏、李氏，謂從上下來只是氏了。只有三代而上經賜姓者爲姓，如姚、如姒、如姬之類是正姓。唐時尚有氏不同而同出者，不得爲婚姻。揚。

沈莊仲問：姓、氏如何分別？曰：姓是大總腦處，氏是後來次第分別處。如魯本姬姓，其後有孟氏、季氏，同爲姬姓而氏有不同。某嘗言：「天子因生以賜姓，諸侯以字爲謚，因以爲族。」切恐「謚」本「氏」字，先儒隨他錯處解將去，義理不通。且如舜生於嬀汭，武王遂賜陳胡公滿爲嬀姓，即因生賜姓。如鄭之國氏本子國之後，駟氏本子駟之後，如此之類，所謂「以字爲氏，因以爲族」。文蔚。

姓與氏之分，姓是本原所生，氏是子孫下各分。如商姓子，其後有宋，宋又有華氏、魚氏、孔氏之類。周自黃帝以來姓姬，其後魯、衛、毛、聃、晉、鄭之屬各自以國爲氏，而其國之子孫又皆以字爲氏。如魯國子展之後爲展氏，展禽喜是也。三家以孟、

仲、季爲氏。❶ 或因所居爲氏，如東門氏之類。《左氏》曰：「天子因生以賜姓，諸侯以字爲謚，因以爲族。」天子自因生以賜姓，謂推其所自出而賜之姓，❷ 如舜居嬀汭及武王即位，封舜之後於陳，因賜姓爲嬀，此所謂「因地以賜姓」也。「諸侯以字爲謚」，只是「氏」字傳寫之訛，遂以「氏」字爲「謚」，無義理，只是「以字爲氏」，如上文展氏、孟氏之類也。杜預點「諸侯以字爲氏」四字爲句斷，而「爲謚因以爲族」爲一句，此亦是強解，看來只是錯了「謚」字。至孫方以王父之字爲氏，上兩世猶承公之姓也。○卓。

自秦、漢以來，奴僕主姓。今有一大姓所在，四邊有人同姓，不知所來者皆是奴僕之類。揚。

同異之理，如同姓本親；異姓本疏，他日婚姻却又親。○陰陽，相函

之理也。○萬物，聚散之理也。方。

適母與所生封贈恩例一同，不便。看來嫡、庶之別，須略有等降乃爲合理。砥。

因説諱字，曰：漢宣帝舊名何曾諱「病已」？平帝舊名亦不諱。虜中法，偏旁字皆諱，如「敬」字和「警」字皆諱。淳。

見人名諱同，不可遽改，只半真半草寫之。揚曰：只是寫時莫與太真，説時莫太分明。揚。

因説四方聲音多訛，曰：却是廣中人説得聲音尚好，蓋彼中地尚中正。自洛中脊來，只是太邊南去，故有此熱。若閩、浙則皆邊東角矣，閩、浙聲音尤不正。揚。

先生因説《詩》中關、洛風土習俗不同，

❶ 「三」上，萬曆本有「如」字。
❷ 「謂」，萬曆本作「爲」。

曰：某觀諸處習俗不同，見得山川之氣甚牢。且如建州七縣，縣縣人物各自是一般，一州又是一般，生得長短、小大、清濁皆不同，都改變不得，豈不是山川之氣甚牢？燾

因論南方人易得病，曰：北方地氣厚，人皆不病。叔祖奉使在北方十五年已上，生冷無所不食，全不害。歸來纔半年，一切發來，遂死。更有一武臣，代州人，常至五臺山，有一佛殿上皆青石，暑月每於石上徹日睡，全無病。如來南方睡，如何了得？揚。

諸生入問候，先生曰：寒後却剗地氣痞。西川人怕寒，嘗有人入裏面作守，召客後，令人打扇。坐客皆起白云：若使人打扇，少間有某疾。生冷果子亦不可喫，才喫，便有某疾。便是西川之人大故怕寒。

如那有雪處，直是四五月後雪不融，這便是所謂「景朝多風」處。便是日到那裏時，過午時陽氣不甚厚，所以如此。所謂「漏天」處，皆在那裏。恁地便是天也不甚闊，只那裏已如此了。這是西南尚如此，若西北，想見寒。過那秦、鳳之間，想見寒。如峨眉山，趙子直嘗登，上面煮粥更不熟，有箇核子。時有李某者，凍得悶絕了。莊仲云：不知佛國如何？曰：佛國却暖，他靠得崑崙山後，那裏却暖。便是那些子也差異。四方蠻夷都不曉人事，那裏人却理會得一般道理恁地。便是那裏人也大故嶢崎，不知是怎生後恁地。義剛。

摧場中有文字賣，說中原所在山川、地理、州縣、邸店甚詳，中亦雜以虜人官制。某以爲是中原有忠義之人做出來，欲朝廷知其要害處也。

關中，秦時在渭水之北居，但作離宮之類於渭南。漢時宮闕在渭水之南，終南之北，背渭面終南。隋時此處水皆鹹，文帝遂移居西北，稍遠漢之都。唐都在隋之北角。唐宮殿制度正當甚好。官街皆用牆，居民在牆內，民出入處皆有坊門，坊中甚安，故武元衡出坊門了始遇害。本朝宮殿街巷，京城制度皆仍五代，因陋就簡，所以不佳。唐田兵官制，承宇文周有些制度，故較好。舊東京、關中、漢唐宮闕街巷之類圖，今衢州有碑本。揚。

行在舊題行宮之門，❶虜使來有語。後虞作二牌來，前曰「麗正」，後曰「和寧」，遂報去，謂太小，今自作牌依其名題。揚。

古之王城有三途，左男行，右女行，中車行，天下路中有車軌道。揚。

漳州州學中從祀，是神霄宮神改塑。

紹興府禹廟重塑禹像，王仲行將舊禹與一道士去，改塑天齊仁聖帝，此是一類子。德明。

汪端明說朝廷塑一顯仁皇后御容，三年不成，却是一行人要希逐日食錢，所費不貲。端明爲禮部尚書，奏過太上，得旨催促，又却十日便了。朝廷事多如此。浩。

王拱辰作高樓，溫公作土室，時人語云：「一人鑽天，一人入地。」康節謂富公云：「此有怪事，❷一人巢居，一人穴處。」方。

蕪湖舊有一富家曰韋居士，字深道，喜延知名士。如黃太史、陳了翁遷謫，每歲饋餉不下千緡。今人纔見遷謫者，便以爲懼，安得有此等人。人傑。

---

❶ 「題」，萬曆本作「時」。
❷ 「此」，萬曆本作「比」。

陸務觀說，漢中之民當春月，男女行哭，首戴白楮弊，❶上諸葛公墓，其哭皆甚哀云。先生親筆於南軒所撰《武侯傳》後。○道夫。

齊蕭子良死，不用棺，實于石床之上。唐時子良幾世孫蕭隱士過一洲，見數人云：「此人似蕭王。」隱士訝之。到一郡，遂見解幾人劫墓賊來，乃洲上之人。隱士說與官令勘之，乃曾開蕭王冢來，云「王卧石床上，儼然如生」。揚。

廬山有淵明古迹處曰上京，《淵明集》作京師之「京」，今土人以爲荆楚之「荆」。江中有一盤石，石上有痕，云淵明醉卧於其石上，名「淵明醉石」。某爲守時，架小亭，下瞰此石，榜「歸去來館」。又取西山劉凝之庵用魯直詩名曰「清静退庵」，與此相對。夔孫。

「晝則聽金鼓，夜戰看火候。」嘗疑夜間

不解戰，蓋只是設火候防備敵來劫寨之屬。古人屯營，其中盡如井形，於巷道十字處置火候。如有間諜，一處舉火，則盡舉，更走不得。義剛。

「馳車千駟，革車千乘。」馳車，即兵車，蓋輕車也。革車駕以牛，蓋輜重之車。每輕車七十二人，三人在車上，一御，一持矛，一持弓，此三人乃七十五人中之將。蓋五伍爲兩，兩有長故也。輕車甚疾。義剛。

豫凶事，亦恐有之。《龔勝傳》昭帝賜韓福策曰：「不幸死者，賜複衾一，祠以中牢。」古人此等事自多，難以懸斷。閎祖。

於隋煬帝，未知始於何時。賀孫。

問：真元外氣如何？曰：真元是生氣

---

❶ 「弊」，萬曆本作「幣」。

在身上。曰：外氣入真元氣否？曰：雖吸入，又散出，自有界限。但論其理，則相通。可學。

物造時亦遇氣候，故皆有數。揚。

時氣，初只是氣，疑其氣盛，便有物以主之。氣散，又無了。揚。

元善每相見，便說氣數讖緯，此不足憑。只是它由天命，然亦由人事。才有此事，得人去理會便了。德明。

醫家言：「心藏神，脾藏意，肝藏魂，肺藏魄，腎藏精與志。」與康節所說不同。風也。許氏《必用方》首論「虎睛定魄，龍齒安魂」，亦有理。廣。

龍氣盛，虎魄盛，故龍能致雲，虎能嘯風也。德明。

曰：此不可曉。德明。

嘗見徐侍郎敦立。書三字帖於主位前，云「磨兜堅」，竟不曉所謂。後究竟得來，乃是古人有銘如「三緘口」之類。此書於腹，曰「磨兜堅，謹勿言」，畏秦禍也。敬仲。

問：人有震死者，如何？曰：有偶然者，有爲惡而感召之者。如人欲操刀殺人，而遇之者或遭其傷刺而死之類是也。僩。

東坡云：「月未望則魚腦實，既望則虛。」蓋出《淮南子》，則食膾宜及未望也。揚。

論詩物理，因問：東坡說「人不怕虎者，虎不奈得其人何」，是有此理。東坡說小兒不怕虎者是一證。《傳燈錄》載歸宗、南泉三人曾遇虎，皆不以爲事。季清言：有一鄉人賣文字，遇虎，其人無走處了，曾聞人言虎識字，遂鋪開文字與虎看，自去。此數事皆其驗也。先生曰：曾見一僧，名亨，黃龍清會下人，言僧入山遇虎，只是常事。初見時，虎亦作威。近前來，見人不怕他，

漸漸去了。後常常見人慣了，都如常。揚曰：只是初見不怕難。先生曰：人心能堅忍得此時好。揚。

翟公遂說鬼星渡河，最亂道。鬼星是經星，如何解渡河？泳。

野雉知雷。起於起處。○可學。

罘罳，或云乃門屏上刻作形，漢注未是。可學。

古人運籌者，❶要說得這事分明，歷歷落落。這一事了，便盡斷，又要得界分分明。泳。

古人作甲用皮，每用必漆。後世用鐵，不知自何時起。泳。

宮，即牆也。個。

太王畫像，頭上有一片皮，直裹至頸上，此便是鉤領。義剛。

王彥輔《麈史》載幞頭之說甚詳。方子。

衛樸善算，作蓮花漏，其形如秤。東坡誌之。○文蔚。

漢祭河用御龍、御馬，皆以木為之，此已是紙錢之漸。義剛。

紙錢起於玄宗時王璵，蓋古人以玉幣，後來易以錢。至玄宗惑於王璵之術，❷而鬼神事繁，無許多錢來理得，璵作紙錢易之，文字便是難理會。且如《唐禮書》載范傳正言，唯顏魯公、張司業家祭不用紙錢，故衣冠效之。而國初言禮者錯看，遂作紙衣冠，而不用紙錢，不知紙錢、衣冠有何間別？義剛。

古之木，今有無者多。如楷木，❸只孔子墓上，當時諸弟子各以其方之木來栽，後

---

❶「運」，萬曆本作「問」。
❷「術」，萬曆本作「說」。
❸「楷」，原作「皆」，今據朝鮮本改。

有此木，今天下皆無此木。其木亦如槐，可作簡，文皆橫生，然亦只是文促後似橫樣。義剛。

臨安鐵箭，只是錢王將此搖動人心，使神之。義剛。

瑞金新鑄印，蓋嘗失一印，重鑄之，恐作弊，故加「新鑄」之文。國初有一奉使印，亦如此。義剛。

祕書省畫大樹下數人，着古衣而無名，君舉以爲恐是孔子在宋木下習禮，被伐木時。義剛。

祕書省畫得唐五王及黃番綽、明皇之類，恐是吳道子畫。李某跋之，有云「畫當如蓴菜」。某初曉不得，不知它如何說得數句恁地好，後乃知他是李伯時外甥。蓋畫須如蓴菜樣滑方好，須是圓滑時方妙。義剛。

雪裏芭蕉，他是會畫雪，只是雪中無芭蕉，他自不合畫了芭蕉。人却道他會畫芭蕉，不知他是誤畫了芭蕉。

問：春牛事未見出處，不知其原果出於此否？某嘗見又云「以示勸耕之意」，不知其原果出於此否？某嘗見□□云：處士立於縣庭土牛之南。恐古者每歲爲一牛，至春日別以新易舊而送之也。

王丈云：昔有道人云：筍生可以觀夜氣。嘗插竿以記之，自早至暮，長不分寸；曉而視之，已數寸矣。次日問：夜氣莫未說到發生處？曰：然。然彼說亦一驗也。後在玉山僧舍驗之，則日夜俱長，良不如道人之說。閎祖。

問：廬山光怪，恐其下有寶，故光氣發見如此。嘗見邵武張鑄說：「曾官岳陽，見

① 「着」，萬曆本作「只」。

江上有光氣，其後漁人於其處網得銅鍾一枚。又一小說云：「某郡某處常有光處，令人掘得銅印一顆。」先生又自云：「向送葬開善，望見兩山之間有光如野燒，從地而發，高而復下。問云，其山舊有銅坑也。」德明。

德粹語婺源有一人，其子見鬼。先生曰：昔薛士龍之子亦然。可學因説薛常州之子甚怯弱。曰：只是精神不全，便如此。向見邪法者呪人，小兒稍靈利者便呪不倒。可學云：薛氏之鬼所謂「九聖奇鬼」。❶先生曰：渠平生亦好說鬼。可學云：薛常州平日亦講學，何故信此？曰：不知其所講如何。可學。

獸中狐最易爲精怪。淳。

狐性多疑，每渡河，須冰盡合乃渡。若聞冰下猶有水聲，則終不敢渡，恐冰解也。故黃河邊人每視冰上有狐跡，乃敢渡河。

又狐每走數步，則必起而人立四望，立行數步，迺復走。走數步，復人立四望而行。故人性之多疑慮者，謂之狐疑。狼性不能平行，每行，首尾一俯一仰。首至地，則尾舉向上，胡舉向上，則尾寙至地，故曰「狼跋其胡，載寙其尾」。偶。

因論張天師，先生曰：本朝有南劍太守林積，送張天師于獄中，而奏云：「其祖乃漢賊，不宜使子孫襲封。」一時人皆信之，而彼獨能明其爲賊，其所奏必有可觀者。林積者，秦相時嘗爲侍郎。義剛。

郭天錫因算徽宗當爲天子，遂得幸，官至承宣使，其人亦鯁直敢説。天覺每要占問時，不尚自去見它，多是使覺範去。後來發覺，蔡元長遂以爲天錫有幻術，令人監

❶ 上「鬼」字，萬曆本作「兒」。

繫，日置豬狗血於其側，後來只被血薰殺了。義剛。

覺範因張天覺事下大獄，❶自供云：「本是醫人，因入醫張相公府養娘有效，遂與度牒令某作僧。」義剛。

神殺之類，亦只是五行旺衰之氣，推亦有此理。但是後人推得小了，太拘忌耳。曉得了，見得破底好。如上蔡言「我要有便有，我要無便無」方好，然難。不曉底人，只是孟浪不信，呂丈都不曉風水之類，故不信。今世俗人信便有，不信便無，亦只是此心疑與不疑耳。揚。

因及談命課靈者，曰：是他精力強，精力到處便自驗。淳。

因說都下士夫愛看命，曰：士夫功名心切，且得他差除一番，亦好。曰：若命中有官，便是天與我；若就人論，便是朝廷與我。今不感戴天與朝廷，却感戴他們，終身不忘，甚可怪。淳。

陶安國事真武。先生曰：真武非是有一箇神披髮，只是玄武。所謂青龍、朱雀、白虎、玄武，亦非是有四箇恁地物事。以角星為角，心星為心，尾星為尾，是為青龍；虛危星如龜；騰蛇在虛危度之下，故為玄武。真宗時諱「玄」字，改「玄」字為「真」字，故曰「真武」。參星有四隻腳如虎，故為白虎；翼星如翼，軫如項下嗉，井為冠，故為朱雀。盧仝詩曰「頭戴井冠」，楊子雲言「龍、虎、鳥、龜」，正是如此。節。

先生問四明龍現事，璘答云：頃歲鄞縣趙公萬燾雨于天井山之龍井，曾有龍現。張左藏良臣作記云「俄有光發波間，如叢

❶「大」，原作「天」，今據萬曆本改。

炬，復紅焰飛動，下見龍之首甚大，不違顏咫尺。大復現小，復現全體，鱗甲爛爛有光，久不沒。陰氣颯然，見者魄喪神動」。曰：見王嘉叟云「見龍初出水，先有物如蓮花之狀而後水湧，異物出，兩眼光如銅盤」，與趙尉所見頗合。璘。

或言某人之死，人有夢見之者，甚恐，遂辭位而去。先生曰：唐令狐綯亦嘗夢見李德裕，明日語人曰：「衛公精爽可畏。」頃時劉丞相莘老死於貶所，後來得昭雪復官，其子斯立有啟謝時宰一聯云：「晚歲離騷，徑招魂於異域；平生精爽，或見夢於故人。」世傳以為佳。

陳易和叔將赴試，韓魏公戒之曰：「離場屋久，更宜子細。」陳曰：「三十年做老娘，不解倒綳了孩兒。」既而「王」字押作賦韻，「率土之濱莫非王」，遂見黜。魏公聞

之，笑曰：「果然倒綳了孩兒矣！」往年見徐端立侍郎云：「葉石林嘗問某：『或謂司馬溫公、范蜀公議鍾律不合，又某與某爭某事，蓋故為此議以表見其非朋比之為者，如何？』徐曰：『此事有無不可知。然為此論者，亦可謂不占便宜矣。』石林為之一笑而罷。」個。

汪玉山童穉時，喻玉泉令他對七字對，云「馬蹄踏破青青草」，玉山應口對云「龍爪拏開黯黯雲」。

先生說：沈持要知衢州日，都下早間事，晚已得報。閎祖云：要知得如此急做甚？先生云：公說得是。閎祖。

或言某人輕財好義，先生曰：以何道理之而義乎？升卿。

因李將為郭帥閣俸，曰：凡是名利之地，自家退以待之，便自安穩。纔要只管向

前,便危險,事勢定是如此。如一椀飯在這裏,纔去爭,也有爭不被人打底,也有爭得被人打底,也有爭不得空被人打底。賀孫。

或論及欲圖押綱厚賞者,先生曰:譬如一盤珍饌,五人在坐,我愛喫,那四人亦都愛喫,我伸手去拏,那四人亦伸手去拏,未必果誰得之。能恁地思量,便可備知來物。如古者橫議權謀之士,雖千萬人所欲得底,他也有計術去必得。淳。個。

財,猶臙也,近則污人,豪傑之士恥言之。

人言仁不可主兵,義不可主財。某謂惟仁可以主兵,義可以主財。道夫。

賢者順理而安行,智者知幾而固守。丁未耳聽。○至。

鄭叔友謂「敗不可懲,勝不可狃」此言殊有味。振。

王宣子說:「甘卜言:士大夫以面折廷爭爲職,以此而出,人亦高之。宦官以承順爲事,忽犯顏而出,誰將你當事」如此之乖,後漢呂強,後世無不賢之。

詠古詩「丈夫棄甲冑,長揖別上官」,爲楊元禮發也。問:元禮事如何?曰:緣一二監司相知者已去,後人不應副賑濟,此事已做不得。若取之百姓又不可,所以乞祠。問:當時合如何處置方善?曰:只得告監司理會賑濟。不從,則力爭;又不從,則投劾而去,事方分曉。語畢,遂諷誦此詩云。德明。

沈季文於小學,則有莊敬敦篤而不從事於禮、樂、射、御、書、數,於大學,則不由格物、致知而遽欲誠意、正心。閎祖。

黎紹先好簡人,可謂「聽其言也厲」。義剛。

周顯祖不事外飾，天資簡樸，諸葛誠之守立過人。升卿。

劉季高也豪爽，只是也無頭腦。義剛。

林擇之曰：上四州人輕揚，不似下四州人。先生曰：下四州人較厚，潮陽士人亦厚，然亦陋。莆人多詐，淳樸無偽者，陳魏公而已。義剛。

或傳連江鎮寇作，燒千餘家，時張子直通判云：「此處人煙極盛。」曰：「某常疑此地如何承載得許多人。」力行退而思之，此所謂知小圖大，力小任重之意。力行。

前年鄭瀛上書得罪，杖八十，下臨安贖。臨安一吏人憫之，見其無錢，爲代出錢贖之。楊。

王侍郎普之弟某經兵火，其乳母抱之走，爲一將官所得。乳母自思，爲王氏乳母而失其子，其罪大矣，遂潛謀歸計，將此將

官家兵器皆去其刃，弓則斷其弦，自求一好馬，抱兒以逃。追兵踵至，匿於麥中，如此者三四，僅全兒達王家。常見一僧說之，今亦亡矣，❶欲爲之傳，未果。可學。○義剛錄云：嘗見一老僧云：「李伯時家遭寇，伯時尚小，被賊并妳子劫去，賊將遂以妳子爲妻。一日上元，其夫出看，妳亦解以計遣諸婢皆往看，遂將弓箭刀刃之屬盡投於井，馬亦解放，但自乘一馬而去。少頃，聞前面有人馬聲，恐是來趕他，乃下馬走入麥中藏。其賊尚以鎗人麥中撈攪，幸而小底不曾啼，遂無事。未幾，得聞那賊說：『這賊婢，知他那裏去？』某知無事，遂又走。夜行晝伏，數日方到，尋見他家人。」某嘗欲記此事，後來被那僧死，❷遂無問處，竟休了。

陳光澤二子求字，先生字萃曰「仲亨」，云：萃便亨，凡物積之厚而施之也廣，如水

❶ 「亡」，萬曆本作「忘」。
❷ 「死」下，萬曆本有「了」字。

積得科子滿，便流。又字華曰「仲蔚」，云：「君子豹變，其文蔚也。」變謂變其志。❶若裏面變得是虎，外面便有虎之文；變得是豹，外面便有豹之文。義剛。

有言士大夫家文字散失者，先生蹙然曰：魏元履、宋子飛兩家文籍散亂，皆某不勇決之過。當時若是聚衆與之抄劄封鎖，則庶幾無今日之患。道夫。

德粹問：十年前屢失子，亦曾寫書問先生，先生答書云：「子之有無皆命，不必祈禱。」後又以弟爲子，更有甚礙理處。舍弟之子年乃大於此，則是叔拜姪。曰：以弟爲子，昭穆不順。方伯謨曰：便是弟之子小亦不可。曰：然。可學。

問：唐告勅如何都是自寫？曰：不知如何。想只是自寫了，却去計會印。如蔡君謨封贈，亦是自寫。看來只是自有字名，故如此。義剛。

張以道向在黃巖見顏魯公的派孫因事到官，其人持魯公告勅五七道來庭下，稱有蔭。細觀其告勅，❷皆魯公親書其字，而其告乃是黃紙書之，此義如何？先生曰：魯公以能書名，當時因自書之，而只用印，文亦不足據。❸本朝蔡君謨封贈其祖告勅亦自寫之，蓋其以字名，人亦樂令其自寫也。

魯公誥，後爲劉會之所藏。〇義剛。

一日請食荔子，因論：興化軍陳紫，自蔡端明迄今又二百來年，此種猶在，而甘美絕勝，獨無它本。天地間有不可曉處率如此，所謂「及其至也，聖人有所不能知」。要之，它自有箇絲脉相通，但人自不知耳。聖

❶「志」，四庫本作「資」。
❷「觀」，萬曆本作「看」。
❸「文」，萬曆本作「又」。

人也只知得大綱，到不可知處，亦無可奈何。但此等瑣碎，不知亦無害爾。道夫。

先生因喫茶罷，曰：物之甘者，喫過必酸；苦者，喫過却甘。茶本苦物，喫過却甘。問：此理如何？曰：也是一箇道理。如始於憂勤，終於逸樂，理而後和。蓋禮本天下之至嚴，行之各得其分，則至和。又如「家人嗃嗃，悔厲吉。婦子嘻嘻，終吝」，都是此理。夔孫。

建茶如「中庸之爲德」，江茶如伯夷、叔齊。又曰：《南軒集》云：「草茶如草澤高人，臘茶如臺閣勝士。」似他之說，則俗了建茶，却不如適間之說兩全也。道夫。

侍先生過水南，谷中見一種蒿，柔嫩香氣，溫潤可愛，因采一二莖把玩。先生曰：此即古人所謂蘭是也。又云：蕙亦非今之蕙，乃零陵香是也。炎。

今福州紅糟，即古之所謂醴酒也，用匙挑喫。義剛。

古升十六寸二分爲升，容一百六十二寸爲斗。個。

今之一升，即古之三升；今之一兩，即古之三兩。個。

古錢有「貨泉」字、「貨布」字，是王莽錢，於古尺正徑一寸，雖久有損，大概亦是。淳。

先生見正甫所衣之衫只用白練圓領，領用皂。問：此衣甚制度？曰：是唐衫。先生不復說，後遂易之。過。

布一箆四十眼，着八十絲爲一升，今興化人能爲之。云：二十升布已難做，至如三十升，不知古人如何做也？若三升布，則極疏矣。古人不諱白，皮弁乃以白鹿皮爲之，但加飾焉。如冠之白，皮弁乃以白鹿皮爲之，但加飾焉。如冠之白，但用疏細爲吉凶耳。方。

或云：俗語「夜飯減一口，活得九十九」。曰：此出古樂府《三叟詩》。

墨翟與工輸巧爭辨，云云。論到下梢一着勝一着，没了期，一曰：「吾知所以拒子矣，吾不言。」一曰：「吾知所以攻子矣，吾不言。」❶燾。

莽何羅本姓馬，乃後漢馬后之祖，班固爲澤而改之。方子。

步騺不去，爲瓜耳。瓜可無，身不可無。升卿。

陶隱居注《本草》，不識那物，後說得差背底多。緣他是江南人，❷那時南北隔絕，他不識北方物事，他居建康。義剛。

仙游有蔡溪，見說甚好。裏面有一片大石，有一石門，入去沿溪到那石上。有陳履，❸常居大學，聞此地好，齋少餅，徑入去石上坐。飢甚，則喫少許餅，久後喫盡了，

飢不奈何。欲出，則當初入門已發了誓，遂且忍餓。遇樵者，見他在坐，亦異之，問得些物事來喫。久後報得外面道人都來，起得箇庵，自此却好。病翁嘗至其庵，時陳居士方死，尚在坐，未曾歛。見面前一石頭，似箇香山子，子細看，又不是石，恰似乳香滴成樣，都通明。身旁一道人云：「是陳先生臨死時滴出鼻涕。」又一道人來禮拜，歎息云：「可惜陳先生鍊得成後却不成。」同。

崇、觀間，李定之子某有文字乞毀《通鑑》板，建炎間坐此貶竄，後放歸復官。詞云：「下喬木而入幽谷，朕姑示於寬恩。以鴟鴞而笑鳳皇，爾無沉於迷識。」

❶ 「知」下，萬曆本有「其」字。
❷ 「江」，萬曆本作「箇」。
❸ 「履」，萬曆本作「理」。

朱子語類卷第一百三十九 計一十六板

論文 上

有治世之文，有衰世之文，有亂世之文。六經，治世之文也。如《國語》委靡繁絮，真衰世之文耳。是時語言議論如此，宜乎周之不能振起也。至於亂世之文，則戰國是也，然有英偉氣，非衰世《國語》之文之比也。饒錄云：《國語》說得絮，只是氣衰，又不如戰國文字更有些精彩。楚、漢間文字真是奇偉，豈易及也。又曰：《國語》文字極困善，振作不起。戰國文字豪傑，便見事情非你殺我，則我殺你。黃云：觀一時氣象如此，如何遏捺得住，所以啓漢家之治也。○僩。

《楚詞》不甚怨君，今被諸家解得都成怨君，不成模樣。《九歌》是托神以爲君，言人間隔不可企及，他便不是怨君，如己不得親近於君之意。以此觀之，至《山鬼》篇，不可以君爲山鬼，又倒說山鬼欲親人而不得之意。今人解文字，不看大意，只逐句解，意却不貫。○《楚詞》。

問《離騷・卜居》篇內字。曰：「字義從來曉不得，但以意看可見。如「突梯滑稽」只是軟熟迎逢，隨人倒，隨人起底意思。如這般文字，更無些小窒礙，想只是信口恁地說，皆自成文。林艾軒嘗云：「班固、揚雄以下，皆是做文字，已前如司馬遷、司馬相如等，只是恁地說出。」今看來是如此。古人有取於「登高能賦」，這也須是敏，須是會說得通暢。如古者或以言揚，說得也是一件事，後世只就紙上做，如就紙上做，則班、

揚便不如已前文字。當時如蘇秦、張儀都是會說。《史記》所載，想皆是當時說出。又云：漢末以後，只做屬對文字，直至後來，只管弱。如蘇頲着力要變，變不得。直至韓文公出來，盡掃去了，方做成古文。然亦止做得未屬對合偶以前體格，然當時亦無人信他，故其文亦變不盡，纔有一二大儒略相效，以下並只依舊。到得陸宣公《奏議》，只是雙關做去。又如子厚亦自有雙關之文，向來道是他初年文字，後將年譜看，乃是晚年文字，蓋是他效世間模樣做則劇耳。文氣衰弱，直至五代，竟無能變。到尹師魯、歐公幾人出來，一向變了。其間亦有欲變而不能者，然大槩都要變，所以做古文自是古文，四六自是四六，却不衮雜。賀孫。

楚此三，沈存中以「此」爲呪語，如今釋子念「娑婆訶」三合聲，而巫人之禱亦有此聲。

此却說得好。蓋今人只求之於雅而不求之於俗，故下一半都曉不得。到篇終，前面只發兩例。後人不曉，却謂只此兩韻如此。至。道夫。○《離騷》叶韻

《楚詞》注下事皆無這事，是他曉不得後，却就這語意撰一件事爲證，都失了他那正意。如《淮南子》、《山海經》皆是如此。義剛。

高斗南解《楚詞》引《瑞應圖》，周子充說館閣中有此書，引得好。他更不問義理之是非，但有出處便說好。且如《天問》云「啓棘賓商」，《山海經》以爲啓上三嬪于天，因得《九歎》、《九辨》以歸。如此，是天亦好色也。柳子厚《天對》以爲胸嬪，說天以此樂相博換得。某以爲「棘」字是「夢」字，「商」字是古文篆「天」字，如鄭康成解《記》「衣衰」作「齊衰」，云是壞字也，此亦是擦壞

了。蓋啓夢賓天,如趙簡子夢上帝之類。賓天是爲之賓,天與之以是樂也。今人不曾讀古書,如這般等處一向恁地過了。陶淵明詩「形夭無千歲」,曾氏攷《山海經》云「當作『形天舞干戚』」,看來是如此。周子充不以爲然,言只是説精衞也,此又不用出處了。夔孫。

古人文章大率只是平說而意自長,後人文章務意多而酸澁。如《離騷》初無奇字,只恁説將去,自是好。後來如魯直恁地着力做,却自是不好。方子。○道夫録云:古今擬《騷》之作,惟魯直爲無謂。

古賦須熟看屈、宋、韓、柳所作,乃有進步處。入本朝來,《騷》學殆絶,秦、黄、晁、張之徒不足學也。雉。

荀卿諸賦縝密,盛得水住。歐公《蟬賦》「其名曰蟬」,這數句也無味。雉。

《楚詞》平易,後人學做者反艱深了,都不可曉。

漢初賈誼之文質實。晁錯說利害處好,答制策便亂道。董仲舒之文緩弱,其《答賢良策》不答所問切處,至無緊要處又累數百言。東漢文章尤更不如,漸漸趨於對偶。如楊震輩皆尚讖緯,張平子非之。然平子之意,又却理會風角鳥占,何愈於讖緯。①陵夷至於三國、兩晉,則文氣日卑矣。

古人作文作詩多是模倣前人而作之,蓋學之既久,自然純熟。如相如《封禪書》,模倣極多,柳子厚見其如此,却作《貞符》以反之,然其文體亦不免乎蹈襲也。人傑。○漢文。

司馬遷文雄健,意思不帖帖,有戰國文氣象,賈誼文亦然,老蘇文亦雄健,似此皆

---

① 「讖」,原作「識」,今據萬曆本、四庫本改。

有不帖帖意。仲舒文實，劉向文又較實，亦好，無此虛氣象。比之仲舒，仲舒較滋潤發揮。大抵武帝以前文雄健，武帝以後便實。到杜欽、谷永書，又太弱無歸宿了。匡衡書多有好處，漢明經中皆不似此。淳。

仲舒文大概好，然也無精彩。淳。

林艾軒云：司馬相如賦之聖者，揚子雲、班孟堅只填得他腔子，佐錄作「腔子滿」。如何得似他自在流出，左太冲、張平子竭盡氣力，又更不及。可學。

問：「古文衰自谷永。」曰：「何止谷永？鄒陽《獄中書》已自皆作對子了。」又問：司馬相如賦似作之甚易。曰：「然。」又問：高適《焚舟決勝賦》甚淺陋。曰：「《文選》齊、梁間江總之徒賦皆不好了。因說：神宗修汴城成，甚喜，曰：『前代有所作時，皆有賦。』周美成聞之，遂撰《汴都賦》

進。上大喜，因朝降出，宰相每有文字降出時，即合誦一遍。宰相不知是誰，知古賦中必有難字，遂傳與第二人，以次傳至尚書右丞王和甫，下無人矣。和甫即展開琅然誦一遍，上喜。既退，同列問如何識許多字，和甫曰：「某也只是讀傍文。」揚錄作「一邊」。

呂編《文鑑》，要尋一篇賦冠其首，又以美成賦不甚好，遂以梁周翰《五鳳樓賦》爲首，美成賦亦在其後。

《賓戲》、《解嘲》、《劇秦》、《貞符》諸文字，皆祖宋玉之文，《進學解》亦此類。《陽春白雪》云云者，不記其名，皆非佳文。揚。

夜來鄭文振問：西漢文章與韓退之諸公文章如何？某說：而今難說。便與公說某人優，某人劣，公亦未必信得及。須是自看得這一人文字某處好，某處有病，識得破了，却看那一人文字，便見優劣如何。若

看這一人文字未破，如何定得優劣？便說與公優劣，公亦如何便見其優劣處？但子細自看，自識得破。而今人所以識古人文字不破，只是不曾子細看。又兼是先將自家意思橫在胸次，所以見從那偏處去，說出來也都是橫說。又曰：人做文章，若是子細看得一般文字熟，少間做出文字，意思語脉自是相似。讀得蘇文熟，便做出蘇文底文字；讀得韓文熟，便做出韓文底文字。向來初見若不曾子細看，少間却不得用。擬古詩，將謂只是學古人之詩，元來却是如此；「遲遲澗畔松」，自家也做一句如此；「磊磊澗中石」，自家也做一句如此；「人生天地間」，自家也做一句如此。意思語脉皆要似他底，只換却字。某後來依如此做得二三十首詩，便覺得長進，蓋意思句語，血脉勢向，皆效它底。大率古人文章皆是行正路，後來杜撰底皆是行狹隘邪路去了。而今只是依正底路脉做將去，少間文章自會高人。又云：蘇子由有一段論人做文章自有合用底字，只是下不着。又如鄭齊叔云：做文字自有穩底字，只是人思量不着。横渠云：「發明道理，惟命字難。」要之，做文字下字實是難，不知聖人說出來底也只是這幾字，如何鋪排得恁地安穩。然而人之文章，也只是三十歲以前氣格都定，但有精與未精耳。然而掉了底便荒疏，只管用功底又較精。向見韓無咎說，它晚年做底文字與他二十歲以前做底文字不甚相遠，此是他自驗得如此。人到五十歲，不是理會文章時節。前面事多，日子少了。若後生時，每日便偷一兩時閒做這般功夫。若晚年，如何

有工夫及此？或曰：人之晚年，知識却會長進。曰：也是後生時都定，便長進也不會多。然而能用心於學問底，便會長進。若不學問，只縱其客氣底，亦如何會長進？日見昏了。有人後生氣盛時，說盡萬千道理，晚年只恁地闒靸底。或引程先生曰：「人不學，便老而衰。」曰：只這一句說盡了。又云：某人晚年日夜去讀書，某人戲之曰：「吾丈老年讀書，也須還讀得入，不知得入，如何得出？」謂其不能發揮出來為做文章之用也。其說雖麓，似有理。又云：人晚年做文章，如禿筆寫字，全無鋒銳可觀。又云：某四十以前尚要學人做文章，後來亦不暇及此矣。然而後來做底文字，便只是二十左右歲做底文字。又云：劉季章近有書云：他近來看文字，覺得心平正。某答他：令更掉了這箇，虛心看文字。蓋他向

來便是硬自執他說，而今又是將這一說來罩，正是未理會得在。❶大率江西人都是硬執他底橫說，如王介甫、陸子靜都只是橫說。且如陸子靜說文帝不如武帝，豈不是橫說？又云：介甫諸公取人，如資質淳厚底，他便不取；看文字穩底，他便不取。如那決裂底，他便取，說他轉時易。大率都是硬執他底。燾。

張以道曰：「盼庭柯以怡顏」，❷盼，讀如「俛」。讀作「盻」者非。義剛。

大率文章盛，則國家却衰。如唐貞觀、開元都無文章，及韓昌黎、柳河東以文顯，韓文力量不如漢文，漢文不如先秦、戰國。揚。

---

❶ 「是」，萬曆本作「身」。
❷ 「盼」，四庫本作「眄」，下同。

而唐之治已不如前矣。汪聖錫云：「國初制詔雖粗，却甚好。」又如漢高八年詔與《文帝即位詔》只三數句，今人敷衍許多，無過只是此箇柱子。若海。○韓、柳。

先生方修《韓文考異》而學者至，因曰：韓退之議論正，規模闊大，然不如柳子厚較精密，如《辨鶡冠子》及説列子在莊子前及《非國語》之類，辨得皆是。黃達才言：柳文較古。曰：柳文是較古，但却易學，學便似他，不似韓文規模闊。學柳文也得，但會衰了人文字。義剛。○夔孫錄云：韓文大綱好，柳文論事却較精覈，如《辨鶡冠子》之類，《非國語》中儘有好處。但韓難學，柳易學。

揚因論韓文公，謂：「如何用功了，方能辨古書之真僞？」曰：《鶡冠子》亦不曾辨得，柳子厚謂其書乃寫賈誼《鵩賦》之類，❶故只有此處好，其他皆不好。柳子厚看得

文字精，以其人刻深，故如此。韓較有些王道意思，每事較含洪，便不能如此。揚。

退之要説道理，又要則劇，有平易處極平易，有險奇處極險奇。且教他在潮州時，好止住得一年。柳子厚却得永州力也。

柳學人處便絶似《平淮西雅》之類甚似《詩》，詩學陶者便似陶。韓亦不必如此，自有好處，如《平淮西碑》好。揚。

陳仲蔚問：韓文《禘議》説懿、獻二廟之事當否？曰：説得好。其中所謂「興聖廟」者，乃是涼武昭王之廟，然唐又封皋陶為帝，又尊老子為祖，更無理會。又問：韓、柳二家，文體孰正？曰：柳文亦自高古，但不甚醇正。又問：子厚論文

❶「鵩」，四庫本作「鵬」。
❷「議」，萬曆本作「義」。

封建是否？曰：子厚說「封建非聖人意也，勢也」，亦是，但說到後面有偏處。後人辨之者亦失之太過，如廖氏所論封建，排子厚太過。且封建自古便有，聖人但因自然之理勢而封之，乃見聖人之公心。且如周封康叔之類，亦是古有此制，因其有功有德有親，當封而封之，却不是聖人有不得已處。若如子厚所說，乃無可奈何而爲此。不知所謂勢者可得，乃自然之理勢，非不得已之勢也。且如射王中肩之事，乃是周末征伐自諸侯出，故有此等事。使征伐自天子出，安得有是事？然封建諸侯，却大故難制御。且如今日蠻洞，能有幾大？若不循理，朝廷亦無如之何。若古時有許多國，自是難制。如隱公時原之一邑，乃周王不奈他何，賜與鄭，鄭又不能制。到晉文公時，周人將與晉，而原又不服，故晉文公伐原。且原之爲邑甚小，又在東周王城之側，而周王與晉、鄭俱不能制。蓋渠自有兵，不似今日太守有不法處，便可以降官放罷。古者大率動便是征伐，所以《孟子》曰「三不朝，則六師移之」，在《周官》時已是如此了。便是古今事勢不同，便是難說。因言：孟子所謂五等之地，與《周禮》不同。《孟子》蓋說夏以前之制，《周禮》乃是成周之制。如當時封周公於魯乃七百里，於齊尤闊，如所謂「東至於海，西至於河，南至於穆陵，北至於無棣」，以地理考之，大段闊。所以禹在塗山，萬國來朝。至周初，但千八百國。又曰：譬如一樹，枝葉太繁時，本根自是衰枯。如秦始皇則欲削去枝葉而自留一榦，亦自不可。

有一等人，專於爲文，不去讀聖賢書；又有一等人，知讀聖賢書，亦自會作文，到

得説聖賢書，却別做一箇詫異模樣説。不知古人爲文，大抵只如此，那得許多詫異？韓文公詩文冠當時，後世未易及。到他上宰相書，用「菁菁者莪」詩注一齊都寫在裏面，若是他自作文，豈肯如此作？最是説「載沉載浮」，沉浮皆載也，可笑！「載」是助語，分明彼如此説了，他又如此用。賀孫。○韓文。

退之《除崔群侍郎制》最好，但只有此制，別更無，不知如何。義剛。

或問：《伯夷頌》「萬世標準」與「特立獨行」雖足以明君臣之大義，適權通變，又當循夫理之當然者也。先生曰：説開了，當云雖武王、周公爲萬世標準，然伯夷、叔齊惟自特立不顧。又曰：古本云「凡人沮之譽之」，與彼夫聖人是一對，其文意尤有力。椿。

退之《送陳彤秀才序》多一「不」字，舊嘗疑之，只看過了。後見謝子暢家本，乃後山傳歐陽本，圈了此「不」字。

韓退之墓誌有怪者了。

先生喜韓文《宴喜亭記》及《韓弘碑》。碑，老年筆。○方。

唐僧多從士大夫之有名者討詩文以自華，如退之《送文暢序》中所説，又如劉禹錫自有一卷送僧詩。或云：退之雖闢佛，也多要引接僧徒。曰：固是。他所引者，又却都是那破賴底僧，如靈師、惠師之徒。晚年見大顛於海上，説得來闊大勝妙，自然不得不服。人多要出脱退之，也不消得，恐亦有此理也。廣。

先輩好做詩與僧，僧多是求人詩序送行。《劉禹錫文集》自有一册送僧詩，韓文公亦多與僧交涉，又不曾見好僧，都破落

戶，然各家亦被韓文公說得也狼狽。文公多只見這般僧，後却撞着一箇大顛說下了，亦有此理。是文公不曾理會他病痛，被他纔說得高，便道是好了，所以有「頗聰明，識道理，實能外形骸以理自勝」之語。賀孫。

才卿問：韓文《李漢序》頭一句甚好。曰：公道好，某看來有病。陳曰：「文者，貫道之器。」且如六經是文，其中所說皆是這道理，❶如何有病？曰：不然。這文皆是從道中流出，❷豈有文反能貫道之理？文是文，道是道，文只如喫飯時下飯耳。若以文貫道，却是把本為末，以末為本，可乎？其後作文者皆是如此。因說：蘇文害正道甚於老、佛，且如《易》所謂「利者義之和」，却解為義無利則不和，故必以利濟義，然後合於人情。若如此，非惟失聖言之本指，又

且陷溺其心。先生正色曰：某在當時，必與他辯。却笑曰：必被他無禮。友仁。

柳文局促。却笑曰：必被他無禮。友仁。

安排，簡而不古，更說些也不妨。《封建論》并數長書是其好文，合尖氣短。如人火忙火急來說不及，又便了了。揚。○柳文。

柳子厚文有所模倣者極精，如自解諸書，是倣司馬遷《與任安書》，劉原父作文便有所倣。

「宮沉羽振，錦心繡口」，柳子厚語。璘。

韓千變萬化，無心變，歐有心變。《杜祈公墓誌》說一件未了，又說一件。韓《董晉行狀》尚稍長，權德輿作宰相神道碑，只一板許，歐、蘇便長了。蘇體只是一類。柳

---

❶ 「說」，萬曆本作「道」。
❷ 「從」，原作「後」，今據萬曆本、四庫本改。

《伐原議》極局促，不好，東萊不知如何喜之。陳後山文如《仁宗飛白書記》大段好，曲折亦好，墓誌亦好。有典有則，方是文章。其他文亦有太局促不好者，如《題太白像》。《高軒過》古詩，是晚年做到平易處，《高軒過》恐是絕筆。其文曲折甚多，過得自在，不如柳之局促。又一條云：後山《仁宗飛白書記》其文曲折甚多，過得自在，不如柳之局促。○總論韓、柳、歐、蘇諸公。

東坡文字明快，老蘇文雄渾，儘有好處。如歐公、曾南豐、韓昌黎之文，豈可不看？柳文雖不全好，亦當擇。合數家之文擇之，無二百篇。下此則不須看，恐低了人手段，但採他好處以爲議論，足矣。若班、馬、孟子，則是大底文字。道夫。

韓文高，歐陽文可學，曾文一字挨一字，謹嚴，然太迫。又云：今人學文者何曾作得一篇？枉費了許多氣力。大意主乎

學問以明理，則自然發爲好文章，詩亦然。國初文章皆嚴重老成，嘗觀嘉祐以前誥詞等，言語有甚拙者，而其人才皆是當世有名之士。蓋其文雖拙，而其辭謹重，有欲工而不能之意，所以風俗渾厚。至歐公文字，好底便十分好，然猶有甚拙底，未散得他和氣。到東坡文字便已馳騁，忒巧了。及宣、政間，則窮極華麗，都散了和氣，所以聖人取「先進於禮樂」，意思自是如此。○國朝文。

劉子澄言：本朝只有四篇文字好，《太極圖》、《西銘》、《易傳序》、《春秋傳序》。因言：杜詩亦何用？曰：是無意思。大部小部無萬數，益得人甚事？因傷時文之弊，謂：張才叔《書義》好。《自靖人自獻于先王義》，胡明仲醉後每誦之。又謂：劉棠《舜不窮其民論》好，歐公甚喜之，其後姚孝

寧《易義》亦好。壽昌錄云：或問《太極》、《西銘》。曰：自《孟子》已後，方見有此兩篇文章。

李泰伯文實得之經中，雖淺，然皆自大處起議論。首卷《潛書》、《民言》好，如古《潛夫論》之類。《周禮論》好，如宰相掌人主飲食男女事，某意如此。今其論皆然，文字氣象大段好，甚使人愛之，亦可見其時節方興如此好。老蘇父子自史中《戰國策》得之，故皆自小處起議論，歐公喜之。李不軟貼，不爲所喜。范文正公好處，歐不及。李晚年須參究來。❶有一記說達麼宗派甚詳，須是大段去參究來。又曰：以李視今日之文，如三日新婦然。某人輩文字，乃蛇鼠阡表》二句云：「求其生而不得，則死者與成一家。景文亦服人，嘗見其寫六一《瀧岡

先生讀宋景文《張巡贊》，曰：其文自我皆無恨也。」

溫公文字中多取荀卿助語。

六一文一倡三歎，令人是如何作文！

六一文有斷續不接處，如少了字模樣。如《祕演詩集序》「喜爲歌詩以自娛」、「十年間」兩節不接。《六一居士傳》意凡文弱，《仁宗飛白書記》文不佳。制誥首尾四六皆治平間所作，非其得意者。恐當時亦被人催促，加以文思緩，不及子細，不知如何。然有紆餘曲折，辭少意多，玩味不能已者，又非辭意一直者比。《黃夢升墓誌》極好。問先生所喜者。云：《豐樂亭記》。揚。

陳同父好讀六一文，嘗編百十篇作一集。今刊行《豐樂亭記》是六一文之最佳者，却編在《拾遺》。

❶「禪」，萬曆本作「道」。

歐公文字鋒刃利,文字好,議論亦好。嘗有詩云「玉顏自古爲身累,肉食何人爲國謀」,以詩言之,是第一等好詩!以議論言之,是第一等議論! 拱壽。

欽夫文字不甚改,改後往往反不好。亞夫曰:歐公文字愈改愈好。曰:亦有改不盡處,如《五代史宦者傳》末句云「然不可不戒」,當時必是載張承業等事在此,❶故曰「然不可不戒」。後既不欲載之於此,而移之於後,則此句當改,偶忘削去故也。 方子。

因改《謝表》,曰:作文自有穩字。古之能文者,纔用便用着這樣字,如今不免去搜索修改。又言:歐公爲蔣穎叔輩所誣,既得辨明,《謝表》中自叙一段只是自胸中流出,更無此窒礙,此文章之妙也。又曰:「見」。得他《醉翁亭記》藁,初說滁州四面有

歐公文亦多是修改到妙處,頃有人買 饒錄作

山,凡數十字,末後改定,只曰「環滁皆山也」五字而已。 饒錄云:有數十字,序滁州之山。忽大圈了,一邊注「環滁皆山也」一句。如尋常不經思慮,信意所作言語,亦有絕不成文理者,不知如何。 廣。

前輩見人,皆通文字。先生在同安,嘗見六一見人文字三卷子,是以平日所作詩文之類楷書以獻之。 振。

歐公文章及三蘇文,好處只是平易說道理,初不曾使差異底字換却那尋常底字。儒用。

文章到歐、曾、蘇,❷道理到二程,方是暢。

荆公文暗。

歐公文字敷腴溫潤,曾南豐文字又更

❶「是」,萬曆本作「有」。
❷「章」,萬曆本作「字」。

峻潔，雖議論有淺近處，然却平正好。到得東坡，便傷於巧，議論有不正當處。後來到中原，見歐公諸人了，文字方稍平，老蘇尤甚。大抵已前文字都平正，人亦不會大段巧說。自三蘇文出，學者始日趨於巧。如李泰伯文尚平正明白，然亦已自有些巧了。

廣問：荆公之文如何？曰：他却似南豐文，但比南豐文亦巧。荆公曾作《許氏世譜》寫與歐公看，歐公一日因曝書見了，將看，不記是誰作，意中以為荆公作。又云：介甫不解做得恁地，恐是曾子固所作。

又問：後山文如何？曰：後山煞有好文字，如《黃樓銘》、《館職策》皆好。又舉數句說人不怨暗君怨明君處，以為說得好。廣又問：後山是宗南豐文否？曰：他自說曾見南豐于襄、漢間。後見一文字，說南豐過荆、襄，後山携所作以謁之。南豐一見愛

之，因留款語。適欲作一文字，事多，因託後山為之，且授以意。後山文思亦澁，窮日之力方成，僅數百言。明日以呈南豐，南豐云：「大略也好，只是冗字多，不知可為略刪動否？」後山因請改竄。但見南豐就坐，取筆抹數處，每抹處連一兩行，便以授後山。凡削去一二百字，後山讀之，則其意尤完，因嘆服，遂以為法。所以後山文字簡潔如此。廣因舉秦丞相教其子孫作《文說》，中說後山處曰：「他都記錯了，南豐入史館時，止為檢討官。是時後山尚未有官，後來入史館，嘗薦邢和叔。雖亦有意薦後山，以其未有官而止。」廣。楊錄云：秦作後山叙，謂南豐辟陳為史官。陳元祐間始得官，秦說誤。

因言文士之失，曰：「今曉得義理底人，少間被物慾激搏，猶自一強一弱，一勝一負。如文章之士，下梢頭都靠不得。且如

歐陽公初間做《本論》，其説已自大段拙了，然猶是一片好文章，有頭尾。它不過欲封建、井田，與冠婚喪祭，蒐田燕饗之禮，使民朝夕從事於此，少間無工夫被佛氏引去，自然可變。其計可謂拙矣，然猶是正當議論也。到得晚年，自做《六一居士傳》，宜其所得如何，却只説有書一千卷，《集古録》一千卷，琴一張，酒一壺，碁一局，與一老人爲六，更不成説話，分明是自納敗闕。如東坡一生讀盡天下書，説無限道理。到得晚年過海，做《昌化峻靈王廟碑》，❶引唐肅宗時一尼恍惚升天，見上帝，以寶玉十三枚賜之云：中國有大災，以此鎮之。今此山如此，意其必有寶，云云。更不成議論，似喪心人説話。其他人無知，如此説尚不妨，你平日自視爲如何？説盡道理，却説出這般話，是可怪否？「觀於海者難爲水，游於聖人之門者難爲言」，分明是如此了，便看他這般文字不入。個

問：坡文不可以道理并全篇看，但當看其大者。曰：東坡文説得透，南豐亦説得透，如人會相論底，一齊指摘説盡了。歐公不盡説，含蓄無盡，意又好。曰：那文字正是好。因謂張定夫《峻靈王廟碑》無見識，《伏波廟碑》亦無意思。伏波當時蹤跡在廣西，不在彼中，記中全無發明。揚曰：不可以道理看他。然二碑筆健。曰：然。又問：《潛真閣銘》好。曰：這般閑戲文字便好，雅正底文字便不好。如《韓文公廟碑》之類，初看甚好讀，子細點檢，疏漏甚多。又曰：東坡令其姪學渠兄弟蚤年應舉時文字。揚。

❶「昌」，原作「過」，今據朝鮮本改。

人老氣衰，文亦衰。歐陽公作古文，力變舊習，老來照管不到，爲某詩序又四六對偶，依舊是五代文習。東坡晚年文雖健不衰，然亦疏魯，如《南安軍學記》海外歸作，而有「弟子揚觶序點者三」之語，「序點」是人姓名，其疏如此。淳。

六一記菱谿石，東坡記六菩薩，皆寓意，防人取去，然氣象不類如此。

老蘇之文高，只議論乖角。燾。

老蘇文字初亦喜看，後覺得自家意思都不正當，以此知人不可看此等文字，固宜以歐、曾文字爲正。東坡、子由晚年文字不然，然又皆議論衰了。東坡初進策時，只是老蘇議論。

坡文雄健有餘，只下字亦有不貼實處。道夫。

坡文只是大勢好，不可逐一字去點檢。義剛。

東坡《墨君堂記》只起頭不合說破「竹」字，不然，便似《毛穎傳》。必大。

東坡《歐陽公文集叙》只恁地文章儘好，但要說道理，便看不得，首尾皆不相應。起頭甚麼樣大，末後却說詩賦似李白，記事似司馬相如。賀孫。

統領商榮以《溫公神道碑》爲餉，先生命吏約道夫同視，且曰：坡公此文說得來恰似山摧石裂。道夫問：不知既說「誠」，何故又說「一」？曰：這便是他看道理不破處。頃之，直卿至，復問：若說「誠之」，則說「一」亦不妨否？曰：不用恁地說，蓋誠則自能一。問：大凡作這般文字，不知還有布置否？曰：看他也只是據他一直恁地說將去，初無布置。如此等文字，方其說起頭時，自未知後面說甚麼在。以手指

中間曰：到這裏，自說盡，無可說了，却忽然說起來。如退之、南豐之文，却是布置。某舊看二家之文，復看坡文，覺得一段中欠了句，一句中欠了字。又曰：向嘗聞東坡作《韓文公廟碑》，一日思得頗久。忽得兩句云「匹夫而爲百世師，一言而爲天下法」，遂掃將去。道夫問：看老蘇文似勝坡公，黃門之文又不及東坡。曰：黃門之文衰，遠不及，也只有《黃樓賦》一篇爾。道夫因言歐陽公文平淡。曰：雖平淡，其中却自美麗，有好處，有不可及處，却不是闒茸無意思。又曰：歐文如賓主相見，平心定氣，說好話相似。坡公文如說不辦後，對人鬧相似，都無恁地安詳。蜚卿問范太史文。曰：他只是據見定說將去，也無甚做作。如《唐鑑》雖是好文字，然多照管不及，評論總意不盡。只是饒錄云：不能得一起頭，起行百十遭。

文字本體好，然無精神，所以有照管不到處，無氣力，到後面多脫了。道夫因問黃門《古史》一書。曰：此書儘有好處。道夫曰：如他論西門豹投巫事，以爲他本循良之吏，馬遷列之於《滑稽》，不當。似此議論甚合人情。曰：然。《古史》中多有好處，如論《莊子》三四篇譏議夫子處，以爲決非莊子之書，乃是後人截斷《莊子》本文攙入，此其考據甚精密。但今觀之，《莊子》此數篇亦甚鄙俚。道夫。

或問：蘇子由之文比東坡稍近理否？曰：亦有甚道理？但其說利害處，東坡文字較明白，子由文字不甚分曉。要之，學術只一般。因言：東坡所薦引之人多輕儇之士，若使東坡爲相，則此等人定皆布滿要路，國家如何得安靜？賀孫。

諸公祭溫公文，只有子由文好。

歐公大段推許梅聖俞所注《孫子》，看得來如何得似杜牧注底好？以此見歐公有不公處。或曰：聖俞長於詩。曰：詩亦不得謂之好。或曰：其詩亦平淡。曰：他不是平淡，乃是枯槁。拱壽。

范淳夫文字純粹，下一箇字，東坡所以伏他。東坡輕文字，不將為事。若做文字時，只是胡亂寫去，如□□□後面恰似少後添。❶節。

後來惟汪聖錫制誥，❷有溫潤之氣。曾問某人，前輩四六語孰佳？答云：莫如范淳夫。因舉作某王加恩制云：「周尊公旦，地居四輔之先；漢重王蒼，位列三公之上。」自然平正典重，彼工於四六者却不能及。德明。

劉原父才思極多，湧將出來，每作文，

多法古，絕相似。有幾件文字學《禮記》，《春秋說》學《公》、《穀》，文勝貢父。振。

劉貢父文字工於摹倣。學《公羊》、《儀禮》。○若海。

蘇子容文慢。義剛。

南豐文字確實。道夫。

問：南豐文如何？曰：南豐文却近質。他初亦只是學為文，却因學文，漸見些子道理，故文字依傍道理做，不為空言。只是關鍵緊要處也說得寬緩不分明，緣他見處不徹，本無根本工夫，所以如此。但比之東坡則較質而近理，東坡則華豔處多。或言：某人如搏謎子，更不可曉。曰：然。尾頭都不說破，頭邊做作掃一片去也好。只

❶ □□□原為墨丁，四庫本無。
❷「惟」，萬曆本作「如」。

教學意出。義剛。

南豐《列女傳序》說二《南》處好。

南豐《范貫之奏議序》氣脉渾厚，說得仁宗好。東坡《趙清獻神道碑》說仁宗處，其文氣象不好。「第一流人」等句，南豐不說，子由挽南豐詩甚服之。

兩次舉《南豐集》中《范貫之奏議序》末文之備盡曲折處。方。

南豐有作郡守時榜之類爲一集，不曾出。先生舊喜南豐文，爲作年譜。

問：嘗聞南豐令後山一年看《伯夷傳》，後悟文法，如何？曰：只是令他看一年，則自然有自得處。

江西歐陽永叔、王介甫、曾子固文章如此好，至黃魯直一向求巧，反累正氣。必大。陳後山之文有法度，如《黃樓銘》當時諸公都歛衽。佐錄云：便是今人文字都無他抑揚頓

到尾頭，便没合殺，只恁休了。篇篇如此，不知是甚意思。或曰：此好奇之過。曰：此安足爲奇？觀前輩文章，如賈誼、董仲舒、韓愈諸人還有一篇如此否？夫所貴乎文之足以傳遠，以其議論明白，血脉指意曉然可知耳。文之最難曉者，無如柳子厚。然細觀之，亦莫不有指意可見，何嘗如此不說破？其所以不說破者，只是吝惜，欲我獨會而他人不能，其病在此。大概是不肯蹈襲前人議論，而務爲新奇。惟其好爲新奇，而又恐人皆知之也，所以吝惜。曾所以不及歐處，是紆徐楊錄作「餘」。個。曲折處。曾喜模擬人文字，擬《峴臺記》是放《醉翁亭記》，不甚似。

南豐擬制内有數篇，雖雜之三代誥命中亦無愧。必大。

南豐作宜黃、筠州二學記好，説得古人

挫。因論當世人物，有以文章記問為能，而好點檢它人，不自點檢者。曰：「所以聖人說：『益者三樂：樂節禮樂，樂道人之善，樂多賢友。』」至。

《館職策》，陳無己底好。

李清臣文飽滿，雜說甚有好議論。

李清臣文比東坡較實。李舜舉永洛敗死，墓誌說得不分不明，看來是不敢說。

《桐陰舊話》載王銍云：李邦直作《韓太保惟忠墓誌》乃孫巨源文也。先生曰：巨源文溫潤，《韓碑》徑，只是邦直文也。論胡文定公文，字字皆實，但奏議每件引《春秋》，亦有無其事而遷就之者，大抵朝廷文字且要論事情利害是非令分曉。今人多先引故事，如論青苗，只是東坡兄弟說得有精神，他人皆說從別處去。德明。

胡侍郎萬言書好，令後生讀，先生舊親

寫一冊。又曰：上殿劄子《論元者》好，❶《無逸解》好，《請行三年喪劄子》極好，諸奏議、外制皆好。

陳幾道《存誠齋銘》某初得之，見其都是好義理堆積，更看不辦。後子細誦之，却見得都是奏合，與聖賢說底全不相似。其云「又如月影散落萬川，定相不分，處處皆圓」，這物事不是如此。若是如此，孔、孟却隱藏著不以布施，是何心哉？乃知此物事不當恁地說。螢。

張子韶文字沛然猶有氣，開了又闔，闔了又開，開闔七八番，到結末處又不說，只恁地休了。至。

性說出，使人皆知。近來文字，開口見心，索文章輕重，可見人壽夭，不在美惡上。

❶ 「者」，萬曆本作「老」。

《白鹿洞記》力輕。韓元吉雖只是胡說，然有力，吳逵文字亦然。韓無咎文做着儘和平，有中原之舊，無南方啁哳之音。佐。

王龜齡奏議氣象大。

曾司直大故會做文字，大故馳騁有法度，裘父大不及他。裘父文字澁，説不去。義剛。

陳君舉《西掖制詞》殊未得體。王言溫潤，不尚如此。胡明仲文字却好。義剛。

或言：陳蕃叟武。不喜坡文，戴肖望溪。不喜南豐文。先生曰：二家之文雖不同，使二公相見，曾公須道坡公底好，坡公須道曾公底是。道夫。

德粹語某人文章，先生曰：紹興間文章大抵麁，成段時文。然今日太細膩，流於委靡。問賢良。先生曰：賢良不成科目，天下安得許多議論？可學。○以下論近世之文。

諸公文章馳騁好異，止緣好異，所以見異端新奇之説從而好之。這也只是見不分曉，所以如此。看仁宗時制詔之文極樸，固是不好看，只是它意思氣象自恁地深厚久長，固是拙，只是他所見皆實。看他下字都不甚恰好，有合當下底字，却不下，也不是他識了不下，只是他當初自思量不到。然氣象儘好，非如後來之文一味纖巧不實。❶且如進卷，方是二蘇做出恁地壯偉發越，已前不曾如此。看張方平進策，更不作文，只如説鹽鐵一事，他便從鹽鐵原頭直説到如今，中間却載着甚麼年，甚麼月，後面更不説措置。如今只是將虛文漫演，前面説了，後面又將這一段翻轉，這只是不曾見得。所以不曾見得，只是不曾虛心看聖賢

❶「如」，萬曆本作「惟」。

之書。固有不曾虛心看聖賢書底人，到得要去看聖賢書底，又先把他自一副當在這裏，不曾見得聖人意。待做出，又只是自底。某如今看來，惟是聰明底人難讀書，難理會道理。蓋緣他先自有許多一副當，聖賢意思自是難入。因說：陳叔向是白撰一箇道理。某嘗說：教他據自底所見恁地說，也無害，只是又把那說來壓在這裏文字上。他自見得自底虛了行不得，故如此。然如何將兩箇要捏做一箇得？一箇自方，一箇自圓，如何總合得？這箇不是他要如此，止緣他合下見得如此。如楊、墨、楊氏終不成自要「為我」，墨氏終不成自要「兼愛」，只緣他合下見得錯了。若不是見得如此，定不解常如此做。楊氏壁立萬仞，豪髮不容，較之墨氏又難。若不是他見得如此，如何心肯意肯？陳叔向所見咤異，它說是吾憂也。若只恁地死守得這箇心便了，

「目視己色，耳聽己聲，口言己事，足循己行」，有目固當視天下之色，有耳固當聽天下之聲，有口固當言天下之事，有足固當循天下之行，他却如此說。看他意思是如此，只要默然靜坐，是不看眼前物事，不聽別人說話，不說別人是非，不管別人事。又如說「言忠信，行篤敬」一章，便說道緊要只在「立則見其參於前，在輿則見其倚於衡」。問道：「見是箇甚麼物事？」他便說：「見是見自家身己。」某與說：「立」是自家身己立在這裏了，「參於前」又是自家身己；「在輿」是自家身己坐在這裏了，「倚於衡」又是自家身己。却是有兩箇身己。又說格物做心，云：格住這心，方會知得到，未嘗見人把物做心，與他恁地說，他只是自底是。以此知，人最是知見為急。聖人尚說「學之不講，是吾憂也」。若只恁地死守得這箇心便了，

聖人又須要人講學何故？若只守此心，據自家所見做將去，少間錯處都不知。今人作文，皆不足爲文。大抵專務節字，更易新好生面辭語。至說義理處，又不肯分曉。觀前輩歐、蘇諸公作文，何嘗如此？聖人之言坦易明白，因言以明道，正欲使天下後世由此求之。使聖人立言要教人難曉，聖人之經定不作矣。若其義理精奧處，人所未曉，自是其所見未到耳。學者須玩味深思，久之自可見。何嘗如今人欲說又不敢分曉說，不知是甚所見！畢竟是自家所見不明，所以不敢深言，且鶻突說在裏。寓。

前輩文字有氣骨，故其文壯浪。歐公、東坡亦皆於經術本領上用功，今人只是於枝葉上粉澤爾，如舞訝鼓然，其間男子、婦人、僧、道雜色無所不有，但都是假底。舊

見徐端立言，石林嘗云：「今世安得文章，只有箇減字換字法爾。如言『湖州』，必須去『州』字，只稱『湖』，此減字法也；不然，則稱『雲上』，此換字法也。」方子。○蓋卿錄云：今人做文字却是燕脂膩粉粧成，❶ 自是不壯浪，無骨氣。如舞訝鼓相似，也有男兒，也有婦女，也有僧、道、秀才，但都是假底。嘗見徐端立言，石林嘗云：「今世文章只是用換字減字法，如說『湖州』，此減字法，不然，則只說『湖』，此換字法也。」嘗見張安道進卷，其文皆有直氣。○謙錄云：今來文字至無氣骨。向來前輩雖是作時文，亦是樸實頭鋪事實，樸實頭引援，樸實頭道理。看著雖不入眼，却有骨氣。今人文字全無骨氣，便似舞訝鼓者，塗眉畫眼，僧也有，道也有，婦人也有，村人也有，俗人也有，官人也有，士人也有，只不是本樣人。然皆足以惑衆，真好笑也。或云：此是禁懷挾所致。曰：不然。自是時節所尚如此，只是人不知學，全無本柄，被人引動，尤而交

❶「燕」，萬曆本作「胭」。

❶何如而今作件物事，一箇做起，一人學起，有不崇朝而徧天下者。本來合當理會底事，全不理會，直是可惜。

貫穿百氏及經史，乃所以辨驗是非，明此義理，豈特欲使文詞不陋而已？義理既明，又能力行不倦，則其存諸中者必也光明四達，何施不可？發而爲言，以宣其心志，當自發越不凡，可愛可傳矣。今執筆以習研鑽華采之文，務悦人者，外而已，可恥也矣！人傑。○以下論作文。

道者，文之根本；文者，道之枝葉。惟其根本乎道，所以發之於文皆道也。三代聖賢文章皆從此心寫出，文便是道。今東坡之言曰：「吾所謂文，必與道俱。」則是文自文而道自道，待作文時旋去討箇道來入放裏面，此是它大病處。只是它每常文字華妙，包籠將去，到此不覺漏逗。説出他本

根病痛所以然處，縁他都是因作文，説上道理來，不是先理會得道理了，方作文，所以道理則稍近於道，不爲空言。如《唐禮樂志》云：「三代而上，治出於一；三代而下，治出於二。」此等議論極好，蓋猶知得只是一本。如東坡之説，則是二本，非一本矣。僩。

才要作文章，便是枝葉害着學問，反兩失也。壽昌。

詩筆雜文不須理會，科舉是無可奈何，一以門户，一以父兄在上責望。科舉却有了時，詩文之類看無出時節。芝。

一日説作文，曰：不必着意學如此文章，但須明理。理精後，文字自典實。伊川晚年文字，如《易傳》直是盛得水住。蘇子

❶「交」，萬曆本作「效」。

瞻雖氣豪善作文，終不免疏漏處。大雅。

問：要看文以資筆勢言語，須要助發義理。曰：可看《孟子》、韓文，韓不用科段，直便說起去至終篇，自然純粹成體，無破綻。如歐、曾却各有一箇科段。舊曾學曾，❶為其節次定了。今覺得要說一意，須待節次了了，方說得到。及這一路定了，左右更去不得。又云：方之文有澁處。因看了柳文，便自壞了，如何更看韓文？方。

言：陳皐卿教人看柳文了，却看韓文。不知因論文，曰：作文字須是靠實，說得有條理乃好，不可架空細巧。大率要七分實，只二三分文。如歐公文字好者，只是靠實而有條理，如《張承業》及《宦者》等傳自然好。東坡如《靈壁張氏園亭記》最好，亦是靠實。秦少游《龍井記》之類全是架空說去，殊不起發人意思。時舉。

文章要理會本領，謂理。前輩作者多讀書，亦隨所見理會，今皆做賢良進卷胡作。每論著述文章，皆要有綱領。文定文字有綱領，龜山無綱領，如《字說》《三經辯》之類。○方。

前輩做文字，只依定格依本分做，所以做得甚好。後來人却厭其常格，則變一般新格做，本是要好，然未好時先差去聲。異了。又云：前輩用言語，古人有說底固是用，如世俗常說底亦用。後來人都要別撰一般新奇言語，下梢與文章都差異了，却將差異底說話換了那尋常底說話。○燾。

問「舍弟序子文字如何進工夫」。云云。曰：看得韓文熟。饒錄云：看一學者文字，曰：好好讀得韓文熟。又曰：要做好文字，須是理會道理，更可以去韓文上一截如西漢文字用

❶ 「舊」，萬曆本作「却」。

問:《史記》如何?曰:《史記》不可不學,學不成,却顛了,不如且理會法度文字。問後山學《史記》。曰:後山文字極法度,幾於太法度了。然做許多碎句子,是學《史記》。又曰:後世人資禀與古人不同,今人去學《左傳》、《國語》皆一切踏踏地説去,没收煞。揚。

文字奇而穩方好,不奇而穩,只是闒靸。燾。

作文何必苦留意?又不可太頹塌,只略教整齊足矣。文蔚。

因論詩曰:嘗見傅安道説爲文字之法,有所謂「筆力」,有所謂「筆路」。筆力到二十歲許便定了,便後來長進,也只就上面添得此子。筆路則常拈弄時,轉開拓,不拈弄,便荒廢。此説本出於李漢老,看來做詩亦然。雉。

因説伯恭所批文,曰:文章流轉變化無窮,豈可限以如此?某因説:陸教授謂伯恭有箇文字腔子,才作文字時,便將來入箇腔子,故文字氣脉不長。❶先生曰:他便是眼高見得破。

至之以所業呈先生,先生因言:東萊教人作文,當看《獲麟解》,也是其間多曲折。又曰:某舊最愛看陳無己文,他文字也多曲折。謂諸生曰:韓、柳文好者不可不看。道夫。

人要會作文章,須取一部西漢文,❷與韓文、歐陽文、南豐文。燾。

❶「故」,萬曆本作「做」。
❷「部」,萬曆本作「本」。

因論今日舉業不佳，曰：「今人要做好文者，❶但讀《史》、《漢》、韓、柳而不能，便請斫取老僧頭去。

嘗與後生說：若會將《漢書》及韓、柳文熟讀，不到不會做文章。舊見某人作《馬政策》云「觀戰，奇也；觀戰勝，又奇也；觀騎戰勝，又大奇也」。這雖是麄，中間却有好意思。如今時文，一兩行便做萬千屈曲，若一句題也要立兩脚，三句題也要立兩脚，這是多少衰氣。賀孫。

後人專做文字，亦做得衰，不似古人。

前輩云「言衆人之所未嘗，任大臣之所不敢」，多少氣魄，今成甚麽文字！節。

人有才性者，不可令讀東坡等文。有才性人，便須取入規矩，不然，蕩將去。

因論今人作文好用字子，如讀《漢書》之類，便去收拾三兩箇字。洪邁又較過人，

亦但逐三兩行文字筆勢之類好者讀看。因論：南豐尚解使一二字，歐、蘇全不使一箇難字，而文章如此好。揚。

凡人做文字不可太長，照管不到，寧可說不盡。歐、蘇文皆說不曾盡。東坡雖是宏闊瀾翻，成大片衮將去，他裏面自有法。今人不見得他裏面藏得法，但只管學他一衮做將去。

文字或作「做事」。無大綱領，拈掇不起。某平生不會做補接底文字，補湊得不濟事。方子。

前輩云：「文字自有穩當底字，只是始者思之不精。」又曰：文字自有一箇天生成腔子，古人文字自貼這天生成腔子。節。

因論今世士大夫好作文字，論古今利

❶「人」，萬曆本作「日」。

害，比並爲說，曰：不必如此，只要明義理，義理明則利害自明，古今天下只是此理。所以今人做事多暗與古人合者，只爲理一故也。大雅。

人做文字不著，只是說不著，說不到，說自家意思不盡。燾。

看陳蕃叟《同合錄序》，文字艱澁，曰：文章須正大，須教天下後世見之明白無疑。揚。

因說作應用之文：此等苟禮，無用亦可。但人所共用，亦不可廢。曹宰問云：尋常人徇人情做事，莫有牽制否？曰：孔子自有條法。「從衆」、「從下」惟其當爾。謙。

大率諸義皆傷淺短，鋪陳略盡，便無可說。不見反覆辨論節次發明工夫，讀之未終，已無餘味矣，此學不講之過也。抄《漳浦課簿》。○道夫。

顯道云：李德遠侍郎在建昌作解元，做《本強則精神折衝賦》，其中一聯云「虎在山而藜藿不採，威令風行；金鑄鼎而魑魅不逢，姦邪影滅」，試官大喜之。乃是全用汪玉谿相黃潛善麻制中語，後來士人經禮部訟之。時樊茂實爲侍郎，乃云：「此一對當初汪內翰用時卻未甚好，今被李解元用此賦中，見得工。」訟者遂無語而退。德遠緣此見知於樊先生。因舉舊有人作《仁人之安宅賦》一聯云「智者反之，若去國念田園之樂；衆人自棄，如病狂昧宮室之安」。

朱子語類卷第一百四十

論　文　下　詩

或言今人作詩多要有出處，曰：「『關關雎鳩』，出在何處？」文蔚。

因說詩，曰：曹操作詩必說周公，如云「山不厭高，水不厭深；周公吐哺，天下歸心」。又《苦寒行》云「悲彼《東山》詩」，他也是做得箇賊起，不惟竊國之柄，和聖人之法也竊了。夔孫。

詩見得人，如曹操雖作酒令，亦說從周公上去，可見是賊。若曹丕詩，但說飲酒。古詩須看西晉以前，如樂府諸作皆佳。

杜甫夔州以前詩佳，夔州以後自出規模，不可學。蘇、黃只是今人詩，蘇才豪，黃費安排。說盡，無餘意。德明。

《選》中劉琨詩高。東晉詩已不逮前人，齊、梁益浮薄。鮑明遠才健，其詩乃《選》之變體，李太白專學之。如「腰鐮刈葵藿，倚杖牧雞豚」，分明說出箇倔強不肯甘心之意。如「疾風衝塞起，砂礫自飄揚。馬尾縮如蝟，角弓不可張」，分明說出邊塞之狀，語又俊健。方子。

淵明詩平淡，出於自然。後人學他平淡，便相去遠矣。某後生見人做得詩好，銳意要學，遂將淵明詩平側用字一一依他做。到一月後便解自做，不要他本子，方得作詩之法。

或問：「『形天無千歲』改作『形天舞干戚』，如何？」曰：《山海經》分明如此說，惟

周丞相不信改本。向薌林家藏邵康節親寫陶詩一册，乃作「形夭無千歲」，周丞相遂跋尾，以康節手書爲據，以爲後人妄改也。向家子弟携來求跋，某細看，亦不是康節親筆，疑熙、豐以後人寫，蓋贋本也。蓋康節之死在熙寧二三年間，而詩中避「畜」字諱，❶則當是熙寧以後書。然筆畫嫩弱，非老人筆也。又不欲破其前説，遂還之。

蘇子由愛《選》詩「亭皐木葉下，隴首秋雲飛」，此正是子由慢底句法。某却愛「寒城一以眺，平楚正蒼然」十字，却有力。齊、梁間人詩，❷讀之使人四肢皆懶慢不收拾。

晉人詩惟謝靈運用古韻，如「祐」字協「燭」字之類。唐人惟韓退之、柳子厚、白居易用古韻，如《毛穎傳》「牙」字、「資」字、「毛」字皆恊「魚」字韻是也。人傑。

唐明皇資禀英邁，只看他做詩出來，是什麽氣魄！今《唐百家詩》首載明皇一篇《早渡蒲津關》，多少飄逸氣概，便有帝王底氣燄！越州有石刻唐朝臣送賀知章詩，亦只有明皇一首好，有曰：「豈不惜賢達，其如高尚何！」雉。

李太白詩不專是豪放，亦有雍容和緩底，如首篇「大雅久不作」，多少和緩！陶淵明詩，人皆説是平淡，據某看，他自豪放，但豪放得來不覺耳。其露出本相者，是《詠荆軻》一篇，平淡底人如何説得這樣言語出來？雉。

張以道問：太白五十篇《古風》不似他詩，如何？曰：太白五十篇《古風》是學陳

❶「字」，原作墨丁，今據朝鮮本補。
❷「人」，萬曆本作「之」。

子昂《感遇》詩，其間多有全用他句處。義剛。

杜詩初年甚精細，晚年橫逆不可當，只意到處便押一箇韻。如自秦州入蜀諸詩，分明如畫，乃其少作也。李太白詩非無法度，乃從容於法度之中，蓋聖於詩者也。《古風》兩卷多效陳子昂，亦有全用其句處。太白去子昂不遠，其尊慕之如此。然多為人所亂，有一篇分為三篇者，有二篇合為一篇者。方子。○佐同。

李太白終始學《選》詩，所以好。杜子美詩好者，亦多是倣《選》詩，漸放手，夔州諸詩則不然也。雉。

或問：李白「清水出芙蓉，天然去雕飾」，前輩多稱此語，如何？曰：自然之好，又不如「芙蓉露下落，楊柳月中疏」，則尤佳。雉。

人多說杜子美夔州詩好，此不可曉。

夔州詩却說得鄭重煩絮，不如他中前有一節詩好。魯直一時固自有所見，今人只見魯直說好便却說好，如矮人看戲耳。問：韓退之潮州詩、東坡海外詩如何？曰：却好。東坡晚年詩固好，只文字也多是信筆胡說，全不看道理。雉。

杜子美晚年詩都不可曉。呂居仁嘗言：詩字字要響。其晚年詩都啞了，不知是如何，以為好否？

杜詩「萬里戎王子，何年別月支」，後說花，云云。今人只說道戎王子自月支帶得花來。此中嘗有一人在都下，見一蜀人遍鋪買戎王子，皆無。曰：是蜀中一藥，為《本草》不曾收，今遂無人蓄。方曉杜詩所言。文字好用經語，亦一病。老杜詩「致遠思恐泥」，東坡寫此詩到此句云：「此詩不足為法。」璘。

杜詩最多誤字，蔡興宗《正異》固好而未盡。某嘗欲廣之，作《杜詩考異》，竟未暇也。如「風吹蒼江樹，雨洒石壁來」，「樹」字無意思，當作「去」字無疑，「去」字對「來」字。又如蜀有「漏天」，以其西北陰盛常雨，不曉其義，遂改「漏」字爲「滿」，似此類極多。雉。

「天閱象緯逼」，蔡興宗作「天闚」，近是。蔡云：古本作「闚」。《史》：以管窺天。○佐。

杜子美「暗飛螢自照」，語只是巧，韋蘇州云「寒雨暗深更，流螢度高閣」，此景色可想，但則是自在說了。因言：《國史補》稱韋「爲人高潔，鮮食寡欲。所至之處，掃地焚香，閉閤而坐」。其詩無一字做作，直是自在，其氣象近道，意常愛之。問：比陶如何？曰：陶却是有力，但語健而意閑。隱

者多是帶性負氣之人爲之，陶欲有爲而不能者也，又好名。韋則自在，其詩有做不着處便倒塌了底。晉、宋間詩多閑淡，杜工部等詩常忙了。陶云「身有餘勞，心有常閑」，乃《禮記》「身勞而心閑則爲之也」。方。

韋蘇州詩高於王維、孟浩然諸人，以其無聲色臭味也。方。

韓詩平易，孟郊喫了飽飯，思量到人不到處。《聯句》中被他牽得，亦著如此做。人不可無戒謹恐懼底心。莊子說庖丁解牛神妙，然才到那族，必心怵然爲之一動，然後解去。心動便是懼處。韓文《鬬雞聯句》云：「一噴一醒然，再接再礪乃。」謂雖困了，一以水噴之便醒。「一噴一醒」即所謂懼也，此是孟郊語，也說得好。又曰：「爭觀雲填道，助叫波翻海」，此乃退之之豪。「一噴一醒然，再接再礪乃」，此是東野

之工。雉。

韓退之詩「強懷張不滿，弱力闕易盈」，上句是助長，下句是歉。雉。

退之《木鵝詩》末句云「直割蒼龍左耳來」，事見《龍川志》，正是木鵝事。

李賀較怪得些子，不如太白自在。又曰：賀詩巧。義剛。

劉叉詩「斗柄寒垂地，河流凍徹天」，介父詩「柳樹鳴蜩綠暗，荷花落日紅酣」，王建《田家留客》云「丁寧回語屋中妻，有客莫令兒夜啼」。方子。

詩須是平易不費力，句法渾成。如唐人玉川子輩句語雖險怪，意思亦自有渾成氣象。因舉陸務觀詩「春寒催喚客嘗酒，夜靜臥聽兒讀書」，不費力，好。賜。

「行年三十九，歲莫日斜時。孟子心不動，吾今其庶幾。」此樂天以文滑稽也。然

猶雅馴，非若今之作者村裏雜劇也。方子。○佐同。

白樂天《琵琶行》云「嘈嘈切切錯雜彈，大珠小珠落玉盤」，云云。這是和而淫；至「淒淒不似向前聲，滿坐重聞皆掩泣」❶這是淡而傷。道夫。

唐文人皆不可曉。如劉禹錫作詩說張曲江無後，及武元衡被刺，亦作詩快之。白樂天亦有一詩暢快李德裕。樂天，人多說其清高，其實愛官職。詩中凡及富貴處，皆說得口津津地涎出。杜子美以稷、契自許，未知做得與否？然子美卻高，其救房琯亦正。必大。

《木蘭詩》只似唐人作，其間「可汗」，「可汗」前此未有。方子。

---

❶「掩」，萬曆本作「淹」。

黃巢入京師，其夜有人作詩貼三省門罵之，次日盡搜京師，識字者一切殺之。詩莫盛於唐，亦莫慘於唐也。先生偶誦寒山數詩，其一云：「城中娥眉女，珠佩何珊珊。長歌三日響，短舞萬人看。未必長如此，芙蓉不奈寒。」云：「如此類煞有好處，詩人未易到此，公曾看否？」壽昌對：亦嘗看來。近日送浩來此灑掃時，亦嘗書寒山一詩送行云：「養子未經師，不及都亭鼠。何曾見好人，豈聞長者語？爲染在薰蕕，應須擇朋侶。五月敗鮮魚，勿令他笑汝。」壽昌。

因舉石曼卿詩極有好處，如「仁者雖無敵，王師固有征。無私乃時雨，不殺是天聲」長篇。某舊於某人處見曼卿親書此詩大字，氣象方嚴遒勁，極可寶愛，真所謂「顏

筋柳骨」！今人喜蘇子美字，以曼卿字比之，子美遠不及矣。某常勸其人刻之，不知今安在。曼卿詩極雄豪，而縝密方嚴，極好，如《籌筆驛詩》「意中流水遠，愁外舊山青」。又「樂意相關禽對語，生香不斷樹交花」之句極佳，可惜不見其全集，多於小說詩話中略見一二爾。曼卿胸次極高，非諸公所及。其爲人豪放，而詩詞乃方嚴縝密，此便是他好處，可惜不曾得用。雉。○子蒙同。東坡作詩譏一昏闇之人，有句云「煙雨塞九竅」。《黎曚子詩》。○璘。

蛮卿問山谷詩。曰：精絕，知他是用多少工夫，今人卒乍如何及得！可謂巧好無餘，自成一家矣！但只是古詩較自在，山谷則刻意爲之。又曰：山谷詩忒好了。道夫。

陳後山初見東坡時，詩不甚好，到得爲

正字時，筆力高妙。如《題趙大年所畫高軒過圖》云：「晚知書畫真有益，却悔歲月來無多」，極其筆力。❶其中云「八二」者，乃大年行次也。雉。

「閉門覓句陳無己，對客揮毫秦少游。」無己平時出行，覺有詩思，便急歸，擁被臥而思之，呻吟如病者，或累日而後成，真是「閉門覓句」。如秦少游詩甚巧，亦謂之「對客揮毫」者，想他合下得句便巧。張文潛詩只一筆寫去，重意重字皆不問，然好處亦是絕好。淳。

陳博士在坡公之門遠不及諸公，未說如秦、黃之流，只如劉景文詩云「四海共知霜滿鬢，重陽曾插菊花無」，何詩無此句矣！其雜文亦自不及備論。道夫。

又曰：山谷詩乃洪駒父輩刪集，《山谷集》中贈覺範詩，乃覺範自作。義剛。

覺範詩如何及得參寥。義剛。

張文潛詩有好底多，但頗率爾，多重用字。如《梁甫吟》一篇，筆力極健，如云「永安受命堪垂涕，手挈庸兒是天意」等處說得好，但結末差弱耳。又曰：張文潛大詩好，崔德符小詩好。又曰：蘇子由詩有數篇誤收在文潛集中。○雉。

崔德符《魚詩》云：「小魚喜親人，可釣亦可扛。大魚自有神，出沒不可量。」如此等作甚好，《文鑑》上却不收。不知如何正道理不取，只要巧。

潘邠老有一詩，一句說一事，更成甚詩？必大。

古人詩中有句，今人詩更無句，只是一直說將去。這般詩，一日作百首也得。如

---

❶ 「其」，萬曆本作「有」。

三四九〇

陳簡齋詩「亂雲交翠壁，細雨濕青林」、「暖日薰楊柳，濃陰醉海棠」，他是什麼句法！雉。

高宗最愛簡齋「客子光陰詩卷裏，杏花消息雨聲中」。又問坐間云：簡齋墨梅詩何者最勝？或以「皐」字韻一首對，先生曰：不如「相逢京洛渾依舊，惟恨緇塵染素衣」。雉。

劉叔通屢舉簡齋「六經在天如日月，萬事隨時更故新。江南丞相浮雲壞，洛下先生宰本春」。前謂荊公，後謂伊川。先生曰：此詩固好，然也須與他分一箇是非始得。天下之理，那有兩箇都是，必有一箇非。

有人過昭陵，題絕句云：「□□□□歲豐登，邊將無功吏不能。四十二年那忍說，西風吹淚過昭陵。」後來人説是劉信叔詩。廣。

「政爾雪峰千百衆，澹然雲水一孤僧。」曾文清詩。璘。

舉南軒詩云「卧聽急雨打芭蕉」，先生曰：此句不響。曰：不若作「卧聞急雨到芭蕉」。又言：南軒文字極易成，嘗見其就腿上起草，頃刻便就。○至。

劉叔通、江文卿二人皆能詩，叔通放體游開子蒙嘗和劉叔通詩「昨夜劉郎叩角歌，朔雲寒雪滿山阿。文章無用乃如此，富貴不來争奈何。」雉錄又四句云：「邵鄭鄉嘗依北海，晁張今復事東坡。吹嘘合有飛騰便，未用溪頭買釣蓑。」此詩若遇蘇、黄，須提掇他。文蔚。○雉錄云：先生屢稱之曰：詩須不費力方好。此等使蘇、黄見之，當賞音，人固有遇耳。

❶「林」，萬曆本作「松」。
❷「□□□□」，原爲墨丁，四庫本作「桑麻不擾」。

方伯謨詩不及其父錢監公豪壯。黃子厚詩却老硬，只是太枯淡。徐思遠玉山人。與汝談比諸人較好。思遠乃程克俊之甥，亦是有源流。雉

或問趙昌父、徐斯遠、韓仲止。曰：昌父較懇惻。又問三兄詩文。曰：斯遠詩文雖小，畢竟清。文蔚

「力推獰龍借水飲，手却猛虎奪石坐。」劉淳叟詩。雲谷有「虎挨石」，淳叟作此，自以爲好，不可曉。璘

谷簾水所以好處，某向欲作一詩形容之，❶然極難言。大概到口便空又滑，然此兩字亦説未出。必大

「龍袞新天子，羊裘老故人。」意味。○道夫。

「群趨浴沂水，遥集舞雩風。」同安《簾試風乎舞雩詩》。❷

蔡京父子在京城之西兩坊對賜甲第四區，極天下土木之工。一曰太師第，乃京之自居也；二曰樞密第，乃攸之居也；三曰駙馬第，乃儵之居也；四曰殿監第，乃攸子之居也。攸妻劉，乃明達、明節之族，有寵，而二劉不能容，乃出嫁攸，權寵之盛亞之。京、攸四第對開，金碧相照，嘗見上官仲恭詩一篇，其間有《城西曲》，言蔡氏奢侈敗亡之事，最爲豪健。末云「君不見，喬木參天獨樂園，至今猶是温公宅」，仲恭乃上官彥衡之子也，惜乎其詩不行於世。雉

本朝婦人能文只有李易安與魏夫人。李有詩，大略云「兩漢本繼紹，新室如贅疣」云云。「所以稽中散，至死薄殷周」，中

❶「詩」，萬曆本作「首」。
❷「簾」，萬曆本作「日」。

散非湯、武得國，引之以比王莽，如此等語，豈女子所能！

有鬼詩云：「鶯聲不逐春光老，花影長隨日腳流。」庚。

有僧月夜看海潮，得句云「沙邊月趁潮回」而無對，因看風飄木葉，乃云「木末風隨葉下」雖對不過，亦且如此。

問曾惇所編《百家詩》。曰：只是他所見如此。他要無不會，詩詞、文章、字畫外更編《道書》八十卷。又別有一書甚少，名《八段錦》，看了便真以爲是神仙不死底人。

古樂府只是詩，中間却添許多泛聲。後來人怕失了那泛聲，逐一聲添箇實字，遂成長短句，今曲子便是。胡泳。

作詩間以數句適懷亦不妨，但不用多作，蓋便是陷溺爾。當其不應事時，平淡自攝，豈不勝如思量詩句？至如真味發溢，

又却與尋常好吟者不同。

近世諸公作詩費工夫，要何用？元祐時有無限事合理會，諸公却盡日唱和而已。今言詩不必作，且道恐分了爲學工夫。然到極處，當自知作詩果無益。必大。

今人所以事事做得不好者，緣不識之故。只如箇詩，舉世之人盡命去奔去聲。做，只是無一箇人做成詩。他是不識，好底將做不好底，不好底將做好底。這箇只是心裏鬧，不虛靜之故。不虛不靜故不明，不明故不識。若虛靜而明，便識好物事。雖百工技藝做得精者，也是他心虛理明，所以做得來精。

詩社中人言，詩皆原於《賡歌》。今觀其詩，如何有此意？

作詩先用看李、杜，如士人治本經。本既立，次第方可看蘇、黃以次諸家詩。廣。○

敬仲同。

因林擇之論趙昌父詩，曰：今人不去講義理，只去學詩文，已落第二義。況又不去學好底，却只學去做那不好底。作詩不學六朝，又不學李、杜，只學那嶢崎底。今便學得十分好後，把作甚麼用？莫道更不好。❶如近時人學山谷詩，然又不學山谷好底，只得那山谷不好處。擇之云：後山詩恁地深，他資質儘高，不知如何肯去學山谷？曰：後山雅健強似山谷，然氣力不似山谷較大，但却無山谷許多輕浮底意思。然若論敘事，又却不及山谷。山谷善敘事情，敘得盡，後山叙得較有疎處。若散文，則山谷大不及後山。淳錄云：後山詩雅健勝山谷，無山谷尖洒輕揚之態。❷然山谷氣力又較大，叙事詠物頗盡事情，其散文又不及後山。❸擇之云：歐公好梅聖俞詩，然聖俞詩也多有未成就處。曰：聖俞

詩不好底多。如《河豚詩》，當時諸公說道恁地好，據某看來，只似箇上門罵人底詩。只似脫了衣裳，上人門罵人祖、罵人父一般，初無深遠底意思。後山、山谷好說文章，臨作文時，又氣餒了。老蘇不曾說，到下筆時做得却雄健。義剛。○淳略。

今江西學者有兩種：有臨川來者，則漸染得陸子靜之學；又一種自楊、謝來者，又不好。子靜門猶有所謂「學」不知窮年窮月做得那詩，要作何用？江西之詩，自山谷一變，至楊庭秀又再變，遂至於此。本朝楊大年雖巧，然巧之中猶有混成底意思，便巧得來不覺。及至歐公，早漸漸要說出

---

❶ 「好」，朝鮮本作「學」。
❷ 「尖」，萬曆本作「瀟」。
❸ 「文」，原作「交」，今據萬曆本改。

來。然歐公詩自好，所以他喜梅聖俞詩，蓋枯淡中有意思。歐公最喜一人送別詩兩句云「曉日都門道，微凉草樹秋」，又喜王建詩「曲徑通幽處，禪房花木深」，歐公自言平生要道此語不得。今人都不識這意思，只要嵌事使難字，便云好。雉。

先生因説：古人做詩不十分著題，却好。今人做詩，愈著題愈不好。或舉某人會做詩。曰：他是某人外甥，他家都會做詩，自有文種。又云：某嘗謂氣類近，風土遠，氣類才絶，便從風土去。且如北人居婺州，後來皆做出婺州文章，間有婺州鄉談在裏面者，如呂子約輩是也。燾。

或問：倉頡作字，亦非細人。曰：此亦非自撰出，自是理如此。如「心」、「性」等字，未有時，如何撰得？只是有此理，自流出。可學。○字附。

大凡字，只聲、形二者而已，如「楊」字，「木」是形，「易」是聲，其餘多有只從聲者。

按：六書中，形聲其一。○蕅。

凡字，如「楊」、「柳」字，「木」是文，「易」、「卯」是字；如「江」、「河」字，「水」是文，「工」、「可」是字。字者，滋也，謂滋添者是也。楊。

因説叶韻，先生曰：此謂有文有字，文是形，字是聲。文如從「水」，從「金」、「木」，從「日」，從「月」之類，字是「皮」、「可」、「工」、「奚」之類，故鄭漁仲云：「文，眼學也；字，耳學也。」蓋以形、聲別也。時舉。

壹、貳、叁、肆，皆是借同聲字，「柒」字本無此字，唯有漆沮之「漆」，「漆」字草書頗似「柒」，遂誤以爲真，洪氏《隸釋辨》不及此。閎祖。

「世」字與「太」字古多互用，如太子爲世子，太室爲世室之類。廣。

黃直卿云：如傭雇之「傭」，也只訓用，以其我用他，故將雇以還其力。由此取義，此皆是兩通底字。義剛。

「夷」、「狄」字皆從禽獸旁，「苗」本有反犬。古人字通用，無亦得。義剛。

古人相形造字，自是動不得，如「彎」字，後面一箇「車」，兩邊從「系」，即纏繩也，前面「口」字即馬口也，馬口中銜着纏繩也。子蒙。

秦篆今皆無此本，而今只是模本，自宋莒公已不見此本了。義剛。

《說文》亦有誤解者，亦有解不行者。音是徐鉉作，許氏本無。必大。

《玉篇》偏傍多誤收者，如「者」、「考」、「孝」是也。❶螢

韻書難理會，如昨日檢「抑」字，《玉篇》、《說文》中檢「扌」及「邑」附皆不見，後來在《集韻》中尋出，乃云「反印也」，却在「印」部尋得，元來無挑，才如此寫「印」。義剛。

字之反切，其字母同者便可互用，如「戎」、「汝」是也。「逝」字從「折」，故可與「害」字叶韻。必大。

五方之民，言語不通，却有暗合處。蓋是風氣之中有自然之理，便有自然之字，非人力所能安排，如「福」與「備」通。

洪州有一部《洪韻》，太平州亦有一部韻家文字。義剛。

二王書，某曉不得，看着只見俗了。今有箇人書得如此好俗。法帖上王帖中亦有

❶「孝」，萬曆本作「老」。

寫唐人文字底，亦有一釋名底，此皆偽者。揚。

《字說》自不須辯，只看《說文》字類，便見王氏無意思。字類有六，會意居其一。○方。

字被蘇、黃胡亂寫壞了。近見蔡君謨一帖，字字有法度，如端人正士，方是字。揚。

論書，因及東坡少壯、老字之異，南康有人有一卷如此。因說：南軒喜字，然不甚能辨。❶因有一偽書東坡字，不好，南軒以「端莊」題之。

因論《麻衣易》不難辨，南軒以快之故。嘗勸其改一文，曰：改亦只如是，不解更好了。○揚。

子瞻單勾把筆，錢穆父見之，曰：「尚未能把筆邪？」方。

山谷不甚理會得字，故所論皆實。嘉祐前前輩如此厚重。胡安定於義理不分明，然是甚氣象！

魯直論字學，只好於印冊子上看，若看碑本，恐自未能如其所言。必大。

字法在黑內，❷黃魯直論得玄甚，然其字却且如此。揚。

筆力到，則字皆好。不曰有筆力。如胸中別樣，即動容周旋中禮。方。

寫字不要好時，却好。文蔚。

南海諸蕃書煞有好者，字畫遒勁，如古鍾鼎款識。諸國各不同，風氣初開時，此等事到處皆有開其先者，不獨中國也。或問古今字畫多寡之異。曰：古人篆籀筆畫雖多，然無一筆可減。今字如此簡約，然亦不可多添一筆，便是世變自然如此。個。

鄒德久楷書《大學》，今人寫得如此，亦

❶「能」，萬曆本作「難」。
❷「在」，萬曆本作「直」。

是難得。只如黃魯直書自謂人所莫及，自今觀之，亦是有好處。但自家既是寫得如此好，何不教他方正？須要得恁欹斜則甚？又他也非不知端楷爲是，但自要如此寫；亦非不知做人誠實端慤爲是，但自要恁地放縱。道夫問：何謂書窮八法？曰：只一點一畫皆有法度，人言「永」字體具八法。行夫問：張于湖字，何故人皆重之？曰：也是好，但是不把持，愛放縱。本朝如蔡忠惠以前，皆有典則。及至米元章、黃魯直諸人出來，便不肯恁地。要之，這便是世態衰下，其爲人亦然。道夫言：尋常見魯直亦說好話，意謂他與少游諸人不同。曰：他却説道理。但到做處，亦與少游不爭多。他一輩行皆是恁地。道夫曰：也是坡公做頭，故他門從而和之。曰：然。某昨日看他與李方叔一詩，說他起屋，有甚

明窗净几，眼前景致，末稍又只歸做好吟詩上去。若是要只粗說，也且說讀書窮究古今成敗之類亦可，如何却專要吟詩便了？道夫曰：看他也是將來做一箇要緊處。曰：他是將來做箇大事看了，如唐韓、柳皆是恁地。道夫云：嘗愛歐公詩云「至哉天下樂，終日在書案」這般意思甚好。曰：他也是說要讀書。只歐公却於文章似說不做亦無緊要，如《送徐無黨序》所謂「無異草木榮華之飄風，鳥獸好音之過耳」，皆是這意思。道夫曰：前輩皆有一病，如歐公又却疑《繫辭》非孔子作。曰：這也是他一時所見。如《繫辭》《文言》若是孔子做，如何又却有「子曰」字？某嘗疑此等處如五峰刻《通書》相似，去了本來所有篇名，於每篇之首加一「周子曰」字。《通書》去了篇名，有篇内無本篇字，如「理性命」章者，

煞不可理會。蓋「厥彰厥微，匪靈弗瑩」是說理，「剛善剛惡，柔亦如之，中焉止矣」是說性，自此以下却説命。章内全無此三字，及所加「周子曰」三字又却是本所無者，次第《易繫》、《文言》亦是門人弟子所勦入爾。道夫問：五峰於《通書》何故輒以己意加損？曰：他病痛多，又寄居湖、湘間，士人希疏。兼他自立得門庭又高，人既未必信他，被他門庭高，人亦一向不來。來到他處，一箇又是不如他底。❶不能問難，故絕無人與之講究，故有許多事。道夫曰：如他說「孟子道性善」，似乎好奇，全不平帖。曰：他不是好奇，只是看不破，須着如此說。又如《疑孟辨》别自做出一樣文字，温公疑得固自不是，但他箇更無理會。某嘗謂：今只將前輩與聖賢說話來看，便見自家不及他處。今孟子説得平易如此，温公

所疑又見明白，自家却説得恁地聲牙，如何辨得他倒？道夫曰：如此，則是他只見那一邊，不知有這一邊了。曰：他都不知了。只如楊氏「爲我」，只知爲我，都不知聖賢以天地萬物爲一體，公其心而無所私底意思了。又如老氏之虚無清净，他只知箇虚無清净。今人多言釋氏本自見得這箇分明，只是見人如何，遂又别爲一説。某謂豈有此理！只認自家説他不知，便得。先生以手指庭下月，❷曰：他若知之，則白處便須還是白，黑處便須還是黑，豈有知之而不言者？此孟子所謂「詖辭知其所蔽，邪辭知其所離，遁辭知其所窮」。其所陷，邪辭知其所離，遁辭之不平，便是他蔽了，蔽了便陷，陷了便

❶「一」，原脱，今據朝鮮本補。
❷「庭」，原作「其」，今據朝鮮本改。

離，離了便窮。且如五峰《疑孟辨》忽說出「感物而動者，衆人也；感物而節者，賢人也；感物而通者，聖人也」。劈頭便罵了箇動。他之意是說聖人之心雖感物，只靜在這裏，感物而動便不好。中間胡廣仲只管支離蔓衍說將去，更說不回。某一日讀文定《春秋》，有「何況聖人之心感物而動」一語，某執以問之曰：「若以爲感物而動是不好底心，則文定當時何故有此說？」廣仲遂語塞。先生復笑而言曰：蓋他只管守着五峰之說不肯放，某却又討得箇大似五峰者與他說，只以他家人自與之辨極好。道理只是見不破，後便有許多病痛。道夫。

拾　遺 編成而猶有遺者萃此。

志氣清明，思慮精一，烱然不昧，而常

有以察於幾微之間，則精矣；立心之剛，用力之篤，毅然自守，而常有以謹於豪氂之失，則一矣。

人心之動，變態不一，所謂「五分天理，五分人欲」者，特以其善惡交戰而言爾。有先發於天理者，有先發於人欲者，蓋不可以一端盡也。

人心但以形氣所感者而言爾。具形氣謂之人，合義理謂之道，有知覺謂之心。便以動者爲危，亦未當。若動於義理，則豈得謂之危乎？

「允執」，有常久不變之意者得之。此建別錄所載。廣錄五條疑是答學者書語，今入此。

寤寐者，心之動靜也；有思無思者，又動中之動靜也； 思有善惡，又動中動，陽明陰濁也。有夢無夢者，又靜中之動靜也。 夢有邪正，又靜中動，陽明陰濁也。但寤陽而寐陰，寤清而寐中動，陽明陰濁也。

濁，寤有主而寐無主，故寂然感通之妙，必於寤而言之。寤則虛靈知覺之體燁然呈露，如一陽復而萬物生意皆可見；寐則虛靈知覺之體隱然潛伏，如純坤月而萬物生性不可窺。○此答陳日書而詳。

問遺書

「忠信進德終日」以下，是說此一理，後言形器。今古人我皆一統，「神如在上，在左右」，是道體遍滿。「誠」字是實理如此。

「射中鵠，舞中節，御中度。」無誠心則不中。言多不記。

「理義悅心是愜當。玩理養心則兩進。」一是知而悅，一是養而悅。

「當知用心緩急。」如大經大體，是要先知用心，以次乃可緩緩進。

「曲能有誠」，有誠則不曲矣。蓋誠者，圓成無欠闕者也。

「萬物無一物失所」，是使之各得其分恰好處。

「人心活則周流」，無偏係即活。憂患樂好皆偏係也。方謂：無私意則循天之理，自然周流。

「事君有犯無隱，事親有隱無犯」，有時而可分。言事君親之心本同也。

「只歸之自然，則更無可觀，更無可玩索。」上句謂不求其所以然，只說一箇自然，是顢頇也，謂不可如此爾。○龜山答人問赤子入井令求所以然一段好。

「仁則固一，一所以為仁」，言所以一者是仁也。

「仁在事。」若不於事上看，如何見仁？

「退藏於密」，密是主靜處，萬化出焉者。動中之靜，固是靜，又有大靜，萬化參

然者。

「斷置」，言倒斷措置也。

言四德，云：不有其功，常久而已者也。不有其功，言化育之無迹處爲貞。

五常爲智。孟子曰：「知斯二者勿去是也。」既知，又曰「弗去」，有兩義。又《文言》訓「正固」又於四時爲冬，冬有始終之義。

王氏亦云：腎有兩，有龜有蛇，所以朔易亦猶貞也。又傳曰「貞各稱其事」。問：《咸傳》之九四說虛心貞一處，全似敬。答云：蓋嘗有語曰「敬，心之貞也」。

孔子既知桓魋不能害己，又却微服過宋一段，有盡人事回造化立命之意。○方錄止此。

「知性善以忠信爲本。」須是的然識得這箇物事，然後從忠信做將去。若不識得這箇，不知是做甚麼，故曰「先立乎其大

者」。

問：敬先於知，然知至則敬愈分明。曰：此正如「配義與道」。

問：心無私主，有感皆通。曰：無私主也不是惺悻没理會，只是公。善則好之，惡則惡之；善則賞之，惡則刑之。此是聖人至公至神之化。心無私主，如天地一般，寒則遍天下皆寒，熱則遍天下皆熱，便是有感皆通。曰：心無私主最難。曰：亦是克去己私，心便無私主。心有私主，只是相契者便應，不相契者便不應。如好讀書人，見書便愛；不好讀書人，見書便不愛。寓。

問：「應務不煩」是如何？曰：閑時不曾理會得，臨時旋理會，則煩。若豫先理會得，則臨時事來，便從自家理會得處理會去。如理會得禮，則禮到面前便理會得；如理會得樂，則樂到面前便理會得。更不

煩也。燾。

天機有不器於物者，在方爲方，在圓爲圓。方。

先生曰：自家理會得這道理，使天下之人皆理會得這道理，豈不是樂？嘗言坐即靠倚，後來睡三四日便坐得。

先生云：氣不從志處，乃是天理、人欲交戰處也。季通。○方。

神乃氣之精明者耳。

「有翼其臨」，翼，敬也。

「僂句成欺，黃裳亦誤」，事見《左傳》。

問：范氏言宋襄公出母事有「生則致孝，死則盡禮」之說，然出母既義不可迎之以歸，則所謂「致孝」、「盡禮」者，恐只是遣使命往來遺問否？曰：恐只是如此。如定省之類，自是都做不得了。因言：宣姜全不成人，却有賢女，許穆夫人、宋襄公母是也。春秋時，魯最號禮義之國，然其間成甚風俗！必大。

康節說形而上者不能出莊、老，形而下者則盡之矣。因誦《皇極書》第一篇。二先生說下者不盡，亦不甚說。關子明說形而上者亦莊、老。季通。○方。

朱子語類卷之一百四十（卷終）

鳴 謝

《儒藏》精華編惠蒙善助，共襄斯文；謹列如左，用伸謝忱。

本煥法師 壹佰萬元

智海企業集團董事長 馮建新先生 壹佰萬元

NE·TIGER時裝有限公司董事長 張志峰先生 壹佰萬元

張貞書女士 壹佰萬元

方正控股有限公司、金山軟件有限公司創始人 張旋龍先生 壹佰萬元

北京大學《儒藏》編纂與研究中心

本册审稿人　甘祥满

本册责任编委　杨　浩

圖書在版編目(CIP)數據

儒藏.精華編.一八九：上下冊/北京大學《儒藏》編纂與研究中心編.—北京：北京大學出版社，2022.3
ISBN 978-7-301-11907-5

Ⅰ.①儒… Ⅱ.①北… Ⅲ.①儒家 Ⅳ.①B222

中國版本圖書館CIP數據核字（2022）第036343號

書　　　名	儒藏（精華編一八九）（上下冊）
	RUZANG（JINGHUABIAN YIBAJIU）（SHANGXIA CE）
著作責任者	北京大學《儒藏》編纂與研究中心　編
責任編輯	吳冰妮
標準書號	ISBN 978-7-301-11907-5
出版發行	北京大學出版社
地　　　址	北京市海淀區成府路205號　100871
網　　　址	http://www.pup.cn　　新浪微博：@北京大學出版社
電子信箱	dianjiwenhua@126.com
電　　　話	郵購部 010-62752015　發行部 010-62750672　編輯部 010-62756449
印　刷　者	北京中科印刷有限公司
經　銷　者	新華書店
	787毫米×1092毫米　16開本　81.25印張　792千字
	2022年3月第1版　2022年3月第1次印刷
定　　　價	1200.00元（上下冊）

未經許可，不得以任何方式複製或抄襲本書之部分或全部內容。
版權所有，侵權必究
舉報電話：010-62752024　電子信箱：fd@pup.pku.edu.cn
圖書如有印裝質量問題，請與出版部聯繫，電話：010-62756370

ISBN 978-7-301-11907-5

定價：1200.00元
（上下冊）